古代方言文獻叢刊

華學誠 主編

歷代方志方言文獻集成

曹小雲 曹嫄 輯校

第九册

中華書局

重慶市 凡十三種

〔道光〕夔州府志

【解題】恩成修，劉德銓纂。夔州府，轄境包括今重慶市奉節縣、巫山縣、雲陽縣、巫溪縣、萬州區、開州區等地，府治在今奉節縣。「方言」見卷十六《風俗志》中。録文據道光七年（一八二七）刻本《夔州府志》。

方言

王者敬授人時，重農事也，而農夫亦自知天時。諺曰：「元旦宜黑半邊天，大雪紛紛是旱年。但得立春晴一日，農夫不用力耕田。」又曰：「雷鳴驚蟄前，農夫好種田。」又曰：「清明宜明，穀雨宜雨。立夏不下，犂耙高挂。小滿不滿，芒種不管。」又曰：「五月壬子破，大水漫天過。」又曰：「欲知天乾與不乾，但看五月二十三。是日落雨主天乾，是日不落天不乾。」又曰：「夏至三庚便數伏，進伏之日宜下雨。」又曰：「八月初一黑雲徧，來年定是大收年。」又曰：「雲掩中秋月，雨洒上元燈。」又曰：「重陽無雨看十三，十三無雨一冬乾。」又曰：「十月三回霧，江湖好行路。」又曰：「春甲子雨，牛羊凍死。夏甲子雨，撑船入市。秋甲子雨，禾頭生耳。冬甲子雨，雪飛千里。」又曰：「東鱟日頭西鱟雨。」又曰：「日暈長江水，月暈井頭枯。」

又於元旦決八風曰：「風從南方來歲大旱，風從西南來歲小旱，風從西方來干戈起，風從西北來豆麻成，風從北方來歲中中，風從東北來歲上上，風從東方來歲大水，風從東南來人病疫。」諸如此類，以之占晴課雨〔一〕，靈應者十有八九。

〔民國〕雲陽縣志

【解題】朱世鏞等修，劉貞安纂。雲陽縣，今重慶市雲陽縣。方言見卷十四《禮俗下·方言上》和卷十五《禮俗下·方言下》。録文據民國二十四年（一九三五）石印本《雲陽縣志》。

目録〔二〕

〔一〕占：原誤作「古」。

〔二〕目録爲編者所加。

方言上

昔揚子雲採絶代語，釋九服逸言，勒爲《方言》一書，以明文字異同之由，學者翕然宗之，資爲治經津梁，與《爾雅》《説文》並重。後世方志既作，亦多著録方言，蓋古來采風之使匪獨陳其詩篇，其於方語之異同，亦必隨以上陳，俾其時其地之民物風尚胥得而徵焉，誠志民俗者之要典也。

雲陽修縣志既蒇事，屬予校印，且謂不能無所事。予以全書既成，着筆其間，輒有牽一髮動全身之虞，因思子云師君平、翁孺而成《方言》，楊升庵有《古今諺》《俗言》各書，李實有《蜀語》之作，而後來四川省縣各志録方言者何其寥寥，曾不自揣，欲從鄉先賢之後輯方言一編，坿於縣志禮俗之末。雲陽僻處蜀東，流賊之亂，居民流亡以盡。康乾以還，始由湖南、北人徙居之，故方音往往雜以楚語，不惟上溯《方言》多不相符，近如《俗言》《蜀語》亦多違異矣。爰就方域以内尋常日用語言，分類編次，如《爾雅》事例，並各引古訓爲之疏證。其古雅不符時語如經生説經者，固所弗取；而里巷鄙褻之談不足據爲典要者，亦屏而不録。揚子《方言》者，各方之言也，故晉秦鄭衛齊楚靡不搜羅；縣志方言者，一方之言也，故非縣屬習語不得泛收，使知方有定言，言有定聲，因聲以繹義，因義以尋源，郭氏所謂「坐照四表」「物來能名」者，庶幾其或有合也。

竊嘗以爲古代之雅音，亦當時之方言耳。自孔子删定六藝，而後陳《詩》説《禮》悉本王都之正音，别白而定一尊，故曰「爾雅以觀於古」。雅者，正也。爾者，近也。爾雅者，近於正者也。久之，各國方言之變轉遂失其正音，今與古不能相合，傳之愈久，言亦愈變愈歧。以今視揚子之書，不知其方言又經幾變矣。然而雅言之散見於今方俗中者，亦往往而存其一二，故考古者得其一言一義，奉爲至寶。況由其變遷之故，而紬繹之以求合其正音，較之讀誤書而得一適者，不尤愉快耶。

昔仁和杭堇浦爲《續方言》，長洲程東冶爲《續方言補》，陽湖張芋圃又爲《續方言拾遺》，繁徵博引，皆漢以前語。人吴而語燕，避今而摭古，甚無謂也。兹編皆今方言，雖質之老嫗、稚子、樵夫、農人，亦罔不通曉。特時世遞嬗，語文隨之，後之視今，倘亦猶今之視昔耶，是又未可知也。吾友廣安蒲君伯英見之，謂蜀中語言各縣同者八九，異者一二，盍廣爲四川方言，不當局促一縣。然吾聞之「樂操土音，不忘本也」，瑣瑣土音，以塞縣志可也。乙亥三月涂鳳書序。

釋言

夥，多也。《廣雅》：「錁，多也。」錁與夥同。《史記・陳涉世家》：「楚人謂多曰夥。」揚子《方言》：「凡物盛多曰夥。」今人謂人衆曰一夥人，或曰大家夥，專以屬人。與人同謀合作曰打夥。又矮夥，詫其多也。矮，音阿。

够，足也。《集韻》：「够，多也。」音遘。左思《魏都賦》：「繁富夥够，不可單究。」楊升庵《丹鉛雜録》：「今人謂多曰够，少曰不够。」亦作彀。

奘，大也。《方言》：「秦晉間人大謂之奘。」明李實《蜀語》謂：「大曰奘。奘，在朗切。

音莊上聲。」

儹，積也。《正韻》：「儹，聚也。」音贊上聲。《札樸》：「積財物曰儹。」讀如展。

蚴，動也。《蜀語》：「宛轉生動曰蚴。蚴，音牛去聲。」司馬相如《上林賦》「青龍蚴蟉於東廂」注：「蚴蟉，龍行貌。」

嚲，垂也。《篇韻》嚲音妥，垂下也。今人謂人賦閒曰嚲，或曰嚲神，謂其無事可作、兩手下垂也。

蜎，曲也。《韻會》蜎音娟。《周禮·考工記》：「刺兵欲無蜎。」蜎，撓也。《詩》「蜎蜎者蠋」，注：「蜎蜎，蠋行貌。」行必腰曲，故人腰曲者謂之蜎。引伸其義，凡物曲撓皆謂之蜎。

弞，伸也。《爾雅·釋詁》：「引，長也。」引與矧同。矧，古字作弞。《方言》云：「引，長也。」今人謂物之卷者引伸之曰弞，讀若稱。

体，鈍也。《集韻》体，部本切，音坌上聲，劣也。俗作體字，省書者誤。字書：「怑，不慧也。」体與怑同。《晉書》：豫章太守史疇太肥，號曰笨伯。又《宋書·王微傳》：「小兒時尤麤笨。」按，《廣雅》：「笨，竹裏也。」故從竹。《晉》《宋書》以爲人之粗率，於義不通，當以從人或從心爲是。

鋊，光也。《説文》：「鋊，磨取銅屑也。」《漢書·食貨志》：「或盜摩錢質以取鋊。」南宋孔覬《錢議》：「五銖錢，周郭其上下，令不可磨取鋊。」《五音譜》：「磨礱漸消曰鋊。」升庵《俗言》：「往年在朝中，官問牙牌磨鋊『鋊』字如何寫，予舉此答之。」鋊音裕。

䝟，爛也。《類篇》䝟，蒲撥切，音跋，病氣。《集韻》：「殏，腐氣。或作䝟。」《升庵集》以䝟即汃，爛義。《蜀語》：「凡肉之爛者、地之泥濕者、果之熟者、糧食之不乾者、人之弱者、物不剛者，皆曰䝟。」

浽，漚也。《集韻》浽音倭，濁也。《周禮·冬官·考工記》注：「楚人曰漚，齊人曰浽。」《蜀語》：「衣物浽爛曰漚，火伏草中未然曰浽。如浽豆豉、浽醬之類。」浽讀若俄，漚去聲。

磢，洗也。《蜀語》：「去垢曰磢。磢音訕。」《正韻》：「瓦石洗物也。」郭璞《江賦》：「奔流之所磢錯。」

搴，拾也。《集韻》音蹇，同攓。《方言》：「南楚曰攓。」《說文》曰：「攓，《楚詞》：『朝攓阰之木蘭。』」〔一〕《河渠書》：「搴前茭兮沈美玉。」

凝，結也。《集韻》去聲，止水也。唐詩「舞急紅腰凝」，又「日照凝紅香」，又「落絮無風凝不飛」。俗讀如令。

剸，斷也。《正韻》剸音尊上聲。《玉篇》：「斷也。」《說文》：「減也。」《蜀語》：「物朽而斷曰剸。」按，上聲讀若振，朽也；去聲讀若正，斷也。

〔一〕下「攓」字原誤作「搴」，據《說文解字》改。

搿，和也。《集韻》蒲悶切，手亂貌。《蜀語》：「和物曰搿。搿音坌。」讀若笨，和去聲。

斯，劈也。《説文》：「斯，析也。《詩》：『斧以斯之。』」俗作撕，非。

龜，拆也。《韻會》龜，俱倫切。音麇。《莊子》：「宋人有善爲不龜手之藥。」注：「不龜，謂凍不皸瘃也。」龜，讀若兵。

搣，裂物也。《正韻》搣音滅。《説文》：「批也。」《廣韻》：「手拔也。」《急就篇》：「沐浴揃搣。」注：「揃搣，蓋去其不整齊者。」或讀平聲。

皴，皮裂也。《韻會》皴，七倫切，音逡。《説文》：「皮細起也。」《梁書・武帝紀》：「執筆觸寒，手爲皴裂。」杜詩〔一〕：「手足凍皴皮肉死。」白居易詩：「鱗皴皮似松。」歐陽修詩：「髮白更面皴。」皴，讀若村。

㾷，聲破也。《方言》：「㾷，散也。東齊聲散曰㾷，秦晉聲變曰㾷，器破而不殊其音亦謂之㾷。」亦作䜿。《埤蒼》云：「䜿，聲散也。」《禮・内則》注：「沙，猶嘶也。」《漢書・王莽傳》注：「嘶，聲破也。」《南齊書・張瓌傳》：「宋孝武問太極殿前鐘聲嘶。」其義皆從斯得聲。《爾雅・釋言》〔二〕：「斯，離也」。

蔫，萎也。《廣雅》：「蔫，葾也。」葾音遠，敗也。《蜀語》：「不鮮曰蔫。蔫音焉。」或轉作殃。

〔一〕杜：原誤作「社」。

〔二〕言：原脱。

壞，死也。《釋名》：「諸侯死曰薨，薨壞之聲也。」《曲禮》：「天子死曰崩，諸侯曰薨。」鄭注：「自上顛壞曰崩。薨，顛壞之聲。」何休《公羊解詁》：「崩，大毀壞之辭。薨，小毀壞之辭。」今人則謂後輩之死曰壞。

哿，富也。《詩·正月》：「哿矣富人，哀此惸獨。」毛傳云：「哿，單獨也。」趙注《孟子》云：「哿，可也。」新城王樹枏《陶廬筆記》曰：「皆非也。今人謂人富足華美曰哿，即此哿字。此古語之僅存於今者。」哿讀若闊。

倯，不光采也。《集韻》倯音松。《方言》：「隴右人名嬾曰倯。」又：「倸倯，罵也。」《玉篇》：「倸倯，形小可憎之貌。」《蜀語》：「不精采曰倯。倯音松濁聲。」今人罵人可憎者輒曰倯，或曰落倯。

隱，有所礙也。《蜀語》：「有所礙曰隱。隱，恩上聲。」《中朝故事》：『異人王鮪贈宣州推事官小囊，中如彈丸，令長結身邊。晝寢爲彈子所隱，脅下極痛，起就外視之，屋梁落碎榻矣。』」

弔，懸也。《方言》：「佻，懸也。」郭璞云：「了佻，懸物貌。」高郵王念孫曰：「今人謂懸物爲弔，佻、弔一音之轉。唐人懸人於樹而抶之，或戲曰：此弔民伐罪也。」

等，俟也。《傳燈録》：「或問和尚作甚麽，曰：等箇人。」范成大詩：「父老年年等駕回。」郝懿行曰：「今語謂待爲等，等即待聲之轉也。」

夯，擔也。　夯，讀抗上聲。《禪林寶訓》：「自家閨閣中物不肯放下，反累他人擔夯。」今人謂人有擔當者輒曰夯得起。

會，能也。　《方言》：「魏，能也。」魏當會音之轉。今人謂能者曰會，不能者曰不會。姜夔詞：「樹若有情時，不會得青青如此。」會本心會也，引伸其義，故謂能曰會。

鬼，黠也。　《廣雅》：「黠、鬼，慧也。」郭璞《方言注》曰：「今名黠爲鬼衇。」《詩》：「爲鬼爲蜮。」亦此義。

獿，媢也。　《南史》：王琨，獿婢所生。獿音搔。今人謂人多淫慾者曰獿，本此。

乖，慧也。　乖，本義爲背，爲戾。《方言》：「凡小兒多詐而獪謂之姡。」姡〔一〕，今人謂小兒聰慧者曰乖，當是姡之轉也。

頑，嬉也。　陳造《田家謡》：「令伴阿姑頑過日。」自注：「俗謂嬉爲頑。」白居易《悟真寺》詩：「及爲山水游，彌得縱疏頑。」頑、玩通用。

厭，慚也。　《禮記》：「見君子而後厭然。」厭，音掩。

嚇，畏也。　《詩》：「反予來赫。」釋文：赫，亦作嚇。慎蒙《游徑山記》：「由寺西上，嚇石巖在焉。嚇石巖者，觀音化身與開山和尚講法，將此頑石嚇之使下，又嚇之使上也。」《莊子》：

〔一〕「姡」字當爲衍文。

「鴟得腐鼠，鵷雛過之，仰而視之曰嚇。」注：「怒其聲也。」

癆，毒也。《方言》：「凡飲藥傅藥而毒〔一〕，北燕謂之癆。」《蜀語》：「以毒藥藥人曰癆。癆音澇。」

詑，騙也。《説文》：「沇州謂欺曰詑。」《蜀語》：「騙人財物曰詑〔二〕。詑音陀。」

誑，虛言也。《説文》：「誑，欺也。」《曲禮》：「幼子常視無誑。」《史記·高祖紀》：「紀信乘王駕，詐爲漢王〔三〕，誑楚。」《詩》：「無信人之言，人實迋汝。」迋與誑同。

誆，假言也。《類篇》：「誆，誑也。」《字彙》：「今律爲誆騙字，讀平聲。」

謎，隱語也。《文心雕龍》：「自魏以來，頗非俳優，而君子嘲隱〔四〕，化爲謎語。」《北史》：「試作一謎，當思解之。」《蜀語》：「元宵隱語曰燈謎。謎音寐。」

漚，氣鬱也。《蜀語》：「氣鬱不伸曰漚。」漚音甌去聲，俗作慪。

傻，無知也。《韻會》：「傻，沙去聲。輕慧貌。」升庵《俗言》：「傻，不慧也，今人謂不解事者曰傻，讀若哈。」

〔一〕藥：原誤作「食」，據《方言》改。

〔二〕《蜀語》作「取笑語曰詑」。

〔三〕詐：原誤作「作」，據《史記》改。

〔四〕嘲：原脱，據《文心雕龍》補。

長，不慧也。《札樸》：「魏文帝稱漢明帝察察，章帝長者，此云盛德也。鄭泰謂張孟卓東平長者，坐不窺堂，此言端重也。今人謂人不精明者曰長，蓋引伸其義也。」

獃，癡也。《廣韻》：「獃，五來切。象犬小時未有分別。」《白獺髓》：范石湖初到任，其同官聞爲吴郡人，即云獃子。朱子《語録》：「若不用躬行，則七十子之從孔子，何用許多年？不然，則孔門諸子皆是獃無能底人矣。」獃，俗作呆。

戇，性傲也。《蜀語》：「性傲曰戇。戇，音剛去聲。」

甋，不平也。《蜀語》：「不平曰甋。甋音竅。」

趕，不馴也。《蜀語》：「舉尾走曰趕。趕，音掘平聲。」

痻，不曉事也。《集韻》：「吾昆切。癡貌。」《札樸》：「不曉事曰痻。」痻讀若昏。

奓，口闊也。《蜀語》：「闊口曰奓[一]。奓音車上聲。《莊子》：『奓門而入。』」

謇，口吃也。《一切經音義》引《通俗文》曰：「言不順利謂之謇。」謇、謇字同。郭璞曰：「江南名吃曰㗻，若葉反。」讀若結。

嫽，戲也。《札樸》：「相戲曰嫽。」又曰謧譁。

蹴，追也。《類篇》：「蹴，逐也。」《廣韻》：「蹴，緊也。」讀若輂。

[一] 闊口：原誤作「開張」，據《蜀語》改。

抑，跟也。《集韻》抑，音柳。《蜀語》：「捉之曰抑。」俗謂緊隨曰抑。

得，獲也。《韻會》：「得，的則切。凡有求而獲皆曰得。」俗讀得如歹。

撍，翻也。《唐韻》：「撍，手攪也。」《蜀語》：「撍，音潮去聲。」讀若造。

抈，折也。《集韻》抈，魚厥切。《説文》：「折也。」《晉語》：「其置本也固矣，故不可抈也。」《太玄經》：「車軸折，其衡抈。」《札樸》：「手折曰抈，上聲。」

拓，承也。《集韻》：「拓，以手承物也。」拓音託。

攮，推人也。《字彙》：「攮，乃黨切。推人也。」《札樸》：「推人曰攮。」攮音朗。

掞，散物也。《唐韻》掞音豔，舒也。《蜀都賦》：「摛藻掞天庭。」

揩，拭也。《正韻》揩，立皆切。楷平聲。《博雅》：「揩，摩拭也。」楊萬里詩：「雪揩玉質金身瑩。」梅堯臣詩：「塵埃鑑已揩。」揩，讀若開。

捽，棄也。《字彙》：「捽，朔聿切。音率。棄於地也。」俗謂擺脱亦曰捽。如捽手、捽袖之類。捽，讀若衰。

尥，跛也。《説文》：「尥，行脛相交也。」《六書故》：「今人謂筋骨弱，舉足不隨爲尥掉。」方言以足鈎之爲尥。《蜀語》：「跛行曰尥。尥音料。」

㤘，心動也。《漢書·王吉傳》引《詩》「中心怛兮」，怛作㤘。《蜀語》：「心動曰㤘。㤘音徹，同㥏。」

骬，骾也。《蜀語》：「骨骾在喉曰骬。」骬，若假反，讀若卡。

觰，開也。《説文》：「觰，角上張也。」升庵《俗言》：「觰，竹家切。張貌。」俗云觰開，觰讀若渣。

馱，負也。《蜀語》：「負物曰馱。馱，從大不從犬，音悲。」俗作馱。音駝者誤。

雪，去瓜果皮也。《家語》：「魯哀公賜孔子桃，命以黍雪之。」杜詩：「佳人雪藕絲。」又凡稱雪恥、雪仇，俱以拭除爲義。

攪，亂也。《説文》：「攪，亂也。」《廣韻》：「手動也。」《蜀語》攪音高上聲〔一〕。

𢹿，鋪也。《蜀語》：「鋪墊曰𢹿。𢹿音霸。」

攀，摘也。《集韻》：「攀，徐廉切。摘物也。」〔二〕《蜀語》：「摘毛曰攀。攀音涎。」讀若全。

搡，推也。《集韻》搡，寫朗切。今人謂致物於尊長而不敬者曰搡，讀若賞。

振，留清也。振與扺同。《爾雅》：「扺，清也。」《曲禮》：「振書於君前，有誅。」鄭注：「振，拂去塵也。」今人謂去其渣滓而挹其清者曰振，讀若正。

舀，挹水也。《説文》：「舀，抒臼也〔三〕。從爪從臼，會意。」凡水從器中挹出曰舀，音妖

〔一〕《蜀語》作「攪音摥。摥，音潮去聲」。

〔二〕摘：原誤作「搰」，據《集韻》改。

〔三〕臼：原脱，據《説文解字》補。

上聲。鄭板橋詩：「連月帶星舀一瓢。」

潑，棄水也。《札樸》：「棄水曰潑。」今人謂毀人曰潑人，殆亦毀棄之義。

蘸，沾水也。《蜀語》：「以物沾水曰蘸。蘸音站。」庾信賦：「黛蘸油檀。」

瀝，濾水也。《説文》：「瀝，浚也。一曰水下滴。」《史記》：「時賜餘瀝。」王延壽《魯靈光殿賦》：「動滴瀝以成響。」〔一〕

罨，取汁也。《廣韻》罨音濟，手搦酒也。《玉篇》：「手搦其汁也。」《蜀語》：「搦汁曰罨。罨音擠。」〔二〕

笮〔三〕，壓也。《三國志》：「孫權曰：陳長文之徒，以曹操笮其上，故不敢爲非耳。」《蜀語》：「壓物曰笮。笮音乍。」

剿，續也。《廣雅》：「綢、剿，續也。」疏：「續折木謂之綢，繩索謂之剿。」《蜀語》：「繩索斷而續之曰剿。剿音妾。」〔四〕

㡅，蓋也。《蜀語》：「謂蓋曰㡅。㡅音慷。」

〔一〕「動」上原衍「時」字，據《文選》删。
〔二〕音：原作「讀若」，據《蜀語》改。
〔三〕笮：原誤作「窄」。本條下同。
〔四〕妾：原誤作「接」，據《蜀語》改。

窵，遠也。《說文》：「窵，窅深也。」杜詩：「影動窵窕沖融間。」《蜀語》：「謂遠曰窵。窵音弔。」

揸，斜也。《蜀語》：「謂斜曰揸。揸音且去聲。」

晏，晚也。《玉篇》：「晏，晚也。」《士相見禮》：「問日之早晏。」《離騷》：「及年歲之未晏兮。」〔一〕晏音按。

雇，以錢傭人也。《漢書·鼂錯傳》：「斂民財以顧其功。」《丙吉傳》：「以私錢顧胡組。」《南史·武陵王紀》曰：「以此顧鄉。」雇，古作顧，俗作僱。

賃，以錢貸物也。《類篇》：「賃，以財雇物也。」《史記·范雎傳》：「臣爲人庸賃。」

賖，買物緩值也。《篇海》：「凡人謂遲緩曰賖。」《周禮》：「以泉府同貨而斂賖。」《漢書·劉盆子傳》：「少年來沽者，輒賖與之。」

䝼，得利也。《蜀語》：「得利曰䝼。䝼音驛傳之傳。」亦作賺。

𤺥，漲者落也。《玉篇》𤺥，蒲結切，訓爲枯病。《七修類稿》：「張士信在姑蘇，民爲十七字詩，曰：『丞相作事業，專用黃蔡葉。一夜西風起，乾𤺥。』」𤺥，讀若佘。

你，平等相稱也。《正韻》你，泥上聲。《通雅》：「爾汝若而乃，一聲之轉。」爾又爲尔，俗

〔一〕晏：原誤作「晚」，據《離騷》改。

作你。《後周書·波斯傳》：「你能作幾年可汗？」《北史·李密傳》：「宇文化及曰：與你論相殺事，何須作書傳雅語？」此你字之初見於史者。

仰，尊稱前輩也。《集韻》：「仰，魚兩切。舉首望也。」《易》：「仰以觀於天文。」《詩》：「高山仰止。」杜詩：「家貧仰母慈。」今人稱尊長曰仰，於義甚合。又官府文移上行下用仰。《北齊書·孝昭紀》：「元年詔：定二王、三恪禮儀體式，亦仰議之。」賈昌朝《字音清濁辨》：「上聲下瞻上也，去聲上委下也。」

們，彼此概稱也。《俗言》：「你們、我們猶言你輩、我輩也。」《愛日齋叢鈔》：「樓大防在勅局，見元豐中原案有云我部領你懣，又云我隨你懣去。」南宋改爲們，元時又改爲每，《元典章》用他每甚多。又如軍人每、百姓每，蓋本無正字，借用輾轉。《蜀語》謂們訓肥滿貌，仍以用每字爲是。

漢，對人通稱也。《詢芻録》：「漢自武帝征伐匈奴，三十餘年，聞漢兵莫不畏者，稱曰漢兒，或曰好漢。」自後遂爲男子之稱。《南史》〔一〕：「青衣小兒見王懿，驚曰：『漢已食未？』」《北齊書》：魏愷遷青州長史，固辭。宣帝怒曰：「何物漢子，與官不就。」《唐書·狄仁傑傳》：「則天問曰：『朕要一好漢任使，有乎？』仁傑遂薦張柬之。」《通雅》：「蘇軾評元祐人物曰：

〔一〕南史：原誤作「南宋書」。

『器之真鐵漢。』謂劉安世也。」元鎮殿將軍，選身軀長大者充任，名曰大漢。今人稱年長者曰老漢，少壯者曰漢子，本此。

子，名物助詞也。《中華古今注》：「秦始皇元年詔近侍皆服衫子，妃嬪戴芙蓉冠子。」古樂府：「艇子打兩槳。」李白詩：「頭戴笠子日卓午。」其類甚多。今人名物多助以子字，或用兒字。

那，語餘助詞也。《左傳》：「棄甲則那。」《漢書・方術傳》：「有女從韓康買藥，曰：『公是韓伯休那？』」俗作哪。

的，語定助詞也。《魏志・崔林傳》：「各國遣子來朝，林恐或非真的。」凡事物確指其定在，皆以的爲助詞。宋儒語録最多，但皆作底字。

哏，極言助詞也。翟灝《通俗編》曰：「哏字不見字書，而其詞則至今承之。蓋哏字出《元典章》，有『哏不便當』之語。」近人多假狠字用之，如狠好、狠是，或好得狠、壞得狠是也。

唉，驚嘆詞也。《説文》：「唉，譍也。」《莊子》：「唉，予知之。」《史記・項羽本紀》：「唉，豎子不足與謀。」此本讀平聲，亦有用倚駭切讀若海者。

怎，疑問詞也。《廣韻》《集韻》皆未收怎字，惟韓孝彦《五音集韻》收之。朱子《語録》多用怎生字。又疑怎與恁系一字。辛稼軒詞：「且教兒童莫恁麽。」一作什麽。韓愈問牛僧孺曰：「且道拍板爲什麽？」或謂怎即乍之轉聲，讀沙去聲。

麽，相問詞也。《集韻》：「不知而問曰什没。」《别雅》謂麽即没之平聲。殷文主詩：「擬把公卿换得麽。」劉兼詩：「白首無成歸去麽。」凡疑問待決者，皆以麽爲助詞，如怎麽、麽事之類。

唯，速應聲也。《説文》：「唯，諾也。」《曲禮》：「唯而起。」《戰國策》：「范睢曰：唯唯。」《論語》：「曾子曰唯。」朱注：「唯者，應之速而無疑也。」俗讀若未。

阿，慢應聲也。《韻會》阿通作呵。《老子》：「唯之與阿，相去幾何？」注：「唯與阿，惟遲速小異。」若讀阿若臥，則自失詞也。若作阿𡂿，則驟驚詞也。𡂿，讀若禍。

呢，相問餘詞也。《廣韻》：「呢，女夷切。音尼。言不了也。」今人用爲相問餘詞。俗作哩，或作咧。

呸，相争聲也。《篇海》呸，音丕。《字彙》：「呸，相争之聲也。」

哄，假慰也。《廣韻》：「哄，胡貢切。唱聲。」引伸其義爲欺哄、騙哄。又哄轉音若胡，讀若呼，俗作哄籠，亦欺騙之義。

絶，罵也。《左傳》：「晉侯使吕相絶秦。」〔一〕俗謂罵人曰絶人，義或本此。

謔，戲言也。《詩》：「善戲謔兮，不爲虐兮。」又：「天之方虐，無然謔謔。」《唐韻》虚約

〔一〕侯：原誤作「人」，據《左傳》改。

切，今人讀若嚼。

訬，喧争也。《説文》：「訬，擾也。」《漢書·班固叙傳》：「江都訬輕。」注：「訬謂輕狡也。」《札樸》：「煩擾曰訬。」或作吵。

嗄，聲不清圓也。《正韻》嗄，音沙去聲。《集韻》：「嗄，聲變也。」《道德經》：「終日號而嗌不嗄，和之至也。」

喀，氣鬱作聲也。《廣韻》：「喀，苦格切。吐聲。」《列子·説符篇》：「兩手據地而歐之，不出，喀喀然。」

呃，氣逆作聲也。《玉篇》呃，於革切，音戹。《正字通》：「方書有呃逆症，氣逆上衝作聲也。」

啞，驚訝聲也。《集韻》啞，音亞，聲也。《韓非子·難一》篇：「師曠曰：啞，是非人君者之言也。」俗作呀。

噫，歎噫聲也。《詩》：「願言則噫。」釋文云：「鄭作噫，音都麗反。」讀如啻。今人謂之噴噫。鄭康成云：「今俗人噫，則云有『人道我』。此古之遺語也。」今時猶然。《太平廣記》：「唐玄宗與諸王會食，寧王對御座歎飯。上曰：『寧哥何以錯喉？』黄幡綽曰：『此非錯喉，是歎噫。』」

呻，痛楚聲也。《正俗匡謬》云：「今痛而呻者，江南謂呻唤，關中謂呻恫，太原謂通唤。」

今人猶云呻喚，呻讀如稱。

玉，讀若遇。　玉，韻書收沃韻，魚欲切，入聲。蜀人皆讀爲去聲。萬震《海物異名贊》曰：「江瑶柱，厥甲美如瑶玉。」柱、玉同押，是亦作去聲矣。

一，讀若衣。　《字書》一，古音奇，堅溪切。後人轉爲入聲益悉切。蜀今作平聲。

十，讀若時。　楊升庵曰：「十，實執切入聲，亦可作平聲，如唐詩『三十六所臨春殿，一香風透管絃』，又『絲浪東西南北水，紅闌三百九十橋』，又『春城三百九十橋，夾岸朱樓隔柳條』皆是。」

石，讀爲旦。　凡官府糧册及民間穀米帳，皆以石音擔，云有點爲山石，音同十。無點爲斗石，音同旦。考字書無音旦者，《漢書》「無儋石之儲」，儋音旦，今以石作儋，漢人不應疊音矣。然偏蜀相沿，必有自來也。

大，讀一駕切。　楊升庵曰：「大字古音戴，又音琛，而無一駕切者。惟今音有之。考《淮南子》：『宋康王時，有雀生鸇。占曰：小而生大，必霸天下。』以大叶下，古亦有一駕切之音矣。作四聲韻，不收入禡韻，殆失考也。」

寬韜，充裕也。　《通鑑》：「梁元帝作文章，援筆立就。嘗言我韜於文士。」注云：「今人謂器幣有餘用爲寬韜。」韜讀如潮，實則綽之轉音也。

熱鬧，繁華也。《清異録》：「武宗詔王才人曰〔一〕：『我非不能取熱鬧快活。』」白居易詩：「熱鬧漸知隨念盡。」

安頓，處置也。《乾淳起居注》：「令幕士安頓寢殿前。」楊萬里詩：「未便客心無安頓。」朱子《語録》：「這箇天理須有箇安頓處〔二〕，才安頓得不恰好，便有人欲出來。」

收拾，整理也。《後漢書·光武紀》：「或在壞垣毁屋之下，而家羸弱不能收拾者。」

擔閣，延時也。林和靖詩：「聊爲夫君一擔閣。」或作躭閣。

希罕，珍貴也。《涌幢小品》〔三〕：「朱士楨曰：『分宜雖貪，眼孔儘大，希罕窮措大一絲乎？』」今人不屑受情輒曰不希罕。

撇脱，不拘也。《史記·禮書》：「凡禮始乎脱。」注：「脱，猶疏略也。」《晉書·王敦傳》：「敦性簡脱。」《世説》：「張士簡嗜酒疏脱。」《輟耕録》：「畫山水法，一窠一石，當逸墨撇脱，有士人家風。」今人謂不拘束曰撇脱，或曰洒脱。

擺脱，離開也。唐韓屋詩：「擺脱是良圖。」《宣和書譜》：「李邕擺脱舊習。」

張羅，謀事也。古詩：「南山有鳥，北山張羅。」蓋借漁獵之語以形容極力求事者。

〔一〕曰：原脱，據《清異録》補。

〔二〕處：原脱，據《朱子語類》補。

〔三〕幢：原誤作「憧」。

把滑，穩慎也。《水東日記》：「明太祖初營天壽山，命皇太子偕漢、趙二王及皇太孫往視之，過沙河，涑，王請卻輦就行。仁廟苦足病，中官翼之，猶失足。漢王顧趙王曰：『前人失足，後人把滑。』宣廟應聲曰：『更有後人把滑哩。』後來武定州事已兆於此。」今人讀把若巴。

趚趚，爽快也。《傳燈録》：「守山宗曰：『賣鞋老婆腳趚趚。』」讀若利率。

絡索，累贅也。古詩：「絡索阿姑餐。」一作邏迯。《通雅》：「今語摟搜亦云羅娑。」

快活，喜悦也。《五代史》：「桑維翰曰：『居宰相如著新鞋韈，外面好看，其中不快活也。』」《翰林志》：「梅詢爲學士，搆思甚苦，見老卒臥極適，歎曰：『暢哉。』問：『識字乎？』曰：『不識。』梅曰：『更快活也。』」白居易詩：「快活亦誰知。」蘇詩：「聽取林間快活吟。」

留神，注意也。《後漢書·郎顗傳》：「丁寧再三，留神於此。」

得意，順心也。《荀子·儒效篇》：「揚揚如也。」注：「揚揚，得意貌。」

在行，謂箇中人也。《昭代叢書》魏伯子《論文》：「詩文句句要工，便不在行。」又周文煒《觀宅四十吉祥相》：「今人敬優兒如師友，即不與之同坐，不過曰不在行而已。」今或曰内行，或曰行家。

走作，失常也。《傳燈録》：「若不遇師，幾成走作。」朱子《語録》：「主一無適，心體常存，無所走作。」

糟塌，暴殄也。陸游詩〔一〕：「雲表恣蹴蹋。」〔二〕蹴、糟一音之轉，今人謂毁棄事物曰糟塌。

答颯，不振也。《南史・鄭鮮之傳》：「卿居僚首，今答颯去人遼遠，何不肖之甚。」文與可詩：「嬾對俗人常答颯。」范成大詩：「生涯都塌颯。」答塌音近，或曰傝㒌。

荒唐，無憑也。《管子》：「士之荒脱曰唐。」《莊子・天下》篇：「荒唐之言。」韓詩：「桃源之説誠荒唐。」

荒傽，驚惶也。《楚詞》：「遽傽偟兮驅林澤。」注：「驚恐貌。」《集韻》荒本作慌，傽通作慞，又作獐。蘇詩：「心荒恰似失林獐。」

消停，不忙也。趙長卿詞：「擺脱風塵，消停酸苦，終有成時節。」

毷氉，煩悶也。《唐國史補》：「舉子不捷而醉飽，謂之打毷氉，謂解其煩悶也。」毷氉亦作眊矂，讀若毛照。

懵懂，不曉事也。《廣韻》：「懵懂，心亂也。」《談藪》：「甄龍友平生給捷，一時懵懂。」《楹問餘筆》：「聰明能誤人，不如懵懂。」《菜根談》：「大懵懂人小事必伺察。」〔三〕

〔一〕陸：原誤作「清」。
〔二〕蹋：原作「塌」，據《劍南詩稿》改。
〔三〕必：原誤作「能」，據《菜根談》改。

瘺痹，頑鈍也。《札樸》：「擾戲曰瘺痹。瘺聲如頑。」

尪羸，不勝事也。《蜀語》：「瘦者曰尪羸。尪音汪。從尢，曲脛也。本作尢，從大而屈一足也。後人又添王字。俗作兀，非矣。羸音縲，上從倒子，作𠫓，音突。中從口，音圍。從云、從四誤也。」

含胡，不明了也。《唐書》：「顔杲卿含糊而死。」又陸贄《傳論》：「西北邊宇，朝廷每爲含糊，未嘗窮究曲直。」東坡《石鐘山記》作函胡〔一〕。

模糊，不分明也。杜詩：「騙背錦模糊。」模糊，漫貌。今人讀模若瑪。

糊塗，不明白也。《宋史・吕端傳》：「端大事不糊塗。」朱子《語録》作鶻突。本爲觳濁，觳音斛，濁叶篤，蟲名。升庵《俗言》：「官有憒憒於臨事〔二〕，士有藐藐於臨文，世皆目之曰觳濁蟲。此古語也。《周禮》有壺涿氏掌水蟲，涿音濁，是其證也。」

唐突，輕犯也。《晉書》：「庾亮謂周顗曰：『諸君咸以君方樂廣。』顗曰：『何乃刻畫無鹽，唐突西施。』」《唐書・柳公權傳》：「敢爾唐突。」

邋遢，不潔也。《敬止録》〔三〕：「俗謂人之不潔者曰邋遢。」《明史》張三丰人呼張邋遢。

〔一〕坡：原誤作「波」。
〔二〕憒憒：原誤作「惯惯」，據《俗言》改。
〔三〕止：原誤作「正」。

《札樸》作蝲蝬。《蜀語》作䶎䶏，音臘塔。

腌臢，不净也。臢讀若臧，一作骯髒，疑即《周禮注》之餈餥二字。

撥剌，多也。張衡《思玄賦》：「彎威弧之撥剌。」杜詩：「船尾跳魚撥剌鳴。」李商隱詩：「鷩魚撥剌燕翩翾。」辛棄疾詞：「錦鱗撥剌滿藍魚。」《正韻》剌音辣，《韻會》剌，從束從刀，與刺字不同。今俗讀如坡拉。

冒失，輕率也。《詞源》：「不加審慎曰冒失。」袁枚《子不語》有《冒失鬼》篇，梁恭震《池上草堂隨筆》亦有之。

驚動，煩擾也。《晉書·劉聰載記》云：「不勞驚動將士也。」

打算，計較也。《錢唐遺事》：「賈似道忌害任事閫臣，行打算法。」《元史·循吏傳》亦有此二字。

伶利，敏快也。《字彙》謂人黠慧曰伶俐。朱淑真詩：「始知伶俐不如癡。」按，字書：伶，孤獨也，樂工也，弄臣也。自以伶字爲合。蘇子由《與人書》：「令子比來少病，既長且健，性亦靈利。」

勺鐸，不謹也。顧起元《客座贅語》：「南人謂人不聰敏曰勺鐸。」自注：「音韶道。似當爲少度，以無思量也。」今人仍讀若韶道。

打扮，修飾也。《中原雅音》：「俗以妝飾爲打扮，或曰妝扮。」

調停，和解也。《周禮》有調人，《言鯖》云：「今此職不舉，而親友於兩造有關者，爲之調停。」猶存古意。

見事，料事也。《戰國策》：「范雎曰：『穰侯智士也，其見事遲。』」

欺負，陵人也。《漢書·韓延壽傳》：「待下吏恩施厚而約誓明，或欺負之者，延壽痛自刻責。」陸游詩：「欺負六國囚侯王。」〔一〕亦稱欺壓。

挨磕，被人欺壓也。《集韻》挨，愛上聲。擊也。《正字通》：「磕，石相擊聲也。」揚子賦：「登長平兮雷鼓磕。」

中用，勝任也。《史記·秦本紀》：「始皇曰：『吾收天下書不中用者，盡去之。』」《外戚傳》：「武帝擇宮中不中用者，斥出歸之。」

能幹，謂人能也。《後漢書·循吏傳》：「能幹絶羣。」《文公家禮》：「護喪，以知禮能幹者爲之。」

能彀，相副也。《漢書·匈奴傳》有「不能彀弩」語，《唐書·張巡傳》：「皆癯劣不能彀。」《札樸》：「不副曰不彀。」

撒村，穢詈也。《隋唐嘉話》：「薛萬徹尚丹陽公主。太宗嘗曰：『薛駙馬村氣。』主羞

〔一〕負：陸游詩作「侮」。

之。」故今人以穢語罵人曰撒村。

撒賴，狡展也。　按賴有二訓。一訓善，如《孟子》「富歲，子弟多賴」是。一訓欺，如《左傳》「今鄭人貪賴其田，而不我與」是。今人謂人不如約曰撒賴，或曰抵賴。

嗀羞，慚愧也。《廣韻》嗀，苦蓋切。《博雅》：「嗀，辱也。」《蜀語》：「慚恥曰嗀羞。」

扯淡，語無味也。《委巷瑣談》：「杭人有諱本語而爲俏語者，如謂胡説曰扯淡。」

喫虧，失所應得也。　杜牧詩：「卻笑喫虧隋煬帝，破家亡國爲何人。」

倒竈，運敗也。《太玄經》：「竈滅其火，惟家之禍。」即倒竈語所本。

出拐，遭敗也。《宋史·岳飛傳》：「金兀朮有勁軍，皆重鎧，貫以韋索，三人爲聯，號拐子馬。飛戒步卒，以麻扎刀入陣，勿仰視，第砍馬足。拐子馬相聯，一馬仆，二馬不能行，遂大敗之。」俗謂失敗曰出拐，義或本此。

上當，被紿也。《集韻》當，丁浪切。《正字通》：「凡出物質錢，俗謂之當。」《左傳》：「以王子姑曹當之。」注言「交質也」。又古詩：「寒夜客來茶當酒。」訓非真也。

摸瞎，捉迷也。《宛署雜記》：「燕都燈市，十四日，羣兒牽繩爲圓城。城中兩兒輪以帕蒙目，一兒持木魚，時敲一聲。蒙目者聽聲猜摸，以巧遇奪魚爲勝。勝則拳擊執魚者〔一〕，出之

〔一〕拳：原脱，據《宛署雜記》改。

城外，而代之執魚，又輪一兒入城摸之。」今俗名瞎子摸魚。

作怪，反常也。《餘冬録》：「朱子自言過江西與陸子壽語，有劉淳惠獨去後面學道家打坐，被某罵云：『便某與陸丈不足聽，亦有數年之長，何故恁地作怪？』」

造孽，受罪也。唐寅詩：「閒來畫得青山賣，不使人間造孽錢。」今人謂處境困苦曰造孽，殆溯其由歟？

落頭，漁利也。《左傳》：「歲云秋矣，我落其實而取其材。」《蜀語》：「冒破人物曰落。」今人謂所乾没者曰落頭以此。

末豁，詭得也。魏泰《詩話》云：「予在真定，見大校斥一卒曰：『你可末豁如此？』即召問之。大校笑曰：『北方謂粗疏也。』」今人謂不分得而得者曰末豁，與此義不同。

私房，私財也。《北史·崔昂傳》：「一錢尺帛不入私房。」《北周書·韋叔裕傳》：「早喪父母，事兄嫂甚謹，所得俸錢不入私房。」

怢戇，粗率也。《蜀語》：「贏蠢曰怢戇。怢戇音莽壯。」

姡毒，心很也。《方言》：「獪或言姡。」建平人呼狡爲姡。今俗曰姡毒，見《通雅》。

恍惚，不定也。《老子》：「恍兮惚兮，其中有物。」又《遵生八牋》：「恍惚之中，能擒物象。」

支吾，抵拄也。《文獻通考》：「左支右吾，日不遑暇。」宋包孝肅《條奏七事》：「繼以凶年，加之小寇，何人可以倚仗而枝梧哉？」岳武穆《申司進兵狀》：「楚事危迫，使飛孤軍委實難以支吾。」

唐塞，抵賴也。《淮南子·人間訓》：「唐有萬穴，塞一，魚遽無由出。」唐塞二字本此，俗加手作搪。

尖攢，狡黠也。《蜀語》：「狡黠曰尖攢。攢音纘。矛戟柄底鋭鐵也。言人狡黠如之。吳越謂尖酸，酸字恐非。」

攞換，交易也。《俗書刊誤》：「與人更換財物曰攞換。攞音窕。」

照管，照料也。歐陽公《與焦千之簡》云：「欲奉託照管三數小子。」朱子《語録》：「存得此心，便是要在這裏常常照管。」

耐煩，能事也。《宋書·庾登之傳》：「弟炳之，爲人性急而不耐煩。」劉希夷詩：「幽人不耐煩，振衣步閒寂。」

便當，方便也。《摩詰經》：「維摩以無量方便，饒益衆生。」《元典章》有「兩不便當」之語。

嘉賀，好也。《覲禮》：「予一人嘉之。」鄭注：「嘉之，美之也。」《陶廬筆記》：「今文嘉爲賀，古讀嘉如柯，音轉爲何。《詩》：『假以溢我。』《左傳》襄二十七年作『何以溢我』。何、賀音同。」今人誇美人曰好嘉賀，猶古訓之遺也。

齊鋪，衆多也。《詩》：「若此無罪，淪胥以鋪。」注：「鋪，徧也。」

抽豐，乞惠也。《諧史》：「抽豐，言於豐多處抽分之也。」米元章帖作秋豐。俗謂打秋豐，又謂打把式。

提拔，援引也。《庾子山集》：「謬垂提拔。」

擡舉，揄揚也。唐張玄晏《謝宰相啓》〔一〕：「驟忝轉遷，盡由抬舉。」元稹《高荷》詩：「亭亭自抬舉。」又《牡丹》詩：「風光轉抬舉。」

奉承，諛人也。《左傳》：「奉承以來，不敢先隕。」范質《示從子》詩：「舉世好承奉，昂昂增意氣。不知承奉者，以爾爲玩戲。」

㚬姡，慕勢也。《札樸》：「努力曰㚬姡。」慕勢，蓋引伸之義。俗作巴結。

結業，積怨也。老子《四十二章經》〔二〕：「内無所得，外無所求，心不繫道，亦不結業。」

作活，工作也。《魏書·北海王詳傳》：「及詳得免，高太妃曰：『今後不願富貴，但令母子相保，共汝掃市作活也。』」唐張籍詩：「貧窮作活似村中。」蘇詩：「經卷藥爐新活計。」今人謂作工爲作活路，蓋以此爲生活之路也。呼工人爲夥計，似以活計爲是。

過世，謂死也。《晉書·符登傳》：「姚萇立符堅神主，請曰：『陛下雖過世爲神，豈假符

〔一〕晏：原誤作「宴」。

〔二〕老子作《四十二章經》是東漢時期人的錯誤説法。

登圖臣，忘前出征時言耶？』」

本分，本等也。《荀子·非相篇》：「見端不如見本分。」白居易詩：「未得心中本分官。」《涌幢小品》：「張江陵曰：『讀書人行善，乃本等，非以責報。』」《論語集解》：「顏子怒，不過分。」

格外，分外也。《南史·王綸之傳》：「綸爲安成王記室，袁粲歎曰：『格外之官，便今日爲重。』」《北史·賀若弼傳》：「弼曰：『已蒙格外重賞，今還格外望活。』」

生氣，怒也。《晉語》：「子犯曰：『我曲楚直，其衆莫不生氣。』」

出氣，報怨也。《五代史·伶官傳》：「諸伶侮弄搢紳，羣臣莫敢出氣。」

正氣，端方也。《文子·符言》篇：「君子行正氣。」文文山有《正氣歌》。今人謂人品端正曰正氣，或曰正經。

子細，把穩也。《北史·源思禮傳》：「爲政當舉大綱，何必太子細也。」杜詩：「野橋分子細。」

放賬，放債也。《漢書·谷永傳》顏注：「富賈有錢，假其名，代爲之主，放與他人以分利。」此放字所由起。

盤纏，路費也。《元典章》户部例有「斟酌盤纏條」，刑事例有「侵使軍人盤纏條」。元以前未見此二字。

不牡，不合也。《蜀語》：「交情不合謂之不牡。牡，簨牡也。凡木石凸者爲牡，凹者爲牝，以相受。故言語不合謂之不對牡。」簨音筍。

不配，不稱也。《玉篇》：「配，匹也；當也。」《禮記》：「女子拊于王母〔一〕，則不配。」今人看不起人，輒斥曰不配。

不採，不顧也。《北齊書》：「后既立〔二〕，更不採輕霄。」《涌幢小品》：「明王蕖爲保定府，武皇南巡過之。巡撫賭酒不勝，蕖請代。上賜大觥三，復顧注酒者曰：『止，不要採他。』」

不消，不必也。朱子《語録》：「如誠便不消言閑邪之意。猶善守門户，不消更言别有拒盜底。」《五燈會元》：「不遇知音，祇這一個也不消得。」

不肯，不可也。《爾雅·釋言》：「肯，可也。」《春秋》宣四年《經》云：「公及齊侯平莒及郯，莒人不肯。」《齊策》云：「客肯爲寡人來靖郭君乎？」高誘注云：「肯，猶可也。」

不堪，不耐也。《左傳》：「君將不堪。」《絶交書》有「必不堪者」也。孟浩然詩：「欲徇五年禄，其如七不堪。」

不爾，不理也。《晉書·王述傳》：「若其不爾，宜改遷園陵。」《鶡冠子》曰：「逆言過耳，則甲兵相李。」李即理也。

〔一〕母：原誤作「女」，據《禮記》改。
〔二〕后：原誤作「立」，據《北齊書》改。

不行，不成也。《論語》：「有所不行。」《左傳》昭十年：「千人至，將不行。不行，必盡用之。」杜注云：「行，用也。」今人行不去者曰不行。

蔑蔑，小也。《方言》：「江淮陳楚之間謂之蔑。」郭注云：「蔑，小也。」今人或讀平聲。

些些，少也。《説文》：「尐，少也。」《廣韻》讀若屑，即些之正字。《唐書·楊嗣復傳》：「臣近日未免些些不公。」唐詩：「一名閑物要些些。」升庵《俗言》些作呰。今人讀些若低。又丁丁、點點，皆少也。

啾啾，低聲也。《篇海》：「啾啾，小聲。」樂府：「啾啾蹌蹌入西園。」啾，千遥切，音鍬，今人讀若敲。

矬矬，矮也。《唐書·王伾傳》：「形容𨓆陋。」𨓆，行貌，當以矬字爲是。矬，七禾切，音搓。

邦邦，硬也。《傳燈録》有「硬綳綳」語，綳、邦一音之轉。

啞啞嚇嚇，哈哈笑也。《易》：「笑言啞啞。」今人謂笑爲嗄嗄，當是啞啞轉聲。《朝野僉載》：「正月見三白，田公笑嚇嚇。」《傳燈録》：「百丈海哀哀大哭，繼乃哈哈大笑。」

容易，易也。《漢書·楊惲傳》：「事何容易。」東方朔《非有先生論》：「談何容易。」其實何容二字連文，非容易二字連文也。杜詩：「今雨喜容易。」又：「容易失沈淪。」孟郊詩：「郊音豈容易。」輾轉沿襲，遂成容易連文矣。

倶齊，齊也。《集韻》倶，丈減切。倶然，齊整貌〔一〕。《札樸》：「長短相等曰倶齊。倶聲如展。」

應當，當也。《爾雅》：「應，當也。」今人凡言事宜如此者曰應當。應當連文或曰應該。

遮蓋，蓋也。《通俗文》：「天子出，虎賁伺非常〔二〕，謂之遮迾。」《淮南·説林》「日月欲明而浮雲蓋」之蓋，即遮也。今人謂有過失而掩護之，謂之遮蓋。

多謝，謝也。《漢書·趙廣漢傳》：「爲我多謝問趙君。」杜詩：「永懷江左逸，多謝鄴中奇。」

躲嬾，嬾也。《後漢書·王丹傳》：「農時嘗載酒田間，勤苦者勞之，惰孏者恥不致。」孏，古嬾字。《楊椒山集》訓子曰：「凡與人同事，勿辭勞苦躲嬾。」

馞香，香也。馞音蓬去聲。《集韻》：「香氣盛也。」

膖臭，臭也。膖音滂。《蜀語》作膖醜，醜音抽去聲。

稀奇，奇也。《涌幢小品》：「直道厚道，先輩得之最多。淵源又自有素。行之以爲固然，初非分外稀奇事。」

孤負，負也。李陵《答蘇武書》：「孤負陵心。」李商隱詩：「孤負香衾事早朝。」

嘤喝，喝也。《戰國策》：「虚聲恫喝。」又：「務以秦權恐喝諸侯。」歐陽公曰：「蠅可憎

〔一〕齊整：原作「整齊」，據《集韻》改。
〔二〕「伺」上原衍「出」字，據《通俗文》改。

矣，尤不堪蚊子之自遠嘤喝來咬人也。」

只當，自恕詞也。　魏之方言已知其誤而自恕之，猶云只當如此也。　崔述《考信録》有《只當行詩序》。

只管，索性詞也。　朱子《語録》：「未有致知而不在敬者，敬也在先，從此推去，只管恁地。」又曰：「事物之來，當辨别一個是非，不成只管敬去。」

到底，窮究詞也。　《唐書・李渤傳》：「似石投井，非到底不可。」又《魏徵傳》：「徵亦自以不世遇，乃展盡底蘊無所隱。」《五燈會元》：「桶底脱自合歡喜。」

難爲，感謝詞也。　《世説》：「元方難爲兄，季方難爲弟。」今人感受人情，輒謝曰難爲你。或轉爲勞慰二字，亦合。

重言，語足詞也。　凡人一言而重者，如稱人曰伯伯、哥哥，名物曰盆盆、鉢鉢，論事曰整整、齊齊，皆足其文詞，無别義也。

先偏、偏得，謝詞也。　《左傳》：「先偏後伍，伍承彌縫。」宇文融《和聖製》詩：「謬列台衡重，俱承雨露偏。」

釋天

日謂之太陽。　《説文》：「日，實也。太陽之精不虧。」〔一〕《春秋内事》：「日者，陽德

〔一〕不虧：原脱，據《説文解字》補。

之母。」

月謂之月亮。李益詩：「庭木已衰空月亮。」《蜀語》：「月半明曰哄哄亮。」《童女謡》有「大月亮」「小月亮」「月亮光光」諸歌。

星謂之星宿。《釋名》：「星，散也。列位布散也。」「宿，宿也。星各止宿其所也。」《漢書・劉向傳》：「晝讀書傳，夜觀星宿。」杜詩：「復亂檐前星宿稀。」李商隱詩：「星宿森文雅。」宿讀秀。

虹謂之杠。《爾雅》：「螮蝀，虹也。」郭音講。裴注《三國志》虹音降〔一〕。《札樸》：「虹，俗謂之絳，又謁爲杠。」元微之詩：「山頭虹似巾。」虹亦讀去聲。

雲漢謂之天河。《詩》「維天有漢」，傳：「天河也。」《抱朴子》：「天河從西北極至於南極。」鮑照《河清頌》：「徒翫井科，未覩天河。」沈佺期詩：「天河入户低。」杜詩：「安得壯士挽天河。」

電謂之掣閃。《甘泉賦》：「電倏閃于牆藩。」《隋書》：「突厥大畏長孫晟，觀其走馬，稱爲閃電。」劉禹錫詩：「輕電閃紅綃。」蘇詩：「柳侯運筆如電閃。」《札樸》：「電光曰打頞。頞、閃音近。」

〔一〕裴：原誤作「斐」。下同。

濕雲謂之雨腳。《宣和畫譜》：「僧巨然所作雨腳，如有爽氣襲人。」又杜牧詩：「林黑山高雨腳長。」白居易詩：「風驅雨腳迴。」

霞謂之燒霞。儲光義《晚霽》詩：「落日燒霞明，農夫知雨止。」

彗星謂之掃把星。《史記・天官書》注：「天彗者，一名掃把星。」《晉書・天文志》：「彗星，所謂掃星，本類星，末類彗，小者數寸，長或竟天。」《廣韻》：「彗，帚也。」俗呼帚爲掃把，故名。

暴雨謂之偏涷雨。《爾雅》：「暴雨謂之涷。」《楚辭》：「使涷雨兮洒塵。」《蜀語》：「涷，從水音東，不從冫音洞，其云偏者，或不逾牆，或不過畦也。」

雹謂之冷子。《説文》：「雹，雨水也。」《札樸》：「雹曰冷子。」俗又呼爲雪子。

霧謂之罩子。《釋名》：「霧，冒也。氣蒙冒覆地物也。」《水經注》：「燕王臺岫壑沖深，含烟罩霧。」李山甫詩：「醉烟輕罩一團春。」里諺云：「有雨山戴帽，無雨河起罩。」皆謂霧也。

露謂之露水。《説苑》：「桑君出懷中藥與扁鵲，承取竹木上露水。」《宋史・李煜傳》：「宮中競收露水，染碧以衣之，謂之天水碧。」張昱詩：「瀲夜薔薇露水香。」又《秋興》詩：「金盤露水何曾見。」

避風謂之背風。庾信詩：「烏巢喜背風。」陸游《梅花》詩：「背風千片遠隨人。」

歲數謂之年紀。《後漢書・光武紀》：「詔下，州郡檢查户口年紀。」《困學紀聞》：「王旦曰寇準許大年紀，尚駃耳。」裴夷詩：「自知年紀應偏少，先握屠蘇不讓春。」

月終謂之大盡、小盡。《竹坡詩話》：「頃歲郡縣不頒曆，所至朔晦不同。朱希真作《小盡行》詩〔一〕：『藤州三月作小盡，梧州三月作大盡。』」

日謂之日子。《文選》陳孔璋《檄吴校將文》年月朔日子云云。《南史》劉之遴等校古本《尚書》，稱永平十六年五月二十一日己酉，今本無上書年月日子。《餘冬録》：「日十二時，每日必起於子，故云。」

日中謂之晌午。《中原雅音》晌音賞。《函海古今諺》：「早霞紅丢丢，晌午雨瀏瀏。」陳扶摇《花鏡》：「晨起點梅花湯，晌午採筍蕨，供胡麻。」

後三日謂之外後日。《老學庵筆記》：「後三日爲外後日，意其俗語耳，偶讀《唐逸史·裴老傳》〔二〕，乃有此語。」今且以外後日之後爲大外後日，後日亦曰後箇。

一日謂之一天。蔡襄詩：「白玉樓頭第一天。」俗謂今日曰今天，明日曰明天，另日曰二天。

一年謂之一歲。《蜀語》：「歲從步從戌，言年至戌而終，秦時所作也。」按，秦正建亥至戌月，適成一年，後世遂因之。

〔一〕盡行：原作「建」，據《竹坡詩話》改。

〔二〕逸：原誤作「遺」。

釋地

山頂謂之山頭。　《爾雅》：「山頂，冢。」注云山頂即山頭也。《晉書·蘇竣傳》：「我寧山頭望廷尉，不能廷尉望山頭。」《古木蘭詩》：「暮宿黑山頭。」韓偓詩：「山頭水從雲外落。」

山根謂之山腳。　《釋名》：「山足曰麓。」山足即山腳也。楊萬里詩：「海濤半浸青山腳。」杜荀鶴詩：「路沿山腳潮痕出。」

山地謂之山場。　《芝田録》〔一〕：「含元殿換一柱，飭右軍採造，下盩厔山場，彌年未搆。」

平原謂之垻。　《蜀語》：「垻，從貝音霸，與從具者不同。從具，水堤也，音具。」黄山谷詩：「君家冰茄白銀色，殊勝垻裏紫彭渟。」

深巖謂之嵌。　韋莊詩：「掃絮積山嵌。」范成大詩：「黑石黄嵌拼命輕。」高啓《玩月》詩：「穿深窺暗不遺隙，罔兩忌影逃巖嵌。」

險峻謂之陡。　《玉篇》陡作㞳，峻也。《韻會》云：「崖壁峭絶也。」杜詩：「陡上捩孤影。」

平曠謂之壏埮。　《蜀語》：「壏埮，音覽坦。」

不平謂之坡。　《説文》：「坡，阪也。」戴復古詩：「拄杖穿雲去，一坡仍一坡。」顧瑛詩：「雨隨牛迹坡坡緑。」

〔一〕　録：原誤作「錄」。

土高起謂之埨。《蜀語》：「埨，倫上聲。」

向日謂之陽坡，背則謂之陰坡。《爾雅》：「山東曰朝陽。」〔一〕注云：「旦即見日。」《周禮·祚氏》疏引《爾雅》：「山南曰陽，山北曰陰。」杜詩：「陽坡可種瓜。」李商隱詩：「東風開花滿陽坡。」方干詩：「遮莫光陰自下坡。」

石謂之石頭。《吴志》：「孫權徙治秣陵，城石頭。」高適詩：「山城望石頭。」寒山詩：「心地調和倚石頭。」

沃地謂之魚米之地。《漢書·地理志》：「巴蜀民食稻魚，無凶年憂。」唐田澄《蜀城》詩：「地富魚爲米，山芳桂是薪。」

山居設險謂之砦子。《正韻》：「砦，藩落也。」又：「壘也。」俗作寨，通作柴，古作塞。《禮·月令》：「孟冬備邊境，完要塞。」《史記·蘇秦傳》：「秦四塞之固，拔山帶渭。」

煤礦謂之窿子。《宋景文筆記》：「孔曰窟窿。」《集韻》别有窿字，訓曰孔。

鹵水謂之鹽井。《廣韻》：「鹵，鹽澤也。」〔二〕天生曰鹵，人造曰鹽。《正字通》：「鹽，種類非一，或出於鹵地，或出於井。」

岷江謂之大河。岷江西入縣境，至東出境，經過一百六十里，俗呼爲大河。

〔一〕曰：原脱，據《爾雅》補。

〔二〕《廣韻》作「䴚，鹽澤」。

湯溪謂之小河。　湯溪自上庸界來，東北入縣境，南入於江。昔謂湯口，今呼爲小河口。

彭溪謂之小江。　彭溪自開縣來，西北入縣境，南入於江。入江處俗呼爲小江口。

小水謂之河溝。　《戰國策》：「秦伐魏，引河溝以灌大梁。」

水潭謂之沱。　《詩》：「江有沱，之子歸，不我過。」孟郊詩：「峽水聲不平，碧沱牽清洄。」虞集詩：「援篙引楫，至於中沱。」

逆流謂之上水，順流謂之下水。　王建詩：「逆風上水萬斛重。」《國策》：「西周不下水。」《晏子春秋》：「逆流百步，順流七里。」《摭言》：「裴廷裕文書敏捷，號爲下水船，姚洎爲上水船。」

回流謂之漩渦。　《説文》：「漩，回泉也。」《荀子》：「水深則回。」楊注：「回，漩流也。」《蜀語》：「三峽水深，故其流不成波，而成漩。」郭璞曰：『盤渦谷轉。』〔一〕杜詩：『巫峽盤渦曉。』楊升庵曰：『盤音漩。』又渦音倭。」

蓄水謂之堰塘。　《正韻》〔二〕：「壅水爲埭曰堰，築土遏水曰塘。」鄉農築堰引水以灌塘，築塘儲水以溉田，故名。

積水謂之坑，亦謂之蕩。　《蒼頡篇》：「阬，壑也。」同坑。《莊子》：「在坑滿坑。」《周禮・

〔一〕谷：原誤作「欲」，據《文選》改。
〔二〕正：原誤作「廣」。

地官》：「稻人以溝蕩水。」陸雲《愁霖賦》：「平原蕩而爲淵。」

渡口謂之馬頭。《通鑑》：「史憲誠據魏博，於黎陽築馬頭。」《晉書·地理志》：「新興馬頭。」《北史·楊侃傳》：「梁豫州刺史裴邃欲襲壽春，謬移云：魏欲馬頭置戍。」俗作碼頭。

冰謂之凝冰。《正韻》古文冰作仌，凝作冰。後人以冰代仌，以凝代冰，凝讀去聲。

遏水謂之迮。《陳書》：「吴明徹迮淝水以灌金城。」《蜀語》：「築堤蓄水曰迮。迮音作。」

水涌謂之湄。《蜀語》：「水上涌曰湄。湄音冒。」

沈水謂之没。《蜀語》：「没，莫佩切。音迷去聲，不作入聲。人躍入水底曰打没頭。」

溺水謂之淹。《蜀語》：「淹，烏含切，音庵。」《北史·皇甫和傳》：「宅中水淹不洩，雨即流入牀下。」韓偓詩：「榆莢堆將水半淹。」

釋親

父曰爹。《廣韻》：「爹，父也。」《南史》：「梁始興王還朝，人歌曰：『始興王，人之爹。』」陳思崇《隨隱漫録》：「太子兩拜問安：『伏遇爹爹皇帝陛下。』」陸游《避暑漫鈔》：「上微謂憲聖曰：『如何比得爹爹富貴。』」爹與爸、𤕠、爺義同音近。縣中各姓稱謂或殊，則呼聲輕重之別也。

母曰媽。《廣雅》：「媽，母也。」《玉篇》同。《夷堅志》：「鄉里素諳我家事，須媽媽起來。」《四朝聞見録》宋寧宗呼曾祖母憲聖皇后爲大媽媽。《集韻》媽音姥。今讀馬平聲。

庶母曰姨娘。《癸巳類稿》：「俗稱妾媵爲姨娘。」

祖父曰大大。《爾雅義疏》：「祖謂王父。王，大也。故王父亦曰大父。」《蜀語》：「呼父爲大大，謂父莫大也。」今俗呼祖父爲大大，殆引伸其義。大讀平聲。

祖母曰奶奶。《通雅》：「嬭或作姥，或呼嬭，因作奶。皆母字之轉也。」宋柳耆卿詞：「願奶奶蘭心蕙性。」古爲婦人通稱。今俗以呼祖母。奶，讀乃平聲。

伯父曰伯伯。《釋名》：「世父又曰伯父。」後但稱伯。《南史》：「伯既如此，無心獨存。」《夢華録》：「東坡立春日簪幡勝過子由，諸子姪笑指曰：『伯伯老人亦簪幡勝耶。』」

叔父曰八八。《正字通》：「夷語稱老者爲八八。」《通雅》：「《唐書》德宗以懷光孫燕八八爲後，蓋夷語稱老成者曰八八。《仙傳》：『陶八八，肅宗時道士，以丹授顔真卿者。』」韓愈《祭女挐女文》自稱阿八。今俗以稱叔父，疑係爸爸轉音。

姑母曰孃孃。蘇轍《龍川雜志》仁宗謂劉氏大孃孃、楊氏小孃孃。《木蘭辭》：「不聞耶孃喚女聲。」皆謂母也。今俗呼姑母曰孃孃，亦稱姑孃。

又曰老姊。《爾雅義疏》：「古人謂父姊爲姑姊，父妹爲姑妹。今人省文，故單稱姑。《釋名》：『姑，故也。』」《詩》「問我諸姑」，正義引孫炎曰：「故之言古，尊老之名也。」今俗呼姑爲老姊，尚於古義有合云。《晉書》：「郭弈曰：『大丈夫豈當以老姊求名。』」

伯母曰伯娘。《禮》：「伯母疏衰，踴不絶地。」伯母昔稱世母，今稱伯娘。《温公書儀》：「古稱父爲爺，母爲娘。杜詩：『爺娘妻子走相送。』《晉書·顧衆傳》：『衆事伯母以孝聞。』」

叔母曰嬸。《明道雜志》：「經傳無嬸字，乃世母二字合呼也。」《野客叢談》：「呼叔母曰嬸，始於北宋。」吕東萊《紫薇雜記》：「母母受嬸房婢拜〔一〕，嬸見母母房婢拜，即答。」王令詩：「閲女當求嬸，慕士在獲彦。」

姑夫曰姑父。《三國志·李恢傳》：「姑夫爨習爲建伶令。」《因話録》：「新婦有哀迫之事，須面見姑夫。」今稱爲姑父，呼爲姑爺。

兄曰哥哥。《説文》：「哥，聲也。」《廣韻》哥，古歌字。今呼爲兄。唐張九齡《勅賜寧王池宴詩序》：「上曰：大哥好作主人。」白居易《祭浮梁大兄文》稱大哥。《元史》泰定帝即位，詔云：「諸位哥哥兄弟每也都理會的。」

姊曰姐姐。《説文》：「蜀人謂母曰姐。」《四朝聞見録》：「上嘗語憲聖曰：『俟姐姐歸，爾其選矣。』」原注：「姐姐，謂太后也。」《能改齋漫録》：「近世稱女兄爲姐，蓋尊之也。」劉基詩：「悍婦勃谿喧姊姐。」

兄之妻曰嫂。《説文》：「嫂，兄妻也。」《釋名》：「嫂，叟也。叟，老者稱也。」《禮》：「嫂

〔一〕母母：原脱一「母」字，據《紫薇雜記》補。

叔之無服也，蓋推而遠之也。」《後漢書》：「馬援敬事寡嫂。」韓愈《祭嫂鄭氏文》：「在死而生，實維嫂恩。視予猶子，誨化諄諄。」

弟之妻曰婦。《爾雅》：「弟之妻爲婦。」《釋名》：「婦者，服也。服家事也。」今俗稱爲弟婦，亦呼爲妹，但冠其姓云。

兄弟婦曰妯娌。《方言》：「築娌，匹也。」郭注云：「關西兄弟婦相呼爲妯娌。」《廣雅疏》〔一〕：「築與妯同。妯之言儔也。娌，耦也。」《史記·封禪書》：「見神于先後宛若。」索隱曰：「先後，即今之妯娌也。」楊奂孫《烈婦歌》：「屈己接妯娌，盡心奉舅姑。」

姊壻曰姐夫。《後漢書》：「天子姊壻。」《釋名》：「兩壻相謂爲亞。並來，則姊夫在前，妹夫在後。」

妹丈曰妹夫。《後漢書》：「胡母班，王匡之妹丈。」《漢書》：「陸俟延壽，坐知女妹夫亡命，笞二百。」白居易詩：「覓得黔婁爲妹壻。」《北史·鄭元禮傳》：「且知妹夫疏于婦弟。」

小兒女曰幺。《說文》：「幺，小也。象子初生之形。」《蜀語》：「呼小兒女曰幺。幺音腰。凡幼幽字從此爲聲。俗作么，誤。」

兄弟之子曰姪。《爾雅》：「女子謂舅弟之子爲姪。」〔二〕《儀禮》注：「謂吾姑者，吾謂之

〔一〕廣雅疏：即「廣雅疏證」，下同。

〔二〕舅：原作「兄」，據《爾雅》改。

姪。」姪本姑謂兄弟之子，後爲對於伯叔之通稱。《四朝聞見録》：「宋真宗幸呂蒙正第，問諸子孰可用，對曰：『有姪夷簡，宰相才也。』」柳宗元《祭六伯父文》稱姪男，《柳毅傳》：「女姪不幸。」

姊妹之子曰外姪。《釋名》：「姊妹之子曰甥。」杜詩：「劉牢出外甥。」古人亢謂之外甥。《世説》：「王子敬兄弟見郄公，甚修外生禮。」又謂之外生。白居易詩：「弟妹妻孥小姪甥。」李商隱詩：「朋戲渾甥姪。」黄庭堅詩：「甥姪跳梁暮堂下。」今人則謂之外姪。

子婦曰息婦。《戰國策》：「老臣賤息舒祺。」《史記》：「臣有息女，願爲季箕帚妾。」古人謂子曰息。息婦者，子婦也。俗謂子婦曰媳婦，誤。《元史·裕宗皇后傳》：「世祖每稱之爲賢德媳婦。」

女壻曰半子。《漢書》：「高祖過趙，趙王敖執子壻禮甚卑。」《唐書·回紇傳》：「咸安公主下降可汗。上書恭甚，謂昔爲兄弟，今爲半子也。」

以兄弟之子爲後曰過房。《朱子言行録》：「王曾無子，欲令弟子過房。」

以女許人曰女。《韻會》：「女，去聲。以女妻人曰女。」《書》：「女于時。」《孟子》：「涕出而女於吴。」俗讀女若御。

女之子曰外孫。《爾雅》：「女子子爲外孫。」《史記·高后紀》：「高后爲外孫魯元王偃年少孤弱。」《漢書·司馬遷傳》：「外孫楊惲，祖述其書。」蘇轍詩：「外孫跨鞍馬，遇事亦閑習。」

夫之父曰公公。《吕氏春秋》：「孔子弟子從遠方來，孔子荷杖問之曰：『子之公公有恙乎？』」所云公公者，祖也。《漢書·賈誼傳》：「抱哺其子，與公併倨。」《唐書》：「不癡不聾，不作家翁。」翁、公音近相轉也。

夫之母曰婆婆。《方言瑣辯》：「俗稱老嫗爲婆婆。」宋張齊賢母入大内，上曰：「婆婆百福。」《證俗文》：「東齊稱舅姑曰公公、婆婆。」晉樂府：「後來新婦今爲婆。」

夫兄曰大伯。《爾雅》：「夫兄爲兄公。」今俗呼爲大伯。《五代史補》：「李澣婦拜李濤，濤答拜。澣曰：『新婦拜阿伯，豈有答禮？』」

夫弟曰小叔。《説文》叔作尗，從上小，言尊行之小也。《世説》：「王凝之妻謝氏道韞，獻之與客譚，詞理將屈，道韞遣婢白獻之，欲爲小郎解團。」又：「王澄，衍季弟也。衍妻郭貪鄙，澄諫，郭怒曰：『太夫人臨終，以小郎屬新婦，不以新婦屬小郎。』」今呼小叔，殆沿此也。

夫姊曰大姑。《順適堂吟藁·蠶婦吟》：「大姑不似三姑巧。」

夫妹曰小姑。《焦仲卿詩》：「卻與小姑别。」顧況詩：「小姑方倚牀。」「小姑如我長。」王建詩：「先遣小姑嘗。」

母之父曰外祖。《爾雅》：「母之考爲外王父。」《漢書·楊惲傳》：「有外祖司馬遷之風。」《隋書》：「皇甫續爲外祖韋孝寬所鞠養。」《唐書》：「楊於陵生子嗣復，外祖韓滉撫其背曰：『名位皆踰其父。』」元稹詩：「應爲些些似外翁。」故今人亦稱外公。

外祖母曰外婆。《爾雅》：「母之妣爲外王母。」《禮記》：「齊穀王姬之喪，魯莊公爲之大功〔一〕。或曰外祖母也，故爲之服。」《左傳》「宋景曹卒」，注：「景曹，宋元公夫人，季桓子外祖母。」《容齋隨筆》：「三舅荷伯提攜極喜，只是外婆不樂意。」

母之兄弟曰舅父。《爾雅》：「母之弟弟爲舅。」《釋名》：「舅，久也。」《詩》：「我送舅氏，曰至渭陽。」「既有肥牡，以速諸舅。」《史記·孝文紀》封淮南王舅父趙兼爲周陽侯，齊王舅父鈞駟爲清郭侯。杜詩：「吾舅盡知名。」岑參詩：「工文能似舅。」

舅之妻曰舅母。《晉書》：「武帝楊后母早卒，依舅家，舅母仁愛，親乳之，使他人乳己子。」

母之姊妹曰姨母。《釋名》：「母之姊妹爲姨。」亦稱姨母，以别於妻之姊妹也。《左傳》「穆姜之姨子」，注：「穆姜姨母之子，與穆姜爲姨晜弟。」〔二〕今俗又呼爲姨孃。

姨母之夫曰姨父。《北史·元乂傳》：「常造禁中，元帝呼爲姨父。」《小知録》：「袁肇修爲姨丈人崔休所知賞。」俗又呼爲姨爹。

姑與舅之子曰表兄弟。《儀禮》「姑之子」，鄭注：「外兄弟也。」「舅之子」，注：「內兄弟

〔一〕莊：原誤作「哀」，據《禮記》改。
〔二〕晜：原誤作「兄」，據《左傳》杜注改。

也。」《唐書》：「崔湜表兄周利貞。」《宋史·魏野傳》：「李瀆爲野中表兄。」杜詩：「他鄉惟表弟。」呂本中詩：「表弟今何在。」表與外同義也。

姑與舅之女曰表姊妹。王羲之《和方帖》：「表妹委篤示致向。」

姨母之子曰姨兄弟。《北史·序傳》：「李炎之自誇文章，從姨兄常景笑而不許。」《魏書·房景遠傳》：「房陽是我姨兄。」《北史·魏收傳》：「姨弟盧道裕雅相親昵。」《南史》：「江祐姨弟徐蘇爲曲江令。」杜詩：「梁公曾孫我姨弟。」《朝野僉載》：「狄仁傑侯問盧氏堂姨〔一〕：『表弟有何願？』盧曰：『老姨只此一子，不欲令事女主。』」是姨弟仍呼表弟也。

表兄弟之子曰表姪。《唐書·楊慎矜傳》矜與王鉷父瑨中外兄弟，鉷即表姪。

表姊妹之子曰表甥。《唐詩紀事》：「皇甫松，丞相奇章公表甥。」

父之舅曰舅祖。《後漢書·張禹傳》：「祖況族姊爲皇祖考夫人，光武過邯鄲，況謁見，光武喜曰：『乃今得見我大舅乎。』」《晉書·應詹傳》：「鎮南大將軍劉弘，詹之祖舅也。」《冷廬雜識》：「父之舅，古稱大舅、祖舅。」今俗稱舅祖，亦呼舅大。

妻之父曰丈人。《漢書》：「單于曰：『漢天子，我丈人行。』」《三國志》裴松之注「獻帝舅車騎將軍董」句下謂：「古無丈人之稱，故謂之舅。」柳子厚《與外舅楊憑書》：「丈人以文流當

〔一〕侯問盧氏堂姨：原作「侯盧氏姨問」，據《朝野僉載》改。

世。」又曰：「丈人旦夕還朝。」陳後山《送外舅》詩：「丈人東南英。」

妻之母曰丈母。《顏氏家訓》：「今中外丈人之婦俗呼爲丈母。」《通鑑》韓滉謂劉元佐曰「丈母垂白」是也。若《柳子厚文集》有《祭獨孤氏丈母》文，則專屬妻母也。

妻之叔曰叔丈人。任淵《黄山谷詩注》：「王慶源爲東坡叔丈人。」

妻之兄弟曰内兄弟。《宋史·劉廠傳》：「舉慶歷進士，廷試第一。編排官王堯臣，其内兄也，以親嫌列第二。」顏真卿《家廟碑》：「祖昭甫工書，與内弟殷仲容齊名。」

妻之姊妹曰姨。《詩》：「邢侯之姨。」《左傳》莊十年：「蔡侯曰：『吾姨也。』」《三國志》：「夏侯淵妻，太祖内妹。」《世説》：「孫秀降晉，武帝妻以姨妹。」

姨之夫曰姨夫。《合璧事類》：「歐陽公與王拱辰同爲薛簡肅子壻，公先娶長女，拱辰娶其次。後公再娶其妹，故有『舊女壻爲新女壻，大姨夫作小姨夫』之句。」

結兒女姻曰親家。《隋書》劉金驎呼雲定興作親家翁。《唐書》蕭瑀嘗因太宗宴，曰：「臣是唐朝天子親家翁。」又：「蕭嵩子尚玄宗女親昌公主，嵩妻入謁，帝呼爲親家母。」盧綸《王駙馬花燭》詩：「人主人臣是親家。」親讀去聲。

近親曰親戚。《孟子》：「親戚叛之。」孔疏：「親謂内親，戚謂外戚。」《左傳》：「封建親戚以藩屏周。」《漢書·貢禹傳》：「不阿親戚。」陶淵明《歸去來辭》：「悦親戚之情話。」張華詩：「降禮崇親戚。」杜詩：「何時太夫人，堂上會親戚。」

遠姻曰瓜葛。　蔡邕《獨斷》曰：「後上原陵，凡與先帝先后有瓜葛者皆會。」《世説》晉王導嘗與客弈争道，導笑曰：「相與似有瓜葛，何得乃爾？」按，瓜葛，皆引蔓之物，喻戚屬輾轉相聯也。

養母曰乾孃。　《北齊・恩倖傳》：「陸令萱配入掖庭，後主繦褓之中，令其鞠養，謂之乾阿孃。」

乳媪曰奶母。　《漢制考》：「姆，今乳母矣。」疏：「漢時乳母選德行有乳者爲之。」《史記・滑稽傳》：「東武侯母嘗養帝，帝號爲大乳母。」《晉書・桓玄傳》：「玄幼時，孃媪每抱詣温，輒易人而後至，云其重也。」《通雅》孃作奶。

釋人

家長曰當家。　《史記・秦始皇紀》：「百姓當家則力農。」《朝野僉載》：「婁師德曰：『犯國法，雖當家兒子亦不能捨。』」范成大詩：「村莊兒女各當家。」

主講書院曰山長。　葉名澧《橋西雜記・荆湘近事》：「五代時蔣維東隱名衡岳，受業者稱爲山長。」《元史・順帝紀》用終場下第舉人充學正山長。《至順鎮江志》學職中列淮海、濂溪、茅山三書院山長姓名。

塾師曰先生。　《曲禮》：「從於先生，不越路而與人言。」鄭注：「先生，老人教學者。」先生，古亦有單稱一字者。《漢書・梅福傳》稱叔孫先，《晁錯傳》稱張恢先、鄧先，《叔孫通傳》

曰：「叔孫生，誠聖人也。」《貢禹傳》：「朕以生有伯夷之廉、史魚之直。」又漢經師多稱生，如伏生、歐陽生之類。

徒弟曰門生。歐陽公《孔宙碑》陰題名跋：「漢世公卿多自教授，聚徒常數百人，其親受業者爲弟子，轉相傳授者爲門生。」

讀書曰斯文人。《論語》：「天之將喪斯文也，後死者不得與於斯文也。」杜詩：「斯文散都邑，高價逾璵璠。」蘇詩：「退之仙人也，游戲於斯文。」

經商曰買賣人。《戰國策》：「良商不與人争買賣之賈。」《史記·平準書》：「盡籠天下貨物，貴即賣之，賤則買之。」

務農曰莊稼人。《唐書》：「官有莊田户籍者，仰州縣放免户籍。」晁補之詩：「莊奴不入租，報我田久荒。」按，古人别墅多言莊，如裴度之午橋莊、李德裕之平泉莊，其田謂之莊田，傭佃耕種謂之莊户，或曰莊家。莊稼，則同聲相轉也。

官紳曰老爺。《三朝北盟會編》：「魚磨山寨軍亂，殺其統領官馬老爺。」《元史》：「我董老爺。」《柳南隨筆》：「前明惟九卿詞林稱老爺，外任司道以上稱老爺，餘止稱爺。」

主人曰老板。《北史·齊孝昭帝紀》：「皇建元年詔諸郡國老人各授板職，賜黄帽鳩杖。」《丹鉛總録》：「晉宋之代，大臣皆得自辟官屬，以板召之，謂之板官。」今佃農於地主、雇傭於家長、旅客於店家皆稱老板，殆沿於此。

租田曰佃户。《晉書·食貨志》當官品第一至第九，佃客悉定有户數。《隋書·食貨志》略同，其佃穀與大家量分〔一〕。《五代史·周行逢世家》：夫人嚴氏，「歲時押佃户送租入城」。《宋史·劉師道傳》：「川陝豪民多以小民役屬者爲佃客，家或數十户。」今亦曰客户。

雇工曰長年。《涌幢小品》〔二〕：「古稱操舟者爲長年。閩人王長年以海上平倭功官裨將。」杜詩：「長年三老遥憐汝。」又：「歸州長年行最能。」今俗以作農工者計年曰長年，計月曰月活，計日曰點工。

百工曰匠。《周禮·冬官》有匠師、匠人。《唐書·百官志》工部掌工匠諸務。《莊子》：「殘樸以爲器，工匠之罪也。」

凡匠曰師父。郝懿行《證俗文》：「今俗稱師父，蓋司務之訛。」《日知録》謂其名起於宋，未知所據。殆猶《周禮》鐘師、笙師、囿師、牧師之類。

成衣曰裁縫。裁縫二字見《周禮·縫人》注。鮑照詩：「旅服少裁縫。」杜詩：「裁縫滅盡鍼線迹。」

行販曰貨郎。文嘉《嚴氏書畫記》有《嬰兒戲貨郎圖》，又《貨郎擔圖》十四軸。《九宫曲譜》有《貨郎兒》。今俗呼爲貨郎子。

〔一〕與：原脱，據《隋書》補。

〔二〕幢：原誤作「憧」。

剃頭曰待詔。　黄省曾《吴風録》：「張士誠走卒廝役皆授官爵，剃頭爲待詔。」

巫曰端公。　明律：凡巫師假降邪神，自號端公、太保，扇惑人民，爲首者絞。

佛徒曰道師。　胡鳴玉《訂譌雜録》：「唐宋詩人稱僧多曰道人，人或不曉其故。葉石林《避暑録》：『晉宋間佛學初行，其徒未有僧稱，通曰道人。』今鄉俗於非僧而演佛事者稱爲道師，殆沿於此。」

年高者曰老頭，幼者曰小夥。　《侯鯖録》：「杞人楊朴被召，其妻作詩送之曰：『這回斷送老頭皮。』」《陶廬筆記》：「王蘭生夜侍聖祖，立久欲睡，聖祖笑曰：『汝年輕小夥尚不如吾老頭子之精神也。』」

小孩曰娃，亦曰崽。　《山海經》：「炎帝少女曰女娃。」白居易詩：「小娃撑小艇。」《水經注》：「弱年崽子。」《方言》：「崽者，子也。」今俗呼小兒爲細娃，或曰娃娃，詈之則曰崽。崽音讀若宰。

命婦曰太太。　《甲乙賸言》：「邊道轉御史中丞者作詩云：『幸喜荆妻稱太太。』蓋惟中丞以上得呼太太。」《通俗編》：「今燕秦之地，雖丐婦亦稱太太。」

婦人曰右客。　謝靈運《雪賦》：「相如末至，居客之右。」柳宗元《送辛生序》：「相國接禮加等，常爲右客。」《禮·内則》：「子生女子，設帨於門右。」又：「剪髮爲鬌，男左女右。」又：「女拜，尚右手。」故鄉俗呼婦人爲右客。

又曰娘子。《輟耕録》：「都下庶人妻及大官之國夫人皆稱娘子。」《唐書·平陽公主傳》〔一〕：「主以數百人應帝，號娘子軍。」今俗對人婦通稱娘子，但須冠其夫之職業，如先生娘子、木匠娘子之類。

又曰婆娘。《輟耕録》：「世俗於婦人之卑賤者，輒鄙曰婆娘。」今相沿未改。

仕女曰小姐。《清異録》有平康妓瑩姐，《東坡集》有妓楊姐，皆以姐爲賤稱。姐，本字訓母，故元人曲於仕女概稱小姐。元《宫詞》：「簾前三寸弓鞋露，知是嫫嫫小姐來。」

使女曰丫頭。王炎詩：「捧顋卻立鴉鬟奴。」白居易詩：「繡面誰家婢，鴉頭幾歲奴。」劉賓客詩：「花面丫頭十三四。」

娼婦曰表子。《名義考》呼娼家爲表子。表對裏之稱，表子猶言外婦。亦作婊。

經理曰管事。《史記·李斯傳》：「趙高曰：『吾入秦宫，管事二十餘年。』」

居間曰中人。曹植《樂府》：「龍欲升天須浮雲，人欲仕進待中人。」《太平廣記》盧生夢居官獲罪，有中人保護得免。

疏遠曰外人。《孟子》：「外人皆稱夫子好辯。」陶淵明《歸去來辭》：「此中人語云：『不足爲外人道也。』」《隋書》：「文帝與近臣登高，馳召元胄，曰：『公與外人登高，未若就朕。』」

〔一〕平陽：原誤作「咸平」，據《舊唐書》改。

同里曰鄉親。《晉書·皇甫謐傳》：「其鄉親勸令應命。」王逮詩：「錢塘蘇小是鄉親。」

相抗曰對手。《唐書·宣宗紀》：「日本國王子入朝，王子善碁，帝令待詔顧師言與之對手。」

相敵曰對頭。《涌幢小品》〔一〕：東坡文字，朱考亭比之淫聲美色，蓋以程伊川對頭，故有此語。

自盜曰家賊。《宋史·吕嘉問傳》：「初，嘉問竊從祖公弼論新法奏稿以示王安石，公弼以是斥於外，吕氏號爲家賊。」

宿仇曰冤家。《朝野僉載》：「梁簡文之生，志公謂武帝曰：『此子與冤家同年生。』其年侯景生於雁門。」

人能曰腳色。《宋史·選舉志》：「局官等人各置腳色。」《朝野類要》：「初入仕，必具鄉貫三代名銜，謂之腳色。」《揚州畫舫録》：「梨園有十二腳色，元院本舊制也。」今俗稱人能輒曰好腳色。

人土曰山巴獠。《蜀語》：「獠音老。巴以西，舊獠人所居，故云。」俗亦謂鄉垻老。

人醜曰雜種。《漢書·西羌傳》：「滇零等招集諸雜種。」《蜀語》：「罵人之醜稱曰

〔一〕幢：原誤作「憧」。

雜種。」

釋形體

性曰性子。《涌幢小品》[一]：「滁州孫豐山一生强項，清節過人，其同年二人相遇，問豐山何如，曰：『好固好，只性子尚在。』其一曰：『雖有性子，卻解得快。』」

多須曰⿱髟堯腮。《集韻》⿱髟堯音鬧。《類篇》：「⿱髟堯，多須貌。」

綰髮爲髻曰⿱髟贊。《蜀語》⿱髟贊音纘。《玉篇》：「⿱髟贊，髮光澤也。」《周禮注》：「編髮爲之，若今假紒。」《說文》：「紒，簪結也。」

兒髮曰偏髦。《既夕記》「主人說髦」注云：「兒生三月，鬋髮爲鬌[二]，男角女羈，長大猶飾存之，謂之髦，所以順父母幼小之心。」《札樸》：「小兒頭上左右留髮曰偏髦。」今俗呼若偏達。

耳曰耳⿰耳垂。《五音類聚》：「⿰耳垂音朵，耳垂也。」俗作朵。楚蜀諺：「七九六十三，凍落耳朵弦。」

大目曰⿰目谷。《玉篇》：「⿰目谷，目開也。」《集韻》⿰目谷音轂。俗讀若古。

深目曰⿰目堯。《玉篇》：「⿰目堯，深目貌。」《集韻》⿰目堯音摳。俗云眼落⿰目堯。⿰目堯，俗讀口平聲。

〔一〕幢：原誤作「憧」。

〔二〕鬌：原誤作「⿱髟爾」，據《儀禮注》改。

眼珠偏曰瞟。《埤雅》：「瞟，一目病也。」《類篇》：「瞟，目小貌。」王延壽《魯靈光殿賦》：「忽瞟眇以響像。」《集韻》瞟，飄上聲。

眼皮動曰眨。《説文》：「眨，目動也。」皮日休詩：「治以頗黎鏡，當中見魚眨。」《五燈會元》曹翰渡江，入廬山寺，緣德淡坐如常。翰曰：「汝不聞殺人不眨眼將軍乎？」德曰：「汝安知有不懼生死和尚耶？」《蜀語》眨音劄。

眼不明曰瞀。《蜀語》瞀音務。《玉篇》：「瞀，目不明貌。」《太玄經》：「視也見而晦也瞀。」《亢倉子》：「夫瞀視者以鼪爲赤。」韓愈《南山》詩：「淚目苦矇瞀。」又《埤雅》：「瞀音木。雀目夕昏，人有夕昏不見物者曰雀瞀。」今俗謂鷄瞀眼。

眼有障曰瞖。《玉篇》：「瞖，眼疾也。」《正字通》：「目障也。」《宋史》：「謝皇后生而瞖一目。」《韻會》瞖，壹計切，音翳。

眼驚曰眺。《説文》：「眺，目不正也。」潘岳《射雉賦》「邪眺旁剔」，注：「視瞻不正，常驚惕也。」《正韻》眺音糶。

定視曰瞠。《廣韻》瞠，棖去聲，定視也。俗讀若丁去聲。

偷視曰眘。《廣韻》：「眘，偷視也。」《類篇》：「視之略也。」《集韻》眘音娑。俗讀如索。

直視曰瞪。《晉書·郭文傳》：「瞪目不轉，跨躡華堂，如行林野。」《唐書·杜甫傳》：「甫嘗醉登嚴武之牀，瞪視曰：嚴挺之乃有是兒。」《宋史·盛度傳》：「度艱於拜起，賓客有拜之者，則瞪視之。」《正韻》瞪音棖。俗讀若鄧。

鼻塞曰⿱祝王。《廣韻》：「⿱祝王，側六切。塞也。」《蜀語》⿱祝王音祝。

捻涕曰擤。《篇海》擤，亨上聲，手捻鼻膿曰擤。又見《蜀語》。擤，俗讀如醒。

牙露曰齙。《玉篇》：「齙，齒露也。」《蜀語》齙音報。

齒畏曰齽。《蜀語》齽音禁。

齒相切曰⿱佐齒。《說文》：「⿱佐齒，齒差跌貌。」《蜀語》：「齒不齊曰⿱佐齒。⿱佐齒音挫。」

口不正曰咼。《集韻》咼音跬。《說文》：「口戾不正也。」《蜀語》：「咼音歪。《曹瞞傳》『敗面咼口』，宜用咼字，渦乃洄流也。」

手指文曰腡。《集韻》腡音騾。《玉篇》：「手理也。」《廣韻》：「手指文也。」

胃口曰脘。《蜀語》脘音管。

胃翻曰痏。《說文長箋》：「方言謂之翻痏，又謂之翻胃，食下咽不受也。」《集韻》洧音痏。俗讀若毀。

有娠曰喜。《番禺記》：「廣州謂婦人娠者曰有歡喜。」

胎衣曰胞。《說文》：「胞，兒生裹也。」《漢書·趙皇后傳》：「善藏我兒胞。」師古注：「音苞，胎之衣也。」《宋史·方伎傳》有婦產七日不下，龐安時令以湯温腹，自爲撫摩。曰：「兒已出胞。」

腹滿曰脹。《左傳》成十年：「將食，張，如廁。」《玉篇》張作脹。《通雅》：「臚脹，謂腹鼓脹也。《急就篇》：『寒氣泄。』注：『腹鼓脹。』」

體肥曰胖。《大學》：「心寬體胖。」鄭注：「胖，猶大也。」

膚毛曰寒毛。《晉書·夏統傳》：「宗族勸之，仁統曰：『聞君之言，不覺寒毛盡戰，白汗四匝。』」

顏厚曰厚臉皮。《南史》：「孫挹爲延陵令，高爽詣之，了無故人情。爽從閣下過，書詩鼓面云：『徒有此大腹，了自無肝腸。面皮如許厚，被打未遽央。』」

與聾者言曰打手勢。《史記·淮陰侯傳》：「吟而不言，不如瘖聾者之指麾也。」《五代史》史弘肇與蘇逢吉飲酒，酒令作手勢。

不履曰赤腳。韓愈《寄盧仝》詩：「一奴長須不裹頭，一婢赤腳老無齒。」蘇詩：「常呼赤腳婢，雨中擷園蔬。」

足皮曰趼。《類篇》：「久行傷足謂之趼。」《廣韻》與繭同，皮起也。《莊子》：「百舍重趼而不敢息。」〔一〕杜詩：「足踏夙昔趼。」文同詩：「踏繭變足趼。」楊萬里詩：「尺泥滑變趼。」《蜀語》：「趼，通作繭。」

〔一〕舍：原誤作「含」，據《莊子》改。

足蹂曰跐。《釋名》：「跐，弭也，足踐之使弭服也。」左思《吴都賦》：「將抗足而跐之。」《蜀語》跐音此平聲。

足踹曰蹀。《淮南子·人間訓》：「踹足而怒。」注：「踹足，蹀足也。」《列子·黄帝篇》：「宋康王蹀足疾言。」顔延之《赭白馬賦》：「望朔雲而蹀足。」梁元帝詩：「蹋蹀珂頭腰環環。」范成大詩：「蹀蹀恐顛墜。」《集韻》蹀音帖。俗讀如敵。

奓足曰蹅。《蜀語》：「奓音查平聲。蹅，其遮切。急行曰大步蹅。」

足踏曰躧。《大明會典》：「光禄寺躧造細麵。」《守汴日志》：「兵民赴曹門糴糧有躧傷者。」謝眺詩：「躑躅躧層阿。」《蜀語》：「躧，叙上聲。」讀若采。又《漢書·地理志》：「彈弦跕躧。」顔注：「躧，小履無跟者。」《雋不疑傳》：「躧履相近。」注：「履不著跟曰躧。」《正韻》躧音灑。俗讀若殺。

皮熱生癈曰痱子。《集韻》痱音沸。《素問》：「汗出見溫乃生痤痱。」《正字通》：「今俗以觸熱膚疹如沸者曰痱子。」痱讀若費。

疥瘡曰乾瘑疙。《集韻》：「瘑疙，疥病也。」《蜀語》：「瘑疙，音格澇。」

寒熱結塊曰疖瘍子。《左傳》襄十九年：「荀偃生瘍於頭。」疏：「瘍，頭瘡也。」《曲禮》：「身有瘍則浴。」《周禮·天官》有瘍醫。《蜀語》：「疖音幸，㿏同。瘍音羊。」俗作痒。

不好曰毛病。《陔餘叢考》：「黄山谷《刀筆》云：『此荆南人毛病。』」謂氣習也。

傷痕曰痛痛。《蜀語》：「痛痛，音通論。」

便旋曰出恭。梁同書《直語補證》：「今人謂如廁曰出恭，殊所不解。《劉安别傳》：『安既上天，坐起不恭。主者奏安不敬，謫守都廁。』或本此。」按，明時考試設有出恭入敬牌，士子離位大小便，恒領此牌，故云，見《大明會典》，梁説似有未合。

睡覺曰瞌睡。《正字通》：「人勞倦合眼坐睡曰瞌睡。」朱子《語録》言「秦兵曹瞌睡」。貫休《畫羅漢》詩：「瞌睡山童欲成夢。」又作瞌睡。坡公云：「司馬長卿作《大人賦》，武帝覽之，飄飄然有凌雲之氣。近時作者便自謂長卿，但恐覽者瞌睡落牀難以凌雲耳。」又作渴睡。《歸田録》：「吕穆公，胡旦遇之甚薄。客有舉吕詩曰：『挑盡寒燈不成夢。』胡曰：『此乃一渴睡漢耳。』」

方言下

釋飲食

食謂之喫。《説文》：「喫，食也。」杜詩：「但使殘年飽喫飯。」又：「對酒不能喫。」喫同吃。賈誼《新書》：「越王之窮，至於吃山草。」

飲謂之哈。《玉篇》：「哈，以口歃飲。」《淮南子》：「嘗一哈爾水而甘苦知矣。」又作喝。《至正直記》：「元時親王貴卿飲酒，必令執事唱一聲，謂之喝盞。」

飲食曰滋味。《華陽國志》：益州地在十二辰爲未，未者味也，萬物皆成有滋味也，故其人好滋味。《後漢書·崔瑗傳》：「盛修肴饌，殫極滋味。」《晉書·王延傳》：「體無全衣，而親極滋味。」杜詩：「清談見滋味。」

飼謂之餧。《廣韻》餧，於僞切。《楚辭》：「鳳亦不貪餧而妄食。」《漢書·陳餘傳》：「如以肉餧虎。」今俗謂哺幼孩曰餧，蓄鳥獸亦曰餧，讀若僞。

豆粥曰甜漿飯。《蜀語》：「磨黄豆爲漿，米菜和煮食之。晉石崇讌客，一客思豆粥，咄嗟便辦。王愷怪其速，賂其下密詢之，曰：『豆猝難得漿，惟預作末，客至投末白粥中，即成。』」《韓非子》：「子路爲郈令，以其私粟爲漿飯，要作溝者於五父之衢而飡之。」今俗呼豆粥爲甜漿飯。

麵食謂之磨磨。《丹鉛新録》：「麵食，北人呼爲波波，南人訛爲磨磨。」今俗呼爲巴巴，如《蜀語》：「蕎餅曰蕎巴，鹽塊曰鹽巴，土塊曰土巴之類。」皆一音之轉。

稍食謂之點心。《輟耕録》：「唐鄭傪夫人顧其弟曰：『我未及餐，爾且可點心。』」《癸辛雜識》：「南宋趙温叔丞相善啖，阜陵聞之曰：『朕作小點心相請。』乃啖籠炊百枚。」

糕點謂之茶食。《大金國志》：「金人舊俗，壻納幣，戚屬偕行，以酒饌往，次進蜜糕各一盤，謂之茶食。」

蒸餅有餡曰包子。《燕翼貽謀録》：「宋仁宗誕日賜羣臣包子。」《鶴林玉露》：「有士人在京師買一妾，自云是蔡太師包子廚中人。令作包子，辭以不能，曰：『妾乃包子廚中縷葱絲者。』《東京夢華録》：「更外賣軟羊諸色包子。」

粉角曰餃子。《正字通》：「餃餌，屑米麵和飴爲之，乾濕大小不一。」水餃即段成式食品中牢丸，舊謂之粉角。北人讀角如矯，因呼餃餌，訛爲餃兒。今俗遂呼爲餃子。

菽乳曰豆腐。《庶物異名疏》：「菽乳，豆腐也。」《物姓志》：「傳自淮南王，以豆爲乳。」古人謂之來其。陸放翁詩：「洗鬴煮黎祁。」注：「蜀人名豆腐曰黎祁。」《虞集序》：「鄉語謂豆腐爲來其。」《蜀語》：「俗謂豆腐，腐，爛也，當作脯，象其似肉脯也，故脂麻曰麻脯，棗肉曰棗脯。」今俗呼滓不去者爲連渣落，乳不壓者爲豆花落，讀鬧。

幽菽曰豆豉。《鶴林玉露》：「江西一士人見楊誠齋，以賅洽自負，誠齋簡之曰：『聞公自江西來，配鹽幽菽欲求少許。』士人茫然莫曉，亟往謝。誠齋檢《禮部韻略》豉字示之，注云：『配鹽幽菽也。』」

蒸糯米揉爲餅曰餈巴。《蜀語》：「《禮記》『粉餈』注：『以豆爲粉，糝餈餅上也。』凡餅塊爲巴，蜀人之通稱也。《大明會典》大祀有糯米餈糕。」〔一〕宋祁詩：「糗餈花飲鬭分曹。」陸游詩：「糕餈及果核，飣餖羅盤筵。」

油煎麵縷曰糤子。《蜀語》：「糤、糝、𥻘、𩟗同，音傘。干寶《周禮注》：『祭用𪎊𪌉〔二〕。

〔一〕祀：原誤作「禮」，據《蜀語》改。
〔二〕𪎊𪌉：原誤作「𨇤𨆴」，據《蜀語》改。

在晉呼爲餲餅，今曰糤子。』蘇詩：『纖手搓來玉數尋，碧油輕蘸嫩黄深。夜來春睡濃於酒，壓褊佳人纏臂金。』」

油條曰油果子。《陶廬筆記》：「油果子，即古之寒具。」李綽《尚書故實》：「《晉書》中有飲食名寒具者。桓玄請客，觀法書名畫，客食寒具不濯手而執書畫，因有涴，玄不懌。」東坡、山谷詩常用寒具字。或謂寒具爲今之糤子，不知糤子以麵粉搓成細繩，挽曲如環，果子則較糤條稍巨，鬬疊四股，兩頭粘合。兩股爲油條，北人呼爲油炸檜。

角黍曰粽子。《正韻》粽音宗去聲，蘆葉裹米，角黍也。《風土記》以菰裹粘米。《續齊諧記》：「屈原五日投江，楚人此日以竹筒貯米投水祭之。今之作粽，皆汨羅遺俗。」《歲時雜記》：「京師以端午爲解粽節。」陸放翁詩：「已過浣花天，行開解粽筵。」又：「貧家仍裹粽，隨事答年光。」

酒曰燒酒。李時珍《本草綱目》：「燒酒，非古法也，元時始創其法，以濃酒和糟入甑蒸，令氣上，用器承取清露。近時以粳秫黍麥蒸熟，和麴釀，甕七日，以甑蒸取，其清如水，味極濃烈，蓋酒露也。」《綱目》又引《飲膳正要》：「燒酒，别名阿剌吉酒，其出自西域可知。」梁章鉅《浪迹叢談》：「燒酒之名始見白香山詩『燒酒初開琥珀光』，元人謂之汗酒。李宗表詩：『年深始得汗酒法，以一當十味甘濃。』則真今之燒酒矣。」

釀不去滓曰醪糟。《蜀語》：「醪音勞。以熟糯米釀之，故不去滓，即古之醪醴。」〔一〕《酒德頌》：「銜杯漱醪，枕麴藉糟。」陶淵明詩：「春醪解饑劬。」杜詩：「濁醪有妙理。」岑參詩：「酒甕開新糟。」蘇轍詩：「臘糟紅糝寄豚蹄。」

茶謂之茶。《魏了翁集》：「茶之始，其字爲荼。如《詩》所云『誰謂荼苦』。陸、顔諸人雖已轉入茶音，未嘗輕改字文。陸羽、盧仝以後，遂易荼爲茶。」《野客叢書》：「世謂古之荼即今之茶，不知荼有數種，惟稱荼檟之荼，則今之茶也。陸羽《茶經》曰茶、曰檟、曰蔎、曰茗、曰荈。」

熬蔗漿爲糖。王灼《糖霜譜》：「唐大歷間，有鄒和尚者，跨白驢，登繖山，結茆以居。一日驢犯山下黄氏蔗田，黄請償於鄒。鄒曰：『汝未知窨蔗爲糖，利當十倍。』試之果信。」今熬糖殆本此。

吸烟曰喫烟。《辭源》：「烟草，一年生草，舊名淡巴菰，於明季由吕宋傳入，有麻醉性，能解疲勞，故人多嗜之。分爲葉烟、絲烟、捲烟各種。」又阿片烟，《本草綱目》名阿芙蓉，剌取未熟果汁製之，爲定痛安眠藥品，久服成癮，自印度傳入中國，爲近數十年民俗大患。

淅米曰淘。《詩》：「釋之叟叟。」毛傳：「釋，淅米也。叟叟，聲也。」釋文：「叟又作溲，濤米聲也。」今人謂之淘米。淘與濤通。郭璞注《爾雅》作洮米。

〔一〕醪醴：原誤作「醴醪」，據《蜀語》改。

伸麪曰擀。《蜀語》擀音敢。

散麪曰麧。《蜀語》麧音勃。

釀肉曰鮓。《蜀語》：「以米糝椒鹽釀肉謂之鮓。鮓見《爾雅》，鮺同。」《晉書·列女傳》：「陶侃監魚梁，作鮓遺母。母封鮓，及書責之。」劉禹錫以苦茗换鮓蘆菔。白居易詩：「就荷葉上包魚鮓。」梅堯臣《謝玉版鮓》詩：「遠遺東華鮓。」凡菜亦可作鮓。鮓音查上聲。

以鹽漬物曰濫。《蜀語》：「濫讀上聲，音覽。漤、灠同。」

漬藏肉菜曰醃。《蜀語》：「醃音淹。」讀若炎。陸游詩：「齏美韭新醃。」

以料調食曰香。《蜀語》：「以辛香和食曰香料。香音向。」

麪食包料曰瓤。《爾雅翼》：「橙之芳在皮，柑之芳在瓤。」李綱詩：「黄金爲膚白玉瓤。」即北人呼爲餡者是也。

發麪食曰酵。《正字通》：「以酒母起麪曰發酵。」見《齊民要術》。劉基詩：「藻思發餘酵。」今俗謂之酵頭。酵音教，讀若告。

肉肥曰臕。《廣韻》：「臕，甫嬌切〔一〕。肥貌。」梁《横吹笛》詩：「放馬大澤中，草好馬著臕。」薛逢《觀獵》詩：「馬縮寒毛鷹落臕。」

〔一〕嬌：原誤作「驕」，據《廣韻》改。

每飯曰頓。《通雅》：「唐劉世讓曰：『突厥數寇，良以馬邑爲之中頓。』注：『頓，食也。置食之所曰頓。』故俗以一餐爲一頓。《北史》：『農爲中軍，寶爲後軍，相去各一頓。』」《隋書·煬帝紀》：「每之一所，輒數道置頓。」《世説》：「羅友伺人祀祠，主人問何爲，曰：『欲喫一頓食耳。』」杜詩：「頓頓食黄魚。」

共食曰欱火。《爾雅》：「欱，合也。」《説文》：「欱，會也。」《陶廬筆記》：「共爨謂之欱火，以共一爐也。」《玉篇》欱，公答反，音閤。或讀若答。

火爊曰煨。《蜀語》：「煨音威。」《六書故》：「火中熟物也。」《唐書·李泌傳》：「泌在衡嶽見僧嬾殘，發所煨芋啗之，曰：『領取十年宰相。』」

火炙曰熇。《詩》：「多將熇熇。」注：「熇熇然，熾盛也。」《蜀語》：「熇音考。」

油爆曰炸。《廣韻》：「炸，火聲。」《蜀語》炸音乍。讀若雜。

水熬曰煎。《廣韻》：「煎，熟煮也。」《方言》：「煎，火乾也。」《儀禮·既夕》：「凡糗不煎。」《周禮·天官》：「掌割烹煎和之事。」王安石詩：「貛脯豕臘加炮煎。」陸游詩：「自攜茶竈就烹煎。」

久煎曰鏖。東坡《老饕賦》：「九蒸暴而日燥，百上下而湯鏖。」

羊氣曰臊。《韻會》：「凡肉之腥者皆曰臊。」《周禮》：「夏膳膏臊。」《晉語》：「是以甘食。偃之肉腥臊，將焉用之？」杜詩：「神堯舊天下，會見出腥臊。」白居易詩：「霖雨滅腥臊。」

臊音騷。

酒氣曰醺。《説文》：「醺，醉也。」通作熏。《詩》：「公尸來止熏熏。」〔一〕杜詩：「聞道雲安麴米春，終纔一盞便醺人。」岑參詩：「欲別醉醺醺。」

酒薄曰醈。《集韻》醈音談，酒醋薄也。俗讀若淡。

茶濃曰釅。《韻會》釅音驗。《增韻》：「醲也。」蘇轍詩：「每來獲所求，食飽由茶釅。」陸游詩：「茶釅頗妨千里夢。」

有味曰爽口。《老子》：「五味令人爽口。」何遜《七召》：「既深悟於腐腸，豈自迷於爽口。」

食物氣變曰殠臭。《蜀語》殠音僕。

甕物味變曰齅臭。《蜀語》齅音甕。

飲食變味曰餿臭。《集韻》餿音搜。《玉篇》：「飯壞也。」《字林》：「飯傷濕熱也。」葛洪《字苑》：「饐，餿臭也。」俗讀餿若思。

豕項肉曰臑頭。《蜀語》：「臑音曹。豕項間肉不美，有草氣。」《唐書·鄭綮傳贊》：「不次而用，捭豚臑，拒貙牙，趣亡而已。」《淮南子》：「周公肴臑不收於前，鐘鼓不解於懸，而四

〔一〕熏熏：原作「薰薰」，據《詩經》改。

裔服。」

猪脂中堅曰胣子。《蜀語》：「胣音移。俗作胰，非。胰乃脊肉也。」

使酒曰發酒風。《史記·季布傳》有「言其使酒難近」。《灌夫傳》：「灌夫爲人剛直，使酒。」《素問》：「帝曰：『身熱解墮，汗出如浴，惡風少氣，此名何病？』岐伯曰：『病名酒風。』」

赴席曰喫東道。《左傳》：「若舍鄭以爲東道主。」李白詩：「東道烟霞主，西江詩酒筵。」元稹詩：「萬人東道送，六纛北風驅。」

兒童設食曰姑姑筵。《東坡志林》：「温成皇后乳母賈氏，宫中謂之賈婆婆。賈昌朝連結之，謂之姑姑。」今凡兒童假設飲食，或野外煮食芋薯蔬果，俗皆謂之姑姑筵。

茹素曰禁屠。《拾遺》：「唐張德生男，會天旱禁屠，私宰羊會同僚。」《涌幢小品》：「明宏治朝，遇御膳進素日期，令光禄寺禁屠一日。」

午飯曰餉午。《蜀語》餉音賞。今俗讀若少。

晚食曰宵夜。元吴自牧《夢粱録》：「除夕内司意思局進呈精巧宵夜果子合。」又粤人夜市之飲食肆，謂之宵夜。

釋衣服

冠曰帽子。《宋史·輿服志》：「早講，皇帝服帽子。晚講，服頭巾。」又：「冠禮，初加緇布冠，再加帽子，三加幞頭。」《樂府雜録》：「汝陽王花奴戴砑光絹帽子。」王建《宫詞》：「未戴柘枝花帽子。」《六一詩話》：「陶穀句：『尖簷帽子卑凡廝。』」

夏曰涼帽。薩都剌詩：「御羅涼帽插珠花。」

冬曰暖帽。白居易詩：「重裘暖帽寬壇履。」又：「帽暖覆我頭。」

禦寒曰風帽。李白詩：「醉看風落帽。」又詩：「金花折風帽。」

毛製曰氈帽。《唐書·五行志》：「長孫無忌以羊毛爲渾脱氈帽，人多效之。」

帽帶曰絆。《玉篇》：「絆，羈絆也。」《增韻》：「絡首曰羈，繫足曰絆。」今俗呼腳帶亦曰絆。李賀詩：「春風帽帶垂。」

絡頭曰帕。《廣韻》：「帕，額首飾。」《三代實録》：「禹會塗山，步卒千餘人，以紅綃帕抹額。」《李夫人别傳》：「夫人曰：我若不起，帝必思我鮮妝帕服之時。」《吴志》：「昔張津嘗著絳頭帕。」韓愈《聖德》詩：「以錦纏股，以紅帕首。」蘇詩：「絳帕蒙頭讀道書。」元好問詩：「臥䭾行橐錦帕蒙。」

頭面曰首飾。《夢華録》：「相國寺兩廊賣花朵珠翠頭面之類。」《釋名》有《首飾篇》。無論男女凡加於首者，通謂之首飾。《後漢書》：「乃加武將首飾爲絳袙，以表貴賤。」今俗專以號婦人釵珥之屬，即鐲釧不加於首者，亦統稱焉。

新婦帕首曰蓋頭。《清波雜志》：「婦女以方幅紫羅障面蔽半身，俗謂之蓋頭。」《夢粱録》：「凡嫁娶，兩新人並立堂前，請雙全女親挑蓋頭，方露花容，參拜。」《儀禮·士昏禮》：「姆加幮。」疏云：「以禪縠爲之。」此或蓋頭所緣起。范成大詩：「蓮棹歸將葉蓋頭。」此乃借用。

深衣曰袍子。《釋名》：「袍，丈夫著，下至跗者也。」《詩》：「豈曰無衣，與子同袍。」《國史補》：「有客譏宋濟曰：『近日白袍子何紛紛？』濟曰：『爲朱袍紫袍紛紛耳。』」高適詩：「樹色引青袍。」李白詩：「一年絮征袍。」

又曰衫子。《中華古今注》：「古婦女衣裳相連，秦始皇詔宮人皆服衫子。」亦曰半衣。《宋史・輿服志》：「一深衣，二紫衫，三涼衫，四帽衫，五襴衫。」元稹詩：「憶得雙文衫子薄。」楊萬里詩：「爲縫霧縠作春衫。」陸游詩：「强扶衰病著朝衫。」今俗以前後開衩者爲袍子，左右開衩者爲衫子。

著絮曰襖子。《四朝聞見録》：「李寰表兄武恭誕妄，寰生日，恭送一故皂襖子，曰：『李西平收復京師時所服者。』」《鶴林玉露》：「京師久雨忽晴，兒童歡呼曰：『黃綿襖子出矣。』」韓愈詩：「破襖請來綻。」徐積詩：「昨日沽酒典布襖。」

短外衣曰馬褂。清制，馬褂爲行裝禮服，黃馬褂尤尊貴。人多謂馬褂起於滿州，其實宋已有之。《同話録》：「近時有一種衣制，長不過腰，兩袖僅掩肘，以最厚之帛爲之，仍用夾裏，其中或用絮者名曰貉袖，起於御馬院圉人，短前後襟者，坐鞍上不妨脱著，短袖者，便於控馭。」此實馬褂，特名不同耳。

裲襠曰背心。《釋名》：「其一當胸，其一當背，因以名之也。」劉孝標《樂府》：「兩當雙心共一袜。」案，背心，短衣無袖，止蔽胸背，有有襟無襟之分，北人謂之坎肩，古曰半臂。

褻衣曰近身。《釋名》：「近身受汗垢之衣也。詩謂之澤。作之，裁足覆胸背。」今俗讀近若緊，又若衮。

下衣曰袴。《韻會》袴音庫。《釋名》：「袴，跨也。兩股各跨別也。」《史記・趙世家》：「夫人藏兒袴中。」《貴耳録》：「何自然上疏乞並庫，御前雜劇伶人妝一賣故衣者，持袴一腰，只有一隻袴口，買者問：『如何著?』曰：『兩腳並做一袴口。』買者云：『庫卻並了，只怕行不得。』壽皇即寢其議。」案，袴本讀庫，俗作褲，非。字書並無褲字。

脛衣曰套袴。《急就篇注》：「袴，脛衣也。」合襠者謂之褌，套於外而無襠者謂之套褌。《釋名》：「褌，貫也。貫兩腳上系腰中也。」《瑯環記》太真常著膝袴，即套袴所從出。

裙上端曰裙腰。《南史・蕭子響傳》：「密作啓數紙藏妃王氏裙腰中。」王適詩：「輕著裙腰自無力。」白居易詩：「草緑裙腰一道斜。」袴腰與裙腰製同。

束腰曰腰帶。謝惠連詩：「腰帶準疇昔。」李廓詩：「金裝腰帶重。」吴均詩〔一〕：「蓮花帶緩腰。」《談苑》：「端拱中詔作胯帶。」胯帶，疑即俗所謂袴腰帶也。

緣邊曰純。《急就篇注》：「純邊謂之緣。」《儀禮》飾衣領袂口曰純。《通雅》：「純，緣

〔一〕「均」上原衍「以」字。

也。」純上聲，讀若衮。緣去聲，讀若怨。

系鈕曰襻。《類篇》：「衣系曰襻。」庾信《鏡賦》：「裙斜假襻。」劉孝標詩：「襻帶雖安不忍縫。」韓愈詩：「妻瘦剩腰襻。」襻讀攀去聲。

衣下端曰𧝓。《急就篇注》：「裙即裳也，一曰𧝓。」今俗於衣之下端均曰下𧝓。《集韻》𧝓音陂。俗讀若擺。

袜腹曰裹肚。《釋名》：「抱腹，上下有帶，抱裹其腹。」又：「帕腹，横帕其腹也。」劉孝標《樂府》：「袙腹兩邊作八禍。」今俗名裹肚，亦抱腹、帕腹之意。

束袴腳曰腳帶。《晉書·五行志》：「太康中，以帶絡袴口。」袴口，即今所謂袴腳也。韓愈詩：「袴腳凍兩骭。」

腰囊曰纏袋。《蜀語》：「繞腰窄囊曰纏袋。纏讀去聲。」

足衣曰襪子。《説文》：「韈，足衣也。」《釋名》：「襪，末也，在腳末也。」《洛神賦》：「羅襪生塵。」杜詩：「青鞋布襪從此始。」《樂府集·雜曲》有結襪子辭。襪、韈、韤通。

履曰鞋子。《中華古今注》：「鞋子自古即有，皆謂之履。」《唐書·輿服志》：「開元中始有線鞋。」《宋史·輿服志》：「帽衫、帶角、繫鞋，士大夫交際常服之。」元好問詩：「登臨負吟鞋。」郭鈺詩：「草根露濕弓鞋繡。」

履下曰鞋底。《隱窟雜志》：「楊文公草制，爲執政所點竄，因就塗改處以濃墨傳之，爲鞋底樣，題曰：『世業楊家鞋底。』或問之，曰：『是他人腳迹。』」《宋史·高昌國傳》：「著木底鞋。」謝觀詩：「來索纖纖高底鞋。」

韈緣曰船。《直語補證》：「今人稱韈下緣曰船。杜詩：『天子呼來不上船。』」《韻會》：「衣領曰船。」《正字通》：「俗以船爲襟穿。」〔一〕

鞋襯曰幫。《廣韻》：「幫，衣治絲履。」《集韻》：「治履邊也。」《六書故》：「幫，裨帖也。」

被曰鋪蓋。《五燈會元》：「眉州黄龍繼達禪師。僧問：『如何是被？』師曰：『横鋪四世界，直蓋一乾坤。』」

枕曰枕頭。元稹詩：「持襆自枕頭。」王建詩：「收取頭邊蛟龍枕。」昔人過邯鄲詩：「要與先生借枕頭。」

牀帷曰帳子。《爾雅》：「幬謂之帳。」《詩》：「抱衾與裯。」箋：「裯，牀帳也。」《釋名》：「帳，張也，張施於牀上也。」元稹詩：「牀空帳影深。」白居易詩：「帳小青氈暖。」俗又呼爲罩子。

揭帳曰帳鈎。《宋書·禮志》：「平人帳構不得作五花及豎筍形。」《齊書·崔祖思傳》：「劉備取帳鈎銅鑄錢以充國用。」構與鈎通。

〔一〕穿：原脱，據《正字通》補。

襏襫曰蓑衣。《集韻》：「襏襫，蓑雨衣也。」《抱朴子》：「未可謂之減於蓑衣。」《元史·兵志》：「每名備蓑衣一領。」《七修類稿》張光弼有《蓑衣仙》詩。江爲詩：「春雨滿蓑衣。」林逋詩：「當時未解惜蓑衣。」

屐曰丁鞋。葉適詩：「丁鞋明齒痕。」

屨曰草鞋。《中華古今注》：「麻鞋起於伊尹，以草爲之。」張詠詩：「雲居山客草爲鞋。」范成大《催租行》詩：「聊復償君草鞋費。」釋惠洪詩：「差勝袈裟裹草鞋。」

紡得曰繐子。《急就篇注》：「紡麻絲之屬爲纑縷也。」《蜀語》：「縷在紡車上曰繐子。繐音遂。」

裁餘曰帵子。《廣韻》：「帵子，裁餘也。」《容齋五筆》：「今綵鋪謂裁剪之餘曰帵子。帵，讀若灣。

女工曰鍼黹，又曰鍼線。《説文》：「黹，鍼縷所紩衣。」《爾雅》：「黹，紩也。」郭注：「今人呼紩衣爲黹。」喬知之詩：「曲房理鍼線。」杜詩：「裁縫滅盡鍼線迹。」

衣敝曰藍縷。《左傳》：「篳路藍縷。」服虔云：「藍籆，言衣敝壞，其籆藍藍然。」籆、縷同字，此古語之存於今者。

補衣曰補靪。《説文》：「靪，補履下也。」段注：「今俗謂補綴爲打補靪。」

釋宅第

門地曰門户。《晉書・王述傳》：「王導以門地辟述。」《三國志注》：「桓範謂曹羲曰：『卿等門户倒矣。』」《南史・王茂傳》：「成門户者，必是兒也。」《魏書・宋弁傳》：「復以門户自矜。」《顔氏家訓》：「汝家書生門户。」白居易詩：「可憐光彩生門户。」蘇詩：「冷官門户可張羅。」

官署曰衙門。《資暇録》：「軍中必豎牙旂於門，是以史傳咸作牙門。」《晉書・王濬傳》：「臣衙門將軍馬潛。」《唐書・張仲方傳》：「兩省官入朝宣政，衙門未開。」白居易詩：「今日排衙得免無。」蘇詩〔一〕：「平時坐衙不暖席。」陸游詩：「吏衙早退獨焚香。」

官舍曰公館。《禮記》：「公館復，私館不復。」杜詩：「日臨公館静。」高適詩：「清晝下公館。」文同詩：「寥寥公館静。」

試院曰場屋。《宋史・陳彭年傳》：「在場屋間頗有雋名。」王禹偁詩：「空拳入場屋。」蘇詩：「聲價事場屋。」文同詩：「場屋聲名四十年。」孔仲武詩：「場屋喜遵新定格。」

校舍曰學堂。《史記・仲尼弟子傳》：「今河西縣有子夏石室學堂在也。」《北史・辛昂傳》：「昂爲成都令，與諸生祭文翁學堂。」《唐書・陳子昂傳》：「李叔明爲立碑於梓州，而學堂

〔一〕詩：原誤作「時」。

至今尚在。」韓愈詩：「學堂日無事，驅馬適所爲。」

家廟曰祠堂。《漢書·霍光傳》：「盛飾祠堂。」《鹽鐵論》：「古祭於寢，今者祠堂屏閤。」《後漢書·桓典傳》：「負土成墳，爲立祠堂。」蘇詩：「宰樹連山谷，祠堂照路隅。」

寺門曰山門。《釋氏要覽》：「寺開三門，謂空門、無相門、無作門也。」後沿爲山門。《宋史·真宗紀》：「法駕臨山門，黄雲覆輦道。」白居易《天竺寺》詩：「一山門作兩山門。」

商肆曰鋪子。《韻會》：「鋪，賈肆也。」《唐書·食貨志》：「先於淄青等道置小鋪糶鹽。」《日知録》：「今十里一鋪。」《資暇集》：「市肆中筐筥等，鱗次其物以粥者曰星貨鋪。」張籍詩：「得錢衹了還書鋪。」陳造詩：「腰鋪人家緊閉門。」《正字通》鋪，俗作舖。

旅舍曰棧房。《説文》：「棧，棚也。」《廣韻》：「棧，閣也。」《玉韻》：「棧，木道也。」《詩》：「有棧之車。」李白詩：「芳樹籠秦棧。」范鎮詩：「青天指行棧。」

小者曰鷄茅店。崔豹《古今注》：「店，置也，所以置貨粥物也。」温庭筠詩：「鷄聲茅店月。」范成大詩：「擊柝黄茅店。」陸游詩：「寧墮荒寒傍茅店。」

碉樓曰樓子。《宋史·岳飛傳》：「成聞進敗，自引兵十餘萬來，飛與遇於樓子莊，大破成軍。」又《高昌國傳》：「次歷樓子山。」

居家曰坐屋。《史記》：「范增年七十，素居家。」《漢書·五行志》：「樹者，講武之坐屋。」

茅葺曰草屋。《魏志·高柔傳》：「老病歸家，草屋蓬户。」《北史·高允傳》：「帝幸允第，僅草屋數間。」陶潛詩：「草屋八九間。」杜詩：「鷄棲草屋同。」黄鎮成詩：「三椽草屋長松下。」

瓦覆曰瓦屋。《南史·劉瓛傳》：「瓛在檀橋，瓦屋數間，上皆穿漏。」《唐書·韋丹傳》：「丹徙江南西道，民不知爲瓦屋，召工教之。」梅堯臣詩：「冰霜覆瓦屋。」范成大詩：「瓦屋仄石磴。」蘇詩：「瓦屋寒堆春後雪。」

上房曰堂屋。《晉書·淳于智傳》：「家人既集，堂屋五間拉然而崩。」《宋書·五行志》：「堂屋一柱，自然夜光。」《齊書·祥瑞志》：「世祖在郡，堂屋後忽生一欂。」

兩序曰廂房。《玉篇》：「廂，東西序也。」《史記·周昌傳》：「吕后側耳於東廂聽。」索隱曰：「正寢之東西室，皆號曰廂。」韓愈詩：「兩廂鋪氍毹。」歐陽修詩：「弟子羅兩廂。」

廳事曰花廳。《廣韻》：「廳，屋也。」《集韻》：「古者治官處謂之聽事，後省曰聽，故加广。」周必大詩：「清晨自掃落花廳。」

寢室曰臥房。《晉書·王濬傳》：「夜夢懸三刀於臥屋梁上。」《南史·虞寄傳》：「寄僞稱脚疾，陳寶應遣人燒所臥房，寄不動，縱火者自救之。」

院中曰天井。《陶廬筆記》：「天井，古承塵也。上棟之交木爲方形如井榦然。」陸機詩：「外觀天井懸。」今俗謂室外院落曰天井。

檐曰滴水。《説文》:「樀,户樀也。」引《爾雅》:「檐謂之樀。讀若滴。」今人呼檐曰滴水,即樀字也。吴隱之詩:「徒言滴水能穿石。」

屋角曰山頭。韓愈詩:「每騎屋山下窺瞰。」王安石詩:「落葉回飆動屋山。」范成大詩:「稻堆高出屋山頭。」

窗曰窗眼。白居易詩:「小眼紅窗襯麴塵。」徐璣詩:「風當窗眼入。」史達祖詞:「窗眼透香,玉臺粧罷。」

瓦窗曰天窗。《魯靈光殿賦》:「天窗綺疏。」庾信詩:「天窗影亦深。」李商隱詩:「鳥影落天窗。」范成大詩:「天窗曉色半熹微。」宋之問詩:「屢薄天窗眠。」

大門曰樓門。《談苑》:「范質爲相,性儉約,世宗嘗語質曰:『卿所居舊宅耶?門樓一何小哉。』」

無楣曰旋門。曹大家《東征賦》:「看成皋之旋門。」《東京賦》:「東門于旋。」鄭愔詩:「旋門霧裏看。」俗訛作圓門。

門扉曰門扇。《説文》:「闔,門扇也。」《禮記》:「慎管籥。」疏:「鍵是門扇之後。」《漢書·霍光傳》:「宦者各持門扇,王入,門閉。」韓愈《順宗實録》:「門扇横地,晝夜坐臥其上。」

門闌曰門限。《論語·鄉黨》朱注:「閾,門限也。」《後漢書·臧宫傳》:「宫夜使人鋸斷城門限。」《家世舊事》:「成都寺院皆無高門限,傅雲少師腳短。」限,讀若坎。范成大詩:「縱有千年鐵門限。」

門關曰門櫦。《韻會》：「櫦，關門機也。」《韻會小補》櫦同拴。《蜀語》：「櫦音拴。本作𢩦，從户睘聲，俗加木。今誤作門。」《桂海虞衡志》〔一〕：「閂，門横機也。」

承瓦曰桷。《説文》：「桷，榱也。椽方曰桷。」《方言》：「周謂之榱，齊魯謂之桷。」《詩》：「松桷有舃。」李白《明堂賦》：「綵桷攢欒而仰天。」李翔《新堂銘》：「六桷四楹，裝重架虚。」韓愈詩：「高甍巨桷壓山原。」葛長根詩：「雲甍烟桷瞰寒流。」

承椽曰檁。《集韻》：「檁，屋上横木也。」《蜀語》：「屋上承椽梁曰檁。檁音領。」

柱曰柱頭。《論語》〔二〕：「文仲山節藻棁。」〔三〕疏：「山節，刻柱頭爲斗拱形如山也。」《宋書・五行志》：「所起五間六架，一時躍出墮地，餘桁猶在柱頭。」

亭曰亭子。《大業雜記》：「帝於江山造亭子十二所。」杜詩：「鄭縣亭子澗之濱。」張謂詩：「亭子春城外，朱門向緑林。」

牆頭曰埵。《蜀語》：「埵音朵。俗作垛，非。垛，堂塾也。」

正屋曰牮。《字彙》：「屋斜用牮。」牮音薦。牮，《蜀語》作𥐥。

〔一〕桂海虞衡志：原作「桂海雜志」。

〔二〕論語：原誤作「禮記」。

〔三〕文：原誤作「管」，據《論語》改。

廁曰私屋。《左傳》襄十五年：「師慧過宋，朝，將私焉。」注：「謂小便。」故俗謂便所曰私屋。

遮闌曰闌干。《涌幢小品》：「北魏南蠻中依榯積木以居名曰闌干，入唐遂成雅語。李白詩：『沈香亭北倚闌干。』温庭筠詩：『花壓闌干春晝長。』吕居仁詩：『人倚闌干欲暮時。』」

照壁曰影壁。《畫繼》：楊惠之塑山水壁，爲天下第一。郭熙又出新意，令圬者以手施泥，任其凸凹，隨畫峯巒、人物宛然天成，謂之影壁。

宅後水道曰陽溝。《中華古今注》：「羊喜抵觸垣牆，爲溝以隔之，故曰羊溝。」《莊子逸篇》：「羊溝之鷄。」《三輔黄圖》〔一〕：「長安御溝謂之楊溝。」崔豹《古今注》：「楊溝，謂植楊於溝上。」宋之問詩：「楊溝連鳳闕。」《七修類稿》：「俗以暗者爲陰溝，則明者宜爲陽溝。」

釋器用

器物概稱曰東西。《齊書·豫章王傳》：「上謂嶷曰：『止得東西一百，於事亦濟。』」《兔園册》：「思陵曰：『今市肆交易，止言東西，不及南北，何也？』周延儒曰：『南方火，北方水，不待交易，故惟言東西。』其義未碻。物産四方，止言東西，正猶史記四時，而約言春秋耳。」

又曰家具。《晉書·王述傳》：「初，述家貧，求試宛陵令，頗受贈遺而修家具。」

〔一〕黄：原誤作「皇」。

又曰家事。　邢居實《拊掌録》：「東坡摩章淳之腹，淳問：『此中何有？』東坡曰：『都是謀反的家事。』」

又曰家火。　見《大明會典》。俗作伙，非。

耒謂之犂。　《説文》：「耒，手耕曲木也。」《玉篇》：「犂，耕具也。」《釋名》：「犂，利也，利發土絶草根也。」朱子詩：「好雨當春過一犂。」陸游詩：「冬晴正欲飽耕犂。」郭元詩：「一簑寒雨上春犂。」呼俗爲犂頭〔一〕。

鍤謂之鏵。　《釋名》：「鍤，插也，插地起土也。」「或曰鏵，鏵，刳也，刳地爲坎也。其板曰葉，象木葉也。」《爾雅》：「斛謂之疀。」疀，古鍤字也。

摩田曰耖耙。　《集韻》：「覆耕曰耖。」《農政全書》：「耙制，横闊多齒，犂後用之。耖，齒更長，所以耖土益細者。」

鋤曰鋤頭，柄則曰把。　《説文》：「鋤，去薅所用也。」《釋名》鋤頭曰鶴，似鶴頭也。《四民月令》引農謡云：「鋤頭三寸澤。」劉弇詩：「東書歸伴鶴頭鋤。」蘇詩：「豈似陶淵明，窮老自把鋤。」又：「誰知把鋤人，舊日東陵侯。」

刈穀曰鐮刀。　《書》：「二百里納銍。」疏：「銍，穫禾短鐮也。」《論衡》：「牛馬踐根，刀鐮

〔一〕呼俗：似爲「俗呼」之誤。

割莖。」韓愈《苦寒》詩：「衣被如刀鐮。」

打穀曰連耞。《蜀語》：「撻穀器曰連耞。耞音加。」俗讀若蓋。

揚穀曰欣槃。《蜀語》：「揚穀器曰欣。欣音軒。」

淨穀曰犇車。《俗書刊誤》：「風中揚穀出穢曰犇。」《玉篇》：「犇，颺麥也。」犇，方奉切，讀若封，俗作風車。

磨米曰礱。《蜀語》：「礱音内，以木爲齒，公輸班所作。」《太玄經》：「陰陽相礱，物咸雕離。」晉王戎有水礱。蘇詩：「永與名山供井礱。」黃山谷詩：「落礱霏霏雪不如。」

舂米曰碓。《急就篇注》：「碓所以舂也。礱所以𥖁也。」古者雍父作碓，魯班作礱。白居易詩：「雲碓無人水自舂。」陸游詩：「粲粲珠出碓。」黃山谷詩：「取意閑談没臼窠。」故俗呼碓窠。

揚米曰簸箕。《詩》：「維南有箕，不可以簸揚。」又：「或簸或揉。」陸游詩：「舂簸𥹭供餌。」王禹偁詩：「糠粃任揚簸。」鄭嵎詩：「玉缶金筐銀簸箕。」

鑿米曰碾。《魏書·崔亮傳》：「亮在雍州，教民爲碾，及爲僕射，奏于張方橋東造水碾數十區，國用便之。」《元史·河渠志》：「禁安磨碾，設立牐堰。」貢奎詩：「溪流轉雲碾。」俗謂碾盤。

磨曰磨子。《河東記》：「三娘子於箱中取一耒耜，一木牛，一木人，各大六七寸，噀以水，遂耕牀前一席地，往來數出，取麥種之，須臾麥熟，收割可七八升。又安置小磨子，磑成麵訖，即作燒餅數枚，供客點心。

篩曰篩子。《傳燈録》：「六祖舂米，問：『米熟未？』曰：『未經篩。』」王禹偁詩：「從僧借藥篩。」李洞詩：「濾泉花滿篩。」《明一統志》：「篩子山，在汝州，洞口最多，有似篩子眼，故名。」

釜謂之鍋。《陶盧筆記》：釜，《方言》作鍑，《説文》又作鬴，《廣雅》訓鬴爲釜。《急就篇》「釜鍑鍪」，顔注：「鍪，似釜而反脣。即今所謂鍋也。」鍪又作堥，土釜也。《説文》：「鬵，三足釜也，有柄喙。」案，鬵、鍋一聲之轉。土製曰沙鍋，即土釜也。柄足者謂之小鍋，即古之鬵也。陸龜蒙詩：「盈鍋玉泉沸。」王千秋詞：「翠杓銀鍋饗夜游。」

瀝米曰筲箕。《杜陽雜編》：「同昌公主鏤金爲笊籬。」《通雅》：「笊籬，古之所謂籅。」籅，炊之漉米箕也。《蜀語》：「漉器曰笊籬。笊音兆，籬音力。」今俗呼筲箕，殆即笊籬之音轉。

甑底曰抒箅。《説文》：「箅，蔽也，所以蔽甑底也。」《世説》：「陳元方、季方竊聽父太邱與客語，炊忘著箅，飯落釜中成糜。」《通雅》：「甑箄，今人曰甑抒，或曰飯抒箄。」《蜀語》：「箅從竹畀聲。」不從卑。箄音悲，漁器也。

盎謂之盆。《爾雅》：「盎謂之缶。」疏：「缶，瓦器。」即今之瓦盆也。杜詩：「莫笑田家老瓦盆。」蘇詩：「白髮蒼顔自照盆。」今俗有木盆、銅盆、磁盆各種。

盂謂之盌。《説文》：「盌，小盂也。」《方言》：「宋楚魏之郊盂謂之盌。」《三國志·甘寧傳》：「寧先以銀盌酌酒，自飲兩盌。」《南史·沈炯傳》：「茂陵玉盌遂山人間。」《五代史·孫晟傳》：「金盌玉杯而盛狗屎可乎？」白居易詩：「閒停茶椀從容語。」岑參詩：「藥椀搖山影。」耶律楚材詩：「穿心土椀元無漏。」盌、椀同。

飲器曰杯。《説文》杯作桮，飲酒器。《禮》：「母没而桮棬不能飲焉。」《史記·項羽本紀》：「幸分我一杯羹。」《唐書·盧懷慎傳》：「日晏設食，蒸豆兩器，菜數杯而已。」杜詩：「莫怪頻頻勸酒杯。」陸游詩：「風爐隨處置茶杯。」

茶托曰船子。《周禮》：「彝下有舟。」注：「舟乃尊下臺。」《資暇録》：「崔寧女以茶盃熨指，取楪承之。既啜而盃傾，乃以蠟環楪夾其盃，遂定。乃命匠以漆環代蠟，進於蜀相，名爲茶托子。」今俗曰茶船子。

小盤曰楪子。《酉陽雜俎》：「俗書楪子，誤。以其可疊，故名，當作疊。」白居易詩：「一楪膠牙餳。」今俗又作碟。

箸曰筷子。《菽園雜記》：「吴俗，行舟諱言住。住、箸同音，故以箸爲快兒。」兒與子皆助詞，又一聲之轉，後加竹爲筷。字書並無筷字。《蜀語》：「箸曰䈛。䈛音快，竹箭也。用以爲箸。俗作快，非。」

羹匙曰調羹。《周禮·天官》「大羹」「鉶羹」疏：「大羹，不調以鹽菜及五味。」「鉶羹，調以五味。」《禮記》「絜羹」疏：「謂食器中調足鹽梅也。」李白詩序：「以七寶牀賜食，御手調羹以飯之。」劉長卿詩：「調鼎未和羹。」

箒曰刷帚。《廣雅》「箒」疏：「箒即今之刷鍋帚也。《説文》謂飯帚曰箒，箒之言捎也，所以捎去餘飯也。」《廣韻》作筅帚，《通雅》：「析竹爲帚以洒洗。」〔一〕皆俗所謂刷帚也。

案曰桌子。《正字通》：「俗呼几案曰桌。」又：「棹，倚桌也。」《談苑》：「咸平景德中，主家造檀香倚桌。」《鷄肋集》有八仙案銘，蓋今之方桌也。桌、棹、卓同。

凳曰椅子。《正韻》椅音倚，俗呼坐凳爲椅子。《正字通》：「椅，坐具，後有倚者。」《桯史》：「秦檜賜第設讌，伶有參軍，方就椅忽墜幞頭，露巾鐶。問：『何鐶？』曰：『二聖鐶。』曰：『爾但坐太師交椅，此鐶掉在腦後可也。』」案，椅本作倚。《朱子家禮》作椅。今俗於有倚者曰椅子，無者曰兀凳、板凳。

牀身曰牀桯。《説文》：「桯，牀前几也。」《方言》：「江沔之間曰桯。」《儀禮》：「遷於祖，用軸。」注：「軸狀如長牀，穿桯。」《通雅》：「牀前横木曰桯。」宋岳珂《桯史》取此。《蜀語》桯音聽平聲。

榻登曰榻板。《釋名》：「長狹而卑曰榻，言其榻然近地也。」又榻登，承大牀前登，以上

〔一〕析：原誤作「折」，據《通雅》改。

牀也。服虔《通俗文》：「三尺五曰榻板。」

銀曰元寶。《宋史·食貨志》：太宗鑄太平通寶，淳化鑄淳化元寶。唐高宗亦有開通元寶，凡改元鑄錢皆曰元寶。今呼銀爲元寶，殆沿於此。

錢曰文。《漢書·食貨志》：「錢文大亂。」《孟子》「西子」疏：「西子至吴市，願見者先輸金錢一文。」古詩：「再來不值半文錢。」按，錢曰文者，以面有字而言，故一枚曰一文。

錢面背曰字幕。《東皋雜録》：「擲錢爲博者，以錢文面背爲勝負，曰字曰幕。」幕讀漫去聲如妹。

箑曰扇子。《説文》：「箑，扇也。」《方言》：「自關而東謂之箑，關西謂之扇。」又作翣。《吕氏春秋·有度》篇：「冬不用翣。」翣、箑通。《天寶遺事》：「王元寶家有一皮扇子，製作甚質。」《田家五行·諺》：「扇子弗離手。」

記數曰帳簿。《周禮》「遺人」疏：「當年所税多少，總送帳於上。」《漢書·武帝紀》：「受郡國計。」注：「計若今諸州之計帳也。」又《食貨志》：「多張空簿。」《北史·高恭之傳》：「詔令道穆總集帳目。」俗作賬。

互約曰合同。《周禮·天官·小宰》注：「質劑，謂兩書一札，同而别之。」又《秋官·朝士》：「凡有責者，有判書以治。」疏云：「半分而合者，即質劑傅别，分支合同，兩家各得其一者也。」今以一契兩書於紙，而又中分，各執其一曰合同。

計數曰算盤。《十駕齋養新録》：「古人布算以籌，今用算盤，以木爲珠，不知何人所造，亦未審起於何代。」案，陶南村《輟耕録》有走盤珠、算盤珠之喻，則元代已有矣。

羅經曰羅盤。《壹是紀始》：「周成王時，越裳氏來獻白雉，忘其歸路，周公作指南車與之。今羅盤是其遺意。」

小秤曰等子。《三器圖義》：「皇祐《新樂圖》有銖秤，如民間金銀等子。」俗作戥子。李方叔《師友談記》：「邢和叔常曰：文銖兩不差，非秤上秤來，乃等子上等來也。」

靉靆曰眼鏡。《壹是紀始》：「張靖之《方州雜録》云見其父得宣廟賜物，如錢大者二，絶似雲母石，而質甚薄，以金相輪，廓而紐之。老人張於雙目上，則大明。來自番舶，號曰靉靆。皆玻瓈所製。後粵東以水晶石製之。」

硯曰硯臺。《釋名》：「硯，研也，研墨使和濡也。」司空圖詩：「夕陽照箇新紅葉，似要題詩落硯臺。」

燈曰燈臺。《説文》：「鐙，錠也。」徐鉉曰：「錠中置燭，故謂之鐙。」通作燈。《玉篇》：「燈，火也。」《歸田録》：「俚諺云：『趙老送燈臺，一去更不來。』不知何等語。天聖中，趙世長求爲西京留臺御史，有人送以詩云：『此回真是送燈臺。』後竟卒於留臺。」

盛膏曰燈盞。《唐書》：「楊綰年四歲，敏識過人，嘗夜宴賓客，各舉坐中物以四聲呼之，綰應聲指鐵燈樹曰：『燈盞柄曲。』衆咸異之。」

持行曰燈籠。《南史·宋武帝紀》：「壁上挂葛燈籠。」《宋史·儀衛志》：「打燈籠官八十人。」又《劉隨傳》：「隨臨事明鋭，蜀人號爲水晶燈籠。」江西奉使宣撫，謡云：「官吏黑漆皮燈籠。」李洞詩：「半空燈一籠。」

匵謂之匵。《論語》：「韞匵而藏諸。」朱注：「匵，匱也。」《書》：「乃納册於金縢之匱。」〔一〕《六書故》：「今通以藏器之大者曰匱。」

櫥曰立櫃。《通雅》：「《補筆談》曰：大夫七十而有閣。閣者版格，以庋膳饈者，正是今之立鐀〔二〕。吴人謂立鐀爲廚，原此。」俗作櫥。立鐀，亦作立櫃。

抽箱曰屜。黄山谷與人帖云：「唐臨夫作一臨書桌子，中有抽替。」《癸辛雜志》：「李仁甫作長編，作廚十二枚，每廚作抽替十二枚，每替以甲子志之。」《蜀語》作抽屜。

熨衣曰熨斗。《漢書·王莽傳》有威斗，威、熨音近，或即一物。晋《東宫舊事》皇太子納妃，有金熨斗三枚。

開鎖曰鑰匙。《史記·魯仲連傳》正義：「籥，鑰匙也。」

繯門曰環。《蜀語》：「門廚上環。作上聲，音緩。又作去聲，音患。」故俗呼環若緩、患。

了鳥曰了弔。《陶廬筆記》：「李義山詩：『鎖門金了鳥。』何義門云：『了鳥即屈戌。』」

〔一〕縢：原誤作「滕」，據《周書》改。
〔二〕鐀：原誤作「饋」，據《夢溪筆談·補筆談》改。下同。

案，屈戍爲門上挂鎖之物，了弔則扣於屈戍上者。何氏指爲一物，非也。」

動機曰捎篙。《蜀語》：「關捩曰捎篙。捎篙音消息。」俗讀若消閑。

平木曰推鉋。《正字通》：「鉋，鐵刃，狀如鏟，銜木匡中。匡有孔，旁兩小柄，以手反覆推之，木片從孔出，用捷於鏟。」鉋音報。

穿木曰鑿子。《說文》：「鑿，穿木也。」《古史考》：「孟莊子作鑿。」《易》：「刳木爲舟。」疏：「刳，鑿其中。」《楚詞》：「滅規矩而改鑿。」《易林》：「鉛刀攻玉，無不鑽鑿。」

解木曰鋸子。《正字通》：「鋸，鐵葉爲齟齬，其齒一左一右，以片解木也。」《詩》：「設業設虡。」業如鋸齒。柳宗元《梓人傳》曰：「鋸。彼執鋸者趨而左。」

鉥木曰錛鋤。《集韻》錛音奔，平木器也。

鏨石曰鏨子。《說文》：「鏨，小鑿也。」《涌幢小品》：「嘉州東觀殿有石函，上鏨鳥獸花草，文理纖妙，隣於鬼工。」

以篾束物曰箍。《類篇》：「笟，以篾束物也。」同箍。《蜀語》箍音孤。俗讀若枯。

柄底鋭鐵曰穳。《博雅》：「穳謂之鋋。」《隋書·煬帝紀》：「民間穳刃之類，皆禁絶之。」《元史·儀仗志》：「穳制如戟，鋒兩旁微起，下有鐏鋭。」《蜀語》：「槍戟柄底鋭鐵曰穳。穳音鑽。」

窑器上光曰釉。《集韻》：「釉，物有光也。」通作油。《蜀語》：「銅鐵有光亦曰釉。釉音宥。」

挂物曰鉡鉤。《蜀語》：「曲木可挂物曰鉡鉤。俗作搭鉤。」

蓋謂之傘。《正字通》〔一〕：「傘，禦雨蔽日，可以卷舒者。」《史記・五帝紀》：「舜乃以兩笠自扞而下。」注：「兩繖也。」〔二〕《晉書・王雅傳》：「遇雨，請以繖入。」庾信《謝趙王啓》：「奉教垂賚紫油傘一張。」陸龜蒙詩：「竹傘遮雲逕。」蘇詩：「破屋常持傘。」劉昂詩〔三〕：「破繖遮頭過野橋。」繖、傘同。

⿰氵戽水曰戽斗。《廣韻》：「戽斗，舟中渫水器也。」《農政全書》：「戽斗，挹水之器。其制用笆斗，兩邊各繫雙綆，兩人對立挈之，引水上岸以溉田。」《集韻》戽音户。⿰氵戽同。

引水曰筧槽。《通雅》：「筧，續竹引水也。古作建。《史記・漢高紀》所謂『高屋之上建瓴水也』。亦作梘。今屋前合卷棚必以梘去溜。又流水曰梘溝，深山取水曰梘水。」筧、梘同。陸游詩：「竹筧寒泉晨灌蔬。」顧璘詩：「廚泉山筧細。」徐貫詩：「隔屋尚通分溜筧。」

肩輿曰轎子。《史記》：「禹山行即橋。」《通雅》謂山行之橋本是轎類。《六典注》：「古謂人牽爲輦，秦始皇去其輪，而人舁之。」淮南王《諫擊閩越書》：「輿轎而踰嶺。」《涑水紀聞》：

〔一〕正字通：原誤作「集韻」。
〔二〕兩：原誤作「雨」，據《史記索隱》改。
〔三〕昂：原誤作「艮」。

「富公欲往老子祠，乘山轎，過天津橋。」《元史・百官志》有轎子局。

又曰兜子。《通雅》：「篼輿，自宋以來謂之擔子，或曰兜子。興國七年，李昉上言：『庶人聽乘兜子，但不得過二人。』」

具船曰⿱加舟。《類篇》⿱加舟音駕，具舟也。或作⿰舟架。俗作駕。

進船曰划。《正韻》划音華。《廣韻》：「划，撥進船也。」《正字通》：「俗呼小船曰划子。」陸龜蒙詩：「一艇輕划看曉濤。」又：「細槳輕划下白蘋。」

趁船曰⿰舟乇。《五音集韻》：「⿰舟乇，就舟也。」《蜀語》⿰舟乇音答。

維舟曰纜。《玉篇》：「纜，維舟索也。」何遜詩：「結纜坐春舟。」劉孝綽詩：「解纜覺船浮。」杜詩：「遲日徐看錦纜牽。」

牽舟曰縴。《通雅》：「牽謂之百丈。《長箋》作縴，讀去聲。」《蜀語》：「牽船篾曰火掌。劈大竹爲寸闊，以麻扎續之，用以牽船。」白居易詩：「苒蒻竹篾簽。」簽，即縴也。

船擱淺曰⿱此可。《蜀語》：「舟著地曰⿱此可。⿱此可音珂去聲。」升庵《俗言》：「乾艘，船著沙不行也。」艘，口箇切。⿱此可、艘音同，讀若課。

旅裝曰行李。《左傳》：「亦不使一介行李告於寡君。」又：「行李之往來，供其困乏。」《周禮》：「行李以節逆之。」鮑照詩：「顧爾篤行李。」張説詩：「柏臺簡行李。」李與理通，《管子》稱「皋陶爲李」。或謂李作⿱山子，舊文使字。

人荷物曰擔子。《左傳》昭七年：「其子弗克負荷。」注：「荷，擔也。」《論語》：「有荷簣而過孔氏之門者。」疏：「荷，擔揭也。」擔揭即擔子之音轉。范成大詩：「山腰樵擔動。」陸游詩：「虛負東陽酒擔來。」楚諺：「壬辰裝擔子。」

畜馱物曰他子。《方言》：「騾驢馲駝載物謂之負他。」《蜀語》他音惰。

盛物曰籮筐。《方言》：「箕，陳魏宋楚之間謂之籮。」江南謂筐，底方上圜曰籮。《詩》：「不盈傾筐。」又：「載筐及筥。」《癸辛雜識》：「梅津一生辛勤〔一〕，只辦得食籮一擔。」范成大《冬春》詩〔二〕：「隔籮耀日雪生光。」韓愈詩：「有饋木蕨芽滿筐。」

負物曰背籠。《溪蠻叢笑》：「負物不以肩，用木爲半枷之狀，以皮帶繫之額上，名曰背籠。」今製則籠有篾系二，以兩肩負之。

熏籠曰烘籠。《通雅》：「籠，《説文》：『篝，笿也。可薰衣。』《史記》『篝火』注：『以籠覆火也。』」王建詩：「銀薰籠底火霏霏。」白居易詩：「香添暖被籠。」

作帽曰⿰虛韋頭。《周禮·冬官·函人》注：「無迤謂革不⿰虛韋。」釋文⿰虛韋音虧。今凡⿰虛韋帽、⿰虛韋鼓皆作⿰虛韋，又呼⿰虛韋子。

作鞋曰楦頭。《説文》：「楦，履法也。」徐鉉曰：「履中模範，故曰法。」《朝野僉載》：「唐

〔一〕一生辛勤：原作「辛苦一生」，據《癸辛雜識別集》改。
〔二〕范：原誤作「苑」。

楊炯每呼朝士爲麒麟楦。」今呼鞋工木胎爲楦頭。《正韻》楦音暄去聲。俗作楦。

罟謂之網。《易》作「結繩而爲罔罟，以佃以漁」。《廣雅疏》罔作網。蘇詩：「坐看猿猱落罟網。」陸游詩：「兒童衝雨收魚網。」

罔謂之罾。《廣雅》：「罾，魚罔也。」《風土記》：「罾，樹四木而張網於水，車輓之上下，形如蛛網。」杜詩：「野食待魚罾。」韋莊詩：「待月好垂罾。」陸游詩：「移罾出浦遲。」高啓詩：「留得閒罾挂夕暉。」

投子曰骰子。《史記》：「博者欲大投。」裴駰注〔一〕：「投，投子也。」《列子·説符篇》注：「凡戲争，能取中者皆曰投。」温庭筠詩：「玲瓏骰子安紅豆。」《通雅》引宋人詩「骰子巡巡手裏拈」。唐人始作骰，字異而音仍同，擲采者以色勝，故俗呼色子，久之遂讀骰爲色音。按，《正韻》骰固音頭也。

卜珓曰卦。《演繁露》：「杯珓用兩蚌殼，或用竹根。」《珓圖》：「陽珓俱仰，陰珓俱府，勝珓一仰一俯，三占之則成卦。」梅堯臣詩：「竹根杯珓不欺人。」盧綸詩：「問卦獨無徵。」

問神曰籤。《老學庵筆記》：「遣僧則肇乞籤於射洪白崖陸使君祠，使君以杜詩爲籤，得全家隱鹿門之篇。」今神廟多有籤詩，占者以決休咎，蓋宋以前已有矣。

足踢曰毽。吴氏《字彙補》：「毽，抛足戲具也。」《帝京景物略》：「諺云：楊柳兒死，踢

〔一〕 裴：原誤作「斐」。

揵子。」《武林舊事》載諸小經紀有韃子。李西漚《弄譜》：「揵字未見前字書，今京市爲此戲最工，頂額口鼻，肩背腹膺，皆可代足。」揵、韃皆借用，俗作毽。

足戲曰高蹻。《通典》：「後魏天興三年，增修雜戲，有長趫。」《宋書・武三王傳》：「冬會不得爲長蹻等戲。」《武林舊事》元夕舞隊有踏蹺。《列子》：「宋有蘭子，以雙枝長倍身，屬脛，並馳。」《書影》：「雙枝屬足，即今踩高蹻也。」蹻、趫、蹺同。

面具曰臉殼。《漢書・禮樂志》「象人」注：「著假面者。」《隋唐嘉話》：「高齊蘭陵王貌類美婦人，乃著假面對敵。」《老學庵筆記》：「政和中，桂林進面具八百枚〔一〕，爲一副，老少妍陋，無一似者。」

師子舞曰玩獅子。《唐書・音樂志》：「太平樂，後周時造，亦謂師子舞。綴毛爲師子，人居其中，象其俯仰馴狎之狀。」白居易《新樂府》：「假面胡人弄獅子，刻木爲頭絲爲尾。」

競渡曰龍船。《荆楚歲時記》：「五月五日競渡，俗謂此日屈原投汨羅，以舟楫救之。」《元典章》：「蕤賓節，摔掉龍船。」王建詩：「競渡船頭插綵旂。」

釋禽

玄鳥曰燕。《爾雅》：「燕燕，鳦。」舊注：「齊曰燕，梁曰鳦。」《説文》：「乙，燕，玄鳥

〔一〕八：原脱，據《老學庵筆記》補。

也〔一〕。齊魯謂之乙。」春分來，秋分去，籋口，布翅，枝尾，象形。《夏小正》：「九月陟玄鳥，蟄。」傳：「先言陟而後蟄，何也？凡燕將蟄時，必羣飛於空際，二三日即不見矣。」

家雀曰瓦雀。《説文》：「雀，依人小鳥也。」《古今注》：「雀一名家賓。」故北人謂之家雀，以專住人家屋也。《詩》：「誰謂雀無角，何以穿我屋？」蓋即此也。《通雅》：「雀，俗曰瓦雀，在堂檐間也。」老而斑者曰麻雀。葉平巖詩：「雙雙瓦雀行書案。」今俗多呼爲麻雀。家、瓦、麻雖各有意義，然皆一聲之轉。

鴿曰鴿子。《説文》：「鴿，鳩屬。」陸佃曰：「鴿性喜合，故名。」《正字通》：「鴿能飛行數千里，放一隻至家，以爲平安信。」元稹詩：「馴鴿閑依綴。」杜詩：「紫鴿下罘罳。」

鳩曰班鳩。《説文》：「鳩，從鳥九聲。」《方言》：「鳩，自關而西謂之鶻鳩〔二〕，其大者謂之鳻鳩。」郭注：「鳻音班。」《詩·小宛》「鳴鳩」義疏：「班鳩也，似鶉鳩而大，項有繡紋班然，故曰班鳩。」《禽經》：「班鳩辨鶻。」注：「班，次序也。凡哺子朝從上下，暮從下上，他鳥皆否。」

鵲曰喜鵲。《韻會》：「鵲，鳥名，喜鵲也。」《本草》：「鵲，大如鴉，其鳴唶唶，故謂之鵲。靈能報喜，故謂之喜。」《禽經》：「靈鵲兆喜。」注：「鵲噪則喜生。」宋之問詩：「破顔看鵲喜。」

〔一〕燕玄鳥也：《説文解字》作「燕燕乙鳥也。」
〔二〕西：原誤作「東」，據《方言》改。

歐陽修詩：「蜘蛛喜鵲誤人多。」蔡襄詩：「寂寂西軒喜鵲聲。」黄庭堅詩：「慈母每占烏鵲喜。」

鴉曰老鴉。《廣韻》：「鴉，烏别名。」《廣雅》：「純黑反哺者謂之烏。小而腹下白不反哺者謂之鴉。」古有《鴉經》，占吉凶。南人喜鵲惡鴉，聞鴉鳴以爲不祥。盧仝詩：「塗抹詩書如老鴉。」梅堯臣詩：「老鴉銜肉上樹飛。」蘇詩：「霜林老鴉閑無用。」〔一〕

鸕鷀曰水老鴉〔二〕。《正韻》：「鸕鷀，水鳥。」《爾雅》：「鷀，鶿。」郭注：「鸕鷀也。」李時珍曰：「盧與兹皆黑也，此鳥色深黑，故名。」又名水老鴉，又名烏鬼。《正字通》：「鸕鷀畜之以繩，約其嗉，才通小魚，其大魚不可下時，呼而取之，復遣去。」高適詩：「潭邊竹裏隱鸕鷀。」岑參詩：「棹發起鸕鷀。」徐鉉詩：「折葦覆鸕鷀。」許月卿詩：「鸕鷀逢獺等求魚。」

鳲鳩曰布穀。《爾雅》「鳲鳩」郭注：「今之布穀也。」《本草拾遺》：「布穀，江東爲郭公，北人云撥穀。」《漢書·揚雄傳》注爲「家家撒穀」。東坡詩爲「脱卻布袴」。陳造《布穀吟序》：「淮農傳云『郭嫂打婁』，浙人解爲『一百八箇』。」《本草釋名》爲「割麥插禾」。今俗呼「豌豆罷割」。皆因其聲似，隨其方音，而以意名之。李白詩：「日出布穀鳴。」杜詩：「布穀處處催春種。」

雉曰野鷄。《廣雅》：「雉，野鷄也。」顔師古注《漢書·郊祀志》：「野鷄亦雉也，避吕后

〔一〕〔二〕鴉：原作「雅」。

諱，故曰野鷄。」《易林・睽之大壯》：「鷹飛雉遽，兔伏不起。狐張狼鳴，野鷄驚駭。」又以雉與野鷄爲二。今俗亦謂有雉鷄、野鷄、錦鷄各種。

鴽曰秧鷄。《禮・月令》：「田鼠化爲鴽。」《正字通》：「田鼠至建辰月化爲鴽，而鴽於建酉月化爲鼠。」今俗呼爲秧鷄，謂其長在稻秧中也。《本草》：「秧鷄大如小鷄，白頰長嘴短尾，背有白斑，多居田澤畔，夏至後夜鳴達旦，秋後乃止。」

鷺曰鷺絲。《説文》：「鷺，水鳥也。」李時珍曰：「鷺，林棲水食，羣飛成序，深白如雪，頂有長毛數十莖，毿毿然如絲，名曰絲禽。」《禽經》：「鷺飛則露，其名以此。步於淺水，好自低昂，啄則絲偃。」李紳詩：「碧峯斜見鷺絲飛。」温庭筠詩：「鷺鶿拳足雪離披。」林逋詩：「蒼茫沙嘴鷺絲眠。」

杜鵑曰陽雀。《華陽國志》：「杜宇稱帝，會有水災，其相開明，決玉壘山以除害，帝遂委以政，升西山隱焉。時二月，子規鳥鳴，故蜀人聞輒悲思之。」《本草釋名》：「蜀人見鵑而思杜宇，故呼杜鵑。説者遂謂杜宇化鵑，誤矣。又鵑與子規、鶗鴂、催歸諸名，皆隨其聲呼之，其鳴若曰不如歸去。蜀童謡『陽雀叫，鶤鴂笑』是也。見《淵鑒類函》。」李時珍曰：「杜鵑暮春即鳴，夜啼達旦，其聲淒切。」杜詩：「雲安有杜鵑。」治城舊有杜鵑亭，馮時行有記。

鶯曰黄鳥。《説文》：「鶯，鳥也，从榮省聲。」《禽經》：「倉庚、黧黄，黄鳥也。」注：「今謂之黄鸝，黄鶯是也。」《方言》：「鸝黄，或謂之黄鳥。」《詩疏》引陸璣《疏》：「黄鳥，黄鸝鶹也。或謂之黄栗留。」郝懿行《爾雅義疏》：「栗留，即離陸，文章貌也。」《詩》：「緜蠻黄鳥」「睍睆黄鳥」「交交黄鳥」。今俗呼若黄斑老，殆緩言之，而又訛鳥爲老也。

斵木曰啄木冠。《爾雅》：「鴷，斵木。」郭注：「口如錐，長數寸，常斵樹食蟲，故名。」《異物志》：「此鳥頭上有紅毛，土人皆呼爲山啄木，亦名火老鴉。」《埤雅》：「此鳥善爲禁法，能曲爪畫地爲印，則穴之塞自開，飛軋以翼墁之。」王元之詩：「淮南斵木人如鴉，頂似仙鶴堆丹砂。」今俗啄木冠，因其冠之美也。

蝙蝠曰檐老鼠。《方言》：「蝙蝠，自關而東或謂之飛鼠，或謂之老鼠，或謂之仙鼠。自關而西謂之蝙蝠。」今俗通呼爲檐老鼠，以其多居檐下也。

鷂曰鷂子。《説文》：「鷂，鷙鳥也。」《爾雅》：「鷣，負雀。」郭注：「鷣，鷂也。江南呼爲鷣，善捉雀。」《酉陽雜俎》：「鷂子，兩翅各有複翅。」韓愈詩：「魯連細而黠，有似黄鷂子。」元稹詩：「鷂子繡線韘。」

鷹曰老鷹。《玉篇》：「鷹，鷙鳥。」李時珍曰：「鷹以膺擊，故謂之鷹。」揚子：「雕鷹高翔。」王褒詩：「高鷹接雉飛。」張正見詩：「調鷹向新市。」杜詩：「代北有豪鷹。」今俗呼爲老鷹，老讀若鬧，或即雕、高、調、豪之訛音。

怪鴟曰猫兒頭。《爾雅》「怪鴟」郭注：「即《廣雅》之鴟鵂也。」今北人呼爲夜猫子，在人屋宅鳴，謂之不祥，尤忌其笑。《説文》鴟鵂，晝無所見[一]。王念孫云：「怪鴟頭似猫而夜飛。今人謂之夜猫，所鳴有禍。」一如昔人之説。今俗通呼爲猫兒頭，象其形也。蓋鳥之不孝者。

舒雁曰鵝。《爾雅》：「舒雁，鵝也。」李巡曰：「野曰雁，家曰鵝。」《説文》：「雁，鵝也。」《方言》：「雁，自關而東謂之鴚鵝，南楚之外謂之鵝。」《埤雅》：「鵝，峨首似傲，故名之曰鵝。」又謂：「鵝額如瘤，長脰善鳴，善轉旋其項，古之學書者法以動腕，羲之愛鵝以此。亦其自然而有行列，故《聘禮》曰：『出如舒雁。』」《莊子·山木》篇：「殺雁而烹之。」蓋雁即鵝矣。歐陽修詩：「饑坐列雁鵝。」蘇詩：「盡召中堂列雁鵝。」

鶩謂之鴨。《爾雅》：「舒鳧，鶩。」郭注：「鴨也。」《尸子》曰：「野鴨爲鳧，家鴨爲鳧。」《禽經》：「鴨鳴呷呷，其名自呼。鳧能高飛，而鴨舒緩不能飛，故曰舒鳧。」《格物論》：「鴨皆雄瘖雌鳴。」《採蘭雜志》：「鳧，一名少卿。」今俗呼雄鴨爲鴨卿，其殆沿鳧爲少卿之稱，抑瘖之譌音歟？陳傳良詩：「莫將鵝鴨惱比鄰。」蘇轍詩：「棹進鳧鴨亂。」

雄鷄曰鷄公，雌曰鷄母。《説文》：「鷄，知時畜也。」徐鉉曰：「鷄者，稽也，能稽時也。」韋莊《鷄公幘》詩：「石狀雖如幘[二]，山形可類鷄。」《孟子》：「五母鷄。」李覯詩：「吾家有鷄母，乘春數子生。」當鷄抱子時，俗呼爲抱鷄婆。

[一] 「説文」二字疑爲衍文。

[二] 雖：原誤作「鷄」，據《鷄公幘》改。

鸚鵡曰鸚哥。《山海經》：「黄山有鳥焉，其狀如鴞，青羽赤喙〔一〕，人舌，能言，謂之鸚䳇。」《禮》：「鸚鵡能言，不離飛鳥。」《本草》：「鸚䳇大者爲鸚䳇，小者爲鸚哥。」《春渚紀聞》：「唐太宗時，林邑獻五色鸚哥。」

籠畜者曰畫眉。畫眉似鶯而小，黄黑色，其眉如畫，巧作千聲，如百舌，見《淵鑑類函》。歐陽修《畫眉》詩：「百囀千聲隨意移，山花紅紫樹高低。」鄉人多畜之，調之使鬬，嘗以巨金決勝負。

鸜鵒曰八哥。《負暄雜録》：「李後主諱煜，改鸜鵒爲八哥。」《幽明録》：「五月五日，剪八哥舌端使圓，教令學語，能人言。」《禽經》：「鴝鵒剔舌而語。」注：「今人育其雛，以竹刀剔其舌本，教之言語。」

釋獸

牡馬曰騷馬，騸者曰扇馬。《説文》訓牡馬曰騭，訓騷馬曰擾。今人謂牡馬爲騷馬，殆因其擾羣不寧也。《辭源》：「俗謂淫蕩曰騷。」亦或以此。《正字通》：「騸，割去勢也。」《臞仙肘後經》：「騸馬、宦牛、羯羊、閹猪、鐓鷄、善狗、浄猫，皆謂牲畜之去勢者。」《五代史·郭崇韜傳》：「當盡去宦官，至於扇馬亦不可騎。」

〔一〕喙：原誤作「啄」，據《山海經》改。

牝曰課馬。　孔平仲《雜説》：「俗呼牝馬爲課馬，謂凡四歲而課一駒也。」又作騍。《正字通》：「騍，俗呼牝馬。」《爾雅義疏》：「今東齊人以牡爲兒馬，牝爲騍馬。」

牡牛曰牯牛。　《集韻》牯音古。《格物總論》：「牛母爲牸，牛父爲牯。」《傳燈録》「南泉和尚」，請大衆爲貍奴白牯念摩訶般若波羅密；又「大安和尚」，曰：「安在潙山，看一頭水牯落路入草。」陳師道詩：「青奴白牯静相宜。」孫覿詩：「老牯挽犂泥没膝。」楊維楨詩：「江邊黑牯似沈犀。」

牝曰牸牛。　《韻會》牸音字。《廣韻》：「牝牛也。」《孔叢子》：「子欲速富，當畜五牸。」《説苑》：「愚公畜牸牛，生子而大，賣之而買駒。」陸龜蒙《祝牛宫辭》：「四牸三牯。」戴復古詩：「牯牸倦耕眠草下。」范成大詩：「牯牸無瘟引犢兒。」又：「大牸引犢鷄哺兒。」

牡羊曰羊頭。　《説文》：「羊牡曰羖。」羖羊亦謂之羖攊羊。北人引大羊，以此爲羊首，又謂之羊頭。見蘇頌《圖經本草》。又《松漠紀聞》：「善牧者每羣必置羖攊羊數頭。」張文潛《樂府》：「羊頭車子毛布囊。」或以牡羊駕車也。

公狗曰牙狗，母狗曰草狗。　《陶廬筆記》：「牙應作爺。《玉篇》爺，以遮切，入麻韻，對母畜而言，猶牡馬稱父馬也。」《玉篇》草，牝畜之通稱〔一〕。《通雅》：「俗以牝畜爲草，如草狗之

〔一〕《玉篇》無此文字。《正字通》作「騲，牝畜之通稱」。

類，其言有自。」《正字通》：「杜畿課民畜牸牛、草馬。」陸游詩：「平頭奴馭草驢歸。」俗謂牝求牡爲走草。《蜀語》：「雌狗曰草。」又：「雌思雄曰起草。」

牡猫曰郎猫，牝猫曰嬭猫。《陶廬筆記》：「婦稱夫曰郎，郎猫即牝猫之郎也。」《廣韻》嬭音禰，母也。嬭猫即母猫。古韻嬭讀如母。今粤閩人呼母曰阿嬭，此古韻之僅存者。今俗多呼爲男猫、女猫，音近而義亦通。《隋書·獨孤陁傳》：「猫女可來，無住宫中。」

牡猪曰豭猪，牝曰奶𧲛。《正韻》豭，居牙切。《説文》：「牡豕也。」《左傳》隱公十一年：「鄭伯使卒出豭。」疏：「謂豕之牡者。」又定公十四年：「盍歸我艾豭。」《史記·秦始皇紀》：「夫爲寄豭。」索隱：「豭，牡猪也。夫淫他室，若寄豭之猪也。」今俗讀豭若牙。𧲛，《集韻》色甲切，音翣。《博雅》：「牝豕也。」《玉篇》：「老母猪也。」今俗爲奶𧲛，謂其乳子也。

牡驢曰叫驢。《陶廬筆記》：「叫，鳴也。《詩》：『或不知叫號。』牡驢善鳴，故名。」《晉書》：「王濟好驢鳴，死，孫楚哭之哀，曰：『汝好驢鳴，爲汝作一聲。』而形體具似，弔客皆笑。」俗又呼爲叫驢子。

羸曰騾子。《説文》：「羸，驢父馬母。」《漢書·西域傳》：「驢非驢，馬非馬，所謂羸也。」《正字通》：「羸，似驢而健，驢力在髀，羸力在腰。」《六書正譌》：「俗作騾。」《唐書》：「吴少誠據蔡州，地少馬而廣畜騾，乘之，教戰，號騾子軍。」又：「吴元濟叛，其部下乘騾即戰，號騾子都尉。」

鼠曰老鼠。《廣韻》：「鼠，小獸，善爲盜。」《本草釋名》：「鼠，其壽最長，故曰老鼠。」《唐書·王后傳》：「庶人蕭良娣初囚，大駡曰：『願阿武爲老鼠，吾作猫兒，生生扼其喉。』武后怒，自是宫中不畜猫。」

鼬曰黄鼠狼。《爾雅》：「鼬，鼠。」郭注：「今鼬似鼦，黄色，大尾，啖鼠。」《本草》：「鼬，一名黄鼠狼。」《太平御覽》有鼠郎，邢昺以爲鼠狼。《通雅》：「江北曰黄鼠狼。」今俗通呼黄鼠狼，夜出食人家鷄鴨，若被人追迫，則肛門放出惡臭。其尾毛可製筆，謂之狼毫。

猿曰猴子。《埤雅》：「猴善候，其字從侯。」《白虎通》曰：「侯，候也。」楚人謂之沐猴。左思《吴都賦》：「猱子長嘯。」王維詩：「藤花欲暗藏猱子。」今俗呼猴子，殆同此義。

犲曰犲狗。《本草》：「犲，俗名犲狗。形似狗，前短後高而長尾，細瘦猛健，喜食羊。」

狐曰毛狗。《本草》：「狼，一名毛狗。」注：「狼大如狗，南人謂之毛狗。」今俗呼狐爲毛狗，謂其毛之深厚也。

貛曰土猪。《説文》貛，本貛，「野豕也」。李時珍：「貒，猪貛也。貛，狗貛也。二種相似而略殊。」今俗於猪貛曰土猪，狗貛曰土狗。《正韻》貛音歡，俗讀若焕。

貍曰野猫。《説文》：「貍，伏獸，似貙。」《正字通》：「貍，野猫也。」有數種，大小似狐，毛雜黄黑有斑如猫。圓頭大尾者爲猫貍，善竊食鷄鴨。《宋史》安陸州貢野猫，即此。

玉面貍曰白面。南方有白面而尾似牛者，爲牛尾貍，亦曰玉面貍。專上樹木食百果，冬月極肥，人多糟爲珍品。見《淵鑑類函》。蘇轍、楊萬里皆有詩稱其肥美。今俗呼爲白面，面讀若妹。

豹曰豹子。《説文》：「豹，似虎，圜文。」《東京夢華録》：「放馬先走，以身追及，握馬尾而上，謂之豹子馬。」《明一統志》：「豹子山在遵義，山多産豹，故名。」

虎曰老虎。《説文》：「虎，山獸之君。」王惲《鼤虎圖行》：「耿耿老虎底許來，抱石踞坐何雄哉。」《格物論》：「虎，狀如猫，而大如牛。」故俗又呼爲大頭猫。

釋蟲

蚓曰曲蟺。《説文》螾或作蚓〔一〕。《禮·月令》：「蚯蚓出。」《本草》：「蚯蚓，一名曲蟺。」巴人謂之朐䏰。」《劉賓客嘉話録》〔二〕：「朐忍，夔州地地名，音屈忍，蚯蚓也。地多此蟲，縣境江岸多曲蟺，故古名朐䏰。」杜詩：「蚯蚓上深堂。」蘇詩：「暗潮生渚弔寒蚓。」

蠶曰蠶子。《説文》：「蠶，吐絲蟲也。」又：「蛹，繭蟲也。」又：「蛾，蠶化飛蟲也。」《埤雅》：「蛹者，蠶之所化。蛾者，蛹之所化。」荀子《蠶賦》「蛹以爲母，蛾以爲父」是也。鄉間飼蠶者，有春蠶、秋蠶兩種。李白詩：「昔見秋蛾飛，今見春蠶生。」元好問詩：「一箔秋蠶課諸女。」

䗬曰蜂子。《集韻》䗬音豐。《長箋》省作蜂。《埤雅》：「其毒在尾，垂穎如鋒，故謂之

〔一〕説：原誤作「語」。

〔二〕賓客：原誤作「禹錫」。

蜂。」《説文》：「飛蟲螫人者。」《爾雅翼》：「蜂種甚多，黄色細腰者爲蜜蜂，人收而養之。」《爾雅》蠭注：「蜂，在地中作房者曰土蜂。」杜詩：「花暖蜜蜂喧。」

蟁曰蚊子。《埤雅》：「蟁從昏，以昏時出也。」《説文》：「蚊，嚙人飛蟲也。」《續博物志》：「地濕則生蚊。」《爾雅翼》：「蚊者，惡水中孑孓所化，噆人肌膚，其聲如雷。」《莊子》：「蚊蝱噆膚，則通昔不寐矣。」梅堯臣詩：「花腳野蚊撩亂飛。」劉著詩：「雷聲吼夜蚊。」

小蚊曰蠛蠛。《韻會》蠛音蔑，蠛蠓，細蟲也。《爾雅》蠛蠓注：「小蟲，似蜹而亂飛。」揚雄《甘泉賦》：「浮蠛蠓而撇天。」元稹有《蟆子詩序》，云：「蟆，蚊類也，其實黑而小，不礙紗縠，夜伏而晝飛，嚙人成瘡。」蠛、蟆一聲之轉。今俗呼蠛蠛。蔑，小也。

蚤曰獦蚤。《玉篇》：「蚤，嚙人跳蟲也。」《續博雅志》：「土乾則生蚤。」曹植《論》：「得蚤者，莫不糜之齒牙。」《韓非子》：「韓昭侯搔癢而亡一蚤。」《淮南子》：「使蟾蠩捕蚤。」李商隱詩：「無肉畏蚤蝨。」《元曲選》：「哈叭狗兒蚊虯蚤。」虯或作獦。《集韻》獦，力涉切。俗讀若格。

蜰曰臭蟲。《爾雅》蜰注：「即負盤，臭蟲。」疏：「其爲蟲臭惡，南方淫氣之所生也。」輕薄如盤，故名負盤。俗又呼嚙人臭蟲曰肥蟲，一曰木蝨。

蝨曰蝨子。《説文》：「蝨，嚙人蟲也。」《抱朴子》：「蝨生於我，而我非蝨父母，蝨非我子孫。」《淮南子》：「湯沐既具，蟣蝨相弔。」白居易詩：「蟣蝨衣中物。」歐陽修詩：「比如衣縫蝨。」韓愈詩：「靈麻撮狗蝨。」孟郊詩：「鶴蝨落琴牀。」

蠅曰蠅子。《埤雅》：「蠅，前足有絞繩之象，故字從繩省。」《小雅》青蠅箋：「蠅之爲蟲，汙白使黑，汙黑使白。」段氏曰：「蠅糞能敗物，雖玉猶不免，所謂蠅糞點玉也。」杜詩：「天地有青蠅。」蘇詩：「秋蠅已無聲。」《集韻》蠅，於陵切，音應。俗謞若文。

蟫曰蟫蟲。《説文》：「蟫，白魚也。」《爾雅》蟫注：「衣書中蟲。」《爾雅翼》：「蟫，始則黄色，既老則身有粉，視之如銀，故名白魚。」蘇轍詩：「魚細如蠹蟫。」釋溥洽詩：「篋書芸消生白蟫。」《韻府》蟫，徒含切，音覃。俗讀若綿。

螢曰亮火蟲。《韻會》螢音熒，火蟲也。《埤雅》：「螢夜飛，腹下有火，故從熒省。」《古今注》：「螢，一名夜光，一名宵燭。」《晉書》：「車胤家貧，不得油，則練囊盛螢火以照書。」杜詩：「巫山秋夜熒火飛。」晁沖之詩：「案頭燈火有流螢。」

蜻蜓曰陽蜓蜓。《埤雅》：「蜻蜓，六足四翼，其翅輕薄如蟬，好集水上款飛，尾端亭午則亭。」《方言》：「蟬有文者謂之蜓蜓。」〔二〕今俗呼陽蜓蜓，或以此。杜詩：「點水蜻蜓款款飛。」杜牧詩：「蛛網挂蜻蜓。」李羣玉詩：「草色醉蜻蜓。」

蛺蜨曰蝴蝶。《説文》本作「蜨，蛺蜨也」。徐鉉曰：「俗作蝶。」《列子》：「烏足之根爲蠐

〔二〕蜓蜓：《方言》作「蜻蜻」。

蠨，其葉爲蝴蝶。」《爾雅翼》：「菜中青蟲，緣行屋壁或草木上，以絲自圍，六七日，蜕爲蝶出矣。」杜詩：「蜜蜂胡蝶生情性。」蘇詩：「陌上花開蝴蝶飛。」《古今注》：「蝶，一名野蛾。」今俗亦呼爲蛾蛾。

蝗曰蚱蜢。《集韻》蚱音窄，蜢音猛。蝗類，似螽而小。《本草》：「蟲蟲，一名蚱蜢。」《方言》郭注：「江東呼爲蚱蜢。」《六書正譌》：「蚱蜢，草上蟲也。」又借爲船名，譬其小也。張志和詩：「兩兩三三蚱蜢舟。」陸游詩：「且浮蚱蜢寄烟村。」〔一〕

蟋蟀曰皂雞。《詩》：「蟋蟀在堂。」陸《疏》：「蟋蟀，似蝗而小，正黑有光澤如漆，有角翅，一名促織。」《古今注》：「蟋蟀，秋初生，得寒則鳴。」《埤雅》釋莎雞，謂其鳴以時，故有雞之號。今俗爲皂雞，殆亦以此。

蝸曰螺螄。《説文》：「蝸，蠃也。」《爾雅》蠃注：「即蝸牛也。」《本草》陶注：「生山中及人家，頭形似蛞蝓，但背負殼爾。」《古今注》：「蝸牛，陵螺也。」《拾遺記》：「秦始皇有宛渠之民，乘螺舟而至，舟形似螺，沈行海底而水不入。」劉禹錫詩：「白銀盤裏一青螺。」

蚌曰蚌殼。《集韻》蚌音棒。《説文》：「蜃屬。」《爾雅》：「蚌生江漢渠瀆中，殼堪爲粉。」《吴都賦》：「蚌蛤珠胎，與月虧全。」《埤雅》：「螺之形鋭，蚌之形剡，皆外剛内柔。」高適詩：

〔一〕蚱蜢：陸游《劍南詩稿》作「舴艋」。

「月圓知蚌胎。」李商隱詩：「蚌胎未滿思新桂。」

蛙曰蝦蟆。《説文》：「蛙，蝦蟆屬。」《本草》：「處處有之，背青緑色，尖嘴細腰，亦有背作黄路者。」盧仝詩：「月蝕蝦蟆精。」温庭筠詩：「水田叫噪官蝦蟆。」虞集詩：「就牀奪得玉蝦蟆。」

蛭曰馬蟥。《本草》：「蛭，一名馬蟥。處處河池有之，嚙人腹中血。」《篇海》：「馬蟥，水蛭。」劉向《新序》：「楚王食寒葅得蛭，因遂吞之。」《本草》：「飲水誤吞蛭入腹，生子爲害。飲黄土水數升，即下。」王令《太湖》詩：「蟥蛭莫令巢。」

蚣曰蜈蚣。《集韻》蚣音公。《玉篇》：「蜈蚣也。」《本草别録》：「蜈蚣，生大吴川谷，頭足赤者。」李時珍：「蜈蚣，西南處處有之，春出冬蟄，節節有足，雙鬚歧尾。」《明史·兵志》：「嘉靖三年，南京造船，底尖面闊，兩旁數十楫，象蜈蚣，號蜈蚣船。」

螘曰馬蟻。《埤雅》：「螘有君臣之義，故其字從義。」《化書》：『蟻，一拳之宫，與衆處之。一粒之食，與衆蓄之。一罪無疑，與衆戮之。故《莊子》曰『道在螻蟻』。」杜詩：「行蟻上枯棃。」陸游詩：「移穴族行憐垤蟻。」

蚿曰千腳蟲。《集韻》蚿音賢。《廣韻》：「馬蚿，蟲。」《博物志》：「蚿，百足，中斷成兩段，各行而去。」《埤雅》：「《莊子》曰：夔憐蚿，蚿憐蛇。蓋蛇無足，夔一足，蚿百足也。」皮日休詩：「百足雖云衆，不救殺馬蚿。」黄庭堅詩：「百足馬蚿憐鱉跛。」

蜴曰四脚蛇。《説文》：「在草曰蜥蜴，在壁曰蝘蜓。」《方言》：「蜥蜴，西夏謂之守宫，南楚謂之蛇醫。其在澤中謂之蜥蜴。」《前漢書·東方朔傳》：「武帝置守宫盂下，令朔射之。朔曰：『臣以爲龍，又無角。謂之爲蛇，又有足。是非守宫即蜥蜴。』」蘇詩：「静看月窗盤蜥蜴。」晁補之詩：「徒手捕蜥蜴。」

蜣蜋曰推屎婆。《玉篇》：「蜣蜋，啖糞蟲也。」《爾雅疏》：「蜣蜋，黑甲翅在甲下，噉糞土，喜取糞作丸而轉之。」《抱朴子》：「玄蟬潔飢，不羡蛣蜣穢飽。」《埤雅》：「蛣蜣，無鼻而聞香，車走糞丸，一前挽之，一後推之，若人轉車，久之輒羽化。」《摭言》：「高漁久舉不第，或謔之曰：『一百念個蜣螂，推一個屎塊不上。』」文天祥詩：「掃退蜣螂枕敗牆。」

蝍蛆曰蛆。《説文》：「蛆，蠅乳肉中蟲也。」《本草》：「蛆，蠅之子也。凡物敗臭則生之。」《北史·甄琛傳》謂邢巒「何處放蛆來，今晚始顧」。傅咸《青蠅賦》：「恒懷蛆以自盈。」蘇詩：「桑落初嘗灔玉蛆。」謂酒面浮滓猶蟻也。

釋魚

鱣謂之鯉。《説文》：「鯉，鱣也。」《爾雅》鯉注：「今赤鯉魚。」《正字通》：「鯉爲魚王，無論大小，脊旁鱗皆三十六。」《埤雅》：「鯉，一名鱣。」白居易詩：「錦跳鷩紅鱣。」杜詩：「贈子雲安雙鯉魚。」温庭筠詩：「水客夜騎紅鯉魚。」

鱮曰鰱子。《廣雅》：「鰱，鱮也。」《博雅》同。《埤雅》：「鱮，色白，吴越呼爲鰱。」〔一〕陸璣《疏》：「鱮似魴而頭大，其頭尤大而肥者，徐州謂之鰱。」今俗通呼鰱子，頭大者爲龐頭鰱。

鰫曰草魚。《集韻》鰫音容。《類篇》：「鰫似鰱而黑。」《説文長箋》：「鰫與鱮相類而頭大肉薄，一名草鰱，謂其食草也。」今俗呼草魚。

鮒謂之鯽。《埤雅》：「鮒，小魚也，即今之鯽魚。其魚肉厚而美。《本草》：『鯽形似鯉，色黑體促，腹大脊隆，所在池澤皆有之。』」杜詩：「鮮鯽銀絲膾。」又：「網聚粘圓鯽。」王安石詩：「玉鯽行可膾。」宋祁《筆記》謂「精曰鯽令」。《游覽志餘》謂「俏曰鯽跳」。今俗語仍之。《正韻》鯽音積。

魴謂之鯿。《爾雅》魴注：「江東呼魴魚爲鯿。」《正字通》：「魴小頭縮項，闊腹穹脊，細鱗，色青白，肉肪甚腴。」《埤雅》：「魴，今之青鯿也。」《後漢書·馬援傳》：「鯿，魴之類也。」孟浩然詩：「果得槎頭鯿。」杜詩：「漫釣槎頭縮項鯿。」劉弇詩：「歸釣潭頭楓葉鯿。」《集韻》鯿音煸，讀若邊。

鮀曰肥鮀。《爾雅》鮀注：「今吹沙小魚，體圓而有點文。」俗呼肥駝，謂其肥也。此魚離水則死，又呼出水濫。一名水媚子。《粧臺記》：「淳化間，京師婦女裝縷魚腮骨以飾面，號魚

〔一〕鰱：《埤雅》作「鱅」。

媚子。」水媚子之名或沿於此。

鱖曰鱖魚。《玉篇》：「鱖，大口，細鱗，斑彩。」《正字通》：「魚扁形闊腹，大口，細鱗，皮厚肉緊。」張志和詩：「桃花流水鱖魚肥。」陸游詩：「買得釣船雙鱖魚。」《集韻》鱖音劇，讀若桂。

䰾曰黄骨頭。《集韻》䰾音軋。《本草》名黄顙魚，無鱗。《正字通》：「魚腹黄背青，腮下有二横骨、兩鬚，羣游作聲軋軋然。一名黄鱨魚，一名黄頰魚。」又南人名䱇爲黄姑，北人名黄骨魚。今俗呼黄骨頭，殆相沿而譌者。

鰷曰白小。《正韻》：「白鰷，魚名。」《正字通》：「魚形狹而長若條然。」《集韻》鰷音迢，又先了切，音小，故呼爲白小。杜詩：「白小羣分命，天然二寸魚。」白居易詩：「飯下腥鹽白小魚。」陸游詩：「庭廚供白小。」

鰂曰墨魚。《集韻》鰂音賊。《説文》：「鰞鰂，魚名。」《正字通》：「鰂，一名墨魚，狀似算囊，無鱗，兩鬚長似帶，腹下八腳，聚生口旁，縮喙在腹下，懷板含墨，見人及大魚，則噀墨，方數尺，背上一骨，色白輕脆。」

鯈曰鰷魚。《集韻》鯈音由。《正字通》：「魚長而小，時浮水面，性好游，故名。」《山海經》：「帶山彭水，西流至芘湖，中多鯈魚，其狀如鷄，赤尾，三尾，六足，四目。」張華《歸田賦》：「臨鯈魚於清瀨。」又詩：「流目玩鯈魚。」

鱠曰銀魚。《正韻》鱠音膾，細切肉也。《博物志》：「吴王江行食魚膾，棄殘餘於水，化爲魚，名膾殘，即今銀魚。」皮日休詩：「分明數得膾殘魚。」薩都剌詩：「銀魚洮碧藻。」又《越溪曲》：「石罅銀魚摇短尾。」

盆畜者曰金魚。《述異記》：「周平二年不雨，遣使祭神，金魚躍出而天雨。」《陶廬筆記》：「金魚，鯽之變體，種色繁異，文斑間雜，如龍頭、鳳尾、鴨蛋、龍睛諸類，統呼爲金魚。」杜詩：「金魚换酒來。」蘇詩：「我愛南屏金鯽魚。」

鱓曰黄鱓。《正韻》鱓音善。《爾雅翼》：「鱓無鱗，體有涎沫，於淺水作窟。」《類篇》：「蛇鱓黄質黑文。」《本草》：「鱓腹黄，故世稱黄鱓。」元稹詩：「雜蓴多剖鱓。」黄庭堅詩：「一夜沿溪捉鱓魚。」

鰼曰泥鰍。《集韻》鰼音習。《爾雅》鰼鰌注：「今泥鰌。」邢疏：「穴於泥中，因名。」《正韻》鰌音秋。《集韻》或作鰍。《正字通》：「鰌生下田，似鱓，短，首鋭，色黄黑，有漦濡滑難握。」韓偓詩：「泥鰌畏赫曦。」

鰕曰鰕米。《説文長箋》鰕同蝦。《急就篇注》：「鰕，堪爲酢脯，及所呼蝦米者。」《正字通》：「蝦，水蟲，可食。溪澤江海皆有之。磔鬚鉞鼻，背有斷節，尾有硬鱗，多足好躍。」《本草》：「米蝦，糠蝦，以精粗名也。」歐陽修詩：「枯魚雜乾蝦。」

鰤曰旁蟹。《爾雅翼》：「蟹，八跪而二螯。」《周禮·考工記》仄行注：「仄行，蟹屬。」

疏：「今人謂之旁蟹，以其仄行也。」《埤雅》：「蟹旁行，故里語旁蟹。」《歸田録》：「錢昆求補外郡，曰：『但得有旁蟹處。』」蘇詩：「霜蟹初有味。」又：「把蟹行看樂事全。」

鱉曰團魚。《説文》：「鱉，甲蟲。」《玉篇》：「鱉，龜屬。」《埤雅》：「鱉，穹脊連脅，水居陸生。」《爾雅翼》：「鱉，卵生，形圓，脊穹，四周有裙。」今俗呼團魚，象其形也。

鯢曰娃娃魚。《爾雅》鯢注：「鯢似鮎，四脚，前似獮猴，後似狗，聲如小兒啼。」《水經・伊水》注：「鯢魚聲如小兒啼，有四足。」《方物略》：「鯢有足，能緣木。」今俗呼娃娃魚，因其聲也。

鯪曰穿山甲。《集韻》鯪音陵，魚名。《吴都賦》：「鯪鯉若獸。」劉逵注：「鯪有四足，狀如獺，鱗甲似鯉，居土穴中，好食蟻。」《名醫别録》陶注：「鯪鯉能陸能水。」《廣雅疏》：「今人謂爲穿山甲，以其穿穴山林也。在陵，故謂之鯪矣。」

釋草

稷曰高粱。《説文》：「稷，齋也。五穀之長。」《爾雅》郝疏：「百穀惟稷先種，故爲五穀長。」《通志》：「稷苗穗如蘆，而米可食。」《廣雅疏》：「今之高粱，古之稷也。」程易疇《九穀考》謂：「諸穀惟高粱最高大而又先種，故謂之長。」又云：「蜀土最宜稻，高粱惟高岡種之，專以造酒，謂其味濇，民俗不食。」

黍曰包穀。《説文》：「孔子曰：黍可爲酒，禾入水也。」《字彙》：「黍苗似蘆，高丈餘，穗黑色，實圓重，土宜高燥。」《爾雅翼》：「黍大體似稷。」《古今注》：「黍，一禾二實，或三四實。」《元史·燕鐵木兒傳》：「敵列植黍楷，衣以氈衣，爲疑兵。」蓋即今所謂包穀也。北人呼包穀爲玉蜀黍，又曰玉米。

稻曰穀子。《韻會》：「稻有芒穀。」即今南方所食之米，水生而色白者。《爾雅翼》：「稻，米粒如霜，性尤宜水。今人以黏爲粳，不黏爲秔。」《説文》：「穀，百穀之總名。」《長箋》：「穀有秕糠，故從殼。」縣人食以稻爲主，故曰穀子。

粱曰小米。《廣雅疏》引《九穀考》：「稷粱二穀，見於經者，判然兩事。秦漢以後，多混二穀而一之。惟後鄭注『太宰九穀』，易黍稷秫爲黍稷粱，始並稱之。粟，今人謂之小米。稷，今人謂之高粱也。」縣人呼粟爲小穀，粟米爲小米，與《九穀考》粟爲穀子、粟米爲粱相合。王逢詩：「大麥飲香勝小米。」

菽曰黄豆。《物理論》：「菽，衆豆之總名。」《儀禮注》：「熬豆而食曰啜菽。」《小雅·采菽》箋：「並中原有菽。」正義又「春秋定九年，霜隕殺菽」，顔注皆云「菽，大豆也」。《廣志》：「大豆有黄落豆。」今俗呼爲黄豆。楊廷秀詩：「籬落紫茄黄豆家。」

戎菽曰胡豆。《爾雅》：「戎菽謂之荏菽。」郭注：「即胡豆也。」《詩·生民》正義引舍人、樊光、李巡三家《爾雅》注皆云：「今以爲胡豆。」孟康《漢書·天文志》注、徐邈《穀梁》莊三十一年《傳》注亦同。邢又謂《管子》「北伐山戎，出戎菽」〔一〕，今之胡豆是也。《御覽》：「張騫使外國，得胡豆。」

豍曰豌豆。《廣雅》：「豍豆，豌豆也。」疏：「豌豆枝莖柔弱，布地而生。葉間有鬚連卷，初生肥嫩可食，南人多摘以爲蔬，味極美。開花作莢子，圓如珠，煮食香美。亦可以作醬。」《正字通》：「豌豆老則斑麻，故名麻累。」耶律楚材詩：「匀和豌豆揉葱白。」方回詩：「櫻桃豌豆分兒女。」

來曰小麥，牟曰大麥。《說文》：「麥，芒穀，秋種。」《廣雅》：「大麥，麰也。小麥，麳也。」《詩》：「貽我來牟。」又《本草》：「蕎麥莖弱而翹，磨麵如麥。」《爾雅》雀麥注：「即燕麥也。」此均於麥爲別種。杜詩：「大麥乾枯小麥黄。」王禹偁詩：「蕎麥花開白雪香。」李白詩：「燕麥青青游子悲。」

黂曰脂麻。《爾雅》：「黂，枲實。」《齊民要術》引孫炎注：「麻子也。」郝疏：「古以黂爲豆籩之實，今人罕充食饌，唯作油然鐙及和味用之。」又張騫從外國得黑麻種，故又曰胡麻，見《淵鑑類函》。《本草》：「胡麻，一名脂麻。」蘇詩：「脂麻白土須盆研。」孫覿詩：「不將白土伴脂麻。」

〔一〕邢：原誤作「郭」。

枲曰綫麻。《玉篇》：「麻，枲屬也。皮績爲布。」《説文》：「枲，麻也。」《禮·内則》：「女子執麻枲，以供衣服。」《詩》：「可以漚麻。」郭璞《麻贊》：「草皮之良，莫貴於麻。」杜詩：「桑麻深雨露。」范成大詩：「晝出耘田夜績麻。」

薟曰蕁麻。《蜀語》：「蕁草曰薟麻，苗似苧麻，芒刺螫人，痛不可忍。又名蕁麻。」《墨莊漫録》：「川陝間有一種惡草，呼爲薟麻，枝葉拂人肌膚，即成瘡疱。」杜甫《夔州除草》詩：「其毒甚蜂蠆。」自注：「去薟也。」白居易詩：「薟草四時青。」《唐韻》薟音撏。《集韻》蕁音郝，螫也。

芋曰芋頭。《説文》：「芋，大葉實根，駭人，故謂之芋。」《本草集解》：「當心出苗者爲芋頭，四邊生者爲芋子。」《羣芳譜》：「芋，一名蹲鴟。」《史記注》：「芋頭，形類鴟鳥之蹲。」《顔氏家訓》：「有權貴誤讀《蜀都賦注》『蹲鴟，芋也』乃爲羊字，謝饋羊肉曰：『損惠蹲鴟。』」今俗謂水生曰芋頭，山生曰羊芋，或沿於此。范成大詩：「歸與來共煨芋頭。」

藷曰紅薯。《博雅》：「藷藇，薯蕷也。」《山海經》：「景山多藷藇。」郭注：「藷音署。」江南單呼爲藷。《南方草木狀》：「珠崖不業耕稼，惟種甘藷，秋收以爲糧。」《辭源》：「薯莖細長，葉心臟形，皆紫褐色，塊根橢圓，皮紫肉紅，味甘，北人謂之紅薯。其種出於交趾，又謂之番薯。」今俗讀薯如苕。

韭曰韭菜。《説文》：「韭，菜名，一種而久者，故謂之韭。」《詩》祭韭疏：「祭用韭菜而開之。」郭鈺詩：「韭菜連畦從料理。」

藠曰茖葱。《本草》：「葱從囱，外直中空，有囱通之象也。」《爾雅》：「茖，山藠。」舊注：「茖，一名山藠。」今轉爲角葱。又有芬葱一種。角葱以佐菜，芬葱以入藥。蘇詩：「一杯湯餅潑油葱。」陸游詩：「芼羹僭用大官葱。」

蒜曰大蒜、小蒜。《爾雅翼》：「大蒜爲葫，小蒜爲蒜。」《説文》：「蒜，葷菜也。」《古今注》：「蒜，卵蒜也。俗謂之小蒜。」孫緬云：「張騫使西域得大蒜，則小蒜中土舊有，而大蒜出胡也，故有葫名。」范成大詩：「還遭胡蒜薰。」歐陽修詩：「銀鈎簾蒜宛地垂。」

韰曰藠頭。《説文》：「韰，菜也。葉似韭。」《玉篇》：「葷菜也。」俗作薤。《正韻》並音械。《埤雅》：「韰之美在白，一本率七八支。支多者科輒圓大。」《禮·内則》：「膏用韰。」又：「切葱若薤。」《本草》：「薤，一名藠子。」今俗呼爲藠頭。《玉篇》藠音叫。魏文帝詩：「莫以魚蝦賤，捐棄葱與薤。」

菘曰白菜。《埤雅》：「菘，性隆冬不凋，有松之操，故其字會意。」《本草集解》：「弘景曰：菘有數種，猶是一類。」時珍曰：「菘即今呼爲白菜者，有二種，一莖圓厚微青，一莖扁薄而白。」《通雅》：「周顒答文惠太子曰：『秋末晚菘。』」正今之白菜也。蘇詩：「白菘類羔豚。」

芥曰青菜。《埤雅》：「芥似菘而有毛，其子如粟。」又曰：「芥，辛菜也。」《續博物志》：「食芥墮淚。」《方言》：「關東西謂之蕪菁，趙魏謂之芥。」《爾雅疏》：「蕪菁、蔓菁、芥，一物也。」

《本草》：「芥，大葉皺文、色尤深緑，味更辛辣。」今呼青菜，燂之則爲辣菜。

薹曰油菜。《本草釋名》：「薹菜，油菜也。」時珍曰：「此菜易起薹，須采其薹食之，則分枝必多，故名蕓薹，即今油菜，爲其子可榨油也。」《埤雅》：「蕪菁似菘而小，有臺，故謂之薹菜。」按油菜與青菜同種，異者臺有高下也。

菠曰細菜。《玉篇》：「菠稜，菜名。」《劉賓客嘉話録》〔一〕：「菠稜，種自西國。有僧將其子來，云是頗陵國種，語訛爲菠稜。」《唐會要》：「太宗時，尼波維國獻菠稜菜。」〔二〕即此。貢師泰《學圃吟》：「水菘山芥菠稜苁，韭黄薤白葱蒜蘇。」今呼細菜，謂其質也。又曰甜菜，從其味也。

蕡曰莧菜。《説文》：「莧，莧菜也。」《爾雅》：「蕡，赤莧。」郭注：「今之莧赤莖者。」郝疏引陶注《本草》：「赤莧，療赤下，而不堪食。今驗赤莧莖葉純紫，濃如燕支，不堪啖也。」按陶注、郝疏所云恐係馬莧及猪莧兩種。《本草》：「馬莧，俗呼馬齒莧。」又：「野莧，猪好食之，名爲猪莧。」皆莧之另種。王安石詩：「紅葵紫莧復滿眼。」陸游詩：「又見牆陰莧葉紅。」

萊菔曰蘿蔔。《本草》：「萊菔，上古謂之蘆葩，中古轉爲萊菔，後世訛爲蘿蔔。生沙壤者脆而甘，生瘠地者堅而辣。」又胡蘿蔔，《本草釋名》：「元時始自胡地來，氣味微似蘿蔔，故

〔一〕賓客：原誤作「禹錫」。

〔二〕獻：原誤作「厭」，據《唐會要》改。

名。」蘇詩：「蘆菔生兒芥有孫。」楊萬里詩：「萊菔過拳菘過膝。」

胡瓜曰黄瓜。《本草拾遺》：「胡瓜，北人避石勒諱，改呼黄瓜。」《畿輔通志》：「黄瓜，生苗引蔓，葉有毛，黄花，瓜長尺餘，皮有瘖瘟微刺。老則色黄。生熟皆可食。或謂黄瓜即王瓜，非是。王瓜，《本草》名土瓜，乃《夏小正》之王萯也。」蘇詩：「紫李黄瓜村路香。」陸游詩：「園丁傍架摘黄瓜。」

癩瓜曰苦瓜。《羣芳譜》：「菜瓜，北方名苦瓜。」《陶廬筆記》：「苦瓜狀如菜瓜，即今之癩瓜。形如鷄皮，上痱如癩，生青熟黄，内有紅瓤，味甘可食。」

布瓜曰絲瓜。《本草》：「絲瓜，一名布瓜。」郝經詩：「狂花野蔓滿疏籬，恨煞絲瓜結子稀。」

苗細曰蘘茅。《方言》：「蘇，芥草也，其小者謂之蘘茅。」《蜀語》：「細苗及細毛皆云茅蘘。汝陽切，讀若瓤。」

禾病曰上穲。《蜀語》：「禾不實曰穲。或糞多而淫，或蟲生如蝨，皆謂之穲。有乾穲，有水穲。」

禾芒曰穮。《蜀語》：「稻苗秀出曰放穮。」《宋書·律志》：「秋分而禾穮定。」《集韻》穮音渺，禾芒也。

穀穗曰杓。《蜀語》音弔。

實聚曰纂纂。古曲：「東下纂纂，朱實離離。」

蟲害曰殺殺。《蜀語》：「蟲食菜曰蟲殺。」白居易詩：「東風莫殺吹。」自注：「殺去聲，音廈。」升庵《俗言》：「太甚曰殺。」

芝謂之菌。《爾雅》：「茵，芝。」郭注：「芝，瑞草。」郝疏：「茵字不見他書。《類聚》九十八引《爾雅》作菌。芝蓋菌字破壞作茵耳。《列子》『朽壤之上有菌芝者』，《莊子·逍遥》篇釋文引司馬彪、崔譔並以菌爲芝。」韓愈《雪》詩：「壓野榮芝菌。」皮日休詩：「壇靈有芝菌。」

藫曰青苔。《爾雅》：「藫，石衣。」郭注：「水苔也。」《廣雅疏》：「藫，徒南反。藫、苔一聲之轉也。《淮南子》：『窮谷之汙，生以青苔。』高注：『青苔，水垢也。』」李白詩：「白露濕青苔。」杜牧詩：「青苔滿堦砌。」

萍曰浮薸。《爾雅》：「萍〔一〕，蓱。」郭注：「水中浮萍。江東謂之薸。」《詩》「采蘋」，釋文引《韓詩》「沈者爲蘋，浮者爲薸」。《廣雅》：「薸，蓱也。」疏：「薸之爲言漂也。」高注《吕氏春秋》：「蓱，水薸也。」仇遠詩：「荒池沙滿碎薸乾。」

芣苢曰車前，又曰蝦蟆衣。《爾雅》芣苢，郭注：「今車前草。大葉，長穗，好生道邊。江東呼爲蝦蟆衣。」《本草》：「車前，一名蝦蟆衣。」陸游詩：「醫翁自曝蝦蟆衣。」

〔一〕萍：原作「苹」，據《爾雅》改。

莠曰狗尾草。《爾雅》郝疏引鄭《志》：「韋曜問《甫田》維莠，今何草？答曰：今之狗尾也。」按今之莠，子莖穗葉全似穀子而秕稃，外多毛，極似狗子草。鄭謂狗尾草，是矣。

釋木

楮曰穀。《説文》：「穀，楮也。從木㱿聲。」《疏廣雅》：「今江南人績其皮以爲布，又擣以爲紙，謂之穀皮紙。」穀、構古同聲，故穀一名構。《别録》陶注：「穀，即今構樹也。」《物類相感志》：「構膠，可以團丹砂。」《蜀語》：「楮樹曰穀。穀從木，與穀從禾不同。」

楓曰楓香。《説文》：「楓，木也。弱枝，善摇。」《爾雅》郭注：「楓，葉圓而歧，有脂而香，今之楓香是也。」《埤雅》：「枝善摇，故從風。」《南方草木狀》：「楓香樹，子大如鴨卵。」杜詩：「獨款楓香林，春時顔色好。」李賀詩：「楓香晚華静。」

樗曰臭椿。《正韻》樗音攄，惡木也。《詩》「采荼薪樗」，陸《疏》：「樗樹及皮皆似漆，青色，葉臭。」《唐本草》：「椿樗形相似，樗木疏，椿木實。」《圖經》：「椿葉香可啖，樗氣臭，北人呼爲山椿。」《通雅》：「樗，臭椿也。與椿同母。」

栟櫚曰椶。《山海經》郭注：「椶高一二丈許，葉大而員，枝生梢頭，實皮相裹，上行一皮爲一節，可以爲繩。」《説文》：「椶，栟櫚也。可作萆。」「萆，雨衣也。」《圖經》：「椶開花結實如魚子狀。」杜詩：「蜀門多椶櫚。」梅堯臣詩：「青青椶櫚樹，散葉如車輪。」

樲曰酸棗。《説文》：「樲，酸棗也。」《爾雅》：「樲，酸棗。」郭注：「樹實酢。」《孟子》「養其樲棗」，郝疏引趙注：「樲棗，小棗。所謂酸棗也。」今《孟子》棗誤作棘。又，樲，一名樲。《説文》：「樲，酸小棗也。」庾信《小園賦》：「足酸棗而非臺。」

椒曰花椒。《爾雅》：「椒椴醜菉。」郭注：「茱萸子聚生成房貌。」《詩》「椒聊」，陸《疏》：「椒樹似茱萸，有針刺，葉堅而滑澤，可著飲食中。」《別録》：「蜀椒，一名巴椒，口閉者殺人。」《本草》：「秦椒。時珍曰：今之花椒也。」又《別録》：「一名狗椒。」陶注：「似椒小，不香爾。」

桐曰桐子。《通雅》：「李時珍分桐爲四種，言椅桐、白桐、泡桐爲一，青桐、梧桐爲一，岡桐、油桐爲一，海桐、刺桐、頳桐爲一。《圖經》油桐即膏桐，子可壓油。《本草》南人呼作油者曰岡桐。《錢氏詩話》岡桐榨油。」白居易《桐》詩：「自言手種時，一顆青桐子。」

梔曰梔子。《説文》：「梔，黄木，可染者。」梔與梔同。《史記·司馬相如傳》：「鮮支黄礫。」司馬彪云：「鮮支即今支子也。」《圖經》：「西蜀州郡皆有之，白花，結實如訶子狀，生青熟黄，中仁深紅。」《酉陽雜俎》：「諸花惟梔子六出。」杜詩：「梔子於衆木，人間誠未多。」

龍眼曰茘枝。《廣志》：「茘支樹高大如桂，青華朱實，大如鷄子。」《東觀漢記》：「單于來朝，賜龍眼茘枝。」《後漢書·和帝紀》〔一〕：「南海獻龍眼茘枝，十里一置，五里一候。」《本草》以龍眼爲茘枝奴。《負暄録》以龍眼爲茘枝。張籍《成都曲》：「新雨山頭茘枝熟。」黄庭堅《下

〔一〕後：原脱。

崖寺》詩：「官數荔枝來。」

榕曰黄葛。《玉篇》：「榕，木名。」《榕城隨筆》：「榕枝葉柔脆，幹既生枝，枝又生根，垂垂如流蘇。或本幹自相依坿，蜨蜷樛結。」《三體詩注》：「榕初生如葛藟，故俗呼爲黄葛。」韻書：咸淳中，景德觀有古木，數十圍，山中人云此黄葛木。《寰宇記》：「羅目縣陽山，兩樹對植，相援連理，陰庇百夫，其名黄葛。」柳宗元詩：「榕葉滿庭鶯亂啼。」

旄柳曰麻柳。《爾雅》：「旄，澤柳。」郭注：「生澤中者。」郝疏：「旄與冬桃同名，《説文》作楙。」今人之謂麻柳，旄、麻一聲之轉也。

柞曰青㭎。《爾雅》：「栩，杼。」郭注：「柞也。」《詩》「苞栩」，陸《疏》：「今柞櫟也。徐州謂櫟爲杼，其子爲皂斗，其殼爲汁，可以染皂。」杼一作芧。《莊子》「狙公賦芧」，司馬注：「芧，橡子也。」《爾雅》郝疏：「柞樹似栗而小，實圓鋭，磨紛蒸食可御饑年。其木，匠石以爲不材，而作薪炭，則他木不及也。」

栗曰阪栗。《説文》栗作𣚍，從木，其實下垂，故從卤。《格物論》：「栗子苞生刺多，如蝟毛。其中著實，或單或雙。實有殼，殼紫黑色。殼内膜，膜内肉，皆黄。熟時，苞自罅而實隕焉。」杜詩：「穰多栗過拳。」又：「盤剥白鴉谷口栗。」

榴曰石榴。《博物志》：「張騫使西域還，得安石榴。」《本草》：「安石榴，有酸淡兩種。」《格物論》：「石榴中如蜂窩，子如人齒，帶淡紅色，光如琥珀。」左思《吴都賦》：「石榴競裂。」元稹詩：「何年安石國，萬里貢榴花。」

棯曰皂角。《集韻》棯音皂，莢實。《本草》：「皂莢，時珍曰：樹高大，葉瘦長而尖，枝間多刺，結實有三種，一小如猪牙，一肥厚多脂而黏，一長而瘦薄。内有黑子，中有白仁，作丸，澡身去垢。」《陳書》童謡：「黄塵汙人衣，皂莢相料理。」時謂羖羊角爲皂莢，故俗呼爲皂角。《本草》：「合昏木似梧桐，葉似皂角。」

楝曰苦楝。《説文》：「楝，木也。」《東皋雜録》：「花信風：梅花風最早，楝花風最後。」《爾雅翼》：「楝高丈餘，葉密如槐而尖，三四月開花，結實如小鈴，俗謂之苦楝子。」《本草》苦楝子亦曰石茱萸。種樹書：苦楝樹上接梅花，則成墨梅。何夢桂詩：「風吹苦楝結輕寒。」

合歡曰夜合。《花譜》：「合歡，一名合昏，一名夜合。葉似槐，朝開，至昏即合。花開紅白色。」《古今注》：「合歡枝葉互相交結，每一風來，輒自相解不相牽綴。」《羣芳譜》：「遜頓國有樹，晝開夜合，名曰夜合，亦云有情樹。」明王野詩：「庭前開徧合歡花。」元稹詩：「夜合花開香滿庭。」元王誼詩：「照見深宫夜合花。」

杜鵑曰映山紅。《花木考》：「杜鵑花，一名山石榴，一名山躑躅，又名映山紅。」崔塗詩：「杜鵑枝上月三更。」高珪詩：「血淚染成紅杜鵑。」白居易詩：「杜鵑啼時花撲撲。」

〔乾隆〕涪州志

【解題】多澤厚修，王正策等纂。涪州，轄境包括今重慶市涪陵區、武隆區、南川區、長壽區、墊江縣等地，州治在今重慶市涪陵區。「方言」見卷五《風土志》中。録文據乾隆五十年（一七八五）刻本《涪州志》。

方言

五方之風氣不同，而語言亦異，雖書籍猶難辨之。《陳湯傳》既曰「毋鼓」，《西域傳》又曰「毋寡」，是一義而二字也。班固史既曰「龜兹」爲「邱慈」，范蔚宗史又曰「龜兹」爲「屈沮」，是二字而二言也。其類不可殫述。涪人言音多清爽，顧音韻雖清，而出口多不能一轍。爰録之以比楊子雲之《方言》云。

天時

天初明曰天亮。正午曰晌午。將夜曰晚了。虹霓曰扛水。凍成冰曰淩冰。淩，去聲。

地理

兩山夾田曰沖田。山嶺曰坡，故上山曰上坡，不可種者曰荒坡。

人事

清晨曰清早。留宿曰歇。拾曰撿。無曰没得。何如曰怎麽。隱入曰藏。不循前言曰撒懶〔一〕。凡於初二、十六日買酒肉祀神曰燒牙祭。

〔一〕懶：道光《涪州志》作「賴」。

物情

虎曰老虎。鱉曰團魚。青蠅曰蒼蠅。圓物曰團。竹箱曰篋籠。裹衣曰汗衣。飲馬牛曰應水。

飲食

米之麤者曰糙米。酒之美者曰好酒。蔬菜曰小菜。飲物曰吃。

交接

呼讓路曰躲開。相換易曰挑〔一〕。上聲。相罵曰相嚷。相打曰打架。

宮室

椽角曰角子。歸家曰回來。祖父定居之地曰老屋。

稱謂

祖父曰公，又曰爺爺，又曰老爹。祖母曰奶，又曰漊。父曰爹。母曰娘，又曰媽。父之兄曰伯爺。父之弟曰叔子。男曰崽。婦稱翁曰公公，姑曰漊漊。兄之妻曰嫂嫂〔二〕。弟之妻曰弟婦。姑夫、母舅之子曰表弟兄。姐妹之夫曰姐丈、妹丈。同年生曰庚兄。

〔一〕挑：道光《涪州志》作「掉」。

〔二〕嫂嫂：道光《涪州志》作「嫂」。

〔道光〕涪州志

【解題】德恩修，石彦恬等纂。涪州，轄境包括今重慶市涪陵區、武隆區、南川區、長壽區、墊江縣等地，州治在今重慶市涪陵區。「方言」見卷五《風土志》中。録文據道光二十五年（一八四五）刻本《涪州志》。

方言

五方之風氣不同，而語言亦異，雖書籍猶難辨之。《陳湯傳》既曰「毋鼓」，《西域傳》又曰「毋寡」，是一義而二字也。班固史既曰「龜兹」爲「邱慈」，范蔚宗史又曰「龜兹」爲「屈沮」，是二字而二言也。其類不可殫述。涪人言音多清爽，顧音韻雖清，而出口多不能一轍。爰録之以比楊子雲之《方言》云。

天時

天初明曰天亮。正午曰晌午。將夜曰晚了。虹霓曰扛水。凍成冰曰凌冰。

地理

兩山夾田曰沖田。山嶺曰坡，故上山曰上坡，不可種者曰荒坡。

人事

清晨曰清早。留宿曰歇。拾曰撿。無曰没得。何如曰怎麽。隱人曰藏。不循前言曰撒賴〔一〕。凡於初二、十六日買酒肉祀神曰燒牙祭。

物情

虎曰老虎。鱉曰團魚。青蠅曰蒼蠅。圓物曰團。竹箱曰篾籠。裹衣曰汗衣。飲馬牛曰應水。

飲食

米之麤者曰糙米。酒之美者曰好酒。蔬菜曰小菜。飲物曰吃。

交接

呼讓路曰躲開。相换易曰掉〔二〕。相駡曰相嚷。相打曰打架。

宫室

椽角曰角子。歸家曰回來。祖父定居之地曰老屋。

稱謂

祖父曰公，又曰爺爺，又曰老爹。祖母曰奶，又曰婁。父曰爹。母曰娘，又曰嫣。父之兄

〔一〕賴：乾隆《涪州志》作「懶」。
〔二〕掉：乾隆《涪州志》作「挑」。

曰伯爺。父之弟曰叔子。男曰崽。婦稱翁曰公公，姑曰漊漊。兄之妻曰嫂〔一〕。弟之妻曰弟婦。姑夫、母舅之子曰表弟兄。姐妹之夫曰姐丈、妹丈。同年生曰庚兄。

〔民國〕涪陵縣續修涪州志

【解題】王鑒清修，施紀雲纂。涪州，轄境包括今重慶市涪陵區、武隆區、南川區、長壽區、墊江縣等地，州治在今重慶市涪陵區。「方言」見卷七《風土志》中。録文據民國十七年（一九二八）鉛印本《涪陵縣續修涪州志》。

方言

陳《志》序云：五方之風氣不同，而語言亦異，雖書籍猶難辨之。《陳湯傳》既曰「毋鼓」，《西域傳》又曰「毋寡」，是一義而二字也。班固史既曰「龜茲」爲「邱慈」，范蔚宗史又曰「龜茲」爲「屈沮」〔二〕，是二字而二言也。其類不可殫述。涪人言音多清爽，顧音韻雖清，而出口多不能一轍。爰録之，以比揚子雲之《方言》云。

涪語爽直，唇齒清濁高下與巴相近，而微不同，口吻多反詰，然無鈎輈格桀屈佶不可曉之

〔一〕嫂：乾隆《涪州志》作「嫂嫂」。

〔二〕蔚：原作「尉」。

名詞。明清間自楚、贛來遷者十六七，其遺傳不盡隨山川而變也。

五方語言之異，以名詞各隨沿習，不能强同，故閩、粤之人必學官話，其土音有同邑所不盡解者。涪無六百年以上之土著，從前獽、蜑、蠻語當不復存，無俟舌人之重譯。舊族，明多湖北籍，清增江西籍，奕世不忘其本，吐囑非毫無意義，或音以輕重而差，或聲以通轉而訛。如訝則曰夥、羡則曰頤，猶是楚語。不當理曰瞎鬧，即王德用所言色叫。出惡聲曰絶人，即吕相絶秦之意。雖屬俚俗，固未嘗無所本。然則謂睡爲困、謂哭爲吼、謂訣爲餂、謂夸爲吹、謂謬爲否、由鄙訛屁。中斥曰呸、呼唤曰唉、訾不祥曰唾唾，義原相近，而有疑乃曰噫、不然乃曰嗳、允諾乃曰些，以勢相凌乃曰挾，音如蝦。全失本義。萬口一辭，習焉不察，不知所謂矣。

語之在天時者，以虹爲杠，去聲。電爲閃，霧爲罩，霆爲炸雷，颶爲旋風，暴雨爲偏東，殆因蝃蝀在東，俗稱收杠雨名之。霞爲火燒天，雹爲雪彈子，彗爲掃把星，明天訛爲門天，霖過三日爲霖雨訛爲凌去聲雨，修養家謂午飯宜少，遂以中食爲少午，日入無論有無月色總以爲黑了。

語之在地理者，以岷江爲大河，涪陵江爲小河，溪曰溝，窪曰蕩，培壘曰嶺岡，山穴曰巖，阡嶺脊路爲埡口，磧爲磧音若匕壩，礁爲癩石，漩爲碓窩，急流爲竹筒水，高原爲坪上，平原爲壩上，塗交會謂三叉路，流所匯謂夾馬水，仄徑謂毛狗路，低田曰沖，高田曰塝，斜上曰坡。

語之在人物者，家庭父祖之稱，各從其先。其同然者，外祖父母稱家家，從母稱姨孃，夫於妻謂老公，妻哭夫稱哥子人，夫兄稱大伯子，夫弟稱小叔，甥呼外姪，妻兄弟之子呼内姪，同歲呼老庚，汛弁稱副爺，約保稱首爺，差役呼總頭，商家經理爲掌櫃，租田房爲佃客，零工爲打雇。音如估。駕船爲太公，匠人爲司夫，勞工爲力行，僧呼當家，巫呼端工，丐呼告化子，匪呼棒老二，猫呼媢兒，獺呼扁子，雉呼野鷄，豺呼毛狗，水深魚黑者呼巖鯉，煤峒曰窰，舊房曰老屋，被曰鋪蓋，襲服曰蓋面衣，裏衣曰汗袿，袴曰小衣，短襖曰滚身，半臂曰⿵門身⿵門身。若晚食曰消夜，粉團曰元宵，航船午餐陳飯曰冷淘，木工鋸木架曰行馬，傭人曰長年，用物爲行李，齋薦爲做道場，作冥器匠名莊嚴，則本典雅，而習成俗語者也。

於應事也，掃墓謂上墳，聯姻謂打親家，行聘謂插香，娶婦謂過酒、謂用事，出嫁謂交得、謂出閣，會親謂過門，夥貿爲堆子，灑賣爲邊江，買期爲賒賬，質問爲講理，興訟爲告狀，頑笑曰辦燈，曰訕談子，閒游曰耍，留宿曰歇，何如曰那音如朗個，闊綽曰頑格，人死曰過世，口吃曰蹇吧郎，初二、十六日祀神曰牙祭，違約名撒懶，械鬭名叫量平聲子，小兒淘氣名千音如千犯，聚談名擺龍門陣，禁聲曰悄悄，平聲訛如敲。稚子曰崽崽，嫌少曰點點、丁丁，慌張曰茫茫到到。

俗語多有音無字，兹標其常在口、常入耳者。《蜀語》所載，非涪所獨有，不贅録。

〔民國十七年〕長壽縣志

【解題】 湯化培等修，李鼎禧纂。長壽縣，今重慶市長壽區。「方言」見卷四《人事部》中。録文據民國十七年（一九二八）石印本《長壽縣志》。

方言

冶鐵曰熯。音扇，通作煽。向火曰熇。音考，俗作烤。火逼曰熁。音脅。鼻塞曰𪖐。音祝。悄看曰睄。音索。僵冷手足裂紋曰皴。音村。露牙曰齙。音抱。和物曰拵。音笨。物下垂曰𩏂。音妥。游民亦曰𩏂。春米曰䊪。音劃。龔米曰磑。讀作內。磨漸消曰鋊。音遇。滿量曰够。音搆。物腐生毛曰黴。音梅，通作霉。宛轉生動曰蚴。牛去聲。劈木曰斯。《詩》：「斧以斯之。」此古訓也。聲破曰嘶。器破曰甈。謂有裂痕。推人曰攮。音朗。摘毛曰攣。音全。心動曰𢡄，亦口怯。音切。覆物使不見曰罨。音沃。艾炷曰爝〔一〕。音叫。火爆曰炨。音炸。手搊曰掊。音剖，通作捧。手挽曰撦。音且，俗作扯。粗率不輕便曰体。通作笨。散灰曰掞。音厭。去濕使乾曰糝。音粲。手斷物曰摵。滅上聲。獲利曰賺，亦作賺。蟲螫人曰蓋。音合。爪刺曰臽。音恰。蟠曲曰蜎。不平曰㲉。音喬。桃李核曰覈。音忽。去汁曰滗。音必。謂此曰者。俗作這。物柄曰杷。音罷。言吃曰謇。音簡。足生繭曰趼。音鷄。眼皮動曰眨。音扎。拾物曰搴。通作撿。釜溢曰鬻。音勃。褾字畫曰幀。音正。快走曰猋。音標。縫皮曰鞝。音掌。吸水曰啐。音卒。燒鐵入水曰焠。音區。關椳口捎箮。音消息。毀人曰誹。音吠。不屈曰彊。音絳，俗作犟。斷而續之曰剿。音接。窑器光曰釉〔二〕。音宥，俗作黝。物裂開曰

〔一〕炷：原作「注」。

〔二〕釉：原誤作「粙」。

笑。皮生瘮曰痱。音吠。綰髮曰鬟。音纂。搦汁曰罾。音擠。壅物變味曰齅。音甕。食物變味曰餿。音收。生卵曰生。讀去聲。舟著地曰㴲。音課。跛行曰尥。音料。齧骨曰齦。音肯，俗作啃。電光曰睒。音閃。肥脂曰臕。音標。路遠曰窵。音弔。久雨曰濘。讀令。冰冷曰凝。去聲。水熱曰湯。去聲，俗作燙。人相迫讀北平聲。故意延緩曰蹬。吞去聲。拖疲曰軃。欺騙曰馱。音沱。俟謂之等。私取物曰撓。鬧平聲。竊物曰摸。音摩。繫謂之拴。音酸。語不實曰哄。誇口曰窾。驅謂之邀。追謂之蹍。俗作攆。覆物曰㡧。上聲。物不圓曰甊。別上聲。壅土曰蓊。沈水曰甕。刀割曰劃。音花。苗槁曰蔫。水溝曰隁。通作堰。人病曰萎。或作痿。崖崩曰刳。夸上聲。物裂曰噤。弄謂之搞。油重曰膩。音義。仆地曰匍。音卜。伏地曰匐。音迫，俗讀跛。緩行曰踆。音梭。疾行曰趯。讀作條。跌謂之栽。莊哉切。行不正曰拐。莊海切。投石讀莊代切。足不穩讀歪。上聲。用印曰捺。音蓋。揞謂之摕。代上聲。手量物曰派。上聲。手不靜曰顫。音贊。陳物曰擺。拜上聲。足踢物讀莊拔切。蒙鼓曰鞔。音悶。水溢曰漫。音悶。移家曰輾。以手試讀若胎。俗作抬。以手掘取曰掏。音叨。手按讀若忖。口齧曰齩。讀作襖。口吐曰嚕。張口曰喳。膽怯曰駭，音害。曰嚇。音赫，或讀作哈去聲。毈卵讀剮。音寡。眼開曰睁。音村。目不明曰瞀。蜂螫人曰錐。讀作睢。蛇咬人曰蠚。音奪。物朽讀若撙。音整。鼠齧物曰嘎。戲玩曰耍。趿鞋讀若殺。鉤通作弔。浮讀若鳧。⿰予卯讀作拖。焦謂之胡。物美曰佳。讀作乖不誤，寫作乖便誤。人醜曰瘴。音張。物劣讀若迫去聲。俗作孬。注目曰定。用鼻曰聞。喫飯讀嘍。通作吃。睡覺曰困。仆下曰躺。人傻曰哈。上聲。物細長讀若浪平聲。俗作𨈐。物肥大讀若滂去聲。俗作䠶。交易曰左，曰掉。受禍曰遭讀陰平。盜讀若罪平聲。稱狠曰歪。逞强曰毛。田磡曰塍。土磴曰幹。泡鹹菜曰涾。鹽漬物曰濫。音覽。物不硬讀怕平聲。假充讀邦紅切。大言曰沖。去聲。背負曰揹。音悲。肩荷物讀若老。手持曰拿。本作拏〔一〕。拾物曰丢，曰撂，音料。曰擺，帥上聲。曰拋。足踩曰跐。讀作的。怒目曰瞪。讀作恨。張目曰鼓。物相擠讀卡平聲。俗作𫞥。物相倚讀若烹。物突起曰迸。邦用切。物相觸曰碰。物躍動曰𨀕。音板。蟲鳴曰喝。到謂之擺。煮飯曰擎。擷菜曰討。人俗笨曰苕。物相撞讀滂。上聲。挽繩曰糾。指夾人曰揪。音鳩。足向前踢曰蹬。音登。擠使下曰輳。音抽。搔癋曰彊。斜視曰瞟。苗不實曰癟。音葉。香極曰蓬。陽平。殠極曰齁。甜極曰閔。平聲。苦極曰昂。陽平。亮極曰透。黑極曰簇。紅極曰緋。白極曰絢。音迅。黃極曰嬌。鹹極曰醮。音蕉。淡極曰寡。緊極曰齁。鬆極曰猱。酸極曰溜。綠極曰碧。青極曰澆。戲侮曰姑。俗作撶。

以上原有其字，或由雙聲疊韻而誤，沿襲既久，遂不識本字爲何者，副詞則取其音近而已。日讀若禨。熱讀若葉。上二字惟附城一帶有此讀。揉讀若攔。而九切入聲，附濼一帶作此讀。昨讀若莊。陰平。去年讀若頃。去聲。裁縫通讀作封。稀奇曰懂平聲佯音祥。物件曰東西，曰家伙。物

〔一〕拏：原誤作「挐」。

價低曰相應，曰便宜。估便宜曰欺頭。吃早點曰過早，午點曰過午，午飯曰晌午，晌讀若少。晚飯曰消夜。賺錢曰吃雷。不修邊幅曰裸連。迂酸曲謹曰斯文。丈夫曰漢子。老翁曰老漢，亦曰老頭。謂人父曰老子。謂人夫曰老公。謂人妻曰婆娘。甚麽曰松子。按即甚字高聲讀也。故爲狡獪曰調脾。作趣曰過場。小兒發氣曰打白。作事過分曰老火，近有作老呵者，更不可解矣。又曰軋石。逃匿曰藏猫。藏讀作强。牝牡交曰保窩。雌雄交曰打蛋。狗欲交曰走草。猫欲交曰叫春。牛欲交曰悶瀾。汙濁曰溇音樓溲音收，又曰骯昂陽平髒音張。能者曰行家。故作痴呆曰裝盲。唤犬曰嗚嗚。唤鷄曰喌喌。音紂。唤鴨曰弟弟。唤猫曰咪咪。唤羊曰綿綿。唤牛曰硬硬。平聲。唤馬曰篤篤。唤猪曰囉囉。使女曰鬟。買貨物説合人曰經紀。平聲。買猪牛説合人曰偏耳。堂屋曰陶屋。醋曰甜子。甘蔗曰甘查。牀上曰鋪上。去聲。帳曰罩子。便桶曰馬子。果滿枝曰一撾。禾垂實曰一杓。音刁。口角曰噪讀上聲架。俗作吵。廝打曰打架。同財曰打夥。相稱曰夥計。聚食曰平夥。同飲曰鬥鑽。詫未有曰該歪。説文話曰拋文。秘密語曰啞謎。澆花曰飲去聲水。工匠喜錢曰利市。平聲。罵人曰嘖讀作決人。諛人曰舐肥。鬧排場曰頑格。捏詞曰繙經。誣陷曰鬭龍。遇禍曰闖鬼。不利曰背時，曰倒霉。犬曰嚎天。猪曰拱觜。牛曰喳角。蛇曰躲頸。聚錢犯賭曰卯。輸後思贏曰撈燒。本錢曰烹頭。容易曰迫脱。勤作事曰殺槓。不振作曰死鰍。不清潔曰邋遢。不明白曰懵懂。不和平曰够秤。不慷慨曰碎澀。不正行曰皸神。樹頭曰格兜。豆腐皮曰千張。好弄曰牽翻。説笑話曰訕談子。説故事曰擺龍門陣。尊高年曰老皇帝。歇後語曰展言子。巧語譏人曰説嘰咕話。按即滑稽之訛。童殤曰打嫩另顛。説大話曰沖去聲殼子。跌地曰踏仆跋。按即匍匐之訛。吝嗇過甚曰亘音耿板子。以暗語訐人隱事曰托音奪背脊骨。不識字曰黑毡帽。一目明曰獨眼龍。私竊人物曰嘓孤嘍平聲子。蠢極謂之旨踏棒。傻極謂之哈龍包。蜻蜓謂之丁丁猫，又謂之鼓鼓丁，又謂之揚丁丁。鴟鴞謂之鬼洞哥。杜鵑謂之鬼貴陽。

以上皆普通成語，有可解者，有不可解者，其屬於衙役匪棚者不載。

〔民國三十三年〕長壽縣志

【解題】陳毅夫等修，劉君錫等纂。長壽縣，今重慶市長壽區。「方言」見卷四《風土》中。録文據民國三十三年（一九四四）鉛印本《長壽縣志》。

方言

五方風氣、水土之不同，故言語聲音各異。凡一鄉一邑，其語尾之變化，口頭之吐囑，往往輾輾傳訛，依聲尋之而莫可究詰。邑人音聲清爽，與涪邑同，而出口多不能一致。撰者將平日耳所習聞，廣搜博採〔一〕，由單字以至長句，湊成一篇。凡音訛而字晦者，皆用意揣求，如捕風

〔一〕博：原作「搏」。

捉影，拉雜而備載之。粗俗鄙俚，無過於是，聊以倣子雲《方言》之例云爾。

單字〔一〕

暗中以手探物曰揣。藏物於懷袖亦曰揣。讀陽平。兩膝高聳、兩足頓地曰屈。讀若哭字陰平。由屈而伸曰伸。或讀去聲若寸，或讀陽平若稱。物質輕鬆曰輕泡。讀陽平。人精力不健曰𤬪。布疋稀薄亦曰𤬪。人體豐碩曰胖。讀旁字去聲。人體瘦長曰躭。讀浪字陽平。竊取人物曰撈。讀勞字陽平。衣服敝薄曰水。服飾盛美曰火。服用、言語不脱俗曰土。身胚大、衣裝盛而氣象粗曰山。人物文雅脱俗曰蘇。以一膝加一膝上曰蹺。讀若消。又凡物横臥，中高不能貼地曰蹺。讀若橋。或一頭或兩頭不平均曰蹺。又轉爲去聲。兩人相遇曰掽。兩物相搏曰掽。或作碰。物不用而置曰擱。置物於高處曰擱。或轉去聲如課，或轉陽平如科。容貌老俗曰傖。譏人笨呆曰裝。裝上聲。釣魚餌曰投。戲弄小兒亦曰投。讀若兜〔二〕。進食小兒曰㕹。茫字陽平。以兩指甲入人肉曰掐。音恰。暗地窺人曰䁐。服字陰平。以手指拈毛曰撏。呼强盜曰罪。讀陰平。火炙曰熇，音考。又曰熁。目略視曰瞄。音苗。皮膚起皺曰皴。音村。鼻塞曰齆。割牲畜曰騸。舂米曰糶。物質堅結曰凝。音另。礱米曰磑。音内。以皮冒鼓曰捫。音門。以手推人曰攘。狗耳下垂曰瞎。物體中破曰斯。聲破曰嘶。器破曰甏。抽箱曰屜。高出曰矗。讀沖字去聲。草木密曰纂。抽麵成條曰

〔一〕據体例補。

〔二〕若兜：原誤作「兜若」。

擀。手裂物曰搣。讀滅字上聲。手挽物曰撦。俗作扯。箸曰筷。音快。蟲螫人皮膚曰蠚。音活。曲體曰蜎。皮膚生瘡曰皰。果實之核曰覈。音弗。以刀去果實之皮曰雪。一作削。刮盡曰剷。一作剗〔一〕。以器壓物曰窄。一作榨。甑底篾器曰箅。音備。汙穢曰涴。音握。飯變味曰搜，音收。或曰斯。物氣鬱於器中而臭曰齅。音齉。物極臭曰縫。讀若邦。物極香曰馞。讀蓬字去聲。鹽鹵曰膽。足掌貼地進退曰跐。音之。足踩曰躧。讀立字陽平。

牙齒露外曰齙。音報。聲不清圓曰嗄。背負物曰背。讀若悲〔二〕。物濕而黑腐或起瘢生毛曰黴。食物毒人曰撈。即到切。以瓢汲水曰舀。讀堯字上聲。以物舀水曰戽。言詞不聽從曰譻。音絳。以篾束物曰箍。以釘入壁曰釘。音定。牡牛曰牯。閉户短木曰櫎。音訕。用力逼取物汁曰㩗。音擠。撒麵或灰於他物上曰掞。音厭。足生繭曰趼。音箕。眼皮動曰眨。音札。小兒以手據地伏行曰𧼮。讀若跋字陰音。舟著地曰㱯。音課。跛行曰尥。音料〔三〕。齧骨曰齦。音肯，一作肯。電光曰睒。音閃。以鹽漬生菜曰醃。肥脂曰膔。音標。指紋曰膈。音羅。火爆物而騰起作聲曰炋。音乍。天熱肉生瘆曰痱。音廢。

兩字

冰曰冽冰。氣凍而成冰曰逞凌。霧曰罩子。電曰火睒。讀若霍閃。極冷曰霏冷。極熱曰

〔一〕剗：原誤作「划」。
〔二〕若：原誤作「君」。
〔三〕料：原誤作「科」。

霏熱。午曰少午。謂時間不久曰下下。讀核字陽平。境遇事業不順利曰背時，又曰背陰。講謡言曰扯風。婦人分娩曰坐月。土曰泥巴。地低下而廣容水曰蕩蕩。俗僞造凼字。山寬平處曰黨黨。讀若塔。下地寬平曰壩壩。山之缺口曰嵐埡。歧路曰叉。或作岔。呼家猫曰壽頭。腦曰腦殼。耳曰耳朵。讀若多〔一〕。臉曰臉朵。讀若兜。手掌曰耳巴。肱曰倒拐。腋曰夾孔。足脛曰螺獅骨。足跟裂曰皴口。皴讀若冰。瘧疾曰擺子。買猪牛説合人曰偏耳。婦人曰堂客。下力求食曰邱二。劫盜曰老二。兵曰丘八。白晝市中行竊曰瞧趕。富翁曰肥猪。窮極無賴曰乾人。無錢害人曰光棍。胎兒下地無聲曰悶聲。文人曰老酸。窮極無業、閒遊市中曰皞神。小兒不馴曰千犯。讀若千翻。言語不柔和曰古董。做事待人不留情曰老火。火讀若霍。逞能曰行市，市讀若十。又曰行家。小兒遊戲不挽其母曰離娘。讀若利朗。作客稱謝曰打攪。作客辭同伴曰相别。讀若相偏。用力曰昝徒感切勁。取巧曰耍奸。避事曰躲漩。藏身避捉曰藏猫。藏讀若强，猫音毛字陽平。離間人將成之美曰攙頭。攙讀参字去聲。心中不服，口中念念有詞曰咕嚨。事前説不詳語曰放快。言語、容貌、衣服俱美好曰漂亮。買物出貴價曰上當。讀去聲。買物去低價曰相應、曰便宜。通稱家中器物曰家私。私讀若事。誇人聰敏曰玲瓏。瓏讀陽平。嫁女曰打發。夢曰魂鬧。讀若混老。稀奇曰懂佯。音祥，董讀陰平。物件曰東西、曰家伙。營業資本曰本頭。本讀若烹。

〔一〕讀若：原誤作「若讀」。

占便宜曰欺頭。賺錢曰吃。不修邊幅曰裸連。老翁曰老漢，亦曰老頭。甚麼曰松子。故爲狡獪曰調脾。作趣曰過場。小兒發氣曰打白〔一〕。白讀若别。牝牡交曰保嵩。雌雄交曰打蛋。犬欲交曰走草。猫欲交曰叫春。牛欲交曰悶瀾。故作癡呆曰裝盲。唤犬曰嗚嗚。唤鷄曰㸚㸚。音兕。唤鴨曰弟弟。唤猫曰咪咪。唤羊曰綿綿。讀入聲。唤牛曰硬硬。讀陰平。唤猪曰囉囉。便桶曰馬桶。果滿枝曰一擣。禾垂實曰一杓。音刁。口角曰吵架。厮打曰打架。同貿曰打夥。互稱曰夥計。醵錢聚食曰平夥。一曰門罐。詑未有曰該歪。説文話曰抛文。祕密曰啞謎。喜錢曰利市。市讀若實。駡人曰嘖人。嘖讀若決。諛人曰舐肥。鬧排場曰顛格。揑詞曰翻經。説笑話曰談子。

三字

雹曰雪彈子。呼天曰天老爺。語不沾實曰款天話。夏時暴雨曰偏東雨。細雨曰毛毛雨。幸免危害曰點子高。徧地謡言曰地皮風。取利太盡曰刮地皮。身矩小而多機詐曰地胡椒。水中死屍曰水打棒。被人指使當場出熱曰當草包。暗中設謀曰拿蛟𥿄。隨聲附和曰當吼班、曰打旗旗。在一羣中稱雄曰充吼吼。無所依賴曰賴時候，又曰乾鷄了。紈袴子弟曰花公爺。輕鄉人樸實曰鄉壩老。一事提手之人曰舵把子。尊高年曰老皇帝。飄泊無事曰流化王。富

〔一〕曰：原脱。

豪不久曰亮火蟲。好虚飾曰假斯文。依山林劫人曰嘓嚕子。一目明曰獨眼龍。蠢極曰㐔踳棒。傻極曰哈龍包。歇後語曰展言子。不識字曰黑毡帽。童殤曰打嫩顛。説大話曰沖去聲殼子。跌地曰搭仆跌。性急曰沖天礮。眼細開斜視曰乜乜眼。乜讀若滅字陽平。妻淫之夫曰尖腦殼。空食人飲食曰蹺鬍子。蹺讀若橋字去聲。赤身曰光董董。無錢曰乾黄鱔。婦人多言曰打卦婆。傭力曰賣勾腰。

青曰青鋪鋪，讀若孚。又曰青幽幽。緑曰緑蔭蔭。白曰白森森。紅曰紅東東。黄曰黄爽爽。讀若傷。黑曰黑秋秋。短曰短杵杵。高曰高長長。寬曰寬片片。讀若偏字上聲。窄曰窄條條。輕曰輕拋拋。重曰重騰騰。讀若吞字上聲。漫曰漫騰騰。上同。矮曰矮屈屈。讀若哭字陰平。懶曰懶癡癡。肥曰肥膿膿。讀陽平。瘦曰瘦莢莢。讀恰字上聲。

談故事曰龍門陣。嬰兒曰奶米米。讀陽平。做事欺飾曰牽網網。徒尚浮文曰虚圈套。同事不出財力曰輾乾勁。指搯曰鷄爪風。喉痛曰長讀上聲蛾子。瘧疾曰零活路。己出力而利歸他人曰追山狗。空言稱人曰頌財神。文言短促曰狗飄尿。飄讀若標。出言不潔曰帶把子。把讀若霸。言不順理曰拉横條。形容舉動可笑曰活把戲。事不如意曰不逗頭。事無妨害曰莫來頭、曰不要緊。隱忍吃虧受累曰閉口沙。行步不穩曰打亂竄。亂竄二字俱讀陽平。以事之要訣驗真假曰考金石。

四字及長語

相去甚遠曰遠天十里。小兒大膽妄行曰瞞天過海。多人囂鬧曰呵火連天。弟子叛師曰打翻天印。善惡無報曰天莫眼睛。挾己所憑不肯稍降曰死抱天九。作事不拘執常理曰隨灣就灣，又曰灣灣田灣灣耙。農人苦作曰臉朝黄土背朝天。妄想非分曰餓老鸛想吃天鵝肉。醜賤之夫娶醜賤之婦曰餓老鸛吃死魚鰍。出了錢不得見場面曰有了肉飯下壅。讀若甕字陽平。勉人勤業以待時用曰頓得千日貨，自有賺錢時。譏人在人羣中不關重要而亦與列曰和起和起把壽拜。拜讀若賀。發言作事不踏實曰張市讀若石王場。教人做事莫戲玩曰振一作二。隔官府遠土豪稱强曰山中無老虎，猴子稱霸王。作事有始無終曰鷄公窩屎頭一節。妄自尊大曰老鼠子爬稱鈎。鼠讀若水。盜賊出必有獲曰老鼠同上子不打空讀若控倉。勸同僑寓之人莫争主權曰叫化子争巖洞，亮了是别個的。賣物賣藝不求售於人曰姜太公釣魚，願者上鈎。貪得甚切，卒然失望曰緑起眼睛。索現錢曰千年穀種望眼時生秧。求利須本曰投讀若兜羊子要把草。毫無田産曰打狗的泥巴都莫得。勸父母寬子之罪曰惡老虎不吃兒。土豪擅威武不怕官曰山高皇帝遠。熟人輕易生隙曰一絲頭髮遮倒臉。不容再説曰關門抵槓子。聲細如蟲曰咿咿嗡嗡。微行有聲曰稀稀梭梭。細密不清晰曰麻麻渣渣。物零碎微末曰丁丁點點。似滴雨聲曰丁丁東東。年老慌惚曰顛顛東東。凡事不甚明瞭曰模模糊糊。聽不明好話曰對牛彈琴。量財營業曰有好多泥巴作好大的佛。對親切人要説真話曰真神面前燒不得假香。收效之日尚早曰八字不見兩邊。想發猛財曰一鋤頭想挖個金娃娃。拐人婦女曰辦高腳騾子。家族兄弟不和睦曰徹了壁頭等狗鑽。勸兄弟勿起争端曰一把指拇莫向外搣。音滅。讀上聲。對待人須有分曉曰提刀割肉，起眼看人。常幫人做事，自家的事還要請人曰自家的端公槓不了自家的神。事求速效曰吹糠見米。應濟人須量力曰打米量家箕，又曰有好大的肚喫好多的飯。爲人了事故意放縱稽延曰放陰陽火。嫌人語長曰長根讀若干百說。有父母在曰大樹腳下好遮陰。别人之事暫移我身曰換肩打杵。求利務盡曰鑽孔孔找蛇打。利益甚微曰針巔上削鐵。用盡方法曰想方設計。惜錢少用曰緊把讀陽平細捏。以怨報德曰打反巴掌，又曰轉眼不認人。求人不應曰觸讀若楚一鼻子灰〔二〕。諂媚貴人曰抹鬍子捧讀若朋字上聲玉帶。輕怒曰紅眉毛讀去聲緑眼睛。武力時代不講理曰秀才遇倒兵，有理說不伸。讀若村。兩人性情均不平和，動生口角曰一鑽子聲戰一朵火。

按，吾邑舊族明清間自楚、贛遷來者十居六七，遺傳所在，萬口一辭，雖近俚俗，亦未嘗無所本。或音以輕重而差，或聲以通轉而訛。本篇所述，皆常出人口入吾耳，而習爲普通成語者。至鄉里之童謠、衙役之代詞、市井之隱語，尤離奇格桀，不可思議，悉屏不録。

〔二〕「讀若楚」原誤在「觸」上。

〔民國〕合川縣志

【解題】鄭賢書修，張森楷纂。合川縣，今重慶市合川區。「風俗」見卷三五。録文據民國十年（一九二一）刻本《合川縣志》。

風俗

《傳》曰：「樂操土音，不忘本也。」合人皆外省籍，土音不一。如平原曰壩。酒器曰瓴。言語忤人曰觸音杵人。燒礦爲鐵曰熯。音善。火炙曰熇，音考。又曰熁。音脅。鼻塞曰𪖌。音祝。謂看曰瞀、鎖平聲。曰瞄、音苗，从目。曰瞧。魚網曰罺。音漩。飲食變味曰餿音搜臭。皮裂曰皴。音村。腹瀉曰過。土高起曰埨。倫上聲。曲木可挂物曰鍏鉤。俗作搭鉤。鈢木器曰錛音奔鋤。切草刀曰剘音札刀。平木器曰鉋音報子。詑其多曰㚞音窩夥。以刀磨瓦盆或皮上曰鐴。音避。目不見物曰瞀。音務。露牙曰齙。音報。以辛香和食曰萫。音向。香圓稻米曰稅音晚米。女工曰鍼黹。犂上鐵板曰鏵耳。老曰老革革。木段曰橦。音同。下垂曰䩬。音妥。結堅曰凝。音禁。和物曰攢。音全。物朽而斷曰䠷。尊上聲。人快敏曰伶利。水岐曰汊。音詫。横木阻之曰擋。穿牛鼻繩曰桊。音捲。舂糙成熟曰䊒。音劖。母之父母曰外公、外婆。磨之漸消曰鋊。俗讀作遇。穀穗曰杓。音弔。割牛馬勢曰騸。音扇。不精彩曰䑃䑋。音臘搭。皮冒鼓曰鞔。音瞞。謂多曰够。音構。耳垂曰䃳。音答。足踏曰躧。釵上聲。牛馬腰左右虚肉曰軟膁。音歉。物濕而黑腐曰㪍，一曰黴。音梅。乍晴乍雨曰滂淞音弄送雨。沃土曰魚米之地。日中曰晌音賞午。劈破曰斯。聲破曰嘶。馬鳴曰嘶。器破曰甏。餛飩曰扁食。以米撒鹽椒釀肉魚曰鮓。手承物曰拓。推人曰攮。音朗。手提曰揵。音虔。摘毛曰攀。音涎。跛行曰踏。音荅。心動曰𢝏。音徹。麪散者曰䴸。音勃。鞍韉曰屜。音替。抽屜曰屜。短衣曰𧝎。音莊。不與人分辨曰不理。寒熱結瘧曰疔音幸瘍子。耳中作聲曰聬。音翁。謂子曰崽。音宰。凡高出曰矗。音銃。凡苗實聚多曰纂纂。通水槽曰筧。音簡。竹篾曰篻音迷條。有耳瓶曰甑。音省。作涼席竹曰笨音水竹。木石牡曰簨。音筍。以鹽漬物曰濫。音覽。箸曰筷。音快。伸麪曰擀。音敢。謂人形短曰矮矬矬。音搓。鞋襯曰幫。門地腳曰限。音坎。物小曰穛。音醮。物臭曰膖音滂䶑抽去聲。牝馬曰騲。雌狗曰草。雌思雄曰起草。宛轉生動曰蚴。牛去聲。疥瘡曰乾瘑痜。土音格澇。傷痕曰痡瘡。音逋論。赤子陰曰朘。音椎。地平曠曰壏埮。音覽坦。地芝曰菌。音郡。米礱曰磑。音內。物相擊聲曰砯砰。音蹦烹。驛遞曰站。重聚曰磊𨗙。堆上聲。人之狡黠者曰尖穳。音纘。尾曰已音以巴。艾炷曰爝。音醮。火爆曰灹。音乍。旁屋曰廈。手掬曰抔。音掊。手挽曰撦。俗作扯,非。粗率曰体。奔去聲。散物曰掞。音鹽。斂衣裳曰扱。音札。驚畏曰嚇。音下,又音黑。手裂物曰搣。音滅。盛酒器謂之酒落。盛茶器謂之茶落。凡驢騾所負物曰他音惰子。大甕謂之瓨。即缸。得利曰賺。耑去聲。蟲螫人曰蠚。音霍。以毒藥藥人曰癆。音澇。笑曰啞啞。音格。鞋無飾曰靸。音撒。牛羊食已復吐而嚼咽之曰回嚼。音醮。收摺之曰摺揲。爪刺曰掐。音恰。曲謂之蜎。貫縷提之以織曰綜。音縱。橫縷曰緯。音位。直縷曰經。音徑。痴愚曰夢惷。音銃。壓物曰笮。音乍。性傲口戆。剛去聲。不平曰䰙。音竅。桃李核曰覈。音忽。吸之曰欶。音朔。笮去汁曰潷。音必。指物事曰者。俗作這，非。面瘡曰皰。音砲。飯粒粘紙曰飯黏。音年。碾物使光曰砑。音迓。柄曰杷。音同。子細謂之把穩。凡去瓜果皮曰雪。藏酒曰窨。音印。傪音查足曰蹃。音茄。酒醋中小蟲曰蠓。音猛。言吃曰謇。足皮曰趼。去垢曰磢。音訕。刮鍋曰鏟。平木器曰鏟。削平曰鏟。音剗。履中模範曰楦。音絢。趕曰碾。衣系曰襻。音畔。甑底篾笆曰箄。音閉。飾邊曰緣。音怨。攪曰擂。潮去聲。眼皮動曰眨音劄眼。鹽鹵曰膽水。田舍曰莊。主父曰使去聲長公。主母曰使長婁。熬曰煎。去聲。鷄伏卵曰菢。音抱。汙穢曰涴。音餓。置釘平聲曰釘。音定。楮樹曰榖。音搆。馬障泥曰韂。音綻。毛席曰毯。足蹂曰跐。此平聲。豕項間肉曰臑音曹頭。負物曰馱，一曰背。音悲。撻穀器曰連耞。音加。束小兒者曰綳。音崩。馬後革曰鞦。騾後木曰紂棍。瓦器未成曰坯。音披。拾物曰搴。音簡。呼狗吠物曰嗾。音漱。線條曰綹。音柳。釜溢曰瀥。音孛。表畫曰褙。音甑。吐氣曰吙。火平聲。叱之曰嚼。音初。不速曰遲平聲遲音治。唾人曰啡。坏、配二音。聲不清圓曰嗄。俗作沙上聲。快走曰猋。音標。蠹蟲曰蛆。音納。木岐曰樏。叉上聲。縫鞵皮曰鞝。音掌。吓之曰啐。音卒。村曰場。呼人曰喡。音胃。喉曰嗓，一曰嚨。夏日暴雨曰偏涷雨。飲聲曰欱。音骨。漉物曰舀。妖上聲。抄飯匙曰㮚。音鍬。進船曰划。音華。舀水器曰戽斗。手卜曰拈鬮。音鳩。小曰蔑蔑、曰丁丁，又曰點點，又曰些些。膺聲曰欸。音藹。漉器曰筲箕。鬬捩曰捎篒。音消息。凡物已採復搜其遺曰散。賀人曰恭諗。音審。毀人曰誹。音吠。詞不屈曰譻。音絳。以言阻人曰讞。沈水曰没、迷去聲。曰淹。音庵。鋪墊曰㶚。音霸。縷在紡車上及在梭中曰繐。音遂。正屋曰⿱代君[一]。音薦，俗作⿱代君。牡牛曰牯。牝牛曰牸。月半明曰朏朏亮。繩索斷而續之曰剿。音妾。燒刀刃納水中以堅之曰焠。音翠。以篾束物曰箍。音孤。竹器曰篼。窑器光曰釉。音宥。瘦皮垂下曰皺。音荅。手掘曰窋。烏八切。蓋曰㡴。音慷。傷皮曰刾。瘡上聲。物裂開曰笑。碎切曰劄。音札。織具曰簆。音寇。渣汁曰澱。細長曰蹽䠷。音了掉。謂人樸訥曰木詘。音黜。熱而皮生瘢曰痱音費子。多鬚曰鬎音鬧腮。綰髮爲髻曰鬢。音纘。麪漿曰糨。音絳。樹枝岐者曰椏。音鴉。閉門機曰櫦。音拴。搦汁曰齎。音濟。以物沾水曰蘸。音站。大曰奘、莊上聲。曰莽。爛曰𤿭。音跛。粗蠢曰㤶戇。音莽壯。不慧曰昏惆。音刀。疒戶曰懵懂。音猛董。一目眇曰單照。牙垢曰牙屢。音因。屋上承椽梁曰檁。音領。小兒學行狀曰𨁥。音得。水上涌曰湄。音冒。擊曰搭。音荅。手采曰捋。小兒手據地行曰𧼯。音蒲。屈膝曰跪。魁上聲。日費曰進用。補漏曰苴。音查。不脆曰臑。音如。不鮮曰蔫。音焉。不端正曰䓉巒上聲磋音鮓。人死曰過世。謂人躁曰炶[二]。音乍。嘸聲曰齰齇。音括查。齒畏曰齽。音禁。推之曰㨘。音聳。漩水曰漩渦。手捉曰揢。音客。水潭曰沱。音陀。壅物味變曰䐶音饔醜抽去聲。築隄蓄水曰迮。音作。孰米麥末之曰炒麪。深巖曰嵌。音謙。謂欺紿曰鬼。

〔一〕⿱代君：原作「⿱代君」，據《字彙》《篇海》改。

〔二〕躁：原爲空格，據《蜀語》補。

謂人黠曰鬼。生卵曰生。去聲。謂人村曰山巴土獠。不伸曰抐。音紐。舟著地曰岢。珂去聲。繞腰窄囊曰纏去聲袋。分麻曰朩。音派。跛行曰尥。音料。取笑語曰詑。音陀。山頂霧曰山帶帽。物墮水聲曰漌。石墮曰硶。俱音董。漉去水曰瀝。齧骨曰齦。音闔。猪脂中堅者曰脠。音移。雹曰睒。音閃。肥脂曰臕。音標。手指文曰腡。音羅。精肉曰腈。音精。胎衣曰脬。音胞。溺囊曰脬。田分段曰稜。魯鄧切。禾不實曰穲。音厭。遠曰窵。音弔。袴曰衳。音鍾。行不進曰尷尬。音甘介。小兒女曰幺。不知名呼之曰那。音懦。漬藏肉菜曰醃。音淹。酒器曰酒醢。音海。不去滓酒曰醪音勞糟。鹵水曰鹼。音減。勉力曰劅。音絳。自謂曰我。謂人曰你每。耳曰𦖷。朵平聲。乾肉及餅曰巴。不謹曰傝㑩。音搭撒。開張曰㑳。音查。闊口曰奓。車上聲。牛羊馬豕欄曰圈。禽卵曰彈。薰藥曰熏。音訓。火熫曰煨。香氣盛曰馞。蓬去聲。兩手相摩切曰挼。音磋。罵人之醜稱曰雜種。重曰重錪錪。吐本反。弓戾曰彆。音別。凡器物指甲裂皆曰𥎛。與小兒戲捉其鼻曰牽牛。狡獪曰姡。胡刮反。稻苗秀出曰放穮。音標。急遽曰奔去聲命。發饅頭曰起酵。音教。便旋曰出恭。有所礙曰隱。恩上聲。凡戲玩曰耍。澆花木菜蔬曰飲去聲水。凡初贈工匠曰利市。蟲食菜曰蟲殺。去聲。物件曰家火。氣鬱不伸曰漚。去聲。犬羊癩曰𤺊。四邊曰四映。人之憒憒者謂之轂濁。音斛篤。褥子謂之裯音調子。凡顏色鮮明曰翠。言語不合謂之不對牡。老不聾聵、疾不沈重皆謂之新鮮。煖酒曰湯。音蕩。襯裡曰胎。鑄音注銅鐵器曰鑄。音到。心亂曰恅愺。音老草。慚恥曰毄音概羞。聚足曰躦。音攢。低聲曰啾啾。千遥反。小腸曰胔音子腸。玉讀若遇。石讀爲旦。孟讀作夢。大讀一駕切。朋音蓬。術述音蜀。巫誣音烏。尹音允。虹音岡去聲。署音樹。衡音恒。奚音希。《蜀語》。謂小港曰浩。《蜀道驛程記》。從古地方常言多有其聲，不得其字，明季遂寧縣李實所撰《蜀語》，事徵本原，十得七八，於合尤切近。今悉採載，以著於篇。右方言。

〔民國〕巴縣志

【解題】朱之洪等修，向楚等纂。巴縣，今重慶市渝中區。「方言」見卷五「禮俗」。録文據民國二十八年（一九三九）刻本《巴縣志》。

方言

重慶交通，水陸雜湊。五方不離土風，時有殊語。自李實爲《蜀語》，昧於大柢，求合俗字，終失其方。翟灝著《通俗篇》至三十八卷，多本唐宋以後傳記雜書。凡在通人，皆謂理董方言，在證明其難知者，不在疏舉其易曉者。世人不通轉語，音聲小變，即無以知所從來。若能推尋故言，得其經脈，雖脣吻有弇侈之殊，等呼有剛柔之異，陰陽易位，流轉多途，水土移人，風習難反，而牢持語柢，足以聰聽知原。

故欲通古音，必明韻學，欲通方言，必明聲學。巴渝方語，其最著者，喉牙混呼，拗哀安恩，混影於疑。呼魚如余，呼語如雨，呼遇如豫，呼顒如容，呼危如爲，呼銀如寅，呼堯如遥，混疑於喻。疑來不別，呼牛如流，呼宜如離，呼義如利。知照與精，泥娘與來〔一〕，乃至見精，隨聲眩紐，張徵中猪、章真鐘珠、臧尊宗租呼之如一，則知照精不分。呼奴如盧，呼娘如良，呼泥如尼，呼尼如黎，則泥娘來不分。呼巾如旌，呼畺如將，呼欽如侵，呼羌如鏘，則見溪與精清不分。脣喉亂則奉聲犯匣，呼胡如符，呼户如父，此類混紐多在模韻，清濁皆然。齒齶亂則曉母似心。犀蕭修襄辛醯囂休香欣二者混呼。此今語齵差，非循法言《切韻》之律，勿能區其正變。

里人語末輒作峭音，平呼則異，峭呼則同。公姑同收，王娃同收，君駒同收，帥蒜同收，爲類非一。句吴發音在前，吴人以格音爲發聲，古稱吴爲句吴，句、格一聲之轉。東蜀收句在後，語末曰歌、曰箇。湖湘送語多模，巴渝住音多馬。至若語根流變，要本舊音，依隱偏旁，推迹故訓，貫之古紐，以爲大樞，化聲雖繁，可執簡而馭也。姬漢故言，著在《爾雅》《方言》《説文》諸書，下至《玉篇》，以逮《集韻》，有其字者，必有其諺言。俗儒鄙夫，不能洞達，遽謂有音無字，鄉壁詭更，俗體增多，無以下筆。今就方隅口語、筆劄常文所難通者，分别舉正，爲正俗審音者備考覽焉。

章炳麟《新方言》云：「四川謂事難尤勮、人很尤勮，皆曰老苛，轉上如火。據《一切經音義》引《説文》，苛，尤勮也，乎哥切。」按章説未諦，俗言老火乃利害之轉音。《新方言》於憲字下引「今人謂病劇曰利害，以古人敗言成敗、失言得失、急言緩急例之」是也，其語柢則爲奈何。今人言老火、言利害，古人則言奈何，謂事難尤勮，徒唤奈何。按《説文》：「柰，果也。」奈何，即如何聲轉，古

〔一〕娘：原作「孃」。下同。

音如讀奴，《論語》「吾末如之何」是也。經傳單詞用那，乃奈何之合聲。《説文》那下云「西夷國」，即《史記》冉駹之冉字。魋下云「見鬼驚詞」，段玉裁云：「見鬼而驚駭，其詞曰魋也。魋爲奈何之合聲。凡驚詞曰那者，即魋字。如『公是韓伯休那』是也。《左傳》『棄甲則那』，亦是奈何之合聲。諾何切。」巴語呼鬼曰諾侯，侯字作峭音，即魋字之緩讀，此又一語根也。

《爾雅》：「須，待也。」相承作須。巴語謂不須要曰不消。緩讀爲二，急讀爲一。消乃須要之合聲。

《慧琳音義》七十三：「攢，扶味反。南人謂相撲爲相攢也。」今川東小兒相撲曰攢，即此字。又謂攢曰侵犯。相撲即相犯矣。兩兒相撲，亦曰角力。

李實《蜀語》：「爤曰皷，音跛，皷同。凡肉之爤者〔一〕，地之泥濕者，果之熟者，糧食之不乾者，人之弱者，物之不剛者，皆曰皷。」李宗昉《黔記》卷一記黔中方語「煮爤曰皅」，自注：「讀怕，平聲，作皅字。」按物之爤者，本字當作腐。《説文》：「腐，爤也。」又：「胹，爤也。」爤，火部作爤，火熟也。腐，古音在侯部，侯、模古音最近。腐，古歸重脣。侯可轉模，模可轉麻，作侈音則普巴切矣。今俗謂烹物火熟聲如巴，即腐之音變，而潰爤義亦屬之。腐音轉普巴切，亦猶酺之轉巴、傅之轉巴、父之爲爸、匍之爲爬矣。又人困乏之狀曰皷，本字當作疲。《説文》：「疲，

〔一〕肉：原誤作「物」，據《蜀語》改。

勞也。從疒，皮聲。」古在歌部。《莊子·齊物論》：「苶然疲役。」經傳多以罷爲之，由歌轉麻，聲亦如巴。

《説文》：「讘之涉切吺當侯切，多言也。」黄侃《六祝齋日記》云：「今俗語變如的卓，實即此字。」川東謂多言曰的到説，猶存古語。

《爾雅》：「般，樂也。」亦作盤，重言曰盤桓，亦作盤旋。又婆娑字，《説文》婆本作媻。《文選·神女賦》注：「婆娑，猶媻姍也。」《子虚賦》：「媻姍教窣。」《上林賦》：「便姍嫳屑。」音近字變，皆疊韻連語也。章炳麟謂姍字作要，遂譌爲耍。是蜀語頑耍字，乃般姍之轉語。按《漢書·外戚傳》：「何姍姍其來遲？」注：「行皃。」吴人謂玩耍曰別象，乃般旋、嫳屑之轉語。又《説文》：「𡕥，驚走也。一曰往來也。具往切。」章氏云：「今通謂往來山水閒曰𡕥，讀居況切，亦通俇。《説文》：『俇，遠行也。居況切。』」按《玉篇》辵部：「逛，走皃。」《集韻》古況切。今通謂游行曰逛，蜀語曰耍，北燕語曰𡕥。

《書·吕刑》：「泯泯棼棼。」《周書·祭公解》云：「汝無泯泯棼棼。」注：「亂也。」古重言疊韻連語，本字當作紊紛。今俗作麻煩，泯棼之轉音也。猶之模黏亦作模胡，疊韻連語，俗作糢糊，重言曰模模胡胡。今俗呼作馬馬虎虎，模胡之轉音也。

混沌、渾敦、荒唐、糊塗、鶻突，並一聲之轉，罔惑不明之意也。蜀語曰忽突，或轉曰滉蕩，曰昏蜑，曰混帳。帳音本在舌頭也。知母古歸端。此亦通語。王煜説。

《方言》：「謰謱，拏也。」淮南、吴越謂人言煩絮爲謱拸。今巴語亦同吴語，俗字作嚕嗻，皆牢騷之轉音。

《詩·關雎》：「薄汙我私。」毛傳：「汙，煩也。」箋云：「煩，煩撋之。」阮孝緒《字略》云：「煩撋，猶挼莏也。」挼音奴禾反，莏音素何反。巴語謂糾纏不已，若不勝其煩撋者曰挼莏。

漢樂府《有所思》：「拉雜摧燒之。」拉雜乃摧拉零雜義。後凡文辭不潔，皆用拉雜。今吴諺於不整齊潔滯者謂之拉雜，見《吴下方言考》。音轉字變作藞苴。明岳元聲《方言據》謂人不端潔賴取人物曰藞郎假切苴音鮓，引黄魯直云「中州人謂蜀人放誕不遵軌轍曰川藞苴。」今巴語於不端潔者亦呼藞苴，皆作平聲。

《説文》：「訕，謗也。」「姗，誹也。」音義并同。《漢書·諸侯王表》：「秦自任私智，姗笑三代。」通語亦作笑姗。巴語呼笑姗，音轉如祥水。

通語驚歎詞曰烏呼，巴語聲轉曰惡𣄰。惡讀上聲，𣄰讀去聲。《説文》：「𣄰，驚惡詞也。」

《荀子》：「問一而告二謂之囋。」章氏《新方言》云：「杭州謂多言無節爲囋，音才曷反。通語謂多聲爲嘈囋。」今蜀語亦謂多言無節曰嘴囋囋。又吕静《集韻》曰：「咀噬，語不正也。」章氏以咀噬爲囋之長言。今蜀語呼咀噬音變如嚌雜。

蜀語謂市物價廉曰相應，誤作相因，言便宜相當也。又呼便宜音如平易。

《詩·鄭風》：「倡予要女。」傳：「要，成。」《爾雅》：「止，待也。」止爲待，待亦爲止。本同部假借。重慶謂終了爲要待，待讀如臺。章炳麟説：今巴語謂演劇終萈爲幺臺，遂爲凡終了之稱，亦呼煞腳，腳讀洪音如各。

通語不儉樸而耗財曰奢華。巴語呼奢華聲轉如沙阿。奢歸麻韻，華歸歌韻，匣母變喻，則收阿音。

常語謂人之情面曰局面。局古音如谷。巴語讓人情面曰讓過門。過門，即局面之轉語也。

通語惡駡人曰詈詬。《説文》詬或作訽。巴語呼詈詬音轉爲日厥。

《説文》：「訬，訬擾也。楚交切。」今俗謂讙呶曰炒鬧，讀作上聲，即此訬字。巴人呼曰訬訬。

《説文》：「甹，驚詞也。思允切。」章炳麟云：「今人以大言虚赫人謂之甹，歛入牙音，讀如熏。」今巴語謂大言虚赫人曰熏打，即是甹字。心、曉混呼。

《方言》：「董，知也。楚謂之黨。」注：「黨，朗也。」今謂了解爲黨，音如董，猶丁當之轉丁東也。俗字作懂。《廣韻》懂訓心亂。今常語懵懂。

《廣雅·釋詁》四：「倗，粃，不也。」曹憲音：倗，又普等反。《廣韻》：「倗，不肯也。」《方言》：「粃，不知也。」錢繹云：「不肯之合聲爲倗，不知之合聲爲粃。」章炳麟云：「今人反遮人言，若云不知者，則呼曰粃，音如糟。」按《山海·東山經》：「茈魚一首十身，其臭如麋蕪，食之不糟。」郭注：「糟，失氣也。」《廣韻》作屁。今巴語猶存此音。

《方言》：「沅、澧之閒，使之而不肯，答曰吂。」郭璞音茫。按吂乃莫忙之合聲，人不聽使慢應之詞也，今巴語猶然。按《說文》：「朚，昱也。从明，亡聲。」《廣雅·釋詁》：「朚，遽也。」今字作忙。《方言》：「忙，遽也。」《五經文字》云：「朚，人晝夜作，無日用月，無月用火，常思明。或曰：朚，人思天曉，故從明。」字亦作蘉。《書·洛誥》：「汝乃是不蘉。」馬注：「勉也。」字從侵，瞢省聲。

《方言》：「曾，何也。」俗作怎。《說文》：「曾，詞之舒也。」「余，語之舒也。從八，舍省聲。」曾、余同義，故余亦訓何。五代宋初人自稱曰沙家，元明閒亦稱洒家，即余家之近聲也。今人有姓余而別寫作佘，皆本舍聲。章炳麟云：「《孟子·滕文公》『舍皆取諸其宮中而用之』，猶言何物皆取諸其宮中而用之也。《晉·元帝紀》：『帝既至河陽，爲津吏所止，從者宋典後來，以鞭策帝馬而笑曰：舍，長官禁貴人，女亦被拘耶？』舍字斷句，猶何事也。今通語曰甚麽，舍之切音也。川、楚之閒曰舍子，俗作啥，本佘字也。歌戈魚模相轉，甚舍齒音，旁紐相通，故甚麽爲舍之切音。」按今巴語甚麽呼爲舍子，即歸麻韻。

通語渾搭之詞曰不論。今巴語呼不論曰把連，猶粵語呼渾不論曰行八郎，皆音轉字變，不論爲語抵也。

《廣雅》：「丘，空也。」《荀子·大略》曰：「言之信者，在乎區蓋之閒。」《漢書·儒林傳》曰：「疑者丘蓋不言。」區蓋即丘蓋，皆空闕義。章炳麟曰：「凡事空莫不可定者，湖北謂之區蓋太，蓋太合音爲蓋。」今巴語有此字，譌作驅火炭。

《説文》：「詑，沇州謂欺曰詑。託何切。」焦循云：「吴揚之閒謂以虛語欺人曰跳駝子，其虛巧甚者謂之飛駝。皆詑字也。」今巴語挑撥爲欺語曰衝詑子。又詐欺財物曰詑諞，俗譌作騙。

《説文》：「讕，抵賴也。」今謂自食前言、自隱其事爲抵讕。本洛干切，音轉如賴。寒、泰對轉。

《説文》：「謾，欺也。」通語謂欺隱爲謾。今俗以瞞爲之。《説文》：「瞞，平目皃。」義異。

《史記·高紀》「無賴」，集解引晉灼「賴，利也」。《説文》：「賴，贏也。」章炳麟云：「古語無賴，猶今人言没出息，音轉爲無聊、《説文》：「聊，耳鳴也。」無俚。《説文》：「俚，聊也。」」世乃以無賴爲狡獪之稱，失其義矣。

《荀子·榮辱篇》：「陶誕突盜。」《强國篇》：「陶誕比周。」今俗謂欺詐爲陶誕，音轉字變爲搗蛋。

《説文》：「詾，往來言也。一曰小兒未能正言也。」今通語謂隨意學習爲詾。許意謂小兒未能正言，反覆弄舌，所謂啞啞學語，故曰往來言也。

《説文》：「甹，亟詞也。或曰俠也。三輔謂輕財曰甹。普丁切。」音轉爲拌。《方言》：「拌，棄也。楚凡揮棄物謂之拌。」字誤作拚。《集韻》拚與翻同，或省作拚。今俗以財物鬭勝競氣相激皆曰甹，或曰拌命。

《説文》：「婷，保任也。」傷人者婷計死期曰保婷。《廣雅》：「婷榷，都凡也。」《孝經》孔傳：「蓋者辜較之辭。」劉炫《述義》曰：「辜較，猶梗概也。」按辜較本字當作婷斠。今人謂略揣梗概曰婷，量物值曰婷價，俗變作估。

《説文》：「斠，平斗斛也。從斗，冓聲。」古音在侯部。《唐韻》入覺，侯豪旁轉。凡較量、校讎字當以斠爲本字，《説文》：「較，車輢上曲鈎也。」字亦作較。「校，木囚也。」唐本作木田也。《廣雅・釋詁》一：「校，度也。」字亦以較爲之。見母開口，音如告。俗凡試物曰斠一下。《説文》：「減，損也。古斬切。」今俗呼加減猶存古音。

《説文》：「夃，秦人以市買多得爲夃，从乃，从夊，益致也。」《玉篇》曰：「夃，今作沽。」引《論語》「求善價而沽諸」。巴語謂市買舉所有而統購之曰大夃，音譌爲打瓜。

《説文》：「靠，相違也。」常語凡事不定曰不可靠，當作塙字。《説文》：「塙，堅不可拔也。」字亦作確、作碻。又通常言靠，有期必、刻定之意。期、刻、靠，皆一聲之轉。

《説文》：「嬈，苛也。一曰擾，戲弄也。」字亦作嬲。玄應《一切經音義》引《三倉》有嬲字。

《説文》：「擾，煩也。」今字作擾。古音擾在幽部。俗謂相嬲曰憂，即是擾字。

《説文》：「延，長行也。」《方言》：「延，長也。」今巴語呼延翫聲轉作然哇。

《説文》：「誂，相呼誘也。徒了切。」《廣雅》：「誂，戲也。」又：「誂，謉也。」《國策》：「楚人有兩妻，人誂其長者。」今謂誂戲曰調戲。《説文》：「人相笑相歋瘉。」亦作歋廠，即邪揄也。許無廠字。《説文》俞，古在侯韻。《説文》：「媮，巧黠也。從俞聲。」字亦作偷。《史記・萬石君傳》牏音投。《爾雅・釋言》：「佻，偷也。」誂，古在豪韻，轉侯爲廠。今俗戲人曰廠，字俗作諛。

《説文》：「囮，譯也。段君云：「譯，疑當作誘。」一説《周禮》夷隸掌與鳥言是其事也。」從口〔一〕，化聲。率捕鳥畢也鳥者繫生鳥以來之名曰囮，讀若譌，或從繇作圝。」《廣雅・釋言》：「囮，圝也。」潘岳《射雉賦》「恐吾游之晏起」，又「良遊呃喔，引之規裹」。徐爰注：「雉，媒。江淮閒謂之游。」巴語甘言誘惑人曰囮，音如呵。凡設局從旁誘致者曰媒子，川西曰游子。圝，游同聲，猶言誘也。

《説文》：「否，相與語唾而不受也。天口切。」今常語有之，音轉如丕，上聲，字俗作呸。李實《蜀語》作啡。

《説文》：「冟，突前也。」莫紅、亡沃二切。鄧廷楨云：「今吴越閒小兒捉迷藏爲戲，突出曰冟，讀莫夭切。」蜀語亦同。

《方言》：「逭，轉也。」郭璞音换，又管。章炳麟云：「今謂物轉於地，人在地轉，皆曰逭，由管音轉如衮。」《集韻》滚，古困切，轉也。「俗作滚。滚，本水沸之涫字。奔逃亦曰滚，或曰滚蛋，借爲逭遯。《説文》：『逭，逃也。』『遯，逃也。』」蜀語亦呼逭遯爲滚蛋。

〔一〕口：原誤作「鳥」，據《説文解字》改。

《説文》：「㕦，側逃也。盧候切。」章炳麟云：「今謂乘隙脱走爲㕦，微弇如溜。」馬致遠《岳陽樓》劇謂逃去曰溜了。蜀語亦呼逃去曰溜。通語犯人在逃曰漏網，漏借爲㕦，㕦、漏聲同義近。

《説文》：「覦，欲也。」古音近侯，轉作睺。《廣韻》：「睺瞜，貪財之皃。」蜀謂貪得爲睺，貪欲爲睺心。巴語有瞜且睺。

《説文》：「疑，惑也。」守温疑母，今國音字母開合音作兀，讀如額。蜀語凡事不被人猜嫌曰不疑，讀作礙難反。疑，古音在之部，由之轉寒，猶之之轉旃也。

《説文》：「𤿭，今隸作[illegible]。柔韋也。讀若耎。」而兖切，在日母。蜀語謂巧施世故與人親暱曰𤿭，或曰𤿭皺，或曰𤿭水，皆轉入聲，讀如伐切，寒泰轉也。

《説文》：「姘，《漢律》齊民與妻婢姦曰姘。」今謂姦曰姘。娉則爲配，姦則爲姘，聲轉爲嫖。《説文》嫖與僄皆訓輕也。《荀子·議兵》：「輕利僄遬。」注：「僄〔一〕，嫖勇也，作嫖。」嫖乃嫖姚字。吴語爲姘，蜀語爲嫖。

《廣雅》：「妬，嫭也。」王念孫云音如酒酢之酢。蜀語争色曰嫭，俗誤作醋。

《説文》：「聶，附耳私小語也。」今川東以猪牛相買賣，鄉市論價曰聶偏耳。

〔一〕僄：原誤作「嫖」，據《荀子注》改。

《爾雅》：「胥，相也。」《詩·大雅》：「聿來胥宇。」今四川謂竊視曰胥，音轉如梭。章炳麟説。按《廣韻》㑌，素何切，偷視也。《類篇》㑌，視之略也。是竊視專字。

《説文》：「睞，目旁毛也。子葉切。」字亦作睫。今通謂目旁毛曰眼睞毛。章炳麟云：「目瞬亦曰睞。」按葛洪《字苑》：「眨，目數開閉也。音扎。」今常語殺人不眨眼，即本《字苑》。

《説文》：「皯，獸豪也。」《廣雅》：「皯謂之毫。」引伸爲凡毫之稱。曹憲音汗。《晉書·夏統傳》：「聞君之言，不覺寒毛盡戴。」是寒即皯之聲轉。今蜀語呼人身皯毛，聲亦如寒。

《説文》：「督，一曰目痛也。」「覭，目蔽垢也。」讀若兜〔一〕。督、覭雙聲相轉，目痛必有青翳也。今俗謂目眥生創曰覭鍼，端母轉透，音如偷。鍼者，謂刺痛也。督從叔聲，亦得音轉如偷，若埱音佗候切矣〔二〕。章炳麟説。

《説文》：「齰，齧也。」鄧廷楨云：「江寧謂寐後切齒爲齰，音如錯。」蜀語同。

《説文》：「欶歠。」歠，俗從口就聲作噈。噈，口與口相就也。欶，艮都切。歠，才六切。俗呼欶字峭音如巫，古無輕脣音，故今方言亦轉重脣，謂口相就接吻曰打欶，呼如博烏切。

《説文》：「噫，飽食息也。」字亦作餩。《廣雅》：「餩，餶也。」餶即噎字。曹憲音烏克反。今俗飽後氣滿作聲曰打餩。餩有該音。《説文》：「該，軍中約也。讀若心中滿該。」段玉裁

〔一〕若：原作「如」。

〔二〕埱：原作「埱」，據《新方言》改。

云：該同餘，飽息也。巴語呼餘如格。

《玉篇》：「劶，用力也。」音陟甚切。胡韞玉《方言考證》云：「併力下送曰劶。如小孩大便不出，其母每語之曰劶下子，意謂併氣用力下送使大便易出也。」巴語猶然。

《說文》：「吃，言蹇難也。」蹇亦作謇。《方言》：「謇極，吃也。」《廣雅·釋詁》：「謇，吃也。」《說文》：「哽，語爲舌所介也。」吃、哽、謇、介，皆在見母。今川西謂言蹇難者曰吃子，川東曰謇巴郎。

《說文》：「謂，報也。」今人謝人勞苦則曰難謂你，猶言難報也。章炳麟說。一曰難爲你，謂難乎其爲你也。《廣韻》你，乃里切，汝也。字見《北史·李密傳》，本應作尔，尔，古爾字。爾汝一聲之轉，字俗作你。

《說文》：「諈諉，累也。」見《釋言》。孫炎云：「楚人曰諈，齊人曰諉。」郭璞云：「以事相屬累爲諈諉。」諉，女恚切。古音無舌上，巴語勞人曰負累你，猶存古音，本是諉字。

《說文》：「迦，迦互，令不得行也。」古牙切。章炳麟云：「今謂强止人行曰迦住，音去駕反。又凡關津置木水中以禦舟行，古曰水衡，今謂之迦，讀苦野切。俗字作卡。迦又轉苛。《說文叙》曰『苛人受錢』。今人猶謂勒人出錢曰迦，音去牙切。」

《說文》：「儦，行皃。」《詩》曰：行人儦儦。」釋文表驕反。今通謂疾走曰儦，蒲交反。俗書作跑。《廣雅》：「跑，趵也。」《玉篇》：「跑，蹴也。」非行義。所在有虎跑泉，則是掊字。章炳麟說。按《說文》：「猋，犬走皃。」「走，趨也。」引伸爲凡疾走之稱。《九歌》：「猋遠舉兮雲中王。」

注：「猋，疾去皃。」《爾雅》：「扶揺謂之猋。」《説文》：「飆，扶揺風也。」或體作颮。僬、猋、飆同一聲母。人疾走曰僬，犬疾走曰猋，風疾曰飆。急讀曰飆，長言曰扶揺。

《廣韻》：「僜，醉行皃。丑升切。」古音歸舌頭。岳元聲《方言據》謂行不前曰倰僜，引《韻要》及《説文》。倰僜，病行皃，又醉行皃。考《説文》無此字。巴語謂醉皃行不前曰神不倰僜，小兒初欲學步不能行曰打僜。

《説文》：「⿰足叚，足所履。」《廣韻》故加切。今謂行步曰⿰足叚，讀客加切，濁平聲。

《説文》：「⿱髟益，⿱髟录也。」「⿱髟录，忽見也。」蒲浪切。蜀語意外相逢曰⿱髟益，作蒲用切，字俗作碰。

《廣雅》：「跐，蹋也。」曹憲音昃買反。今俗謂蹋曰跐，照母轉穿，讀初買反，字俗作踹。

《説文》：「居，蹲也。」或作踞，居聲，古韻在模部，音如姑。《廣韻》：「跍，蹲貌。」音枯，見溪轉也。跍即踞之省。今俗呼居如姑，猶存古語。又轉跍爲入，音如屈。

《説文》：「⿰氵⿱曰又，沈也。」沈乃湛之借字，《説文》：「湛，⿰氵⿱曰又也。」「沈，陵上滈水也。」「滈，久雨也。」謂山上雨積停潦。謂全入於水。「⿰⿱曰又頁，内頭水中也。」今人躍入水中，良久頭起曰打⿰氵⿱曰又頭，亦作⿰⿱曰又頁頭。

《説文》：「所，伐木聲也，從斤户聲也。」古韻在模部。《詩》曰：「伐木所所。」毛本作許許。今蜀語舉大木者呼邪許，猶存古音。所借爲許，又借爲処，止也。処或作處，從虍聲。許音近虍。今俗呼賭局曰場許，音轉入火。

《説文》：「抌，深擊也。」《字林》：「抌，拂也。」都感切。字亦作担。《玉篇》：「担，拂也，音亶。」蜀語謂拂塵曰扰帚。

《説文》：「𠬪，物落也，上下相付也，從爪又，讀苦《詩》『摽有梅』。」《説文》：「摽，擊也。」「僄，輕也。」《荀子·修身》「怠慢僄棄」，僄棄即𠬪棄。今俗作抛棄。

《説文》：「𢾅，棄也，從攴壽聲。」壽，古音在幽部，正齒，古歸舌頭，故擣、禱、檮皆從壽聲。蜀語謂𠬪棄曰𢾅，字俗作丢。

《説文》：「𣪘，揉屈也，從殳從㿟。㿟，古文叀字。」朱駿聲云：「從古文斷省。卽、𠛎皆古文斷，居又切。」今蜀語以手揉屈物曰𣪘。

《方言》：「抯，摣，取也。」《釋名》：「摣，叉取也，五指俱往叉取也。」《集韻》摣，莊加切。今謂五指取物曰摣，字俗作抓。

《説文》：「薅，拔去田草也，從蓐，好省聲。薅，或從休。《詩》：『既茠荼蓼。』呼毛切。」今俗薅草、薅秧，猶存古語。

《説文》：「撲，挨也。」「挨，擊背也。」撲音蒲角切。蜀語有拳術者爲人擊敗曰撲。

《説文》：「舀，抒臼也。以沼切，從爪從臼，會意。」朱駿聲云：「爪亦聲。凡舂畢於臼中挹出之曰舀。」蜀語以瓢取水曰舀。

《廣雅》：「戽，抒也。」《集韻》：「戽斗，抒水器。荒故切。」舀謂抒入，戽謂抒出。今凡挹棄其水曰戽，舟人有戽斗。

《廣雅》：「潷，㴲也。」《玉篇》：「潷，去汁也。」玄應《一切經音義》引《通俗文》「去汁曰潷」。字亦作⿰氵皀。蜀語㴲茶曰潷，已飲之茶又瀹飲之曰過㴲茶。

《說文》：「涫，䰞也，從水官聲。」俗字作滚。今呼䰞水曰滚水，音轉滚。

《說文》：「䰞，炊釜䰞溢也〔一〕，從𩰲孛聲，蒲沒切。」今俗呼䰞音如鋪。

《說文》：「瀳，水至也，在甸切。」章炳麟云：「江西廣信謂水沸涌爲瀳。」今蜀語亦呼水䰞曰起瀳。

《廣韻》九麻：「塗，宅加切。塗，飾。」俗字作搽。蜀語呼塗爲搽，以聲言，則定轉澂；猶田之轉陳，茶之轉茶。以韻言，則模轉麻也。

《說文》：「鑄，銷金也。之戍切。」蜀語鎔範銅鐵器曰鑄，讀如擣去聲，尚存古音。

《說文》：「妝，飾也。」傅毅《舞賦》：「顧形影自整裝。」借裝爲妝。《說文》：「裝，裹也。」《唐書・百官志》注：「裝潢匠二人。」潢，染紙也。李實《蜀語》：「表畫曰⿰衤登，音甑，撜同。」不知所出。按，⿰衤登本俗字，乃裝整二字之合聲，裝整⿰衤登，一聲之轉。又《說文》：「鎮，博壓也。」段玉裁謂局戲以此鎮壓。如今賭局之有樁也，字借作莊。裝之變爲⿰衤登，猶鎮之變爲莊耳。

《說文》：「閉，闔門也。」《廣韻》去入兩收。霽韻：「閉，掩閉。博計切。」屑韻：「閉，闔也，

〔一〕 䰞：原脱，據《說文解字》補。

塞也。方結切。」古無輕脣，今俗呼掩門音爲閉，塞門音如撇。

《說文》：「閾，門聲也。從門曷聲，乙鎋切。」俗呼關門聲爲各鎋切，即閾字。

《說文》：「八，別也。」段玉裁云：「今浙江俗語以物與人謂之八。與人則分別矣。」今巴語猶然，呼作上聲。俗誤作把。

《說文》：「給，相足也。」供給本字，居立切。今巴語給錢呼作公格切，讀平聲，見紐轉也。

《史記・大宛傳》：「錢如其王面。」索隱：「幕，錢背也。」《漢書・西域傳》：「罽賓國以金銀爲錢，文爲騎馬，幕爲人面。」如淳曰：「幕音漫。」韋昭曰：「錢背也。」張晏曰：「漫面作人面目也。」顔師古曰：「幕即漫耳。」章炳麟云：「浙江謂錢背爲㒼，音如悶。《說文》：『㒼，平也。』滿㒼一語。」今巴語呼錢文曰麻，錢背曰妹，作峭音，與幕漫同收。

《廣韻》：「够，多也。」《文選・魏都賦》：「繁富夥够，不可殫究。」今人謂多曰够，少曰不够，本此。

《周禮・地官・司市》注曰：「物行苦。」《九章算術》有行酒。行者，粗惡之義。張慎儀《蜀方言》引《唐書》「器不行窳」注「不堅牢曰行」〔一〕。今蜀語謂市物不堅牢曰行貨。

《說文》：「莫，日且冥也。」「昧，昧爽。旦明也。一曰闇也。」蜀語引伸謂晦闇不明曰昧，音

〔一〕蜀方言：原誤作「蜀語」。

如莫故切。又或析其音爲模胡。王煜説。

《方言》：「偞倯，駡也。」郭云：「羸小可憎之名也。」蜀謂人猥瑣可憎曰倯，讀寺容切。按，《説文》：「懾，失氣也。」字亦作惵，《方言》十二：「惵，羸也。」朱駿聲按曰：「羸也。《曲禮》：『貧賤而知好禮，則志不懾。』注：『猶怯惑也。』」《廣韻》：「倯倯，恭怯皃。」古祇作懾，聲轉字變作倯。

《説文》：「秕，不成粟也。」今謂不成粟者爲秕穀，轉入如畢。章炳麟云：「俗字作癟，無以下筆。」按，《玉篇》：「癟，枯病也。」吴人呼氣餓者曰癟蝨，蜀語曰乾蠛子。

《方言》：「凡罵庸賤或謂之辟。辟，商人醜稱也。」今川東謂醜而庸賤曰辟。章炳麟説。按，《方言》三：「儓、𦋺，農夫之醜稱也。南楚凡罵庸賤謂之田儓，或謂之𦋺。」郭璞：「𦋺音僰。」通語罵人之庸賤者曰乏腳。𦋺乏同一聲類，古音無輕脣，故通作辟。

《説文》：「儳，儳互不齊也。」《表記》：「君子不可使儳焉，如不終日。」鄭玄注云：「可輕賤之皃也。」《廣韻》：「儖儳，皃惡也。」又去聲仕陷切，在牀母，是儳爲賤鄙之稱。巴語罵人鄙賤呼曰儳頭。又覃談部轉陽唐爲傖。《詩》鄭箋讀行爲衙，《説文》香從甘聲，《天問》亡嚴饗長韻，《急就章》談陽桑讓莊韻，皆其例。《漢書・賈誼傳》注：「吴人罵楚人曰傖人。」又《晉陽秋》：「吴人謂中州人爲傖人。」《晉書》陸機《與弟雲書》曰：「此閒有傖父，欲作《三都賦》。」蓋左思爲中州人，二陸吴人，故以爲誚。傖又聲轉爲村。《説文》本字作邨。《隋唐嘉話》：「薛萬徹尚丹陽公主。太宗嘗謂人曰：『薛駙馬有村氣。』」巴語謂言不雅馴，鄙野破口曰撒村。撒乃粲之俗字。

《説文》：「質，以物相贅。」贅云：「以物質錢。從敖貝。敖者，猶放。謂貝當復取之。」段玉裁云：「贅若今人之抵押也。」贅字，漢以來已爲贅子、贅壻所專，後世以人相質曰贅，以物相贅曰質。質、贅《唐韻》皆在照母，古照歸端，其後借質爲典，又借爲當，與古母合。典，《説文》：「五帝之書也。从册在丌上，尊閣之也。」當，《説文》云：「田相值也。都郎切。」今俗典質業皆曰當，讀作去聲。

《釋名》：「疼，痺，氣疼疼然煩也。」音徒冬切。《廣韻》𤺋，徒登切，𤺋痛。《集韻》省作𤸷。自唐人用疼痛字，見白居易詩，《五音集韻》：「疼，痛也。徒登切。」今沿用之。

《素問》：「汗出見濕，乃生痤疿。」注：「疿，風癮也。」《玉篇》：「疿，熱生小瘡。」《廣韻》疿，方味切。蜀語暑熱膚生小粒亦呼疿子。

《廣韻》：「瘊，結肉也。」翟灝《通俗編》：「今謂疣之細者曰瘊子。」巴語或呼作休。

《方言》：「凡飲藥而毒，北燕朝鮮之閒謂之癆。」《説文》：「瘌，楚人謂藥毒曰痛瘌。」癆瘌皆在來母。蜀語亦呼毒藥殺人者曰癆藥，作去聲。醫家謂血弱病爲癆病，實當作勞，凡勞於力、勞於酒色皆是也。

《聲類》：「腡，手理也。」《廣韻》：「手指文也。」音螺。東坡文：「齊安王几上美石，其文如指上螺。」作螺字。今指文有箕斗，箕文爲箕，螺文爲螺，專名祇一腡字。

《説文》：「衁，血也。」蜀語謂牲畜之血曰衁子。

《説文》：「楥，履法也。所券切。」今鞋工木胎曰楥頭，俗作楦字。

《説文》：「㮓，筐當也。古悔切。」蜀語呼假面爲鬼臉，本即鬼字。㮓亦作簂。《釋名》：「簂，恢也，恢廓覆髮上也。」章炳麟云：今浙江稱作帽木楥爲頭簂，軍人所戴頭盔正應作簂。其他木楥謂之簂頭，音正如恢。蜀語亦同。

《廣雅》：「檮，棺也。」《玉篇》：「𤗚，板。」《集韻》：「𤗚音壽，棺也。」字亦作檮。今俗謂生前製棺曰檮木，譌作壽木。

《曲禮》：「鄰有喪，舂不相。」注曰：「相謂送杵聲。」又《樂記》：「亂以相。」相即舂牘，亦與杵近。《荀子》有《成相篇》，《漢・藝文志》有《成相雜辭》十一篇。今巴渝有《蹋歌》曰打連相。章炳麟云：「成從丁聲，與打同義，成相即打連相爾。」

《説文》：「𡰝，丸轉之飄〔一〕。奴禾切。」蜀語謂圜轉迅熟曰𡰝𡰝轉。

《説文》：「唏，笑也。」《廣雅・釋詁》：「唏唏，笑也。」蜀語謂笑曰唏唏，或作嬉嬉。

《方言》六：「錪，重也。」郭璞音土本反。蜀語謂重曰重錪錪。

《説文》：「廫，空虛也。洛蕭切。」蜀語狀空廓曰空廫廫。

〔一〕丸：原脱，據《説文解字》補。

《説文》：「灝，豆汁也。從水顥聲。」今人䃺尗乳、煮黎祁，陸遊詩：「洗鬴煮黎祁。」注：「蜀人以名豆腐。」黎祁，或作來其，今俗呼豆花。 呼菽水曰灝水，音如漾。

《説文》：「滫，久泔也。」泔下云：「周謂潘曰泔。」《廣雅》：「潲濯，滫也。」《廣韻》三十六效：「潲，所教切，豕食。」《集韻》謂汛潘以食豕。《説文》：「汛，灑也。」「潘，淅米汁也。」泔、潘即洮米水，洮米水久則味敗。滫潲一聲之轉。今巴語以久泔食猪曰潲水。

《説文》：「腬，嘉善肉也。耳由切。」今讀柔去聲。豭，牡豕也。《廣韻》古牙切，在麻部。今俗呼猪肉曰腬。又呼腬曰豭兒。豭讀上聲。

《説文》：「䯞，鷙鳥食已，吐其皮毛如丸。從丸咼聲，讀如骫。」《廣韻》四紙：骫，於詭切。《説文》骫，從骨丸聲〔一〕。古音歌寒轉也。《唐韻》入紙，則委阿之轉。由歌轉支。今通謂海燕食魚所吐爲燕䯞，蜀語亦同。

《廣韻》十七真：「獜，犬走草狀。丑人切。」巴語呼獜曰狗聯當，讀獜如聯，在形聲例。獜，從犬從聯，聯亦聲。蓋語音變，字音未變也。

《爾雅·釋馬》：「牝曰騇。」郭璞注：「草馬名。」釋文騇音舍。《廣雅》：「⿰牜舍，雌也。」今俗呼⿰牜舍牛曰沙牛。沙舍一聲之轉。《魏志·杜畿傳》有牸牛草馬，《晉書·梁武昭王傳》有騧草

〔一〕骨：原脱，據《説文解字》補。

馬，是魏晉閒始有草馬之名。《顔氏家訓》及《廣韻》草字皆作騲。今俗呼犬之牝者曰草狗，其牝牡求合曰走草。騇牸𤜅草，一聲之轉。

《説文》：「騬，犗馬也。」「犗，騬牛也。」「羯，羊羖犗也。」「羠，騬羊也。」「豶，羠豕也。」「豮，豶也。」「猗，犗犬也。」《一切經音義》引《通俗文》「以刀去陰曰劇」，字變作犍。《廣雅》犍作犗。凡去畜陰，古皆有專名，後皆以騬名之，則移名也。《五代史·郭崇韜傳》有扇馬字，亦作騸，則騬聲轉。今通語皆作騸。《正字通》：「雄鷄去勢謂之鐓。」皆俗字也。

《説文》：「易，蜥易，蝘蜓，守宫也。象形。」今俗謂之四腳蛇，又呼蛇醫。蛇醫即蜥易之轉語。朱駿聲説。

《説文》：「胆，蠅乳肉中也。」玄應《音義》引《三蒼》「蠅，乳肉中曰胆」，又引《通俗文》「肉中蟲謂之胆」。《集韻》胆或作蛆。今俗謂肉、糞中蟲曰胆，即作蛆字。

（民國）重修大足縣志

【解題】郭鴻厚修，陳習珊等纂。大足縣，今重慶市大足區。「風俗」見卷二《政事》中。録文據民國三十五年（一九四六）鉛印本《重修大足縣志》。

風俗

本縣語言舊極複雜，凡一般人率能兼操兩種語音，平時家人聚談，或同籍人互話曰打鄉談。粤人操粤音，楚人操楚音，非其人不解其言也。與外人接則用普通話，遠近無殊。六七十年以前之人牙牙學語，習於鄉談，成年之後，時與外人接觸，自能操普通話。近三四十年來普設學校，適齡之童出就外傅，鄉談遂失其傳。惟中鰲場之玉皇溝一帶其居民以原籍湖南之永州、會同兩處者爲多，頒白之叟尚能鄉音無改也。

〔民國〕南川縣志

【解題】柳琅聲等修，韋麟書等纂。南川縣，今重慶市南川區。「稱呼」「土音土語」見卷六《雜俗》《土語》中。録文據民國二十年（一九三一）鉛印本《南川縣志》。

稱呼

邑俗稱生育本身之人曰父母者十之七八，稱爹媽者十之二三。有稱父曰爸爸、或曰八八，未知是否。爲爺爺者，稱母爲娘、爲奶土音轉爲乃字陰平者。父對兒女自稱老子。按古代年老之人通自稱爲老子，猶老夫也。邑俗則專屬之父。稱祖父母爲公本當作翁婆者居多，亦有稱祖父爲爺，祖母爲嫣者。稱曾祖父曰祖祖，更上通曰老祖。稱庶母或曰姨娘，姨娘爲妾之通稱。夷者，平也。謂其尊與娘平也。稱母之姊妹亦曰姨娘，或曰舅。與母之兄弟同稱也。伯仲叔季本兄弟次第之别，稱父之兄弟當曰伯父叔父，俗語從省單稱伯叔。口呼伯父母多稱伯伯，呼叔父母曰幾爺幾娘，有特呼叔母曰嬸者。呼季父曰幺爸，土音轉爲入聲若八。呼兄曰哥。呼三爺者，三字土音轉爲腮。呼他人行三者，則仍本音。

夫妻間當面無稱，但曰你我。今大雅家婦女亦以字顯，則夫妻偕可呼字矣。妻妾和諧，以姐妹相稱。婦人書柬拜名，前稱歸某郡某氏，今自著姓名而冠夫姓於上。

兄公《爾雅・釋親》：「夫之上爲兄公。」稱弟媳曰弟妹媳婦，不便則從子女之稱曰某叔娘。翁姑稱兒媳曰某幾女。稱外祖父母當曰外家公婆，俗從省但稱家公家婆，或更省但稱家，重言爲家家。母姐妹之夫曰姨爹。父之姊妹曰孃，孃娘同字。夫曰姑爹。祖之姊妹曰姑婆，其夫曰姑公。舅父之子、姑爹之子、姨爹之子互稱爲老表。稱姊妹之夫曰某幾哥，女父母稱壻同。從子稱。妻之兄弟依年長幼仍稱兄弟。女之父母、壻之父母及其兄弟行互稱爲親家。壻稱妻父母直稱父母，或稱親爺親娘。寄拜之父母或直稱父母，或稱保爺保娘。書柬偏對對姊直稱弟，對姑直稱姪可也。其異姓之別自有上款在，而俗必稱爲母家弟、母家姪，以別於夫家之弟姪，反覺不妥。女子亦有父有母，而姓則受之父，今但曰母家，將謂女子無父乎？

藝徒稱師曰師夫。夫，似當爲父。以稱其妻爲師母知之。外人普通乃稱爲師夫。貿易之徒及凡用文字之藝徒與學校之師同稱先生。學校受業之徒尚禮者，特稱師爲夫子。旅客稱主人曰老伴。土音伴轉如板。稱店中執炊爨者曰幺師。本呼火老幺。泛稱少年人曰小夥。向時稱富貴人曰老爺，稱其妻曰太太，其父母曰老太爺、老太太，男曰少爺，女曰小姊。向時百姓稱知縣曰大老爺，自稱曰小的，呈詞稱蟻，稱捕廳曰太爺，捕廳代知縣問案時，必改稱大老爺。汛官曰總爺。民國後人人平等，除私親外，凡有職業者各以其職稱之。

土音土語

吾國文化之難普及，論者歸咎於言文之不合一。有其言者，或無其字，有其字者，或無其言。人生稍長，無不能言，而不得讀書識字者衆矣，即幸得之教師授音授義，必另换一番口吻，逐一告諭，互相訓釋，而後能通。資鈍者出語則工，學文則拙，是以難也。然文有文字、文詞之别，文字廣而文詞狹，有是言無是字，有是字無是言，其不能合者，永不能合，如「焉哉乎也」之文與「咧哦嗎呢」之語是也。今人有造新字者，如克普及，將來或無無字之言。若亦係綴文字以成句成詞，而出自殊方鴃舌之口、齊東耰鋤之談，爲聖賢經傳、王府典策所弗道，不得列於煌煌簡編。是謂俗語，今曰白話，語雖俗而實有其字，則認爲文言而用之與不認爲文言而屏之權，固操乎人也。今教育家見西人文言統一之利，且本國村市間演義小説、勸世文、戲曲本子純用俗語，田夫竈嫗俱能領解，故主張用白話爲文，既已風行各校矣。但文言爲一國所同，吾國自周秦以來久歸統一，白話則五方雜出，隨時增改。即一方一族，今語亦不盡同古語也。文言有共讀之書，供其材料。白話則全憑耳食，童稚之年，接觸未廣，腹笥尚形枯竭，不足轉達一切事理，是應用猶有缺點也。又有一種語言，本有文字，而土音輾轉迻訛，依聲尋之而不可得者，遂由有字而轉爲無字。即依白話執筆，時必告匱窮，是蓋由不反其本也。邑志例載方言，記者將平日耳聞之白話，拉雜搜集，由單字至長語湊成一篇，其因音訛而字晦者，亦用意揣求，如捉迷藏、逐逸馬，十得五六。可入文不可入文者皆備載之，不曰方言而曰土音土語，以其鄙俚粗俗無有過是者，聊以助邑人解頤云爾。

單字

整　與零缺對，凡物體數目完具曰整。邑土音迻讀若耿，遂不得其字。又土語設謀用法害人曰整人，作事不循法曰亂整，近時暗地殺人曰暗整，皆此整字。本安排整頓以作此事之意而引申之。今人强用酖字者，非是。

揣　暗中以手探物曰揣。邑俗語引申藏物於懷袖亦曰揣，而音轉爲陰平，遂不得其字。又引申以小杵舂鹽椒薑等物於小臼中使細亦曰揣。

屈　人身正立臂向下，兩膝著力，高聳兩足頓地曰屈到起。土音多讀若哭，又或轉陰平若姑。

伸　由屈而伸曰伸起來。土音迻作去聲，讀若寸，若由坐地而起用蹲字亦可，蓋自地起必蹲其膝也。即讀陰平者亦多迻若稱。

車　此字惟居，又兩音，土音讀爲怯之陰平，車輪圓轉而行。土語引申凡器物圓轉爲車。如車轉車開是。又由自動引申爲人動，以刀削物使圓亦曰車。爲人掩罪設詞解釋曰□他車〔一〕。

〔一〕□：原文此處爲空格。

稀　乾之對曰濕，密之對曰稀。土音乃以不乾爲稀，如稀飯、稀泥、稀糟是。蓋飯泥等物浸於水中則實質稀，故以稀代濕也。

抛　土語物質硬之對，爲帕之陰平，不得其字，記者疑爲抛字，而土音稍迻也。蓋物生硬則質緊縮，熟則抛起，即冷縮熱漲之義。引申□凡物柔軟爲抛和〔一〕。至謂物質鬆散者爲泡，則象水球之外實内空也。又抛音亦或轉若泡，如出言作事不精細曰抛茅是也。

瓤　土語人精力不健曰瓤，布疋稀薄亦曰瓤，俗云絲瓜瓤。象瓜之瓤。

胖　去聲音半，半體肉也。平聲音槃，大也。人體豐碩曰胖，當從平聲，土音轉爲旁字去聲。章氏《新方言》：體充肥曰厖，廣東謂肥大曰厖壯。至俗呼體瘦細曰躴，與胖對，讀浪之陰平。按字書，躴字力登切，音楞，解但云身也，與俗用音義俱不合，記者疑本爲浪字，蓋人腰身瘦小則行揺如浪也。

撈　俗語竊取人物爲勞字陰平，蓋即撈字，而音迻也。凡竊取者不暇詳盡，但以手撈之。呼竊盜爲撈哥。

水、火、土、山、柴　俗語謂人困窮衣服敝薄曰水，搞水了，水起水起的。引申作事不堅固亦曰水。衣服美盛曰穿得火，用物多曰泡火，水之反也。服用、言語不脱俗皆曰土，不悉外間風氣

〔一〕□：此字漫漶不清。

也。身胚大、衣裝盛而氣象粗曰山，象其笨也，又曰柴，象其笨而立也。皆譬喻形容詞。

蘇、廣　從前外來服飾之物，蘇州爲美，故土語通稱人物文雅脱俗曰蘇氣，曰蘇派，且直曰姑蘇，蘇州古山名。又曰江湖，意同。自清中葉西南洋貨物來華，自廣東入，故通稱外來貨物精巧者曰廣，與土對。今則不曰廣而曰洋。至人聲音曰廣起廣起，則以廣東人音不同也。

灑　此字史矮、史啞兩切，入九蟹、二十一馬兩韻內。同洒。邑多讀從史啞切。俗語以手拋物向遠，及周旋拋之，音史諉切，似當用此字。蓋本灑水而引申。俗乃用甩字，字書無之，乃俗人臆造。又字書有摔字，釋爲棄物於地及灑脱，證以摔手摔袖，即俗語拋物之義，而音爲入聲疏聿切。記者竊疑率，又爲古帥字，兼入去兩聲。帥，本爲佩巾，人身佩巾亦周旋摇曳。帥與俗語拋物字爲一聲之轉，一上一去。則古或直謂拋物爲帥，用率字，因人手拋而加扌歟？又俗語謂無事遊戲及以手弄物爲耍，亦史諉切，邑人亦讀史啞切，與灑兩音並同。此字晚出，疑本亦灑水之灑，蓋灑者，周旋四散，有無事戲弄之態，若瀟洒、洒落、洒脱則無事之態也。

蹺　以一膝加一膝上曰蹺二郎腿，當作二棲腿。以足掌提高向前曰蹺腳，累物高而不穩曰高蹺，蹺皆陰平，土音又轉爲陽平。長物横臥中高不能貼地曰蹺起，用橋字亦可，象兩頭下而中高。又轉爲去聲。或一頭或兩頭不平均曰蹺，如蹺尾巴，蹺鬍子，蹺嘴，皆此字。路之曲者曰幾灣幾蹺，邑橋塘有三蹺灣，俗寫作竅，非。亦此字。

就　以繩索纏束，一帀爲一就。《禮記》：「大路大車也繁纓一就，先路三就，次路五就。」

注：「五采一帀爲一就。」引申挽髮曰挽就就，挽至數就，愈上愈小，形似螺螄，曰螺螄就。又孩子形狀似之，因謂小孩爲就，就加一細字曰細就。就，土音皆轉爲陰平，遂不得其字。又引申人性不直而横曲亦曰就幾轉。又引申爲動詞，竹藤堅硬之質，用力屈之爲繩索亦曰就。土音則轉爲上聲。又以兩指拈人之肉而曲之如就痧、就包亦是此字，總爲挽直使曲之義。小兒含乳不放曰就奶，雖不用指而用口，亦使乳頭曲也。至揫字，一作揪字。惟用之以手擒髮無使曲義。

掽　兩硬物相搏曰掽。蒲孟切。按孟字，普更切，音悶，敬韻。邑音多讀如夢，送韻，掽亦隨之誤。如俗語一掽頭，人每忿極以頭搏堅硬物之謂。小兒打掽錢，不期而遇曰掽著，成敗得失不能預測而必爲之曰掽命運，皆是土音。又轉爲龐之上聲，義同。如掽蘸頭、掽確。

擱　物不用而置之曰擱。俗言擱錢、擱帳、有事擱擱。土語引申置物於高處曰擱，音轉爲去聲如課，又如言辦擱放，即將此項事擱放在某人肩上。又轉爲陰平如科。俗言事不忙做曰擱到起，又以掌擊人曰擱他幾下，聲皆爲陰平。

蘸　以物投水而水反躍起也。俗語話不投遭反對曰蘸轉來。

畫　碎物積聚，或以棍或以手散開，應是畫字。土音轉爲陰平，引申有利之物，我欲操權，猶占不許他人近前曰畫他開、畫到起。又以刀畫竹起篾、斧破木爲柴，亦是畫字，土音轉爲陰平若華，惟即用華字亦可。華，古花字。如花朵本圓而析爲數片也。《禮記》：「爲天子削瓜者華之。」注：「四析也。」《周禮》：「無有華離之地。」蓋整物析裂則如花片。

鄙　就一國言，邊邑曰鄙。就一邑言，邊境曰鄙。鄙之人物，必粗野不美也。鄙與都對，都，美也。引申凡物不好皆曰鄙，土音轉爲劈字去聲，遂不得其字。

傖　吴人鄙中州人爲傖父。宋明帝呼王玄謨爲老傖。傖者，身長大而舉止粗也。邑語亦謂無禮節曰傖粗。邑語容貌不美曰傖。傖頭傖腦。俗語引申做醜事曰傖人面目，被羞辱曰招傖。土音移讀若臧，遂不得其字。

奘　與駔莊上聲音義皆同。馬粗大曰駔，人粗大曰奘。俗語譏人笨實曰奘棒，當用此字。

戇字乃性直硬固執，對尊貴有勢者不肯阿附逢迎，俗言直戇，當用此字。至不聽從教訓商量，土音轉爲江字去聲，亦是此字。

惑　人心不能辨理曰惑。土音轉近化字上聲。化之上與惑爲雙聲，故轉。謂不聰明曰惑，呼此類人爲惑子。又惑何雙聲，土音以詐僞之術惑人讀如呵，蓋由惑轉何，由何轉呵也。如言惑人、哄人、惑哄，駭詐皆作何之陰平。至恐人不從己，姑以有利之言欣動之，亦是此字。《說文》有詑字，託何切，引《方言》「沇州謂欺曰詑」，此乃偏方後起之字。

投　以物與人曰投。誘人及動物者，必姑以物投之。土音轉若兜，如釣魚餌曰投食，戲弄小兒曰投娃娃，是皆以投爲誘也。

呆　人不敏捷活動曰獃。代字陰平。俗人不達，以呆字代，以爲若木之立也。字書呆，乃古梅字。

吂　人心不明理當曰蒙，曰瞢。音蒙，不明也。蒙茫雙聲，土音既轉爲茫之陰平，不得其字，遂以吂字代之。字書吂字，《玉篇》：「使人問而不肯答也。」楊子《方言》：「沅澧之間使之而不肯答。」故從亡口。按使之不肯答，乃不願意，非心不明也。惟今小兒或年老不能自進食，可直用此字，曰吂飯、吂羹，取彼雖有口不能自食，猶之亡口。

懵　瞢，不明也，音蒙；一作懵，音悶，不明也。土音轉爲陰平，行事不言曰懵到起，行事不使人知曰懵到行。用瞞字亦合。至俗言蒙頭行三字，全轉若捫獃興。

憨　呼甘切，漢之陰平。俗言憨癡、憨頭憨腦。憨非甚愚，但不知取巧轉變。

枝　指趾，手足之枝也。手足，身之枝也。俗語引申名詞爲動詞，凡伸手足及指趾皆曰枝，音移若癡。鼻梁單而高出亦面部之枝，故作事有失收不轉來曰支鼻子。

衝　並列之物獨著力向上向外曰衝。土音轉爲去聲。今雖有銃字，乃火器專名字，屬後起。矗字，初屋切，入聲，義爲高出，而音不合，今人有用以代衝起者。

狡　土音轉爲陽平，意亦稍移，爲人不馴之稱。

抯　一作摣，側加切。楊子《方言》：「南楚之間取物溝泥中謂之抯。」以手爪援物也。俗言抯錢、抯飯、吃抯扯當用此字。抓字，乃側巧切，音蚤，搔也。杜甫詩注：「玉搔頭，今之抓頭。」乃找之本字。

挖　烏括切，黠韻，本作穵。俗以鋤取泥當用此字。土音或轉爲陰平，如以鋤挖土、以爪挖人是也。

摳　渴謳切，尤韻，字有數義。一作投也，乃以手擲物向外。《莊子》：「以瓦摳者巧，以鈎摳者憚。」一作提也。《曲禮》：「兩手摳衣。」一作探也，藏物於懷而探取之。惟第三義爲用手取物，亦與以爪深入鈎取之義不合。而俗用之如摳背、摳泥、摳水之類，皆爲以爪深入。又引申爲狀詞，音轉陽平，攫利深入，一毫不肯放鬆曰摳，如言摳錢、摳米、打摳算盤之類。又以繩索挽圓圈，俗語用彄字，曰打彄、曰挽彄彄，記者謂此二字俱可直用鈎字。鈎之爲用亦曲而深入。

挑　以鋤以棍去地下擋塞之物曰挑，土音用鋤則移若滔。

游　物動不定也。土音轉爲去聲，物頓未穩曰在游。遂不得其字。

尖　土語謂聰明爲尖鋒。尖鋒則能入木心，尖則能入理。

扁　物形不圓曰扁。扁者，團之對。土音全移，遂不得其字。

拌　人於有情誼者之器物不給值而匄其與曰拌，音爲聘之陰平。拌字，本胡官切，與聘之陰平爲雙聲，又轉上去兩聲。其義有所棄也。俗言拌到命不上算、拌到家當不上算，則從上聲。若但言拌命、跟他兩個拌，則從聘之陰平。本爲與者不得直而空棄曰拌，俗語求者不給直而空求亦曰拌，蓋求人之拌也。

肘　手足幹轉彎用力處也。俗語引申以手用力扶人物使上曰肘，如言肘起他、其人服肘是，因必用手肘出力使上也。土音又或轉爲湊字陰平，如肘上臺、肘仵起是。又出力推開亦曰肘，如肘他開、肘倒他是。惟助人成事曰湊合、湊他一把之力，當是湊字土音，亦轉爲陰平。

撐　上覆之物將下墮須撐之。土音或轉若寸，曰撐住起、撐起去。

墜　土音或轉爲陰平若佳，如墜崖、墜官司。訟非人之利，故被人告而涉訟曰墜。

㝩　音康上聲，物有蓋有底，蓋下覆曰㝩。

匡　古盛物之方器。《説文》：「飯器也，以竹爲之。」後因加竹。《詩》：「筐之筥之。」但注：「方曰筐，圓曰筥。」後世無筥之名，而名圓者曰筐，如家用斗筐是。其非竹者，但作匡，如目匡、蟹匡是。凡匡之形，邊高而中陷，俗語引申邊實而中空若洞若眼者皆曰匡，如衣被中有大孔曰匡，匡音稍移爲狂之陰平。

絆　以索縶牛馬足曰絆。俗語此物觸彼物亦曰絆。如挨絆與沾絆。

倒　傾器中物出外曰倒，蓋必倒器而後出也。土音轉爲去聲。

掐　以兩指甲入人肉，音近恰。

凹　音葉，穀豆之屬外有殼内無實曰凹殼，腹空曰凹肚皮，山形左右高中陷亦曰凹。又於交切，音坳。無鴉音。今俗於山之嵐凹、凹口則讀若鴉，或代以埡字。按字書，埡字音五，同隖。又解曰小障，曰庫城〔一〕，音義俱與山缺不相合。於坳則讀爲去聲若傲。

〔一〕庫：原作「厚」，據《康熙字典》改。

舞　本以手作勢爲戲方曰舞、曰弄。土語普通以手用物作事皆曰舞、曰弄，如自認作事曰我去舞、我去弄，及招人作事曰你來舞，又曰你來弄，而轉弄字爲陰平。

馬　馬者，高大之物，俗語用作形容詞，凡物堆積高大曰幾馬，堆積之曰馬起，計大數曰馬一下，至不許他人搬運曰馬到，皆指積聚高大之物也。用符號計數曰號馬、曰打馬子，則本古投壺禮。以記數之籌曰馬，亦謂略計大數也。

等　待人爲等人，待時候爲等時候。章氏《新方言》謂待、等字皆從寺，古侍字。服侍人君者曰寺人。服侍人者，行動不敢自專，必等待其主。

足　身之下體曰足。俗語移爲凡立物之下體亦曰足，重言之曰足足。又曰落足，即落腳也，而音移若獨，遂不得其字。

挾　弱者被强者挾制曰受挾，或曰受挾磨。以勢力挾制人曰挾人。土音轉爲陰平若鰕。

負、糊　欺負人之負，轉爲陰平若呼。以僞語糊人之糊，亦轉若呼，曰糊哄。

眨　仄夾切，土音麥，略視也。廣坐中卑賤者妄發言，尊長者不便顯然呵責，則略視以止之。

睞　子葉切，音接，目旁毛也。土音讀若雜，曰眼睞毛。又引申作動詞，目屢開合也，俗言睞眼睛。

眥　陰平音娑，土音轉爲入聲若朔，私視也。

擔　陰平音單，以兩肩荷物也。去聲音但，兩肩所荷爲一擔。衡百二十斤爲石，量十斗爲石，人力一擔能勝一石，故可謂一石爲一擔，而石無擔音。又俗以担代擔，亦非。担，拂也，擊也。

拴　此緣切，音刪，以繩索之屬捆物也。

撏　徂含切，以兩指拈毛也。一作撍。

蒙　以紙布之屬掩器物曰蒙。土音轉爲陰平。又轉讀若們，雙聲也。又轉爲蒙之上聲，若以手掌掩物或掩耳曰蒙到，事秘密不使人知亦曰蒙到。然又轉爲蒙字去聲若夢，縫衣者以布補肩曰打蒙肩。形聲字從蒙者，甕中蠛蠓，亦作上聲，曰長蠓子。

快、曼　俗語謂速曰快，凡快意者無不速也。遲爲曼，曼，長也，作事怠慢者必延長。今直作慢。

跨　一足在物後一足越物前曰跨。土音轉爲入聲。入人屋曰跨進屋，足逾物曰跨過。

搬　以手用力移物曰搬。俗語引申以手弄物亦曰搬，至用心亦曰搬心，以故事來歷詰人曰搬條。

逼　土音或轉爲陰平，如逼人使移曰逼開、逼上坎。

跳　足行不依步曰跳。跳者行必急，俗語因謂急行爲跳，而音轉爲陽平若條，如言跳塘子、舊時設郵遞之號曰塘子。某人已經跳了是，但用跑字亦合。

翻　土音或轉爲上聲若板，如小兒身不安静曰激天翻地，及將死而身亂動曰翻命皆是。

激　水離地上行曰激。土語引申人離地上躍起亦曰激，音若卽。

礧　本作礌，石自高圓轉而下。俗語凡物體圓轉而下皆曰礧，音轉爲陰平。

萎　音威，草木將死曰萎，人無精力亦曰萎。

苗　秧之後、禾之先曰苗。苗矛雙聲，矛聲之轉爲務，土音因呼苗若務，苗茂曰務仗好。

嘔　人有憂傷，氣鬱於胸而後出曰嘔氣。俗人不達，乃造慪字。

捲　物體不伸曰捲。本作卷。土音或轉爲陰平若捐，如捲腳、捲腰幹圈字亦從卷也是。又用蜎字，亦合，象桑蟲之屈也。

鬱　氣不伸曰鬱。土音或轉爲越字陰平，而用諸物體如受鬱逼、打鬱頭釘子是。屈竹木爲圓形曰鬱攏來。

談　與人長話曰談。土音轉去聲若嘆。

喚　呼人聲輕曰喚。土音轉爲上若罕，更造哻字。

絮　俗語謂人吝嗇，音若絮，疑即絮字。蓋其出財物零碎微薄若絮也。

按　以手探物爲揣，以手據物爲按。引申本情以探未知之事爲揣，據理以斷未定之事曰按。俗語乃以憑虛臆度爲按，義似稍差，然凡揣度者莫不有所據。蓋以心按之也，而聲轉爲陽平。

下　凡舉動一次曰一下。

裂　土音或轉爲上聲，如將整物用手力裂之爲裂破。字書有摵字，乃後人所造。

搦　入聲，尾革切，以手揉物也。

帶　衣外加帶。帶，隨身者也。用作動詞，繫物於身曰帶。以物隨人之身亦曰帶，如帶信、帶東西。求人攜帶，本牽引隨身不甚用力之義。俗語或但取牽引隨身而反用之，以兩手用力牽引隨身亦曰帶，而轉爲上聲，如今捉人曰帶人，不許人行兩手捉之亦曰帶。

罪　土語呼盜賊之首音爲罪之陽平。清季呼太平天國之徒曰長毛。向不得其字，今思即罪人或大罪省去人、大等字，但呼爲罪聲，又轉平耳。

朋　人與人相從爲朋。引申以身倚物如倚壁、倚竈、倚□是曰朋〔一〕。土音轉爲陰平。至邑中搭會，數人共一腳，正宜用朋字，不必用棚字。以下摘引《遵義府志》。

火炙曰熇，又曰熁。鼻塞曰[illegible]。目略視曰瞙，音苗。曰瞧。俗言瞧得起、瞧不起。魚網曰[illegible]。音旋。皮膚起皺曰皴。音村。土高起曰埨。方體器物之邊曰稜，船邊曰舷。土語通謂器物之邊曰舷。以刀磨瓦盆上曰鐴。以辛香料和食物曰萫。物堅硬而微裂曰剻。五金器物漸消磨曰鉛。割牲畜曰騙。舂米曰[illegible]。流質堅結曰凝。讀若令。以皮冒鼓曰鞔。音瞞，讀若門。以手推人曰攮。狗耳垂曰[illegible]。物體中破曰斯。鞍薦抽箱皆曰屜。音替。高出曰矗。沖之去聲。短衣曰[illegible]。短木曰椿。草木密曰

〔一〕□：此字殘缺。

簒簒。田間通水木槽曰筧。搓麪成條曰擀。箸曰筷。音快。手挽口撦。俗作扯。手裂物曰摵。得利曰⿰貝耑。行止粗率曰体。笨字去聲。拈毛曰攣。音涎，一作撏。蟲螫人膚曰蠚。音霍。極蠚人之蟲曰蠚辣子。屈體曰蜎。以器壓物曰笮。肉皮起瘡曰皰。膿皰、水皰。果實之核曰覈。音弗。以刀去瓜果之皮曰雪。用削字亦可。刮浄曰剷。用剗字亦可。甑底篾器曰箄。音閉。履中模範曰楦。音炫。神倦張口舒氣曰打呵咳。汙穢曰涴。音惡。俗言涴濁，又轉作去聲若餓，衣服汗濁曰打涴了。冷飯變味曰餿臭。土音餿轉若斯。物氣鬱於器中而臭曰齅臭。極臭曰膖臭。極香曰⿱夆香蓬之去聲香。鹽鹵曰膽。即膽水。以其味苦如膽，俗人用其字，係僞造。足掌貼地進退曰跐。音茲。足踩曰躧。立之陰平。牙齒露外曰齙。背負物曰背。土音轉平聲若悲。線條曰綹。音柳。物濕而黑腐或起瘢生毛曰黴。小兒曰崽。唖人聲曰啡。坏、配二音。傷痕曰痡⿸疒侖。聲不清圓曰嗄。音亦近花。呼人曰煒。今牧童呼人聲。飲聲曰欱。音骨，俗言欱的一聲。食物毒人曰癆。郎到切。以瓢汲水爲舀。堯字上聲。以物舀溝水向上曰戽。應聲曰欸。愛字上聲，聲長曰欸乃〔一〕。言詞不聽從曰謷。去聲。以篾束物曰箍。以釘入壁曰釘。下釘讀去音定。鋪底曰欛。牡牛曰牯。閉門短木曰櫰。音訕。以力逼取物汁曰⿱罒齊。音擠。撒麪或灰於他物上曰掞。音厭。以鐵燒紅入水發聲曰焠。音翠。手採曰捋。音勤。小兒手據地伏行曰⿺走甫。土音若跛。口叫曰謇。音簡。以鹽漬生菜曰醃。上聲。齒畏口噤。築泥堵水曰迮。音

〔一〕「愛」以下九字原誤作正文大字。

作。跛行曰趵〔一〕。音料。總家中器物曰家私。齒齧骨曰齦。音懇。穀穗曰穮。生卵之生去聲。舟著地不能行曰𣦂。珂去聲。脱穀殼出米曰磑。五對切，音内。牲畜肥脂曰膔。指文曰腡。土音若樂。脬胞同字。火爆物而騰起作聲曰灹。音乍。天熱肉皮生瘆曰痱子。母猪母狗母羊皆曰草。猪項肉曰臑音曹頭。兩手相切曰挼〔二〕。奴禾切。又作捼，土音轉爲去聲若諾。

兩字 俗語不喜單字，於名詞爲一字者，多加一字以足之。

冰曰凌冰。《周禮》：「令凌人掌冰。」《詩》：藏冰之室曰凌陰〔三〕。水之積而不化者曰凌。氣凍而成冰曰逞凌。土語以寬長之物外擊曰逞，如逞耳巴子、逞條子、逞灰塵是。按逞字有舒展之義。若以上數詞，用扇字亦可。扇者，寬長摇動之物也。霧曰罩子。電曰火睒，虹音，轉爲杠之去聲。又曰火連圈。極冷曰霏冷。極熱曰霏熱。文言及土語多作霏，似因霏紅爲紅之極而引申。午曰少午。謂時間不多以代須臾、俄頃曰下下。蓋狀以物之一下，其時不多也。上元節曰大年。境遇、事業不順利曰背時，又曰背陰。講謠言曰扯風。婦人分娩後一月曰坐月。稍有生活者，此月概不行動作事，是坐一月也。又呼爲月母子，此一月母子不離也。土曰泥巴。物體寬平皆曰巴，言手可把也。外門曰財門。廁曰毛廁。堂外階上曰廳口。室隅狹處曰胯胯、曰角角。俗有𣘦𥓂二字，按字書，𣘦字，泥展切，音義與碾同。𥓂字，同闊切，田器。是二字皆爲石物也。人物身體深

〔一〕趵：《遵義府志》作「尥」。
〔二〕切：《遵義府志》作「摩切」。
〔三〕《毛傳》：「凌陰，冰室也。」

狹處曰胯、曰角，地形深狹處亦曰胯胯、角角，當是借身體字作形容詞。山圓而高曰帽帽。地低而廣容水曰蕩蕩，俗訛造氹字。山寬平處曰壋壋。本應作堂字。《詩·國風》：「有紀有堂。」堂，山寬平處也。下地寬平曰壩壩。古代霸王占地寬。山之缺口曰嵐凹。山氣曰嵐。歧路曰叉，俗用岔字。呼家猫曰吼子，吼音轉陰平，又曰壽頭。外方呼騾馬爲牲口，邑呼鷄爲牲口。頭曰腦殼。耳曰耳朵。朵音轉爲平若多。臉曰臉朵。朵音轉爲陰平若兜。頷曰下齙。牙根曰牙齙骨，頷内曰下齙骨。手掌曰耳巴。凡小物面積寬長者皆曰巴。巴，把也，言手可把也。肱曰倒拐。胯曰夾孔。小兒溺器曰蟲蟲。足肚曰螺螄骨。足根裂曰皴口。土音訛皴爲冰。瘧疾曰擺子。又曰發冷的。聳成人賣牲畜者曰偏耳。婦人曰堂客。傭工傭力求食曰邱二。不知其義，疑爲求兒。劫盜曰老二。若輩自稱。白晝市中行竊曰瞧趕，又曰埋頭。譏富翁曰肥鰲。劫盜劫質説錢曰肥猪。窮極無賴曰乾人。無錢害人曰光棍。嬰兒下地無聲曰悶生。瘦弱極曰樣人，言僅有人樣也；又曰形人，言僅有人形也。土音轉形爲陰平若興，物不堅實曰形巧，事不堅實曰形得狠。文人曰老酸。鬼曰落魂。言遇之使人落魂也。土音落轉爲陰平，魂轉爲呵。窮極無業閒游市中曰鞸身，言兩手常鞸也。不直曰扭襟。扭音轉爲歐。小兒不馴曰千犿。土音轉若千翻。言語不柔和曰骨董。土音轉若鼓動。做事待人不留情曰萬到，曰老火，曰埳塌。逞能曰行市，土音市轉爲實，行市猶言拏行也。又曰行家。三字曰行家錢，俱熟悉交易之意。小兒能自遊戲不挽其母曰離娘，土音轉若利朗。引申爲凡物離開不擠簇之詞。作利朗亦可。飲食服用言語不屑樸直曰樣假，土音轉爲央甲。乾浄之反爲涴濁，土音轉若窪扭。二字俱在麻韻。作客稱謝曰打攪。作客辭同伴曰相別，土音別轉若編。聞成都人語曰有編，似仍即有別也。用力曰揞徒感切，手動也。勁。取巧曰要尖。避事曰躲漩。藏身避捉曰藏冕。離間人將成之美曰攙頭。言語行止詳細，土音轉爲下些。以身下人曰下鬱，土音轉鬱爲越之平聲。心内不服口中念念有詞曰咕嚨。説誑事曰談別，土音訛爲嘆白。未事之先預出不祥語曰放快。口語不潔曰撒村。言行通達美好曰漂亮。買物出貴價曰上當，上，猶過也，價在相當之上也。買物去低價曰相應，土音轉應爲平聲若因，買物者不肯謂低，但曰物與值相應也；又謂物貴曰值價，亦不肯認真之語；值價者，適得其值，何貴之有；又謂人遇禍不逃避亦曰值價，言不屑苟免，若物之貴重有價值也。色難，俗語此二字極文而深，而土音轉難若賴，幾至不可曉，如言色難人家、色難得狠，皆謂作太過情之事；或人之色難，或己之色難，即言面子上轉不過也；自就過甚之意，引申爲至極之辭，如言色難好、色難遠，遂離其本意，且不可通矣。常語有意屬一面，而詞兼帶對面以求圓者，如意專言有急，而詞曰緩急；求人玉成者，意專屬圓，而詞曰方圓；嘆險惡能爲我害，而詞曰利害是也，用者疑利字不合，改爲厲害，非是。通稱家用器物曰家私，土音轉私爲事，又曰東西，以其滿室殽列也。誇人明敏曰玲瓏，面面俱空之意。土音瓏轉陰平。作事手足敏捷曰趫靈，曰快當。不簡浄爽朗曰嗷嘈。以聲雜爲喻。寛剩，剩音轉若身，寛敞、寛長，敞、長音轉若朝。反語諱不祥，如人老而弱反稱康健，失火爲失水，墜水爲墜灰，失財爲長財，財物用盡爲發財是也，强改發爲乏，失其本意。布置家用曰補納，有艱難之意。如補衣納鞋，土音二字俱轉爲陰平。黜音濯笨、遭倉、土音若臧。打杵、失格、受方皆同意，方不入圓，即人不順己意也。疙瘩。皮膚腫起圓起如果。人物容貌顏色好看曰精緻。保護，土音轉爲包福，析之曰包得到福，全失本義。凡俗言包定、包他，本皆保字，後易以包，略通。說話隱隱欺人曰蹊蹺。營業貲本曰本頭，土音本轉爲陰平若烹。以貲本貸人曰放稍。教導，土音轉若交招。嫁女曰打發，又曰交徹。夢曰魂囑，土語轉若混老。玩假，土音轉若完格。尊長以吉祥語預許卑幼曰封贈。

三字

雹曰雪彈子。呼天曰天老爺。語不沾實曰款天話。夏時暴雨曰偏東雨。《說文》：「東，動也。」不專指東方。細雨曰霢霂雨。土語作毛毛雨。幸免危害曰天星高。偏地謠言曰地皮風。取利大盡曰刮地王。身短小而多機詐曰地孔鑽、地胡椒。水中死屍曰水打棒。有勢者得利而已徒奔走效勞曰夏侯惇。疑爲下候等。暗中唆弄曰嗾弄子，土音嗾轉爲取之陰平若蛆，弄轉爲羅之陰平。漢大心直被人嗾使曰徐大漢。被人指使當場出熱曰當草包。暗中設謀曰拏蚊帚。隨聲附和曰當吼班，曰打旗旗。在一羣中稱雄曰充吼吼。無所依賴曰賴食侯，依賴他人而食。又曰乾鷄子。紈絝子弟曰花公爺。輕鄉人樸質曰鄉壩老。一事提手之人曰舵把子。稱鄉人年老曰老皇帝。年老而雄，有小輩輻輳曰老太王。飄泊求食曰流匄王。匄音蓋，亦有化音。語言行止不鄭重曰糞頭子。無精神曰陰司鬼。未事多言而不實行曰啅山雀。富豪不久曰亮火蟲。好虛飾曰假斯文。土俗曰土巴條。伏山林劫人曰嘓嚕子。性急曰沖天礮。性不平和曰毴毯子。

妄行惹禍曰飛天棒。眼細開斜視曰乜滅字上聲，土音轉爲陰平眼睛。妻淫之夫曰尖腦殼。老不管事曰窩裏老。用瓊崖小兒事。空喫人飲食曰蹺鬍子。少年仗勢好淩人曰轟搭搭。赤身曰光董董。無錢曰乾黄鱓。多言曰打卦婆。作事遲緩曰蔫皮骨。傭力曰賣力傭，土音傭轉若淵，又曰打鼓子。青鋪鋪。青簇簇。青幽幽。緑陰陰。白森森。紅東東。疑爲凍，物凍而色益明。紅霏霏。紅之細碎。黄爽爽。烏秋秋。凡從秋之字，皆含不舒意，象秋氣也。短杵杵。寬片片。窄條條。輕抛抛。重騰騰。上音上聲。高蹺蹺。短屈屈。土音若哭。淡泊泊。毛撑撑。漫騰騰。懶癡癡。懶則不速進，行象若癡。惡楔楔。槌薄木片入樅曰楔，音薛，楔開之縫必不寬，引申凡箱篋微開一縫曰楔開，音轉爲陰平，人怒作惡貌，必微開其目而斜視也。蔫拍拍。鳥翅下垂爲拍翅，故人無精氣，手向下垂，與鞸近而非鞸，亦曰拍。土音轉爲上聲。肥曰肥腯腯。腯音突，土音轉若都。瘦曰瘦莢莢。閒談故事曰龍門陣，曰王百六。嬰兒曰奶米米。米米狀其細也，土音轉爲陰平，□小兒多曰米子〔一〕。做事不實曰做過場。借故欺飾曰扯垛子、扯網網。徒尚虚文曰虚圈套。同事不出財力曰扯乾絞。外面好闊曰玩牌子。土語挽、玩二字俱作舞弄用，音俱轉爲陽平若頑。乾瘡曰乾疙瘩。指搯曰鷄爪風。寒病曰麻啄頭。喉痛曰長蛾子。瘧症曰零活路。因每日一次。勞而無功曰空彈琴。羣吼曰打呵邊。事急無策心慌妄行曰竄草鷄。己勞動人坐而得利曰攆山狗。字書無攆字，姑從俗。空言稱頌曰送財神。戲言曰訕談子。文言敏捷曰

〔一〕□：此字殘缺，似爲「叫」字。

即口流。文篇短促曰狗飄尿。鄉里窮人曰苦瓜皮。安坐不動曰安禪態。土音轉禪爲山。欄腰詆人之短曰奪二絃。倚仗有勢力之人曰抱大腿。倚仗在家有人助勢曰搬門方。小作爲曰小法事。碎雜貨物曰小丁當。出語不潔曰帶把子。言不順理曰挪横條。立刻發怒曰火臉貌。兕人短壽曰打嫩顛。形狀舉動可笑曰活把戲。人精神不爽曰不伸眉、不新鮮。故事不如意曰不逗頭、不順稍。後不如前曰不跟綹。目不明曰不相看，耳不聰及有疾亦借用之。土語音看徵移若干，有疾則不出門與人交接，故可借用。事無妨害曰莫來頭。隱忍喫虧受累曰閉口沙。結婚曰打親家。行步不穩曰打亂竄。土音亂竄俱轉爲陰平。做事半途而止又執他端曰馬咬牛。以事之要訣驗人能否曰考金石。

四字及長語

相去甚遠曰遠天十里。小兒大膽妄行曰瞞天過海。多人囂鬧曰呵火連天。弟子叛師曰打翻天印。善惡無報曰天莫眼睛、天斲渴睡。本地人鈎引盜賊曰地頭毛子。俗呼獺爲毛子，用補魚者也。挾已所憑要求厚給不肯稍降曰死抱天牌。取物從上而掠其大要曰撈天一爪。呼夜間爲夜晚住家。處事不固執常理曰隨灣就灣。又名灣灣田、灣灣耙。農人苦作曰臉朝黄土背朝天。妄想非分曰餓老鸛想喫天鵝肉。醜賤之夫娶醜賤之婦曰餓老鸛啄魚鰍。窮人急望得財曰餓猴極了。使同事人出財本身取巧曰扯鋪蓋蓋腳。出了錢不得見場面曰有了肉飯下壅。出門就事不敢索高價曰貨到地頭墜。土音墜轉陰平。勉人勤業以待世用曰頓得歪歪貨，自有賺錢時。

仗恃有人當大禍患自身倫閒曰幾多長桿抵住天。大言無根據曰飛天玄黃。以事之要訣首先提出試人曰跨門經。譏人在羣中不居重要而亦與列曰和起和起把壽拜。即南郭吹竽意。語無倫次曰扯張爬李。逐處求人曰投張募李。做事發言不踏實曰張市王場，又曰過市[口閙]場。[口閙]〔一〕，土音轉若郎。言語舉動不直切曰牽斯攞文。按斯文二字不可斷，而俗語析之以求長展整齊也。教人做事勿戲玩曰振一作二。嗤人藏物多而雜曰七娘八老子。撈三雜四。講五講六。説七説八。七七八八。攬三和四。五搶六奪。説一不道二。挨三遞五。講七講八。與説七説八意旨略不同。七長八短。七撈八攬。七糟八爛。隔官府遠土豪逞强曰山中無老虎，猴三稱霸王。禍患相連曰鴨子孵秧一路行。做事先硬後軟曰鷄公窩屎頭節硬。得此失彼曰猴三搬包穀。妄自尊大曰老鼠子爬稱鈎。盜賊出必有獲曰老鼠子不打空倉。勸同僑寓之人莫爭主權曰叫匄子爭巖嵰，天亮了是別個的。賣物賣藝不求人售曰姜太公釣魚，願者上鈎。代人付錢捏在手中私用曰騎溜滑馬。土語作騎劉黃馬，未知孰是。貪得甚切卒然失望曰猫的眼睛緑了。勢衰隨事被人反對曰騎烏龜都打蹶子。説話不順理曰彎刀殺猪横起鋸。土音以刀鋸斷物爲結字去聲，未得其字，恐爲鋸音之移。索現錢曰千年穀種望眼時生秧。求利須本曰投土音同兜羊子都要把草，又曰打斑鳩都要貼團泥巴。毫無田產曰打斑鳩的泥巴都莫得。勸父母寬子之罪曰惡老虎不喫兒。一邑荒邊土豪擅威不

〔一〕[口閙]：原作「鬧」。

怕官曰山高皇帝遠，反之曰伸手摩得沙帽枝。熟人輕易生隙曰一絲頭髮遮著臉。不容再説曰關門抵槓。無精力曰因因循循，土音轉爲仙，按因循乃作事不能自立意，土語以狀精神病，全離本意。又曰萎頭擺勁。土音頭轉爲兜，如蔬草一頭曰一兜。微聲如蟲曰嚶嚶嗡嗡，曰呻呻嗚嗚。微行有聲曰些些梭梭。疑爲細細縮縮。細密不清晰曰擠擠麻麻。物零碎微末曰丁丁點點。似滴雨聲曰丁丁東東。土音俱轉爲上聲，曰頂頂董董。耳聾聽不明白曰顛顛東東。不明瞭曰模模糊糊。土音變爲馬胡。作中立人不偏駁一面曰會砍猪頭不傷邊。一家人易於和好曰熱肉易生。聽不明好話曰對牛彈琴。量財力營業曰有好多泥巴捏好大個佛。對親切人要説真話曰真人面前不燒假香。收效之日尚早曰八字不見兩篇。教子弟不求急效曰一斧腦砍不起觀音菩薩。老年人多經驗曰薑是老的辣。法術利害曰癆人的藥不在多。得利甚穩曰端起猪頭打勝卦。凡以兩手捧物皆曰端，蓋取其形。端，移狀詞爲動詞也。拐人婦女曰騎高腳騾子。兄弟宗族不相和曰徹了籬笆等狗鑽。勸人兄弟勿起争曰牆倒莫望外掀。對待人須有分曉曰提刀割肉，起眼看人。譏人自誇曰誇口太醫無好藥。幫人做的事自家還要請人做曰自家的端公槓不了自家的神。事求速效曰吹糠見米。應濟人須量力曰打米量家箕，又看有好大個肚喫好多醋。權力能爲人了事故意放縱稽延曰放陰陽火。事由別人主權我但附從曰唱和和神。爲道士爲喻。嫌人語長曰長篇古文，又曰長根百舌。有父母在曰大樹腳下好遮陰。他人之事暫移我身曰轉肩打杵。求利務盡曰鑽孔尋蛇。營利無獲曰水中摸鹽。利益甚微曰針顛上削鐵。用盡方法曰想方設計。惜財少用曰緊把細捏。作事不懈曰止見辦事。土音轉若尺見八斯。以怨報德曰打反巴掌。求人不應曰觸一鼻子灰。意氣驕傲曰大起尾巴。諂媚貴人曰摸鬍子捧玉帶。輕怒曰吹鬍子鼓眼睛，又曰紅眉毛緑眼睛。作事能發不能收曰做支鼻子。不能而强謂能曰假充佾舞生。何幸如之曰怕幸不得。怕土音轉爲巴。武力時代不講理曰秀才遇到兵，有理説不伸。

〔光緒〕永川縣志

【解題】許曾蔭修，馬慎修纂。永川縣，今重慶市永川區。「方言」見卷二《輿地·風俗》中。録文據光緒二十年（一八九四）刻本《永川縣志》。

方言

永治五方雜處，語言互異。遭獻賊荼毒之後，土著復業僅十之二三。至今土滿人稠，强半客民寄寓。故郡屬城市均有各省會館，惟兩湖、兩廣、江西、福建爲多。生聚殷繁，佔籍越數十傳而土音不改。

一父也，有呼爲爹、爲爺、爲伯伯、爲阿爸者。一母也，有呼爲娘、爲媽、爲母親、爲阿㜷者。子或謂之兒、謂之崽、謂之幺。兄或謂之哥、謂之長。弟或謂之小、謂之胎。見物美者，通稱爲好，而或曰標、曰豔、曰都、曰佳。見物盛者，通稱爲大，而或曰厖、曰碩、曰豐、曰夥。指物所在曰阿堵、曰這箇。辦事迅速曰忙溜、曰快當。

凡厥名物器數，言甚厖雜，不能殫述。其真不忘舊，不悖本歟。

〔民國〕江津縣志

【解題】聶述文修，劉嘉澤纂。江津縣，今重慶市江津區。「方言」見卷十一《風土志》中。録文據民國十三年（一九二四）刻本《江津縣志》。

方言

釋親　釋形體　釋言　釋器　釋植物　釋動物

緬我先民，系出於一，蔓衍糅雜，不可紀極。試審殊語，徵之古音，又若可理，有當於心。一邑於國，彈丸黑子，芥納須彌，見身於指。總總林林，皆祖黄帝，骨肉一家，忍相剌戾。爰舉方言，究其變遷，使彼覽者，有所感焉。

釋親

《説文》：「父，矩也。」扶雨切。古無輕唇聲，變爲爸。邑之粤籍者稱其父曰阿爸。《廣雅》：「翁、㚎、爸、爹、箸，父也。」邑普通稱父曰爹。籍江西者呼王父爲公太，倒語，猶言太公也。普通稱呼王父曰公。

《說文》：「母，牧也。」入麻韻，平出之則爲媽。邑之楚籍者稱母曰媽，雙聲則又爲美、爲米。粵籍稱母曰阿嬭，聲雖變，仍在脣也。

《方言》：「崽者，子也。」郭璞音宰。邑語小兒爲崽。崽，平出之聲如哉。俗語駡人曰崽雜種。

兄與況古音同，聲變則爲昆。《說文》：「周人謂兄曰罤。」古魂切。經典相承作昆，屬見紐，雙聲則爲哥。邑人呼兄曰哥哥，以行别之則曰某哥。

邑俗呼叔母爲嬸，聲讀如捨。以行别之，長曰大嬸，次曰二嬸。嬸、捨雙聲。稱捨娘，猶言嬸母、叔母也。

邑俗呼外祖曰家公，不解所謂。程農初曰：「當是假公，上聲平讀音稍侈耳。」又呼舅爲丘，亦同此例。

釋形體

《釋名》：「輔車，或曰牙車。」邑謂牙車爲牙巴，以其與口耳相連故。謂批頰爲打耳巴，口脣爲柴巴。輔之讀巴，猶父之讀爸也。古無輕脣，輔讀如補，巴、補雙聲。又脅爲輔骨，亦曰肋巴。

《說文》：「䀹，目旁毛也。」子葉切。邑語謂目旁毛爲眼側毛。瞬目爲眨眼睛。眨，或作䀹。

《天官》：「鳥皫色而沙鳴。」注：「沙，澌也。」澌即嘶字。《漢書·王莽傳》：「大聲而嘶。」師古曰：「嘶，聲破也。」邑俗謂人大聲哭叫曰嘶聲嚎氣。又謂聲破者爲沙喉嚨。

邑謂不能言者爲啞巴。啼極無聲曰哭啞了聲。字當作嗄。《莊子·庚桑楚》篇：「兒子終日嗥而嗌不嗄。」啞，本訓笑，然《史記·刺客傳》云：「吞炭爲啞。」其假借已久矣。

《說文》：「脬，旁光也。」邑語亦謂旁光爲尿脬。

《說文》：「尻，脾也。從尸九聲。」邑語謂臀爲尻子，音稍侈讀如溝，九聲之轉也。方書、相人書皆稱男子陽根爲龜，入尤韻，讀如鳩。邑語謂小兒陽事爲巴鳩，稱成人則曰鳩巴，鳩讀如鷄，鷄、鳩雙聲。

《說文》：「牝，母畜也。」毗忍切。引申爲陰器。邑語謂女陰曰牝，聲讀如批。蓋牝聲平出之則爲拼，拼、批雙聲。

《說文》：「衁，血也。」呼光切。邑語謂鷄血爲鷄衁子，猪血爲猪衁子。

邑語謂鷄胸際爲胸勃子。《釋名》：「肺，勃也。言其氣勃鬱也。」肺當胸部，故名。

釋言

不消，不消謂不須也。消、須雙聲。《楚詞》逍遥作須臾可證。又《漢書·禮樂志》：「神奄留臨須摇。」晉灼謂須摇亦即消摇也。

《說文》：「欱，歠也。」邑語謂大歠曰欱，如欱水、欱湯之類，盡力滿口飲吸也。

《説文》：「吮，欶也。」〔一〕謂促口取汁曰欶，食麪絲口就椀和湯而吸之聲亦欶欶也。

《説文》：「洱，飲也。」邑語謂小飲曰洱，聲如泯，洱、泯雙聲。用飯、用茶，猶言喫飯、喫茶也。《説文》：「亯，用也。從亯從自。自知臭香所食也。讀若庸。」言用者，轉去聲也。

《説文》：「冐，突前也。」莫紅切。邑中小兒捉迷藏爲戲謂之藏冐，亦曰捉冐。

《説文》：「憂，和之行也。」邑謂人行遲曰慢憂憂。

《説文》：「儦，行貌。《詩》曰：『行人儦儦。』」邑語謂疾走曰儦，如云一儦就過了、一儦就攏來了。儦，《釋文》讀表驕反。

《説文》：「東，動也。」「動，作也。」邑語謂刁撥播弄生事不靖謂之東亂子，亦曰東禍，又曰東是非。

《説文》：「舀，抒臼也。」以沼切。邑謂以器抒水爲舀水。

《廣雅》：「將，養也。」邑語謂人病中曰好心將養。

《方言》：「撟捎，選也。」邑語物易售者謂之捎貨。

《方言》：「了，快也。秦曰了。」邑語謂事不快意曰不了。

〔一〕欶：原誤作「敕」，下同。據《説文解字》改。

《説文》：「攜，裂也。」許歸切，音轉爲華。《曲禮》：「爲天子削瓜者副之，爲國君者華之。」注：「華，中裂之不四析也。」邑語謂以刀分物爲華開。

《爾雅》：「斯，離也。」《方言》：「斯，散也。」《廣雅》：「斯，分也。」邑語謂裂物爲斯，如斯一塊布、斯一片肉之類，與撦同意。《廣雅》：「撦，開也。」邑人謂裂物亦曰撦，俗字作扯。

《説文》：「約，纏束也。」邑語謂以草索束物曰草要子，約讀如要。《釋名》：「要，約也。」古音約如要。又凡事之結束曰要臺，勞力者小歇亦曰要臺。《廣雅》：「臺，輩也。」要臺者，蓋言齊休歇也。

《説文》：「考，攴也。」「攴，擊也。」邑語謂打你幾下爲攴你幾下。考，俗作拷，音轉爲㱿、爲毃。㱿，《説文》：「從上擊下也。」毃，《廣雅》：「擊也。」㱿幾下、毃幾下，亦同於攴幾下也。

《説文》：「迦，迦互，令不得行也。」邑語謂强止人行曰迦住。關津曰迦子，俗字作卡，聲轉爲苛。《説文序》曰「苛人受錢」，猶今人謂勒人出錢曰迦也。平聲讀之，俗又作㭘。入聲出之，俗又作搕。

《爾雅》〔一〕：「胥，相也。」《詩·大雅》：「聿來胥宇。」邑語謂竊視曰胥，音轉如梭，俗作睃。睃、梭陰陽平通。又睆視亦曰胥胥眼。

〔一〕爾雅：原誤作「説文」。

《説文》：「嬈，苛也。」奴鳥切。《淮南・俶貞訓》：「傷死者其鬼嬈。」注：「善行病祟人。」苛亦病也。《吕覽・審時》篇：「身無苛殃。」注：「苛，病也。」邑語謂以藥毒人使人病爲嬈人。

邑語呼同事爲夥契，亦作火計，此合語也。元魏時軍人同食稱火伴，漢時吏民被徵詣長安者，令與計偕，故合語爲火計。

《説文》：「該，軍中約也。」約成則分定。邑語謂分所當爲者爲應該，不當爲者爲不應該。

《説文》：「馬，怒也，武也。」邑語謂人面含怒色爲馬起臉。

《説文》：「僄，輕也。」邑語謂人姿容輕妙爲僄，音如標。

《説文》：「佳，善也。」邑語愛憐子女則呼乖乖，乖，佳之假借也。

邑語謂人愚鈍爲猪，當是銖字。《廣雅》：「銖，鈍也。」字亦作朱。《莊子・庚桑》：「楚人謂我朱愚。」

邑語謂充數爲湊數，又凡語副人意者亦云湊他的意，字當作簉。《西京賦》：「屬車之簉。」薛綜注：「簉，副也。」曹憲音：簉，楚驟反。《廣雅》：「貳、副、簉、倅，盈也。」簉訓爲盈爲副，故有充數之義。嵇康《琴賦》曰：「承間簉乏。」平讀之。邑又有簉威、簉趣、簉興等語，亦副助之意。

邑語謂二物合並爲合攏，字當作龓。又稱包兼一切爲龓統。《説文》：「龓，兼有也。」《周頌》「我龍受之」，謂兼包並有也。

邑語謂揣測事物皆曰估堆，估當作𡝩。《廣雅》：「𡝩，無慮，都凡也。」《孝經》孔傳：「蓋者，𡝩較之辭。」劉炫《述義》曰：「𡝩較，猶梗概也。」凡言𡝩者，皆計其大概。傷人者𡝩計死期猶曰保𡝩〔一〕。《説文》：「𡝩，保任也。」

《考工記》：「轂雖敝不藃。」注：「藃，藃暴。」音如喬。《毛詩·國風》傳云：「喬，上竦也。」《爾雅》：「句如羽，喬。」「上句曰喬。」邑語謂物偏頗暴起爲藃，事議不成亦謂之藃，音少變如竅。鬚句曲向上謂之喬鬍子。

《方言》：「䂂，短也。」邑語短者稱爲短䂂䂂。䂂䂂鬍者，亦言其鬚短也。

《説文》：「唯，諾也。」邑語應人曰哦。哦、唯雙聲。今言哦，猶古言唯也。又哦有省解意，入以鼻音閉口出之則變爲稔，就鼻音侈之，聲近哼。不省解而爲反詰之辭，就鼻音開口出之，聲近黠。與稔聲連用稔黠者，亦應辭，此尤爲邑中所獨有。

《方言》：「沅澧之間使之而不肯，答曰言。」郭璞音茫。邑語凡不聽信而反其聲皆曰滿，滿者，言之變。邑多楚籍，此其證歟？

邑語謂物無有曰昧，而以平聲出之，如曰昧得了、昧看見、昧在這點、昧食飯等，變之則爲冒，邑語亦通用。昧、冒雙聲，平聲讀之則爲毛，毛，無也。《後漢書·馮衍傳》：「飢者毛食。」

〔一〕猶：原誤作「獨」。

注：「《衍集》毛作無。」通以邑語，則爲餓者昧得食也。

《廣雅》：「侻，可也。」邑語言合意亦曰兑，聲讀如對。《法言》云：「孫卿非數家之書侻矣，至於子思、孟軻詭哉。」邑語謂不侻爲拐，拐者，詭之轉也。

《説文》：「咅，相與語唾而不受也。」天口切。咅轉如剖，邑語作呸，剖、呸雙聲也。

邑語驚而不信曰呀。《韓非子·難一》篇：「啞，是非君人者之言也。」邑言呀，猶古言啞也，從雙聲變噫，噫亦驚歎辭，去聲出之則爲意，入聲出之則近葉。邑語皆有之。

邑語輕其人則呼之曰老己。《詩·王風》：「彼其之子。」箋云：「其，或作記，或作己。」《春秋傳》：「夫己氏。」杜解曰：「猶某甲也。」亦相輕之意。

邑語呼長輩曰老革，似尊而實涉輕薄。《蜀志·彭羕傳》：「羕不悦曰：老革荒悖，可復道耶。」注：「羕罵備爲老革，猶言老兵也。」

黨，所也，方也。《左傳》曰：「何黨之乎？」《越語》曰：「上黨之國。」邑語黨讀如塘。如謂這一方則曰這一塘，那一方則曰那一塘，皆黨音之轉變也。

《説文》：「誰，何也。」邑語不知其人而問之曰誰箇，入麻韻，讀如蛇箇。邑語讀蛇亦作示佳切〔一〕，聲如誰。誰、蛇雙聲，故相通。去聲出之則如舍，不知其物問之曰舍子、舍東西。《孟

〔一〕佳：原誤作「隹」。

子·滕文公》篇：「舍皆取諸其宫中而用之。」通以邑語，猶言舍子皆取諸其宫中而用之也。又含有鄙夷之意。《晉書·元帝紀》：「帝至河陽，爲津吏所止。從者朱典後來，以鞭策帝馬而笑曰：『舍！長官禁貴人，女亦被拘耶？』」舍字斷讀，猶言何事也。

《説文》：「誒，可惡之詞也。」通作唉。《史記·項羽本紀》曰〔一〕：「唉！豎子不足與謀。」邑語凡失意時攤氣出聲而引長之曰唉。

邑驚嘆其事物之非常則曰夥，驚而羨之則曰葉。《史記·陳涉世家》：「夥頤！涉之爲王沈沈者。」服虔曰：「驚而偉之。」故稱夥頤。古四聲不分，頤猶葉也。夥從雙聲又變爲海，邑語驚喜乍見乍獲亦曰海。

釋器

《説文》：「銚，温器也。」曹憲《廣雅音》云：「今人多作大弔反。」邑語謂沙鍋爲沙銚子，鼎鍋謂之鐵銚子。

《説文》：「箸，飯攲也。」邑語通謂箸爲夬子，夬讀如快，俗作筷子。《説文》：「夬，分決也。」箸可分決羹肉，謂箸爲夬，語亦古。又《易》稱「作書契者取諸夬」。今亦云箸作、箸書。箸、夬義通，即此可見。

〔一〕記：原誤作「紀」。

《詩・小雅》傳：「秉，把也。」《小爾雅》：「把，謂之秉。」古無柄字。邑語通謂秉爲把，去聲出之讀如霸，如云鋤把、刀把，凡物之有秉者複稱之曰把把。

《説文》：「槶，筐當也。」古悔切，字亦作簂。《釋名》：「簂，恢也。恢廓覆髮上也。」邑語謂優伶之帽爲簂頭帽，特大者爲出簂。字或作盔。

《春宮・小師》注：「簫，編小竹管。」《五經通義》亦云：「簫，編竹爲之。編則有橫關。」邑語凡木器橫關者通曰簫，小者謂之簫丁。

《説文》：「籔，炊籅也。」「漉，米籔也。」籔音蘇后切。籔轉讀如溞。《爾雅》：「溞溞，淅也。」蘇刀反。邑語謂籔爲燒箕，燒、溞音近，形似箕，故曰箕。

《方言》：「熬、焣、即今炒字。煎、㷶、鞏，火乾也。」熬、焣、煎爲通語，㷶則通作焙。惟以少水蒸逼令熟謂之梱，如梱飯、梱菜之類。梱、鞏聲近，當是鞏字。又飯菜已冷復熱之亦謂熱鞏，字作滚，非。

《説文》：「糂，以米和羹也。一曰粒也。」桑感切。邑語謂飯粒亦曰飯糂，字作糝。

《玉篇》：「絎，縫紩也。」邑語稱縫夾衣絮襖寸分綫納謂之絎，音如行列之行。

《廣雅》：「紩，納也。」「納，補也。」邑語謂以綫密紩爲納，如納襪底、納鞋底等。

《説文》：「緄，織帶也。」古本切。凡織帶皆可爲衣服緣邊。如俗稱闌干瓣子之類。邑語通謂衣緣邊爲緄，俗作滚。

邑語謂棺之前後和爲和頭，音讀如回，回、和雙聲。

《説文》：「荐，薦席也。」「薦，草也。」邑語稿秸之席謂之草薦，亦曰稿薦。

《説文》：「蹻，舉足行高也。」邑語謂優伶飾小足爲踩蹻，音如蹺。

釋植物

《爾雅》：「戎菽謂之荏菽。」郭璞曰：「即胡豆也。」邑語亦謂蠶豆爲胡豆。

《説文》：「秕，不成粟也。」邑語謂不成粟者爲秕殼。

冬時以沸水漉蕪菁食之謂之漉菜，漉讀如訥，漉、訥雙聲。

邑語藷薯皆讀如苕，紅薯曰紅苕，白薯曰白苕，薯、苕雙聲。

釋動物

《爾雅》：「虰蛵，負勞。」郭璞曰：「蜻蜓也。」邑語謂蜻蜓之大者爲大頭虰，小者爲虰虰毛，毛，小也。

《方言》：「蛄，南楚謂之杜狗。」邑語謂螻蛄爲土狗。

《莊子·至樂》篇曰：「斯彌爲食醯。」李頤曰：「斯彌，蟲也。」司馬彪曰：「食醯，若酒上蠛蠓也。」〔一〕邑語謂酒醋生微蟲爲蠓子。

〔一〕若：原誤作「苦」，據《經典釋文》改。

《說文》：「鼃，水蟲也。」邑語謂蛙爲田鼃，俗作鷄。

《爾雅》貝「博而頯」者名蚆。邑語謂貝爲海蚆。

《方言》：「桑飛，或謂之懱爵。」邑語謂之麻雀，麻、懱一聲之轉，均有小義。

《說文》：「孚，卵孚也。」亦書作菢。邑語謂鷄伏卵爲菢蛋，孚鴨之室謂之菢房。

《說文》：「鳿，鷙鳥食已，吐其皮毛如丸。讀若骫。」邑語謂海燕食魚所吐爲燕鳿，音正作骫。語音如阿，從咼聲也。

《廣雅》：「牸，雌也。」邑語謂牝牛爲牸牛。

四川省 凡四十二種

〔民國〕汶川縣志

【解題】祝世德纂修。汶川縣，今四川省阿壩藏族羌族自治州汶川縣。「語言」見卷五《風土》中。録文據民國三十三年（一九四四）鉛印本《汶川縣志》。

語言

《法言》云：「言，心聲也。」感情意志，賴言語以爲傳達，是安可不特加注意？汶邑雜居羌土，其言語乃多不爲吾儕所知，寧非恨事。參議員陳君昌洪，羌人也，服公務甚久，常懷破除漢夷界限之志，欲研究羌語，對譯中文，使成字典一部，其有心人歟！因余續修縣志，寄至材料甚夥，特録其羌漢言語對照表於左：

摩、摩邊、摩多，天〔一〕。黑煊，月。摩尼、摩洗、摩巴，風。大、如，雲。如不，地。數，山。

〔一〕「，」上爲羌語，下爲漢文。本節下同。

租，水。肘，草。洗，木。格，坎。牟，人。基，男。節，女。比，父。綿，母。屋，馬。斯、兒斯、擦，牛。漆，羊。芋，雉。苦，犬。别，豕。鑿，金。嘔，銀。夯，銅。歇，錢。癡，錫。克，米。黑，麥。辭哇，莜子〔一〕。乳，粟。枯巴，黍子。穀迷，菜油。茨，鹽〔二〕。夷，酒。此，肉。的，飯。擦邊，鍋。舞，碗。路，筷。渣、八，盃。皆，房子。租果，水井。外，城。西皆，神廟。卦皆，衙門。雅包，巖洞。西，神。司，官。格邊，先生。碑，巫師。界日，差人。雜日米，手藝人。夷讀，成都。讀窩，灌縣。司辭，松潘。格鈕，茂州。郗撤科撤，威州。傻書，汶川。朱甲，過街□〔三〕。外匾，姜舍壩。普子格，雁門。雅巴，□坡〔四〕。阿，一。倪，二。星，三。止，四。尾，五。主，六。喜，七。鎧，八。顧，九。阿腳，一十。阿克，一百。阿兜，一千。阿補，一年。阿勒，一月。阿洗，一日。阿雅，一夜。

土人原有文字，即西藏文，惟今日識之者絶少。其語言與漢文對屬如下：

哈巫，祖父〔五〕。哈達，祖母。哈一恩弟，大哥。埃及，弟。更養、哈爸，父。大德，豆。多

〔一〕莜：原作「收」。
〔二〕鹽：原誤作「監」。
〔三〕□：此字殘缺，似爲「樓」字。
〔四〕□：此字漫漶不清。
〔五〕「，」上爲土語，下爲漢文。本節下同。

路，莪子。哈媽，母。哈低，伯。大兒拉、八爾嚷，野猪。哈哉，叔。哈一，兄。南不里南好呵，吃晚飯了麼。蛤賴，姊。博勒，妹。恩節，子。恩密，女。哈博，舅父。哈姨，姨母。卜寢，房子。蘆葦，衣。蒙髒，褲。哈兒姑，舅母。冉力，裹腳。都得着，鞋。大輪，耳環。各拉，鐲。牙隔，戒子。更補，箱。搭樓，桌。大狗，筷子。呷，碗。大鑊，鍋。鉀，鋤。木的，犂。一麻，玉麥。德，麥。麥兒那，清油。且、吃，鹽。缸，酒。展國，房屋。麻爾躲，油。得只，水。施，柴。迫，鼠。冷威，牛。凶孔，虎。大母，龍。俗裹，蛇。母驢，馬。該西，羊。該既，猴。隔，犬。大，豕。節、儉索，麞子。格爾搽，鹿。獨物，老熊。嬴，白熊（熊猫）。冷威兒拉，野牛。曬西，早飯。冷著，午飯。大暮利，晚飯。特得格勒老、貴該代你姓，你貴姓。你特得格梅米，尊號。該貴幹，你到哪里去。衣不呵，主人或我們的。阿思彌，小姐。你呀爾不呵，上司或土司。達日衣，太太。達枯，煙。耿切兒，漂亮。達枯格耳母，吃煙。你呀爾沙，衙門。沙格舍南奴呵，吃早飯了麼。歹日阿，飯。冷左南奴呵，吃午飯了麼。大阿乃，清早。馬里，不要。刮耳柳，晚。阿爾里也，豆腐。大如呵，官。難比，下來了。哄捨，趕街。南奴呵，吃了。聶爾約，飯廚子。起也，酒。起也得來，吃酒。緣里，涂禹山。達雍，石硐。鋭，土司的少爺。得雜布，男孩。得慮布，女孩。得説，百姓。得穹，寨子〔一〕。

〔一〕文末處有「注：加黑綫者須拼切」。但此鉛印本中並無加黑綫之處。

〔民國〕萬源縣志

【解題】劉子敬等修，賀維翰等纂。萬源縣，今四川省達州市萬源市。「方言」見卷五《教育門·禮俗》中。録文據民國二十一年（一九三二）鉛印本《萬源縣志》。

方言

天曰天爺，或天老爺。日曰太陽。月曰月亮。星曰星宿。回風曰旋頭風。大風曰狂風。下雨曰落雨。微雨曰細雨，或霏霏雨、毛毛雨。暴雨曰偏通雨。久雨曰綿綿雨。雷鳴曰打雷。雷霹靂曰迮雷。蝃蝀曰虹。霞曰發霞。降霜曰打霜。微霜曰水霜。濃霜曰明霜。霰曰雪子子。雹曰冷子、硬雨、雪彈子。霧曰罩子。雲合曰天變。霽曰天晴。今日曰今天。前一日曰昨天。前二日曰前天。前三日曰上前天。後一日曰明天。後二日曰後天。後三日曰外後天。晨曰清早。早飯後曰上半天。午曰向午。午後曰下半天。昏曰黑了。宵中曰半夜。今夜曰今晚夕。後一夜曰明晚夕。前一夜曰昨晚夕。本年曰今年。前一年曰去年。後一年曰明年、來年。擇日曰看期。約日曰定期、限期。不如約曰過期、誤期。黎明曰天亮了。

以上天時類。

地方曰地頭。附近曰鄰近、側邊。城垣曰城牆。官署曰衙門。關曰卡子。寨曰寨子。市曰街市。瀕水場市曰水碼頭。入市曰趕場。非集期曰冷場。孔道曰大路。微徑曰小路。歧途曰岔路。山高處曰山頂。傍河曰河邊腳。山腰曰半坡。平原曰壩。高原曰山包。山中低處曰坰口。横路曰横堛路。巖嵛曰嵛坎。石曰石頭。孔曰漩孔。洞曰巖洞。地室曰地窖。掘土曰挖地。耕田曰犂田。渠曰堰溝。聚水曰鬬水、收水、紮水。水不流曰死水。水突出曰冒水。水漬曰泡浸。冰曰凌冰。土地曰田地。田塍曰田坎。田後曰背坎。行路曰走路。速行曰跑快。

以上地理類。

父曰爺、曰爹、曰大。母曰娘、曰媽。祖父曰公公、老爺。祖母曰婆、曰奶。父之兄曰伯伯。父之弟曰叔、曰達、曰滿〔八〕。母之兄弟曰舅舅。母之姊妹曰姨。母之妯娌曰伯母、嬸娘。親誼同輩曰老表。長輩曰表叔。再長輩曰表公、表爺。問人喫飯未曰過早、過午、消夜。夜睡曰困、瞌睡、睡覺。睡中囈語曰發夢沖、説夢話。晨起曰起來、起牀。作工曰做活路。閑玩曰耍。官令曰告示。公文曰劄子。知縣曰大老爺。游擊曰大人。把總曰總爺。典史曰太爺。收發曰大爺。案牘曰刑名師爺。房書曰稿爺。房書首名曰老典，或典爺。差役曰差人。班頭曰首名。男僕曰跟班。通女僕曰丫鬟，或丫頭。收禁曰丢卡、收監。拜曰作揖。跪曰磕頭。師曰先生，又曰老師。門生曰徒弟。兄曰哥哥，又瓢把子、哥老官。弟曰弟娃。姊曰姐姐。妹曰妹兒。父之姊妹曰姑孃。姊妹之子曰外侄。兄妻曰嫂嫂。嫡婦曰人婆子。妾曰小婆子。繼母曰後娘。兄弟之兒女曰姪兒、姪女。小兒曰娃娃。愛兒女曰幺幺。兒婦曰媳婦。女之夫曰女壻、乾兒。女之子曰外孫。夫之父母曰老人公、老人婆。外祖父母曰家公家婆、外爺外婆。姑孃之夫曰姑爺、姑父。姨孃之夫曰姨父、姨爹。婚姻相稱曰親家。妻之父母曰老丈人、老丈母、岳父岳母、乾爺乾娘。妻之兄弟曰舅子。妻之姪曰内姪。寄拜之父母曰乾爺乾娘。乳婦曰奶母。主人曰老板。主婦曰老板娘子。賈人主曰掌櫃。賈人子曰少掌櫃。學習生意孩童曰相公。傭工定年者曰長年，定月者曰月夥，以日計者曰點工。作合婚姻者曰媒人。贊禮曰喊禮、行禮。贊禮人曰禮生。人多貲財曰發財人。鄉農富者曰土財主。出錢貸人曰放賬、曰賬主子。交易居間者曰中人、曰經紀。猪牛牙行曰猪媒人。娼曰婊子、舍屋。稱人曰你。自稱曰我。對人自尊曰老子、曰哥子們，自謙曰兄弟、曰愚下。賤稱婦人曰婆娘。詈人醜種曰雜種〔一〕、曰龜兒、曰狗日的、曰背時的、曰日媽的。船夫曰太公、曰船老板。力夫曰腳子。幫做事曰打抱工。農夫曰莊家漢。務農曰做莊家。刑人之隸曰鋸子手。人堪任事曰好腳色。不肖子曰敗家子。酒醉漢曰酒癲子。老媪曰老婆婆。老翁曰老漢。少年曰年輕人。少婦曰女人家。處女曰女娃子。男巫曰端公。女巫曰師孃子。男子削髮出家曰和尚。女削髮出家曰尼姑。挽髮作髻於頂者曰道人，女曰道姑。爲人看地葬喪曰陰陽、曰地仙、曰地理先生。爲人祈禱超薦者曰道士。人家祈禱曰打醮。超薦曰做道場、做功果、唸經、辦夜場。奔喪曰看

〔一〕上「種」字疑當作「稱」。

死。致奠曰下祭。往喪家送葬曰去坐夜。扶柩還山曰上坡。往婚嫁家送禮曰吃酒。有事酬客曰辦酒。壽曰辦生、曰生期酒。湯餅曰三朝酒。人不識字曰瞎子。不識字而好訟曰瞎眼光棍。人本樸曰拙笨、曰寶器、曰老好、曰無用。人有機變曰精靈、曰聰明、曰尖、曰滑、曰有使處、曰能幹。日間盜物曰搭趴抓。夜間盜物曰黑腦豚。賊曰賊娃子。乞人曰討口子、告化子。天靈骨曰老門心。頭後曰後頸窩、後腦豚。屈髮曰⿱髟般。音盤。綰髮爲髻曰⿱髟贊。⿱髟贊，音纂。束髮爲辮曰鞬鞬。削髮曰剃頭。多鬚曰[illegible]腮鬍，[illegible]讀鬧。面曰臉。面皮不伸曰打皺。皮起曰皵。毛孔中細毛曰苦髮閑毛。眸子曰瞳人。目曰眼睛。目輪曰眼眶。眼不明曰瞀、曰昏。看曰瞙。音苗。耳曰耳朵。耳竅曰耳門。耳中作聲曰耳朵響。鼻曰鼻子。嚏曰噴嚏。鼻音不利曰⿰鼻邑。鼻塞曰⿱祝土。鼻傷曰塔。手去鼻液曰擤。音醒。口曰嘴巴子。開口曰奓口。出氣奓口曰打哈亥。口吃曰結巴。不能言曰嚎子，曰啞巴。口含物曰銜。笑容曰笑唏唏。飲酒曰哈、曰吃。言無信曰反覆、曰不顧信義、曰婆娘嘴。詰難曰嚂問。嚂，音盤。戲言曰昚他。昚，音兜。評人文疵曰敲弓捶。詐取人財曰敲釘捶。詞不屈曰譬。言語瑣屑曰小話。唾人曰吐口水。答言曰膺。露齒曰齙牙。齒不齊曰齾。音錯。齧物曰齩。齒怯曰牙齼〔一〕。牙牀曰牙齦。舌取物曰餂。音忝。喉曰嗓子。喉音敗曰嗄聲。喉音好曰嘹喨。骨鯁在喉曰咔。食管曰硬喉。氣管曰

〔一〕怯：原作「缺」，據《蜀方言》改。

軟喉。不出聲曰悄悄。爪刺曰掐。音恰。手緊握曰揪、曰扭。揪，酒平聲。手析物曰撕、曰撦。同扯。以手前推曰撐、曰搊、曰挆、曰攮。下搗曰搫。同築。揉擦曰搓。拾取曰撿。同撿。以手逼物曰擠。音己。手按物使不動曰擒。以手推物曰掀。以手按摩曰揉。以手扶物曰掌倒。摘毛曰攀。音全。以手揪物曰撳。拳擊曰搥、曰打定子。掌擊曰打耳巴子。相鬥曰打架。相罵曰吵架。互相吵鬧曰角孽。從中勸解曰解膠。憑人茶話是非曰講道理、曰泡茶、曰哈茶。告狀曰打官事。投物入隙曰摁、音腮。曰墊。手指紋曰腡。音羅。屈腿坐曰盤。獨立曰站。舉足曰彘腳。足蹂曰跐。足踏曰踩。伏地行曰爬。行遲曰趨腯腯。疾行曰趀、音莎。曰猋〔一〕。音標。前追曰趕、曰趁。路有礙曰掰。音絆。潛逃曰跑了。路滑曰溜。陰平聲。四肢寒動曰打戰、曰抖。手足凍裂曰皴、曰開冰口。凍腫曰凍包。背曲曰陀子。足病曰跰子。背膊曰膀子。腿曰胯子。膝曰膝頭。足踝曰螺絲骨。足幹曰連二桿。骨曰窮骨頭。尻骨曰尾脊骨。尻脽曰溝子、屁股。背曰背殼殼。天閹曰羞機。紋女曰石女。小便曰溺。俗作尿。大便曰矢。俗作屎。小便艱澀曰擺淋。大便泄曰屙痢、曰水瀉。腹痛而泄曰過肚子。氣下洩曰打屁。心有所戀曰忺。有所思曰想、曰默。事忘而思之曰記。神不清曰恍惚、昏濁。心慚愧曰穀羞。罵人無恥曰不要臉。譏人妄想曰不安分。做事無頭緒曰混賬。心惡欲嘔曰心翻。性不慧曰笨、曰蠢。

〔一〕曰：原脱。猋：原誤作「焱」。

性傲曰犟。心無思路曰戇。驚畏曰嚇、曰害怕。怒曰發氣、曰賬火。性太急曰暴躁、曰粗鄙。性太緩曰疲。皮傷曰剌。跌倒曰打觔斗。體肥曰胖子。體小曰癠個子。形短曰矮子。小兒曰細娃、曰夭夭。愛小兒曰乖。恨小兒曰討人嫌。形長曰高桿桿、晃架架。質弱力薄曰膿。體疼曰身上痛、曰瘦痛。舍命曰拼命。力大曰好氣力、曰有勁、曰勁大。引避曰趖干、曰嫈開。請座席曰圍起。都下席曰散座。不浄曰瀸、曰邋遢。食常如饑曰餓痨。害瘧病曰擺子、曰做零活路。婦人經閉曰乾病。失紅曰吐血。衄曰流鼻血。傷寒曰寒氣病。傷風曰涼了、曰凍着了。病人發狂曰害癲了。譫語曰打糊亂説、燒糊塗了。病重曰很了，又曰不得行了。病輕曰鬆了、不雜的。人死曰落氣了。生癰曰長瘸子。疥瘡曰乾疙鬧。水瘡曰膿泡。瘡突起曰疙瘩。贅疣曰飲包。瘰癧曰痒子。瘡痕曰疤子。熱生小瘡曰痱子。隱瘡曰痔。膚生黑子曰痣。以艾灼膚治病曰燒艾火。請醫曰請大夫。扛神曰跳端公。人生曰出世。人死曰過世。聚貨曰屯。不與現錢曰賒冒。貨得利曰賺錢。物值昂曰翫市口。物難售曰行市疲。發貨物票曰飛子。開買賣單曰交單。開取貨單曰紅單。交船運貨單曰水單。交力運貨單曰腳單。交易立契曰約據、曰文書。已過官印曰紅契。以財租物曰賃。商虧本曰折本、曰失本。以物質錢曰當。當賣田地曰失業。地價曰長價。嫁婦之錢曰禮金。好賭流氓曰痞達漢。無職遊民曰耐時猴。人不端正曰孬東西。不禮人曰不爾識、曰不張識、曰不偢不睬。緩待曰等。催速曰快、曰莫延。求稍緩曰莫忙。阻止曰擋。拋去曰丢。安居樂業曰受福、曰享福。事稱意曰很好。煩擾人曰驚動、曰起居你。讓座曰請坐。奉煙茶曰裝煙到茶。人狡黠曰奸頑、曰尖華。人魁梧曰大漢子。人誠實曰忠厚。事有緣曰湊巧。邂逅相遇曰碰倒、曰創倒。朋友契合曰相好。作事謹慎曰穩當、曰忠實、曰誠實。獎拔人曰提拔、曰攜帶。夤緣奔競曰鑽幹、曰打幹。行賄幹事曰摁背手。受人賄曰得背手，近爲拾包袱〔一〕。言不投機曰不對頭。作事過分曰太很。命運不佳曰背時。誘取人財曰拐騙。逼人出錢曰勒索。詐取人財曰揢詐。怨人誤己曰上當。作事自誤曰值不得、划不着。受損失曰吃虧。止人發氣曰息怒。停當曰妥帖、曰對了。約束曰收拾、曰殺提。裝飾曰打扮。不曉事曰糊塗、曰不懂事。不冷淡曰熱鬧。有才能曰能幹。休息曰歇氣。服役曰伏侍。快敏曰伶俐〔二〕。不染習套曰脱俗。佈置得宜曰恰當、曰雅緻。延緩曰耽擱。應辦不辦曰擱置。不敬曰簡慢。挺身任事曰耽承。指物事曰者個。俗作這。邀請曰招呼。罕見曰稀奇。顔色鮮潔曰漂亮、好看、曰放光。不細膩曰粗革革。物堅牢曰結實。不堅牢曰行得很。貨好曰琢實。大之至曰頂大。小到極曰太細。無曰莫得。由少至多曰攢積。以人力得財曰掙錢。分外之財曰横財。横去聲。無端取財曰振非經。遇事辦蠻曰扯筋。戲弄之技曰把戲。小兒迷藏曰藏猫。字寫錯曰别字。别音轉白，俗誤呼爲白字。嫌物太少曰點點。言人無能曰不中用。事已壞曰濫了。事難成曰算了、罷了。縱子亂爲曰慣勢。不率父

〔一〕拾：原誤作「拾」。
〔二〕敏：原誤作「悔」。

教曰忤逆。劫人索財曰拉肥。劫人之匪曰棒老二。出獄曰打槍。捕魚曰打網。毀人無根曰冤枉。家無成丁曰少人力。譽人不實曰餂肥。遊玩曰走耍。女工曰做針線。跑攤下鄉曰掃籽籽。挖牆曰拱窰子。揭瓦曰翻天花。賊人曰强盜、曰賊娃子。相機盜竊曰挂方、曰打買買。街市乘機竊物曰割包、曰剪綹。鳴鑼齊團曰調團驚衆。支人爲非曰主擺。主持告狀曰掌桿桿。極力慫慂曰打總成。與人道歉曰説好話。倉促無儀曰荒疏。冒失作事曰亂搞亂爲。仗勢作事曰有靠背山。謝人酒食曰擾煩、曰打攪。爲人辦事曰幫忙。請人謀事曰打主意。慰人失意曰莫慝氣。一言不發曰像土地。語言太多曰話八哥。語言不謹曰岔岔嘴。語言不實曰扯誑。哄取財物曰打撤。作事持平曰公道、曰合量。平聲。事物湊巧曰合式。術藝不精曰未滿月，已精曰老把式。唆人亂爲曰包振濫。勸人息事者曰老好。責人不聽勸曰要搗濫。作事無成曰枉淘神。作事不差曰做得是。作事太差曰要不得。説人無理曰批評。與人解事曰開斷。從場曰在場。團保曰頭人。倚人做事曰借光、曰仗庇。

以上人事類。

門四邊曰門腔子。閉門機，横曰門欄、直曰門槓。門限曰門坎。門樞曰門斗。門有疏目曰格子門。長棟曰柱頭。短柱曰騎筒。貫柱横木曰穿、曰挑枋、曰落簷。屋上承椽桷曰檁子。柱下石曰磉磴。榜門曰挂匾、曰匾額。竈突曰烟囱。斜柱曰撐弓。安置神處曰龕子。神位曰家先、曰神榜。正中一室曰堂屋。兩邊配房曰小二間。再加陪房曰轉閣、曰偏廈。廚房曰火房、曰竈屋、曰火爐屋。内寢室曰歇房。簷下之樓曰踩樓、燕子樓，又曰書樓。階級曰梯子。扶手曰樓梯。猪牛欄曰棬。藏穀粟者曰倉。造酒之家曰酢房、曰燒房。染物之處曰染房。鬻茶之處曰茶館、茶鋪。歇客小店曰鷄毛店。路旁小鋪曰腰店子、水食店。賣肉者曰屠户。賣飲食之店曰館子。售煙之家曰煙館。陳列貨品曰排攤子。貯五穀之器曰笆子。舂物器曰碓窩。杵曰碓嘴、曰碓啄啄。掘土器曰鋤頭。雜物統稱曰家伙、家事、家具。雜用器具總名曰行頭。耕田曰耖、曰犂。刈草除根曰薅。分兜曰耘苗。施肥曰上糞。人矢曰大糞。追肥曰淋糞、曰灌糞。收御麥曰撇包穀。收稻曰打穀子。分秧曰栽秧。播種曰下田撒秧。旱地播種曰點。擔物曰挑。器具中抽廂曰抽屜，又抽提。老人杖曰杲杖、杲亦作拐。曰處路棍。履模曰楥頭。亦作楦。械在手曰手杻，音肘。在足曰脚鐐，在頸曰枷。戲名曰水衝。帶法繩曰鐵起。戲謂吃乾豇豆。受刑曰捱打。拘人牒曰大票。紅諭曰硃單。上任握篆曰接印。移交曰辦交代。蒸飯木器曰甑子。甑底篾器曰粗箅。覆釜曰㝩倒。覆釜器曰蓋蓋。以篾束物曰箍。以繩束物曰綑、曰綁。繫馬繩曰韁繩。策馬杖曰鞭子、曰馬挽手。繫牛繩頭圓木曰鼻犍。牛後横木曰牛打脚。横木之圈曰犂扣。枷牛曲木曰枷軛。繫犂長繩曰欠索。犂尖曰鏵。犂前曲木曰犂轅。戴鏵之木曰犂鑄。繞牛項下之繩曰鞅絆。繞馬項以繫鞍者曰攀胸。束馬腹以繫鞍之帶曰肚帶。馬項之鈴曰響鈴。馬後横木曰臭棍。護馬背之褥曰紲子。絆馬首具曰籠頭。馬銜鐵曰楔子。馬背木器曰鞍子。鞍下之皮曰韉皮。馬左右扶足環曰鐙。切草器曰鍘刀。刀鋒曲曰錈口。輿曰轎子，又曰篼。肩輿人曰轎夫、曰大班。鎖内機曰鐍。平木器曰推鉋。劈木器曰錛鋤。伐木器曰開山子、曰響子、曰斧頭。羊角錘曰釘錘。切木器曰鋸子。開眼器曰鉎子。鐵生衣曰鏽了。磨礱漸消曰鉛了。固金鐵令兩相合曰燒釬。音漢，俗作熯。貯酒大罎曰酒海。大瓨曰瓮，一作甕。烹茶酒大器曰鑵壺。窰器染色曰釉子。一作黝。器破曰璺。音損。研極細物器曰乳鉢。正斤兩之器曰稱。俗作秤。稱之小者曰等子。俗作戥。稱錘曰鉈。音佗。妝具曰賠奩。理髮之刷曰篦子。音敏。帚曰掃把。雨蓋曰傘。亦作繖。又曰撐花。曬穀之器曰曬簟。擊糧食之器曰蓮械。推穀器曰吶磑，音内。石製者曰磨子。提田坎之五齒器曰鐵鈀。研穀碌碡曰輥子。音滾。船上括水器曰滬斗。舟中曰艙。編竹覆船曰艂。一作逢。正船之木曰舵。亦作柂，亦作舵。撥船之木曰招。推船之木曰槳，又曰橈片。撑船之竹曰篙竿，又曰篙子。篙本陰平，今音轉爲陽平。船上行所豎立木曰桅杆。拉船之篾索曰牽藤。繫船之繩曰濤繩。上船之板曰跳板。定船鐵器曰錨。音毛。船之前曰尖子頭。船之後曰八尺。船上寄繩之器曰轉葫蘆。打油具曰榨。除草具曰薅鋤，又曰月鋤。抛足之戲曰鷄毛毽。一作鞬。紙鳶曰風箏。以綫紮球戲具曰毛蛋。屑木球戲具曰鐵梨。繩穿竹片勒之聽聲爲戲曰木老虎。器柄曰欛欛。木無首尾曰椿椿。切木成段曰筒筒。挂物曲木或以竹枝爲之曰鈎鈎。一本兩歧曰叉叉。牆垣留穴曰洞洞。逗木之牡曰榫榫。音筍。御榫之牝曰眼眼。擊具曰鎚鎚。小篾器曰篼篼。坐具曰板橙。坐具可憑者曰椅子、曰靠椅。短小坐具曰橙子。坐牀曰㡿牀、曰屏牀。靠棹曰茶橙。理髮具曰梳子。刮蝨具曰篦子。颺糠秕之具曰簸箕，以木製曰風車。飯筥曰筲箕。除粗取細之具曰篩子。熏籠曰烘籠。火斗曰熨斗。軍中火器曰礮。鑿石器曰鏨子。開石具曰楔子。打石器曰晃錘。翻石器曰鐵拗。碗之大者曰品。盤之小者曰碟。婦女薦鞋內小木曰趫子，圓者曰棋子底。帽曰帽子。單衣曰衫子。複衣曰袷衫子。貼身短衣曰汗衿。股衣曰褲子。腿衣曰套褲。足衣曰韈子。衣紐曰紐子、曰扣子。兩幅之交曰縫。去聲。衣不伸曰縐起的。衣緣邊曰棍。音衮。複衣中置棉曰襖子、綿襖。裹物之布曰包帕。手巾曰帕子。僧衣曰袈裟。道衣曰氅子。縫皮曰鞝。音掌。裁餘曰帵。音彎。酒母曰麯子。酒不去渣曰醪糟。温酒曰煨熱。飯賣堆碗曰帽兒頭。米泔曰淘米水。飯變味曰餿臭。粥曰稀飯。一餐曰一頓。噉飯曰吃飯。起麵者曰酵頭。音教。蒸餅之屬曰餑餑、粑粑。餃耳曰油餃子。以箬裹米曰糭子。伸麵曰擀麵。糕餅之類曰茶食。小食曰打點心。以菜侑食曰下飯。猪項肉曰臑頭。音曹。猪脂中堅者曰胵子[二]。猪肘肉曰膀。猪腹下肉曰軟肋。猪前肩下肉曰保肋。猪尾肉曰坐臀。肉之肥厚者曰膔。肉熟曰殅。平聲。以食物入醬醋中曰㞋。音贊。臭之甚者曰膖臭。香之甚者曰馣香。辛甚曰非辣。苦極曰焦苦。甘甚曰清甜。酸甚曰糾酸。豆汁作脯曰豆腐。豆去汁曰粕。一作渣[三]。苞穀糖曰麻糖。蔗糖曰沙糖。米糖曰飴糖。芝麻油曰香油。菜食無肉曰便酌、曰素

〔二〕脂：原脱。
〔三〕一：據體例補。

食。不素食曰葷。婚姻宴會曰酒席、曰治酒，候客曰辦酒。粳米曰飯米。糯米曰酒米。米末舂研曰𥹸，音糙。又曰漆子米。不成粟之稻曰秕殼。穀皮曰糠。麥皮曰麩子。禾穗下垂曰杓。音刁。量糧食曰擣。斛曰斗。小斛曰升。赤豆曰紅豆。菜心抽莖作花曰薹。葱之短者曰火葱。胡荽曰蒝荽。瓢兒菜曰牛皮菜。萊菔曰蘿蔔。菜瓜曰醬瓜。瓠屬曰葫蘆。瓜心曰瓤子。蹲鴟曰芋子。魔芋曰磨芋。地蕈曰菌子。蕨蘭曰藍菜。棉布曰白布。細紗者曰洋紗布。麻布之佳者曰夏布。褐曰毛毯。帛曰紬緞，未成衣者曰料子。布帛色白者曰嘌白。布帛淺黑者曰黢，又曰油登。淡巴菰曰葉子菸。藍汁曰靛。一作澱。作笋篷之葉曰蓇葉。一作箁。櫟實曰橡子，殼曰橡斗。楮曰構樹。結子最多曰一纂纂、曰繁。草木之末曰蕻。草木生針曰莿。草木歧枝曰椏。花朵未開曰苞苞。花木不鮮曰蔫了。花落曰謝。以水澆花木蔬菜曰飲。音蔭。羽族之巢曰窠。鳩曰鵓鳩。音斑。鴟梟曰猫兒頭。鷄雛曰鷄崽崽。卵曰蛋。卵甲曰蛋殼。卵白曰蛋清。卵中曰蛋轂。鷄去勢曰鐓。閹畜曰騸。母犬曰草狗。公犬曰牙狗。牡牛曰牯。牝牛曰牂、曰牸。牝猪曰豝猪。雄猪曰腳猪。未閹之羊曰騷羊。馬曰牲口。牝馬曰課馬。馬鬣曰駿剛。馬前足黑疤曰夜眼。馬櫪曰馬槽。養畜之所曰棬。飼芻豆曰上料。飼鳥獸曰餧、又曰遇。鳥獸細毛曰氄毛。鳥獸脱毛曰换毛。繫畜生曰拴。牧畜曰放。貍曰野猫。牡猫曰男猫。牝猫曰女猫。猫食鷄雛曰跳端公。人呼鷄曰個個。呼鴨曰低低。呼羊曰綿綿。呼猫曰咪咪。呼犬曰啊啊。呼牛曰嚜嚜。鼠曰耗子。野鼠曰毛老鼠。鱉曰團魚。蛙曰喀螞。促織曰竈鷄子。蚼曰曲蟮。蠚人蟲曰毛蟲。蚊之小者曰蟆蚊。音默。蒼蠅曰飯蚊子。蜻蜓曰羊丁丁。齧人小蟲曰虼蚤。肉糞中蟲曰蛆。鼠婦曰地蝨子。塵垢曰圿。圿音甲。物傷濕變色曰黴。曝物曰晒晾。器破曰㲉縫。漏物及地曰粲。物下垂曰䩞。藏物於懷曰褢。乎乖切。懸物曰縞。音弔。研物曰擂。兩人對舉物曰擡。遮遏曰攩倒。搕撞曰碰。積物漸高曰堆堆。束物曰梱。布列曰擺設。相摩曰擦。依次曰挨倒。節減曰省。有餘曰賸。已足曰够。以鹽漬物曰攬。以物漬鹽水中曰泡。

以上器用類。

開鐵廠曰做大爐生意。開廠主人曰廠頭。出本共做曰搭生意。出礦之山曰紅山。燒炭山林曰黑山。礦炭山主人曰山主。佃礦炭山曰寫山。産礦之地點曰窰子。挖礦之器曰啄子。闢穴曰開馬山。由穴而入曰進山。穴内安木曰裝廂。以火藥炸之曰放洋炮。黑炭曰黑棒捶。白炭曰棡子。大爐曰堆炭。送風器曰風廂。爐中空處曰膛子。爐容量曰吃礦炭多少。發火工曰發爐師。看水工曰坐爐師。鐵汁曰生水。鐵汁出處曰金絲門。鐵已溶曰化。鐵板曰生版。一晝夜工曰一個火。作夜工曰下夜班。爐之大者曰彎吹。爐之小者曰對吹。爐底曰爐橋。鑄鍋鏆之式曰模子。蒸紙之甑曰黄甑。泡紙料之池曰塘子。裝細料之缸曰槽。攤紙之器曰簾子。製碗之具曰車盤。打鐵之磴曰鉦燈。以水淬鐵器曰見火。爐中夾鐵具曰鉗子。錘鐵之鎚曰大錘、手錘。爐中渣滓曰鐵矢。載煤之器曰拖。挖礦炭之工曰啄匠。

以上工廠類。專用。

〔民國〕宣漢縣志

【解題】汪承烈修，鄧方達等纂。宣漢縣，今四川省達州市宣漢縣。「會話」見卷十五《禮俗志·交際》中。録文據民國二十年（一九三一）石印本《宣漢縣志》。

會話

主人接客曰稀客，客答曰密密踊起來的。主或曰捨得走，客曰又來了。客見主人曰受福，主人曰在受餓。客辭主人曰道謝，或多謝，或打攪了；主人曰簡慢了。主人送客曰二回來耍喲，客答曰害怕不來嗎。久别乍逢曰好嗎。彼此相辭曰請了，或請坐，或未陪。新春相逢曰過些鬧熱年，或過歲鬧熱；答曰清淡得很。入客棧及貨店曰恭喜發財，去時曰道謝煙，或道謝茶；主人曰空坐一陣。或買物而去曰承讓價，主曰要了錢。

〔民國〕渠縣志

【解題】楊維中修，鍾正懋纂。渠縣，今四川省達州市渠縣。「言語」「雜俗」見《禮俗志第五·風俗》中。録文據民國二十一年（一九三二）鉛印本《渠縣志》。

言語

渠縣方言，不知者或誚其鄙嘖，而考索語根，固亦雅正，不可蔑也。

如詢人物在那塔，尋其本字則爲那黨。《左》哀五《傳》：「師乎師乎，何黨之乎？」《公羊》文十三《傳》：「往黨。」杜解、范注皆云：「黨，所也。」黨音之變爲塔，端紐雙聲相轉也。

答人所問曰在占裡，或云在遮裡。尋其本字則爲者里。《説文》：「里，居也。」「者，别事辭也。」俗以這字爲之，其變爲占、遮者，知紐雙聲相轉也。

詢人那里曰那悝，或訛爲那塊。按，里，今韻在之部，古韻與悝同隸咍部。悝、塊又同爲溪紐，雙聲，故得展轉蛻化也。

問何事曰啥事，何物曰啥東西，渾言曰啥子。章先生曰：「啥字，正作余語之舒也，通借作舍。《孟子》：『舍皆取諸宮中而用之。』猶言何物皆取諸其宮中而用之也。亦有直作余者。《左傳》：『小白余敢貪天子之命，無下拜。』猶言小白何物也。」按舍受聲於余，古音同在模部，依蘄春黃侃二十八部説。故得相借。

渠人指某物曰那洼。於佳切，即俗歪字音。尋其本字當爲彼己。《晉語》引《詩・候人》「彼己之子」，《韓詩外傳》引《詩・羔裘》「彼己之子」，《春秋左氏傳》「夫己氏」，杜解：「猶言某甲。」按，那古音羅，《左傳・驂乘歌》以那叶皮多是其證也。彼古音波，皮字聲韻俱變，古音正讀波。故從皮聲之波坡頗婆等字，皆同隸歌部，尚未變其正音，而彼陂等字則俱變入支部，非正音矣。二字同隸歌部，故得相假。己字正音如哀，今韻在之部，古韻在咍部，今隸簡書作厶。从厶得聲者有台、有矣。其受聲於台者，又有胎孡鮐郃蛤髫炱苔跆痞等字。受聲於矣者，又有埃唉誒焥欸等字。二類之字，無論今古音皆同在咍部，是知己字正音讀哀無疑。其變爲洼音者，影紐雙聲相轉也。或曰當作彼其，《毛詩》彼己作彼其可證。然其字正音讀該，古韻亦作咍部，義得相通，惟彼己、彼其自昔本以言人，今則移以言物矣。

其他語音之訛，如犂來訛爲哰來，千犯訛爲千分，此以韻變。百戲訛爲把戲，自此訛爲咱子。此以聲變。訛繆相尋，益離其宗。若不沿波以討源，循名以覈實，寧亦知其方域殊語悉爲雅言所寄哉？

雜俗

稱父母曰爹母，或曰爹媽，亦有稱阿爸阿姐、阿爺阿娘，或爸爸姐姐者。祖父母曰公公嘍嘍，或曰爺爺孎孎，或曰老爺老娘。稱外祖父母曰阿公阿婆，或曰外公外嘍。夫稱妻曰某妹，以其姓氏别之，故謂娶妻曰接妹。

〔乾隆〕大竹縣志

【解題】陳仕林纂修。大竹縣，今四川省達州市大竹縣。「方言」見卷五《風俗志》中。録文據乾隆五十二年（一七八七）刻本《大竹縣志》。

方言

五方之風氣不同，而語言亦異，雖書籍猶難辨之。《陳湯傳》既曰「毋鼓」，《西域傳》又曰「毋寡」，是一義而二字也。班固史既曰「龜兹」爲「邱慈」，范蔚宗史又曰「龜兹」爲「屈沮」，是二字而二言也。其類不可殫述。竹人言音多清爽，顧音韻雖清，而出口多不能一轍。爰録之以比楊子雲之《方言》云。

天時

天初明曰天亮。正午曰晌午。將夜曰晚下。虹霓曰扛。水凍成冰曰凌冰。下雨曰落雨。不出日曰陰天。

地理

兩山夾田曰溝田。山嶺曰坡，故上山曰上坡，再上曰高山，上不得曰陡巖。平地曰垻。田不可種者曰荒坡。

人事

清晨曰清早。留宿曰歇。拾曰撿。無曰没得。何如曰怎麽。隱入曰藏。不循前言曰撒懶。凡於初二、十六日買酒肉祀神曰打牙祭。

物情

虎曰老虎。鱉曰團魚。青蠅曰蒼蠅。圓物曰團。竹箱曰篾籠。木箱曰箱子。裹衣曰汗衣。飲馬牛曰應水。

飲食

米之麤者曰糙米。酒之美者曰好酒。六穀入甕盛之，月飲插竹而飲，名曰咂酒，竹人以此爲敬。蔬菜曰小菜。飲物曰吃。

交接

呼讓路曰躲開。相换易曰挑换。相駡曰相嚷。相打曰打架。

宫室

椽角曰角子。歸家曰回來。祖父定居之地曰老屋。

稱謂

祖父曰公，又曰爺爺，又曰老爹。祖母曰奶，又曰嫨。父曰爹。母曰娘，又曰媽。父之兄曰伯爺。父之弟曰叔子。男曰崽。婦稱翁曰公公，姑稱嫨嫨。兄之妻曰嫂嫂。弟之妻曰弟婦。姑夫、母舅之子曰表弟兄。姐妹之夫曰姐丈、妹丈。同年生曰庚兄。

〔民國〕大竹縣志

【解題】鄭國翰等修，陳步武等纂。大竹縣，今四川省達州市大竹縣。「土音」「方言」見卷十《風俗志》中。録文據民國十七年（一九二八）鉛印本《大竹縣志》。

土音

竹民語言，可大别爲三類。山前語平，其音近於和緩。山後語稍高，其音近於清剛。山後下段語較重，其音近於激昂。故統計六鄉，雖語言大同，而語音不無小異。

山後上段興隆場一帶，接近梁山鄉民土音，多有兩音相互反讀者。如烘風反讀，紅縫反讀，烘讀風，風讀烘。灰飛反讀，回肥反讀，以及荒方、黄房、昏分、横墳等字皆反讀，此平聲之互相反讀者也。如閧鳳、惠費、混糞、滑伐等字皆反讀，此仄聲之互相反讀者也。次如南路李家場一帶鄉民土音，間有讀娘如陽，讀年如顔，讀牛如猶，讀業如葉，讀義如意，讀硯如燕者，此音變而韻不變者也。復次如附城鄉民土音，間有讀娘如年，讀湯如探，讀商如山，讀張如占，讀棒如伴，讀仗如戰者，此音變而韻亦變者也。他如職業上、境遇上、氣候上之差别，亦往往有因用語不同而發音亦不同者，兹不贅述。

按以上各種土音音變不奇，音變而仍有一定之規律則奇，且音有一成而遂不可變者則尤奇之奇者也。生成歟？習成歟？姑志數則，聊以供研究音韻者之參考云爾。

方言

竹民向分五館。五館者，蓋自楚湘粤贛閩五省遷竹者，各醵金建一會館爲其鄉館。五省人之原籍不同，五省人之鄉談亦各自不同，其後習與俱化，原籍鄉談之存在者百不得一。竹中人乃自有所謂竹中語者，撮録如下。

稱父曰爺、曰爹、曰牙、曰啊罷。稱母曰媽、曰娘、曰邁、曰歪、口阿孾、曰威雅。稱祖父曰公、曰祖、曰老爺。稱祖母曰漊、曰哺、曰奶奶平聲。曰甲甲。稱曾祖父曰堂公、曰老爹。稱曾祖母曰堂漊、曰老奶平聲。稱兄曰哥、曰罷罷。稱姊曰姐、曰呆呆。稱叔父曰老子。稱叔母曰嬸。稱岳父曰丈人、曰親爺。稱岳母曰丈母、曰親娘。稱外祖父母曰外公外漊、曰阿公阿漊。稱母之兄弟曰舅爺。母之姊妹曰姨娘。

呼男曰娃兒。呼女曰妹兒。呼雄鷄曰鷄公。呼雌鷄曰鷄母。呼釜曰頂鑵。呼粥曰稀飯。呼斧曰開山子。呼乞人曰討口子、叫化兒。呼長期雇工曰長年，短期曰零活路。呼女僕曰大嫂、曰老媽。

呼耕田器曰犂。呼網田器曰耙。呼挖泥濾水器曰爬梳。呼斲土器曰挖鋤。呼剗草器曰月鋤。呼脱粟器曰礌子、曰篩子、曰碾子、曰風車。呼揚穀器曰簸萁，亦曰斗筐。呼打稻器曰撻斗。呼打麥器曰連架。

謂如此曰正個、曰衆個的。謂如彼曰浪個、曰弄個的。謂不潔曰骯髒、曰蠟踏、曰挖抓。謂極臭曰膀臭。謂極香曰馚香。謂童子多事曰牽翻、曰淘氣、曰頑皮、曰作孽。謂婦女貌美曰體面。謂小孩活潑曰精靈。謂話不實在曰扯謊三。謂人不中用曰窩裡老。謂無職業曰滾倒皮。謂無財産曰窮光蛋。謂極小曰丁丁。謂極少曰點點。謂事物尋常曰將將就就。謂閒談曰擺龍門陣。謂好勝曰戴高帽子。謂無智識曰泥巴腦殼。謂管閒事曰較場土地。

問如何曰郎個、曰怎樣、曰那們上聲的。問何物曰啥子、曰啥東西。問何人曰那個。問何處曰那里。問何故曰甚麼、曰啥事。主人接客曰希客、曰捨得走。客見主人曰受福、曰又來了。主人送客曰二回來耍喲。客辭主人曰害怕不來呀。彼此相見曰好嗎。彼此相辭曰請了。新春相遇曰過鬧熱年。入客棧及貨店曰恭喜發財。

按語言一科，久成專門，近今學者嘗有統一國語、統一世界語之提議矣。今就一邑之普通方言，略紀一二，乃竟如此，其複雜凌亂而無序也，以云改良，談何容易。其最無理者，莫若神之稱與人之稱無別，如呼天地爲老爺、呼日月爲菩薩之類。甚至人之稱與畜之稱無別，如鷄公、鷄母之類。夫以鷄之雌雄與人相比儗，已覺不倫，況公母兩字原屬家庭内之尊稱，安可以此種名詞加諸畜類耶？相沿既久，雖有賢哲，亦往往脱口而出，不求甚解，以訛傳訛，淺則爲社交之梗，深則爲文學之障，此正名論之所以不可不講也。孔子曰：「名不正，則言不順。」又曰：「名之，必可言也。」欲救其弊，舍名學曷以哉？

〔民國〕蒼溪縣志

【解題】鍾俊等修，李靈椿等纂。蒼溪縣，今四川省廣元市蒼溪縣。「尊卑長幼之稱謂」「方言」見卷十《禮俗志》中。録文據民國十七年（一九二八）鉛印本《蒼溪縣志》。

尊卑長幼之稱謂

邑俗呼祖父母曰爺爺、婆婆。呼父曰爹，亦有呼爺爺者。呼母曰媽，亦有呼娘者。呼伯叔曰老老。呼姑母曰孃孃。呼兄曰哥哥。呼姊曰姐姐。呼岳父母曰親爺、親孃。岳稱壻曰相公。婦歸壻家稱謂亦同。按古人稱夫之父母曰公婆，兄弟曰伯叔，姊妹曰大小姑，今人不講久矣。

方言

除家庭稱謂之外，而社會亦有方言。如稱婚嫁曰過喜酒，祝壽曰做生期，清明祭掃曰開山，中元設奠曰封袱，務農曰做莊稼，服賈曰做生意，告訟曰打官司，解紛曰説禮信，争毆曰打捶，休息曰歇氣，食肉曰牙祭，事畢曰煞閣，供天祈福曰打清醮，延巫驅鬼曰打大鑼。如此之類，不一而足。

〔民國〕綿陽縣志

【解題】浦殿欽等修，崔映棠等纂。綿陽縣，今四川省綿陽市涪城區、游仙區。「俗語」見卷一《風俗》中。録文據民國二十一年（一九三二）刻本《綿陽縣志》。

俗語

綿邑經明末獻賊荼毒之餘，舊户籍存者無幾。厥後皆由各省遷居，久成土著，各操土音，紛雜莫定。今略記其凡。

如稱祖曰爺、曰公，祖母曰婆、曰奶。稱父曰爹，亦曰爺、轉牙。曰甫、轉圃。曰偺、曰爸，母曰媽、曰娘、曰姐、曰嬭。轉平聲。伯叔曰滿、曰八。由爸音轉。姑曰孃孃。兄曰哥。姊曰姐。伯母曰姆。叔母曰嬸。岳父母曰丈人、丈母，亦曰親爺、親母。謂婦之翁姑曰公婆。謂兩壻曰老挑。内外兄弟相謂爲老表。族同姓相謂爲老華。娶妻曰接親。嫁女曰打發。

夏暴雨曰白雨。雹曰冷子，亦曰雪蛋子。霧曰罩子。天曉曰亮。日落曰黑。登山曰爬坡。涉水曰過河。趁虚曰趕場。

眠曰睡覺。去聲。臥謂之躺。立謂之站。趨謂之跑。蹦謂之跰。藏謂之躲，亦謂之秘。看謂之望。嗅謂之聞。搔謂之彄。負謂之揹。虧負曰上當。去聲。占勝曰便宜。足謂之够。密謂之嚴。忍謂之鏖。迅謂之快。遲謂之疲。有意緩曰挨。熱飯謂之炖。熱酒謂之燙。瀉酒謂之篩。斟茶謂之倒。去聲。拾物謂之撿。堆物謂之碼。汙穢謂之邋遢。盡止曰煞閣。操擾曰勃煩。侮慢曰蹧踏。苦擾曰厭氣。紛呶曰嘮道。閒談曰擺條。誑語曰扯白。見凌於人曰欺負。有人助力曰幫扶。瑣屑計較曰摟挍。憐憫人曰造孽。愛人曰心疼。物事稱意曰舒服。詢事如何曰那們。統括之詞曰一把連。

飯一餐曰一頓。雨一陣曰一潑。戲一齣曰一折。凡物曰東西。器具曰家火。箸曰筷子。筐曰提兜。

鷹曰老鷹。鴉曰老鴉。鶏鵡曰拐兒。凡鳥皆曰拐拐。蛇曰長蟲。鼠曰耗子。蛙曰咳蟆。蟾蜍曰癩肚。螽斯曰竃鶏。水蛭曰馬蝗。螳螂曰青猴。愛憐小兒曰乖。怒人强去聲性曰牛。駑弱曰馬。不慧曰瓜。鹵莽曰笨。狂跳曰風雨。撞曰搓。營求曰鑽。拗曰甥。炫曰翊。塞曰揍。棄曰丢。做曰搞。惡劣曰歪。諞物曰拐。受蒙曰傻。侈語曰吹。晦氣曰霉。相駡曰吵架。相鬭曰打捶。競辨曰扯經。道勞曰難爲。延巫禱疾曰打保符。朔望酹神曰打牙祭。酬勞牙儈曰打各市。文字乞假曰打抽豐。兩家結婚曰打親家。

〔民國〕安縣志

【解題】夏時行等修，劉公旭等纂。安縣，今四川省綿陽市安縣。「聲音清濁」「方言」見卷五六《禮俗門》中。録文據民國二十七年（一九三八）石印本《安縣志》。

聲音清濁

前清時，縣屬民皆由各省客民占籍，聲音多從其本俗。同一意義之俗語，各處發音不同，有所謂廣東腔者，有所謂陝西腔者，有所謂湖廣寶慶腔者、永州腔者，音皆多濁。近數十年交通便利，聲音皆入於清，而各省之人腔調漸歸一致，音皆多清而濁者少矣。

方言

縣境言語文字、口頭名詞大約與川西一道相通外，無特別不可解之語。

〔道光〕石泉縣志

【解題】趙德林等修，張沆等纂。石泉縣，今四川省綿陽市北川羌族自治縣以及阿垻藏族羌族自治州的茂縣、汶川、松潘部分地區。「番譯」見卷二《輿地志·風俗部》中。録文據道光十四年（一八三四）刻本《石泉縣志》。

番譯

番民無文字，點畫隨其天籟，相口授而不遷焉。

呼父爲阿爺，音如叶，爺轉入聲，音近葉。母爲阿媽，轉入聲，音近襪。兄曰哥，姪曰姪，妹曰妹，與漢人無異。弟曰都涿，從弟曰葛都。嫂曰阿没柘。伯曰阿必得。叔曰阿仆，叔之妻曰阿什。母之兄弟曰阿姑。父之姐妹曰阿姑乜，其夫曰阿必得。稱官府曰阿叭。稱祖父亦曰阿叭。祖母曰阿鐸。子曰接禄。女曰接篦。甥曰擇涿，呼孫亦如之。媳曰接續。凡食物曰擇麽乜。早飯曰合納帖。午飯曰雜麽帖。飲茶曰撻帖。其於衣服：帽曰大娃。稱鞋：河東人曰剌葛，河西人□□□□□□□□□所求曰没乞〔一〕。知其事曰□□□□□□□□煞。不明

〔一〕原刻本殘缺。下同。

白曰没穲。其呼天曰兒漠叭〔一〕。呼地□□卜。於日曰莫釋葛。於星曰日柘。雲曰是達。□□白。雨曰没。凡路皆曰越，行路曰越格。山曰斛卜〔二〕。水曰沮。石曰孩兒疤。其稱樹木爲食。音松曰漉，柏曰壽，竹曰百，梅曰回。於朴柴曰悉，砍柴曰悉錯。稱人之富曰兒布者，貧曰敝滅者。稱人之善曰舍，惡曰業没舍。謂詈罵落活得，打曰葛得，死曰阿咦。其於一身：曰葛波柘，頭也；曰麽葛，項也；曰彌彌格伯，耳也；如達葛，口也；伯留，面也；格哄，髮也；地格卜，鼻也。河東曰歇伯，河西曰齊伯，皆手也。河東曰協廓，河西曰躅，皆足也。葛伯，舌也。拍博，肚也。頂也訶，背也。撻骨兒格，腰也。歇所格，指也。擇達，言説也。合没繹，和好也。謂牛爲息，馬爲賀，虎爲紅貝，羊爲竹，猪爲柏，狗爲梏，鷄爲汙去聲，鵝爲和月，騾爲格底，驢曰擇控兒。此番音之大略也。

按子雲作《方言》，宋趙叔向取其切俗者作《肯綮録》，説者以爲隘也。五方土音不能相同，況番夷乎？長吏抱案訟庭，恃彼譯言以爲辭聽，安知不雌黄其口也？作「番譯」一則，雖不克盡其文，而略見一斑，亦足爲官斯土者折獄之一助云。

〔一〕天曰：原殘，據聞宥録文補。

〔二〕斛：原殘，據聞宥録文補。

〔民國〕新修南充縣志

【解題】 李良俊修，王荃善纂。南充縣，在今四川省南充市順慶區。「方言」見卷七《掌故志》中，由蒲毓庚纂。録文據民國十八年（一九二九）鉛印本《新修南充縣志》。

方言

蜀農曰：鐘儀不改土音，南風樂操荆楚，薩保未遺舊俗，《北史》語記鮮卑，蓋忘本者，倍君子所譏。一言雖微，足以觀大。吾邑經明季亂後，土著存不二三。生斯族斯者先多來自外籍，故音不一。兹擇普通者録之。

如電曰火睒。音閃。雹曰雪彈。嚴霜曰起霡。霪雨曰漏天。虹霓曰槓。雷聲曰䨻。音併。埃飛蔽天曰黄沙。日中曰晌午。日入曰瞰。音黑。天將曉曰朏朏荒去聲亮。日將墜曰漫漫黑。平川曰壩。巖穴曰峒。陡坂曰坡。坎陷曰陯。音倫。地凸曰埂。吞去聲。漩水曰渦。水潭曰沱。水上涌曰𣸣。音冒。漉去水曰瀝。物墮水聲曰𤁗。石墮聲曰𥐩。俱音董。市肆曰場。小港曰浩。土肥饒曰坔。同地。平原曰坪。粥物門首曰鋪。去聲。築垣而居曰堡。普去聲。旁屋曰廈。田舍曰莊。偏屋曰廂房。堂内柱曰空棟。柱下石曰磉磴。音等。閾曰門閻。音坎。院壩曰天井。頭進門曰槽門。補漏曰苴。音插。正屋曰岱〔一〕。音薦。俗作垈。閉門機曰櫎。音栓。屋横

〔一〕岱：原作「岱」。

木曰櫄。音領。畜欄曰圈。讀若卷。曲木可挂物曰鍓鈎。俗作搭鈎。鈢木器曰錛鋤。音奔。切草刀曰鍘刀。音札。平木器曰鉋子。音報。鐫石器曰鐁。音且。撻穀器曰連枷。濾細器曰篩子。架木陳物曰榢。音稼。截木成段曰橦。音同。發土器曰鏵。刮鍋器曰鏟。老人杖曰拐。揚積器曰掀。音軒。貯物方木器曰匣，音霞。圓曰桶。貯酒器口篗。音摟。負土器曰箢。音兜。以竹通水曰筧。音簡。破竹成片曰笚。音甲。笠曰斗篷。箸曰㪣子。音快。漉米器曰筲箕。熯物器曰烘籠。關捩曰捎箟。音消息。手卜曰拈鬮。音邱。窯器有光曰釉。音又。朽物將裂曰劗。音尊。火熯物曰熇，音考。又曰熁。音血。鼻塞曰祝。音祝。自大曰吴。槎上聲。看曰眥，鎖平聲。曰瞄，音苗。曰瞧，曰睬。失明曰瞎。音挾。定視曰瞕。音瞠。皮裂曰皴。音村。腹瀉曰過。耳垂曰𦗲。音答。足踏曰躧。聲不和曰嗄。足蹂地曰跐。此平聲。唾人曰啡。披上聲。使犬曰嗾。吐氣曰吙。火平聲。面愁曰慪。謳去聲。自稱曰咱，又曰我。謂人曰你。知姓名曰他，不知曰那人。年長曰老漢。下賤曰雜種。共事曰夥契。寄父曰保爺。母之父母曰外公外婆。所生少小曰幺兒幺女。農僕曰長年。竈婢曰火手。無所知曰盲子。莽平聲。習遊蕩曰彈神。人小曰躲。物大曰奘。莊上聲。人形短曰矮矬矬。音簇。物量多曰重鈍鈍。吞上聲。人敏快曰刢利。不整潔曰䶂𩣯。音臘塌。蠢惷曰恾贛。音莽壯。昏憒曰殼濁。音忽瀆。狡黠曰尖穳。音鑽。樸質曰老實。稽顙曰叩首。接洽曰攏身。曲屈曰骫骳。强制曰顢頇。言誇大曰沖音銃客。無意識曰渾人。詞不屈曰犟。音降。勢太弱曰愞。言行不合曰不對。彼此相背曰差遠。宜遲曰慢點。當疾曰快些。事盡諉曰尲尬。音甘概。心已亂曰懵懂。音猛董。求人厚待曰照拂。由我承攬曰包箍。便旋曰出恭。如廁曰遺矢。熟睡曰眼閉。不語曰口嗄。閒玩曰耍。急走曰跑。勉力曰彊。音絳。游惰曰懶。屈膝曰䇲。音跪。摘毛曰攣。音旋。手提曰揵。音虔。面瘡曰皰。音砲。推人曰攮。音朗。承物曰拏。肥脂曰膘。音標。指紋曰腡。音羅。取水曰舀。堯上聲。陳物曰攤。得財曰利市。置物曰家火。飲食味變曰傁音搜臭。味美曰新鮮。酒有滓曰醪糟。發饅頭曰起酵。脂肪厚者曰肥腬。柔去聲。米末蒸之曰鬵遮上聲肉。熟米末之曰炒麫精。鹽漬之曰醃肉。辛香和味曰萫料。五味得宜曰調和。鹵水曰鹼。音減。燒餅曰巴。來其曰豆腐。饅首曰麫包。餌謂之餻䭈。長曰餑。音磨。餛飩曰湯丸。粉團曰餈苴。讀若巴。煖酒曰湯。去聲。熱水曰滾。麫漿曰糨。將去聲。煮物曰炖。音鄧。瘦猪曰豭去聲子。嘉魚曰江鮀。人死曰過世。遇事曰者回。應人呼聲曰喡。同唯。譏人不實曰假行。如人意曰湊趣。事多忙碌曰够整。實多下垂曰纂纂。水滴不斷曰點點。女工要者曰鍼黹〔二〕。民事急曰農忙。物不觸曰仍倕。音格膩。奉物不敬曰臾賣。音褻瀆。醫曰大夫。巫曰端公。穩婆曰月媽。賈人曰掌櫃。凡茲土語，有聲無字者不録，僅採四五，以備究覽文言不一之國民，亦有裨焉。

〔二〕曰：據體例補。

〔光緒〕廣安州新志

【解題】周克堃等纂。光緒三十三年（一九〇七）修。廣安州，轄境包括渠縣、岳池、大竹、鄰水等縣，州治在今四川省廣安市廣安區。「方言」見卷三四《風俗志》中。有宣統三年（一九一一）刻本。録文據民國十六年（一九二七）重印本《廣安州新志》。

方言

方言之録，始於揚雄。州不獨言語與他郡縣殊，即六鄉語音亦各異。楚人猶楚語，越人猶越語也。今依通俗言之，凡明世舊籍曰老民、曰本地人，國初入籍曰新民、曰客籍人。通呼高山曰嶺，平地曰壩，山曲曰塆。水瀕曰河。地寬曰平，巖險曰广。烟竈曰户。市肆曰場。居鄉無村落聚居曰大院子，獨户曰單居。居市有街道，對居曰合面街。散居曰零店。幫農曰傭工。習匠曰學藝。入市曰趕場。看戲曰趕會。市買諸雜物曰買東西。路看諸鼓樂曰看熱鬧。醵錢會飲曰打平夥。買賣成共飲曰喫合食。家晤舊戚曰熟視，曰見面茶。會新姻曰生親，曰上門酒。迎客來家曰稀行，曰捨得走。禮往人家曰探親，曰走人户。邀人飲曰請酒。送客曰簡慢，曰勞駕。贈小兒錢曰穿褂錢。赴人宴曰喫酒。謝人曰厚擾，曰多謝。打發食物曰帶鲊包。論事曲直曰理論。與人息訟曰和息。許願誦經曰唸皇經。祈保平安曰建清醮。入廟祀神曰進香。演戲聚飲曰辦會。寺廟香米拜佛曰打齋。朔望禁食葷腥曰食素。道場齋醮初日酒肉曰封齋，畢日酒肉曰閉齋。新貴衣冠初入市禮神集賀曰謁廟，繼入親友家待宴曰拜客。贊人整衣束帶曰脱白。爲人簪花披采曰挂紅。語人曰告送爾。戒人曰提醒爾。謝人贈曰瓜帶爾。謝人勞曰難爲爾。責人誤事曰錯舛、曰插黄腳。指人欺言曰扯謊、曰翻白嘴。聚衆閒談曰打礦子、曰擺龍門陣。背地刺人曰説啞謎、曰唱壁戲。借事誚人曰駡花鷄公。見財不獲曰看水鴨子。因事暗許曰偏手錢。乾没人物曰上腰會。當面謔人曰跳加官。當衆違議曰打頂板。因事轉計曰見風使帆。逐事究追曰盤根挖藕。遇事開花曰鬧盆景。見人求助曰打抽豐。誚人落魄曰背時。詈人失事曰遇鬼。語多不典，然習俗舊説，不能强改。

稱謂之禮，九族姻婭自有定名，不贅。而通稱美名以尊人，亦無受爾汝也。城鄉民稱州官曰大老爺，紳耆稱之曰父臺，三學生稱之曰父師。官幕友曰師爺。學官曰學太爺。汛官曰總爺、曰副爺。吏目曰太爺、曰老爺。稱鄉紳、生監通曰老爺，貢生曰貢爺，廩生曰秀才，新入學納監者曰新爺。一人舉貢，其昆弟皆以次稱。一家貴富，其親友皆以翁奉。子入學，其父曰老封君，其家曰衿户。子入仕，其父曰老太爺，其命婦曰宫太〔一〕，子曰少爺，女曰小姐，其妻舅曰舅老爺，其表親曰表老爺，其壻曰姑少爺，其姪曰姪少爺。此貴稱也。

〔一〕宫：原誤作「官」。

業師曰老師。生監之婦通曰大娘、曰娘子。紳士掌教書院曰山長、曰院長。紳監奉官檄管城局公事曰局紳，管廟會公事曰總領、曰董首、曰承辦。富人曰大户。行善舉曰善人。頒白曰老尊年。署中房科主事曰典爺。鄉約、保正、街長曰頭人、曰客總。卜筮星相皆曰先生。工藝雜技通曰師傅，開棧房曰店主，開鋪市曰掌櫃、曰老板。商賈通曰客人。海菜店曰海味行。鍋鐵店曰鐵器行。果餅店曰齋鋪、曰京果行。紬帛店曰雜貨莊、曰廣貨行。花店曰花行。鹽店曰鹽行。魚肉店曰屠行。屯積穀曰糧食幫、曰斗載幫。僧曰禪師。道曰真人。醫曰郎中。巫曰法官。薙髮曰待詔。吹手曰八仙師。衙署門丁曰大爺。差役曰管事、曰領班。途遇人，無少長均稱曰同年哥。男新娶者曰新郎官，女新嫁者曰新嫁娘。游客曰紅船客。管班戲頭曰班長。游民曰喫大户。此尊稱也。習俗所囿，莫能是正，或失於夸，或失於諂。

〔民國〕蓬溪近志

【解題】伍彝章等修，曾世禮等纂。蓬溪，今四川省遂寧市蓬溪縣。「方言」見卷七《風土志》中。録文據民國二十四年（一九三五）刻本《蓬溪近志》。

方言

平原曰壩。言語忤人曰觸。音杵。火炙曰熇，音考。又曰熸。音脅。鼻塞曰䶊。音祝。謂看曰瞄。音苗，從目。飲食變味曰餿音搜臭。皮裂曰披。音村。腹瀉曰過。曲木可挂物曰鎝鉤。俗作搭鉤。平木器曰鉋。音抱。存目不見物曰瞀。音務。露牙曰齙。音報。以辛香和食曰薌。音向。女工曰鍼黹。和物曰拵。音全。物朽而斷曰剸。尊上聲。水歧曰汊。音詫。母之父母曰外公外𡢃。磨之漸消曰鋊。俗讀作遇。穀穗曰杓。音弔。割牛馬勢曰騸。音扇。不精彩曰䮾騔。音臘搭。謂多曰够。音搆。耳垂曰䁯。音搭。足踏曰躧。釵上聲。牛馬腰左右虛肉曰軟膁。音歉。物濕而黑腐曰黴。音梅。沃土曰魚米之地。劈破曰撕。聲破曰嘶。馬鳴曰嘶。器破曰𤮿。以米撒鹽椒釀肉魚曰鮓。推人曰攮。音朗。心動曰㥁。音徹。麪散者曰麬。音勃。抽廂曰屜。音替。寒熱結塊曰疓音幸瘍子。凡高出曰矗。音銃。通水槽曰筧。音簡。竹篾曰篾音迷條。以鹽漬物曰濫。音覽。箸曰筷。音快。伸麪曰擀。音敢。謂人形短曰矮矬矬。音搓。鞋襯曰幫。門地脚曰限。音坎。物臭曰膖音旁醜抽去聲。雌狗曰草。雌思雄曰起草。宛轉生動曰蚴。牛去聲。疥瘡曰乾瘑疕。土音格澇。地芝曰菌。音郡。米甕曰磑。音內。驛遞曰站。重聚曰磊碠。堆上聲。人之狡黠者曰尖滑。尾曰已音以巴。艾炷曰爝。音醮。火爆曰灹。音乍。旁屋曰廈。粗率曰体。奔去聲。驢騾所負物曰他音惰子。得利曰䝼。耑去聲。蟲螫人曰蠚。音霍。以毒藥藥人曰㾦。牛羊食已復吐而嚼咽之曰回嚼音醮揲。爪刺曰掐。音恰。痴愚曰夢憃。音銃。不平曰髚。音竅。笮去汁曰潷。音必。指物事曰者。俗作這，非。柄曰杷。音同。凡去瓜果皮曰雪。酒醋中小蟲曰蠓。音猛。言吃曰謇。去垢曰磢。音訕。刮鍋曰鏟。飾邊曰緣。音怨。鹽鹵曰膽水。田舍曰莊。鷄伏卵曰菢。音抱。

豕項間肉曰臑音曹頭。負物曰馱，一曰背。音悲。揵穀器曰連枷。音加。束小兒者曰綳。音崩。馬後革曰鞦。騾後木曰紂棍。瓦器未成曰坏。音披。拾物曰搴。音簡。線條曰綹。音柳。表畫曰礀。音甑。唾人曰啡。坏、配二音。聲不清圓曰嗄。俗作沙上聲。快走曰猋。音標。木歧曰䉿。叉上聲。縫鞣皮曰鞝。音掌。呼人曰嗃。音胃。喉曰嚨。夏日暴雨曰偏涷雨。手卜曰拈鬮。音鳩。小曰丁丁，又曰點點。詞不屈曰讋。音絳。沈水曰淹。音庵。鋪墊曰攞。音霸。牡牛曰牯。牝牛曰牸。以篾束物曰箍。音孤。竹器曰篼。窑器光曰釉。音宥。瘦皮垂下曰皶。音荅。手掘曰乞。烏八切。傷皮曰剩。瘖上聲。織具曰篾。音寇。熱而皮生瘮曰痱音費子。多鬚曰鬔音闊腮。綰髮爲髻曰鬢。音纘。麪漿曰糨。音絳。樹枝歧者曰椏。音鴉。搦汁曰擠。音濟。以物沾水曰蘸。音站。大曰奘，莊上聲。曰莽。屋上承椽梁曰檁。音領。水上涌曰涓。音冒。手采曰捋。小兒手據地行曰趰。音蒲。屈膝曰跧。魁上聲。不脆曰臑。音如。不鮮曰蔫。音焉。齒畏曰齼。音禁。推之曰搡。音聳。漩水曰漩渦。水潭曰沱。音陀。壅物變味曰齅音甕醜抽去聲。熟米麥末之曰炒麪。謂欺紿曰鬼。物墮水聲曰⿰氵董，石墮曰⿰石冬。俱音董。漉去水曰瀝。電曰睒。音閃。肥脂曰臕。手指文曰腡。音羅。胎衣曰脬。音胞。禾不實曰穈。音厭。遠曰寫。音弔。小兒女曰幺。漬藏肉菜曰醃。音淹。不去滓酒曰醪音勞糟。鹵水曰鹼。音減。自謂曰我。謂人曰你。牛羊馬豕欄曰圈。禽卵曰彈。火熾曰煨。香氣盛曰馞。蓬去聲。兩手相摩切曰挼。音搓。罵人之醜稱曰雜種。與小兒戲捉其鼻曰牽牛。急遽曰奔。去聲。發饅頭曰起酵。音教。便旋曰出恭。有所礙曰隱。恩上聲。

凡戲玩曰耍。物件曰家火。氣鬱不伸曰漚。去聲。人之憒憒者謂之轂濁。音斛篤。凡顏色鮮明曰翠。言語不合謂之不對。襯裡曰胎。謂小港曰浩。《蜀道驛程記》。譏人不貞曰沁。不脱俗曰嗠、格上聲。曰黄。套褲曰阿絨盔頭。辦事無條理曰糟。怒視人曰瞅、曰恨。心術不正曰濫、曰壞蟲。大小便曰解大小手。謊語曰編筐、曰沖殼子。教唆人曰打條。詭詐人曰想方。不怕事曰不睬、曰不眼。上聲。詐愚曰粧莽。好虛派曰綳面子。人不誠實曰恍恍。代人做事曰幫忙。與人争辯曰扯經。譏人無能曰瘟症。此蓬溪歷來習見語。從古地方常言多有其聲，不得其字，明季遂寧李實所撰《蜀語》，事徵本原，十得其七八，於蓬尤切，今悉採載，其於蓬不切者省之。輯《合川縣志》。右方言。

〔嘉慶〕漢州志

【解題】劉長庚等修，侯肇元等纂。嘉慶十七年（一八一二）修。漢州，今四川省德陽市廣漢市。「士習」見卷十五《風俗志》中。録文據嘉慶二十二年（一八一七）刻本《漢州志》。

士習

蜀方言玉讀遇〔一〕，韻書收沃韻，魚欲切，李實《蜀語》詳言之。考萬震《海物異名贊》曰：

〔一〕遇：原漫漶不清，據《蜀語》補。

「江瑶柱，厥甲美如瑶玉。」柱、玉叶，亦作去聲。《詩·小戎》：「温其如玉。」音裕。又大讀一駕切，楊升庵曰大古音戴，音垛，而無一駕切。考《淮南子》宋康王時有雀生鸇，占曰：「小而生大，必霸天下。」大、下叶，是亦有一駕切。

〔同治〕德陽縣志

【解題】何慶恩修，劉宸楓、田正訓纂。德陽縣，今四川省德陽市旌陽區。「稱謂」見卷十八《風俗》中。録文據同治十三年（一八七四）刻本《德陽縣志》。

稱謂

人少土著之家，地多雜處之民。聲音不同，故稱呼各異。楚人謂父曰爹，秦人曰逢，粤人則謂之阿爸，閩人則謂之爸爸，豫章人又謂之爷爷。母或謂之媽，或謂之娘，或謂之母親，或謂之阿媽，或謂之阿嬭。至於子，則或呼娃，或呼兒，或呼崽，或呼乃。

〔民國〕灌縣志

【解題】葉大鏘等修，羅駿聲纂。灌縣，今四川省成都市都江堰市。「方言」見卷十六《禮俗紀》中。録文據民國二十二年（一九三三）鉛印本《灌縣志》。

方言

華夏泱泱大國，書能同文，而言不一致。蓋音有古今之殊，地有方隅之限，水土化之，積習又熏之，其趨於糅雜者，勢也。然即委窮源，端倪可素。俚雅互證，固有自來。昔人纂述方言，皆關學術，兹仿其意綴輯焉。

殯　下種地中也。《士喪禮》：「三日而殯，三曰而葬。」殯，淺葬也。殯者不久即葬。下種者不久即蒔，其事相類。俗語借用之。

秕　物體凹陷也。《説文》：「秕，不成粟也。」方言引申爲用。俗謂物之不實者謂凹米子，其意正同。子，語助。

清　寒氣侵人也。如云冷清。《説文》：「清，寒也。」又七厂切，如云冷清人。

喿　讙呶相嬲也。後起字作譟。《説文》：「喿，鳥羣鳴也。从品在木上。」「譟，擾也。」一義引申。俗作噪，如云噪雜，音訛若糟。

生　語助。如好曰好生，光曰光生，怎曰怎生。《六一詩話》：「李太白詩『太瘦生』，唐人生爲語助，作麽生、何似生之類皆是。」方言蓋自唐以來有之。

𡈁　博徒使以語其類引人入局也。所謂𡈁子。《説文》：「率鳥者繫生鳥以來之，名曰囮。」𡈁，囮也。方言借引借義。子，語助。

爪　手也。又尋也。《説文》：「覆手曰爪。」手、爪古一字。手象正面，爪象側面。今人呼手曰爪爪是也〔一〕。爪象覆手，故引申爲尋。

遮　左右闌阻也。《説文》：「遮，遏也。」遏，闌阻意。俗讀力堆切，如云遮倒。倒，語助。

兜　戲兒者以兩手蒙面旋復開視也。《説文》：「兜，兜鍪，首鎧也。從兜從皃省。」兜鍪之稱始於秦。古曰胄。兜鍪，蓋胄之長者，非兜本義。篆從兜，象兩手蒙面，從皃省，即開視露面也。《晉語》：「在列者獻詩使弗兜。」韋曰：「兜，惑也。」係引借義。

勦　弱也。勦，從力有弱意。今俗謂弱小者爲勦〔二〕，讀若朗平聲。

戴　買肉所添也。所謂戴頭。《説文》：「戴，分物得增益也。」頭，語助。

大　居長之稱，尊崇之稱。如稱大哥、大人。俗以大哥施於戚友，大人施於尊長或朋輩，不以家族爲限。

特　坐也。吉林寧姑特，滿洲初祖兄弟六人坐此。滿謂六爲寧姑，坐爲特，故名。方言當源滿語。俗稱坐宅曰特特，謾人則曰特倒。

老　語詞。晉人語老傖、老荒。今俗語如老烏、老鴉、老虎、老鼠、老張、老李、老大、老幺之類，當本此。又麤率曰老草，俗譌作潦草，見《通俗編》。推之顛困曰潦倒，亦當作老倒，意取顛倒也。

〔一〕曰：原作「曰曰」，衍一「曰」字。

〔二〕謂弱：原誤作「弱謂」。

行　貌矗惡也。行有矗惡意，讀若衡。行酒，見《九章算術》。方言以斥人貌。

白　無有也。如人無出身曰白人，客無親誼曰白客，話無情實曰白話。又謀事無成曰白了。無有，斯白矣。

槃　作戲計數之名。棋枰曰槃，棋勝負一決謂之一槃。方言引申爲義，如云槃算。

卯　遇事不避也。官署治例以卯時點名，胥役不得規避，謂之應卯。方言蓋省應字，如云卯起。起，語助。

顳　大面貌。《廣韻》：「顳頊，大面貌。」方言省頊字。或云顳腯腯，腯，讀太井切，肥也。

蠻　奴婢之稱。如云老蠻、蠻鴉頭。唐宋人多畜馬來人爲奴婢，故通稱奴婢爲蠻。白居易詩：「楊柳小蠻腰。」

門　總括詞。如我等曰我門、你等曰你門、他等曰他門。門謂一門之内，猶稱人曰人家、全體曰大家也。俗作們。

不　語助。如望切曰巴得而云巴不得，能爲曰了得而云了不得，若實不干猶言若干，果不其然猶言果然。正言若反，與非字同。

狙　好謔弄也，以其性類狙。俗讀若區。如云狙得很。

非　語助。如好曰非好，紅曰非紅，除曰除非。

翁　覆也。《説文》：「翁，頸毛也。」〔一〕方言引申爲義。如云翁倒。倒，語助。

靠　齟齬也。《説文》：「靠，相違也。」〔二〕今俗云靠的是。其義又反言之曰某有靠頭、某有靠背、某靠不住。

蘇　奢麗也。蘇州風物奢麗，他處因謂奢麗曰蘇〔三〕，或曰姑蘇。姑蘇，蘇州山，蘇州所由得名。或曰蘇氣，言其有蘇州習氣。

蒦　稱量多少也。《説文》：「規蒦，商也。一曰蒦，度也。」是其義。如云蒦價若干、蒦貨若干。

箸　然許詞。箸有中意，然許者，謂其中肯。今俗贊人善謀輒曰箸，字譌作著。讀若築。

斷　邀遮也。《説文》：「斷，截也。」方言引申爲義。如云斷財路。宋武帝詩：「願爲石尤風，四面斷行旅。」《虞書》作都聲，假字。

土　樸陋意。本地曰土，如土箸、土産之類。本地人物域於鄉井，固多樸陋，因亦謂之土。

廣　貨良也，藝精也。取開廣不土之義。又野人無識亦曰廣，蓋反語示潮。如山間人曰

〔一〕頸：原誤作「勁」，據《説文解字》改。

〔二〕靠：原作「靠」，據《説文解字》改。本條下同。

〔三〕曰：原作「曰曰」，衍一「曰」字。

山老廣，鄉問人曰鄉老廣。

疲盤　事難了也。本商業語。商人謂物價曰盤，如放盤、落盤之類。議價游移曰疲盤。方言引申借義。

曹號　兒好弄也。此當爲鏧字之長音。義見音轉。

現相　犯人自供罪狀也。《左傳》晉文公入曹〔一〕，數之，曰「獻狀」。現相猶獻狀也。

行嫁　謂行嫁之牀櫃也。行嫁不惟牀櫃，以大名代小名也。

奚落　謔也。當係謔之長音。

隻身　謂寡婦也。猶鰥夫稱單身漢。隻，雙之對。

⿰氵鄉湖　不明意。《唐書·顏杲卿傳》：「安禄山斷其舌，曰：『復能罵否？』杲卿含胡而死。」謂語不明也。《舊唐書》：「朝庭每爲含糊，未嘗窮究曲直。」謂事不明也。字皆當作⿰氵鄉湖。楊子《方言》注：「⿰氵鄉湖，不定也。」〔二〕不定，則不明矣。

馬流　女子放誕也。《交廣志》：「馬文淵立兩銅柱於林邑〔三〕，岸北有遺兵十餘家不反，居麓冷岸南而對銅柱。悉姓馬，自相婚姻。交人以其流寓，號曰馬流。」《唐書·南蠻傳》作馬

〔一〕曹：原誤作「朝」，據《左傳》改。

〔二〕⿰氵鄉湖不定也：出《集韻》《類篇》。

〔三〕柱：原脱。

留，唐宋人有蓄爲奴者，號崑崙奴。方言以譏女子放誕，蓋斥其奴婢之行也。

刀頭 還愿賽神之肉也。古詩：「何當大刀頭。」刀頭有環，爲還之隱語。方言本此。

雙身 婦人懷孕也。《詩·大明》篇：「大任有身。」毛傳：「身，重也。」箋謂：「懷孕也。」孕則身重，即雙身之義。

紅活 勢熾盛也。以火喻人。活，餘聲，猶蓬言蓬勃、籠言籠絡。

畐脹 後重也。《玉篇》：「腸滿謂之畐。」

脱俗 異尋常也。范文正公爲人作墓銘，以示尹師魯，師魯言其脱俗。今沿用之。

地頭 所在也。唐税法有地頭錢，朱子《語録》：「永不到真實地頭。」此方言所本。

奉承 對人頌揚也。范質《示從子》詩：「舉世好奉承。」

能幹 多材藝也。《後漢書·循吏傳》：「孟嘗清行出俗，能幹絶羣。」

漂亮 物美也。《説文》：「漂，練絲色也。」〔一〕段注：「今人謂漂亮。」〔二〕俗借以譽人，係引申義。

希奇 不易見者也。《十洲記》：「品物羣生，希奇特出。」

主意 所主張之意思也。元虞集云：「五經傳注，各有主意。」俗廣用之，今時語主義亦

〔一〕《説文解字》：「漂，浮也。」不作「練絲色也」。

〔二〕段注「纅」字：「今人謂之漂亮。」

復同。

怠慢　言不恭也。《史記·封禪書》：「昔東甌王敬鬼而壽，後世怠慢故衰。」今人於客去時輒曰怠慢，或云簡慢。

觔斗　顛仆也。小兒跌著則曰拌觔斗，故意跳舞則曰翻觔斗。《樂府雜録》：「尋橦跳丸，旋槃觔斗。」俗語本此。

點綴　鋪飾也。《晉書》：「乃不如微雲點綴。」俗以謂尋常應酬。

熱鬧　不寂寞也。反之則爲冷淡。白香山詩：「熱鬧漸知隨念盡。」

因循　不振作也。《漢書》：「霍光因循守職，無所改作。」

交代　相替也。《漢書·蓋寬饒傳》：「及歲盡而交代。」今人於遞嬗轇轕輒曰交代不清。

便宜　得利也。《齊書》顧憲之疏云：「便於公，不宜於私也。」俗謂好勝者曰占便宜，反是曰嗷虧〔一〕。

將就　不奢求也。即遷就之意。

瞎説話　斥妄言也。

紈絝子　譏輕薄兒也。

〔一〕 嗷：似爲「喫」之誤。

無賴子　猶言無所聊賴，鄙之也。《五代史》：「高從誨據荆南，所嚮稱臣，時人謂之高無賴。」

露馬足　誚作僞者之不能掩也。

做活路　言工作乃生活之路也。

打饑荒　謂爲貧所窘迫也。

太子細　言舉事過於矜持也。《北史·源思禮傳》〔一〕：「爲政當舉大綱，何必太子細。」俗譌太把細。

揀局子　爲人釋和也。彼此争持，如棋不相下，旁人爲揀局子，則兩無所事也。

瞞心昧己　自欺也。吕新吾《粹語》：「欺世盜名，其過大。瞞心昧己，其過深。」

過不得鏊　事恐破綻也。宋太宗既下并州，欲乘勝收薊門，咨於衆，趙昌言曰：「如此熱鏊翻餅耳。」呼延贊曰：「此鏊難翻。」是即俗語所本。

講彎彎理　謂有所偏袒也。

兔未在窠裏　言利難再得也。此本《列子》宋人守株待兔意。

遠水不救近火　謂緩不濟急也。語本《韓非子·説林》。

〔一〕禮：原誤作「魯」，據《北史》改。

卯亦卯得，柳亦柳得　兩可之意。《吴志·虞翻傳》注：「翻奏鄭玄解《尚書》違失事。古大篆卯字，讀當爲柳。古柳、卯同字，而以爲昧，誤莫大焉。」方言本此。

右今音。

蓄　護惜植物令長成也。丅又切。《説文》：「蓄，積也。从艸畜聲。」此字有奪文，當云从艸从畜畜亦聲。畜養艸木，積久乃成。方言遠承古義，如云蓄菜、蓄果，引申爲蓄髮。

酓　狀微苦也。一斤切。如云苦酓。酓，《説文》：「酒味苦也。」方言引申爲義。

此　別事詞。止二切。通作者。但此爲發端，者爲歇後，原有別。通作這。

鑄　銷金也。刀冃切。《説文》：「鑄，从金壽聲。」〔一〕壽，古音稍。又鑄、蕭疊韻。方言如鑄鍋、鑄鐘。

瓜　腹大貌。工于切。《集韻》：「胍𦙶，大腹也。」初止作瓜，言腹突起如瓜狀。今謂腹飽曰瓜瓜是也。長言爲瓜乇，乇乃瓜之餘聲。後人增肉旁作胍𦙶。

衁　凝血也。亡亢切。如云衁子。《説文》：「衁，血也。」子，語助。

右古音。

𠀆　努力向上也。讀若正。《説文》：「𠀆，登也。从門二。二，古文下〔二〕。」俗作掙。

〔一〕金：原脱，據《説文解字》補。

〔二〕下：原誤作「上」，據《説文解字》改。

值　當也。讀若釋。如云對門值户。

丨　全物也。干井切。《説文》：「丨，上下通也。」古用漆書，引而上行，則下大上小。引而下行，則上大下小。上下通，則渾然齊同。故與一俱象物未分之形，惟横豎異耳。或者梡、梱，後起字，讀若肱去聲。

賄　財也。讀若髓，見《説文》。通作水，如致賂曰進水，蓋諱言賄也。

贅　金錢交换也。讀若對。《説文》：「贅，以物質錢。从敖貝。敖者，猶放。貝，當復取之也。」俗作兑。

剛　止爾也。讀若光。如止我一人曰剛我一人，止如斯説曰剛如斯説。

想　思也。又餘意耐尋味也。讀若祥。首義見《説文》。諺云説話莫想，係引申義，如云有想没想。

腥　卵殨也。讀若沁。《禮》：「其臭腥。」臭如魚爛也。引申爲卵殨。

鑿　蟲蠹木也。又兒好弄也。讀若皂。均穿鑿意一義引申。

臊　臭也，淫也，又浪費也。讀若紹。《説文》：「臊，豕膏臭也。」引申爲凡臭之稱。如廚積汙水曰臊水。又臊羊、臊龜。龜、羊臊重甚臭者。二物最淫，因稱好淫之人爲臊。淫者必奢，又稱浪費爲臊。

下　事不成也。讀若斜。不能進行之意。

娭　言動戲狂也。讀若喜。如言語戲狂曰娭説，詬罵戲狂曰娭罵，拳足戲狂曰娭撻。《説文》俗作嬉。

朾　以瓦礫擊遠也。讀若定。《説文》：「朾，撞也。」〔一〕俗作打〔二〕。

躝　數數踐踏也。讀若練。《漢書》：「往復相蹂躝。」注：「躝，轢也。」

耙　矢也。讀若把。耙，耡屬，用以糞除，因稱矢爲耙。重言爲耙耙。

牡　飯皃也，飯也。毛方切。顧炎武《古音表》在蕭部，讀若標。入之也，言如牡之入牝，此係引申義。重言爲牡牡。

朘　罥穿窬之盜也。讀若機。《老子》：「未知牝牡之合而朘作。」注：「朘，赤子陰也。」方言稱男陰爲朘本此。穿窬者夜入人家，狀如牡之求牝，故以朘詬之。

暈　日月氣也。讀若願。見《説文新附》。如云日暈、月暈。

落　至也。讀若隴。落有至義。如至家曰落屋。

畫　計也。讀若華。審畫之意。如云打畫、畫算。無計曰没畫。

斡〔三〕　操蠡取水也。讀若瓦。《説文》：「斡，蠡柄也。」方言引申爲義。

〔一〕朾：原誤作「丁」，據《説文解字》改。

〔二〕打：原誤作「朾」，據《説文解字》改。

〔三〕斡：原誤作「幹」。本條下同。

抾摸　持去也。讀若須摩。見揚子《方言》。重言則爲抾抾摸摸。

到處　極至意。處，讀若住。猶言到家。

帶係　受累意。係，讀若協。

乘涼　避暑也。乘，讀若蟬。

飾械　箱櫃啓閉處以金片爲樞鍵也。飾，讀若肆。

拉稀　畏葸不前也。拉，乃叉切。醫謂利稀爲拉稀。利稀則弱，方言係引借義。

干口　大胾中食也。干，讀若敢。《説文》：「舌，从干从口。」段注：「飲食犯口而入。」〔一〕方言本此。

歔干　難言也。《説文》：「昆干，不可知也。」段氏改昆爲歔，注：「歔干蓋古語，讀若魂寒。」今轉若弘黑。

瓜乇　錢名。此錢幕穴突起如腹，故名。瓜乇，音姑都，俗讀古老。

瓜乇　袜腹也。袜腹則腹瓜乇然，故以袜腹爲瓜乇，俗讀古肚。

瓜乇　羹名。《仇池筆記》：「羅浮穎老取飲食雜煮之，名骨董羹。」按羹即今鏤子肉，珍錯匯於一鏤，形瓜乇然也，音轉骨董。俗謂售古器者爲骨董，係引申義。

〔一〕犯：原誤作「干」，據《説文解字注》改。

瓜乇　樹本也。讀若格兜。形瓜乇然。亦引借義。

縱横　任何意。讀若總桓。猶言横竪也。

加懷　勸人多進食也。猶言寬懷。懷，量也，讀若壞。

花艸　點綴繽紛也。艸，讀若紹。

媒鴆　詐害意。鴆，讀若振。《楚詞》：「吾令鴆爲媒兮，鴆告予以不好。」《説文》：「鴆，毒鳥也。」方言本此。或省言鴆。

合式　和以處衆也。式，讀若寺。彼此相契，如重規疊矩。

合式　鬻物者召牙人會食也。如云打合式，讀若各肆。

聒譟　繁詞亂耳也。讀若割紹。《説文》：「聒，讙語也。」「譟，擾也。」本作喿。

抛沙　雨密貌。又淚潸貌。抛，讀若巴。如云眼淚巴沙、下雨抛沙。

縱臾　相勸勉也。《漢書·衡山王傳》：「日夜縱臾王謀反事。」如淳曰：「臾，讀曰勇。縱臾，猶勉强也。」師古曰：「謂奬勸也。」俗作慫慂，或作聳涌，并非。

末殺　掃滅也。俗作抹鎩。抹，讀磨上聲。

撩理　整飭意。《説文》：「撩，理之也。」轉去聲。俗作料理。

塞窔石　行譏也。塞，讀若篩。窔石，形長橢圓，古人用以引棺下隧者，今紹興禹陵尚有之。方言蓋取傾危之義。

下塗蛋 猶拉稀也。塗，脈叉切。以鷄喻人弱不濟事之意。塗，弱也。見《升庵集》。

漆墨黑 黑甚也。漆，讀軀。墨，讀若嫣。黑如漆墨，本謂夜色，又爲凡黑之稱。

右音轉。

〔民國〕新繁縣志

【解題】侯俊德修，劉復纂。新繁縣，今併入四川省成都市新都區。「方言」見卷四《禮俗》中。録文據民國三十五年(一九四六)鉛印本《新繁縣志》。

方言

《説文》：「投，擿也，」《詩·巷伯》傳：「投，棄也。」《曲禮》：「毋投與狗骨。」疏：「投，致也。言爲客之禮，無得食主肉後，棄其骨與犬。」俗謂抛棄其物，音轉丁羞切，字作丟。

《一切經音義》七引《通俗文》：「砂土入食中曰墋，初錦反。」《玉篇》：「磣，初甚切，食有沙。」《集韻》：「磣，物雜沙也。」參上聲。按墋、磣音義並同，俗謂食不爽口者曰墋口，音如存上聲。

《説文》：「豭，牡豕也。」今音變爲牙，謂牡豕曰牙猪，牡犬曰牙狗，蓋即豭也。《玉篇》：「騲，千老切。牝馬也。」今謂牝豕曰騲猪，牝犬曰騲狗。牡與牝交曰起騲。按騲，本作草。《爾雅·釋畜》：「牝曰騇。」郭注：「草馬名。」《魏志·杜畿傳》：「爲河東太守，課民畜牸牛、草馬。」《晉書·涼武詔王傳》：「家有騧草馬生白額駒。」據此則知作騲者，俗字也。

《説文》：「搔，刮也。」《詩·邶風》：「搔首踟躕。」《内則》：「疾痛苛癢，而敬抑搔之。」注曰：「抑，按。搔，摩也。」今音讀如口平聲，蕭韻轉入幽韻也。

嗄，《玉篇》：「聲破。」《廣韻》：「聲敗。」《集韻》：「聲變也，所嫁切。」沙去聲。老子《道德經》：「終日號而不嗄，和之至也。」今謂聲不宏朗者爲沙喉嚨，謂號而聲變者，音如海蛙切，皆嗄之轉也。

《廣韻》：「夥，楚人云多也。」張衡《西京賦》：「炙炰夥。」揚子《方言》：「凡物盛多，齊宋之郊楚魏之際曰夥。」《史記·陳涉世家》：「夥頤！涉之爲王沈沈者。」注云：「楚人謂多爲夥。」又言：「頤者，助聲之辭也。」今俗乍見物之大而多者輒驚曰夥頤，蓋楚之遺語也。

《爾雅·釋畜》：「牝曰騇。」《廣雅》：「㹓、牸、牝，雌也。」《廣韻》：「騇，牝馬也。書治切。」按騇、㹓音義皆同。今謂牝牛曰沙牛，即㹓之轉音也。

《釋名》：「鮓，菹也〔一〕，以鹽米釀之如菹，熟而食之也。」《廣韻》側下切，今以米粉釀肉而烝之曰鮓肉。

《廣韻》掣，尺制切，又尺列切。《晉書·王羲之傳》：「七八歲時學書，羲之從後掣其筆，不

〔一〕菹：原誤作「亦阻」，據《釋名》改。

得。」按《爾雅·釋訓》：「甹夅，掣曳也。」郭云：「謂牽拕。」《詩·小毖》正義引孫炎曰〔一〕：「謂相掣曳入於惡也。」據此則掣有牽拉之義。今凡言牽扯、拉扯，字皆當作掣。

《集韻》：「撦，齒者切。裂開也。」《博雅》：「撦、坼、啓，開也。」俗字作扯。今言扯布、扯紬緞，當做撦。

《說文》：「奢，張也。籀文作奓。」《廣韻》陟加切。《莊子·知北遊》：「神農隱几闔户晝瞑，婀荷甘日中奓户而入。」注云：「奓，開也。」今凡物張口者皆曰奓，音正如陟加切。

《說文》：「罅，裂也。呼迓切。」《史記·田敬仲世家》：「不能傅合疏罅。」索隱云：「不能常傅合於疏罅隙縫。」今人呼器物裂而漏者音如蝦。

《說文》：「囮，譯也。率鳥者繫生鳥㠯來之，名曰囮。讀若譌。或从繇作圝。」徐鍇曰：「譯，傳四夷及鳥獸之語也，化者，誘禽鳥也，即今之鳥媒也。」《廣韻》以周切。縣語謂之囮子，音正讀如由。

《說文》：「噫，飽出息也。」《玉篇》《廣韻》於北、於克二反。《廣雅》又作餩。《内則》：「不噦噫嚏咳。」《莊子·齊物論》：「大塊噫氣。」今飲食過飽而出息曰打飽餩，音如格。

《說文》：「吃，言蹇難也。居乙切。」《史記·韓非傳》：「非爲人口吃，不能道說，而善著

〔一〕毖：原誤作「忠」。

書。」又《周昌傳》：「昌爲人吃。」今謂言蹇難者曰吃子，俗借爲喫字，而本義晦。

《說文》：「奘，駔大也。徂朗切。」揚子《方言》：「秦晉之間，凡人之大謂之奘，或謂之壯。」今謂大而堅者曰奘實，音近揣。

揚子《方言》：「凡物盛多謂之寇。」郭璞注：「今江東有小凫，其多無數，俗謂之寇凫。」今字作够。凡物足曰够，亦多之意也。

《說文》：「唉，應也。烏開切。」欠部：「欸，訾也。烏戒切，又烏開切。」二字音同義異。揚子《方言》：「欸，然也。南楚凡言然者曰欸，或曰誓。」《廣雅》：「欸、誓、然，譍也。」《廣韻》十六怪：「欸，怒聲。」十六咍：「欸，歎也。」《玉篇》：「欸，恚聲。」《史記·項羽本紀》：「亞父受玉斗，置之地，拔劍而破之，曰：『唉！豎子不足與謀。』」索隱曰：「皆歎恨發聲之辭。」據此則唉、欸古通用。今俗應聲皆曰唉，見事之不然者輒怒聲曰欸，皆烏楷切。

《說文》：「靠，相違也。」今俗謂友朋間不相得爲靠，猶存古義。又謂相依附爲靠，則義之反也。

《說文》：「嫪，婟也。」婟下云「嫪也」，二字轉注，上郎到切，下胡誤切。《廣韻》：「婟嫪，戀惜也。」《史記·呂不韋傳》：「乃私求大陰人嫪毐以爲舍人。」《說文》毐下云：「士之無行者。秦始皇母與嫪毐淫，坐誅，故世罵淫曰嫪毐。」今俗詈婦人所與私者爲嫪官，即嫪婟之音變也。

《顏氏家訓·風操》篇：「《蒼頡篇》有倄字，訓詁云痛而謼也，音羽罪反，今北人痛則呼之。

《聲類》音于末反，今南人痛或呼之。」按今俗呼痛猶有此音。又轉爲唷，痛則呼阿唷。《玉篇》：「唷，出聲也。」俞六切。

《一切經音義》五引《通俗文》：「去汁曰滰。」謂江南言逼者訛。按《玉篇》：「滰，笮去汁也。」今凡羹臛中有菜茹者，獨傾取其湯，皆曰滰，有逼迫之義，當作逼字爲正，錢坫説。

《説文》：「揾，没也。烏困切。」《一切經音義》七：「入也。」謂以物入中曰揾也。今俗語謂以物貯藏，復以物蓋覆之，音轉如翁。

《説文》：「敹，擇也。洛蕭切。」《書·費誓》：「善敹乃甲胄。」鄭云：「敹，謂穿徹之。」疏：「謂甲繩有斷絶，當使敹理穿治之。」按今衣工製衣謂密縫曰敹，音讀如聊之清。

《説文》：「談，語也。」《玉篇》：「談，戲調也。」蓋本《詩·小雅》「不敢戲談」爲訓。今謂與人相諧謔曰散談子。

《玉篇》：「偡，丈减切，偡偡，齊整也。」《集韻》讀若湛，「偡然，齊整貌」。今謂物之整齊者曰齊齊偡偡，音正如此。

《説文》：「毈，卵不孚也。」《玉篇》：「不成子曰毈。大亂切。」《淮南》高誘注：「卵不成鳥曰毈。」揚子《法言》：「雌之不才，其卵毈矣。」今音變如寡，蓋寒轉魚也。

《玉篇》：「㔉，竹甚切。用力也。」今謂勞苦而獲資財者曰㔉錢，勞苦而獲産業者曰㔉家，勞苦而獲瘵疾者曰㔉著，皆用力之意也。

《玉篇》：「䐢，壯加切。鼻上皰也。」本作皻。《正字通》：「紅暈似瘡，浮起，著面鼻者曰酒皻。」今音轉如糟，俗呼糟鼻子。

《廣韻》：「傖，助庚切。楚人別種也。」《漢書·賈誼傳》注引晉灼：「吳人罵楚人曰傖。」《玉篇》引《晉陽秋》：「吳人謂中國人爲傖。」《一切經音義》十六引《晉春秋》：「吳人謂中州人爲傖人。」今俗謂人之粗鄙者爲傖夫，猶古語也。

《説文》：「沇州謂欺曰詑。大和切。」《戰國策》：「寡人正不喜詑者言也。」《玉篇》：「詑，謾而不疑。」今謂以言譎人，使聞者信而不疑，曰衝詑子。

《説文》：「桊，牛鼻環也。居倦切。」《一切經音義》四引字書：「桊，牛拘。今江南以北皆呼牛拘，以南皆曰桊。」今俗通呼牛鼻桊。

《廣韻》：「胖，脹臭皃。匹絳切。」今謂臭之甚曰胖臭，音轉爲平聲。

《廣韻》：「汪，水臭也。烏浪切。」今謂水臭曰甕臭，聲之轉也。

《廣韻》：「眨，目動也。側洽切。」《五燈會元》曹翰曰：「汝不聞殺人不眨眼將軍乎？」又皮日休詩：「當中見魚眨。」今語謂目數開閉，音如雜。

揚子《方言》：「凡以目相戲曰瞜。」烏拔反。《説文》：「瞜，目相戲也。」今音讀如瓦。

揚子《方言》揞，烏感切，「藏也」。《玉篇》《廣雅》同。今謂藏匿不令人知曰揞，古語也。

揚子《方言》：「鞏，火乾也。東齊謂之鞏。」《玉篇》：「以火乾物也。」或作𢀜。今飯不烝而煎熟者曰䩌，音如孔。

《説文》：「趁，邅也。」徐鍇云：「自後及之也。」丑刃切。《廣韻》：「逐也。」又尼展切，音碾。按今音自後追及音正如碾。

《説文》：「益州鄙言人盛，諱其肥，謂之腜。」《廣韻》：「蜀人謂肥曰腜。如兩切。」今肉肥卻而不食曰腜人，讀去聲。又謂質弱力薄者爲腜，音如穰，義之反也。

揚子《方言》：「倮㑿，駡也。」郭云：「羸小可憎之名。」《廣韻》：「倮㑿，可憎之貌。」又：「㑿，恭怯貌。」今俗謂襤褸而饕餮者曰倮㑿，㑿轉寺容切。

《集韻》：「揅，徐廉切。摘物也。」或作撏。今凡拔取禽鳥之毛皆曰揅。

《集韻》：「攢，芳未切。擊仆也。」《一切經音義》十七：「南人謂相撲爲相攢。」今謂小兒羣戲鬬毆者曰攢。

今稱富貴之家生計華美者爲闊。按《説文》：「哿，可也。」《廣韻》：「哿，嘉也。」《詩》曰「哿矣富人」，又曰「哿矣能言」，皆闊之義也。哿、闊一聲之轉。王樹枏説。

《集韻》：「撋，而宣切。軟平聲。摧物也。」阮孝緒《字略》：「煩撋，猶挼抄。」今謂以手搓挪曰撋，音轉如牙切。

《説文》：「挼，兩手相切摩也。奴禾切。」《廣韻》：「挼，抄也。」今謂擾人不安曰磨搓，又轉爲婆娑。

《説文》：「餾，飯氣流也。力救切。」段注謂據孫、郭《爾雅》注及《詩》釋文所引字書，「再烝爲餾」。今謂再烝曰餾籠，正作此音。

《説文》：「餴，脩飯也。府文切。」《爾雅》作饙。《詩》釋文引字書云：「饙，一烝米也。」劉熙云：「饙，分也。衆粒各自分也。」今謂未熟之飯曰生分飯，蓋即饙字。

《説文》：「𩞄，晝食也。書兩切。」今謂午餐爲喫𩞄午，俗字作晌。

《説文》：「舀，抒臼也。从爪臼。以沼切。」今凡以手挹取皆曰舀。

《説文》：「𥝩，禾危采也。」段注：「危采謂穎欲斷落也。都了切。」揚子《方言》：「佻，縣也。趙魏之間曰佻。」丁小反。今呼采之垂者音如刁。又凡物懸於上曰弔，懸而落亦曰弔，皆當作𥝩字。

《説文》：「昔，乾肉也。从殘肉，日以晞之。思積切。」隸變作腊。引申爲今昔。俗呼乾肉音如蠟，聲之轉也。

《説文》：「棞，梡木未析也。胡昆切。」今凡全物渾大皆曰棞，音又轉如耿。

《説文》：「鬻，炊釜鬻溢也。蒲没切。」今謂水沸溢出音如蒲，即鬻之音變也。

《説文》：「㠭，極巧視之也。知衍切。」今稱物之美者猶有此音。

《説文》：「𩴾，見鬼驚詞。讀若《詩》『受福不儺』。」《廣韻》引《纂文》云：「人值鬼驚聲。」今俗謂鬼曰諾呵，呵即𩴾之切音也。

《説文》：「咅，語相訶歫也。五葛切。」今訶止其物曰咅，音如襪。

揚子《方言》：「凡物生而不長大曰癠。」郭云：「今俗呼小爲癠。」〔一〕縣人謂物之小者曰鬼癠子，又謂小兒多者曰癠兒麼個，亦曰癠癠麼麼。

《説文》：「音，相與語唾而不受也。天口切。」今俗音如丕上聲。

《説文》「滫，久泔也。息流切，又思酒切。」即淅米汁。《内則》：「滫瀡以滑之。」〔二〕《廣韻》：「潲，所教切。豕食。」滫、潲一聲之轉。今謂洮米水曰潲水，又謂水久味敗者曰滫臭，音轉爲搜。

《説文》：「騬，犗馬也。食陵切。」「犗，騬牛也。」音轉爲扇。《五代史·郭崇韜傳》：「至於扇馬，亦不可騎。」又作騸。《正字通》：「騸，割去勢也。」俗字作鐵，音線。今雄鷄去勢謂之鐵鷄。

《説文》：「桄，充也。古曠切。」段氏謂：「所以充拓之圻堮也。必外有桄，而後内可充拓之令滿。故曰『桄，充也』。」又謂：「且部曰：從几，足有二横。横即桄字。」今稱充拓之圻堮音如款，几下横木及梯間横木音皆如寬去聲。

〔一〕癠：原作「儕」，據《方言注》改。

〔二〕瀡：原作「瀡」，據《内則》改。

《説文》：「垠，地垠咢也。一曰岸也。」〔一〕或作圻，語斤切。段氏謂：「物之邊界有齊平者，有高起者，有捷業如鋸齒者，統呼之曰垠咢。」今俗謂河岸之高起者曰垠，音轉爲古恨切。

《説文》：「垝，毁垣也。過委切。」《詩・衛風》：「乘彼垝垣。」傳曰：「垝，毁也。」今音轉爲夸上聲。

《説文》：「讕，抵讕也。洛干切。」《漢書》：「王陽病抵讕置辭。」師古曰：「抵，距也。讕，誣諱也。」今俗以事誣蠛人曰賴人，又曰撒賴，音之轉也。

《説文》：「延，長行也。」引伸爲拖延、延緩。今謂人性遲緩，音如旋。

《廣雅》：「戽，抒也。」荒故切。《廣韻》：「戽斗，舟中渫水器。」今挹出其水而取魚者曰戽魚。

《説文》：「骾，食骨留咽中也。」《國語》韋注：「骨所以鯁刺人也。」忠言逆耳，如食骨在喉，故云骨骾之臣。史傳皆通作鯁。木部梗下云：「山枌榆，有朿。」引伸爲凡柯莖骾刺之稱。今俗謂有物骾刺，音轉如恩上聲。

楊慎《俗言》：「官有憒憒於臨事，士有藐藐於臨文，世皆目之曰㱿濁蟲。此古語也。《周禮》：『有壺涿氏掌除水蟲。』涿音濁，是其證也。《宋史・吕端傳》作糊塗，朱子《語録》作鶻

〔一〕岸：原誤作「舉」，據《説文解字》改。

突。」按升庵之説未善。糊塗、鶻突，皆渾沌之轉聲。《左傳》：「帝鴻氏有不才子，天下之民謂之渾敦。」注云：「渾敦，不開通之貌。」《莊子・應帝王》：「中央之帝爲渾沌。儵與忽謀報渾沌之德，曰：『人皆有七竅，此獨無有。』日鑿一竅，七日而渾沌死。」注：「崔云：渾沌，無孔竅也。」《玉篇》字又作倱伅。今俗音轉爲忽獨。

《説文》：「喪，亡也。」引伸爲凡喪失之稱。俗謂不才而喪失其家産者，音如葬，且詈之曰葬狗，皆即喪之聲變。

《廣韻》：「傻，沙瓦切。傻俏不仁。」今謂不慧者，音如海瓦切。字皆作傻。按《玉篇》：「憨，愚也，癡也。呼談切。」當爲憨之轉音。

《説文》：「杇，所以塗也。秦謂之杇，關東謂之槾。」槾下云「杇也」。《論語》：「糞土之牆不可杇也。」注：「杇，鏝也。」《爾雅・釋宫》：「鏝謂之杇。」李巡曰：「鏝，一名杇，塗工作具也。」段玉裁云：「此器古全用木，故杇、槾古字也，釫、鏝今字也。」按今泥工所用以塗者，皆用鐵爲之，惟柄用木，俗呼爲閔子，蓋即槾之聲轉也。

《説文》：「空，竅也。」引伸之凡虚而不實者皆曰空。故《廣韻》訓爲空虚。《史記・太史公自序》引孔子曰：「我慾載之空言，不如見之於行事之深切著明也。」《文心雕龍・封禪》篇：「西鶼東鰈，南茅北黍，空談非徵，勳德而已。」今俗謂言而不實者曰殼子，蓋即空之轉音。

《説文》：「蓋，苫也。」《周禮・考工記》：「輪人爲蓋。」蓋崇十尺，蓋之圜也，以象天也。引伸之凡掩覆皆曰蓋，今音轉爲康上聲。

《説文》：「苫，蓋也。失廉切。」《爾雅·釋器》曰：「蓋謂之苫。」郭注：「白茅苫也。今江東呼爲蓋。」《左》昭廿七年正義引李巡曰：「編菅茅以覆屋曰苫。」今俗謂編茅覆屋曰茅扇，編稻草曰草扇，皆苫音之轉也。

《説文》：「逢，遇也。」《廣韻》：「逢，值也。符容切。」古音無輕唇，讀如朋。今謂與人相遇，或與物抵觸，音皆轉爲去聲。俗字作掽。

〔宣統〕成都通覽

【解題】傅崇榘撰。不分卷。成都，今四川省成都市。録文據宣統元年（一九〇九）石印本《成都通覽》。

目録

成都之雙聲土語

成都之呼物土名

成都之呼物混名

成都之各買賣通用言子

成都之袍哥話

江湖言詞

成都人之稱謂

成都人之稱謂煩雜，亦互相混用，不能勝記，大約勢利之稱甚多。有勉强者，有不如此稱呼便獲咎者。如太爺稱爲大老爺，俗名加一級之稱呼。亦有背地之私稱，如跟丁稱官，或曰老漢，或曰老頭子，其當面則稱曰大人、曰老爺也。

大人

制臺、藩臺、臬臺、道臺、知府、翰林、進士、主事、郎中、直隸州、提臺、鎮臺、協臺、將軍、都統、協領、參將、游府、各局總辦、各營統領、各營營官、中書。有委員而稱大人者，近來又添外國人亦曰大人。

大老爺

直隸州、知州、知縣、教官、佐貳、佐雜、守備、千把總、文武巡捕、各局所委員。亦有紳民以弟兄之牌行而稱大老爺者。

老爺

學生、教員、舉貢、生員。家人稱主人之通稱，有官職頂戴者之通稱，亦尊敬人之通稱。

太爺

佐雜之通稱。然成都之惡習，稱之爲太爺，心殊不安，必受人尊以爲大老爺，人方欣然。

大爺

官紳士庶弟兄之牌行占第一者爲大爺，乃普通之稱謂。袍哥亦名爲大爺，門丁、簽押亦稱大爺，民間之年老者，亦尊稱之曰大爺，公館之看門頭亦稱大爺。

二爺

跟丁之公共名詞。民間之牌行第二者，亦名二爺。

三爺

跟丁之跟丁也。民間之牌行第三者，亦名三爺。

總爺

千總、把總。或加以總老爺，或尊爲大老爺。營兵及勇丁均樂稱之爲總爺。

先生

先生者，先我而生也，名義何等鄭重。乃稱先生者，可別爲十三等，甚屬不解。

學生稱業師稱先生，平人稱讀書人及學生亦稱先生，下江之女妓亦稱先生，醫生亦稱先生，商家之櫃上管事人亦稱先生，外人對于鋪夥均稱先生，各學堂監學教員亦稱先生，紳士公共尊稱亦曰先生，各局、所各署內之房書亦稱先生，各局、所之寫生亦稱先生，端公、道士亦稱先生，算命、測字〔一〕、看地均稱先生，學徒對于管事人曰先生。

老師

學生對于先生稱老師，內外科醫生亦稱老師，習拳棒、習武、習符咒者均稱老師，游娼之教彈唱者亦稱老師。

典爺

各署之吏攢稱老典，稱典爺。

少爺

稱大人之子曰少大人。稱大老爺、老爺、太爺、總爺之子曰少爺。差役之子，自稱亦曰老少。少爺乃對于友朋之子嗣普通稱呼。亦稱公爺，亦稱公子，亦稱少少，亦稱老少。

老太爺

對于大人、大老爺、老爺、太爺及一切高一輩之普通尊敬名詞。

〔一〕測：原作「側」。

師爺

一切就幕者均稱師爺，或尊稱師大老爺、師老爺。營中之書記稱師爺，或稱師太爺。跟班等之自呼，亦曰某師爺。學徒之稱師父、老師之父親，亦曰師爺。又士民普通尊稱亦曰師爺。又各局、所之司事、各署之管案先生、各鋪店之東家管帳人，均稱曰師爺。又無功名頂戴者，亦稱師爺。

師大人

武營中尊稱辦文案書記之幕賓曰師大人。各大憲文案、各幕外間，亦稱師大人。

師父

學徒對于長櫃曰師父。差役對于領班，亦曰師父。街市普通稱店中堂官廚子或手藝人，均通呼曰師父，或曰某大師父。優伶對于承教者曰師父。

雜記

呼人婢女曰大姐。女婢曰丫頭。女僕曰老媽子，一曰老婆子，亦以姓呼曰某媽。呼人奶母曰奶猫。呼竈房做菜之雇工曰火房。跟丁曰爺們，亦曰跟班，亦曰跟爺，亦曰底下人。呼别人之家人曰某二爺、某大爺、某管家。呼鋪上之學徒曰某師兄、某師弟。呼老師先生之兒子曰世兄、曰世弟。呼鋪上人曰某管事、曰某大管事。呼堂官曰幺師甫，或曰幺師。呼巡兵營勇曰總爺、曰副爺。呼保正曰保公。呼差役曰某老總、曰某頭、曰某師甫。呼船夫曰老板。呼青年子弟曰某小伙子、某相公。呼抬轎人曰雲抬師、曰大班、曰轎夫。呼各商人，或各手藝人曰某師父、曰某長櫃。呼陜商曰東家。呼洋商曰東家。呼各銀號之管事者曰某爺。呼一切苦力工人曰老〇，以姓呼，如姓李則呼老李，或尊之曰李師。手藝工人通呼曰某師。呼大班及下力者，通曰某頭。呼雇工做農事曰長年。呼衙署内之跑路娃娃曰小班。呼商鋪之婦女曰某長櫃娘。呼民家之婦女曰某太太、某嫂嫂、某先生娘。呼老年人通曰某爺爺，或曰老人家，或曰老神仙，或曰老封君。呼苦力之年老者，則曰某老頭、某老漢、某老趄趄。呼同居之婦女曰某嬸。家丁對于主人稱小的，或稱底下人。百姓對于問官，稱小的，或稱子民。

鄉間之稱謂有可笑者

制臺曰總督太爺。父母官曰太爺。保正曰保爺。監生曰老監。出洋曰出使。大老爺、二老爺、三老爺。大舉人、二舉人、三舉人。教官曰教老者。廳官曰廳太爺。少爺曰老少。大先生、二先生、三先生。貢生曰老貢。婦女之老者曰老漊兒。年老者曰爺爺。雇工呼主人曰老板。稱兵勇曰將爺。呼雇工曰阿三哥。呼平輩人曰某老大、某老二、某老三，或曰某大哥、某二哥、某三哥、某四哥。呼女婿曰某大哥、某二哥、某三哥。對人稱自己，或稱人，動曰二老者、三老者、四老者、幺老者。普通呼力作者曰土公子。普通呼小孩曰鷄子。對人稱自己之父，或稱別人之父，曰戴王，或曰戴嚴。對客稱自己之兒子曰檢狗矢的，或曰邀牛勾子的。對人稱自己之母曰我們太漊。對人稱己之兄，或稱人之兄曰靴靴。呼姪兒曰某老姪。普通呼人曰老

○，姓張則曰老張，姓王則曰老王，姓牛則曰老牛。姪輩對于長者，曰你老輩子。

城鄉通用之家庭稱謂

呼父曰爹、曰爹爹、曰巴巴、曰伯伯、曰老子、曰爺。呼母曰娘、曰母、曰媽、曰媽媽。呼兄曰哥哥、曰大哥、曰二哥、三哥、四哥。呼弟曰弟娃、曰弟的、曰老二、老三、老四、老五、老六。弟呼兄，或兄呼弟，對于人則曰我們大爺、二爺、三爺、四爺，或曰你們大爺、二爺、三爺、四爺。呼兒子曰大娃子、二娃子、三娃子。呼女曰大女子、二女子、三女子。呼兒或曰老大、老二、老三、老四、老五、老六。呼女或曰大姑孃、二姑孃、三姑孃、四姑孃、五姑孃，或曰大姐、二姐、三姐、幺姐。呼中表曰老表，曰表姐表妹。呼父之父母曰祖祖、曰奶奶。呼父之兄曰伯伯。呼父之弟曰叔叔、曰八巴。呼父之姊、之妹曰孃孃、曰姑媽、曰姑奶㛚。呼外祖曰謂爺，呼外祖母曰謂婆。

成都之普通應酬話

進鋪店必曰「恭喜恭喜」，或曰「唉，恭喜發財」。初到人屋説「擅造」。乍相見曰「恭喜」。早晨相遇曰「很早」。早饍時相見，問曰「吃早飯没有」，午曰「吃少午莫有」，夜曰「宵夜莫有」；或曰「過早莫有」「過午莫有」「宵夜莫有」。久未見曰「久違」。乍相見曰「好麼」，或加問「老伯、伯母好否」。問人眷屬曰「嫂夫人好否」。街相遇曰「過那裏去」，或曰「到那裏去」。坐轎乘馬相遇曰「得罪」。送客到門外或上轎曰「請了」，曰「改天請來耍」。客已辭去，必曰「吃飯走」。

吃人酒食，在席前必曰「太費事」；第二日相揖，曰「昨天道謝得很」。傳口信或對下人，必曰「與你某人請安」。生客初交必曰「久仰」，乍見曰「很忙」，或問「某人常見麽」。問生人曰「貴姓」。問居址曰「府上在那裏」，或曰「貴處」。問行號曰「台甫」、曰「次章」。求人作事曰「費心費心」。講聯絡曰「你哥子儘管請到舍下耍」。道勞曰「改日再酬」，答辭或曰「没來頭」，或曰「不要緊」，或曰「儘管」，或曰「隨便」，或曰「要啜子緊」。客或問菜價，必對曰「吃哦才説」。主人呼泡茶，客必曰「不必不必」。主人呼煙，客亦曰「不吃煙，不吃煙」。主人添菜，客必曰「儘够哦，儘够哦」。客要走，主人必曰「再耍一陣，忙啥子」。初見面必曰「我早就要請安的」。主留客，客固辭，必假説「我耽擱一陣就來」，或曰「改天再會」。

成都之口前話 即戲書所謂「常言道」也，即古書所謂「諺有之」也。

旁觀者清。抱膀子不嫌注大。十陝九不通，一通便成龍。接親娘子送親客。媒人不担擔，保人不還錢。無利不成借。批上阿扒屎，大家犒不成。我是鐘鼓樓上的麻鵲，下破膽的。只准地方官放火，不准百姓點燈。閻王注就三更死，不得留人到五更。久賭神仙輸。扯根眉毛下來比你腰桿粗。不怕輸得苦，只怕斷了賭。黄鼠狼想吃天鵝蛋。人窮志在。我就是鬼。不聽老人言，一輩子受飢寒。你不是與賊娃子遮掩。一分錢，一分害。酒醉心明白。在你頭上阿屎，還嫌你的腦殼不平。水深人難過。一麻不硬手。人怕三見面。與矮子寬心，你還要長呢。説話莫詳，吃屎莫嘗。女生外向。我走我的陽官道，你過你的獨木橋。男人嫌婦人隔張紙，婦人嫌男人除非死。一哭二餓三睡覺，四吃洋煙五上弔。此數句説盡婦女之情弊。來説是非者，便是是非人。橋還橋，路還路。寡婦門前是非多。弟兄殺人，各分手競。張和尚帽子拿該李和尚戴。掩耳盜鈴。千根頭髮一根纘。砍竹子遇節巴。吃人酒飯，與人担擔。神仙亦要弔蚊帚子。留得青山在，何愁莫柴燒。家敗奴欺主。留得千日貨，自有賺錢時。騎馬遇不著親家，騎牛遇著親家。不求柴開，只求斧脱。騎起驢子找驢子。天上的事地下了。彎彎路，曲曲行。人逢喜事精神爽，月到圓時分外光。知人知面不知心。二門上聽炮響。債有主，冤有頭，瞌睡有枕頭。狗攬三堆屎，一堆吃不完。你要人不知，除非你不爲。那个新人肯上轎。見蛇不打三分罪。人親財不親。前生作了惡，今生入了學。大家馬兒大家騎。一肥遮百醜。隔席不照。熟能生巧。手幹總是朝内彎。餓狗搶屎。人望高，水望低。好漢不吃眼前虧。街上人的櫃房，住家人户的歇房。包你娃娃不哭就是了。過河拆橋。跟倒鍋邊轉，原塗吃鍋粑。親兄弟明算賬。好男不吃分家飯，好女不穿嫁奩衣。文章總是自己的好，婦人總是別人的好。舌頭與牙齒天天一堆，有時還要咬著。一把鎖有一把鑰匙。自己端公送不倒自己神，自己太醫醫不着自家的病。四川是个回水沱。狗戴帽子，太不受人尊敬。是相不伸手。牆内説話，牆外有人聽。得人錢財，與人消災。天生人必有一路。便宜莫買，浪蕩莫收。端人碗，服人管。人窮思濫賬。有錢人柳亦柳得，卯亦卯得。打了梅香，醜了姑娘。天老爺有眼睛。一飽百不思。閻王好見，小鬼難當。大爺二爺，見不得太爺。結交結君子，栽樹栽松柏。相識滿天下，知心有幾人。十個説客，當不得一個奪客。鷄公阿屎頭節硬。禮多人不怪。一林不藏二虎。一口沙糖一口屎。藝多不養家。肯走黑路，説要撞着鬼。無賴不成詞。裁縫怕補爛皮襖，放牛娃怕扯穀草。一行服一行，胡豆怕稀飯，乾飯服米湯。鐵沙鍋中不爛。與其餓死，不如造死。是一個媽生的。大魚吃小魚。牀上一雙尖尖足，愈讀愈糊塗。斧打鑿，鑿入木。吴三貫，包振濫。一千釧錢莫買地方，一百釧錢休討婆娘。大家馬兒大家騎。經優馬也，要落一扒馬糞。曹操背時遇蔣幹。兜羊子也要一把草。偷鷄不倒折把米。到底親的是親的。與死人撞氣。扯一根毛也痛，扯一纂毛也痛。乾竹稿上加油。長痛不如短痛。火上加油。巧媳婦做不出無米飯。乾竹桿還逼得出油來。牆倒衆人掀。一個錢作幾個用。兒不嫌母醜，狗不嫌家貧。醫病不倒，原病退還。妙藥難醫寃孽病，黄金不富命窮人。猪尿包打人不痛，臊氣難聞。手不染紅，紅不染手。你不打蛇，蛇不咬人。手冷才向火。戥稱定人心。你該轎夫留個臉。烘籠烘籠，愈烤愈聳。湯管七日，肉管三天。水火不留情。天下老鴉一班黑。羊毛出在羊身上。有好心，莫好報。一報還一報。敬財神不如舐肥。瞎子見錢眼睁。一物在，百物在。弔頸找大樹子。大樹脚下好遮蔭。有錢難買一身安。一紙入公門，九牛拕不出。手拿與你你不吃，足夾與你你才吃。罈子栽花寃屈死。年年防天乾，夜夜防賊盜。一品官，二品客。成蕭何，敗蕭何。人在人情在。眼不見，心不煩。人吃五穀生百病。天子門上有貧親。寧肯與娃子打親家，不肯與賊娃子結寃家。只重衣冠不重人。唱戲的是瘋子，看戲的是呆子。多衣多寒。熱起來大家熱，冷起來各冷各。防得倒君子，防不倒小人。吃人口軟，得人的手軟。人到無求品自高。行行出狀元。面善心不善。隔枝不打鳥。燈影不會走路，有人提線子。

成都之歇後語 市井之語也。

太子登鷄也。話不投鷄也。邦有道骨也。勞其筋骨也。莫我肯骨也。黎山老母也。猴子盤兒也。觀其所油也。家有賢妻也。大年初一也。一心管二也。連二一趕三也。鼻龍口水也。玉麥餑摩也。于湯有光也。足摩手印也。酒色財氣也。四喜發財也。喜裏撒拿錢也。爲國亡枷也。一刀兩斷也。福禄壽喜也。玉石嘴賊也。足鐐手扦也。世龍搶傘也。庖有肥肉也。王婁罵鷄也。擠眉雜眼也。弓腰拕背也〔一〕。石遷偷鷄也〔二〕。陽世三監也。漁鼓簡板也。

成都之土語方言

尋常市井通行語也，音多訛錯。如都字訛爲兜，莫字訛爲每，去聲。那字訛爲乃，去字訛爲切去聲之類。今略舉之如左。如有音無字者，無從著筆，概付闕如。其有音而字可代用者，亦假借列之。其言之尖者，加口旁列之。

成都人之口音多用尖音，平仄每每相混，如曰字必讀曰，平聲。日字讀爲日，平聲。緑字讀

〔一〕 腰：原作「幺」。

〔二〕 遷：原作「虔」。

爲廬，實字讀爲時，禿字讀爲沱，米字讀爲迷，吃字讀爲池，福字讀爲扶之類，皆驟難改變者也。鞋是，仍然也。甩，鈕字去聲，動也。啄子，什麽也。浣酸，假斯文也。臭假，不清白之意也。在這點，在此地也。在[口這]，在這也。掃不瓦瓦，作頑模樣也。搬漩頭，不講理也。卻簿，滑稽也。快的丁兒，快些也。嘣正相，假正經也。且去聲覇，去也。且去聲嗎，去也。殆平聲毛，指他人也。那些，彼等也。賴個，那個也。龍門陣，講閒話也。肉不冷冷，胖也。我嗎，我也。沖殼子，設言假事也。拏謂你，道勞也。扯筋，調疲也。可惡，去聲。可恶也。護內你，道勞也。不採，不怕也。展一，好也。相偏你，言我背着你去實行也。不睬，不管也。不咱，不要緊也。有偏，與相偏你同。該你幾哈，去聲。給你幾下也。奪萃，出色也。正禮，對于有偏之詞也。你表去聲去，你莫去也。格平聲你，與你也。臭希希，臭氣也。買不儲，不應買也。格平聲他點，與他一些也。乃，上聲。何處也。一啥，去聲。片刻也。倒點，傾一些也。每有，莫有也。幸一個錢，俟片刻也。鞋有點，還有一些也。睡不儲，不安眠也。漲洋，出色也。兜要，都要也。兜是，都是也。漲個羊子來弔起，未必出色也。兜不來，都不來也。鞋有一陣，還有一刻也。屁不疼，不要緊也。兜你吓子，與你頑也。求說書，胡說也。嗺上聲一哈去聲，去瞧一眼也。踩矢，言運不好也。打卦漊，亂說之人也。嗺上聲吓子，言去一瞧也。掃去聲啄子，言莫故意作耍也。飲食菩薩，好食之人也。嗺上聲啄子，看神麽也。假得多，不真也。善菩薩，不管事之人也。要[口昭]，要吃虧也。表去聲[口朋]，與表去聲假同。改手，出恭也。屯，舌頂天堂作聲也，言不信也。撒毫，言撒刁也。安意，舒服也。嘬，上聲。應聲也。説彩話，説譏誚話也。很隨，頂好也，又言隨得很。希髒，不潔也。誚皮子話，譏語也。一籮兜話，言話多也。打瓦偏，死也，去也。媺得很，惡也。説了與未説的一樣，無效也。很哵得住，撐持也。蒲得很，狡也。皂嗎，多事也。咱個，怎麽樣也。蒲起蒲起的來，尋着自來也。縐額樓，駡人之名詞，言猪也。逗羅，組織事也。不皂得很，多事也。表去聲假，言莫充很也。扯攔天網，鋪張大也。新子分，去聲。新接婦也。不厥面，不局面也。够逗，腳色不錯也。月母子，産婦也。阿堆，失面子也。你咱行，不行也。參得有水，言不真也。撬不起的話，軟言也。够不上，不能攀也。那些吘數，言那些方法也。那塔，彼處也。很够頭，腳色好也。有明堂，言有詐也。招了，遭了。老火，怨人之詞也。没來頭，没來由也。捹不着，吃虧也。穿得火，穿好衣也。弔丁，失財也。上蕩，中計也。醬油版，最賤之人也。蘸平聲斤，不講私也。撒脱，大方也。酸得很，假也。膽平聲得星，無人格也。央甲，不大方也。招架，負責任也。拉上槽，比人以猪也。澀家子，不大方也。咳怪事咊，驚異也。打瓜，完畢也。匹脱，不拘也。收了相，去聲。改過也。欺頭，便宜也。金光大得很，多詐也。講筋絆，有轇轕也。搞忙了，着急也。神光退了，壓其盛氣也。講皮盤，説轇轕也。這一股勁，一鼓作氣也。賠党，賠錢也。有皮盤，不清白也。到贓，退回也。有哾説的，不別言也。一鍋煮，一齊做也。規一，妥貼也。扯斤版，説横話之人也。勾子麻湯，不清白也。夾夾蟲，不大方也。貼對子，看人飲食也。扎鍋，被人辭退也。拿些小鞋與我穿，爲難事也。抱膀子，旁觀也。敏進去，言附入也。没飽呹，飲食無限也。依未，因爲也。不多心的話，莫生疑也。生扯，無道理也。魁起，不要他自由也。坦泊得很，言好也。皮挑客，壞人也。龜子的，罵人語也。很坦泊，言好也。頂倒，看着也。斗起了，自居也。乘住，擔責任也。一口就貢了，一口吞也。肘起來了，自誇也。水銀哦，事不成也。放黄，不説正當之話也。打麻子眼，傍晚也。乾鷄子，乞丐也。黄了，事不成也。那個老幾，他人也。下了，走也。光是，祇是也，可是也。到飯，被人開除也。煮矢，説閒話也。不諳，想不到也。在以頭，言在内也。搞不林醒，做不了也。割業，兩相生衅也。袍幾哥，袍哥也。不元泛，未妥也。够哦，儘有了。門道子，公館也。莫出昔，莫用也。振我的魁魁，害我也。門道，公館也。必去聲出來，綻裂也。做何路，即活路也，做事也。撒粉亮，天曉時也。必去聲了，事閒花也。不丁兑，言可疑也。賴個，那個也。胎得好，取財多也。話瀆，言糊塗也。黑哦，入夜也。聾倒，安置也。站起手，占便宜也。按股子，占私款也。那一陣，那時也。唉有飯，言美色也。掃去聲的，不正也。扯謊壩，布政司側及皇城壩一帶也。湊趣，言幫助也。朗個，如何也。扯謊，説假話也。振得住，有擔當也。浪們，那們也。嚴口，上聲。約定在也。頂你去，讓你去也。打你灣三斤，罵人挨打也。一吓，一時也。頂他鑽圈圈，使他爲難也。大老火，太過也。坐蜡，爲難也。頂他，讓他也。好老火，極難也。仲悶陽平多，極多也。桓順，縱横也。頑禪，假也。拏切，去聲。拏去也。桓扯斤，不合理也。有禪，有好事也。招哦，中計也。抵肋巴，説話相抵也。捫掀，獨自一人爲也。門捫們，詭計也。賽牙巴，多言也。閼猪，蠢也。不啊你，不欺也。耍舌頭，争論也。沸頭子，亂爲也。吃海，從中上腰也。打肚皮官司，心腹用計也。不泛于，不值也，不應也。吃雷，從中上腰也。打濫仗，流落也。零碎，零件也。會打扮，善裝飾也。撕皮，滋事也。伙意，即伙計之訛音也。吃得二八南干，飲酒多也。招陽平呼，中計也。很射，極少也。很相陰，便宜也。莫奈何希了，極言其難也。振冤枉，倒亂也，北京謂之搗鬼。丁丁兒，極少也。粲哦，知道也。搭眼皮，旁觀不管也。業倒，莫滋聲也。當去聲真，真實也。看笑神，不管也。薰岡，惡模樣也。説衣禄，駡人説話不端。晾搯子，穿新衣招摇也。招不住，受不起也。中他一頓，打他一回也。吃抹何，不出錢得飲食也。裸連，言疲緩也。陰倒，暗地也。有好多出被，出路也。裸二連三，言不在意也。吃零碎，吃零星食物也。出昔，出款也，又言本事也。你諳，你猜也。財猫，平聲。啞謎也〔一〕。哈子，一下子也。慌煙平聲了，恐慌也。蒙猫猫伙，上聲。躲也。簡騙，結賬代付也。鞋有，尚有也。片上聲嘴，説大話也。碰香，極香也。裝風，故意不知也。呵他，哄他也。捧香，極香也。膀倒，撞着也。漩聾，另行做也。誣嗑，上聲。言誣索錢也。徹火，當不起，有怯意也。憨的決，言一定也。柳倒，言追索糾纏也。條師，出計之人也。吁還，仍舊也。嘞甜，言極甜也。打條，用計也。規規一的，言已定了也。經得凹，耐久也。要賠党，要賠錢也。啄東西，甚

〔一〕 啞：原作「雅」。

物件也。幾個，言幾文錢也。安登子，以事誣人也。賴回子，言那一次也。經四，耐久堅固也。裹狡，混不清也。不幹，不做也。跳台子，糾人兩下拌死也。當磨心，從中爲難也。翻梢，恢復也。抵遐，底下也。雜碎，牛羊之腸肚也。拏不起，罵人之語，言力不能勝。袖給哦，言甚大也。拏不下來，做不成也。悄悄個的，莫做聲。出脱，失事也。落窾，合式也。小伙子，少年也。給得很，大得多也。碾他，逐他也。畫朶子，寫一憑據也。乾得起灰，極貧也。那塔兒，那地方也。東川西川，即東竄西竄之意也。加四，響器及一切器具也。袞他的，罵人之詞，言逐開也。走溜了，話不對證也。板漩，言不服也。地塔，言地位也。補巴了，帶過補過也。毛斯，廁房也。説黄話，亂説也。圓飯，事圓也。俏唻，昂貴也。莫詳，無謂也。奈向，彼時也。格保，俗不可言也。純氣鬼，罵人之詞，言糾纏也。這向，現在也。難搞，不容易也。狗實，罵人之詞，言不甚貴也。少午，午時也。苟得很，不大方也。很肥，言好也。但得個月亮，言無價值也。不得下台，不了也。默倒，想着也。打主意，言注意也。老牛筋，吝嗇也。你諳，你猜度也。簡直，實有此事也。門頭，合式也。喀平聲喀平聲頭，穴縫中也。悻功，不實也。土老肥，鄉富也。够豆，很也。扎十，很也。悻唻子，狂甚麽也。囚皮，臉厚也，罵人之詞。小葷，牛肉也。合芝，白條粉也。靴去聲得很。披肩，十一二齡之女子也。誇入聲荅淒，罵人之名詞。抓去聲子，怎樣也。胎得好，取財多也。掃天淒，罵人之名詞，言穿衣過長大也。朗個，怎樣也。扯烏，滋鬧也。鬆活，有餘也。幹唻，做甚也。葬平聲笨，做粗事也。希巴臟，言極不潔也。遁光，逃走也。打竹眼。希巴五濫，言極濫也。木足海，行蹤無限也。漩起，疲延也。溜得很，泥滑也。頂倒，瞧着也。吃活，飲食也。犟好，弄好也。挖枯，遭踏也。利般，特爲也。欒漩，編事也。咱個不對，言如何不合也。恍嚴口，不實也。那去聲嗎，有轉意之詞。昧得，莫得也。妙不可圈，極言好也。橘面，局面也。過得傲，實在也。心不在馬，心不在焉也。不嫩，即不論也。招急，着急也。桃之夭夭，即逃走也。沾軟，不乾淨也。剛版，言規則也。緊倒涎，延疲也。版涎，不服也。過不得筋，不實也。要門坎漢，言不敢出外逞刁也。粽燗，這們也。該歪，婦人驚訝之詞也。踩倒扒。訕談子，説笑也。不蕩子，言其甚也。唱淒涼岡。顙性些，快性也。你咱配，言你不能同日語也。對競，合式也。賭咒，盟誓也。素起哦，不能言也。莫掃，去聲。莫作頑也。浪燗多，若干多也。犟得好，弄不成也。打比，比喻也。這個歹毛，言這個人物也。規貽的，現成也。討口，乞丐也。二甲梁，俗人也，亦生手也。説方向，索私錢也。還順，總要也。湊活，幫助也。雀不人，好譏誚之人也。蹦正像，禮貌端也。未彼，未必也。鄒哚子，譏人自誇也。出事，滋事也。口岸錢，店賬也。何二留，無執業也。找他，尋他也。招打，中計也。帶恤，連累也。改消子，改作之舊物也。西杠，不對也。出拐，帶了過也。丢底。到住，十分實在也。然瓦，遲延也。羞仙人。笨罪，蠢賊也。抽擺，言同伴也。磨搓人。有明堂，有眉目也。過硬，言果真也。扭業。很闊，講究也。梳個光光頭，善辦事也。振工，不合所爲也。打挍，操煩也。小摸魚，小竊也。苕果，土俗也。打岔，擾也。失格，不知規矩也。遂幾分，要些也。下了，言定了也。醒登，戲取也。相幫，言幫助也。況陽平倒來，權且依着也。梭槓，私逃也。頑禪。醬人，有偏性也。絞斤版，扯斤人也。蓋哦，譏人不好也。乾法事，白幫忙也。指方向，説事也。恒起，無法也。撈燒，圖恢復也。又朗個懶，言又如何也。柳倒，追逐不開也。掃去聲不瓦瓦，作頑模樣也。矮等等，矮小也。笑西西，笑也。搞快的的，令快些也。温都都，微熱也。青幽幽，青色也。氣不杵杵，含怒氣也。水鮓鮓，水浸也。弼弼托托，隨便也。乾焦焦，瘦小也。淡瓦瓦，淡可厭也。灰溥溥，灰色也。肉冷冷，胖也。黑趨趨，黑色也。燒訌訌，熱氣也。胖處處，肥大也。明幌幌，明有光也。鹹瓦瓦，味帶鹹也。紅扯扯，紅可厭也。緑幽幽，緑可愛也。甜蜜蜜，甘也。紅東東，紅可愛也。酸不基基，可憎也。甜敏敏，日也。臭希希，臭氣也。泡舒舒，碩大也。冷冰冰，冷也。肥杵杵，肥胖也。瘦卡卡，瘦弱也。火漂漂，熱氣也。汙濟濟，不明也。沾瓦瓦，粘也。鄉廣廣，鄉下人也。哭纇纇，哭容也。光董董，不穿衣也。畫朵朵，寫一憑據也。大不給給，大模樣也。香棒棒，香可愛也。碎争争，碎也。高熊上聲熊上聲，言高長也。臟希希，汙穢也。乾蹦蹦，乾也。濕嚌嚌，濕也。陰梭梭，不陽氣也。大盆盆，大也。金錠錠，金色也。軟希希，弱也。酸溜溜，酸也。黄争争，黄色也。雄糾糾，壯也。懸弔弔，不穩也。白瓦瓦，白可厭也。脹古古，飽脹也。亮争争，明也。油趨趨，油可厭也。白生生，白可喜也。囫董董，圓腯腯也。滚都都，熱可愛也。餓希希，有餓意也。條領領，戰戰慄也〔一〕。老

〔一〕疑衍一「戰」字。

鳩鳩，老人也。笑迷迷，笑也。病哀哀。癢蘇蘇。辣夫夫，辣也。浪斤斤，瘦也。

成都之雙聲土語 均略言之。

上下字重疊用者，語多不通。

中中間間。快快邋邋。抖抖藪藪。鬼鬼搗搗。糾糾纏纏。活活獨獨。忙忙迫迫。鬼鬼祟祟。皂皂業業。冷冷冰冰。水水湯湯。趨趨聾聾。悄悄米平聲米平聲。穩穩當去聲當去聲。基基抓抓。跌跌絆絆。光光生生。油油緩緩。儉儉省省。白白浄浄。乾乾浄浄。臭臭西西。缺缺椏椏。歪歪斜斜。正正經經。好好生生。乾乾燥燥。慌慌忙忙。陰陰光光。兢兢戰戰。冒冒失失。高高長長。矮矮等等。瘦瘦筋筋。皮皮翻翻。皮皮灰灰。臧臧哇哇。泡泡蘇蘇。腥腥臭臭。花花嚕嚕。匀匀浄浄。平平穩穩。穿穿跌跌。清清浄浄。病病哀哀。肥肥胖胖。大大方方。小小渺渺。端端正正。高高低低。昏昏沈沈。迷活迷活。太太平平。包包坎坎。沾沾瓦瓦。辣辣夫夫。熱熱哈哈。瓜瓜鈕鈕。清清亮亮。渣渣哇哇。娃娃西西。撲撲挨挨。順順遂遂。順順暢暢。茂茂盛盛。正正氣氣。密密實實。實實在在。早早晚晚。挨挨岔岔。哭哭啼啼。説説笑笑。多多少少。焦焦愁愁。呵呵𧧸𧧸。西西哈平聲哈平聲。扯扯筋筋。隨隨便便。陸陸續續。基基媽媽。昏昏濁濁。醒醒搞搞。勉勉强强。丁丁當當。停停蕩蕩。妥妥貼貼。子子本本。規規一一。規規矩矩。發發氣氣。恍恍活活。裸裸連連。潔潔白白。貼貼實實。空空洞洞。欺欺投投。寬寬心心。局局面面。鬆鬆活活。打打拌拌。吃吃活活。

嫩嫩東東。言言語語。方方正正。耍耍答答。招招搖搖。闊闊氣氣。磨磨搓搓。扭扭業業。然然瓦瓦。心心定定。安安一一。口平聲口平聲摸摸。拍拍打打。敲敲打打。弼弼扒扒。斤斤梭梭。斤斤弔弔。皮皮絆絆。兇兇暴暴。鯁鯁塊塊。搖搖擺擺。稀稀疏疏。影影響響。丙丙哵上聲哵上聲。頂頂董董。拋拋撒撒。將將就就。數數落落。咳咳悚悚。趕趕緊緊。過過場場。縹縹緻緻。角角偏偏。椏椏岔岔。懶懶散散。穿穿逗逗。蹇蹇澀澀。乖乖巧巧。嚌嚌瓜瓜。喇喇拉拉。指指奪奪。點點綴綴。膩膩糍糍。牌牌場場。迂迂酸酸。抽抽扯扯。渣渣哇哇。花花塔塔。張張巴巴。

上下字同音者 約略舉之。

纓纓。梯梯。椒椒。蔥蔥。笆笆。簹簹。鉢鉢。篩篩。缸缸。筧筧。飛飛。單單。筐筐。圈圈。灰灰。釘釘。封封。曲曲。彎彎。弓弓。千千。官官。鴉鴉。椏椏。鴨鴨。雞雞。痳痳。岔岔。刀刀。孃孃。爹爹。媽媽。奶奶。靴靴。枝枝。户户。家家。書書。竹竹。箱箱。乖乖。綏綏。心心。新新。邊邊。衣衣。花花。竿竿。光光。珠珠。湯湯。杯杯。烟烟。打打。孫孫。絲絲。方方。鍋鍋。耍耍。頑頑。渣渣。叫叫。多多。回回。堆堆。樁樁。想想。鈎鈎。吹吹。攤攤。跰跰。瘡瘡。慈慈。幫幫。糕糕。腰腰。肝肝。姑姑。包包。珠珠。

上下字同而音異者 約略舉之，上一字爲本位字，系本音，下一字只以音記之。

茶岔。油憂。米迷。果過。平聲。水誰。糖湯。盤潘。碗完。醬槳。船川。羊央。牛鈕。平聲。馬麻。紙慈。子慈。布咘。平聲。鳳風。縫豐。蟲沖。雨于。足呢。平聲。蓋垓。同通。手守。平聲。爪招。平聲。肚都。眼言。毛吒。平聲。皮批。嘴啡。平聲。牙椏。帶歹。平聲。火何。地爹。董哹。平聲。竈遭。槽操。錢牽。銀英。圓冤。桃滔。橋蹺。等嗙。平聲。朵哚。平聲。沱拖。盒呵。櫃歸。硯拈。壺夫。醋粗。人認。平聲。姐借。平聲。鈕牛。丑仇。粽宗。嫂茗。棗啍。平聲。芽椏。豆兜。樹書。葉吔。平聲。田天。鞋亥。奶來。叔梭。叭巴。娘孃。口咖。平聲。籃喃。桿幹。繩孫。麵緬。平聲。辣拉。爺吔。平聲。坎吹。平聲。袖修。雀呦。平聲。鴿戈。性心。甲加。棒邦。桶同。罈灘。酒啾。平聲。粉焚。鑽官。帕帕。平聲。庫枯。架加。斗哣。稱去聲稱。瓶拼。牌哌。平聲。欖燈。几貽。底哟。平聲。板咩。爐嚕。籠聾。套滔。洞東。巖挨。盆烹。齒池。墊巔。篷烹。漊坡。扇山。河呵。膝書。菌君。腸倡。樓嘍。牆槍。少燒。顆喝。平聲。餑摩。芋迂。黃荒。蛋單。條挑。盞戰。平聲。柱諸。簸吥。平聲。簍樓。琴青。麻媽。點塾。平聲。套滔。鍊臉。平聲。把叭。平聲。寶咆。明嗷。平聲。紅烘。票飄。樣央。尾爲。背杯。筷傀。平聲。柿施。帷威。兩良。鋸居。扣咖。平聲。鋤粗。頭偷。對堆。菜猜。李離。卦瓜。片偏。陣鉦。妹晦。柴差。平聲。井哢。平聲。女攸。平聲。弔刁。宰咗。平聲。膀嘮。平聲。拐啀。平聲。猴吼。平聲。白帕。平聲。母模。卷哰。平聲。房方。辮邊。回灰。娃哇。線仙。繩孫。話花。褲枯。買埋。鏡金。

成都之呼物土名

天老爺，天。點亮，上燈。東方亮，天將明。月亮，月。上亮，上燈。天亮，天明。打雷，雷。打麻子眼，傍晚。黑哦，黑夜。火閃，電。清早，早晨。太陽落坡，晚。槓，虹。小少午，午前。宵夜，夜食。月遠，去聲。月垣。少午，午後。過早，早食。白頭霜，大霜。吃少午，午飯。過午，午食。太陽，日。晏哦，晏。早得很，太早。泥巴，泥土。被水，失火。牲口，馬。土餅子，土磚。雁鵝，雁。夾泥，壁泥。烏盆，瓦盆。耗子，鼠。奶媽，乳母。爐子，爐。娃娃，小兒。火房，煮飯人。石頭，石。老漊子，女僕。丫頭，使女。鵝寶子，小石子。爺們，家人。打雜，幫工。掃把，掃帚。燈影，影戲。洋燈影，幻燈。紙捻子，紙煤。洋戲，留聲機器。嚎天，狗。官虎，營兵。武棒棒，習武。討口子，乞食人。餘丁，把總營兵。小火子，年青人。金銀殼，紙錠。鍋魁，麵餅。燈猫，壓燈草者。鋪蓋，被蓋。陰陽，堪葬家。居士漊漊，佛嫗。教門，回子。流流馬，瘦馬。算命子，推算家。信箭子，信封。丁丁猫，蜻蜓。夜壺，虎子。向耳葵，向日葵。紫荆，紫薇。玉麥，蜀黍。淵篼，畚。鄉巴老，鄉巴老。撿生漊，穩漊。旺子，血。血旺，血。茗果，鄉裏人。生意，生理。東西，物件。膽帚子，塵尾。蚊刷，蚊拂。斗筐，大簸。硯臺，硯田。洗臉帕，面巾。簸鉢，竹簸。篩篩，篩子。銅柞子，鎮紙尺。戲子，優伶。蓆子，蓆簟。金瓜鏆，紅色瓦鏆。海椒，辣子。捨屋，娼妓。鏆鏆，瓦罌。醬油，豆油。調羮，匙。斗篷，雨笠。枕頭，枕。筷子，箸。色子，骰。板鞋，履。篾夫人，竹夫人。對子，對聯。春官頭，陞官圖。白錠，銀錠。青果，橄欖。讓腸，香腸。搭連，袋。翹寶，銀。氣柑，柚。簪錢鑽，撲滿。口袋，囊。旱騾子，抬轎人。卯丹，牡丹。洋火，火柴。麻醬牌，麻雀牌。洋版書，上海石印書。洋裁縫，縫衣機器。洋筆，鉛筆。背心，坎肩。洋油，煤油。瓜瓜，癡呆也。叫花子，乞丐。

成都之呼物混名

子謂點心，紅苕。撐花，雨傘也。篙竿，筷子也。鈔粉子，吃飯也。曼灰子，清油也。高客，鼠子也，又名穿梁子。鷄子，頑童也。賣弄，妓女也。假哥，嫖客也。幺門，小旦也。老擺，魚也。灰妹，豆腐也。甜子，醋也。隨手，盞布也。長上聲冠，鷄公也，亦名話不頭，又曰太子登。梭登子，蛇也，又名老梭。扒坡子，竊賊也。罩子，大霧也。看手，打牌賭錢也。彎手，弓也。雲抬師，轎夫也。膝胃根，猪也。鏷子，鎖也。陝棒，陝西人也。抱如意，裝水烟之人也。皮娃子，狗也，一名嚎天。水皮襖，酒也。枝花，紙捻子也。黑襪子，靴子。喜毛，大帽也。起講，背心也，亦曰架架。車梨，剃頭也。丘八，營兵也。放牛娃，跟班也。黑板，棺材也。長頭髮，道士也。粲頭，蝦也。油大，吃肉也。數上聲石板，言無事游街也。帥上聲手，五也。岔子，四也。老沙，周姓也。老粉，白姓也。老彎，姓龔者也。老傳，姓傅者也。老跑，馬姓。老搬，姓曾也。串把，銅錢也。蜞螞，銀錠也。黃貨，大糞也。老拱，猪也。老焦，姓胡也。老抗，上聲。姓趙也。老桓，姓王者。老跳，姓張者。馬帶鈴，姓馮者。雙飄帶，姓徐者。九二馬子，姓劉者。老響，姓羅者。老梭，佘姓也。江片子，肉也。水案版，鴨子也。龍門子，馬褂也。鰲頭，帽子也。娃娃兒，小刀也。擲臭，出醜也。光去聲銅，好錢也。匹蘇，哭也。老酸，秀才也。公爺，舵子也。老蘸，瘋子也。茄螞，銀錠也。爪家，老娼也。太子登，小兒也。變場，賭場也。拉不伸，舅子也，又名老彎。媽啥，陽平。瞎子也。節節高，甘蔗也。二百五，太爺也。燒老平聲老平聲，燒酒也，又名燒伯。一百零八兩，監生也。六平聲六平聲，豬也。當鄉約，害瘟疾也。二五，鬼也。駱侯，鬼也。多多，耳也。拱工，公鷄也。夭上聲搖，飯也。牛葉，菸袋也。嚎天，狗也。黄地老殼，芋頭也。假哥，鄙南菜也。哇，去聲。牛也。老典，擺子也。地藏王菩薩，蘿布也。乾黄鱔，蛇也。悄麻雀，賊也。排扇子，閉門也。周二，屎也。騎鳳凰，坐鷄工車也。遨高足騾子，販賣婦女也。老飛，毛姓也。口天，吴也。

成都之各買賣通用言子

六成行言詞通用

一由，二代，三冒，四長，五人，六耳，七白，八令，九王。

銀價買穀子，「代耳」就是二兩六錢，「代令」就是二兩八錢，買成「冒代人」即是三兩二錢五，現銀買成「由王代」就是一兩九錢二分，「長白人」就是四兩七錢五分。

藥材行，茶葉言詞

一音，二色，三春，四水，五岸，六芸，七裡，八池，九千。

音岸，一十五。色岸，二十五。春岸，三十五。水岸，四十五。芸數，六百。裡數，七百。

池數，八百。千數，九百。

草帽子，買麻言詞

一兵，二文，三善，四作，五成，六安，七免，八可，九慶。

粗草帽買成「可成」錢，就是八十五。細草帽買成「文安」錢，就是二百六。

穀米雜糧過斗，六成行通用言詞

一宗，二眉，三倉，四梳，五瓦，六雍，七竈，八刀，九龍台。

「一宗」錢就是一個，「二眉」錢就是二十個，「倉斗」錢是三十個，「梳斗」錢是四十個，「瓦斗」錢是五十個，「雍斗」錢是六十個，「竈斗」錢是七十個，「刀斗」錢是八十個，「龍台」錢是九十個。比如「宗瓦龍台」錢二斗即是一千五百九十文。

當鋪古董玉器收荒通用，成衣亦使

一由，二申，三人，四工，五大，六天，七主，八井，九羊，十非。

「由字」是一百，「申字」二百，「人字」三百，「工字」四百，「大字」五百，「天字」六百，「主字」七百，「井字」八百，「羊字」九百，「兩由」錢就是一千一百，「非由」錢就是十一仟文。

新布衫子一件當「天字」錢，就是六百文。綿馬褂子一件當「大字」錢，就是五百文。舊汗衫子一根當「申大」錢，就是二百五。洋布褲子一根當「由大」錢，就是一百五。

成衣收荒通用言詞

一乾,二元,三春,四羅,五話,六交,七化,八公,九旭。

舊褡身一件買「化春」錢,即是七百三。新皮襖一件當「元羅」錢,即是二千四。掉換隨事。

絲綿紬緞布帛花行通用

一許,二欠,三川,四梳,五上,六高,七皂,八毛,九垢。

花一包買成「川皂」錢,即是三萬七。絲一捆買成「許梳」錢,即是一千四。

小菜青菓並小生意通用

一流,二斷,三言,四溪,五墓,六鬧,七條,八花,九梢。

一流是十個,斷是二十,言是三百,溪是四百,墓是五百,鬧是六百,條是七百,花是八百,梢是九百。

青菓小菜行一切零碎買賣用

一啓,二拖,三心,四叉,五潘,六梭,七才,八嘤,九臥。

薜藍一個買成「啓潘」錢,即是十五個。桔柑一斤買成「心拖」錢,即是三十二。

收荒小生意通用言詞

一邀,二按,三擨,四掃,五搓,六料,七撟,八犇,九攬。

舊鋤頭買成「犇按」錢,就是八十二。新釘鈀買成「料掃」錢,就是六十四。

邀按，一百二。兩按，二百二。按掃，二百四。按掻，二百五。按料，二百六。按撟，二百七。按犇，二百八。按攪，二百九。掻犇，三百八。掃犇，四百八。掻犇，五百八。料犇，六百八。攪掃，九百四。料掃，六百四。邀掃，一百四。

戲班子道士端公吹手紙火通用

一姑，二儀，三膶，四仔，五蹶，六傲，七黑，八趴，九搆。

姑丁儀，一千二百。姑丁膶，一千三百。姑丁仔，一千四百。搆丁蹶，九千五百。搆丁傲，九千六百。搆丁黑，九千七百。姑丁傲，十六千。姑丁黑，十七千。姑丁趴，十八千。

院房娼妓言詞

一腰，二坐，三豆，四歪，五甩，六撈，七撟，八拉，九扻。

豆坐，三十二。歪甩，四十五。甩甩，五十五。撈甩，六十五。撟甩，七十五。拉甩，八十五。扻甩，九十五。坐甩，二百五。腰甩，一兩五。

又道士端公

旦底。拖工。横川。不回。假醜。斷火。毛根。入開。像丸。主人叫王點。

捕魚及魚販子

條。邊。撑。梳。妥。高。黑。毛。彎。

江湖八大幫

流。月。汪。則。中。乘。星。張。艾。足。

六畜行

海。抬。斜。插。拐。撈。條。搞。梢。

菸烟行

思。初。天。長。醜。夏。纔。拍。捎。

銀錢行

尤。代。貌。長。仁。耳。伯。令。王。

布疋棉花線子

則。乃。心。梳。抹。高。抄。孬。坵。

成都之袍哥話 即江湖話也

袍哥，即燒香結盟之會黨也。流於匪類者，謂之會匪。普通之名詞皆稱袍哥，或曰袍幾哥，又曰帽頂。有大爺、二爺、三爺、老五、老六、老八、老九、老幺等名目。獨無老二、老四、老七等目，因忌四字音同事字〔一〕，忌二字爲鬼老二，忌七字音同截字也。老幺謂之幺牌，老五謂

〔一〕事：似當作「死」。

之五牌，尚有坐堂大爺及紅旂管事、黑旂管事等名目。成都只有兩堂人名目。其結盟章程之書名曰海底書，總以「孝義仁敬」四字爲大綱。流爲匪類者，多假托袍哥之名，因入會之流品太雜太濫，故多流爲搶劫之匪類。搶劫人者，南路謂之棒客，北路謂之刀客，東路謂之嘓匪，省垣亦謂之棒客。其同類説話隱語甚多，今略調查如下，俾大衆知之，以便趨吉避凶。

不蘇氣，言對不住朋友也。某哥子頂蘇氣，言某大爺講究對於朋友也。矮下去，言罰跪也。水漲了，言犯事有人捕也。水緊得很，言事急也。起幾上聲根塘，幾根塘即幾個人也，百根即一百，千根即一千。心識，言納爲門下也。寫台口，約人謀劫人也。把他毛了，言殺他也。做了，謀他也。某家場趕得，地方官姓張則曰張家場，姓李則曰李家場。亥平聲完幾天，即頑耍也〔一〕。撬莊，謀殺人也。那裏有個蜂子，口銜一枝花，言行人帶有財物也。某人振得住，言能辦事也。振不住，不能辦事也。落馬，言黨羽死也。不拉希，言有擔負也。提頭子，鞋也。拉希，言不能擔當也。有那個三，言有那個四也。打衮龍，流落也。有幾個肥母鷄，探人有幾錠銀也。滚水，糾人兩下投水也。粲了龍了，被人猜破也。提烘籠，言有軍師也。走水了，露出計策也。鮓起，言與人幫助也。光棍，不怕事也。肘住，言幫忙擎舉也。起龍位，言請起來也。擲紅，説閒話也。叫梁子，言報仇也。倒油，與人賠禮也，帶過也。襯住，言力任其難也。擲

〔一〕 耍：原誤作「耎」。

臭，言失面子也。喜花，紙煤子也。曼灰子，油也。望了，言開起隊伍走也。扯一個混，言夢也。裁了，殺了也。對識，相見禮也。都頭。管家。□□的〔一〕。耍家。

依苗茜草，一也。耳子草，二也。散錢花，三也。獅子頭，四也。烏供養，五也。留支皮，六也。淒涼岡，七也。巴地虎，八也。舅普子，九也。柿子元，十也。

韭菜園，舅子也。搭月宫橋。開科。出過熱，幫過忙也。出過血，出過錢也。换袍。趲灘，逃走也。避豪，避禍事也。金起，犯事被押不自由也。鏷子對倒，鎖起也。吹窑鷄，搶人也。拋灰，拋下河也。説聊齋，指方向説錢也。搭白，托人説法也。摇鈴鈴，偷辣子也。封封子，馬也。肘了，估拏人物也。摟了，估搶人物也。通皮，通袍哥也。兄弟伙。侄輩伙。一寸水，百金以上爲一寸，千金爲一尺，言劫人之銀數也。以巴，毛也。碼頭，各方之會盟地也。剪騙，代結賬也。久慕，客氣話也。方起，使他爲難也。袍下來，解圍巾。栽培，提拔也。篩子響，打更也。柁頭，窩户也。抱童子，搶人小兒圖財也。下粑蛋，説軟話也。接觀音，劫人婦女圖財也。讓一手。牽大黄，與拉猪同義。打響，介紹也。拉肥猪，劫人爲質説錢也。上服，介紹也，招呼過也，報告過也。兹鳥，想方害人也。好深的水。元販的。丟亥市，盟誓也。開，挨打也。泭水龍，乾纏也。卯抛，看倒拉到也。得黄路，有門路也，又云得黄須進步。擺地垻，分

〔一〕□：原爲空格。

貨也。大生意，好事也。叫嚴口，分貨也。跑灘，流蕩糊口也。柁頭，占處也。抬梁子，爲首劫人者也。造粉子，吃飯也。帶過，有罪也。水老薰，燒烟也。柁把子，掌事頭目也。摸地王。有幾呈水。黑墨老拐。撳老殼。撳林公。弔三紅。出煤子，逢黑道出門也。天墨，天黑也。瞟上首，天明也。滚堂子。拱窰子。單綫，一人也。香火堂子，呼人之堂屋也。火食堂子，竈房也。熱堂子，睡房也。皮子，呼狗也。空子，長年也。金駕，言大駕也。龍台子。水綫子。閔火山。安貴子。口張子。明直子。糾頭子。高抬龍袖。雲南，事不成也。

以上所列者，有賊話在内，吾人不可不知。如出門遇有人説此等話，即宜遠避以免中害。彼等話語甚多，書不勝書。

○外又有江湖言詞，分類如：

天文類

天：乾公，一天，輕清，無外，雲表，兼容，併包，司覆公，高明君。

日：太陽，陽烏，常圓，長明，恒滿，出扶桑，西墜。

月：太陰，陰宗，東昇，兔窟，蟾，冰輪，離畢，秋倍明。

星：光芒，點辰，列碁，好風，好雨，拱北，在東。

風：丟子，入微，透骨，和熏，驟吼，狂呼，疑□〔一〕，從虎，狂且，偃草，吹枯生，掃雲，折朽子；又廣起風爲擺丟。

雲：天表，想裳，聽天，隔蒼，蔽日，從龍，掩太陽，油然子，出岫君。

雷：震公，布鼓，天鼓，聞變，落箸，天威，破不平。

雨：津，沛生，子望，潤公，濕杏，天線，靈零，甘露子，苦霪生；落雨爲擺津、洒潤。

霧：迷津，天隔面，杏花雨，如烟，疑霖，迷離；起霧爲披迷，又曰排烟帳。

露：甘霖，秋白，未晞，爲霜，湛斯，在豐。

霜：露銷，葛履，冰端。

雪：飛六，出六，疑絮，天鹽；雪珠爲集先，落雪爲擺飛，又爲排六。

晴：爽氣，空青。

火：丙丁，少陽，焰老，燎原，分炎。

地理類

地：坤老，重濁，任重，配天，司載公，博厚君。

山：土高，地高，觸土，地出頭，巫峯，老峙，登東，艮公，如礪，禹隨，一拳石。

〔一〕□：原爲空格。

河：長流，清平，黄九。

江：襟三，子長，橐水，無底公。

海：紬細，闊老，聖出，揚波，無邊子，魚樂國。

城：太拔，子金，列齒，築土。

井：地窟，水窖，中公，列九；鑿飲人曰區九。

橋：撑江，水帶，續斷，接引生。

土：戊轉，萬生，水壬癸，龍轉，歸，朝宗，石土骨，堅壘，分磊，伏虎，踞豹，子踐。

北京：水都。山西：金地，夕陽。山東：木地，朝陽。陝西：召分。雲南：火七，滇離。四川：達地。貴州：寸金地。遼東：闊海。滿州：盈地。江南：長火。浙江：浙七，之水。江西：月七。福建：閩七，蟲門，鳥都。廣東：粵木。廣西：粵金。蘇州：吴七。杭州：天堂，上天。湖州：興地。紹興：越地。寧波：近闊。徽州：韋七。

東：仰盂。西：上缺。南：中虚。北：中滿。左：青。右：白。前：朱。後：玄。上：溜，□流〔一〕，君達。下：落，順流。高：上天，干霄，仰攀。低：入地，俯就。近：□〔二〕。遠：暗。大路：洒蘇，爰遵，九達，周好，羊腸，不由徑捷，微行。

〔一〕□：原爲空格。

〔二〕□：此字漫漶不清。

時令類

春：木季天，甲通。夏：火季天，丙通。秋：金季天，庚通。冬：水季天，壬通。今年：本太歲，正太歲。去年：舊太陽。前年：前太，過令太陽。朝晨：拔本。晚上：兜昏，扯線。半夜：太和，孩交。歲旦：聚衆，元晨。立春：回陽，木頭。雨水：天泉。驚蟄：發蒙，警憒。春分：解木。清明：雨朝，良牧，會朝。穀雨：濟貧。立夏：火頭。小滿：中康。芒種：勾甲，力田。夏至：改火。小暑：避雷。大暑：乘陰。立秋：迎金，肅風節。處暑：絺居。白露：陽晞。秋分：剖金。寒露：蛩漿。霜降：木落。立冬：水頭。小雪：露白。大雪：重裘。冬至：水中。小寒：挾纊。大寒：擁爐。

人物類

教書生：巾老，子曰通，傳册，又傳醢。讀書人：靈兒，釀醢。學生：剪拔，丁七，憂養子。幕賓：立門頭生，晞，蜜騙，忽扳，趨笑。管公事人：牽生。寫狀人：梅花黨，抄孤子。寫字人：捌黑生。送字人：飄葉子。畫家：捌管生，捌彩。能事人：龍生。光棍：油生，滑生，井梧摇落。大光棍：順子，柳生，桿麵杖。下流光棍：谷山，倒影枯楊。閒漢：甲七通，高擱班史。幫閒：邱八，攜手觀天，偕消白晝。賭客：跳生，渾是膽，嚎□三千〔一〕。

〔一〕□：此字漫漶不清。

兵丁：塞通汗八。衙役：近孤通。書手：扎八。門子：雙扇。皂隸：友竹，反竹，結腳。禁子：禁腳皂快：白七通，貼孤通。民快：立地。捕快：鈎子手身。公差：緊腳。謂健步也。總甲：方坑，坐坊，狗卒，齋夫，齊天大聖。走報：飛信通，風行使者。

百姓：比兒。蠢人：古生，聞雷啓蟄。取春蟲也。呆人：羊盤，土偶木俑，食粟曹交。鄉人：千長通，我猶未免。沈速爲身。村人：木寸通，高於岑樓，死胚，終八生，未知生，揭白留真。歹人：不將叉，漢忌韓彭。取似反也。好人：將叉，念將通。使女：縫裳，燕人，拐七，躡足陳平，聞雷墮筋。賴皮：毛油生，伯牛有疾，出水蝦蟆。客人：蓋各，容同，鷄黍相延，天涯逆旅。上江人：丁老，順留入海。別處人：强頭生，介葛來朝，集桑黄鳥。本處人：原頭生，蒂固根深。市人：井通。店官：朝陽通。山中人：真人，從赤松遊。種田人：棋盤身。村莊兒女：成家子會做的，肯構肯堂，克荷析薪。後生子：半子，曰俊俏兒郎。歲月方長，子見猶驚。販子：不將人。匠工：衍身，斤邸。走鄉者：衍黨。走街者：嚮党。富户：火通，潤屋生。貧人：水七通。闖將：獻生，牛金星，謂闖之將也。匹馬横行。老漢：蒼通。小子：尖通，尖生。奶奶：受孤通，受孤才。小姐：閨琴，雙五百。謂千金也。家主：受點。主母：掌隨。家人：挨通，且稱謂奴家也。又曰令公兒。以子儀罵子奴才也。使女：挨才改，挨斗。僕婦：爲挨才。乳母：顯山通，保赤。雇工：廿一矢，力八，幫挨。賈勇：半老婦、蒼細，蒼馬。婦人：馬客，細公。良婦：廣宫。小娃：剪角，蜆子，蚌胎。賣婆：力才。媒婆：潘細，撮合山。寡婦：宫川，寡馬。韃子：柳葉兒，柳州通，古月通，犬羊生。韃婆：營細。韃女：柳女，稍昌。大阿哥：卯上部。小兄弟：卯下部。

店鋪類

凡店謂之朝陽。輿鋪：輿朝陽。鹽店：信朝陽。衣店：皮子朝陽。布店：稀朝陽，喬公帳。生藥店：熯火朝陽。醫店：計鈸，苦口朝陽。南貨店：回生朝陽。雜貨店：推懇朝陽。今改爲壟斷朝陽，又爲亂朝陽。燭店：紅耀朝陽。染坊店：今爲浸潤朝陽，又爲悲絲朝陽。鞋店：踢土朝陽。做鞋爲踢土生。襪店：籖筒朝陽。靴鋪：魚皮朝陽。取傳孫子臏足因靴魚而爲靴。飯店：熯章朝陽，又熯朝陽。酒店：山朝陽。肉店：流官朝陽，又曰鮮帳、線鈸。麵店：千條朝陽。烟店：熏通朝陽。香店：篡朝陽，清遠朝陽，聞朝陽，韓偷朝陽。米店：碾朝陽，木公帳，生熯朝陽。傘店：隔津朝陽。腐店：水剉朝陽。書店：册子朝陽。扇店：半月朝陽，改爲清來朝陽。紙店：方皮朝陽，代策朝陽。帽店：頂公朝陽。線店：縫朝陽，引針朝陽。木行：爲森朝陽。磚瓦店：火土朝陽。木履店：襯足朝陽，辟水朝陽。粉店：爲傳朝陽。點心店：充熯朝陽。籃店：提朝陽。秤店：把朝陽。綢緞店：光亮朝陽。皮箱店：革囊朝陽。筆店：爲毛錐朝陽，又穎朝陽，中書朝陽。墨店：玄壤朝陽。墨也。鐵店：受黑朝陽。帶店：束朝陽。歇店：琴頭，息足朝陽。行商：乍山。水客：萍兒。山客：鹿兒。開行：立山。六頭君。取諺語「走前頭，立後頭，坐橫頭，吃骨頭，趁戲頭，得零頭」之説也。混堂：捲窰，裸陽朝陽。又爲温泉朝陽。打劫店：采盤子。

工匠類

傾銀匠：七九通，火琴邱，逼皂。打銀匠：刊琴邱，流琴邱，艮邱通，火身。打金箔匠：爲扁庚通。鑄銅匠：威勇。打銅匠：響黄邱，金線通。打鐵匠：離邱生，烏金生。鍋匠：蠟邱，易邱。石匠：研石通，琢璞通。木匠：甲乙生，森邱鮮匠，分水通，羊角通，又分森邱。漆匠：撻黑通。機匠：查線通。挽花匠：連環通，扳線邱。染匠：查青邱，賺趾。成衣：單線通，甲札。縫皮匠：雙線通。做帽人：水線通。琢玉匠：採石通，雕璞邱。刻字匠：梓生，斷輪。泥水匠：壬倫，壬戌通，又朽邱。淘砂軍：思切。箍桶匠：門落踢瓜。燒鹽軍：丙主，煮海邱。

經紀類

挑扁擔：天平生。擡轎：兜力，押生。修缸補鍋：丙日子，五霸手。謂補塞其罅漏也。腳夫：摩肩。打線索人：矛工。摩鏡人：托亮，到光，照子，還光生，又曰明明。放馬者：邊杖。屠户：留通。換碗：插把。漁户：水梳通。賣古董：抵件頭。廚人：百味通，充火通。船户：瓢游生。穿珠者：貫通。搖船：擺瓢。撑缸曰搠水。做針者：叉老。扯牽：扯線，横笏通。做傘者：撑通。做花人：百瓣生。打草鞋：欄杆生。扛材人：保重。做酒人：山通。切麪人：騎黄驃馬。賣餅人：着大棋。賣糕人：百辰，躧蹺。賣油人：滑底，潤生。

醫藥類

醫生：濟崩公，扶本，苦勸人。名醫：熯火通。富醫：汗火。時醫：丹青，竹彩。眼科：皮憩。針灸：釵烟彎。診脈：彈弦子。撮藥：配熯。末藥：暗老，暗熯。膏藥：圓紙，塗圓，煎熯者。煎藥之稱。摻藥：飛屑。錠子藥：熯火，熯琴。走賣藥：跳皮，行熯。小賣藥：丢小包。賣春方：派熯，取鱉，挂狼，追蟲去積，七節通，又曰七節弔。下針：叉賣，叉黨。丸藥：丸熯。粒粒牛黄：爆工。换藥珠：鼓釜工，吐蟲，潑卯水。挑擔賣藥：天平黨。賣丸藥：跳粒粒，虎撑，寸鈴。賣□藥〔一〕：跳十字熯，燒香朝山賣藥。拱黨，觀音黨。打彈賣藥：彎子。賣方子：提空。盪膏藥：炊塗兒。京人賣藥：念七皮通。僧賣藥：三皮跳。道人賣藥：火頭生，全真黨。取牙蟲：柴受。婦人賣藥：拖青扳柴。空中取藥：採粒。騎驢賣藥：拖鬼兒。撑傘賣藥：昌皮。戲法賣藥：丁叉黨。排攤賣藥：跎踏黨。打坐賣藥：丢墩子。告示賣藥：設僻。賣假藥：跳將熯。學醫：鎖。

星相類

相面：斬盤，又審囚。不語相：黑斬，又啞黨。算命：梳牙。抄命：剪牙。雀算命：梟梳，禽推。彈琴算命：柳牙。推流年：擠丙子。瞎算命：念梳。龜算命：袱包子，蔡梳，灼

〔一〕□：原爲空格。

龜，燒青烟。量手指：骨梳。看三世圖：番梳。起數：暈老，丢銅皮，元片。各色起數：牽絲。起課：烹玄。打君知曰闖友。打筶：丢笋，抛孤。撇查：落跌。堪輿人：斬葫蘆，穿山甲。甲、腳同音。九流三教：通稱江湖友。初出江湖曰卯喜。隆中應聘謂纔出茅廬也。慣走江湖曰相府，周遊列國，闢肚仙，剪牙，鬼憑兒，又曰闢川生，獻師，燒黄七。

娼優類

戲子：吼生。小戲：跳身，帝奚。戲師：司吴老，傳吼生。生：牛一。旦：正母，平明。小旦：貼母，味爽。净：争工。丑：破田，外，未吴老。末：一木。樂人：丁八。鼓手：竭老。小唱：細鳴，楊花。響詠：唱侉調，馬上訴。妓女：青馬，青細，客細，衆才。私窠子：亦稱客細。老鴇：青媽。龜子：中八生，刮丢，六縮，忘八，客蓋，青蓋。不正女：盼青，歪細。

乞丐類

討飯：挂熯，碎山。癱叫化：披街。裝斯文落難求乞：搽相，沐猴。書情節求乞：磨街黨。帶婦人求乞：亦稱觀音黨。手本討錢：古相。帶孝求乞：喪門黨。作揖求乞：丢圈黨。哭訴求乞：訴冤黨。托神求乞：童子黨。弄蛇：扯溜，降龍。弄猴：耍老子，伏虎。

盜賊類

盜首：掌盤。大盜：千七。竊賊：鑽通。挖洞：穿窑。斷路：勇打，留客住。偷鷄：挑菜，又曰殘黄欠。剪綹：裁皮，抓瓜絲。白闖：撞轅門。毛賊：小老鼠。

僧道類

和尚：廿三，失一。道人：廿一。道士：廿四，得一。師姑：水廿三。道姑：水廿四。尼姑：斗廿三。仙人：稱爲書香，雲遊子。玄門：養真。陰陽生：水火通。煉丹：提火罐。香火道士：熏修。化緣：焦行。送符：出火頭。書符：描黄。唱道情：倒扛子。説因果：嚼果。僧道拜門：扳牙。釀星：法水。經事：黄庭。求籤：抽條子。徒弟：侯指〔一〕。

身體類

頭：頂元，魁兒。面：元老，盤老。眼：照子。耳：招風，採官。鼻：土星，聞官，汲香。口：風門，水星海門。齒：磨子。舌：信心，心柔，心苗。眉：探老，及第，分八。髮：皂線，飄光，雲線。鬚：草緑，龍圖子，表丈夫。喉：素兒，司諫。身：四大。肚：西方，容老。手：上元，脱爪。足：下元，踢土。大腳曰太式。拳：托起。乳：纏手。婦乳曰尖山、吞子。骨：枯枝。陽：金星〔二〕，縮頭生。陰：盼公，北風。男風：卵生。淫陰曰拿蚌。鬬曰吐青，又曰慕容。龜頭眼曰馬口。大便曰撒條。饑曰枵。困曰昏斗，並足。瘦：柴，青條。肥：花草，濯濯。標緻：堅立。醜：古寒，配酉。盲：念照，又雙念照。眇：單念照。脉：刊通，雨沙，禮冠。啞：念訥，曰默，忘言。聾：老採，目聽，等辰。駝：但結，入公門。蹺：地不平。矮：矬

〔一〕侯：似當作「候」。

〔二〕「金」上原有「春」字，據《新刻江湖切要》删。

身，如射。折足：定半。鬍子：老圖。白：草飄。黑：草鬼。黃：金草。壯大：千叱。怯懦：肥妖。

器用類

桌：朝天，方面。凳：曲身，有四腳子。椅子：東登。廚：弄申。牀：臥尺，昏老，昏喬。箱：皮抗。盒子：肩壯。茶盤：荷葉。招牌：或頭，躲兒。天平：擔針橋，無偏子。針：挑擔。算盤：撥公。夾剪：分艮，口快兒。戥子：星琴，衡子。秤：横挑，平老。銀包：答心。尺：寸頭。升：科老。斗：圓老。應名科老。斛：方老。匾擔：負龍，量肩。轎子：壯風生。搖紅，燈籠之謂。雨傘：撐老，遍天遮。官傘：掩太陽。大傘：大式。釘靴：響筌筒。木履：響踢土。磨子：走雪。枷：嵌老。告示：躲子，今更名先聲，又名招搖。磚：丙骨，丁魄。瓦：丙片。竈：離宮。行竈曰浮丙。銅杓：角兜。錫注子：盪兒。搶鍋刀：扁烏子。壺瓶：省器，探水。抹布：油方，搨郎。火石：丙批。火石：丙魄。碗：罄子，荷花。碟：罄口。杯：響盞。筯：條篙。木棒：遷杖，條達。梳子：杷頭。篦：比櫛。抿子：金刀。剪刀：絞兒，裂帛，又斷機子。鎖：將軍，紅尹。鎖匙：熔木，開關。枕：刻天。土量，今更名扶頭。席：捲友，捲血鋪。紙馬，效勞。燭：搖紅子，亮子。炭：烏薪，山灰。帳：亦名撐老，撐幔。燈：天花，代日月。棺材：焦斗。

舟具類

舟：飄兒，瓢子。櫓：平六。柁：瓢後靈。檣：頂天快。篷：捲風。篙：挺。平艓：平瓢。替艙：同六。掉槳：司老。銕猫：當家。蘆席：頂公。龍舟：神瓢。

衣飾類

巾帽：頂天，頂元，頂公。綢巾曰拍首。衣服：皮子，好衣服曰皮子堅潔。海青，長皮，彩林，皮林。布服：硬皮，稀皮子。綢緞衣曰軟皮，又曰玻璃皮子。布衫：決林。褲：叉老，雙老，叉兒。裙：闌干，八幅。鞋：立地，踢尖，踢土。襪：登桶，筆管，踢管，荃筒。靴：登老。綢絹：板細公。布：稀公，細梭。綾緞：撒帳。綿綢：細紙。絲綿：領毛。帶：瓢葉，條子。袱包：贈貼。被：滚服，暮林，文滚，又曰戰干。帳：網兒，幔天，撑老。孝服：頂雪皮子，又曰風雨飄，西方皮子。孝巾：頂雪。方巾：側腦，又頂側。

飲饌類

茶：青老，清喉，木鬼，碧水，牙浄，枝葉，木癸，擾檽子。酒：山，又山香，又醖緑，山老，喧老。白酒曰水山。好酒曰金山。燒酒曰火山。粥曰稀漢，平頭漢，流稀。飯：熯章，食老。麵：千條，豁鼻。餅：稀片，匾食。干麵：白茫，飛塵。挂麵：綿盤，線老。糕：稀塊。粽子：稀尖。湯團：稀圓，水泡。糖：塞牙，甜公。饅頭：氣樓，花壘。餛飩：斜包。湯：滚淪。茶菓：得占。素菓：花頭。菓字疑是菜字之誤。豆腐：水板，水判，水林。麵巾：踏麥兒。

粉皮：溼食。麻腐：樵食。索粉：水幹條，帝角。油：丙漿，素滑哥，麻郎。鹽：信老，沙力，贊郎，五味。醬：沙油，中軍，汁老，研哥。醋：盆山，醯老。烟：熏子，衝風，燒老。猪肉：留官〔一〕。猪頭：紗帽，人面，流官帽。火腿：挂判。雜腸：吕公條。牛肉：春流。羊肉：細毛流，臊老，山官流。凡肉皆稱流。鷄蛋：洪欠。凡蛋：圓光〔二〕。鯗：底板。又蛋稱曰昆侖子。醃肉曰信流。

數目類

一爲劉，又流寅。二爲月，又月卯。三爲汪，又汪辰。四爲則，又執己。五爲中，又中馬。六爲人，又人未。七爲心，又辛申。八爲張，又朔酉。九爲愛，又受戌。十爲足，又流執。一分：流去。一錢：流寶。一兩：流西。十兩：流千。百兩：流千寶。千兩：流丈。多曰彭彭太式。

疾病類

病：通稱曰延年，眠眠，元念，暗年。風子：巽方太歲，攤延年。瞎子：念照。目疾曰照牛。駝子：春牛。癆病：火延年，赤太歲，焦根限。隔症：閉塞延年。臌脹：胖延年，山風延

〔一〕留：據下文當作「流」。
〔二〕即凡蛋曰圓光。

年，結珠延年。瘧疾：水火延年。痢疾：玻璃延年。手疾：托半〔一〕。足疾：折牛，踼牛。缺嘴：兔唇。生瘡：鬧楊楊，哥太歲。帶疾：有牛。楊梅瘡：因哥延年。該名果子延年。暴疾：急延年。老病：常年。疥瘡：十字延年。眼病：照字延年。膁瘡：裙風延年。耳疾：井牛。爛耳曰井延年。爛足曰踼土延年。

生死類

生子：脱欠。生女：脱斗。坐喜：含欠。生孫：巴欠。無子：念欠。子多：兼欠。遺腹子：飛肉。雙生：雙欠。該名對欠。

凡死皆稱曰川。病死：大限川，又年川。水死：龍川，冷川，元武川。井死：穴川，窟川。火熱死：丙丁川。打死：匾川。殺死：侵川，金川。勒死：抵川。牢死：悶川，禁川。弔死：線川，揖川。滷死：信川。虎死：寅川。犬死：戌川。蛇死：巳川。産死：紅川。癆病死：火川。雷擊死：乾川，震川。夫死：官川。妻死：才川。公死：東川。婆死：西川。

人事類

好：堅，響堅，堅通。不好曰古，古堅，念堅，又神古。他曰渠。你曰伊。我曰令兒悉。立：侍平，潘兒樹。走：遊墩，又量。打：匾郎，匾持，叩。駡：郎千，發千，響，柳江浪。笑：

〔一〕半：疑爲「牛」之誤。

巧倩，完凱，今交子。哭：拭照，流珠。撒嬌：撒汗。借曰昔。討曰探。有曰獻。無：念。氣曰悶東。惱曰古貴。腹餓曰餒，又西方亮。飽曰盈腹。在曰是。看曰扳識，斜手，班色。騙人曰將康。吃曰班，又曰賞。做曰鑽。分曰披。渴曰咬七。要曰同工。復要走曰蛋赳。相打曰鬧匾。叫曰顯咽。坐曰打墩子。説合曰抹鐵。挑：孤擔，天平。吃飯曰擾熯，又曰賞熯。吃酒曰擾山，領山，班山。醉曰山透。吹打曰捏眼。獻菩薩曰潑水。酌獻曰攤紅，又捲荒。有眼力人曰憲照。不知事曰暗人，又不端亮。講事曰咬黄。假：王龍。去曰涼。來曰熱。多曰滿太式。少曰尖，由莫，又宛宛。快曰馬前。慢曰馬後。大曰太式。小曰尖。高曰崔峻，又曰上。低曰淺，又曰狹。買曰扳，扳耀，蒲扳。賣曰嫁，耀貨，倘削。着曰響，又端。不着曰不響，不端。説好曰隆。説歹曰簽，又古，苦咽，又曰針咽。拿曰肘，又曰温文。套曰拔。輸：傷手。贏曰上手。進門曰入咽。來了曰入步。識得曰觀亮。虛説曰王六。聰明曰慧老。巧人曰占生。夢秋曰壓生。疑魘字之誤。没有曰夢。趁錢曰浪肘。盛曰大響。取錢曰奎把。分銀曰劈琴。討錢曰挂琴，又討銀錢曰嘔風。多要曰不將好。是非曰咬手。放對曰查頭，又曰犯查頭。説出來曰吐咽。油嘴曰太咒。説本事：將氣簽。打官司曰匾孤舟。告狀曰控訟，耗孤，頂孤，滚内。人命曰人牙。凡命爲牙，故算命曰梳牙。日事曰孤非。犯徒罪曰奎五。犯充軍曰奎六。得財曰有皂。破財曰失皂。好嫖曰花皂。好賭曰者皂，又曰攣把。尋問曰犯搽。相罵曰目西。貪吃曰吹毛。欠債曰抵金。有鈔曰熱子。無産曰流通。刁而蠻者曰鄙貊。拐子稱爲馬扁。假鈔：將肯。跪：拂土，丟千。拜：剪拂。拜揖：丟圈子。請坐：登壁，又盤倈。喚茶：青兒，又水漢。説話：吐調。會説：調皮。買賣：倘拔。做戲法：揚虛。逃走：暗量，兆量，又曰滚線。八字：捌黑。合婚：合寸。配妻：己才。討妻：挂才。做親：披紅。年紀：丈頭。起身：絨坐。討丫頭：挨手。討小使：挨子。靠人家：挨通。説人成親：爐老好。談往事：目料，好村方，良棋盤。賣田：削盤。買田：拔盤。種田：鑽盤。離祖：辨黑。學生意：太摩。有生意：得措。没生意：念捌。能生意：柳黨。合做生意：搽才。合夥：八米柴。生意好：響帳。做生意還家：倘板轉。生意：讚曲。收攤子：捲簾。對門：對鎗。隔壁：隔鎗。對舍：對面。鄰舍：鄰通。做生意處：碾地所。好場子：碾地。賣東西：挑思息。不識物：羊生。知我行事：徒染，又曰元粱。各色好：雙足。急：弓皮。緩：倦千。結交朋友：固嵌角。奉承：除公。善逢迎：買火種。極好：本六。有人知道：正八。不識取笑：破賭。坐：度堂。火燒：獻紅。下船：踏瓢。到人門：鑽窑。不言語：念咀。趴灰：灼炭。拐龍陽：拿卯。鬭：馬牽。養婆娘：養馬。罵人毬曰溜海〔一〕，又曰採線。自賣：挨身。賣女：挨斗。不曉：切，羊盤。曉不全：半亮。不在行：衍生。洗浴：潮龍，又詆淪。洗面：詆盤。剃頭：掃青，又削青。剃頭人：飄生，做癢，按摩。取耳：扳井。敲背：

〔一〕「罵人毬曰」四字原已磨灭，據《新刻江湖切要》補。

揀尸。剔腳：裁皮，又曰瓜皮，又爲修踢土。賣物：跳。賣糖：跳甜公。賣香：跳烟頭。賣帽：跳頂公。賣假貨：跳符愬。真貨：實贊。和尚道士化油：弔浸水。分票兒：飄葉子。圓光：請空。請仙：空老兒，又曰鑽黑鬼。道士書符：錯大字，錯虎頭。唱道情人：邊江子，又曰槓子身。道士送符：漂火頭。

〔民國〕新成都

【解題】周芷穎編。成都，今四川省成都市。「語言」見第四章《風土人情》中。録文據民國三十二年（一九四三）鉛印本《新成都》。

語言

中國地理，以四川劃入南方官話區，因明季川中遭流寇之災，慘戮無數，亂平之後，人口大量移動，故方言漸與中原同化。平京滬漢人士來此者，聽本地土話較閩粵易於瞭解。惟相距數千里當然有其特異之點，除「要得」「要不得」兩句最爲被省外人習爲口頭禪外，如成都人吃夜飯曰「消夜」，其「消夜」二字，與上海人稱廣東宵夜館之宵夜二字不同，因其字義中包含動詞與名詞一併在内，故有時可分割使用，例如問「消了夜没有」，「消」字代表「吃」字，「夜」字代表「夜飯」，非若「吃消夜館去」可於「宵夜」二字上再加動詞。又如馬上就來曰「跟到就來」、過一天再來曰「二天再來」此等語句，尚可就文字想象其意義，若「擺龍門陣」之談話，則不經注釋，斷難明瞭。又如「玩」與「耍」二字，省外人必須注意，否則觸犯忌諱，自討没趣，有時因此動武，原來玩與耍二字意義相同，杭州人所謂「耍子」如誤爲「玩兒」不過被目爲可刨之黄瓜而已，他無發生嚴重問題，在成都要是遇着朋友，向其説：「改日我到你家裏來玩。」輕則遭逢白眼，重則有吃耳光可能，因成都人稱娼家爲「玩家」，故普通人家可耍而不可玩。又如糯米搗爛，作成一種食品曰糍粑，鞋油曰靴墨，字面雅馴，有東洋風味。兹將成都各種語言，分類詳列於次。

方言話 言尖音加以「口」旁以示區別。

成都人之口音，多用尖音，平仄每每相混。如曰字必讀曰平聲，日字讀爲日平聲，緑字讀爲盧，實字讀爲時，禿字讀爲沱，米字讀爲迷，福字讀爲扶等，皆驟難改變也。兹將成都方言録後，以餉讀者。

鞋是，仍然也。在咭⿰口這，在這也。嘣正相，假正經。甩，鈕字去聲，動也。少不瓦瓦，作頑模樣也。龍門陣，講閑話。啥子，什麽也。搬漩頭，不講理也。沖殼子，設言假事也。灣酸，假斯文。卻薄，滑稽。拿謂你，道勞也。臭假，不清白之意。快的丁兒，快些也。扯筋，調皮也。服内你〔一〕，道勞也。鞋有點，還有一些。合芝，白條粉。不睬，不怕也。漲洋，出色。抓子，怎樣。展一，好也。兜耍，都耍。郎個，怎樣。不咱，不要緊。打主意，準備也。扯烏，亂鬧也。

〔一〕服：《成都通覽》作「護」。

奪萃，出色。老牛筋，吝嗇也。葬笨，做粗事也。臭希希，臭氣。簡直，實有此事也。希粑滅，言不潔也。買不儲，不應買也。土老肥，鄉富也。打竹眼，吃閉門羹。格他點，給他一點。扎十，很也。希巴五濫，極濫也。一哼〔一〕，片刻。囚皮，臉厚也。莫足海，行蹤不定之人。幸一個錢，俟片刻。小葷，牛肉也。挖苦，遭踏也。利邊，特意爲之也。賭咒，明誓也〔二〕。失格，不知規矩也。灣欒編旋，編事也。塑起，不能言也。況倒來，權且依著也。咱個不對，言如何不合〔三〕。浪們多，極言多也。恒起，無法也。恍嚴口，不實也。説方向，找人要錢也。悶掀，獨自一人享受也。各吃飲食。妙不可圈一，極言好也。何二流，無職業人也。門悶門，詭計也。過得傲，實在也。帶恤，連累也。悶猪，蠢也。耍門坎漢，言不敢出外逞力也〔四〕。改敲子，改作之舊物也。耍舌頭，争論也。訕談子，説笑也。然瓦，遲延。賽牙巴勁，不願與你多對説也。顙性些，快也。抽擺，捧場也〔五〕。賽牙巴，多言也。對競，合式也。苕果，土俗也。不泛於，不應也。打濫仗，流落也。庇不疼〔六〕，不要緊也。嘪，應聲。會打扮，善裝飾也。豆羅班，□□

〔一〕哼：《成都通覽》作「哈」。
〔二〕明：《成都通覽》作「盟」。
〔三〕何：原作「立」，據《成都通覽》改。
〔四〕力：《成都通覽》作「刁」。
〔五〕捧場也：《成都通覽》作「言同伴也」。
〔六〕庇：《成都通覽》作「屁」。

慘也〔一〕。説彩話，説讖誚話。撕皮，滋事。兜你吓子，與你頑也。很隨，頂好。吃得二八南干，飲酒過多也。繘額樓，罵人言猪也。誚皮子話，譏語。很麝，極少也。求説書，胡説。一羅兜話，話多也。很相因，便宜也。蒲起蒲起的來，尋着自來。打瓦片，人死也。振冤枉，搗亂也。嗺一下，言去瞧一眼。傲得很，兇惡也。丁丁兒，極少也。咱個，怎麽樣。説了與未説一樣，無效也。槊哦，知道了。打卦婆，多説廢話之人也。很嘣得住，很能撐持也。撈燒，圖恢復也。皂嗎，多事。跕零子，遇事驚張不穩重。又朗個懶，又如何也。少喺子，莫故意作玩也。蒲得很，狡也。弼托，隨便也。飲食菩薩，好吃之人也。苕道，多説話也。陰梭梭，不陽氣也。嗺嗺子，看什麽。拖眼皮，旁觀不管也。老鳩鳩，老人也。假得多，不真也。悶倒，不作聲也。浪斤斤，人瘦也。善菩薩，不管事人也。業倒，不作聲也。兜是，都是。要昭，要吃虧也。看笑順〔二〕，不管也。漲個羊子來弔起，未必出色。改手，出恭也。薰岡，惡模樣也。兜不來，都不來。屯，舌頂天堂作聲。言不信也。説衣禄，找人滋事也。鞋有一陣，還有一刻。耍豪，言撒刁也。晾褶子，穿新衣炫耀於人家。够豆，討厭也。安登意，舒服。中打一頓，打他一頓。吃抹何，不出錢吃飲食〔三〕。規規一的，事情做妥當也。但得個月亮，言無價值也。裸連，做事疲緩

〔一〕□□：此二字漫漶不清。

〔二〕順：《成都通覽》作「神」。

〔三〕錢：原脱。

也。經得熬，耐久也。不得下台，不了也。陰倒，暗地也。啥東西，什麽物件。默倒，想着。有好多出被，有好多出路。幾個言，幾個錢也。月母子，産母也。吃零碎，零易食物，如瓜子花生。安登子，以事誣人也。你咱行，不行。你暗，你猜也。賴回子，言那一次也。參得有水，言不真也。財妹，啞謎也。經四，耐久也。够不上，不能攀也。蒙猫猫伙，躲也。抵瞎，低下也。有明堂，有計也。鞋有，還有也。雜碎，牛羊肚腸也。老火，怨人之詞。當磨心，從中爲難也。拿不起，駡人語，言力不能勝。没來頭，没來由。翻梢，恢復也。悄悄個的，莫做聲也。華不著，吃虧也。出脱，失事也。穿得火，穿得好。碰香，極香也。碾他，逐他。弔丁，失財也。裝瘋，故意不知也。畫朵朵，寫憑據也。上當，中計也。呵他，哄他也。乾得起灰，極貧也。醬油板，最賤之人也。娼家之傭人。漩聾，爲一事另起爐灶。東川西川，即東竄西竄之訛音。撒脱，大方也。柳倒鬧，言糾纏也。板漩，言不服也。酸得很，假也。吁還，仍舊也。毛斯，廁所。殺葛，事情做完也。嗽甜，極甜也。莫詳，無謂也。央甲，不大方。打條，用計也。狗，吝嗇也。灑家子，不大方也，指吝嗇。打瓜〔一〕，完也。龜兒子，駡人話。有飯，言人有色也。掰脱，不拘也。水銀，事不成也。少的，不正也。收了相，改過也。打麻子眼，旁晚也。湊趣，幫助也。欺頭，便宜也。干鷄子，乞丐。振得住，有擔當。金光大，多詐也。那個老幾，指他人。坐臘，爲

〔一〕 瓜：原作「爪」，據《成都通覽》改。

難也。槁忙了，著急。到飯，被人開除。仲閟多，極多也。神光退了，壓其盛氣也。煮矢，説人閑話也。講皮盤，轇轕也。不暗，想不到。桓順，縱横也。賠黨，在賠錢也。在吼頭，在裏面。頑禪，調皮也。有皮絆，不清白也。槁不林醒，做不了也。桓扯斤，不講理也。到臟，退回也，指賭錢先贏後輸也。割業，兩相生衅也。有唋説的，不别言也。不元泛，未妥也。規一，妥貼也。門道子，公館。扯斤版，説横話之人。莫出昔，莫用也。勾子麻湯，遇事猶豫不決。振我的魁魁，害我也。夾夾蟲，不大方。做活路，在茶館吃茶時，叫理髮師來理髮亦曰做活路。抱膀子，旁觀也。撒粉亮，拂曉時也。生扯，無道理。不丁兑，言事不可疑也〔一〕。魁起，不要她自由。聾倒，安置也。皮挑客，爲人介紹男女間事。站起手，站便宜。

口前話 即戲書所謂「當言道」，古書所謂「諺有之也」。

只準州官放火，不準百姓點燈。旁觀者清。説話莫詳，吃屎莫嘗。女生外向。抱膀子不嫌注大。接親娘子送親客。男人嫌婦隔張紙，婦人嫌男除非死。一哭二餓三睡覺，四吃洋煙五上弔。此數句説盡婦人之情弊。十陜九不通，一通便成龍。來説是非者，便是是非人。無利不成借。橋還橋，路還路。閻王注就三更死，不得留人到五更。寡婦門前是非多。各人打掃門前雪，休管他人瓦上霜。不怕輸得苦，只怕斷了賭。弟兄殺人，各分手足〔二〕。黄鼠狼想

〔一〕不丁兑：《成都通覽》釋作「言可疑也」。

〔二〕足：《成都通覽》作「競」。

吃天鵝肉。人窮志短，馬瘦毛長。張和尚帽子，拿該李和尚戴。砍竹子，遇節巴。不聽老人言，必定受餓寒。吃人酒飯，與人担擔。酒醉心明白。留得千日貨，自有賺錢時。在你頭上阿屎，還嫌你的老殼不平。早知三日事，富貴幾千年。水深人難過。一麻不硬手。二門上聽炮響。狗攬三堆屎。那個新人肯上轎。見蛇不打三分罪。人親財不親。大家馬兒大家騎。一肥遮百醜。相因莫買，浪蕩莫收。端人碗，服人管。打了梅香，醜了姑娘。隔席不照。熟能生巧。閻王好見，小鬼難看。十個説客，當不得一個奪客。人望高，水望低。鷄公阿屎頭節硬。好漢不吃眼前虧。過河拆橋〔一〕。一口沙糖一口屎。藝多不養家。隔枝不打鳥。燈影不會走路，有人提線子。文章總是自己的好。婦人總是别人的好。肯走黑路，總要碰着鬼。一把鎖有一把鑰匙。吴三貫，包振濫。曹操背時遇蔣幹。狗戴帽子，太不受人尊敬。是相不伸手。兜羊子要一把草。偷鷄不倒折把米。得人錢財，與人消災。天生一人，必有一路。牆倒衆人掀。兒不嫌母醜，狗不嫌家貧。要乾要乾，又來個十三。猪尿包打人不痛，臊氣難聞。眼不見，心不煩。人五吃谷生百病。只重衣冠不重人。多衣多寒。吃人口軟，得人手軟。人到無求品自高。行行出狀元。嘴善心不善，木魚敲得稀巴爛。水火不留情。天下老鴉一班黑。羊毛出在羊身上。有好心，莫好報。瞎子見錢眼睁開。吊頸找大樹子。一品官，二品客。成者

〔一〕 拆：原誤作「折」。

何，敗者何。

歇後語 市井語

太子登，鷄也。勞其筋，骨也。猴子盤，兒也。大年初，一也。鼻龍口，水也。足摩手，印也。喜裏撒，拿錢也。福禄壽，喜也。玉麥糖〔一〕，摩也。酒色財，氣也。爲國亡，枷也。玉石嘴，賊也。庖有肥，肉也。公幺拕，背也。漁鼓簡，板也。世龍搶，傘也。擠眉雜，眼也。陽世三，監也。話不投，鷄也。莫我肯，骨也。覿其所，油也。一心管，二也。邦有道，吾也〔二〕。黎山老，母也。家有賢，妻也。連二趕，三也。四喜發，財也。王婆罵，鷄也。

呼土物名話

天老爺，天。月亮，月。打雷，雷。清早，早晨。槓，虹。白頭霜，大霜。奶奶，乳母。石頭，石。鵝寶石，石灰石。鍋魁，燒餅。陰陽，堪輿家。氣柚〔三〕，柚子。旱騾子，抬轎人。踩倒扒，車夫。洋筆，鉛筆。被水，失火。雁鵝，雁。耗子，鼠。火房，煮飯人。丫頭，使女。打雜，幫工。洋燈影，幻燈。溜溜馬，瘦馬。丁丁猫，蜻蜓。苕果、鄉巴老，鄉下人。東西，物件。老婆子，女僕。爺們，男僕、家僕。洋戲，留聲機。瓜了，癡呆子。捨屋，娼妓。調羹，匙。筷子，

〔一〕糖：《成都通覽》作「餑」。
〔二〕吾：《成都通覽》作「骨」。
〔三〕柚：《成都通覽》作「柑」。

箸。搭連，袋。䉕錢鐀，撲滿。嚎天，狗。叫花子、討口子，乞丐。鋪蓋，被蓋。教門，回子。信筩子，信封。向耳葵，向日葵。旺子，鮮血。生意，生理。點亮、上亮，上燈。打麻子眼，傍晚。火閃，電。小少午，午前。武棒棒，習武。小火子，年輕人。居士婆婆，佛嫗。算命子，推算家。夜壺，夜器。玉麥，蜀黍。檢生婆，穩婆。膽帚子，塵尾。蚊刷，蚊拂。洗臉帕，面巾。銅杵子，鎮紙尺。鑵鑵，瓦罌。少午，正午。喫少午，喫中飯。早得很，太早。牲口，馬。天亮，天明。太陽落坡，晚。消夜，夜食。過早，早食。太陽，日。土餅子，土磚。烏盆，瓦盆。斗篷，雨笠。色子，骰。對子，對聯。青菓，橄欖。悄寶，銀錠。口袋，囊。洋火，火柴。洋油，煤油。斗筐，大簸。戲子，優伶。海椒，辣子。讓腸，香腸。洋版書，上海排印書。背心，坎肩。

呼物混名話

蒿竿，筷子也。曼灰子，清油。撐花，雨傘。炒粉子，喫飯。高客，老鼠。賣弄，妓女。幺門，小旦。灰妹，豆腐。枝花，紙捻。鷄子，玩意。假哥，嫖客。老擺，魚也。甜子，醋也。雲抬師，轎夫。鑽子，鑽也。老搬，姓曾。老拱，猪也。老抗，趙。老跳，張。老沙，周。雙飄帶，徐。老響，羅。黃貨，大糞。老焦，胡。老横，王。馬帶鈴，馮。九二碼子，劉。老梭，佘。江片子，肉。老酸，秀才。隨手，蓋布。梭針子，蛇也。罩子，霧也。陜棒，陜西人也。老西，山西人也。皮娃子、號天，狗也。水皮襖，酒也。丘八，兵也。數石板，言無事游子也。岔子，事也〔一〕。老

〔一〕事：《成都通覽》作「四」。

粉，白也。車棃，剃頭也。油大，吃肉也。帥手，五也。老彎，龔。老跑，馬。串把，銅錢也。老蘸，瘋子。變場，賭場。媽哼〔一〕，瞎子。當鄉約，患瘧疾。路拐，兒。牛，葉菸袋。二五，鬼子。黄帝腦殼，芋頭也。周二，屎也。邀高足騾子，販賣婦女也。吴，美也。擲臭，出醜。公爺，陀子。拉不伸，舅子。燒老老，燒酒。六六，猪也。老典，簸足。乾黄鱔，蛇也。騎鳳凰，坐鷄公車。老飛，毛姓。

袍哥話 即江湖話

不蘇氣，言對不着朋友也。矮下去，言罰跪也。水緊得很，言事急也。起幾根糖，幾根糖即幾個人。把他毛了，言殺他也。亥玩幾天，即耍也。某人振得住，言能辦事也。落馬，言黨羽死也。提頭子，鞋子。水漲了，言犯事有人捕也。寫台口，約人謀劫人也。振不住，不能辦事也。不拉稀，言有擔負也。拉稀，言不能擔當也。打滾龍，流落也。提烘籠，言有軍師也。擲紅，説閑話。裁了，殺了。出過血，出錢也。趟灘，逃走也。金起，犯事被押不自由也。説聊齋，指方向説錢。通皮，通袍哥也。白棚，未入袍界也。剪騙，代結賬也。方起，使他爲難也。栽培，提拔。出過熱，幫過忙也。避豪，避禍事也。抛灰，抛下河也。搭白，托人説法。碼頭，各方會盟地也。粲了龍，被人猜破也。走水了，露出計策也。光棍，不怕事也。起龍位，言請

〔一〕 哼：《成都通覽》作「哮」。

起來。報梁子，言報仇也。襯住，言力任其難也。喜書，紙煤子。對識，相見禮也。鲊起，言與人幫助也。肘住，言幫忙擎舉也。接觀音，劫人婦女圖財也。抱童子，搶人小兒。拉肥猪，劫人爲質説錢也。滋烏，想方害人也。元販，遇事不拘。單線，一人也。金駕，大駕也。篩子響，打鑼也。下粑蛋，説軟話也。打響，介紹也。上服，招呼過。丢亥市，盟誓也。泭龍水〔一〕，乾纏也。跑灘，流蕩糊口也。抬樑子，爲首劫人也。帶過，有罪也。拕把子〔二〕，袍哥頭目。

雙聲土語 上下字重疊用者語多不通

中中間間。鬼鬼祟祟。快快盪盪。皂皂業業。湯湯水水。跌跌絆絆。乾乾净净。好好生生。冒冒失失。匀匀净净。肥肥胖胖。昏昏沉沉。辣辣夫夫。哭哭啼啼。西西哈哈。趨趨聾聾。光光生生。高高長長。臧臧哇哇。平平穩穩。穩穩當當。儉儉省省。瘦瘦筋筋。清清净净。端端正正。包包坎坎。清清亮亮。順順暢暢。陸陸續續。丁丁當當。基基渣渣。白白净净。正正經經。皮皮翻翻。花花嚕嚕。病病哀哀。高高低低。撐撐豆豆。指指奪奪。規規矩矩。貼貼實實。鬆鬆活活。方方正正。扭扭業業。數數落落。膩膩刺刺。花花塔塔。發發氣氣。空空洞洞。打打拌拌。耍耍答答。然然瓦瓦。丙丙硼硼。咳咳聳聳。沾沾瓦瓦。渣渣哇哇。呵呵哄哄。基基媽媽。停停蕩蕩。妥妥貼貼。弼弼扒扒。頂頂董董。懶懶散散。

〔一〕泭龍水：《成都通覽》作「泭水龍」。
〔二〕拕：《成都通覽》作「柁」。

子子本本。裸裸連連。寬寬心心。安安逸逸。斤斤梭梭。摇摇擺擺。抛抛撒撒。過過場場。
大大方方。迷迷活活。醒醒搞搞。悄悄米米。油油緩緩。缺缺椏椏。慌慌忙忙。矮矮等等。
泡泡蘇蘇。穿穿跌跌。小小渺渺。太太平平。瓜瓜鈕鈕。順順遂遂。隨隨便便。勉勉强强。
擠擠瓜瓜。牌牌場場。張張巴巴。

〔民國〕成都市指南

【解題】莫鐘驌纂。成都，今四川省成都市。有民國三十二年（一九四三）鉛印本。録文據成都時代出版社二〇〇七年版《成都舊志·成都市指南》。

方言

川省位居華西，據長江上游。明末，經張獻忠亂後，川籍土著，存者寥寥。清初移民實川，以湖北麻城、孝感縣人爲最多，廣東人次之，江西、福建人又次之。成都位居川西平原，沃野千里，地勢平坦，爲川省省會、文化中心，南北薈萃，五方雜處，鎔各省語言於一爐，故其語言半近官話，惟方言土語，亦復不少。兹特列表，注釋如後。

方言及訛音釋意及原語

天東雨，暴雨。雪彈子，冰雹。有出息，能力强。没出息，庸懦。黑眼窩，不識字。文盲。
黑腦殼，强盗。棒老二，匪人。黄昏子，少不更事。沙喉嚨，聲嘶。呵呵，缺嘴。末末，曾孫。

灰灰，玄孫。暴牙齒，齒露。冒火，發怒。沖殼子，吹牛。估欺頭，撿便宜。吃雷，從中漁利。陰倒，秘密。門頭，欺詐。龍門陣，講故事。⿰口昏笑，微笑。垢甲，身上垢穢。躲閃，引避。鋸末，木屑。依還，守舊。奪粹，出風頭。弔丁，無故失財。挨棒棒，物買貴也。搞釘錘，搞竹杠。打把戲。規一，妥當。放黃，謀事不成。何犯於，事不應爲。難爲您，即謝謝意。啥子，什麽。恒起，無法也。很射，極少也。金光大，多詐。幺師，堂倌茶房。撕皮，滋事也。扯精，滋事也。丢底，失體面。受方，受人之窘。失格，錯規矩。過肚子，腹瀉。打瓦片，人死。長洋，出色。幸一個錢，挨片刻。打瓜，掃買。打捶，鬥毆。魁起，失自由也。門道子，公館大門也。後頭，言在内也。抱膀子，作旁觀也。廣廣，鄉下人也。看笑繩，凡事作壁上觀。綯額頭，罵人乃猪之謂也。振得住，有擔當。估了起手，估便宜。臉長，厚顔無恥也。角孽，小孩鬥毆。消夜，吃晚飯。撒粉亮，天將明也。扯風，撒謊，衆人盲動。飛機，流氓地痞最近之總名稱。瞧不起，看不上眼。振得稀濫，落魄。戳戳胎，敗家子。弔兒郎當，形容隨便。剃腦殼，理髮。畫朵朵，書寫字據。畫⿱虍⿰虎虎⿱虍⿰虎虎，寫詞狀也。苕倌，土俗。等於卅無月亮，無價值也。振工東西，貨品不真也。吃閑飯，吃飯不作事也。打麻子眼，黃昏時也。狗夾夾，吝嗇也。耍一陣，玩一會兒。邱二，傭人者流。拿梁子，報仇。瓜不西西，形容癡呆。口子上，街口上。狗雜種，龜兒子。罵人。

〔民國〕簡陽縣志

【解題】林志茂等修，汪金相等纂。簡陽縣，今四川省成都市簡陽市。「方言」見卷二二《禮俗篇》中。録文據民國十六年（一九二七）鉛印本《簡陽縣志》。

方言

湖廣

天曰天老爺。日曰太陽。月曰月亮。星曰星宿。回風曰旋頭風。大風曰狂風。下雨曰霎雨。微雨曰霏霏雨，又曰毛毛雨。暴雨曰驟子雨，又曰偏涷雨。久雨曰綿雨。急雨頃刻即止曰過雲雨。雷聲隱隱曰甕雷。霹靂曰迮雷迮。蝃蝀長曰虹，短曰小罐。霞曰紅雲。微霜曰清霜。濃霜曰白頭霜。霰曰雪顆顆。雹曰雪彈子。霧曰霧露。霽曰天晴。

今日曰今天。前一日曰昨天。前二日曰前天。前三日曰上前天。後一日曰明天。後二日曰過明天。後三日曰過後天。清晨曰清早。早飯後曰上半天。午曰少午。午後曰下半天。黄昏曰挨黑。宵中曰半夜。今夜曰今晚西。前一夜曰昨晚西。前二夜曰前晚西。前三夜曰上前晚西。後一夜曰明晚西。後二夜曰過明晚西。後三夜曰過後晚西。本年曰今年。前一年曰去年。前二年曰前年。前三年曰上前年。後一年曰明年。後二年曰過明年。後三年曰過後年。

擇日曰看期。約日曰定期。不如約曰過期。以上采訪册。

廣東

雷鳴曰撻雷。雷去聲。晨曰朝。午曰晝。晝上聲。晚曰夜。夜讀若雅。夏曰夏。夏上聲。以上采訪册。

以上天時類。

湖廣

地方曰地頭。傅近曰側近。城曰城牆。城上女牆曰垛子。關曰關口。寨曰寨子。市曰街市。瀕水市場曰水碼頭。孔道曰大路。微徑曰小路。岐路曰岔路。山高處曰山頂。山麓曰山足。山半曰半坡上。平原曰壩。高原曰坪，又曰塥。石曰石頭。石紅有縫者曰紅石骨。孔曰窟窿。地室曰地窖。掘土曰挖土。挖曰蛙。取浮土曰麭。渠曰濠溝。聚水曰關水，又曰紮水。水不流曰渟。水突出曰湣。水漬物曰浸。冰曰凌冰。陂塘曰堰塘。以上采訪册。

廣東

土地曰田地。田去聲，地上聲。田埂曰田塍。田去聲，塍音順。堰底曰堰足。堰上聲。住家曰處屋。壩曰堰壩。壩上聲。走路曰行路。行音巷，路上聲。趕場曰上市。上上聲，市上聲。以上采訪册。

以上地理類。

江西

父曰爺音牙爺讀雅。母曰娘。祖父曰公。祖母曰婆。父之兄曰伯伯。平聲。父之弟曰叔。

祖父之兄弟曰公公。祖母之娣姒曰婆婆。凡同鄉舊誼同輩皆曰老表，長輩皆曰表叔，再長輩曰大公、二公，又曰表爺爺。同鄉曰鄉臺。長輩曰老鄉臺。問人甚好曰你讀若己過好。問喫飯未曰齣恰平聲飯讀若患冒。答人喫了曰齣嘐哪。請人坐曰你讀若己跟陽平聲坐。喫肉曰齣肉。讀若儒。喫魚曰齣業。平聲。喫鴨曰齣嘐鴨。以上采訪册。

福建

祖父曰多多。祖母曰麻麻。父曰爺。爺上聲。伯叔祖曰撻撻。撻平聲。伯叔父曰波波。母曰梅。梅陰平聲。你好嗎曰你何麻。你那裏去曰你彩礌家曲。我去會人曰咱曲費擬。會着不有曰費獨恩寢。會着了曰費獨呀。他來不來曰己裏恩裏。他說他明天來曰己孔己天宫裏。他今天怎麽不來曰己警朝哄孃恩裏。他說他有客曰己恐己有科。以上采訪册。

湖廣

帝王曰皇帝老官。皇后曰皇帝娘孃。官令曰告示。太守曰府太爺，又曰府大人。州牧曰州官，或曰父母大老爺。把總曰總爺。師曰老師，又曰先生。門生曰徒弟。

曾祖父母曰祖祖。祖父曰老爺。祖母曰奶奶。父曰爹。音低。母曰嗎。馬平聲。庶母曰小媽。高祖呼玄孫曰灰灰。曾祖呼曾孫曰末末。伯父曰大爹，又曰大爺。叔父曰八八。伯母曰大娘、二娘。叔母曰嬸，又曰孃。兄曰哥哥，又曰哥老官。弟曰弟弟，又曰弟兒。姊曰姐姐。妹曰妹兒。姊丈曰姊夫。妹夫曰妹弟。姊妹之子曰外侄。兄妻曰嫂嫂。嫡婦曰大婆子。妾曰小婆子。夫之父曰老人公。夫之母曰婆婆。娣姒相稱曰前後。兄弟之子曰姪兒。兄弟之女曰姪女。小兒曰娃娃。愛兒女呼曰幺幺。兒之婦曰媳婦。女之夫曰女壻。女之子曰外孫。子之子曰孫。外祖父母曰家公家婆，又曰外公外婆。母之兄弟曰舅舅。舅妻曰舅母。舅之子曰老表。父之姊妹曰姑孃。姑孃之夫曰姑耶。母之姊妹曰姨姑孃，又曰姨媽。姨姑孃之夫曰姨姑耶，又曰姨爹。姑孃之子亦曰老表。婚姻相稱曰親家。妻之父曰老丈人，又曰岳父。妻之母曰老丈母，又曰岳母。妻之兄弟曰舅子。妻之姪曰內姪兒。寄拜之父母曰乾爺乾娘，又曰保保。乳婦曰㚷母。㚷音乃。侍婢曰丫頭，又曰丫環。主人曰老板。老板之婦曰主人婆。雇工定年者曰長年，定月者曰月活，以日計者曰打天天。媒妁曰媒人，又曰紅葉。贊禮人曰禮生。人多貲曰財貹，又曰肥鱉。常相交易曰主顧。出錢貸人者曰賬主。交易居間者曰中人。猪牛牙行曰行户。娼曰婊子，又曰舍屋。稱人曰你。對人自尊曰老子。賤稱人婦曰婆孃。詈人醜稱曰雜種。貨古玩者曰古董客。潢治書畫者曰裱背匠。役工首人曰擥頭子。船夫曰船老板。刑人之隸曰宰把手。人堪任事曰好漢。不肖子曰敗子。男巫曰端公。女巫曰師孃子。男削髮出家曰和尚，挽髮作鬢於頂上者曰道人。女削髮出家曰尼姑。爲人看地葬喪者曰陰陽。爲人祈禳超薦作道場者曰道士，又曰羽士。笑人不識字曰黑眼窩。笑人本樸曰老山農。鄙富人曰土老肥，又曰齷齪肥。日間盜物曰趴二哥。夜間盜物曰黑腦殼。天靈骨曰腦頂骨。頭後曰後啄啄。屈髮曰鬆。音盤。綰髮爲髻曰鬢鬢。音轉。削髮曰鬋。多鬚曰鬔腮鬍。鬔音鬧。

面曰臉。面皮不伸曰皺。皮起曰皻。毛孔中毛曰苦髮。目輪曰眼眶。眸子曰瞳人。眼瞼曰眼皮。不見曰瞀。看曰瞙。音苗。直視曰瞠。音撐。偷視曰瞧。動目曰眨。音札。耳曰耳朵。耳中作聲曰耳朵響。去耳毛曰鏉。鼻曰鼻子。嚏曰噴嚏。鼻音不利曰齆鼻。鼻塞曰䄺。手去鼻液曰擤。音醒。口曰嘴巴子。開口曰奓口。出氣奓口曰打哈亥。口吃曰蹇巴郎。口含物曰銜。笑曰笑唏唏。言多反覆曰顛倒。詰難曰嚂問。嚂音盤。戲言曰吾他。吾音兜。詞不屈曰譻。言語碎屑曰囓糟。唾人曰音。一作呸，讀丕上聲。答言曰答膺。露齒曰齙牙。齒不齊曰㠚。音錯。齧物曰齩。齒怯曰牙齼。牙牀曰牙齦。舌取物曰銛。音忝。喉曰嗓子。喉音敗曰嗄聲。喉音高曰嘹喨。骨鯁在喉曰咔。食管曰硬喉。氣管曰軟喉。不出聲曰悄悄。爪刺曰掐。音恰。手緊握曰揪、曰扭。揪音鳩。手析物曰撕、曰撦。同扯。以手前推曰撐、曰搡、曰攮。搡音聳，攮上聲。下搗曰箏。音竹。揉擦曰搓。拾取曰揀。音簡。以手逼物曰罊。音己。手按物使不動曰捦。音擒。以手推物曰掀。手挽曰扳。摘毛曰攣。音全。以指捋物曰捋。以手鍬之曰撖。拳擊曰搥。投物入隙曰揌。音鰓。手指紋曰腡。音羅。曲腿坐曰蹣。音槃。獨立曰站。舉足曰翹足。足蹂曰跐。音若今，讀若的。足踢曰踩。伏地行曰跁。音爬。行遲曰趨腯腯。膝上聲。疾行曰趖、曰猋。趖音莎。猋音標。前追曰趕、曰趁。音輦。行路有礙曰蹶。音絆。穴土行曰劗。音礦。潛逃曰溜。四肢寒動曰倏起頟。手足凍裂曰開皴。音冰。背僂曰疱。背膊曰胛。尻脽曰溝子、曰屁股。天閹曰石兒。紋女曰石女。小便曰尿。大便曰矢。屙尿曰解小溲。上廁曰解大溲。小便艱澀曰淋證。氣下洩曰打屁。腹泄曰過肚皮。心有所戀曰忺。神不清曰恍惚。心慚愧曰彀羞。心惡欲嘔曰心㤆。音翻。性不慧曰体、曰憃、曰憨。性傲曰戇。驚畏曰嚇。怒曰謥諜。皮傷曰㓨。體肥曰胖。體小曰瘠。音躋。形短曰矮矬矬。形長曰高桿桿。質弱力薄曰膿。膿平聲。體痛曰⿸疒膝、曰痠。音酸。舍命曰甹命。甹，聘平聲。多力曰勁氣大。引避曰趓婆。不净曰皺皺。食常如飢曰餓癆。得瘧疾曰打擺子，又曰撤黃牛。痢疾曰矮子病。病黃者曰殏黃腫。殏平聲。女人經閉曰乾病。吐血曰失紅。水瘡曰皰。瘡突起曰疙瘩。贅疣曰瘤子。瘰癧曰九子癢。瘡痕曰疤。疥瘡曰乾疙瘩。音閤。熱生小瘡曰痱子。痱音費。隱瘡曰痔。膚生黑子曰痣。以艾灼膚治病曰燒艾火。人生曰出世。人死曰過世。聚貨曰庉。音滕。貨不與錢曰賒賬。庉貨得利曰賺錢。物值昂曰翫市口。發貨物票曰菲子。以財租物曰賃。商虧本曰失本。以物質錢曰當。不正曰竵。同歪。虛張曰䜤。䜤，彼工切。不禮人曰不爾識、曰不㥦不睬。緩待曰等。阻止曰儅。捨去曰丢。安居樂業曰享福。事稱意曰很好。煩擾人曰驚動。人狡黠曰尖華。讓坐曰請坐。事相邂逅曰湊巧。朋友契合曰相好。作事謹慎曰把穩。獎拔人曰提拔。貪緣奔競曰鑽幹。言不投機曰不對。事過分曰太很。命運不佳曰蹭蹬。誘取人財曰拐騙。言人誤己曰上當。自誤曰值不得。受損失曰吃虧。發氣曰冒火。停當曰妥帖。約束曰收拾。妝飾曰打扮。不曉事曰糊塗。不冷淡曰鬧熱。有才曰能幹。服役曰伏事。快敏曰伶利。伶音靈。不染習套曰脱俗。延緩曰躭閣。不敬曰簡慢。指物事曰者個。邀請曰招呼。罕見曰稀奇。

顔色鮮潔曰漂亮。不細膩曰粗革革。不堅牢曰行得很。物堅曰牢實。大之至曰頂大。無曰毛。去聲。由少至多曰儹。分外之財曰横財。戲弄之計曰把戲。迷藏之戲曰藏朦。别字曰白字。嫌物太少曰點點。言人無用曰不中用。事已壞曰濫了。事難成曰罷了。縱子亂爲曰慣勢。子不從父曰忤逆。劫人索物曰拉肥猪。劫小兒曰抱童子。劫女子曰接觀音。毁人無根曰冤枉。家無成丁曰少人力。譽人不實曰餂肥。游玩曰走耍。女工曰針黹。男工曰活路。下鄉盜物曰闖白線。挖牆曰拱窰子。齊團鳴鑼曰響篩子。支人爲非曰唆摯。音擺。極力慫慂曰總成。倉促無禮曰慌足慌爪。冒勢作事曰亂搞亂爲。一言不發曰泥土地。作事持平曰天公地道。藝術不精曰未滿月，已精曰老行家。唆人亂爲曰包振濫。勸人息事曰老好人。人不聽勸曰要搞濫。作事無成曰枉淘神。以上采訪册。

湖南

父曰耶。母曰娘娘。什麽曰某果。請來耍曰來亥。亥平聲。讀書曰讀須。讀音豆。汲水曰汲黍。以上采訪册。

廣東

曾祖父曰太公。曾祖母曰太婆。祖父曰阿公。祖母曰阿婆。父曰阿爸。母曰阿嬭〔一〕。

〔一〕嬭：原誤作「嬰」。

伯祖父曰伯公，又曰八公。伯祖母曰八婆。叔祖父曰叔公。叔祖母曰叔婆。伯父曰阿爺，又曰阿八。爺音牙。伯母曰阿娘，又曰八㜆。寐平聲。叔父曰阿叔。叔母曰叔㜆。兄曰阿哥。弟曰阿弟，又曰胎胎。姊曰阿姊。加上聲。姊丈曰姊夫。妹曰阿妹。妹讀若買。妹夫曰妹弟。弟上聲。姊妹之子曰外姪。姪平聲。姊妹之女曰外姪婄。兒曰叧嗣。季男曰滿嗣。滿平聲。女曰婄嗣。季女曰滿婄。女壻曰舍郎。舍上聲，郎去聲。媳婦曰媖婺。媖音新，婺音秋。姪曰姪嗣。姪讀若斥平聲。姪女曰姪婄。孫曰孫嗣。曾孫曰脊嗣。脊讀若塞。外祖父曰姐公。姐讀若加上聲。外祖母曰姐婆。外孫曰外甥。外上聲，甥音桑。母兄弟曰舅爺。舅讀若邱。舅母曰舅娘。娘去聲。母之姊妹曰大姨、滿姨。姨音衣。姑孃曰大姑、曰滿姑。大讀胎上聲。祖姑曰姑婆。音破。祖姑丈曰丈公。丈音昌。姑父曰姑爺。音牙。岳父曰昌姻老。老平聲。岳母曰昌姻婆。

先後曰先後。後上聲。左右曰左右。左平聲，右音有。上下曰上下。上下均上聲。新舊曰新舊。舊，求上聲。是非曰是非。是上聲。大小曰大小。大讀若歹，小讀若殺。單雙曰單雙。音松。善惡曰善惡。善音閃。離合曰離合。離音利，合音化。去來曰去來。去上聲。來去聲。遠近曰遠近。遠讀若蠅，近讀若頃。動静曰動静。動上聲，静音請。聚散曰聚散。二字均上聲。吵閙曰噪。音造。打架曰打敲。打音答，敲音高。拜跪曰拜跪。拜上聲，跪音揆。做事曰作事。作音佐，事音始。行賄曰受賄。受上聲，賄音匪。正理曰大道。大音歹，道音討。妄爲曰混賬。混讀分上聲，賬□聲〔一〕。坐車曰坐車。坐讀磋上聲，車音槎。

〔一〕 □：此字原爲空格。

富家曰大户。户上聲。從場曰在場。在音采，場去聲。淘洗曰漉。音六。晾乾曰曬。曬上聲。腦頂曰頭首。頭音透，首平聲。眉曰眉毛。眉音枚，毛陰平聲。眼睛曰眼珠。眼今讀安。鼻子曰鼻孔。鼻音避，孔音空。面曰臉膯。臉讀若勉，膯音凳。視曰昂。讀若娘。聽曰聽。讀湯上聲。聽言曰聞信。聞去聲，信上聲。耳病曰耳聾。耳讀若宜，聾音龍。聲氣曰聲氣。聲音商，氣讀若喜。牙齒曰牙齙。牙去聲，齙讀若怕。腸胃曰肚腹。肚音覩，腹，筆力切。以上采訪册。

以上人事類。

湖廣

門四邊曰門閫。閉門機曰櫎。音算。門地脚曰門限。限讀若坎。門有疏目曰槅子門。屋上承椽桷曰檩子。柱下礎曰磉磴。音等。署門户曰匾額。竈突曰烟囪。囪讀若沖。屋斜柱曰撑弓。安置神主、神像之處曰龕子。造酒之家曰醩房。染物之處曰染房。鬻茶之處曰茶鋪子。路旁小鋪曰腰店子。貯五穀之具曰笆子。舂物器曰碓窩。碓音對。掘土器曰鍬鍬。雜物曰家火。耕田曰耖。亦作𦓤，音鈔。器具中抽箱曰抽屜。老人杖曰槑杖。槑亦作扨。履模曰楥頭。楥亦作楦。械在手曰杽，音肘。在足曰鐐。筋曰箴。音快。所以蔽甑底者曰甑箅。覆釜器曰㡩鍋蓋。㡩上聲。篾束物曰箍。篼輿曰轎子，又曰篼子。鎖内機曰鐍。音需。軍中小釜曰鸁鍋。物内關捩曰捎篦。音消息。平木器曰鉋子。劈木器曰鏼鋤。切草器曰鍘刀。刀鋒曲曰鍣口。固金鐵器令相著曰釬。音漢，俗作熯。磨礱漸消曰鋊。音裕。大瓮曰瓻。俗作缸。烹茶酒器曰鑵鑵。犂上鐵板曰鏵耳。窰器染色曰釉子。釉音右。器破曰璺。音揖，今讀若笋。研極細物器曰乳鉢。正斤兩之器曰稱。稱之小者曰等子。等俗作戥。稱垂曰錇。音佗。妝具曰籢。俗作匳。理髮之刷曰笢子。笢音敏。帚曰掃帚。雨蓋曰繖。或作㒖，亦作傘。曬穀之器曰曬簟。擊糧食之器曰連蓋。推穀器曰推穀杷。杷一作朳。平土除穢五齒鐵器曰釘鈀。鈀俗作耙。磨田碌碡曰石輥。音衮。湑斗曰湑篷。撻油具曰榨。除草具曰薅鋤。拋足之戲曰鷄毛毽。毽一作鞬。紙鳶曰風箏。器柄曰欛欛。木無首尾曰椿椿。木段曰橦橦。曲木可挂物曰鍗鈎。舟中曰艙。編竹覆船曰船篷。一作篷。正船之木曰舵。一作柂，一作䑨。船竿曰篆竿。篆一作篙。上船之板曰跳板。坐具曰板凳。坐具可憑者曰几。坐牀曰匟牀。藏器之大者曰櫃子。棺前後之牀曰回頭。牀亦作和。逗木入榫曰逗榫。音筍。擊具曰椎椎。理髮具曰梳子。刮頭蝨具曰篦子。颺穀糠之具曰簸箕，以木爲者曰風簸箕。飯筥曰筲箕。除粗取細之器曰篩子。熏篝曰烘籠。攝取物之籋曰鑷子，又曰夾子。火斗曰尉斗。鐗曰鐗棒。軍中火器曰礮。鑿石器曰鏨子。盤之小者曰碟子。婦女薦鞋内小木曰趫。帽曰帽子。單衣曰單衫子。複衣曰袷衫子。袷一作裌。貼身短衣曰汗褟子。股衣曰袴子。脛衣曰套袴。足衣曰襪子。衣紐曰紐子。衣兩幅之交曰縫口。衣不伸曰起㡡㡡。以線粗製其衣曰敹。衣緣邊曰掍。音衮。以線疏縫衣不實曰絎。裹物之布曰包袱。手巾曰帕子。僧衣曰袈裟。縫皮曰鞝。音掌。裁餘曰帵。帵音彎。酒母曰麴子。酒不去滓曰醪糟、曰甜酒糟。温酒曰燙酒。鹵水曰膽。飯店以兩碗並一碗賣曰帽兒頭。米泔曰淘米水。飯變味曰餿臭。薄粥曰粞飯。一餐曰一頓飯。噉飯曰喫飯。起麪者曰酵頭。酵音教。蒸餅之屬曰饝饝。餃餌曰油餃子。餃音絞。以箬裹米曰糉子。音縱。伸麪曰擀麪。糕餅之類曰茶食。小食曰點心。以菜侑食曰下飯。猪項肉曰臑頭。臑音曹。猪脂中堅者曰脏子。脏亦作胰。肉之肥美者曰膘。膘去聲。肥脂曰膔氣。肉熟曰殏。殏平聲。以食物入醬醢中曰贗。贗一作饡，音贊。殠之甚者曰膖殠。膖讀若邦。香之甚者曰馡香。馡去聲。辛甚曰辣嘴。豆汁作脯曰豆腐。豆去汁曰豆粋。粋一作渣。蔗飴曰粆糖。菜食無肉曰素食。不素食曰葷。婚姻宴會曰整酒。粳米曰飯米。稻之黏者曰糯米。米之以熟穀舂成者曰火米。米未舂曰䊬。同糙。不成粟之粃曰二粱子。穀皮曰粗糠。麥皮曰麩子。禾穗下垂曰杓。音刁。量糧食曰㨪。㨪一作撟。籬豆曰稨豆。赤豆曰紅豆，又曰飯豆。菜心抽莖作花曰薹。薤白曰藠頭。蒜曰蒜苗子。葱曰葱子。胡荽曰蒝荽。牛皮菜曰瓢兒菜。無心菜曰蕹菜。蕹一作蘏。萊菔曰蘿蔔。醬瓜曰香瓜。王瓜曰地瓜。瓠屬曰葫蘆。瓜心曰瓤子。蹲鴟曰芋頭。芋之惡者曰魔，又曰磨芋。地蕈曰菌子。蕨蘭曰假哥菜。棉布曰白布。麻布之佳者曰夏布。褐曰毛毯。帛曰紬緞。布帛色白者曰皫白〔一〕。布帛淺黑者曰黗。淡巴菰曰葉子菸。蕠麻曰蕌麻。蕌音郝。藷曰甘庶。藍汁曰澱。澱一作靛。作笋篷之葉曰箣葉。箣一作蒢。苧麻曰蒝麻。櫟實之殼曰青棡椀椀。楮曰構樹。結子最多曰一纂纂。木末、草末曰蘋。草木針曰莿芭。草木岐枝曰椏枝。花朵未開者曰褢朵。花木不鮮曰蔫。花落曰謝。澆花木菜蔬曰飲水。飲音蔭。羽族之巢曰窠。鳩之大者曰鳻鳩。鳻音斑。鸕鷀曰水老鴉。鷄孵卵曰抱蛋。禽卵曰蛋。卵甲曰殼。卵中曰㲉。去鷄勢曰𨨶。閹畜曰騸。母狗曰草

〔一〕「者」原誤在「曰」下。

狗。公狗曰牙狗。牡牛曰牯。牝牛曰牸。牝猪曰豝猪。雄猪曰腳猪。馬曰生口。牝馬曰課馬。馬鬣曰騣毛。牛馬腰左右肉曰軟膁。絆馬首具曰籠頭。馬紲曰韁繩。馬櫪曰馬槽。養畜之所曰圈。飼畜芻豆曰料。飼鳥獸曰餧。鳥獸細毛曰氄毛。鳥獸脱毛曰换毛。繫畜曰拴。貍曰野猫。牡猫曰男猫。牝猫曰女猫。人呼鷄曰姑姑，呼鴨曰低低，呼羊曰滿滿，呼猫曰瞇瞇，呼牛聲曰恩昂。去聲。鼠曰秏子。田鼠曰山秏子。鱉曰團魚。蛙曰蜞蟆。孑孓曰沙蟲。促織曰竈鷄子。草蟲曰叫姑姑。蚓曰曲蟮。蠚人蟲曰毛蟲。蚊之小者曰蠓蚊。蠓音默。齧人跳蚤曰疙蚤。肉糞中蟲曰蛆兒。塵垢曰圿圿。音甲。物傷濕變色曰黴。曝物曰晾、曰眼。器破曰𧤣縫。𧤣俗讀如西。漏物及地曰粲。物下垂曰𨍽。藏物於懷曰褁。褁，乎乖切。懸物曰鴩。音弔。研物曰擂。兩人對舉物曰擡。遮遏曰攩倒。搕撞曰搥。堆積漸高曰堆堆。束物曰稛。布列曰拏設。拏音擺。相摩曰擦。依次曰挨。節減曰媠。有餘曰賸。已足曰够。以線補釘物曰靪。以鹽漬物曰攬。以物投鹽曰泡。爲物所螫曰蠚。音忽。以上采訪册。

湖南

竹子曰周子。采訪册。

廣東

監牢曰監牢。監平聲，牢去聲。糞筧曰畚箕。畚音本。斗筐曰摩濫。筲箕曰飯筲。筷筧曰筷籯。筷上聲，籯去聲。雨笠曰笠麻。麻去聲。笆籠曰籯籮。篾簕曰笆笞。曬席曰曬簟。曬上聲，簟上聲。烘籠曰火沖。篩子曰籋籭。籋音迷，籭音腮。挑箱曰籠箱。轡槁曰吒䈉。吒上聲，䈉平聲。紙鳶曰風箏。刷把曰鍋灑筢。灑平聲。提筅曰籮筐。音匣。簸箕曰稟蓋子。蓋上聲。掃把曰掃塵。音主。繳水器曰水車。音槎。風簸箕曰風車。茶盤曰茶稟。茶去聲。酒檔檔曰酒榼。酒平聲，榼音合。巴耳曰耒撲。耒去聲，撲去聲。機杼曰緔機。機上聲。碗櫃曰盞處。盞讀産。衣架曰桅架。桅平聲，架上聲。立櫃曰桅櫃。櫃讀若揆。楹曰柱頭。柱讀若處。匾額曰扁。扁平聲。梭曰梭子。擡妝匳曰扛嫁妝。檔擋曰尿榼子。廁所曰糞阬。阬音岡。貯米泔器曰溲阬。溲上聲。鑰匙曰鎖匙。鎖平聲，匙音時。剗子曰鍋鏟、火鏟。面帕曰手巾。臥被曰襮蓋。襮平聲，蓋上聲。罩子曰蝨帳。帳上聲。花單曰包袱被。苧麻曰苧麻。苧音初。剪聯曰裁縫。裁縫均去聲。棉絮曰棉絮。棉去聲，絮讀需上聲。穿衣曰着衫。解衣曰脱衫。脱袴曰眼跨。跨上聲，眼上聲。一頓飯曰一餐飯。早飯曰晨餐。夜飯曰夕膳。音閃。浠飯曰粥。乾飯曰飯。音反。紅苕曰番薯。音恕。玉麥曰包粟。黍曰粟米。穀曰飯穀。飯音反。麪餅曰米錁。米平聲，錁音歌。灰礦曰豆腐。豆，偷上聲。園蔬曰菜。菜上聲。柿子曰柿子。柿上聲，子平聲。紅杏曰杏子。杏，衡上聲。棃兒曰棃子。棃讀若利。喂猪曰餐猪。豚肩曰膀。音旁。鸚鵡曰鸚鴚。鸚音恩，鴚音哥。鷹雀曰鷹鳭子。鷹去聲，鳭音刁。陽鳥曰雁鵝。雁上聲，鵝去聲。鷹顫曰鶚。音我。大鳥曰鵰。鵰去聲。小鳥曰偷鶖。音秋。烏鴉曰鴉鵊。音甲。子規曰催工鳭。鬼冬哥曰春搗子。四喜曰時鴉戛。老鷹曰鷂破。鷂音堯。鳥曰鳭子，又曰隹子。隹音追。簷老鼠曰蝙蝠。捕鼠獸曰猫公。猫上聲。黑裘皮曰貂鼠。黑兔曰烏兔。耗子曰老鼠。蚓曰曲蟮。音閃。蟆曰蝌蟈。蝌去聲，蟈音國。丁丁蟊曰水蚆蟲。蟊，帽平聲。蜘蛛曰蠨蛶子。蛶讀若奓。蚊蟲曰蝨子。子平聲。鰍魚曰螻鰍。蜞螞曰蝦蟆。以上采訪册。

以上器用類。

〔民國〕華陽縣志

【解題】葉大鏘修，曾鑑等纂。華陽縣，今併入四川省成都市雙流區。「方言」見卷五《禮俗》中。有民國二十三年（一九三四）刻本。録文據成都時代出版社二〇〇七年版《成都舊志·華陽縣志》。

方言

華陽地具五族，雜有南北俗語，今就稍特殊者録之。

細雨曰毛毛雨。暴雨曰偏涷雨。虹之短者曰水灌子。雹曰雪彈子。長庚曰過天星。無職業而流蕩者曰流神。哥老會人曰袍哥。作事能成曰有出息。人不識字曰黑眼窩。夜間竊物曰黑腦殼。好賭曰孤露。平聲。子幼年不明事理曰黄昏子。凡事好逞能曰顫靈子。凡事不畏人曰莽平聲馬子。與人鬬而無力曰軟馬子。玄孫曰灰灰。曾孫曰末末。髮髻曰鬢鬢。聲嘶曰沙喉嚨。鼻音不明曰齆。鼻塞曰涅。口缺曰呵。口開曰奓嘴。欠伸出氣曰打哈欻。齒露曰齙牙。手去鼻液曰擤。音醒。巾拭涕淚曰揩。微笑曰嗒笑。唾人曰音。罵曰唵。挑戲曰歁。音兜。心有所戀曰忺。心惡欲嘔曰恢。音翻。性不慧曰蠢、曰憨、曰体。體肥曰胖子。體小曰瘠子。體短曰矮子。體質薄弱曰膿。體上垢穢曰圿圿。音甲。引避曰躲閃。受損失曰喫虧。妝飾曰打扮。發怒曰冒火。以手推物曰掀。以爪刺人曰掐。以手散物曰撒。以手揉擦曰搓。以身逼人曰擠。以手挽曰扳。按物入隙曰摁。足踏曰跐。舉足曰蹺。立曰跕。伏地行曰跁。避人緩行曰趆。音莎。追前曰趁。合力舉物曰臺。以手前引曰拉，又曰拖。以手前送曰推。負物曰背。物懸曰弔。以手轉物曰般。急行曰跑。邊幅不修曰毗劉暴樂。兒戲曰風。人故作勢曰氣派。力不足而故作勢曰綳。語不實曰扯恍，又曰沖殼子。從中破壞人事曰華。獺曰魚毛子。鼠曰耗子。促織曰竈鷄子。蛙曰蝦音如奇蟆音如媽子。血凝曰衁子。平木之器曰鉋子。削木之器曰銼子。穿木之器曰鑽子。攝取游魚之竹器曰簝子。理絲之竹器曰篗子。僧道敲以誦經之具曰木魚子。木屑曰鋸末子。平量金銀之具曰碼子。欺詐曰門頭。狡詐曰滑頭。呼鷄曰喌喌。呼鴨曰低低。呼猪曰溜溜。呼牛曰恩蓋。呼猫曰猫咩。竹筐曰篼篼。出色曰奪翠。大笑曰打嗄嗄。失財曰弔丁。妥帖曰規一。謀事不成曰放黃。病加重與作事太過分皆曰老苛。事不應爲曰不犯于。便宜曰相因。從中取利曰喫雷。實在曰當真。秘密曰陰倒。仍舊曰依還。快曰爽性。帶過曰出拐。十分滿足曰到住。連累曰帶脅。遲延曰然瓦。不欺詐曰過硬。謝人之詞曰打攪。失體面曰丢底。錯規矩曰失格。擾亂曰打岔。不圓範曰方。

《遵義府志》所載俗語與華陽合者頗多，特酌録之。

俗語見人快敏曰怜利。平原曰垻。水歧曰汊。音詫。酒器曰罎。言語忤人曰觸。音杵。火炙曰烤，又曰熷。謂看曰省〔一〕、鎖平聲。曰瞙、音苗。曰瞧。飲食變味曰滫臭。皮裂曰皴。音村。

〔一〕省：原誤作「渻」，據《廣韻》改。

腹瀉曰過詫。其多曰委窩夥。女工曰計㒼。下垂曰軃結。堅曰凝。音禁。穿牛鼻曰桊。音捲。舂糙成熟曰糴。音劃。磨之漸銷曰鉻。俗讀作遇。穀穗曰杓。音弔。割牛馬鷄勢曰騸。不精彩曰騷蹋〔一〕。謂多曰够。耳垂曰聕。音荅。足蹋曰躧。釵上聲。牛馬腰左右虛肉曰軟膁。物濕而黑腐曰黴。音梅。日中曰晌午。劈破曰斯。聲破曰嘶。馬鳴曰嘶。器破曰甈。以米糤鹽椒釀魚肉曰鮓。摘毛曰攣。音涎。跛行曰踏。音荅。心動曰懘。音徹。麪散曰麩。抽箱曰屜。音替。短衣曰䄼。音莊。耳中作聲曰聬。謂子曰崽。音宰。高出曰矗。通水槽曰筧。音簡。竹篾曰䈿音迷條。以鹽漬物曰濫。音覽。人形短小曰矮矬矬。音槎。鞋襯曰幫。門地足曰門限。音坎。物臭曰膖音滂臭。雌狗曰草。雌思雄曰起草。宛轉生動曰拗。牛去聲。疥瘡曰乾瘑痨。米礱曰磑。音內。物相擊聲曰砯砰。音蹦烹。人之狡黠曰尖穳。艾炷曰爝。音醮。火爆曰灹。音乍。旁屋曰廈。手挽曰扯。粗率曰笨。奔去聲。散物曰挾。音鼈。斂衣裳曰扱。音札。驚畏曰嚇。音黑，又音下。凡騾馬所負物曰他音惰子。得利曰賺。耑去聲。蟲螫人曰蠚。音壑。以毒藥藥人曰癆。音澇。笑曰啞啞。音格。鞋無飾曰靸。音撒。曲謂之蛐。癡愚曰夢憃。音統。壓物曰笮。音乍。性傲曰贛。剛去聲。不平曰翹。音竅。碾物使光曰砑。子細曰把穩。凡去果皮曰雪。藏酒曰窨音印酒。酸中小蟲曰蠓。去垢曰磢。音訕。刮鍋曰鏟。履中模範曰楦。音絢。甑底篾巴曰箅。音閉。飾邊曰緣。音怨。眼皮動曰眨音劄眼。鹽鹵曰膽水。鷄伏卵曰菢。汗穢曰涴。音餓。毛席曰毯。

〔一〕蹋：原誤作「蹹」

足蹂曰跐。此平聲。負物曰馱，又曰背。音悲。打穀器曰連枷。瓦器未成曰坏。音披。呼狗吠物曰嗾。音湫。線條曰綹。音柳。釜溢曰鬻。音孛。表畫曰憕。唾人曰啡。坏配二音〔一〕。聲不清圓曰嗄。沙上聲。快走曰猋。漉物曰舀。妖上聲。進船曰划。音華。手卜曰拈鬮。小曰蔑蔑，又曰丁丁、曰點點、曰些些。應聲曰欸。音靄。漉器曰筲箕。沈水曰殳、迷去聲。曰淹。月半明曰朏朏亮。繩索斷而續之曰剿。音妾。以篾束物曰箍。音孤。竹器曰篼。窑器光曰採釉。音宥。瘦皮垂下曰皺。音苔。手掘曰乞。蓋曰㝩。傷皮曰剩。瘡上聲。物裂開曰笑碎。切曰劕。音札。織具曰篋。熱而皮生疹曰痱子。閉門機曰擐。音拴。樹枝歧者曰椏。音鴉。搦汁曰齎。音濟。以物沾水曰蘸〔二〕。音站。大曰奘、莊上聲。曰莽。生卵曰生。去聲。舟著地曰嵜。珂去聲。漉去水曰瀝。肥脂曰膘。音標。手指紋曰腡。音羅。溺囊曰脬。袴曰衳。音中。小兒女曰幺。不知名而呼之曰那。音懦。漬藏肉菜曰醃。不去滓酒曰醪醩。鹵水曰鹼。音減。勉力曰彊。音絳。乾肉及餅曰巴。不謹曰傝偅。音撒搭。開張曰傪。音查。火熝曰煨。香氣盛曰馞〔三〕。蓬去聲。兩手相摩曰挼。音搓。重曰重鋏鋏〔四〕。發饅頭曰起酵。音教。氣鬱不伸曰漚。去聲。顏色鮮明曰翠。煖酒曰燙。襯裡曰胎。鑄音注銅鐵器曰鑄。音到。低聲曰啾啾。千遥切。小腸曰𦛗音子腸。

〔一〕坏配二：原誤作「坏二配」。
〔二〕沾：原誤作「粘」。
〔三〕馞：原誤作「馞」。
〔四〕下「鋏」字下原衍「命」字。

〔民國〕崇慶縣志

【解題】謝汝霖修，羅元黼纂。崇慶縣，今四川省成都市崇州市。方言見《禮俗第五·風俗》中。録文據民國十五年（一九二六）鉛印本《崇慶縣志》。

風俗

至方俗之語，則有：夯市 作項字平音讀，言物滿市不獲售也。《涑水記聞》宋太祖詔：諸將入城，毋得夯市。指暴掠言。今劫亦謂夯，轉哈字平音。木工以短木撞柱名夯子，則作項上聲。「河南有此語。」生免 婦産子也。免即娩字。《列女傳》所謂婦人娩乳。多謝 荅人厚意也。《漢書·趙廣漢傳》：「爲我多謝問趙君。」呻喚 言痛而呻也。《匡謬正俗》：利市 百工遇慶事取財之名。爪扱 斂衣也。扱音札。鯽溜 言敏捷也。即就字切音。毛病 言有害處也，馬病，見《相馬經》。扎什 番語地名，喻人心很也。利害 言商賈心計深也。傻竇 言少閱歷也。拿衛 謝人爲己盡力也。將就 言事未滿意也。精伶 言巧辨狡猾也。奔命 音作笨。即《左傳》「疲於奔命」也。平夥 同出錢具酒食也。《四友齋叢説》：進士杜楠兄弟性疏脱，沈人傑爲臨潁教諭，子元勇從之，二杜時過學前，呼曰：「沈二哥，我每大家去打個瓶夥。」即是語所本。倒竈 言折閲不能自振也。忽閃 言電也。《畫禪室隨筆》所稱之阿閃一見也。孃鈎、做孃 西南近大邑有此語，喻鬏工之應人召，百鬼之畏巫，故蒙是名也。點心 肆中糖食。金人俗也。癟節 言菜根有病也。連楲 即古之拂也。一詰問辭，一做甚麼也。待詔、端公 謂鬏工及巫也。唐制，待詔隸翰林以俟供奉之名；端公，御史臺長百僚，皆畏譚劾，《漢書·王莽傳》注：「所以擊禾。」打秋風 借事取財也。米元章帖謂爲抽豐。火皮子 以杉木爲薄片，鋭其端，蘸硫黄以引火。即《清異録》之引光奴，火寸也。洋火盛行，此製稀矣。没意思、没來頭、没要緊 皆言無足重輕也。打冷淋畏寒也。由頭子無賴之名，音費。《說文》：「鬼頭也。」俗於城隍殿腳，必供孤魂由子以此。腳猪子即崔憬所云劇猪音變。豕去勢曰豮，豮，劇猪也。善猪匠《癉仙肘後經》：「善狗淨猫。」善，即騸馬之騸。俗訛言去勢也。老圝子音由。《說文》「率鳥者，係之以來生鳥」之謂。與囮音訛同意。老圝子之稱，言設局誘人者，藉之爲媒，如率鳥之圝也。戽水筧音户，田間所用潑水使竭也。小兒食時淋漓滿桌，每斥以是名。傻傻娃音臍。如他處之言小崽也。崽，音宰。管家婆滿清舊語，誚人劫制也。愛則爾斥小兒語。本回酋張格爾妻名，爲總兵周志林所擒者。䰩醜氣䰩音甕。醜，抽去聲。言甕中物味變也。癟音亦，言蔬豆不實也。造口業釋教兩舌、惡口、妄言、綺語爲口業。做活路言一切工作也。三不像謂小兒衣不整齊也。不中用言拙不勝任也。音本作重，轉爲中。不自在言身體不快也。西北又多言不樂位，東南言不安益，皆同。不得行言事不任作也。㲉濁蟲言憒憒不明也。朱子《語録》作鶻突。好角色本言倡優，亦以稱人之異等也。一把連言合併也。明宫監有此名。口巴巴言語親暱也。小家子言吝嗇也。發惡心胸不納食，恒思吐也。打合同市中交易名，裂瓦各懷其半，取物合之，以爲符驗。喫晌午饗音貫，詢人午食也。鋸就木刻言執固不移也。《朝野雜記》：「韃靼之俗，刻木爲契，上刻數畫，各收其半以發軍。」俗語即起於是。酸得齺牙言酸極齒畏。喻人之迂腐也。

又大曰䁗。藏上聲。多曰莽。長曰細。不直曰㽘。音疆上聲。又人性拗之稱，音絳。少曰丁丁。岐曰汊汊。事有參差亦曰鬧汊子。帛朽曰䠷。音尊上聲。事誤曰拐。手量物曰掂。音顛。器去皮曰剩。音闖。不平爲[illegible]。音窾，亦作平聲。得利爲賺。音篆。不整理爲𦲷蕯。音亂鮓。大宗貨物爲蔻段。蔻，音堆上聲。皆流俗常談。若打起發、抬包袱，乃劫盜語，反正後自鑪城傳來，而普通形之口吻弗悟，荒陋異矣。字書所無之字，則有仚、音與岡近，肖龍吟也。龍仚河即是字。毛、謂牛角偏也，音偏入聲。 去、音獨，以竿取物去物之名。 炔、木炭名。《藏海詩話》載之，言字書不見。 嘽、驚訝詞，音偉，見《集韻》。 孬。訝人過當意。 音歪上聲，見《類篇》。

〔民國〕邛崍縣志

【解題】 劉夐等修，寧緗等纂。 邛崍縣，今四川省成都市邛崍市。「鄉音」見卷四《風俗志》中。 録文據民國十一年（一九二二）鉛印本《邛崍縣志》。

鄉音

漢楊雄《方言》實因臨邛林閭而作，輶軒問俗，上達巖廊，此圖志類也，與梁劉霽所著《釋俗語》不同。 邛崍俗語有可釋者，而音有決不可解者，姑舉一隅，以志風俗。 邛俗謂婦子産子曰生免，其語有本，《説文》：「挽，生子免身也。」《列女傳》：「婦人挽乳大。」《漢書·外戚》霍氏傳作「免乳大」，挽、免字通。 俗又謂羊肉有山氣，山當作羶，古作羴。《説文》：「羴，羊臭也。」俗語又有「爛腸食」三字，出《吕氏春秋》「肥肉厚酒，務以相强，命曰爛腸之食」。 又邛俗稱電爲忽閃，蓋謂電光閃爍起滅忽然，此語易解，但不知變本由來。 董師伯《畫禪室隨筆》有「如阿閃一見」之語，然則忽閃即阿閃之轉音。 邛俗詰問常語有「瀼東西」三字，見杜子美詩，夔人語也。又有「黑地麻沙」四字，見佛經，夷人語也。 撇脱，洒落也。 帥里，殺禮也。 滿棹聖賢，盛餚也。男子婚曰振酒，女子嫁曰打發。 童子戲弄曰費，曰還翻。 處人處事艱難曰老伙。 謂事輕曰莫來頭。 稱舊俗曰老格格，或古格格。 謂多曰夠。 帛朽曰剸。 尊上聲。 磨消曰鋊。 音裕。 唾人曰啡。物少曰丁丁點。物重曰重鐄鐄。音等。凡兒女之小者謂之幺。箸曰篾子。勺曰調羹。此俗語之可釋者。

音重氣急，本關水土，有決不可解者。音曰浪、即於是乎。孃、詰問詞。浪奢、轉下語。浪汪、轉下不悦語。孃鈎、詰問詞，猶土俗。做孃、作甚麽講。日姊、欲怒詞。咱法、作怎麽講。衆浪、不定詞。阿婁，那家也。此等語助土音，礙難附會。又有這𠯑、即此地。邇𠯑，即彼地。此等捲舌喉上音，實水土所作，如今幾成官話，故遼金元國語有釋音。

〔民國〕重修彭山縣志

【解題】劉錫純修纂。民國十四年（一九二五）修。彭山縣，今四川省眉山市彭山區。「忌諱」「方言」「方音」見卷二《民俗篇》中。録文據民國三十三年（一九四四）鉛印本《重修彭山縣志》。

忌諱

鄉俗之忌，以傾燈油、損器物、晨起聞説鬼耗爲最。凡年頭歲尾有偶損碗盞或他物者，則以爲大不祥。俗語云：「正月忌頭，臘月忌尾。」平時亦忌之。操業之人忌傾燈油，傾則常介介，賭徒尤忌之。星相術人晨起聞説耗，其惡亦同。至諱飯曰分子，箸曰划殺子，則亡命人之所忌也。諱番爪曰胡爪，蕹菜曰藤藤菜，陳飯曰涼飯，箸曰蒿竿，飯碗曰蓮花子，擱曰放，則船夫之所忌也。傾油、損物、鬼耗之説則仍忌之無異焉。

蜀之語多南語，以自古占籍者多南人，楚、粵人最多，所在皆有。而蜀之音純北音，以蜀爲北土也，此不獨彭山爲然。而彭山既爲此音、爲此語，則彭山不可不志。兹撮舉其概其有義可説者，亦略爲記之，一方言，一方音。

方言

曰爺爺，音如牙。曰爹、曰爸爸、曰阿爸、曰大大，父也。曰媽、曰阿媽、曰阿母，讀如迷字上平。母也。曰老爺、曰公公、曰爺爺，祖父也。曰婆、曰婆婆、曰媽媽、讀如馬。曰阿婆，祖母也。曰老祖公老祖婆，曾祖父母也。

頭曰腦殼。項曰頸項。左右顴曰臉臀。口曰嘴部。讀音如巴，下同。齒牙之處曰牙部。鬚曰鬍子。頤曰頦部。音如下爬。腋曰夾子。臂曰手捍。𦙶䐁曰手灣子。肘曰手拐子。爪曰指甲。掌曰手板。胸曰心口。腹曰肚皮。腿曰大胯。臁肕曰臁兒桿。腿肚曰腿肚子。腳掌曰腳板，其上曰腳背，蹠曰腳趺，跟亦曰腳後跟。脅下曰腰窩。臀曰股。溲便曰大小溲。俗讀音如手。

謂飲曰喫。俗讀喫如尺音，飲酒、飲茶、飲水皆曰喫。謂着曰穿。着衣、着履皆曰穿。

謂物曰東西。

謂可不可曰對不對。

謂人相擾曰攪搜。搜音稍，俗説如騷字去聲。攪搜，亂也。韓愈詩：「炎風日搜攪。」

謂駡曰詛，詛，側慮切，下川東及川北人轉音如譎，川南人由譎音再轉如捲。又曰挑。俗説音如滔，楚語也。

謂詆語曰譪話，又曰譪子。譪音它，欺罔也。

謂竊曰偷。偷兒曰賊。楚人説賊音爲下平齊齒呼，蜀人遂轉爲罪字下平。

爲事不善曰莫詳。詳，善也。《易·大壯》：「不能退，不能隧。」不詳也。

謂淫鄙之言曰諢。音如汶。俗説爲昏。

謂事之極曰詾。詾，盈也。

謂圓熟曰滑利。俗説滑利爲刷溜。

謂人慧黠曰寧馨，俗説如寧醒。又曰鯽令。揚升庵《俗言》：「凡不慧者即曰不鯽溜。」又謂：「精曰鯽令。」鯽語説如精靈即此。

謂人無識曰眊子。謂其不明也。《漢·息夫躬傳》：「瞶眊不知所爲。」即此義。

以言逗引曰叾。音篼。以言難人曰嶓。音盤。

以手捻鼻汁曰擤。音亨上聲，俗説如醒。

虛張曰䡘。音棚。俗説䡘架子，即此義。

陳列曰拏。音擺。

曬暴曰晾。俗説晾如浪。

完整曰蕫。蕫本東本切，俗説如堆上聲。

秤錘曰錇。音佗。

揮而去之曰揲。

掘起曰鍬。昂起曰翹。音蹺。

棄擲曰拌，又曰捽。俗音如署改切。

兄弟之名共用其一字曰排行，其次序亦曰排。《日知録》：「兄弟二名而用其一字者，世謂之排行。如德宗德文、義真義符之類。」而俗又以老大老二等爲兄弟排行。

村落曰垻。垻字見《集韻》，音霸。黄山谷詩「君家水茄白銀色〔一〕，殊勝壩裹紫頭亨」是也。

私積曰私房。《北史·崔昂傳》：「一錢尺帛，不入私房。」俗説房爲方。

泊船之所曰馬頭。《通鑑》：「史憲誠擄魏博，於黎陽築馬頭，爲渡河之勢。」俗語本此。

家業敗落曰倒竈。楊子《太玄經》：「竈滅其火，惟家之禍。」〔二〕俗本此。

讀書人曰老酸。翟灝撰《通俗篇》引措大〔三〕，解最繁，約數十條。私意以爲古措、醋音同，老酸之義由醋而生，不必鑿解。

引書史以代常談曰抛文。古謂之掉書袋。

高聲呼叫曰吶喊。戚繼光《紀效新書》有「各兵吶叫」語。

伴侶曰火伴。木蘭「看火伴」。《通典》：「五人爲列，二列爲火。」柳宗元《段太尉遺事狀》：「叱左右，皆解甲散還火伍中。」按，其所以名火，以共竈爲火食也。後世賈客挾伴，亦謂之火。俗因有火聚之稱。元稹詩：「出門求火伴。」劉攽《中山

〔一〕銀色：原誤作「色銀」。

〔二〕滅：原脱，據《太玄經》補。惟：原作「爲」；禍：原作「福」，均據《太玄經》改。

〔三〕翟灝撰：原誤作「崔顥選」。

詩話》：「南方賈人各以火，自名一火，尤一部也。」今誤作夥，又作伙，皆非。

不曉事曰合鬧。宋慶歷中，西師未解，晏元獻大雪置酒西園，歐陽修詩云：「須憐鐵甲冷徹骨，四十餘萬屯邊兵。」晏曰：「昔韓愈亦能作言語，赴裴度會時，但云『園林窮勝事，鐘鼓樂清時』，不曾如此合鬧。」北人讀合如和，蜀人轉而爲胡，又爲糊，皆此。

以物相遺曰送人情。此語古爲送人事。晉武帝頒五條詔書於郡國，五曰「去人事」，人事即人情。唐韓愈撰《平淮西碑》，韓宏寄絹五百匹充人事。杜甫：「粔籹作人情。」《元典章》：「出使經過州縣，中間要做人情者，必然惠送緞匹禮物。」送人情之語，唐宋以來已然，蓋語之最古者也。

致謝曰多謝。此語亦最古。《漢書・趙廣漢傳》：「界上亭長曰：『至府爲我多謝問趙君。』」師古注：「多，厚也。」

謙爲不敬曰怠慢，亦曰簡慢。

名紙曰片子，《通俗編》：「京中士夫賀正，皆于初一元旦例不親往，遣僕以小帖寫單款，各門徧投，謂之片子。」亦曰帖，單葉曰單帖，雙摺曰全帖。

新婚參祖曰拜堂。此語始自唐人。王建詩：「雙杯行酒六親喜，我家新婦宜拜堂。」

小兒初生及月曰滿月，產婦逾月亦曰滿月。《北史・節義傳》：「李式坐事被收，子憲生始滿月。」唐元稹集有《妻滿月》詩。

出喪擲紙錢於道曰買路錢。《留青日札》：「高子皋曰：買道而葬，後難繼也。」買道錢似即此意。又按，《日本考》：凡殯，出殯前，設香亭一，令一人在前撒銅錢而行，名曰買路錢，任貧乞拾去。似此俗又自日本流入中國。

彼此不相妨曰不相干。《淮南子・兵略訓》：「前後不相撚，左右不相干。」干，犯也。故《衛玠傳》云：「非意相干，可以理遣。」

主人曰東家。《左傳》：「若舍鄭以爲東道主。」俗謂主人爲東家，具觴款客曰作東，皆本此義。

寄人之字曰書信。古樂府：「有信數寄書，無信長相憶。」王逸少帖云：「公至山下又遣信見告。」信，使也。至以書爲信，則自宋已然，不自今始也。

居間者曰中人。曹植《樂府》：「人欲仕進待中人。」李密詩：「官無中人，不如歸田。」中人，謂其能援引也。

往還酬客曰應酬。王令詩：「清坐恐高絶，語言誰應酬。」陸游詩：「老來萬事嬾，不獨廢應酬。」

托與事曰相煩。《後漢書·馬援傳》：「承椽之任，何足相煩。」又曰奉煩。白居易詩序有奉煩語。

屈人相從曰勿見外。《搜神記》董元範屈李楚賓，「願過敝舍，無見外也」。

願人援引曰提拔。《南史·衡陽公諶傳》：「君不憶相提拔時也。」

尊寵曰擡舉。元稹詩：「大都只在人擡舉。」

管理曰照管。歐陽公《與焦千之簡》云：「欲且奉托照管三數小子。」

趨奉尊貴曰奉承。范質《示徒子杲》詩：「舉世好承奉，昂昂增意氣。不知承奉者，以爾爲玩戲。」今世所云奉承，乃因承奉詞而倒易之耳。

争論曰計較。《漢書·賈誼傳》「反唇相稽」注云：「相與計較也。」

引誘曰攛掇，朱子《答陳同甫書》：「老兄且莫相攛掇。」史彌寧《杜鵑》詩：「春歸怪見難留住，攛掇原來都是他。」

又曰勾引。《北史·蠻獠傳》：「元法僧在任貪殘，獠遂勾引梁兵，圍逼晉壽。」

挾爲無恥曰賴。賴有欺義，又兼抵脱、謷忤之義。《左傳》：「楚子曰：『今鄭人貪賴其田，而不我與。』」《國語》「已賴其田，而又愛其實」是也〔一〕。

不相容曰擠，亦曰排擠。《漢書》「王氏擅朝，排擠宗室」是也。

規占利益曰占便宜。便宜，俗有兩讀。讀便爲平聲，則誤宜爲去聲；讀宜爲平聲，則誤便爲去聲。不知宜讀去聲固誤，而讀便爲去聲亦誤。宋邵康節詩「落便宜是得便宜」，可知便字當讀平聲。

賤之曰踏趿。趿音近習，故一作答颯，又作蹋颯。《南史・鄭鮮之傳》：「范泰誚曰：『鄉居僚首，今答颯遝遠，何不肖之甚？』」《酉陽雜俎》：「錢知微賣卜，爲韻語曰：世人踏趿，不肯下錢。」范成大詩：「生涯都塌颯，心曲漫峥嵘。」皆同一義。而俗説趿音如雪，則音轉也。

延宕曰紿。《史記・高祖紀》〔二〕：「乃紿爲謁。」索隱曰：「紿，欺負也。」今人謂延宕爲紿，亦欺負之意。

物低惡曰靸。《西湖遊覽志餘》：「杭州市人諱低物爲靸，以其足下物也。《能改齋漫録》：『唐人謂事之不振者曰踏靸。』靸□省〔三〕，字當作靸。蓋以物之不佳，比照於事之不振耳。」又靸爲小一履。靸貨，形其物之極惡。今俗於踏靸説如雪，於低物之趿則説如竭兒之合聲，因趿音近習而帶兒。兒，音之語尾。至由趿貨而轉爲颵黄，則誤矣。

養攝曰將息。此語自唐以前爲將攝。《北史・薛道衡傳》：「帝曰：朕欲令爾將攝。」唐以來乃作息。白居易詩：「亦知數出妨將息。」

死曰過世，亦曰不在。過世見《晉書・符登載記》，不在見《左傳》哀一十七年。

〔一〕實：原誤作「寶」，據《國語》改。
〔二〕記：原誤作「紀」。
〔三〕□：此字漫漶不清。靸□省：《能改齋漫録》作「靸即踏趿之省」。

遺笑於人曰話欛。《鶴林玉露》：「今日到湖南，又成閒話欛。」一曰作靶。

誑言曰鬼話。按《穀梁傳》：「詭辭而出。」范注：「不以實告人也。」俗鬼話似即詭字之變。

人言未終而疾言曰插嘴，又曰訍嘴。訍音叉，俗説如接嘴，接蓋插音之轉。

囑告曰吩咐。儆戒曰丁寧。

有所懇於人曰咉。俗説咉及你，即以言語托人也。

恨人陷害曰暑怨。

小語曰咕噥。俗説如故魯，即咕噥之轉音。咕噥，見《廣韻》。

衆言無序曰嘈雜。

所爲是曰没彈。《野客叢書》：「包拯爲臺官，嚴毅不恕，朝列有過，必須彈擊。」故事無瑕疵者曰没包彈。没彈即本此。

不明曰含胡。《唐書・顔杲卿傳》〔一〕：「杲卿含胡而絶。」《陸贄傳》：「朝廷每爲含胡，未嘗窮究曲直。」皆不明義。俗説含字如哈字上聲，因開口呼而轉也。

惡人多言曰零碎。《晉書・李密傳》：「孔明言教何碎。」即此煩瑣之意。

不知而問曰甚麽。《字典》：「不知而問爲拾没，訛作什麽。」今訛作甚麽。此語近二十年來始多。

匆遽曰慌忙，亦曰慌張。

〔一〕杲：原誤作「果」。下同。

眼睛澀，瞌也。《集韻》：「眼瞌，欲睡貌。」俗説渴睡，即瞌之借字。又説眼睛澀，即瞌也。

復氣〔一〕，負氣也。俗説愎如比字上平。

体，性不慧也。俗誤爲笨，與体别。

齆鼻，鼻塞也。《埤蒼》：「齆，鼻病也。」《十六國春秋》：「王謨齆鼻，言不清暢。」

毛病，闕德也。徐咸《相馬書》：「馬善旋五，惡旋十四，所謂毛病，最爲害者也。」王良《百一歌》：「毛病深知害〔二〕，妨人在不占。大都如此類，無禍也宜嫌。」〔三〕黄山谷《刀筆》有「此荆南人毛病」之語。可知毛病本説馬，借以喻人之有闕德也。俗説毛病，亦同此義。

痣，黑子也。《漢書注》：「中國通呼黑子謂黶子，吴楚謂志。」志者，記也。《廣韻》始别有痣字。

利市，工人規費也。俗於人作工之初與以錢曰利市。《易》：「利市三倍。」義與此有别。

不中用，不適用也。此語最古。《毛詩》「白華菅兮」，箋云：「白華已漚，名之爲菅。菅，柔忍中用也。」經史中此語最多。

村，鄙也。《隋唐嘉話》：「薛萬徹尚丹陽公主。太宗嘗謂人曰：『薛駙馬有村氣。』」即鄙意。

木棒，詆人不能作事也。《史記·灌夫傳》正義：「今俗云人不辨事曰杌杌如木人也。」即俗木棒之意。

〔一〕復：似爲「愎」字之誤。

〔二〕知：原誤作「如」，據《百一歌》改。

〔三〕禍：原誤作「福」，據《百一歌》改。

王八，醜詈也。《五代史·前蜀世家》：「王建少無賴，以屠牛〔一〕、盜驢、販私鹽爲事，里人謂之賊王八。」〔二〕或謂爲忘八，忘孝弟忠信等八字，不然也。

貫習，貫也。俗説貫習如貫室，蓋楚語之遺。

作活路，理所業也。作讀去聲。《魏書·北海王詳傳》：「高太妃云：今不願富貴，但令母子相保〔三〕，共汝掃市作活也。」即俗作活路語之由來。

喫力，費力也。邵康節詩：「未喫力時猶有説，到收功處更何言。」按《廣韻》毄音同喫。勤苦用力曰毄。喫力，當以毄字爲正。惟俗説喫音如尺，則仍喫字。

巴急，慇勤人也。此語自元有之。《合汗衫》曲有「空急空巴」語，惟巴讀音似波，今則竟讀本音。

抖擻，暢適也。不抖擻，病也。

躲閃，避匿也。《元典章》〔四〕：「出使人員每將站官人等非理拷打〔五〕，站官人等避怕躲閃，轉致違誤。」俗於避匿多言躲，亦有言躲閃者。

一頓，一次也；一回，亦一次也。俗於飲食、責打説爲一頓，作事、行路説爲一陣，或説爲一回。頓與回不

〔一〕屠：原誤作「王」，據《通俗編》改。
〔二〕王：原誤作「屠」，據《通俗編》改。
〔三〕令：原誤作「今」，據《魏書》改。
〔四〕章：原誤作「空」。
〔五〕拷：原誤作「栲」，據《元典章》改。

能通。

一擔，一担也。《後漢書·韋彪傳》注：「江淮人謂一石爲一擔。」今俗皆然，惟竟讀石字爲担音，則非。

一槖，十錢也。槖音防教切。俗説如炮。凡錢十文俗多曰槖。

那個、舍子，甚麽也。那，南音讀如力羅切，俗音如良字上平，再轉音如娘字上平。個字帶兒字語尾，則成俗語。舍，轉爲申駕切，子則語助。又有於那個下加些者，亦同。詳見《留青日札》及《通雅》《通俗編》三書〔一〕。

唉，應聲。烏開切。欸，亦應聲也。欸，亞改切。阿呵，歎也。阿呵與嗚呼同，以開口、合口爲别。俗説上字音如屋牢切，下字音如和物切。阿癐，痛呼也。癐音威。《輟耕録》：「淮人寇江南〔二〕，臨陣齊聲大喊阿癐。」此本元人俚語。今俗説上字音如摇字上聲，下字音如歪字上聲。倄，亦痛呼也。倄音羽罪切。《蒼頡篇》：「北人痛則呼之。」南人亦有。此與阿癐同義。今俗俱有，并於二語下皆助嗄字。

㖡，驅鷄聲也〔三〕。見《正字通》。亦作𠯁。阿與嘍，呼狗聲也。俗呼狗皆作阿聲，惟粤籍人間作嘍嘍。《廣韻》：「嘍嘍，吴人呼狗也。」今粤籍呼此音如料字上平。喌喌，呼鷄也。汁汁，呼犬與猫也。用唇音呼汁汁，呼猫；用舌音呼汁汁，呼犬。

裹頭，内也。外頭，外也，亦曰外前。前頭，前也。下頭，下也。此語自唐已然。李白詩：「嬌聲出

〔一〕札：原誤作「扎」。

〔二〕寇：原誤作「冠」，據《輟耕録》改。

〔三〕驅：原誤作「鷗」。

上平聲。

外頭。」項斯詩：「王母前頭作伴行。」〔一〕曹松詩：「下頭應有茯苓神。」頭皆助詞。今俗説裏如以，外前之前與前頭之頭皆爲上平聲。

濕蘸蘸，潤也。此語宋以來即有之。康與之詞云「茱萸胖，黄菊濕蘸蘸」是也。

焦巴巴，乾也。見《通俗編》。

硬邦邦，硬也。元人《硃砂擔》曲作此語。《五燈會元》作硬剥剥。

長年，長工也。《唐書·百官志》：「凡工匠以四月至七月爲長工。」今以終歲者爲長年。

盤纏，旅費也。《元典章·户部》例有「長行馬斟酌盤纏」條，二字元以前不見。方回《聽航船歌》：「三日盤纏無一錢。」亦降元後作，蓋旅費也。

賒，先取物後給值也。《周禮》：「凡賒者，祭祀無過旬日，喪紀無過三月。」三月、旬日，即償值期。

折本，虧本也。《荀子·修身篇》〔二〕：「良賈不爲，折閲不市。」俗説折爲殺，此爲北音。北人讀入聲十九皆轉爲平聲。宋楊業妻折氏，小説訛爲佘氏，即因折讀殺而轉之故。

備，償還也。《升庵外集》：「昔高歡立法，盜官物十備五，盜私物十備三。後周詔：侵盜倉庫，雖經赦免，徵備如法。」備音裴，今俗作賠，舊字書皆無此字〔三〕。惟《字彙》載有賠字，蓋不知即備字也。

當，質也。俗以物質錢謂之當。《左傳》哀八年：「以王子姑曹當之。」注云：「言求吴王之子以交質。」即此義。

〔一〕伴：原誤作「件」，據《送宫人入道》詩改。
〔二〕荀：原誤作「苟」。
〔三〕此：原誤作「比」。

霍閃，電也。唐顧雲詩：「金蛇飛狀霍閃過，白日倒挂金繩長。」《文選・海賦》：「矆睒無度。」〔一〕矆，大視也。睒，暫視也。霍閃即矆睒。俗用以狀電光之疾。

毛毛雨，細雨也。此語自宋以然。蘇軾詩：「毛空暗春澤。」〔二〕自注云：「蜀人以細雨謂雨毛。」即今所謂毛毛雨也。

鏕鏕，餑餑也。《升庵外集》：「餺饠，今北人呼爲波波，南人呼爲磨磨。」磨當作鏕，波當作餑。今俗又讀餑音如巴，并造粑字當之，謬矣。

翻燒，復所耗也。《唐宋遺事》：「太宗北征，咸云取幽薊如熟鏊翻餅。呼延贊曰：『書生之言，未足盡信，此餅難翻。』後果無功。」按，俚語以田産回贖轉售曰翻燒餅。今翻燒之説即此，不過無餅字耳。

臘乖，不潔也。乖音同塔，見升庵《俗言》。

轂濁蟲，糊塗也。升庵《俗言》：「官有憒憒於臨事，士有藐藐於臨文，世皆目之曰轂濁蟲。」《宋史・吕端傳》作糊塗，朱子《語録》作鶻突。

儚蚺，不懂事也。升庵《俗言》：「今人謂小兒不懂事曰儚蚺。」

爆工，例外工作也。爆音同豹。《唐志》：「新到官府，併上直，謂之爆直。」《見聞録》：「御史舊例，初入臺陪，直比五日，衆官皆出，此入獨留。」即俗爆工意。

〔一〕賦矆睒：原誤作「睒賦矆」，據《海賦》改。

〔二〕軾詩毛：原誤作「詩毛軾」，據《東坡八首》改。

壽材，生人預製之棺也。壽當作檮，見《集韻》。

不僦不睬，不見禮也。僦睬音秋彩，詞家多用之。俗以不禮於人爲不僦不睬。

香氣盛曰馪音碰香〔一〕。惡臭曰齅臭。齅音甕。臭觸人曰噴臭。噴音普魂切，今蘇浙人猶説如此。俗説爲普皇切，蓋從南音轉也。

捕鳥之媒曰囮。誘人之媒亦曰囮。囮音猷。

水煮曰煠。音折。油煮曰炸。俗説如折，恐仍以煠字爲是。

去毛曰撏。音潛。俗説如全。

熟透曰饙。《爾雅》：「饙、餾，稔也。」南音如普皇切，俗轉爲普麻切，凡物之熟透、身之無力及物之軟者，皆謂之。俗乃造一炬字當之，謬矣。

小兒相搏曰侵犯。此楚語，俗説音如遷番。

形人武怒曰筋迸迸〔二〕。音病。俗説如崩貢切。又轉音半，則楚語。

自破曰迸。俗音讀如賓。

捉曰逮。音代。俗説如上聲。

相迫曰逼。俗説爲上平聲。

〔一〕馪：原誤作「黐」。

〔二〕筋：原誤作「觔」。

覆蓋曰囥。音亢，藏也。俗說爲上聲。

以石平地曰碎。音項下平聲。

爲紙竹玩器曰造作。造有上聲，楚人讀爲招字上聲。作讀如乍之入聲。

謂人無識曰唔。音唔上聲。

到人家曰造。此亦楚語，讀爲招上聲。

閒游曰逛。音況。俗說贛。

無事曰耍。音腮寡切。俗說如舒瓦切。

塗物之油曰穬。色之鮮明者亦曰亮穬穬。音光去聲。

哺兒曰餡。音滿。俗說如莽汪切。

米酥，糕餌也。以糯米屑和糖爲之。徐鍇所謂先屑米爲粉，然後溲之。餌之言堅潔如玉餌是也。

餈餷，餈也。餈音自。徐鍇曰炊米爛乃擣之是也。餷，俗說如巴。

熬饌，餕也。餕，食餘。饌音算，俗說如酸。

葉子麪，水引餅也。《晉書》：「太祖好水引餅。」《正字通》：「即今之水麪。」

包心，餡也。凡米麪食物坎其中，實以雜味曰餡，俗曰包心。

包子，餢也。餢，饅頭也。餢飳，餅也。發酵使麪輕高浮起，炊之爲餅。飳音偷字上聲。俗呼包子，即餢之轉音。北人呼麪包爲饅頭。今蜀人旅館之飯曰冒兒頭，即饅頭之轉音。蓋以北人呼麪者呼飯也。

飯壞曰餿〔一〕。音搜。食物壞曰爛、曰𩞄。音綢。

菜食無肉曰素。

蒸米一熟曰生餅子，謂熟曰餾。蒸米爲餅，餅熟爲餾。俗於一蒸之米曰生餅子，於熟透物皆曰餾，有時或説爲上平聲。

無味曰饏。音膽。俗説如淡，食之無味者也。味敗曰𩜁。音炙。俗曰𩜁口。

食未足曰心慊慊。音欠。

言不應言曰嚵頭。嚵音讒。俗説如粲。

餛飩曰湯圓。南人以湯圓爲餛飩，北人則餃餌爲餛飩，亦曰角餌，即俗云抄首、水餃子之類。湯圓即湯糰。蘇常人元旦必食餛飩，與今俗同，即食湯圓也。又餛飩一作葷飩。黄山谷《宜州家乘》：「正月二日作未酉亥葷飩。」此當是鷄羊猪肉爲之，故以未酉亥爲名也。

蔗糖曰粲糖。粲音沙。取囊物曰搜。謂移曰揩。摘人肉曰梭。音轉如就字上平。爪刺人曰掐。音勤押切。爪擡人曰刮。刮同挖。挖，後起字。俗説爲上平聲，亦謂之擿。驅人去曰搵。音滾，推也。相搏曰搧。音扁。抑而擊之曰按，輕擊曰揪。助之曰幫。舉起曰揣。音州上聲。分之曰搣。音滅。手搏物曰拍。拋去曰遼。指取物曰拈。取物於水曰撈。取物於湯曰漉。支開曰撐。散放曰撒。以力分物曰撕。

〔一〕餿：原誤作「餤」。

物有鏄曰撕開。撕本音西，俗於物之鏄皆説本音，以力分物則音如斯。去果食之皮曰剥。以指弄物曰撥。折去曰撤。俗説如測。拔起曰撦。音同俗扯字。引而去之曰抽。相持曰抵。相比曰評。俗説爲上平聲。平舉曰端。執之曰拏。背負曰拕。曳之曰拉，音如臘。俗説爲上平聲。又曰拖。衣帶長而至地者，亦曰拖。手折曰拗。拭之曰抹。俗説如墨。以手召人曰招。拾起曰搴。相煩亂曰滋擾。俗説如咬，北語也。相語曰扳談。扳音攀。俗説如擺。張拳曰攤。鋪開曰攤。陳設物品之所亦曰攤。共舉曰擡。揕、音枕。搉、音敲。搨、擴、音黄去聞〔一〕。搧、撇、拂、俗説如音無屋切。㲉，㱿〔二〕。打也。耳巴，摑也。闌，擋阻也。撾，以手攫人也。搬，遷移也。搶，争取也。劫人亦曰搶。扭，掩取也。見《方言》。搭，坿舟也。挂物亦曰搭。調，換也。俗作掉全，非。佻，懸物也。佻音丁山反，從俗説爲去聲，而以弔字，誤。攖，音映。量物也。謂推曰掀，亦曰攘。延緩曰捱。受杖亦曰捱。舉物左右摇之曰捭。音擺。兩手平端而迴旋之曰捼。音羅。用力曰掙。急避曰閃。用力未遂亦曰閃。以指鈎探曰摳。好洩人語曰攦嘴。攦音纂。俗説如粲。凡物有面，體積如屋與田者，謂左右曰横頭，俗説如桓倫。又曰檔頭。小兒强辨曰詾嘴。詾音酬。俗説爲去聲。笑謔曰詼諧。俗説上字如和字上平，下字如亥。艱難曰奈何。俗説音如老火。急欲取之曰迫不得。俗説迫如乜。撫嬰孩曰誆。誆，騙也。

〔一〕聞：似爲「聲」之誤。
〔二〕㱿：原誤在「㲉」上。

如騙使嬰孩不哭之類。可愛曰娃。娃，烏佳切，音近於乖。《方言》：「吴楚衡淮之間曰娃。」從竟以乖字當作〔一〕，大誤。加力曰着實。俗説着如折，此元以來北人之音，故俗於着又説爲招字下平。誘人曰訛。俗説爲火字上平。語不止曰譇拏。俗説下字亦上平聲。因人之言而揣之曰打口詳。音風。語耑也。誑詐曰唬。唬一作嚇，音火訝切。造語曰諞。音鞭。巧言也。訶譙曰譙。俗説譙如焦字去聲。小兒相戲曰攢。音費。楚人謂搏執曰費。小兒匍匐曰跁。音罷。俗説如巴。謂逐曰趻。音碾。俗作□〔二〕。以足蹂之曰跐〔三〕。音子。俗説爲兹。謂越曰跨。俗説如欺牙切，由揢牙切之音而轉也。楚人讀跨爲揢牙切。小兒女以獨足跳擲曰跛跛腳。跛有貝音，開口讀貝音上平即爲俗説之語，俗不知，乃造□字〔四〕，謬矣。合手掬物曰抔。俗説爲蓬字上聲。力衝出走曰跰。音奔字去聲。俗説爲白用切。頓足曰蹀。閒行曰跺。音專字去聲。艱於行曰蹎。音顛。詆人無故而行曰蹘，音寥。俗説如廖音〔五〕。又曰踶。音七外切。以足蹈之曰跐。音柴字上聲。見《五方》。几椅兩腳間横木曰横。音古曠切。俗説如寬去聲。《詩·閟宮》箋「其制有横」是也。謂濃曰釅。釅，酒醋味厚也。俗借爲凡濃者之詞。

〔一〕從：疑爲「俗」之誤。作：疑爲「之」之誤。
〔二〕□：此字漫漶不清。
〔三〕跐：疑爲「跳」字之誤。
〔四〕□：此字殘，只可見「足」旁。
〔五〕如廖音：原作「廖音如」。

蜀人多南語，而以北音説之，故皆失本音而不知其義。如者般、俗説般如擺。則可、俗説則如咱，可如个。連枷、俗説連如良，枷如介。煞脚、俗説煞如色，脚如各。角力俗説角如各，力如業等是。右之所録，其最著者也。外此，則模糊有三語，用於醉曰麻夫，用於昏憒曰馬胡，曰迷忽。那亦有三語，用於人説爲拏字上平，用於問詞説上聲，用於指點詞説去聲。而語尾之兒則五聲咸備。上平、下平、上聲三者甚多，各隨其音之高低爲之。又有合聲數語，如即要之説如醮，情願之説如全，不忙之説如邦，不要之説如鏢，不愛之説如拜，皆急讀而成。前人謂好談切音皆當時俚俗常言，此蓋其類。其餘如一切猥鄙之語，則概置不録矣。

方音

彭山縣方音，亦南北互異。南境者近眉，如讀桑爲光韻心母音，讀倉爲光韻清母音〔一〕，讀丢爲柳上平音等是。北境者近新、邛，如讀八爲格韻幫母音，讀髮爲格韻非母音等是。東北之音則微近仁、簡，俗所謂府河腔者是。而大要則於字之疑泥非敷奉微曉匣影喻十母合口呼之，居君恭諸韻皆不能讀，以故平聲如魚虞佳灰咍，上聲如語麌蟹賄海，去聲如御遇、卦經、隊廢等韻之字，俱不能得其正音。至於入聲之屋沃莫則，平聲之真蒸不分，而讀曷點職合葉洽六韻諸字乖誤尤多。是皆由彭山音重濁，能爲齒牙舌齶之音，而於輕唇喉音不能爲也。至平聲之車

〔一〕韻：原脱。

遮耶蛇茄爹奢，上聲之者也野舍且惹撦寫，去聲之卸瀉謝借赦夜柘射社蔗等字不能讀，與麻馬罵同韻，轟兄宏弘朋鵬棚烹讀入東韻，艋蜢孟讀入董宋韻，是氏四似巳雉稚腋局玉鬱諾等之讀爲去聲，則爲北音之故，不能謂其誤也。夫語言聲音，遹於俗而已，然不知其本則歧互者日相戾，此豈細故哉。

〔光緒〕名山縣志

【解題】趙懿纂修。名山縣，今四川省雅安市名山區。「方言」見卷九《風俗》中。録文據光緒十八年（一八九二）刻本《名山縣志》。

方言

呼父母、伯叔、兄弟、姊妹，輒冠阿字。呼大父曰阿爺，大母曰阿奶。外祖父母曰阿公阿婆。呼弟曰兄，兄弟之妻曰嬸子。呼小兒女曰幺幺。貧者自稱曰鄙子。謂看曰覶、曰瞜，音苗。曰揹〔一〕。鎖平聲。覓物曰尋。謂人物單者曰塊。物不精彩曰糟粕，美好者曰志氣。軟弱曰臑。音如。往歲曰年時。昨日曰異天。昨夕曰異晚。如此之類，與他郡縣微别。其餘與蜀俗同者，雖異不著。

〔一〕揹：原誤作「揹」，據《廣韻》改。

尊長呼卑幼婦女曰娭夥。《蜀典》：「楊子《方言》：『巴漢之人自稱阿婸。』〔一〕按，《前漢書・西南夷傳》夷人自稱曰婸，與子雲説合。郭璞《爾雅注》引《説文》曰女子稱我曰娭，娭即婸字也。又按，《古文易兑》『爲妾爲婸』，則婸字古有之。」今娭夥之稱，殆猶茲義。其易自稱者而以爲稱歟？蜀人稱夥，乃曹輩之意也。

〔民國〕雅安縣志

【解題】胡榮湛修，余良選等纂。民國十二年（一九二三）修。雅安縣，今四川省雅安市區。「方言」見卷四《風俗志》中。録文據民國十七年（一九二八）石印本《雅安縣志》。

方言　邑人劉永鎮原稿

言我家，聲如拗。言你家，聲如了。讀平聲。言他家，聲如撈。言走，聲如者。言去，聲如棄。言來，聲如勒。讀平聲。言往，聲如挽。言物鮮之鮮，聲如先。今人過某處如祠。言了，聲如垛。言的，聲如埒。皆語之轉也。《禮記・樂記》注：秦人猶摇聲相近。又《中庸》注：「齊人言殷聲如衣。」又《雜記》注：「周秦之人讀至爲實。」《釋名》：「兖冀言歌聲如柯。」「汝潁言貴聲如歸。」即此類。

凡問人作事麽、喫飯麽、去來麽，作字、喫字、去字下加打字。《六書故》：「今吴下方言凡字加一音

〔一〕漢：《蜀典・方言》作「濮」。

字。」即此類。呼謂之叫，《説文》：「叫，嘑也。」嘑即古呼字。亦謂之喊，楊子《方言》：「喊，聲也。」按《廣韻》亦止訓作聲。或謂之招呼。《蒼頡篇》：「挑，招呼也。」《廣韻》：「招，呼也。」雅合言之。呼同列及卑賤曰咳。讀頦上聲。《説文》：「咳，小兒笑也。」雅凡呼人每笑聲故近。相應曰嘓，讀禾去聲。一曰唆，讀梭去聲。或曰唉。於開切，喉聲相内讀〔一〕。嘓，《玉篇》：「古禾切，小兒應也。」唆，《玉篇》：「蘇弋切，小兒應聲。」唉，《説文》：「膺也。」《玉篇》：「應聲也。」《廣韻》：「慢膺。」雅應聲皆不外此三字，不獨小兒爲然。凡因可憎歎恨亦曰唉。喉聲向外讀。《史記·項羽紀》：「亞父受玉斗，置之地，拔劍撞而破之，曰：『唉，豎子不足與謀。』」注：「索隱曰：唉，歎恨發聲之辭。」凡言然者曰欸。讀唉去聲。楊子《方言》：「南楚凡言然者曰欸。」楚蜀接壤，且雅人舊籍多隸楚，聲故多近。語相訶拒曰咅。讀窠去聲。《説文》：「咅，語相訶拒也。从口岠辛。辛，惡聲也。讀若櫱。五葛切。」字一作啐，《玉篇》：「啐，魚葛切。相訶也。」字又作䆸，《五音篇海》：「䆸，五割切，音薛。戒也；語相訶拒也。」相與語唾而不受曰杏〔二〕。讀透上聲。《玉篇》：「杏，他豆切。唾也。」引《説文》「相與語唾而不受」。字一作䛕。《字彙補》䛕與杏同，亦引《説文》。按《説文》無杏，止有咅。據《廣韻》言，《説文》本作杏，隸變作咅。然《玉篇》雙收，音亦迥別。雅皆與之合，故兩存。聽語未決復問曰譫。讀唵去聲。《集韻》音諳，「譫，阿語不決也」。相調笑曰咍。呼來切。左思《吴都賦》：「東吴王孫〔三〕，囅然而咍。」注：「楚人謂相調笑曰咍。」相驚怪曰嚇。呼訝切。《莊子·秋水》篇：「鴟得腐鼠，鵷雛過之，仰而視之曰：嚇。」注：「司馬云：怒其

〔一〕相：疑爲「向」字之誤。
〔二〕杏：原作「否」，下同。
〔三〕吴：原作「吾」，據《吴都賦》改。

聲，恐其奪己也。」謂人詆欺曰詑。《説文》引《方言》：「沇州謂欺曰詑。」雅亦然。動以微言謂之誂，讀若挑。《史記・吴王濞傳》：「使中大夫應高誂膠西王。」〔一〕注：「謂以微言動之也。」亦謂之慫慂。楊子《方言》：「凡己不欲喜，而旁人説之，己不欲怒，而旁人怒之，謂之慫慂。」忿争以言謂之吵。按《廣韻》吵，初爪切，止訓作聲。唾人面曰呸呸。讀披上聲。《玉篇》：「唾，呸呸。」《廣韻》：「呸呸，唾貌。」謂聲多爲鬨，或繼之曰叿叿。讀烘上聲。謂聲多爲鬨，通語也。《廣韻》：「叿叿，市人聲也。」《集韻》：「一曰哤語。或作哄。」音閧，衆聲。謂小兒可愛曰乖。楊子《方言》：「慧，晉謂之㦖。」注：「今以小兒慧者曰乖。」即㦖之轉音。嗔小兒女不安静曰囉嗻，讀若照。《集韻》音〔二〕：「嗻，囉嗻，多言。」亦曰趠。音照。謂騰趠也。騙小兒食物謂之誆，讀曠平聲。《字彙》：「今律爲誆騙字。」勸止小兒啼亦曰誆。凡驅物曰嗧。《正字通》：「嗧，俗字。今俗驅鷄聲，讀若施。」雅凡驅物皆然。呼鷄曰喌，一曰咮咮。《説文》：「喌，呼鷄重言之。讀若祝。」咮音主，「呼鷄聲」。雅重言之。按喌或作啁，音周。或作味，音粥。喌啁味咮，語之轉也。呼鴨曰咠。《篇海》咠，音唯，「呼鴨也」。呼狗曰𡁜𡁜，音渥。《玉篇》：「𡁜，誇聲也。」按《川篇》：「罶，力攜切。唤犬聲也。」又《字彙補》：「喛，音唤。使狗之聲。」雅呼狗亦謂之唤狗，呼狗聲則不類。近呼之曰嘍嘍。音屢。《廣韻》：「嘍嘍，吴人呼狗方言也。」雅近呼之亦然。呼豕曰霤霤。音義皆與溜同。按《川篇》：「興，尼近切〔三〕。呼豕聲。」雅呼豕之聲亦不類。使牛曰叱。音化。《集韻》：「叱，開口貌。」凡物盛多謂之够。音遣。《集韻》：「多也。」按楊子

〔一〕大夫：原誤作「天」，據《史記》改。
〔二〕音：疑爲衍文。
〔三〕尼：原誤作「尸」，據《改併四聲篇海》引《川篇》改。

《方言》：「齊宋之間，凡物盛多謂之寇。」夥聲相近。謂人肥盛曰胮。讀旁去聲。《說文》：「益州鄙言人盛〔一〕，諱其肥，謂之胮。」謂人肥癡爲笨，音獖。或繼之曰唔唔。謂肥癡爲笨，通語也。《字彙》：「唔，吞上聲。癡貌。」雅重言之。大謂之董。董疑侗之轉語。侗音桶，大貌，見《莊子·山木》釋文引《字林》。遽謂之囟。《集韻》：「悤悤，急遽也。」楊子《方言》：「征伀，遑遽也。」囟與悤、伀聲近，亦語之轉。緩謂之謾。《廣韻》：「謾，緩也。」猜謂之諳。諳，《說文》：「悉也。」《玉篇》：「知也。」《類篇》：「背誦也。」皆與猜意相近。尋謂之眢。音娑。《廣雅》：「眢，偷視也。」《玉篇》：「視之略也。」渡謂之過。《廣雅》：「渡，過也。」裂謂之撦，音車上聲。俗作扯。《集韻》：「撦，裂開也。」《博雅》：「撦，開也。」亦謂之撕。《集韻》撕與斯同，析也〔二〕。《詩》云「斧以斯之」是也。擊謂之打，《玉篇》：「擊，打也。」亦謂之椎。《蒼頡篇》：「椎，用打物者也。」注：「一云《三倉》作打也。」罵謂之譴。讀若捲。按楊子《方言》：「凡南楚人殘罵謂之鉗，又謂之疺。」〔三〕音俱爲近。嘖飯謂之唴。羌去聲。鼻因煙嘖亦謂之唴。楊子《方言》：「凡大人小兒泣不止謂之唴，哭極音絕亦謂之唴。」雅所謂唴與之小異。凡取物以聚謂之篡。《爾雅》：「篡，取也。」《方言》：「凡取物而逆謂之篡。」口吃謂之謇。楊子《方言》：「謇極，吃也。楚語也。」雅亦然。疾謂之毛病。嗜好亦謂之毛病。黃庭堅《刀筆》云：「此荆南人毛病。」謂習氣也。勸人努力曰發很。很、憤聲近。轉語也。竭力助人曰擡舉。元稹詩：「大都

〔一〕人：原脱，據《説文解字》補。
〔二〕析：原作「折」，據《集韻》改。
〔三〕疺：原誤作「疲」，據《方言》改。

只在人擡舉。」謂人剛狠曰横。《史記·主父偃傳》：「人或説偃曰〔一〕：『太横矣。』」一餐謂之一頓。《世説》：羅友伺人祀，主人問之何爲，曰：「欲乞一頓食耳。」〔二〕凡作事謂之作讀若做活。《魏書》高太妃云：「今不願富貴，但令母子相保，共汝掃市作活也。」凡事不就謂之不得行。《史記·平準書》：「專令上林三官鑄。錢既多，而今天下非三官錢不得行。」向人索債曰便不便。赧亦謂之不便。《漢書·賈誼傳》：「夫擅仇人足以危漢之資，於策不便。」吝謂之嗇，《易·説卦傳》：「爲吝嗇。」《漢》：「魯恭王晚節遴。」注：「師古曰：遴與吝同。猶言貪嗇也。」吝，即古吝字。或謂之小家子。《漢書·霍光傳》：「使樂成小家子得幸將軍，至九卿封侯。」不吝則謂之大方。《莊子·秋水》篇：「長見笑於大方之家。」愜意謂之快活。《北齊書》和士開勸武成帝曰：「一日快活勝十年。」厭倦謂之不耐煩。《宋書》：「庾仲文爲人强急，不耐煩。」謂人不狡曰本分。《非相》篇：「見端不如見本分。」狡則謂之非凡。《魏志·董昭傳》：「昭受恩非凡，不敢不陳。」駡人鄙賤曰不值錢。《史記·魏其武安侯傳》：「生平毁程不識不值一錢。」稱人有能曰做得生活。《世説》：「人問王長史江虨兄弟羣從，王答曰：『諸江皆復足自生活。』」輕其人謂之腳色。《朝野類要》：「初入仕，必具鄉貫三代名銜，謂之腳色。」謂同本合謀曰夥計。楊子《方言》：「凡物盛多謂之夥。」今吴音謂多曰夥，問幾何曰幾夥，又俗謂同本合謀曰夥計。雅亦然。釀飲謂之平夥。謂計人之多，攤錢均平也。凡言行合謂之得當。去聲。《穀梁傳序》：「雖我之所是，理未全當，安可以得當之難，而自絶於希通哉？」

〔一〕説：原誤作「記」，據《史記》改。

〔二〕曰欲乞：原作「日飲喫」，據《世説新語》改。

謂昨日曰翼天。昨夜曰翼晚。翼日曰明天，其夕曰明晚。謂先昨日一日曰前天〔一〕。謂後翼日一日曰後天。凡翼日則謂之二天。謂去年曰年適。《爾雅》：「適，往也。」

米屑雜餳築成餅謂之飥飥。音託。楊子《方言》：「餅謂之飥。」或作饆。雅重言。按橐橐，築聲也。《詩》曰：「椓之橐橐。」命名之義或本此。湯團謂之餡兒。《正字通》：「今餛飩，即餃餌別名。俗屑米麵爲末，空中，裹餡，類彈丸形，乾濕大小不一。」水餃餌，即段成式「食品」湯中牢丸，或謂之粉角。北人讀角爲矯，因呼餃餌譌爲餃兒。餡、餃聲近，雅又呼爲餡兒。小兒涎衣謂之口水幱。楊子《方言》：「繄袼謂之褔。」注：「即小兒次衣也。」次，即涎字。《倉頡篇》：「涎，小兒唾也。」《字林考逸》：「幱，重衣貌。」按幱，《說文》作襴。牛所居曰欄。欄與蘭通。《漢書·王莽傳》：「與牛馬同蘭。」羊豕所居曰圈。《倉頡篇》：「圈，檻類也。」又：「圂，豕所居也。」字从囗，豕在其中也。楊子《方言》：「苙，圂也。」〔二〕注：「謂蘭圂也。」蘭圂，一作蘭圈。

稱謂：凡合《爾雅·釋親》者不載。父曰爹。母曰媽。父之父曰爺爺。父之母曰奶俗字，音乃㛮。父之王父、王母皆曰祖。父之兄曰伯伯。父之弟曰爸爸。父之兄妻曰姆姆。父之弟妻曰嬸嬸。父之姊妹曰姑娘，其夫謂之姑爹。母之姊妹曰姨娘，其夫謂之姨爹。父之妾亦曰姨娘。母之父曰家公。母之母曰家婆。兄謂之哥。姊謂之姐。兄弟之子皆曰姪。婦於舅姑隨夫稱，舅姑以外皆如之。舅姑於婦皆曰女。婚姻相謂爲親家。男女通稱姊妹之夫長曰哥、稚曰弟，

〔一〕「一」下之「日」字原脱，據文意補。

〔二〕圂：原誤作「圈」，據《方言》改。

兩壻相謂亦如之。

〔嘉慶〕清溪縣志

【解題】劉傳經修，陳一洄纂。清溪縣，今併入四川省雅安市漢源縣。「方言」見卷四《人民志》中。録文據嘉慶五年（一八〇〇）刻本《清溪縣志》。

方言

天，木密。日，黑不。月，那塡。星，木幾。辰，吉石。風，木列。雲，害羅。雷，木玆。雨，媽掃。霧露，毋烈。霜，喜吸。雪，窩。雹，木列。虹，不。氣，果墨。寒，木此。冷，鍋過。春，率那。夏，兒那哀那。秋，時那血那。冬，木玆吉。年，玆谷古日。節，腳。以上天類。

地，密的。山川，米碟米傑。江，大一。河，以賣。水，一顧。石，羅媽。土，地密。田，車密。坡，皆馬。城，六哭。池，舒。市，愷。寨堡，此吾。以上地類。

人，勿嗟。皇上，勿木。土司，玆模。頭人，蘇曰。通司，把識。祖，阿卜。父，阿達。母，阿媽。妻，寧烈。子，則。孫，里約。家門，此已。差役，玆。女，阿密。奴，菊。夷人，洛粟。漢人，黑呷。頭，呷切。手，路。項，古烈。身，果薄。腳，希。宗派，峨次。正派，兩物一弱。心，黑媽。眼，眼玆。口，可唰。鼻，納比。耳，洛薄。腹，過洛。髮，子不。以上人類。

屋，葉。几，愷希。牀，夜的。飯，雜。酒，枝。菜，恰別。肉，食。鹽，擇茶。茶，腊。烟，烟。碗，者則。碟，小盤。杯，者媽則。箸，主。牛，吽。羊，約。猪，窩。鷄，哇。野鷄，哈子。斑鳩，他耳。雀，木扎。虎，納麻。豹，咱。獐，勒。鹿，黑。墨，媽雜。筆，師筆。絺，桃一。弓，黑媽。箭，哈靶。刀，及密。鎗，處。炮，炮。補褂，龍褂。鞋，新烈。帶，爵凹。兜，窩洛。甲，哈。以上物類。

〔民國〕漢源縣志

【解題】劉裕常修，王椓等纂。漢源縣，今四川省雅安市漢源縣。「語言」見《風俗》中。録文據民國三十年（一九四一）鉛印本《漢源縣志》。

語言

本邑語言除黄泥堡一隅外，完全無入聲字，概作陰平聲讀，以故西夕不分，朱竹莫辨。庚青韻讀若真文韻，申與生、珍與征，無别焉。間有一二以巖延讀入佳灰韻，則等於洪雅一帶音；翼憶讀作去聲，則等於仁壽一帶音；是士似祀亦讀作去聲，則等於北平；席子、碟子普通皆作陽平聲讀，則等於成都；婦讀若斧或傅、浮讀若凫，則又等於閩音；壺虎護呼等字，作喉音讀者十二三，作脣音讀者十六七。且開讀如客、賅街讀如革，兩去聲字連呼上一字作陽平音，闔邑類然，爲他縣所希聞。富莊一小部份，尚有以陰平作上聲者。而鄉間間有古音，如俗以四分之一爲一準，鄉音讀如嘴，馬尾則曰馬已，稱鍾則曰稱佗是也。

〔民國〕蘆山縣志

【解題】宋琅、張宗翽修，劉天倪纂。蘆山縣，今四川省雅安市蘆山縣。「方言」見卷一《風俗》中。録文據民國三十二年（一九四三）鉛印本《蘆山縣志》。

方言

神州廣袤，黎元衆多，區域有殊，方言斯起。居山者聲調重濁，近水者語音清淺。《管子》曰：「五方之民，其聲之清濁高下，各象其川源泉壤淺深廣狹而生。」伊古以來，未嘗異也。蘆邑位於康省東北，山川深厚，居民發音揚萬，且甚重濁，入聲字韻盡似陽平，清濁聲紐復相淆混。曩者漢夷雜處，不無夷音，楚人徙居，猶存楚語。他如各方流寓斯土者〔一〕，亦代不乏人。歷年既久，其方言演變自多糅糅。兹就聲、韻、詞類三者，略舉大凡而叙述之。但於詞類之纂輯較簡，斯則有待來者。

聲

蘆邑方言聲紐不全，考其發聲正確者，以三十六母言之，僅二十母。牙聲疑母弱聲諸字，所讀全非。强聲諸字，亦多有訛者。如牛讀如流，疑讀如泥，是訛爲舌頭。泥母語讀如雨〔二〕，

〔一〕土：原誤作「士」。

〔二〕如雨：原誤作「雨如」。

五讀如鄔，愚讀如余，危讀如爲，是訛爲喉音影喻二母也。

舌頭端母諸字，多混入牙音見母者，如低與的皆讀如基，帝讀如紀。透母諸字多混入溪母者，如天讀如遷，體讀如起；定母中字多訛爲端母者，如度杜等字是也。

舌上無知母，如知讀同之，張讀同章，混入正齒照母。無徹母，如丑聲讀同醜，恥聲同此，一混入正齒穿母，一混入齒頭清母矣。無澄母，如直讀職，訛爲照母；除讀鋤，訛爲正齒牀母；池讀如赤，訛爲穿母。無娘母，混入來母者有之，如女讀如呂；混入泥母者有之，如拏讀如納，尼讀如泥之類。

正齒禪母所統之字，多混入審母或照母者，如時讀同失，植讀同職之類。

齒頭從母諸字，有訛同精母者，如在讀如載，胙讀如作；有訛同見母者，如匠讀如降；邪母諸字有訛同心母者，如夕讀如息之類。

重脣並母中字多與幫母中字相混，如步同布，部同布，白同百，薄同博。

輕脣無敷母所屬之字，與非母諸字無別；無微母，其中諸字全與喉音影喻二母之字無分。

喉音影喻二母之字在《切韻指南》蟹攝、山攝中作開者，多轉入牙聲疑母，如哀讀如五該切，愛讀如五害切；喻母之物字，讀訛爲日母之若字。

所謂發聲正確之二十母，即曉匣見溪羣泥來日精清心照穿牀審幫滂明非奉諸母；至於以四十一聲紐論之，則更不能莊初神疏爲之五母也。

韻

瀘邑方言字韻全無入聲，大都訛爲陰平或陽平，如八字讀如陰平之巴，竹字讀如陰平之朱，物字雖讀如藥韻之若，字音而亦讀陽平也。考其收音，能與今之韻書所標韻部相合者實寡。即舉平聲以包上去入言之，瀘邑東冬不分，江陽無別，支微齊亦不分，佳韻中字屬佳類者歸麻、屬皆類者混灰，文欣可併入真，魂痕亦應同文，魚與虞、元與魂區别極顯，寒與删韻全不可分，故元可入寒，魂不可入元。蕭肴豪雖洪細不同，而收音無差；庚青蒸則全無此韻，至於侵覃鹽咸嚴之閉口韻更不聞於瀘人所發之字音中也。統上計之，瀘邑方言所有之韻，可分十二部，曰東、合冬。支、合微齊。魚、虞、灰、合皆。真、合文魂，又混庚青蒸侵。寒、合元删先覃鹽咸嚴，又混入支。蕭、合肴豪。歌、麻、合佳。陽、合江。尤，此十二部與《五方元音》所分亦不同也。謂其韻攝，相當《切韻指南》之十一攝，而少其五，曰通、止、遇、蟹、臻、山、效、果、假、江宕、梗曾、流、深、咸等攝。較諸注音符號，亦少注庚韻之ㄥ母也。茲將瀘山方言韻類與《切韻指南》韻攝之比較附表於次：

《切韻指南》韻攝	《韻府羣玉》韻目	注音韻母	瀘山方言能讀之韻	注音韻母
通	東冬	ㄥ	東冬	ㄥ
止	支微齊灰	ㄧ	支微齊	ㄧ
遇	魚虞	ㄨㄩ	魚	ㄩ

			虞	ㄨ
蟹	佳	ㄞ	灰	ㄞ
臻	真文	ㄣ	真文侵庚青蒸	ㄣ
山	元寒刪先	ㄢ	寒元刪先覃鹽咸	ㄢ
效	蕭肴豪	ㄠ	蕭肴豪	ㄠ
果	歌	ㄛ	歌	ㄛ
假	麻	ㄚ	麻佳	ㄚ
江宕	江陽	ㄤ	陽江	ㄤ
梗曾	庚蒸青	ㄥ	混入真	無
流	尤	ㄡ	尤	ㄡ
深	侵	無	混入真	無
咸	覃鹽咸	無	混入寒	無

詞類

都　蘆人謂皆曰都，音讀如兜，虞韻轉尤韻，同楚語。虞尤二韻本有通轉，如虞韻之揄，尤韻亦有揄，音窑；區婁等，尤韻亦有區婁等字是也。

詒　欺人曰詒。通作紿。方音讀如兜，灰韻轉尤韻。尤韻本有一部由灰韻中屬咍類者變入也，如灰韻从某得聲之字有媒，从壽得聲之字有幬，而尤韻有謀、有疇、有檮也。

阿爸　蘆人稱叔父曰阿爸，殆羌人之遺語歟？

年逝子　蘆人謂去歲曰年逝子。逝者，過也、往也，音讀陰平如司，意亦夷語之遺。

滜　蘆人謂去滓留汁曰滜，見《廣韻》。

躧　蘆人謂履不著跟曳之而走曰躧。見《漢書》「躧履相迎」。

要待　蘆人謂凡事完結曰要待，音如幺臺，止也。見章氏《新方言》。

我家　你家　蘆邑方言有合音，如我家讀兀一牙字陰平ㄫㄚ，你家讀ㄌㄧㄚ音。

頭半回　蘆人謂從前有時能之曰頭半回能之。蓋頭即從前也，半回謂非全然也。惟蘆音頭讀如同，在音理學上適是東侯二韻陰陽對轉。

霍閃　蘆人謂閃電曰霍閃。霍音如何之陰平。此語宋時已有之，見《夷堅志》。又顧雲詩曰「金蛇飛狀霍閃過，白日倒挂銀繩長」指此。

趣異　蘆人謂奇怪難得曰趣異。趣音讀合口陰平聲ㄑㄨㄛ。

特别　蘆人謂優美曰特别。特聲轉如脱，别聲轉如白。

阿爹　蘆人稱父曰阿爹。爹音如借字陰平聲，是端母字轉爲見母字。蘆邑方音類此甚多，可類推也。

日屬日母字，古音歸入泥母，爲舌頭，見《文始》。今音日母獨立，爲半齒，有二音，一讀如而，一讀如入，見《廣韻》。湖北武漢一帶均讀如而，蘆人讀日音與武漢同，故曰蘆邑方言多楚音也。

〔民國〕資中縣續修資州志

【解題】吴鴻仁等修，黄清亮等纂。資州，轄境包括今四川省資陽市和今四川省内江市資中縣，州治在今資中縣。「方言」見卷八《風土》中。録文據民國十八年（一九二九）鉛印本《資中縣續修資州志》。

方言

資無六百年以上土著，明洪武時由楚來居者十之六七，閩贛粤籍大都清代遷來。明初來者今謂川省人，餘則各以其籍相稱。土音不盡隨山川而變，要以官話即川省話爲主，特脣齒清濁高下不同，或聲以通轉而訛，或音以輕重而差。兹摘其普通者。如不當理曰瞎鬧、曰糊説，出惡聲曰啗、曰絶人，即吕相絶秦之意。睡曰困，誆曰餂，申斥曰呸，有疑曰噫，何如曰怎麽、曰那音如朗個，闊綽曰鬧派、曰頑格，逞勢矜能曰假、曰綳、曰提勁之類。又有關於天時、地理、人物、應事者，類列如左：

天時類

資人謂虹爲杠。去聲。霧爲罩。日爲太陽。電爲火閃。霆爲炸雷。暴雨爲天東雨。霞爲火燒天。彗爲刷把星。雹爲雪彈子。翌日爲明天。霖雨雨過三日爲霖爲淩去聲雨。日入後爲黑了。

地理類

低田曰沖。高田曰塝。塍曰田坎。平原曰壩。高原曰坪。斜上曰坡。溪曰溝。窪曰蕩。山穴曰巖洞。培壘曰嶺埂。石泡而粗曰泡沙。石堅而癩曰痘疤。塗交會曰三叉路。嶺脊路曰埡口。仄徑曰毛狗路。急流曰竹筒水。湍曰回水沱。

人物類

家庭父祖之間各沿其舊，外祖父母，川省稱家公、家婆，楚籍稱外公、外婆，粵籍稱假公、假婆。夫兄稱大伯子，夫弟稱小叔。妻兄弟之子呼内姪，甥呼外姪。同歲呼老庚。商家經理人爲掌櫃。租佃房産人爲佃客。長期傭工爲長年，短期傭工爲月活，工作一二日爲零活路，爲賃平聲天完音如彎。匠人爲司夫。肩輿人爲雲抬司。僧稱和尚。巫稱端公。丐稱告化子。匪稱棒老二。鼠謂耗子。雉謂野鷄。鴞謂鬼登科。獺謂水毛子。被曰鋪蓋。襲服曰面衣。裹衣曰汗袿。袴曰小衣。短襖曰滾身。半臂曰[illegible][illegible]。

應事類

沐曰搽臉。洗曰洗澡。正餐曰早飯、少午、或因修養家謂午飯宜少，故以名之。夜飯，非正餐曰過早、過午、消夜。因時而異。初二、十六祀神曰打牙祭。清明掃墓曰上墳、曰掛青。聯姻爲打親家。親家相會爲上門。娶婦爲做喜酒。嫁女爲花園酒。合貿爲打夥。買期爲賒賬。違約曰撒懶。質問曰講理。興訟曰告狀。相毆曰打架。聚談曰擺龍門陣。頑笑曰訕談子。閒遊曰要。留宿曰歇。禁聲曰悄悄。平聲。嫌少曰丁丁、點點。爲人服務不受酬曰幫忙。

以上皆地方普通俗語常出口耳者，此外有音無字者尚多，姑闕之。

〔民國〕榮縣志

【解題】廖世英等修，趙熙等纂。榮縣，今四川省自貢市榮縣。「禮俗」見第十二。録文據民國十八年（一九二九）刻本《榮縣志》。

禮俗

人有南北山澤之殊，遂有方音。集方音而有方語，遂各有得失。以多自證，遂相非。然因是審古今音之派别，皆相通也。榮有去無入，與威遠、富順同也。陽唐韻近寒、近鹽，先仙韻近真文、近青蒸，榮所獨也。段玉裁謂古有入無去，孔廣森謂古有去無入，持之皆有故。然陸法言《切韻》序云：「秦隴去聲爲入，梁益平聲似去。」不言有入，要之古無去入之分，則諦矣。《廣韻》二百六部，言韻學者分以陰陽，以類判之。中覃屬爲一類，寒屬爲一類，青真蒸侵諸屬各爲類。其不分者，干岡甘寒行屬之聲一也，則陽覃寒不分也。真征蒸琛屬之聲一也，則真青蒸侵不分也。

請即先仙韻考之。天古與人叶，《説文》：「天，顛也。」顛從真聲，古在真部。《詩·車鄰》顛與鄰令韻，《采苓》顛與苓信韻。圓從員聲，《詩·玄鳥》「景員惟何」，箋：員，古文作云。《出其東門》員與門雲存韻。田，《説文》：「陳也。」《詩》與仁人零淵千韻。年從千聲，千從人聲，仁古文忎，邾讀若寧。《詩》年與薪賓人田命韻。先從人，《詩》「駪駪征夫」，《韓詩》作辛，與塡忍隕韻。堅從臤聲，臤從臣聲，賢，《詩》與丁臣均堅鈞韻。憐從粦聲，《楚詞》與清人新年生賡鳴征韻。扁，《詩》與民信頻韻。《説文》蹁讀若苹，鯾或作鯿，煙或體烟，從因聲。艱從艮聲，《詩》與門殷貧玄韻。玄古音如訓，牽爲輕，玄聲，《易》與賓民正命韻。淵，《詩》與人身韻，旋古讀巡，全趣文切，選從巽聲。典，《詩》與禋韻，禋古讀因。免，《詩》與洒殄韻，殄腆聲同，《儀禮注》：「腆，古文作殄。」腆，典聲。《詩》典與禋成楨韻。《曲禮》注：「繕，讀曰勁。」《檀弓》注：「原，誤爲京。」奠，《釋名》：「停也。」古假奠爲定。便從更聲，更從丙聲，凡從丏聲字，古皆在真部。賓從丏聲。眼，《釋名》：「限也。」《周書》限與慎韻。此類不能具數，榮獨與古合，非土音也。

請即陽唐韻考之。《詩·篤公劉》：「既溥既長，既景乃岡。相其陰陽，觀其流泉。其軍三單，度其隰原，徹田爲糧。」以泉韻陽，以糧韻原，其詩逐句爲韻，單讀如當，與上章「逝彼百泉，瞻彼溥原。迺陟南岡，乃覯于京」同義。《抑》：「告之話言，順德之行。」言行爲韻。《桑柔》：「惟此惠君，民人所瞻。秉心宣猶，考慎其相。」相瞻爲韻。《殷武》：「天命降監，下民有嚴。不僭不濫，不敢怠遑。」遑監嚴濫爲韻。《淇澳》傳：「諼，忘也。」《説文》：「藼，忘憂草也。」諼有忘音。「民人所瞻」，挍漢官碑作「民人所彰」。《書》：「遑自敬德。」《楊震傳》作「還自敬德」。「勿士行枚」，鄭讀行爲銜。《周禮・漿人》注：「涼，以水和酒也。」《内則》以濫即涼也。《説文》礦或作丱。《周禮・丱人》注：「丱之言礦也。」《禮記》「相近於坎壇」，鄭讀相近爲禳祈。《郊特牲》注：「禓，或爲獻，或爲儺。」《雜記》注：「坎，讀爲壙。」《大雅》：「實覃實訏。」傳：「覃，長也。」《祭義》：「嘗言甘也。」《中庸》注：「方，板也。」《大雅》：「惟師尚父，時維鷹揚。」班固《燕然山銘》以鷹揚與螭虎對舉，是以揚爲《爾雅》白鷹之鸉，蓋二鳥也。《後漢書》高彪作箴「詩人作歌，如鷹如鸇」。知鸇、鸉可通假矣。《夏小正》傳〔一〕：「蘩，旁勃也。」《尚書大傳》降谷或作函谷。《釋名》：「板，般也〔二〕。般般，平廣也。」《詩傳》：「康，安也。」《爾雅》：「邊，方也。」楊陓，《周禮》作弦蒲。《左傳》：「衣裝謂之轉。」疏：「弑者，試也。戕者，殘也。」樠，木，樠音朗。「郕庶其以濫來奔。」濫，漢爲昌慮縣。《春秋》：「齊人取讙及闡。」闡水，酈道元作洸水。《莊子》：「千歲厭世，去而上僊，乘彼白雲，至于帝鄉。」《國策》樓緩，一作樓昌。《列子》：「宋有蘭子。」應劭注：「蘭，妄也。」《韓非》章胥己，《呂覽》作贍胥己。《琴操》：「卞和歌：於何獻之楚先王，遇王暗昧信讒言。」《易林》：「舉家爲驩，吉利無殃。」《山海經》蟲或作蠻，魴一作鯿。蝝者，蝗也。《説文》：「關西謂榜曰篇。」《水經注》滄浪洲一作千齡洲，鹽石一作陽石，汎謀曰訪，鞔後通作幫。《淮南注》：「壇，場也。」《説文》香從甘聲，衍從行聲，愆或作寒，籀作諐，皆從衍

〔一〕傳：原脱。

〔二〕般：《釋名》作「昄」。本條同。

聲。《文選》王逸注：「壇，猶堂也。」後漢國諱，莊嚴義通，亦由音近。《莊子》則陽注：「樊，傍也。」孟浪，向秀讀爲漫瀾。《天問》亡嚴饗長韻。顔師古《漢書·高帝紀》：「戇，古音下紺反，今音竹巷反。」《急就章》談陽桑讓莊韻。張衡《四愁》次章以悵傷韻玕盤，與餘三章同例。佛語空爲曇，音又爲唐，南無又爲曩謨。北魏晏次將造像，觀世音作光世音。西域烏萇國一作烏纏國。《黄庭經》琅玕一作蘭玕。此類不能具數，滎獨與古合，非土音也。

至方語則處處違異，細究之皆有本。今審音考義，略依韻部隅舉之。

《左傳》：「風馬牛不相及。」正義引服虔云：「牝牡相誘謂之風。」《尚書》稱「馬牛其風」。今男子争婬曰争風。因爲凡縱逸之稱。人畜瘨狂曰風，使酒曰酒風，兒戲曰風，牛躍曰跳風。《釋名》：「風，放也。」

《詩·小雅》：「有饛簋飧。」傳：「饛，滿簋貌。」今市井饔飯曰冒頭。饛冒聲轉。《説文》：「冒，蒙而前也。」《考工記》冒鼓，注訓蒙鼓。

《方言》：「保倯，駡也。燕之北郊曰保倯。」今人形鄙可憎曰倯，又曰庸保倯。

《説文》：「撝，裂也。」許歸切。按蘤，古花字，花古作華，撝爲聲，故轉華。《曲禮》：「爲國君者華之。」注：「華中裂之，不四析也。」今劈木曰華。

《説文》：「斯，析也。」「㾷，散聲。」《方言》：「東齊聲散曰㾷，秦晉聲變曰㾷。器破而不殊其音亦謂之㾷。」㾷，斯也。音轉爲沙。《周禮》：「烏皫色而沙鳴。」今聲㾷者曰沙喉嚨，音如字。《釋文》一音所嫁反，與嗄同。《老子》：「終日號而嗌不嗄。」今聲放曰聲氣嗄。嗄，平聲。

《詩·大雅》：「無爲夸毗。」傳：「夸毗，體柔人也。」謂媚人者。今稱懦弱曰夸毗。夸，鋪巴切。

《説文》：「人相笑相歋瘉。」即邪揄也。許本無瘉，俞聲古在侯韻。《史記·萬石君傳》注：「牏音投。」愉，偷也。今戲人曰瘉，音兜。

《説文》：「孚，卵孚也。」芳無切，古讀保，字從古文保。《方言》：「朝鮮洌水之閒，謂伏鷄曰抱。」伏抱皆孚也。今草木萌芽曰苞，妊曰包，胎衣曰胞，旁光曰脬，皆孚語。

《士喪禮》注：「綦，屨係也。」今綫帶曰鷄腸帶，實綦纏帶也。《説文》無綦，系即綦也，系係通，故注爲係。轉爲纗，張平子賦：「纗幽蘭之秋華兮。」注：「纗，系也。」又爲蔑，《南齊書》：「虞玩之躡屐造席，蔑斷以芒接之。」今凡繫物者曰蔑。

《方言》：「鼃，律，始也。」《廣韻》鼃，烏蝸切。男始生曰鼃兒，俗借娃。鼃從圭聲。《説文》哇讀若醫。《釋名》：「人始生曰嫛婗。」嫛婗即鼃兒也。本爲基，《爾雅》：「基，始也。」

《方言》：「臺，敵，匹也。東濟海岱之閒曰臺，自關而西秦晉之閒物力同者謂之臺敵。」今合力舉物曰臺，臺榭之名本此，凡柱必載於地，臺則以大木中乘之，今曰臺梁，故臺以名。《左傳》「僕臣臺」，謂任力役者，即以其職名之。因爲凡舉事之稱，事始曰上臺，事畢曰要臺。《詩傳》：「要，成也。」又曰下臺。

《説文》：「趕，留意也。讀若小兒咳。」户來切。今人謂留曰趕，陰平聲，會黨入會曰趕耍，俗作耍。本爲待。《説文》：「待，竢也。」竢，目聲，相或作梩，是趕待同。待又曰等，漢時已有等語。《説文》趕云：「疑之，等趕而去也。」待，急讀爲等。

《説文》：「歕足謂之番。」附袁切。古無輕脣音，番讀如班，今音如板，手掌曰手番，足掌曰腳番，雙聲轉靶。《説文》：「靶，摫擊也。」今靶掌，耳靶，北人强以刹字當之，非也。

《説文》：「撣，提持也。」謂提與持也。今凡執物曰撣，平聲，俗以擔字代之，非。

《説文》：「𠬞，引也。」今攀字，普班切，諺云巴結，巴即𠬞也。音又爲般，《説文》：「般，辟也。」上引曰𠬞，平轉曰般，以手轉物曰般，轉家曰般家，般運使即轉運使。俗作搬。轉目視，《説文》作⿱般目，俗曰⿱般目視。

《詩》：「如蠻如髦。」《廣雅》：「蠻，傷也。」今麤魯曰蠻，亦曰髦。

物縣謂之佻。《方言》：「佻，縣也。趙魏之郊曰佻。」郭注：「了佻，縣物貌。丁小反。」今作去聲，音弔。按佻本爲了。王延壽《王孫賦》作了。《説文》了象縣形，連語借佻足之，字遂作佻，或作𠄏，《廣韻》：「𠄏，縣物貌，都小切。」他書引《方言注》亦作了𠄏，𠄏爲了俗字，以别於明了之了也。《説文》：「草木實垂曰卤卤然〔一〕。讀若調。」禾穗曰杓，都了切。葦華曰芀，徒聊

〔一〕卤然：原脱，據《説文解字》補。

切，到首曰県，古堯切，最初古文止作了。

《說文》：「現，擇也。讀若苗。」今謂視曰現，古音，取準曰現準。

《說文》：「搔，刮也。」蘇遭切。今搔蛘，讀苦侯切，猶離騷爲離憂也。

《說文》：「誂，相呼誘也。」徒了切。《國策》：「楚人有兩妻，人誂其長者。」今曰誂戲，音調，語又轉謏，《廣雅》：「誂，謏也。」謏，俗。

《說文》：「幺，小也。」俗謂小兒曰幺兒，小弟曰幺弟，幺幼聲轉。幼，少也。與夭同。《詩》「桃之夭夭」傳：「少壯也。」「夭之沃沃」傳：「夭，少也。」今人愛憐少者曰夭夭。

《方言》：「婬、媱，游也。江沅之間謂戲爲婬。」婬本爲媱。《廣雅》曹憲音遥。《說文》：「媱，曲肩行皃。」〔一〕連文曰要媱。王逸《九思》注：「要媱，舞容也。」今優人飾女者以要媱，故稱媱但。《淮南注》：「但，猶詐也。」俗作搖旦。要媱別作妖嬈。《方言》：「遥，淫也。九嶷荆郊之鄙謂淫曰遥。」今倡妓曰遥姐，所居曰遥子，遥當爲媱。倡，樂也。媱，戲也。

《士喪禮》「皋某復」注：「皋，長聲也。」今合力齊聲曰喊皋子，或作嚆。《莊子·在宥》釋文引《字林》：「嚆，大呼也。」本爲號。《說文》：「號，嘑也。」最初古文作丂。

《方言》：「茫，遽也。吴揚曰茫。」按茫即駫。《說文》：「駫，馬奔也。」古與茫同聲。《考工

〔一〕皃：原誤作「也」，據《說文解字》改。

記》注:「慌讀爲芒。芒禹迹之芒。」俗作慌忙,漢已作忙。

《考工記》:「輪雖敝不匡。」注:「匡,枉也。」今凡以力屈人曰匡人。《詩》:「或王事鞅掌。」傳:「鞅掌,失容也。」釋文:「鞅,於兩反。」鞅掌音切爲鞅。今人病羸曰鞅,平聲,即失容意。與人鬥而無力曰鞅人。

《説文》:「歨,歫也。」丑庚切。今以言歫人曰歨,去聲,目直視曰瞠,衺柱曰樘,俗皆作撐。音又爲堂,以事抵延時日曰歨,音堂。

《説文》:「綪,縈也。」《士喪禮》「不綪」注:「綪,讀爲綪。」綪,屈也。江沔之閒謂縈收繩索爲綪。今紙鳶曰風綪。

《説文》:「漢律,齊民予妻婢姦曰姘。」〔一〕《爾雅注》:「江東謂萍爲薸。」萍姘音近,今曰姘頭,嫖即姘也。

《説文》:「甹,亟詞也。三輔謂輕財者爲甹。」普丁切。音轉爲拚,普半切。《方言》:「拚,棄也。楚凡揮棄物謂之拚。」今人相激曰甹命,又曰拚命。擲物於地曰拚,音半。

《詩·桑柔》:「捋采其劉。」傳:「劉,爆爍而希也。」《爾雅》:「毗、劉,爆爍也。」今謂邊幅不修曰毗劉刳滴,又曰毗劉杷刺。

〔一〕予:原作「與」,據《説文解字》改。

《方言》：「竘、貌，治也，吴越飾貌爲竘。」注：「音恪垢反。」按竘即鯫。《史記・項羽紀》「鯫生」注：「鯫，士垢反。服虔曰：『小人貌也。』」今謂人貌自尊大曰竘，音謳。又曰鯫，徂竘切。無士君子之行而爲其容者曰文鯫鯫。

《士喪禮》「幅三袧」注：「袧者，謂辟兩側空中央也。」《類篇》音摳。今凡中鑿曰袧，苦侯切，與婁疊韻。《説文》：「婁，空也。」今匽溝曰婁匽。

《説文》：「探，遠取之也。」今流落衣食曰跑探，非爲者曰探探匠。

《方言》：「澌，或也。沅澧之閒凡言或如此者澌如是。」北音通行，俗語閒有之，言或有者曰澌有也。澌或聲轉，或，胡國切。

《方言》：「⿰多邕、⿰多農，多也。南楚凡大而多謂之⿰多邕，或謂之⿰多農。」「凡人語言過度及妄施行亦謂之⿰多農」。注：「⿰多邕，惡孔反。⿰多農，奴動反。」按⿰多邕⿰多農，驚詞，猶多曰夥頤也。今人妄施行曰亂⿰多農，陰平聲，本爲動，《説文》：「動，作也。」

《説文》：「侗，大貌。」《廣韻》他孔切。《方言》：「侗，狀也。」今人謂大曰侗，音如董，木梡者曰梱木櫳侗。

《方言》：「慫慂，勸也。」按慫慂合爲慫，亦作聳。《方言》：「中心不欲而由旁人之勸語曰聳。」

《説文》：「母，牧也。」馬，古音如母，故曰媽，今入麻韻。

《方言》：「幂，自關而東謂之襬。」注：「音碑。」按幂，下裳也，因爲衣下之稱。其側曰襬，音擺，字本爲綼。《既夕禮》注：「飾裳在幅曰綼。」《説文》綼讀若罷。故綼轉爲襬。

《説文》：「幨，以囊盛穀，大滿而裂也。」方吻切。俗作奔去聲。奮裂曰幨濫，與璺同〔一〕。

《方言》：「器破而不離謂之璺。」音問。俗云打破鑪缸璺到底。

《説文》：「緶，緁衣也。」《喪服》「齊衰」注：「齊，緶也。」《廣韻》方典切。今衣之下畔曰佻緶，以疏鍼縫之曰敹緶。《書》：「敹乃甲冑。」釋文了彫反。

《説文》：「伴，大貌。」薄滿切。今肥大曰伴，普半切，亦作胖。《大學》「體胖」鄭注：「胖，猶大也。」曰猶，胖當爲伴。

《説文》：「儹，最也。」作管切。冣，積也。今謂積貲曰儹錢，贊上聲，連語曰儹積。

《淮南》「草駒」注：「五尺以下爲駒。」放在草中，故曰草駒。按《月令》「遊牝于牧」注：「其牝欲遊，則就牧之牡而合之。」是牡在牧也。牧，草地，牝就之，故謂牝曰草。犬之牝者曰草狗，獸類求合曰叫草，曰走草。牝馬今曰廓馬，廓，郭也，古牧在效外，即遊牝義。

《説文》：「考，攷也。」通作考，俗作拷，聲轉爲敲，攷頭曰敲頭。《説文》：「敲，擊頭也。」口角切。頭見擊曰挨敲，敲音如科，即口卓重音也。考敲均爲擊，猶考課均爲試也。

〔一〕璺：原作「璺」，下同。

《匡謬正俗》謂輕忽其事、不甚精明爲砢力可反麽莫可反，即《莊子》鹵莽之謁。按鹵莽義近，語柢則非。砢麽者，莫奈何也。奈何爲砢，古作那，莫何爲麽，語有分合緩急耳。今以不了了事，語曰砢，又曰麽，或曰那何、里何，又曰麽何而兮，皆一語之衍。《論語》：「不曰如之何如之何者，吾末如之何也。」古音如讀奴，奴何爲那，末何爲麽。

《唐書》：「十人爲火。」備凡物具，因爲物具之名，曰家火，猶稱什與東西也。同列曰火伴，見《木蘭辭》。今凡共利曰同火。

《方言》：「馬，益也。」今以畫代數曰馬子、馬號。馬，漢時俗字，猶今作碼也。馬當爲馬。古校人掌馬政，馬二百十四匹爲廄，六廄爲校，校，考也，廄之言究也，謂究盡其數也。因以爲凡數之稱，與乘爲積數同。《禮・投壺》：「爲勝者立馬。」馬即馬。今銓曰馬子，尺曰尺馬，輕重多少長短皆數也。

《説文》：「餯，晝食也。」書兩切，俗作晌，爲暫時之稱。頃刻盡者言一晌亡，赴飲而謝其儕曰餯偏，音爲相偏。

《説文》：「緯十縷爲綹，讀若柳。」今謂綫曰綹，綫一束曰一綹，音如字。

《詩・周頌》：「有喰其饁。」傳：「喰，衆貌。」釋文勑感反。「萬億及秭。」箋言得多也。今謂人衆曰億萬喰秭，一輩人曰一喰人，音貪。

《方言》：「馮，怒也。楚曰馮。」《詩・大雅》：「内奰于中國。」傳：「不醉而怒謂之奰。」釋文：「㬥，皮器反。」馮㬥聲轉，馮即㬥。今怒曰發氣，氣當爲愾。《左傳》：「敵王所愾。」注：「恨怒也。」

《倉頡篇》：「廁，次也。」《文選注》。俗謂廁曰次。《說文》：「次，不前，不精也。古文侖。」象屋相次形。凡非正居曰次。《周禮》王行所止，宿衛所在。《儀禮》張帷均曰次。其名或古於廁。《士喪禮》「隸人涅廁已」，作廁。俗又曰茅次。

《周禮》「八則」注：「廢，猶退也。」今物色退曰廢。

《說文》：「𢀩，有所依也。」於謹切。今以貲賃田曰安穩。《玉篇》：「穩，蹂穀聚。」於義不合，字當爲𢀩，有所依也。《方言》：「依，禄也。」

《說文》：「𦘒，聿飾也。俗語以書好爲𦘒，讀若津。」〔一〕與雋同。雋，鳥肥也。鳥肥則美。今人謂美曰雋，音轉爲將。《管子·形勢解》〔二〕：「將將鴻鵠，貌之美者也。」今誘小兒衣裳之美曰將將。

《方言》：「戲、憚，怒也。」《說文》：「憚，難也。」難讀爲問難之難。今兩相難曰憚。憚即不憚，郭注所謂難而雄也。又曰否憚。否，不也。

《說文》：「垸，以桼龢灰丸而髹也。」胡玩切，古與刮同音。《考工記》：「刮摩之工五。」

〔一〕津：原誤作「津」，據《說文解字》改。
〔二〕勢：原誤作「執」。

注：「故書刮作捖。鄭司農云：『捖讀爲刮。』」《檀弓》：「華而睆。」説者以睆爲刮節目，字或爲刮。今人以漆穌灰髹物又摩刮之曰推垸，音灌。又曰刮灰，與古同。

《説文》：「屰而奪取曰篡。」通作簒。《方言》：「凡取物而逆謂之簒。」郭璞音饌。今理人錢物而陰蝕之曰簒，買賣獲利亦曰簒。《爾雅》：「篡，取也。」是凡取皆得云簒，所謂美惡同辭也。俗作賺。

《小雅》：「維禹甸之。」傳：「甸，治也。」《書》：「五百里甸服。」傳：「爲天子服治田。」《周禮》有甸師，主供薪蒸。今賃田而耕曰甸，俗作佃。《説文》：「佃，中也。」《春秋傳》曰：乘中佃，一轅車也。」無治田義，《晉書》：「吴人大佃皖城。」《玉篇》云佃作田，蓋漢後已然矣。

《禮》：「枉矢哨壺。」注：「枉哨，不正貌。」釋文：哨，七笑反。按壺，圜器也，不正則小。《考工記》注：「哨，頃小也。」《説文》：「哨，不容也。」惟小不容，亦作肖。《方言》：「肖，小也。」今音如嚼。凡物小曰哨，要小曰哨要，人小曰哨小。小而高曰哨顙顙。

《大雅》：「反子來赫。」箋：「口距人謂之赫。」釋文本亦作嚇，許稼反。今人恐懼曰嚇，亦作赫，與古同。

《儀禮・少牢》：「放于西方。」《廣雅》：「放，置也。」今置物曰放。

《方言》：「透，驚也。」今驚戰曰透，曰透栗戰，上聲。透，《説文》新坿字，一音式六反，古宜爲肅。《説文》：「肅，持事振敬也。」振，動也。《豳風》：「九月肅霜。」傳：「肅，縮也。」肅縮音同。縮，宿聲。星宿，一音秀，故肅轉爲透，猶尗轉爲豆也。《通俗文》：「斗藪謂之縠縠。」《一切經音義》。斗藪，透也。縠縠，肅也。

《三倉》：「今江南謂削木片爲柹，關中謂之札。」《一切經音義》。今音如渣。

《説文》：「鉛，銅屑。」《漢書・食貨志》：「磨錢取鉛。」〔一〕今刀鈍曰鉛。俗作鉛。

《周禮・小宰》注：「譎觚非常。」疏：「兵書有譎觚之人。」謂譎詐桀出，觚角非常也。今人言機詐曰觚𦫳，𦫳，羊角也。

《説文》：「匹，四丈也。」普吉切。古訓配也，偶也，合也，而中從八，其意由分而合，故二曰匹，一亦曰匹，取義相成。今馬曰匹，瓦曰匹，桷曰匹，篋曰匹，其它類是。

《詩・周頌》：「有飶其香。」傳：「飶，芬香也。」今謂香曰飶飶，甜亦曰飶飶。蜜從宓聲，甘香同。《説文》：「香，甘也。」

《方言》：「⿰叕出，短也。」郭注：「音疣贅。」〔二〕從叕聲。《廣韻》：「吴人呼短。側律切。」從出聲。今人呼短曰短⿰叕出⿰叕出，音如杵，絮衣短者曰絮⿰叕出⿰叕出。按出叕皆有短義。《説文》：「屈，短尾也。」山短而高曰崛。郭注《爾雅》：「短尾曰鶌鳩。」《説文》：「⿱窡女〔三〕，短面也。」《莊子・秋水》

〔一〕鉛：《説文解字》及《漢書・食貨志》均作「鋊」。
〔二〕疣：郭注作「肬」。
〔三〕⿱窡女：原誤作「窡」，據《説文解字》改。

篇：「掇而不跂。」《淮南・人閒訓》：「愚人之思叕。」郭高二注皆訓短。是皆聲轉。語柢爲襡。《説文》：「襡，短衣也。」市玉切。「棟，短椽也。」丑録切。短衣曰襦，短羽飛曰几几，短人曰侏儒，襜褕短者曰裋褕，裋，猶豎也，短衣曰袛裯，入聲皆與襡近，則襡爲語柢，聲轉爲出爲叕。

《説文》：「厥，發石也。」「鱖，角有所觸發也。」今惡罵曰詈鱖，詈音同日，謂由外觸内而發也。

《説文》：「頚，因突出也。」胡八切。今凡私逸曰頚，音如下，容留者稱頚家。

《説文》：「搰，掘也。」户骨切。《吴語》：「狐埋之而狐搰之。」韋注：「搰，發也。」發土引之曰搰。今人有所埋瘞曰搰土埋之，葬後曰復山，宜爲搰。

《説文》：「䊝粲，散之也。」桑割切。今謂散曰粲，散聲曰䊝粲，雨聲曰䊝䊝粲粲。䊝粲，小聲。蛬曰蟋蟀，亦以聲名，粲爲散轉聲。

《説文》：「𢱧，反手擊也。」《廣韻》蒲結切。今用左手者曰𢱧手，音如字，以掌擊人爲批頰切。

《説文》：「箸，飯攲也。」謂攲衺取物也。今曰快，義取諸夬。夬，分決也。箸有取舍，故中曰箸。《廣韻》直略切，字爲著，俗作着，北語如招。遣人曰箸，即舍取義，俗亦作着。

《方言》：「揚越之郊凡人相侮以爲無知謂之眲，耳目不相信也。」郭注：「眲，諸革反。」今語不相信曰那，諾駕切，即眲也，彼哉之意。

《方言》：「辟，商人醜稱也。」今斥詈曰辟。

《易·筮》：「再扐而後卦。」謂合掛左手小指爲一扐。釋文：「扐，郎得反。」今凡有所繫帶曰扐，婦人首飾曰帕扐。

《説文》：「德，升也。」《公羊傳》曰：「登來，齊人曰得來。來，語餘。」《考工記》：「得則無槷而固。」得即德也。聲轉爲侻。《廣雅》：「侻，可也。」事成曰侻，不成曰詭。侻即對也，詭，今拐也，見揚子《法言》。

《説文》：「入，内也。」人執切。俗稱男女相交合，即此字。

《方言》：「殗殜，微也。宋衛之閒曰殗，自關而西秦晉之閒凡病而不甚曰殗殜。」注：「病半起半臥也。」今連語曰殗殗習習，習葉同韻，故殜轉爲摺。

《詩·大雅》：「會朝清明。」傳：「會，甲也。」今時暫曰一會，又曰一甲，音侯沓切。轉語爲霎，山洽切。

《説文》：「㚔，所以驚人也，讀若籋。」尼輒切。今人突有所聞而驚曰㚔，人有所加於己而訶之亦曰㚔，音葉。語相訶歫曰㖡，五葛切。𣦵骨之殘曰歺，五割切。不知云何而訶之曰曷，胡葛切。皆驚聲。凡自然喉音，古今皆同，反切限之，有曰出於口而不知者矣。

〔民國〕樂山縣志

【解題】唐受潘修，黄鎔等纂修，王畏巖補正。民國十三年（一九二四）修。樂山縣，今四川省樂山市城區。「方言」見卷三《方輿志》中。録文據民國二十三年（一九三四）鉛印本《樂山縣志》。

方言

目録〔一〕

文字之起，代宣語言。語言所宣，斯有聲韻。含五音，别二氣，雜清濁，極變化。縱之嬗古今，横之錯海嶽。斯誠倉籀之所不能窮，斯敬之所不能究，子雲奇字不能概，叔重解説不能詳者，而何一十三萬可以盡其字，三十二母可以括其音哉？然而射有侯，車有軌，舟有柁，馬有勒，其有誰與易之。楚爲楚言，齊有齊語，緣音達意，因意造形，度亦無不可焉。否則陳涉之稱夥頤、公羊之言登來、伏羲之爲宓犧、蚣蝑之爲天鷄、父母之爲爹妑〔二〕、妯娌之爲先後，何以至今載之竹帛。邑士文雅，濫觴文翁。箋注《爾雅》，則文學其人。客居草玄，則揚雲有洞。中更

〔一〕目録爲編者所加。

〔二〕妑：原誤作「她」。

羌獠，閬寂風流。然古音古義，猶存百一。稱母爲㚷，名見《廣雅》。唤鷄曰朻，字具《説文》。呼二便爲委，讀若阿。本禾音之古韻。名蝃蝀爲虹，去聲。即工聲之轉音。謂蛇爲遾，與佗疊韻。讀鑄如道，本幬同音。禮失求野，焕若發蒙。至於謂小爲𨈏，例等會意。謂甥爲摵，義取諧聲。轉兒音爲陰平，則齒舌輕重之間也。醜詆人曰雜種，其諸夷獠語之流傳乎？通謂神曰菩薩，則愚夫婦信佛之過。嘲平人爲空子，空去聲。則社會黨欺人之詞。爲次類舉例如左，以發其凡云。

釋天第一　時節附

天將曉曰麻麻亮。麻，古音讀如磨。磨與蒙聲相近。麻麻當爲曚曚。曚，日初出未明。當午曰晌午。音賞。日暮曰黄昏。將晚曰測黑。呼日爲日頭。呼月爲月亮。呼電爲火閃。呼霧爲霧罩。日初出曰紅朗朗。月半明曰暈暈亮。謂寒爲冷。寒極曰凍。計日以天曰昨大、今天、明天、後天、外後天。元旦曰大年初一。元宵曰大十五。中元曰七月半。端午曰端陽。八月十五曰中秋。醉司命曰小年。除夕曰三十夜。

釋地第二　道路橋梁附

凡呼大水皆曰河。小水曰河溝兒。水之歧出者，大曰汊河洱，洱即兒之陽平聲。小曰浩浩兒。水所鍾曰沱沱。上陽平，下陰平。地稍下曰坎坎，稍高曰坡坡。坡之横長者曰埂埂。地之寬平者曰壩壩。在人家曰院壩，亦曰地壩，亦曰天壩。通衢曰大路。歧路曰叉路。窄徑曰小路。

山峯曰山尖尖，亦曰山顛顛，亦曰山頂頂。山之平處曰坪坪。一陽平，一陰平。突出處曰山包包。山麓曰山腳腳。山低處曰山窪窪。兩山間曰山槽槽。一陽平，一陰平。山之轉折處曰彎。通稱輿梁徒杠曰橋。橋之小者曰橋橋一陽平，一陰平兒。凡山邊、水邊皆曰㙐。水漫不流曰沱。潭下急流曰灘。

釋親第三 男女名稱附

稱父曰爹，母曰媽。伯父曰伯伯，伯母曰大大。叔父曰爸爸，按吴人呼父曰爸，閩人呼父曰郎罷。爸與罷皆音霸。邑人於上一字讀罷平聲，下一字讀若巴，轉音也。亦有稱父曰爸爸者，稱父曰伯伯者。叔母曰嬸嬸。祖父曰老老，亦曰公公，亦曰爺爺，祖母曰奶婡。媳稱翁曰公公，姑曰婆婆。一陽平，一陰平。翁呼媳曰大姐、二姐，初來曰大女子、二女子。妯娌曰先後。呼小兒女曰幺咡、幺女。稱母之父曰外公，母曰外婆，外亦音位。亦有稱家公家婆者。稱家失其義。母之兄弟曰舅。母之姊妹曰姨孃。女子之夫壻尊稱之曰姑爺。壻稱婦之父母曰丈人丈母，表其親之之意曰親爺親娘。曰親失其義。兩壻相稱曰老挑，亦曰挑担。壻之父母、婦之父母相謂曰親家、曰親家母。通呼小兒女曰娃洱。通稱年老人曰老者、曰老漢，尊稱之曰老人家，鄙之曰老革革，去聲。《三國志》彭羕罵先主曰：「老革荒悖。」女曰老婆婆、老奶婡。稱男子之壯者曰漢。《南史》〔二〕：「青衣小兒見王懿，驚曰：『漢已

〔二〕南史：原誤作「南宋書」。

食未？」是漢爲男子之通稱舊矣。我音讀若悳。他音讀若豆。你音讀若蚴。懷府古三鄉則讀平聲如歐兜溜云。

釋身體第四 疾病及聲音笑貌言語附

首謂之腦殼。髀謂之髀去聲股。腹謂之肚。臍謂之肚臍。唇謂之嘴皮。頰謂之嘴巴。肱臂兩節通謂之手幹。上聲。股脛兩節通謂之腳幹。腕讀若彎。腂讀如螺。尾窮曰臀骨。肯綮曰骨縫。頭髮墮落曰光禿子。面無見膚曰鬍腮鬍。目深陷落曰眴。音摳。伏行隆然曰駝。指紋圓者曰腡。音羅。指紋斜者曰箕。身短曰矮墊墊。身長曰高兀兀。體肥曰膀都都。都，大也。體小曰郎陽平筋筋。身𨇤曰戰糠糠。面寬曰寬畚畚。貌臞曰瘦西西。顏羞曰麻顯顯。音洒。耳中作聲曰嗡。目不見物曰瞀。鼻塞曰齆。腹泄曰過。露牙曰齙。跛腳曰跔。音渠。矇瞽謂之瞎。聽塞謂之聾。俯首折腰曰躬。語言期期曰謇。身畏寒曰打冷噤。患瘧疾曰打擺子。瘧輕曰發脾寒。疥瘡曰乾瘑瘍。身困倦曰濡。聲破損曰嘶。齒畏酸曰齼。心煩惱曰悶。爪搔癢曰抓。身涉水曰瀽。足踏曰躧。足蹂曰跐。索綯曰搓。傳物曰遞。爪刺人曰掐[一]。手擊人曰抲。音苛。以足踶人曰踼。行欲先人曰趕。或讀如碾。手批人頰曰打耳使。指入人腋曰批腕音姑洱。曲身曰踡。卷平聲。曲足曰蹩。音盤。鴑腳曰蹻。音敲。趕前曰趒。音沖去聲。怒而

[一] 掐：原作「搯」。

起行曰遻。音衝。大聲叱人曰哅。音烘。稱揚人舉拇指。鄙薄人舉小指。然諸人則點頭。不合意則擺頭。舉物向上曰搊。丑平聲。以齒嚙骨曰狠。音肯。以舌咀味曰嚼。以鼻臭物曰聞。此聞字義無取。以肩承物曰擔。以背負物曰揹。以手撒物曰掞。音燕。以手劈物曰搣。讀若米。以手舉物曰端。以腳推物曰登。兩手掬物曰捧。兩手扭物曰扎。音鳩。打人曰掇。音中。媢人曰餂。偷視曰㕧。所陰平。近視曰瞄。所陰平。言語凌人曰紅降白降。降音本讀爲缸,欲使人服從己也。言語蒙混曰噥噥哄哄。推人曰攮。音朗。故意擠人曰搒。上聲。兩人相碰曰搚。朋兇毆人曰搼。手拍小兒曰哐。欲取其笑曰𠵊。音兜。乞憐於人曰挨挨擦擦。衆人叢中曰擠擠搒搒。多言曰哆音差吧。不明白曰咴咴。說誑曰誘,音呵。亦曰哄。駡人曰唓,亦曰詨。音滔。道謝人曰訬音抄擾。止人言曰悄悄。音敲。詞不屈曰譻。音降。語觸人曰牴。媢富人曰餂肥。言語相詰曰訴實。

釋飲食第五 宰割烹飪附

通稱穀食曰飯。粥曰稀飯。汏米曰淘。攢薪曰爨。讀若攢。粉餈曰餈粑。饅頭曰包子。今俗以屑麵發酵,或有餡或無餡,蒸熟謂之包子。角黍曰糉子。粉團曰湯元。餛飩曰抄手。餌謂之糕。餡謂之餅。摶麵湯煮謂之餃。摶麵火烙謂之餦。攪和麥屑謂之糨。音降。油炙麵縷謂之糤。與古義別。豉麵漬鹽謂之醬。煮豆漬鹽曰豆油。醯謂之醋。醢謂之羹。辛香和食曰葉音向料。豆漿所成曰豆花,包者曰豆腐,乾者曰豆乾。以鑷摘毛曰摮。以刀斬骨曰斫。燒鐵去毛曰烙。

入火去毛曰炰。以鹽漬肉謂之醃。以油煎物曰炙。亦曰爊，音拋。以湯曰炖。久煮曰熬。去骨曰剔。音梯。砍肉曰宰。小變味曰餿。大變味曰臭。藏酒曰窨。音印。煖酒曰燙。米汁濃曰糍。茶汁濃曰釅。諸汁同此。米汁積久曰猺水。食物變味曰膗口。酒母謂之麯。米皮謂之糠。酒生衣曰醭。味乾脆曰酥。腹飢曰餓。食礙曰哽。布席曰擺。净桌曰抹。

釋居處第六

通稱宫室曰房子。中堂曰堂屋。去聲。兩廂曰耳房。中庭曰過廳。寢室曰房圈。廚房曰竈房。大門曰藏門，亦曰朝門。朝讀若巢。閾曰門坎。門牡曰門栓。門牝曰門斗。廁曰毛廁。砌曰簷坎。垣曰牆埂。石承曰磉礅。鋪首曰門鐶。聯櫋曰封檐。欏落曰籬閘。（附）牛欄、馬廄、豚笠皆曰圈，去聲。鷄所曰棲，曰罩，亦曰籠。

釋衣服第七 儀飾附

通稱冠弁、頭巾謂之帽。上衣謂之衫。下裳謂之裙。脛衣謂之袴。寬衣謂之袍。短衣謂之褚。袴底謂之襠。鞋會謂之鞁。即結子。衿謂之領。袂謂之袖。紳謂之帶。衷衣曰汗衣。褻衣曰小衣。即袴異名也。衫謂之縟衣。袧謂之軍衣。帨謂之手巾。衽謂之衣襟。被謂之鋪蓋，亦謂之臥蓆，又謂之臥襌。袡謂之蔽膝。裘謂之皮袍。夾纊謂之襖子。帳謂之罩子。枕謂之枕頭。綰髻者曰簪子。綰臂者曰手圈。戒指者曰箍子。飾耳者曰耳墜。髲鬄曰假髮。護額曰勒子。履謂之鞋。扉履謂之草鞋。木履謂之木澀澀。

釋器用第八

通稱什物曰家伙，亦曰東西。通稱耒耜曰犂頭，亦曰鏵頭。讀如偷。範金器曰模子。平木器曰鉋子。範履器曰楦頭。胎甑器曰甑箅。箸曰篏子。音快。匙曰調羹。收絲器曰篗音約子。光磁料曰釉去聲子。十斗曰石，音担。亦曰担。糴米曰篇，音內。亦曰碾。過酒器曰漉漉。覆物器曰㝩㝩。以竹通水曰筧竿。以木過水曰梘槽。音剪。牡木相接曰簨頭。簨音筍。加木於縫曰楔頭。楔音協。篙曰篆竿。纜曰縴讀如牽彈。臼曰碓窠。切草刀曰鍘音扎刀。燃燭器曰蠟臺。盛酒器大者曰盍，音海。小者曰奩奩。陶器損曰甈。鐵器釁曰銹。關門之棖謂之杠。去聲。執斧之柯謂之欛。讀如壩。取汁之器謂之榨。拴物之器謂之樁。泭以竹謂之筏，以木謂之椑。以木杵地謂之椓。通稱篋笥謂之箱。火斗曰熨斗。溲器曰溺鐀。一曰起夜。匕謂之瓢。篅謂之笓。音鈍。鋃鐺謂之鎖。鉥鋸謂之針。蓄錢器謂之錢筒。風米具曰風斗。

釋粟菽蔬果第九

通稱五穀曰糧食。通稱蔬菜曰小菜。粟去殼者曰米。麥磨細者曰麪。米之精者曰熟。米之粗者曰糙。蕎子曰蕎麥。玉黍曰包穀。菘曰白菜。芥曰青菜。荼曰苦菜。蔓菁曰大頭菜〔一〕。萊菔曰蘿蔔。讀若布。蘋薯曰紅苕。蹲鴟曰芋頭。落蘇曰茄子。凡蔓皆曰藤。凡菽皆

〔一〕菜：原誤作「萊」。

曰豆。穀穗曰杓杓。音弔。果多曰纂纂。豆腐曰黎祁、來其。竿蔗曰甘蔗、諸柘、旰蔗。

釋草木鳥獸蟲魚第十

芣苢曰車前。女蘿曰兔絲。芙蕖曰荷花。枸杞曰地骨〔一〕。蕳曰蘭香草。蓷曰益母草。蝱曰貝母。藚曰澤瀉。茹藘曰茜草。蕭荻曰艾蒿。蘆葦曰絲茅。蘐草曰黃花。栟櫚謂之椶。木樨謂之桂。杏本謂之梅，槑亦謂之梅。枲、苧皆曰麻。橘、柚皆曰柑。木實皆曰果。歧枝謂之椏。杜鵑曰子規鳥。讀若你貴陽。黃鸝曰黃八郎。陰平。鷺鷀曰白鶴洱。鶴讀若呵。鴟鴞曰鬼燈哥。鵲曰啞鵲。鴉曰老哇。牝牛曰牸牛。牡牛曰牯牛。牝猪曰草猪。牡猪曰豭猪。豭讀若牙。牝牡相誘曰牽窠，亦謂之起草。蛭謂之螞蝗。蟬謂之讕讕。讀如懶平聲，言其聲之聒耳也。蟋蟀曰竈鷄子。莎鷄曰紡線婆。蚯蚓曰曲蟮子。蝦蟆曰癩疙保。蛇曰老蓬。鼠曰地馬。犬曰地羊。螟蠓曰油啄母。螟蛉曰土蜂洱。蠨蛸曰蜘蛛。伊威曰竈馬。魴魚曰鯉魚。鮦魚曰烏魚。鰋魚曰鮎魚。鱨魚曰黃顙魚。鼈曰團魚。蚌曰蝸蚌。蚌音布。飼牲畜曰飤。牧牛馬曰放。牲畜肥大曰膔。介蟲宛轉曰蚴。騾馬負物曰馱。蛇蟲毒人曰螫。

釋訓詁第十一

謂人忠厚曰老實。謂人快敏曰㓹利。謂人迅速曰快蕩，亦曰馬力。稱人不拘曰灑落，亦

〔一〕杞：原作「杷」。

曰灑脱。勉人謹厚曰子細。勉人持牢見《五代史》曰把穩。謂人有勢曰局面。稱人美好曰蘇氣。義無所取。謂人肥重曰笨。《晉書》史疇號笨伯。謂人不靈曰体。俗以体爲體字，非。《説文》：「鹿貌也。」謂人奸狡曰狡猾。謂人兇狠曰頑惡。謂人妄爲曰亂動。動讀平聲。謂人昧理曰懵懂。亦曰忽怢，應即糊塗之轉音。謂人不慧曰瓜兒。謂人不實曰假哥。謂人歪邪曰痞子。謂人山野曰山巴土獠。謂人張皇曰打驚打張。謂人做事不勤曰打溷。謂人帷薄不修曰娭音西贓。罵人之醜曰雜種。鄙人之富曰土老肥。奪人事曰撬。事不成曰遯。遯，遁也。事中變曰變卦。事既成曰對了。事錯誤曰拯拐。事錯甚曰戳笨。勸人進行曰慫恿。止人進行曰緩西。事瑣碎曰巾梭。巾巾梭梭。突憶舊事曰阿上聲何。問事當如何曰從法奚。奚訓爲何，謂當從何法也。問人作何事曰做啥子。汙穢曰贓。古人以貪汙爲贓，故假爲凡汙穢之稱。暴戾曰狠。艱難曰老火。庸庸曰平常。視事輕曰莫來頭。謂事難曰不得了。少曰丁丁，又曰點點。重曰鈌鈌。音滕上聲。大曰莽。小曰躱。朗平聲。已足曰够。不足曰增。謂須加增也。遲延曰摩挱。粗笨曰膨旁脝杭陽平。總曰渾全。碎曰零星。如此曰中箇中塊。中上聲。如彼曰弄箇弄塊。渾亂人曰譸音張班子。善工作曰巧巴巴。擇取曰撟音刁選。相碰曰砯砰。音拼烹。不平曰甂。音喬。不穩曰簸。去瓜果皮曰削。折樹枝曰歧。音鄙。物生衣曰醭。手潑水曰戽。線縫衣曰絎。石墊物曰磓。蟲螫人曰蠚。音忽。語不合曰諳。漉物曰舀。轉物曰圝。音巒。耕田曰耖。耘田曰薅。音蒿。播種曰撒。收穫曰割。大便曰委菌。小解曰委溺。委字从女禾聲，古音讀若阿。委，棄也。屎溺皆穢物，故委而棄之。壁有縫曰瞎。夏平聲。土有縫曰𡴫。音冰。柱之牡曰簨頭。石臼曰碓窠。物不重曰輕𣮛。音拋。做事穩曰踏實。行爲險詖曰蹊蹊蹺蹺。事理昭著曰明明白白。

〔民國〕犍爲縣志

【解題】陳世虞修，羅綬香纂。犍爲縣，今四川省樂山市犍爲縣。「言語」見卷三《居民志》中。録文據民國二十六年（一九三七）鉛印本《犍爲縣志》。

言語

一邑之内，聲有不同，繫乎地者也。百年之中，語有遞變，繫乎時者也。觀於此而知人類之語言，因時間、空間之異，均不免發生變遷。犍人言語，亦同此例。兹分爲方音、方言二種。方音就其屬於横的關係言之，亦即關於空間的。方言就其屬於縱的關係言之，亦即關於時間的。其略如下。

方音

犍人普通語音重而强直，與沿江上下、川南流行之語音相同。蓋上自上川南、邛、大、蒲各縣起，下至下川南、瀘、合、納各縣止，濱江千餘里，犍居其中，方音皆大致無殊。以各字音之平上去入四聲俱備，爲最著之特點也。但嚴格繩之，即近在同縣之中，亦分爲三類。如東境羅城、鋪金、石井、南陽寺等處界榮縣者，即近榮縣腔，是爲一類。北境冠英場、楊家場、蔡金場等處界樂山者，即近樂山腔，又爲一類。治城上下游及西南境，其語同爲沿江地帶所流行者，另爲一類。此其大較也。近榮縣腔者，讀先如心，讀煙如因，讀顛如丁，讀元如云，讀言如銀，讀喧如勳，其聲紐雖未變，然已移先元兩韻部混同於其文韻也；又以入聲讀若去聲，如讀一爲易，讀六爲路，讀七爲氣，讀八爲罷，是音無入聲，即僅止三聲也。樂山腔較之犍語亦有異者，如上述之先元兩韻，前者爲正齒音，後者爲深腭音，兩縣人讀之發聲雖同，但犍人於收音迄無移易，而樂人於讀此等字終則移爲撮脣鼻音也；又如讀船合牀鹽等字，亦如上例，可以類推。惟字音則犍樂間四聲俱全，此又其同者也。

方言

楊雄著《方言》，其可供人研習者，僅屬於辭彙中畸零片段之材料，而於語法、句法之構造，皆無材料可供。茲以李實所撰《蜀語》言之，亦無能外此例。爰就《蜀語》所載，撮舉一班，證以犍人現存之俚語，并略擇其雅馴近古者，別其詞彙，分載於後，其已移於客籍之音者俱不録。以存故國土音之舊云。

對人名詞

祖父曰阿翁。祖母曰阿婆。父曰阿爸。音巴。母曰阿嬭。伯曰伯。音罷平聲。叔曰滿。弟曰胎兒。子曰宰宰。小兒女曰幺。

對物名詞

穀之穗曰弔。竹篾曰篔條。竹木石牡曰簨〔一〕。音筍。箸曰䉾。音快。鞋襯曰鞤。米礱曰

〔一〕《蜀語》無「竹」字。

磑。音內。畜尾曰巳巴。藏酒曰窨。衣系曰襻。音畔。多鬚曰髝音鬧腮。綰髮爲髻曰鬢〔一〕。豚項間肉曰臑頭。熱而生癩曰疿音費子。麪漿曰糨。音降。窯器光曰釉。音宥。物襯裏曰胎。捽掌曰耳使。

動詞

手取物曰端。童子戲弄曰遷翻。謂不聽睹曰不偢採。磨物漸消曰鋊。音玉。足踏曰躧。音釵上聲。推人曰攘〔二〕。心動曰懘。音轍。散物曰掞。音豔。手裂物曰搣。爪刺曰掐。音恰。拾物曰搴。音簡。去骨曰剔。音梯。去汁曰潷。音必。手蓋物曰廉。音慊。兩手摩切曰挼。音槎。火炙曰熇，音考。又曰熁。音脅。謂看曰睃〔三〕，音鎖平聲。又曰瞙。音苗。劈破曰斯。去瓜果皮曰雪。雞伏卵曰菢。音抱。生卵曰生。去聲。煖酒曰燙。音湯去聲。以篾束物曰箍。音枯。割牛馬勢曰騸。平木器曰鉋。音報。手搦曰坏。音掊。負物曰背。縫皮曰鞝。音掌。以物沾水曰蘸〔四〕。繩索斷而續之曰剿。音接。傷皮曰剌。音瘡上聲。器破曰甏。

〔一〕鬢：原誤作「鬠」。
〔二〕攘：疑當作「攮」。
〔三〕睃：原誤作「渻」。
〔四〕沾：原誤作「拈」。

狀詞

謂多曰够。音構。謂通共曰聚。總、共、渾曰全，又曰盡、曰滿。謂小曰點點。事不成曰遜佬。事誤曰戳笨，又曰拯拐。謂艱難曰老伙。瑣碎曰巾梭。謂急速曰快蕩。謂簡省曰撇脫。到極點曰頂真。謂謹細曰好生。物朽而斷曰剸。音争上聲。耳中作聲曰聬。翁上聲。露牙曰齙。凡物高出曰矗。音沖去聲。人形短曰矮銼銼。物臭曰膀音滂醜音抽去聲。物味變曰齅音甕醜。物相擊曰砯音屏上聲砰音烹上聲〔一〕。驚畏曰嚇。不平曰毃。音竅。凡物傷時曰黴。音梅。汙穢曰涴。音餓。重曰重錪錪。音滕上聲。急遽曰奔命。鼻塞曰祝。粗率曰体。音奔去聲。癡愚曰蠢。音銃。謂人村曰山。人之憒憒者謂之觳濁。音斛篤。飲食變味曰餿。香氣盛曰䭰。音蓬去聲。言語不合謂之不對頭。謂他亦曰那。視事輕曰莫來頭。

歎詞

應人曰阿。上去二聲。突憶舊事曰阿何，又曰老是。唾棄人曰啡。抔、配二音。咤其多曰矮夥。矮音窩。

代詞

如何曰怎子，又曰煞子。謂如此曰中去聲塊子。謂如彼曰弄塊子。指物事曰者。俗作這，

〔一〕砯：原誤作「砅」。

非。不知名呼之曰那。

〔嘉慶〕馬邊廳志略

【解題】周斯才纂修。馬邊廳，今四川省樂山市馬邊彝族自治縣。「夷語」見卷六《夷民志》中。録文據嘉慶十二年（一八〇七）刻本《馬邊廳志略》。

夷語

天，母臥。地，密。父，阿巴。母，阿媽。兄，約烏。弟，矣。吃酒，日多。吃飯，嗟嗟。吃肉，乞沙。吃茶，納金多。牛，扭。羊，赤。猪，乞。狗，古。鷄，挖。鹽，澤巴。猫，阿業。米，尺曲。包穀，玉米。黄豆，魯。麥，山。茄子，額。金子，石。銀子，曲。錢，業者。水，泥溪。火，木多。木，錯。土，密達。布，密希。針，鑽子。線，索子。妻，洗馬。初一，提泥。初二，業泥。十五，短宅額泥。

〔民國〕合江縣志

【解題】王玉璋修，劉天錫等纂。民國十四年（一九二五）修。合江縣，今四川省瀘州市合江縣。「方言」見卷四《禮俗》中。録文據民國十八年（一九二九）鉛印本《合江縣志》。

方言

言以足志，其發因地而殊，以不習者聆之，不幾於鴃舌鳥言乎？而界山阻陸，往來隔絶之國，其繁變難喻尤甚。縣人言語通於國者尚多，其次亦鄰縣所略同也。今略次而注之，以備採風者識焉。

凌 積冰也。俗讀如令。下雪極冷曰落凌，水結成冰曰凌冰溜，結成條曰凌條。 霧罩 謂霧也，亦謂之下罩子。 活閃 謂電也。撤電謂之扯活閃。 偏涷雨 涷音東，謂夏月暴雨也。是雨一二里内雨陽各異，故謂之偏。亦曰分龍雨。 雪彈子 謂冰雹也。 毛毛雨 謂小雨也。 鬚鬚星 謂彗星也。 箐 謂深僻荒山也。 股 田土一業爲一股。 梁子 謂連續之山嶺也。又謂仇釁也。又稱軍隊也。 嵐坳 謂山脊之田也。 田坎 謂田上陌也。當作甿。《説文》：「甿，一曰陌。」 銷坑 謂地面陷下之窟窿也。 黑油沙 謂田間最肥沃之泥也，色微黑。 班鳩沙 謂田間較遜之泥也，色微赤，作顆粒狀。 鴨屎沙 亦泥色之較遜者也，色微緑，如鴨屎。 濫包田 謂泥腳深而土仍非沃者也。 插華界 謂田界犬牙交錯不清也。《周禮・形方氏》：「無有華離之地。」離謂脱離，華即交錯不清也。

爺、爹 皆呼父也。 娘、媽 皆呼母也。 耶 音牙，江西籍人呼父也。 嗟 上聲，江西籍人呼母也。 爸爸 福建籍人呼父也。 嬭嬭 福建籍人呼母也。 阿爸 廣東籍人呼父也。 阿嬭 廣東籍人呼母也。 大大 平聲，呼父也。 母母 重言呼母也。 公 呼祖父也。 婆 呼祖母也。 祖祖 呼曾祖父母也。 天天 呼高祖父母也。 末末 稱曾孫也。 灰灰 稱玄孫也。 孃孃 呼父之姊妹也。 丘 廣東籍人呼舅也。 嬸 讀如捨，呼叔母也。 保保 寄父母之通稱也。 家公 呼外祖父也。 家婆、家家 皆呼外祖母也。 乖乖、幺幺 皆呼愛子也。乖、佳之假借。《説文》：「佳，善也。」幺，細小也。 岳

父岳母 皆呼妻父母也。丈人丈母 皆謂妻父母也。姨爹、姨伯、姨叔 皆稱母之姊妹之夫也。大婆子 謂有妾之妻也。小婆子 謂妾也。某姑孃 上冠以姓，翁姑稱兒婦也。大伯子 謂女子之夫兄也。小叔子 謂女子之夫弟也。老人公 謂女子夫之父也。婆婆 謂女子夫之母也。老公公 通謂年老男子也。老婆婆 通謂年老女子也。門前人 妻謂夫也。屋頭的 夫謂妻也。

世長公世長婆 婢之主人、主婦也。鬟女 呼婢也。高親 泛稱有姻誼者也。教書匠 謂句讀之師也。埋人匠 謂堪輿也。掌教 呼道士也。管事 司銀錢田産賬目者也。掌櫃 店工稱主人也。又爲人稱普通店工之詞。長年 以年計之傭工也。月活 以月計之傭工也。火房 稱廚役也。掌案司 呼縫工之首領也。掌墨司 呼泥木石各匠之工師也。老上師、管案、領班 均稱公差之總役也。裝顔 呼紙紮匠也。待召 呼剃頭匠也。端公 謂男巫也。師孃子 謂女巫也。河南婆 謂女人之習河南教者也。袍哥 謂入哥老會者也。酸酸 謂人之拘謹者也。行家 謂遇事諳悉者也。空子 空去聲，謂遇事不諳受人欺者也。半斗生 藝術不精者也。齷齪肥、土老肥 均謂富而不韻者也。打滚龍 謂無正當職業與人沈浮者也。觶神、燕兒毛 均謂人之輕薄也。猪 謂愚而受欺者也。當作朱。《廣雅》：「銖，鈍也。」〔一〕《莊子》：「人謂我朱愚。」狗 謂人慳吝也，亦謂之狗竇，又謂之狗頭狗腦。光棍 謂窮兇之人，猶古言檮杌也。乾撒撒 謂窮極無聊者也。黑腦殼 謂夜間行竊之人也。强盜 竊盜之誤稱也。嘓嚕子、老二 皆謂匪也。老亂 謂神經不清者也。老己 輕其人而隨便指之也。《詩》「彼其之子」，箋云：「其，己也。」《春秋左傳》「夫己氏」，杜解

〔一〕雅：原誤作「韻」。銖：原誤作「鍊」。據《廣韻》改。

「猶言某甲」。夥契 稱同事也，亦作火計。亡八蛋 駡無恥者也。吃少午、過午 均謂午餐也。消夜 晚餐也。打腰脹 謂牙祭也。吃東道 謂餔餟也。吃月白 謂徒食也。做活路 謂營工作也。歇稍 謂工作休息也。逗耳朵 謂騙人財物也。遞點子 謂暗傳消息也。銜殼子 銜去聲，謂夸大無實之言也。擺龍門陣 謂談故事也。唱隔壁戲 謂故意使聞也。掌陰教 謂暗中籌畫也。打架、抓扯 皆謂毆鬥也。吵嘴 謂言語衝突也。啳架 謂互相駡也。⿰扌華拳 謂拇戰也。估子 謂猜枚也。體面 謂出衆也。拿揚口 謂博聲譽也。吼駱駝 謂極口相轟也。抓腳肚子 謂着急也。解手 有大小之別，謂出恭及溲溺也。走耍 閒遊也。冒火、勒火 均謂作怒也。餂肥 譽人過情也。上當 當去聲，謂被騙也。闖潮 謂混入門也。鬧派、玩格 玩平聲，均謂闊綽也。派氣 謂入時尚也。背時 謂遇事舛逆不順也。鏖糟、⿰馬巤⿰馬⿱日羽 均謂不潔也。拉扯 謂攀援也。關切 承人之玉成也。負累 慰勞人也。巴結 諂事人也。巴本爲傅。傅，附也。落薄 生計窮促也。撕 本作斯。《爾雅》：「離也。」引裂也。攏 二物合併也。《說文》：「兼有也。」字當作龓。又稱包一切者爲龓統。馬 《說文》：「怒也。」今謂含怒色者爲馬起臉。又物之低色者曰馬，人之無能者亦曰馬。囉唣 謂煩擾也。囉呵、猓連 均謂因循不治事也。找 謂以錢交易反其餘者也。又尋覓亦曰找。找亦作爪。如爪人、爪物是。

腦殼 謂頭也。天門 謂小兒囟門也。《說文》：「囟，頭會腦蓋也。」臂髆 《說文》：「髆，肩甲也。」脅孔 腋也。《說文》作亦。肋巴 脅骨也。耳巴 牙車也。牙車，《釋名》作輔車。輔讀如補，遂輕變爲巴。嘴皮 口唇也。佗背 僂也。耳朵 謂耳也。腳板 腳掌也。手掌亦曰手板。胯縫 謂兩髀與腹相接者也。尿包 膀胱也。《說文》：「脬，旁光也。」溝子 當作尻子。《說文》：「尻，臀也。從尸九聲。」九聲稍侈如溝。眼眵 眵，讀如矢，眼中凝汁也。眼䀹毛 《說文》：「睞，目旁毛也。」克膝腦　謂膝蓋也。螺螄拐　脛下骨隆起者，即踝也。沙喉嚨　沙，嘶也。嘶即嘶。嘶，聲破也。啞　不能言也。嗄之通假字。司馬彪曰：「楚人謂啼極無聲曰嗄。」瞀　目不明也。過　腹瀉也。齆　鼻不通也。齙　牙齒挺出也。皴　音村，天寒皮坼也。跰　謂一足短，不良於行也。凍苞　凍瘃也。

衁子　衁，呼光切，血也。猪曰猪衁子，鷄曰鷄衁子。《説文》：「衁，血也。」光東東、光條條　東上聲，謂上下體之赤露也。打呵害　謂阿欠也。伸嬾腰　謂阿伸也。老火　謂事難尤勩，人狠尤勩曰老火。當作老苛。《説文》：「苛，尤勩也。」不消　不須也。消、須雙聲。將惜　謂病中養息也。將亦養也。捎貨　物易售者也。《方言》：「撟捎，選也。」暮色不颭也。由曼聲轉。《説文》：「縵，繒無文也。」要臺　要，成也。臺，當作待，正也。凡事終了爲要待。𪓟𪓟　狀物之短者曰短𪓟𪓟。《方言》：「𪓟，短也。」打擺子　謂瘧疾也。出世　謂人之生也。過世　謂人之死也。

唉　可惡之詞也。《説文》作誒。呀　當作啞，含不然意，或含驚人意。唯　應詞也。《説文》：「諾也。」又轉作哦。呸　當作音。《説文》：「音，相與語唾而不受也。」噫　歎詫詞也。夥　驚歎其事物非常也。《史記·陳涉世家》服虔曰：「驚而偉之，故稱夥頤。」滿　不聽信而反其聲也。《方言》：「沅澧之間，使之而不肯，答曰吂。」郭璞音茫。滿即吂之變。葉　驚而羡之也。海　驚喜也。誰　何也，俗讀如蛇入麻韻。不知其人而問之曰誰箇，不知其地曰誰點。去聲出之則如舍，不知其事物而問之曰舍子、舍東西。章太炎云：「《説文》：『余，語之舒也。』余亦訓何，通借作舍。」阿育　呼痛也，由燠休轉變。《左氏傳》服虔曰：「燠休，痛其痛而念之。若今時小兒痛，父母以口就之曰燠休，代其痛也。」都　總也。本即諸字，俗讀如兜。如云都去、都來是也。羌　俗音如姜或剛，適纔也。末　無也，即無之轉變。者　俗音如直，此也，指近。如者回、者箇、者點是。那　俗音如納，彼也，指遠。如那回、那箇、那點是。冒　無也。如言冒得了。由毛轉變。毛，無也。再變爲昧，平聲出之，如曰昧有了、昧看見。對 合意曰對，不合意曰不對。當作侻。《廣雅》：「侻，可也。」僬 疾走也。《説文》：「僬，行貌。《詩》：『行人僬僬。』」碰 不意而遇之也。當作⿱髟立。《説文》：「⿱髟立，忽見也。」〔一〕八 謂與人分物也。又謂之八刀。華 以刀分物也。當作撝。《説文》：「撝，裂也。」音轉爲華。欿 謂盡力飲吸也。《説文》：「歠也。」欶 促口取汁也。《説文》：「吮，欶也。」渳 讀如泯，微飲也。《説文》：「渳，飲也。」東 謂刁撥、播弄也。如東亂子、東禍、東是非。《説文》：「東，動也。」「動，作也。」敂 打也。《説文》：「敂，擊也。」⿱冃見 莫紅切，小兒捉迷藏謂之藏⿱冃見，亦曰捉⿱冃見。《説文》：「⿱冃見，突前也。」⿰石帀 勒人出錢，入聲出之作搕，當作迦。《説文》：「迦互，令不得行也。」該 《説文》：「該，軍中約也。」約成則分定。俗謂分所當爲者爲應該，不當爲者爲不應該。僄 謂姿容輕妙也。《説文》：「僄，輕也。」逴 讀如掉，相距遠也。如逴遠是。俗訛作窵。瞞 當作謾。《説文》：「謾，欺也。」捱 有所覬望留待也。本作徯，轉讀爲胡懈切。嬈 謂中藥毒也。嬈，奴鳥切。《淮南·俶真訓》：「傷死者其鬼嬈。」⿱艹歊 《考工記》轂音如喬，訛作陰平。《毛詩·國風》傳〔二〕：「喬，上竦也。」亦偏頗暴起貌。漉 冬時以沸水煮菜謂之漉菜。漉讀如訥，漉、訥雙聲。滰 去汁也。古字無滰，當作泌。湊 湊，簉也。簉，副也。有副助之意。絎 音如行列之行，夾衣絮襖以線紉之爲絎。《玉篇》：「絎，縫紩也。」納 補也，以線密紩爲納。《廣雅》：「紩，納也。」「納，補也。」滚 緣邊曰滚邊。滚當作緄。《説文》〔三〕：「緄，織帶也。」凡織帶皆可以爲衣服緣邊。緋金 緋音如平，壓金線作繡也。箍 以金或篾束物也。

〔一〕《説文解字》作「⿱髟彔，⿱髟立也。忽見也」。
〔二〕傳：原脱。
〔三〕説文：原誤作「文説」。

向 舉有所對而言之也。故房屋一所爲一向。 立料 謂室之以木建者。 土庫 謂室之以土築者。 陶屋 謂堂也。古之宮寢起於陶復、陶穴。 瓜筒 過檐上之短柱也〔一〕。 進深 謂自門以内直量之度數也。 開間 謂每室横量之度數也。 排列 謂壁柱之全數也。 穿 謂穿過各柱以鎮其中者也。 挑 謂以一端貫於檐柱，一端微向上而承檐邊者也。 滴水 謂屋之前後面雨時水注之處也。 出山 謂屋之左右兩横邊盡頭處也。 拔風 謂出山處所載之木也。 門坎 門限也。 門額子 謂楣也。 門轉子 轉去聲，户樞也。 籥 木器之横關者。《春官·小師》注：「籥，編小竹管。」小者謂之籥丁。 毛廝 謂廁也。 家伙 謂什器也。 沙銚子 銚，大弔切。《説文》：「銚，温器也。」 草薦、稿簾子 《説文》：「薦，薦席也。」「薦，草也。」稿，秸之屬。 沙盔 臼之小者也。 開山 斧也。 回頭 棺之前後爲和，音讀如回。回、和雙聲。 把 謂柄也。古以秉爲柄，把亦謂之秉。俗讀如霸。如云鋤把、刀把。凡物之有秉者，複稱之曰把把。

王字頭 謂虎也。 壽頭 謂猫也。 牙狗 牡犬也。 草狗 牝犬也。 腳猪 牡豕也。 奶結 牝豕也。 牯牛 牡牛也。 沙牛 牝牛也。 飽勒 豕之前腿上肩肉也。 軟膁 豕腰虚處肉也。 坐櫝 豕之近臀處肉也。 臑頭 臑音曹，豕項間肉也。 騸 去畜陰也。 貴貴陽 杜鵑也。 山咋 戴勝也。 點水雀 鶺鴒也。 黄脰雀 鴝鵒也。 八 鸜鵒也。 三牲 鷄魚與猪肉也。 恩岸 呼牛也。 阿池 驅牛也。 呵竽 呼豕也。 逐遲 驅豕也。 緜緜 呼羊也。 祝祝 呼鷄也。 第第 呼鴨也。 威威 呼鵝也。 眉眉 呼猫也。 擺尾子 魚之總稱也。 蠓子 酒上之微生蟲也。 爬海 蟹也。 海蚆 貝也。 土狗 螻蛄也。 癞格寶 蟾蜍也。 耗子 鼠也。 牛子 水中小黑蟲也。《説文》作强牛。 牽牛安安 天牛也。 活辣子、八角丁 蛓也。 推屎爬 蜣螂也，以其轉糞，故有是名。

〔一〕檐：原誤作「擔」。

馬錢子木鼈也。蔫草木萎也。太陽花向日葵也。指甲花鳳仙也。月月開月季也。無娘藤菟絲子也。辣子䓧椒也。怕癢樹紫薇也。老木柑柚也。朱紅柑橘也。慈菇荸薺也。青果橄欖也。

〔民國〕古宋縣志初稿

【解題】佚名纂。古宋縣，今併入四川省瀘州市敘永縣。「語言」見卷八《禮俗志・方言》中。有民國二十四年（一九三五）石印本。録文據鈔本《古宋縣志初稿》。

語言

苗人亦通漢語，其同種往還則土音是操。如飲酒曰洽酒，苗音説鳩。音義皆合也。説鹽曰賒，蓋沙字之訛，苗以散鹽爲沙也。早飯曰撈差，撈殆舉手之意，差蓋餐字之訛也。午飯曰撈疏，疏蓋粗字之訛也。晚飯曰撈拭，純是用手也。食肉曰撈厓，厓蓋塊字之訛也。食豆腐曰撈豆棒，棒蓋瓣字之訛也。看牛曰覽犢，看猪曰覽豝，音雅而合古也。落雨曰羅浪，蓋落訛爲羅，而以雨之漂流爲浪也。細審音義，多合於黄河流域之聲韻，而不離乎古也。惜素無文字，而口語又復訛謬相承，故益形鄙塞耳。

〔光緒〕敘州府志

【解題】王麟祥修，邱晉成等纂。敘州府，轄境包括宜賓、慶符、富順、南溪、長寧、高縣、筠連、珙縣、興文、隆昌、屏山十一縣，以及馬邊廳、雷波廳二散廳，府治在今四川省宜賓市區。「風俗」見卷二二。録文據光緒二十二年（一八九六）刻本《叙州府志》。

風俗

朱提銀重八兩呼爲一流。《食貨志》。犍爲之俗謂江之瀼水爲浩，戊州有金箱浩。黄庭堅集。蜀人呼魚鮓爲苞蘆。《爾雅翼》。按，今郡人猶呼鮓肉爲鮓苞。蜀人謂平川曰壩。《集韻》。蜀人謂舵師爲長年。宋祁《筆記》。按，今農家亦謂雇工爲長年。瀘叙間謂笛爲曲。《老學庵筆記》。山澗之流凡通江者，土人謂之瀼。《入蜀記》。叙州土語樂爲牢。《方輿紀要》。蜀人呼鮪爲鮥子魚。據《説文》段注。按，今郡人皆呼辣子魚。辣，即鮥之轉語。蜀人呼李冰爲川主，顔其廟曰「川主廟」。《蜀典》。

按，《蜀典》所載方言有與叙州合者皆録之。

蜀語，入市交易曰趕場。酒器曰壜。言語忤人曰觸音杵人。燒礦爲鐵曰熯。音善。火炙曰熇，音考。又曰熁。音脅。鼻塞曰䘿。音祝。謂看曰眚，鎖平聲。曰瞙，音苗從目。曰瞧。魚網曰罭。音漩。飲食變味曰餿音搜臭。皮裂曰皴。音村。腹瀉曰過。土高起曰埨。倫上聲。曲木可挂物曰鏇鈎。俗作搭鈎。鉥木器曰錛音奔鋤。切草刀曰鍘音札刀。平木器曰鉋音報子。詫其多曰㷯音窩夥。以刀磨瓦盆或皮上曰鐴。音避。目不見物曰瞀。音務。露牙曰齙。音報。以辛香和食曰薌。音向。香圓稻米曰稅音晚米。女工曰鍼黹。犁上鐵板曰鏵耳。老曰老革革。木段曰橦。音同。下垂曰嚲。音妥。結堅曰凝。音禁。和物曰搉。音全。物朽而斷曰剸。尊上聲。人快敏曰剁利。

水歧曰汊。音詫。橫木阻之曰擋。穿牛鼻繩曰桊。音捲。舂糙成熟曰糶。音剗。母之父母曰外公外婆。磨之漸消曰鉛。俗讀作遇。穀穗曰杓。音弔。割牛馬勢曰騸。音扇。不精彩曰𩧢騔。音臘塔。皮冒鼓曰鞔。音瞞。謂多曰夠。音構。耳垂曰聕。音荅。足踏曰躧。釵上聲。牛馬腰左右虛肉曰軟膁。音歉。物濕而黑腐曰勃，一曰黴。音梅。乍晴乍雨曰𣴘淞音弄送雨。沃土曰魚米之地。日中曰晌音賞午。劈破曰斯。聲破曰嘶。馬鳴曰嘶。器破曰𤮐。餛飩曰扁食。以米糤鹽椒釀肉魚曰鮓。手承物曰拓。推人曰攮。音朗。手提曰揵。音虔。摘毛曰撏。音涎。跛行曰踣。音荅。心動曰慟。音徹。麨散者曰麰。音勃。鞍薦曰屜。音替。抽屜曰屜。短衣曰襠。音莊。不與人分辨曰不理。寒熱結瘧曰疔音幸瘍子。耳中作聲曰聬。音翁。謂子曰崽。音宰。凡高出曰矗。音銃。凡苗實聚多曰纂纂。通水槽曰筧。音簡。竹篾曰篣音迷條。有耳瓶曰甑。音省。作涼席竹曰笨音水竹。木石牡曰簨。音筍。以鹽漬物曰濫。音覽。箸曰筷。音快。伸麨曰擀。音敢。謂人形短曰矮矬矬。音搓。鞋襯曰幫。門地腳曰限。音坎。物小曰穛。音醮。物臭曰膖音滂醜抽去聲。牝馬曰騲。雌狗曰草。雌思雄曰走草。宛轉生動曰蚴。牛去聲。疥瘡曰乾瘑瘙。土音格滂。傷痕曰痛瘠。音逋論。赤子陰曰峻。音構。地平曠曰壏埮。音覽坦。地芝曰菌。音郡。米礱曰磑。音內。物相擊聲曰硃砰。音蹦烹。驛遞曰站。重聚曰磊淳。堆上聲。人之狡黠者曰尖攢。音纘。尾曰已音以巴。艾炷曰燗。音醮。火爆曰炕。音乍。旁屋曰廈。手掬曰抔。音掊。手挽曰撦。俗作扯，非。粗率曰体。奔去聲。散物曰掞。音豔。斂衣裳曰扱。音札。驚畏曰嚇。音下，又音黑。手裂物曰摵。

音滅。盛酒器謂之酒箈。盛茶器謂之茶箈。凡驢騾所負物曰他音惰子。大甕謂之瓨。即缸。得利曰賺。耑去聲。蟲螫人曰蠚。音壑。以毒藥藥人曰痨。音澇。笑曰啞啞。音格。鞋無飾曰靸。音撒。牛羊食以復吐而嚼音爵之曰回嚼〔二〕。音醮。收摺之曰摺揲。爪刺曰掐。音恰。曲謂之蜎。貫縷提之以織曰綜。音縱。横縷曰緯。音位。直縷曰經。音徑。痴愚曰夢憃。音銃。壓物曰窄。音乍。性傲曰戇。剛去聲。不平曰亂。音竅。桃李核曰覈。音忽。吸之曰敕。音朔。窄去汁曰準。音必。指物事曰者。俗作這，非。面瘡曰皰。音砲。飯粒粘紙曰飯黏。音仵。碾物使光曰砑。音迓。柄曰把。欛同。子細謂之把穩。凡去瓜果皮曰雪。藏酒曰窨。音印。傪音查足曰蹅。音茄。酒醋中小蟲曰蠓。音猛。言吃曰謇。足皮曰趼。去垢曰硤。音訕。刮鍋曰鏟。平木器曰鏟。削平曰鏟。音剗。履中模範曰楦。音絢。趕曰碾。衣系曰襻。音畔。甑底箆笆曰箅。音閉。飾邊曰緣。音怨。攪曰撍。潮去聲。眼皮動曰眨音剳眼。鹽鹵曰膽水。田舍曰莊。主父曰使去聲長公，主母曰使長嫂。熬曰煎。去聲。鷄伏卵曰菢。音抱。汙穢曰涴。音餓。置釘平聲曰釘。音定。楮樹曰榖。音搆。馬障泥曰韂。音綻。毛席曰毯。足蹂曰跐。此平聲。豕項間肉曰臑音曹頭。負物曰馱，一曰背。音悲。揵穀器曰連耞。音加。束小兒者曰綳。音崩。馬後革曰鞦。騾後木曰紂棍。瓦器未成曰坏。音披。拾物曰搴。音簡。呼狗吠物曰嗾。音漱。線條曰綹。音柳。釜溢曰鬵〔三〕。音

〔二〕以：似當作「已」。

〔三〕鬵：原誤作「鬵」。

字。表畫曰𥁅。音甑。吐氣曰吙。火平聲。叱之曰嘐。音初。不速曰遲平聲遲音治。唾人曰啡。坏、配二音。聲不清圓曰嗄。俗作沙上聲。快走曰猋。音標。蠚蟲曰蛆。音納。木岐曰粿。叉上聲。縫皮曰鞝。音掌。吥之曰啐。音卒。村市曰場。呼人曰嘒。音胃。喉曰嗓，一曰嚨。夏日暴雨曰偏涷雨。飲聲曰欯。音骨。漉物曰舀。妖上聲。抄飯匙曰乗。音鍬。進船曰划。音化。舀水器曰戽斗。手卜曰拈鬮。音鳩。小曰蔑蔑，曰丁丁，又曰點點，又曰些些。應聲曰欸。音藹。漉器曰筲箕。鬬捩曰捎箟。音消息。凡物已採復搜其遺曰散。賀人曰恭諗。音審。毀人曰誹。音吠。詞不屈曰謽。音絳。以言阻人曰讜。沈水曰没，迷去聲。曰淹。音庵。鋪墊曰壩。音霸。縷在紡車上，及在梭中曰繐。音遂。正屋曰岱〔一〕。音蔦，俗作垈。牡牛曰牯。牝牛曰牸。月半明曰朏朏亮。繩索斷而續之曰剿。音妾。燒刀刃納水中以堅之曰焠。音翠。以篾束物曰箍。音孤。竹器曰筦。窑器光曰釉。音宥。瘦皮垂下曰皵。音荅。手掘曰穵。烏八切。蓋曰康。音慷。傷皮曰剩。瘡上聲。物裂開曰笑。碎切曰劄。音札。織具曰簆。音寇。渣汁曰澱。細長曰蹽跳。音了挑。謂人樸訥曰木詘。音黜。熱而皮生瘮曰痱音費子。多鬚曰鬝音闒腮。綰髮爲髻曰鬢。音纘。麪漿曰糨。音絳。樹枝歧者曰椏。音鴉。閉門機曰櫰。音拴。搊汗曰霽。音擠。以物沾水曰蘸。音站。大曰奘，莊上聲。曰莽。爛曰皻。音跛。粗惷曰恾贛。音莽壯。不慧曰昏惆。音刀。庐曰懵懂。音猛董。一目眇

〔一〕岱：原作「呇」，據《字彙》《篇海》改。

曰單照。牙垢曰牙屋。音因。屋上承椽梁曰橉。音領。小兒學行狀曰踻。音得。水上涌曰湒。音冒。擊曰搭。音荅。手采曰捋。小兒手據地行曰趙。音蒲。屈膝曰跧。魁上聲。日費曰進用。補漏曰苴。音查。不脆曰臑。音如。不鮮曰蔫。音焉。不端正曰⿱艹⿰者者鑾上聲磋音鮓。人死曰過世。噍聲曰齰齧。音括查。齒畏曰齽。音禁。推之曰㧐。音聳。漩水曰漩渦。手捉曰挌。音客。水潭曰沱。音陀。壅物味變曰齆音甕醜抽去聲。築隄蓄水曰迮。音作。熟米麥末之曰炒麨。深巖曰嵌。音謙。謂欺紿曰鬼。謂人黠曰鬼。生卵曰生。去聲。謂人村曰山巴土獠。不伸曰抐。音紐。舟著地曰嵤。珂去聲。繞腰窄囊曰纏去聲袋。分麻曰朩。音派。跛行曰尥。音料。取笑語曰詑。音陀。山頂霧曰山帶帽。物墮水聲曰潅，石墮曰硶。俱音董。漉去水曰瀝。齧骨曰齳。音闡。猪脂中堅者曰胰。音移。電曰睒。音閃。肥脂曰臕。音標。手指文曰腡。音羅。精肉曰腈。音精。胎衣曰脬。音胞。溺囊曰脬。田分段曰稜。魯鄧切。禾不實曰穈。音厭。遠曰窵。音弔。袴曰衳。音鍾。行不進曰尷尬。音甘介。小兒女曰幺。不知名呼之曰那。音懦。漬藏肉菜曰醃。音淹。酒器曰酒醯。音海。不去滓酒曰醪音勞糟。鹵水曰鹼。音減。勉力曰㔢。音絳。自謂曰我。謂人曰你每。耳曰睡〔一〕。朵平聲。乾肉及餅曰巴。不謹曰傝㒆。音搭撒。開張曰㑳。音查。闊口曰奓。車上聲。牛羊馬豕欄曰圈。禽卵曰彈。薰藥曰熏。音訓。火熄曰煨。香氣盛曰馞。蓬去聲。兩手相摩切曰

〔一〕⿰耳垂：原誤作「睡」。

挼。音磋。駡人之醜稱曰雜種。重曰重鋲鋲。吐本反。弓戾曰弰。音别。凡器物指甲裂皆曰鈉。與小兒戲捉其鼻曰牽牛。狡獪曰婟。胡刮切。稻苗秀出曰放標。音標。急遽曰奔去聲命。發饅頭曰起酵。音教。便旋曰出恭。有所礙曰隱。恩上聲。凡戲玩曰耍。澆花木菜蓏曰飲去聲水。凡初贈工匠曰利市。蟲食菜曰蟲殺。去聲。物件曰家火。氣鬱不伸曰漚。去聲。犬羊癩曰瘟。四邊曰四映。人之憒憒者謂之㲉濁。音斛篤。褥子謂之裯音調子。凡顔色鮮明曰翠。言語不合謂之不對牡。老不聾聵，疾不沈重皆謂之新鮮。煖酒曰湯。音蕩。襯裹曰胎。鑄音注銅鐵器曰鑄。音到。心亂曰恅憒。音老草。慚恥曰㱿音慨羞。聚足曰躦。音攢。低聲曰啾啾。千遥切。小腸曰𦙃音子腸。玉讀若遇。石讀爲旦。孟讀作夢。大讀一駕切。朋音蓬。術述音蜀。巫誣音烏。尹音允。虹音岡。去聲。蜀音樹。衡音烜。奚音希。

右蜀語從《遵義府志》摘録，皆各屬土音也。

〔民國〕南溪縣志

【解題】李凌霄等修，鍾朝煦纂。民國二十一年（一九三二）修。南溪縣，今四川省宜賓市南溪區。「方言」見《禮俗篇第八·風俗》中。録文據民國二十六年（一九三七）鉛印本《南溪縣志》。

方言

瓢倒雨　偏涷雨　謂夏日暴雨也。涷音東。《爾雅·釋天》：「暴雨謂之涷。」十里以外，雨暘各異，故謂之偏。霏

霏雨　毛毛雨　謂細雨也。活閃　謂電也，撒電謂之扯活閃。霧罩　謂霧也，亦謂之下罩子。雪彈子　謂雹也。凌　《風俗通》：「積冰曰凌。」俗讀如令，凡水結冰呼曰凌冰。虹　俗讀若贛，疑爲虹之轉音。太陽包　謂日也。月亮光　謂月也。星宿子　謂星也。宿音秀。刷把星　謂彗星也，光芒短者；其光芒長參差如掃彗者，俗謂之掃把星。南星老　老合兒字音讀。

梁子　謂連續之山嶺也，又謂仇讐也，又謂軍隊也。埂子　謂嶺脊也。田坎　謂田上陌也，當作吭。《説文》：「趙魏謂陌爲吭。」田塥　謂梯田之壁也。坳田　謂旁窳下而中隆之高田也。沖　謂平田也，當作衝。《説文》：「衝，通道也。」堵水田　謂塘之淺者又可栽插。堰溝　過水溝也。灣　謂山曲也。壩　謂平原也，有田謂之田壩，近江地謂之河壩。廠壩　曬壩之謂也。股　謂田土一業爲一股也。黑油沙　謂田間最肥沃之泥也，色微黑，亦稱小土。斑鳩沙　謂田間較遜之泥也，色微赤，作顆粒狀。灡包田　謂泥腳深而土仍非沃者也。大土　謂泥細而瘠之田也，亦謂白眼沙土。力土　謂大土兼小土者。插華界　謂田界犬牙交錯不清也。《周禮·形方氏》：「無有華離之地。」離謂脱離，華即交錯不清也。深腳田　謂大土田也。淺腳田　謂小土田也。塝塝田　謂小山梯田也。正龍田　兩山之間平田也。

油光石　謂堅滑之石也。泡沙石　謂石之易碎者。風化石　謂石之易剥蝕者。河賓　謂江磧岸小圓石也。癞疤石　謂石凝成炭，可作假山者也。鮓葫豆　謂江岸小石結成塊者。大河　謂大江也。小河　謂可通舟楫之溪也。溪溝　謂不通舟楫之溪也。河坎　謂水土之際也，坎疑岸誤。灝　謂水歧流之汊港也。縣東三十里有木頭灝。龍蕩　謂旱地所掘之水孔也。蕩蕩　謂涔潦所積水也。

出天方　元旦昧爽出大門祭四方。破五　正月五日也。上九　正月九日也。端陽　五月五日也。冬月　十一月也。臘月 十二月也。前天 前兩日也。昨天 前一日也。明天 後一日也。後天 後二日也。晚天 後三日也，晚音萬。刷粉亮 天微明也。晌午 日中也，晌音賞。上午 巳時也。上半天 自朝至午。下午 申時也。下半天 自午至暮。擦黑 短黑 麻子眼 擦，切也；短讀若斷；皆言薄暮也。晚些 謂夜間也。

爹 耶，音牙。爸爸 阿爸 皆呼父也。娘 媽 皆呼母也。公公 爺爺 大大 皆呼祖父也，大讀平聲。婆 奶奶 家家 家讀上聲，皆呼祖母也。祖祖 呼曾祖父母也。天天 呼高祖父母也。外邊的 趕場的 門前人 外廂的 皆妻謂夫也。內邊的 燒鍋的 屋頭的 皆夫謂妻也。乖乖 幺幺 幺兒 幺哥 某鑾 皆呼子女之稱也。乖，佳之假借。《說文》：「佳，善也。」幺，細小也。祝其體力强健如鑾族，故曰鑾也。末末 稱曾孫也。灰灰 稱玄孫也。老人公 老公公 謂女子夫之父也。婆婆 老婆婆 謂女子夫之母也。大伯子 謂女子之夫兄也。小叔子 謂女子之夫弟也。大姑子 小姑子 謂女子夫之姊妹也。某姑孃 上冠以姓，翁姑稱兒婦也。姑婆 稱祖父之姊妹也。孃孃 稱父之姊妹也。嬸嬸 讀如審，稱叔母也。先後 姒娣也。家公 稱外祖父也。家婆 家家 皆稱外祖母也。丘丘 廣東籍人呼舅也。姨爹 稱母之姊妹之夫也。姨孃 稱母之姊妹也。姨台 姨兄弟 謂妻之姊妹之夫也。大姨子 小姨子 稱妻之姊妹也。岳父 丈人 親爺 皆呼妻父也。岳母 丈母 親娘 皆呼妻母也。大婆子 謂有妾之妻也。小婆子 謂妾。乾爹 乾媽 保保 寄父母之通稱也。乾兒子 謂義子也。親家 謂壻之父母或子婦之父母也。

老者 老漢 老伯伯 某大爺 通稱老翁也。大老者 某大哥 哥子 通稱年相若者。老婆婆 老媽 通稱老婦也。老媽子 謂傭婦之老者。大娘 謂中年傭婦也。丫頭 謂婢也。跟班 謂僕也。長年 以年計之傭工也。月工以月計之傭工也。零天天以日計之傭工也。看牛匠謂牧人。工頭耕窩業工人之首領。打雜謂事無專責，見事作事者。火房火二稱廚役也。幺司稱旅館廚役也。老板傭工稱主人也，板疑本音之轉。掌櫃謂店工也。管事司銀錢田産賬目者也。夥契謂同事也，又謂之夥計。教書匠謂蒙師也。掌壇師呼道士也。掌墨師呼泥木石各匠之工頭也。大案司糕餅店工頭也。抬腳謂力夫也。榮抬司大班謂輿夫也。胎針子裁縫縫工也。待召薙髮匠也。水烟婚喪人家用以召客侍客者。屠户市肉者。看門頭即門役也。經紀居間之市儈也。端公男巫也。師孃婆女巫也。包頭匠幺姑男巫飾女者也。河南婆女子之習河南教者。老上師管案領班老總均稱公差之總役也。堂官茶社、麪館之役夫也。烟堂官煙館傳遞，賣煙者也。打匠代人開煙泡者。看司守舍廟者。搞夫代人索債而跟隨之者。老酸謂人之拘謹者。袍哥謂入哥老會者。行家謂遇事諳悉者。空子空去聲，謂遇事不諳，受人欺者。挂兒把把去聲，謂成年閨女也。隻身人謂寡婦也。雙身人四眼人謂婦人有孕者。半斗師謂藝術不精者。土老肥謂富而不韻者。齷齪老肥謂富而不義者。乾撒撒謂窮極無聊者。濫友友讀如眼，謂窮窘而無所不爲者。猪謂愚而受欺者也，當作朱。《廣雅》：「銖，鈍也。」〔一〕《莊子》：「人謂我朱愚。」狗謂人之慳吝也，亦謂之狗竇，又謂之狗頭狗腦。過婚嫂謂再醮之婦也。生人妻謂娶有夫之婦也。江湖妓女也。滚龍謂無正當職業，隨人爲轉移者也。光棍謂窮無所依倚者，又凶惡之人也。皡神燕二毛均謂人之輕薄也。和二流謂人之習於下流者。燒火老謂亂子婦者。尖腦殼龜子謂婦有外遇者。私

〔一〕雅：原誤作「韻」。銖：原誤作「鍊」。據《廣韻》改。

哇哇 謂女在家私通情人所生者。 寶兒 寶受 鼠寶 鼠氣 謂人之輕狂不慧者，以其不能分析事理，故謂之寶；以其一前一卻不能決事，故謂之鼠。 黑腦殼 黑錢 謂夜間行竊之人也。 魅子 魅讀若末，言鬼也，言遇事纏擾不休者。 强盜 竊盜之誤稱也。 紅錢 棒客 老二 皆謂匪徒也，棒或爲暴之誤。 老亂 謂神經不清者。 糊涂蟲 言事理不分曉者，金壺考糊塗音忽突，今土音爲忽篤。 亡八蛋 謂人之無恥者。 畜生 雜種 賤惡人之稱也。 掉眼 竊物而人不覺者。 三隻手 謂盜物者。 燈花錢 薄暮竊物者。 通通匠 透鎖竊物者。 撿菜 盜鷄於路者。 收漿 竊晾衣者。 丢包 以物遺路，伺人拾之，然後以種種方法誘嚇取錢者。 爬坡子 謂夜間盜船者。 溜子船 謂夜間以小船竊客船物者。 打歪子 歪讀上聲，謂劫船。 打豺狗 捉姦夫。 點水 指人財物使盜行劫。 取生婆 穩婆之謂也。

腦殼 頭也。 天靈蓋 囟門也。 胎毛 始生小兒之髮也。 [illegible][illegible] 音纘，女子綰髮爲髻也。 牙巴 牙車也。 嘴皮 唇也。 耳朵 朵讀若多，耳輪也。 絡耳鬍 [illegible]腮鬍 [illegible]音闊，謂多鬍連耳際也。 眼眹毛 眹音夾。《說文》：「目旁毛也。」俗讀眹若雜。 眼眵 眵音鴟。《廣韻》：「目汁凝也。」俗讀若矢。 沙喉嚨 《廣韻》沙，所嫁切，音嗄，聲嘶也。《禮·內則》：「鳥皫色而沙鳴鬱。」注：「沙猶嘶也。」《漢書·王莽傳》：「大聲而嘶。」注：「師古曰：嘶，聲破也。」 花尖 鬢際也。 酒乾窩 頰渦也。 臂髆 《說文》：「髆，肩甲也。」俗讀若榜。 脅孔 腋也，俗讀脅若夾。 肋巴 脅骨也。 腳後跟 足踵後方。 手骭 臂也。 腳骭 腿也。 後斫斫 謂枕骨。 手倒拐 上下臂外方關鍵處。 手彎子 臂之內方。 腳彎子 膝後。 連二骭 腿前部。 偏韃 小孩留髮於左右者。 馬桶蓋 留髮於頂部者。 佗背 僂也，或作駝，象形。 肚皮 腹也。 胯縫 謂兩髀與腹相接者也。 尿包 膀胱也。 磕膝頭 膝蓋也。 螺蛳拐 脛下骨隆起，即踝也。 腳板 腳掌也，手掌亦曰手板。 [illegible] 音祝。《廣韻》：「塞也。」俗謂鼻不通也。 [illegible] 音鎖，平聲。《廣韻》：「偷視也。」 [illegible] 音徹。《增韻》：「驚懼也。」

俗以心動爲𢡃。賽音簡。《廣韻》：「吃也。」俗呼口吃者爲賽八郎。啞雅上聲。《集韻》：「瘖也。」俗呼口不能言者爲啞巴。瞀音茂。《玉篇》：「目不明也。」俗讀若務。齙音庖。《玉篇》：「齒露矣。」俗讀爲胞去聲，謂露齒爲齙牙齒。皴讀爲村，謂天寒皮坼也。過腹瀉也，俗謂腹瀉爲過肚也。瞸音答，垂目貌，俗謂不視爲瞸眼皮。聬音翁，耳中作聲也。躧音灑，步也。俗讀若采，謂足踏也。蚴音黝，行貌。俗讀牛去聲，謂人宛轉生動也。蜎音娟，曲也，俗以曲身爲蜎。嗓嚨喉也。腡音羅。《廣韻》：「手指文也。」俗謂指文圓者爲腡腡，缺者爲筲箕。䞤音蒲，匍匐行也，俗讀怕平聲，謂小兒手據地行也。跪屈膝也。齽音禁，齒畏也。捧手掬也。撕手裂物也。撦車上聲，裂開也，俗以人争論爲撦筋，以相鬭爲抓撦。或作扯，非。皰音泡，面瘡也。趼音簡，足皮也。𨂿拜平聲，俗謂一足短不良於行者曰𨂿𨂿。凍包寒瘃也。𤵸瘍子𤵸音幸，寒熱結塊而成也。光東東東上聲，謂上體赤露也。打呵害謂呵欠。伸懶腰謂阿申也。打擺子謂患瘧疾也。疿子疿音費，熱而皮生瘮也。吙火平聲，吐氣也。奓車上聲，口闊也。漚去聲，氣鬱不伸也。啡坏、配二音，唾人也。挼音磋，兩手相摩切也。傪音查，張足也。𨂐音茄，傪足也。捋手采也。穵手掘也，烏八切。㓳叩平聲，手抉也。㧐音聳，手推也。拓音託，手承物也。搴音簡，手拾物也。俗作檢，非。攩音蕩，以物阻人、以言阻人皆曰攩。俗作擋，非。攮音朗，以手推人也。掐音恰，爪刺人也。舀妖上聲，瓢汲水也。𤿭音答，人老瘦皮下垂也。磢音訕，去垢也。行上聲，去鼻涕也。没淹没音迷去聲，淹音庵，沈水也，能泅水者俗謂之水没子。溺死曰淹死。詑音陀，謂取笑語也。馱背音悲，背負物也。涴音餓，汙穢也。《説文》：「泥著衣也。」耍戲玩也。猾音滑。揚子《方言》：「小兒多詐、多獪或謂之猾。」沸俗謂小兒好動，如水湆也。囉唣音羅皂，謂小兒多言而躁也。鶱翻鶱音愆，謂小兒跳躍，如鳥之飛翻也。誹音吠，謂言庬而雜，逐物纏繞不休也。隱恩上聲，謂阻礙人之進行也。戇剛去聲，謂性傲也。嚳 音絳，謂詞不屈也。觸 音杵，言語忤人也。癆 勞去聲，以藥毒人也。《説文》：「朝鮮謂藥毒曰癆。」体奔去聲，與笨同，粗率也。夢憃 夢上聲，憃音董，謂生而癡騃不識意義也。或作懵懂。把穩 仔細也。嚇 音下，又音黑，驚畏也。奔 去聲。《爾雅注》：「趨事恐後曰奔。」俗以急遽行走曰奔。或作逩，非。碾 音輦，趕也。諺云：「碾人不上一百步。」或作攆，非。⿰扌曹 曹去聲。《集韻》：「手攪也。」俗作造⿰扌造，非。猋 僬 音標。《説文》：「猋，犬走貌。」「僬，行貌。」《詩》：「行人僬僬。」俗以疾走爲猋或僬。碰 蓬去聲，兩堅猝遇也。疑當作磕。《正字通》：「兩石相擊聲。」華 音花，以刀分物也。當作撝。《説文》：「撝，裂也。」音轉爲華。欱 音合，謂盡力吸飲也。《説文》：「歠也。」《集韻》：「嘗也。」欶 俗讀若足，促口以取汁也。《説文》：「吮也。」《通俗文》：「含吸也。」泯 讀若泯，微飲也。《説文》：「歠也。」又《集韻》音閔。東 謂刁撥播弄也，如東亂子、東禍、東是非之類。《説文》：「東，動也。」敂 音扣，指擊也。或作叩，非。瞞 滿平聲，匿情相欺也。搕 讀如克，勸人出錢也。《集韻》：「搕，取也。」捱 音崖，有所覬望延緩而留待也。俗謂爲捱台、捱餓，皆延緩之意。馬 《説文》：「怒也。」俗謂含怒色者爲馬起臉。

過早 謂早餐也。過午 謂午餐也。消夜 晚餐也。打牙祭 謂每月初二、十六兩日合家市肉祀先合食也。腰牙 謂上下弦食肉也。吃東道 謂指定主人設饌而會食也。白吃 謂徒食也。⿰扌華拳 謂拇戰也。壺行 舉壺自斟而周圍傳遞也，一曰壺生腳。牛攆牛 飲盡以促左右座客也。奪標 滿注巨觥而拇戰以争勝負也，負三次者飲。猜子 猜神仙 猜枚也。斟酒 斟讀上聲，謂男子娶室也。或作整。起筵 男女婚嫁之前日始宴賓也。花宵 婚嫁之前夜也。鬧房茶 婚夜食茶果也，一曰鬧房酒。圓房酒 并長兒媳成婚也。回門酒 婚之次日夫婦同赴女家也。做道場 延僧誦經拜懺，超薦祖先也。打儺儺 延巫酬神也。慶壇 延巫祀壇神也。降像 扶乩也。打油火 禳鬼禍也。

箴 音快，箸也。**調羹** **刷子** 匙也。**蓮花子** 碗也。**箅** 音閉，甑底篦巴也，俗謂之甑箅子。**鏟** 刮鍋鐵器也，一曰鍋鏟。**窨** 音蔭。《説文》：「地室也。」俗謂地窨藏酒曰窨。**鮓** 查上聲，以米粉撒鹽椒釀肉雞也。俗謂爲鮓肉、鮓雞。**薌料** 薌音向，以辛香味和食也。**熇** 音考，火炙也。又曰熁，熁音脅，火迫也，義同熇。又音靠，和味煮也。**濫** 音覽。《內則》「醯濫」注：「以諸和水也。」釋文：「乾桃、乾梅皆爲諸。」俗以鹽漬物曰濫。**煨** 音限。《廣韻》：「煻煨，火也。」《集韻》：「熱灰謂之煻煨。」俗以煮藥爲煨。**燉** 俗讀若鄧，煮肉爛也。**齏** 音擠，以鹽漬物而搦其汁也。**擀** 音敢。《集韻》：「以手伸物也。」俗以伸麪爲擀麪。**䴺** 音勃。《集韻》：「屑麥也。」俗伸麪以散麪爲䴺粉。**蘸** 斬去聲。《説文》：「以物没水也。」〔一〕俗以肉片蘸鹽醬曰蘸。**擠** 音垒，義同上。**齦** 音肯。《説文》：「齧也。」俗以齧骨爲齦骨頭。**湯** 去聲。《正韻》：「熱水沃也。」俗以温酒爲湯酒。**臑** 音如，食物不脆也。**馞香** 馞，蓬去聲，香氣盛也。**膖臭** 膖，膀平聲，俗謂物味之最臭者。**餿臭** 餿音搜，飲食變味也。**齆臭** 齆音甕，物味腐變也。

老火 謂事難或人無能也。**活路** 生計也，俗謂營工作爲做活路。**鬧派** 謂鬧綽也，亦曰玩格，玩讀平聲。**講究** 謂事事愛好也。又曰透澈，澈讀上聲。**蘇器** 謂色色精緻，器如蘇省製也。**杭式** 謂如杭州式樣也。**京製** 讀若君，京師所製也。**派氣** 謂人時尚也。**體面** 謂出衆也。**走耍** 閒遊也。**巴結** 諂事人也。巴本爲傅。傅，附也。**關切** 承人之玉成也，亦曰湊合。**餂肥** 謂譽富貴人過情也。**闖潮** 謂混入人家也。**冒火** 作怒也。**吵嘴** 謂言語衝突也。**打架** 謂鬭毆也，亦曰抓扯。**想方** 借貸也。**生意** 謂貿易也。**解手** 謂出恭及溲溺也。**穢涴** 穢讀若遇，涴音餓，謂不潔也，謂鬼

〔一〕没：原誤作「投」。

也。將息 謂病中養息也。將，亦養也。把茅 謂寄人籬下也。不消 不須也。須、消雙聲。拉扯 謂攀援也。上當 當去聲，謂被騙也。背時 謂事與時違，舛逆不順也。鏖糟 謂不潔也，亦曰臘騔。要臺 要平聲，終了也。扶力 慰勞人之勞力也，力讀如利。搞不贏 忙也。銜殼子 銜去聲，謂言夸大而無實也。遞點子 謂暗傳消息也。聳駝子 謂刁唆人，或言人不善也。拿陽口 謂博聲譽也。打掌子 代工也。恭喜發財 入肆開口詞也。擺龍門陣 談故事也。

抓腳肚子 謂著急也。

唉 可惡之詞也。《說文》作誒。呀 當作啞，含不然意，或含驚人意。嘒 音胃，呼人聲也。欸 音藹，應聲也。呸 當作咅。《說文》咅音剖，相與語唾而不受也。杯、配二音。夥 驚嘆其事物非常也。《史記·陳涉世家》服虔曰：「驚而偉之，故稱夥頤。」葉 驚而羡之也。海 驚喜也。都 總也，本即諸字，俗讀如兜，如云都去、都來是也。羌 俗讀如姜或剛，適纔也。者 俗音如直，指眼前事物也，如者回、者箇、者點是。或作這，非。那 俗音如納，彼也，對人指第三者而言，如那樣、那點、那回、那箇是。阿育 呼痛聲也，由燠休轉變。《左氏傳》服虔曰：「燠休，痛其痛而念之。」不對 合意曰對，不合意曰不對。字當作侻。《廣韻》：「侻，可也。」舍子 舍讀蛇去聲，誰、何也。誰俗讀如蛇，入麻韻，去聲讀之則如舍，故不知其事物而問之曰舍子、舍東西。章太炎云：「佘，語之舒也。佘亦訓何。通借作舍。」矮夥 矮音窩，詫其多也。

向 舉有所對而言之也，故房屋一所爲一向。屋所對曰字向，舉其全曰全向。立材 謂室之以木建者。又謂柱料也。土築 築讀若柱，謂牆壁以土築而無柱者。又謂之土柱。堂屋 堂音讀如導，中屋神堂也。檩 屋上承椽之梁也，謂之檩子。磉磴 礎也。地腳石 承牆礎也。瓜筒 過檐上之短柱也。進深 謂自門以内直量之度數也。開間 間音干，謂每室橫量之度數也。排列 謂壁柱之全數也。穿 謂穿過各柱以鎮其中者也。挑 謂以一端貫於簷柱，一端微向上而承簷邊者也。**箕** 音笄，木石牡也。**滴水** 謂屋之前後面雨時水注之處也。**出山** 謂屋之左右雨橫邊盡頭處也。**拔風** 謂出山處所載之木也。**門坎** 門限也。**門額子** 楣也。**門轉子** 轉去聲，户樞也。**簫** 木器之横關者。《周禮·春官·小師》注：「簫，編小竹管。」小者謂之簫丁。**毛廝** 廁也。

褡 音莊。《集韻》：「短敝衣也。」俗呼短褲爲褡褡褲，短襪爲褡褡襪。**緣** 音怨。《説文》：「衣純也。」俗以衣緣邊爲緣口。**襻** 音絆。《類篇》：「衣系曰襻。」今俗謂之曰紐襻。**胎** 襯裏也，俗以衣裏爲胎子。**楦** 音絢。《説文》：「履法也。」徐曰：「織履中模範，故曰法。」今俗謂楦頭。**箢** 音寇，織具也，俗呼箢門。**鞝** 音掌，縫皮也，俗謂爲鞝鞋。**幫** 音邦。《集韻》：「治履邊也。」《六書故》：「凡事物旁取者皆曰幫。」今俗謂鞋底曰鞋幫，僱傭曰幫工。**纏帶** 纏音串，繞腰窄囊以盛銀物者也。**綳帶** 綳音悲。《廣韻》：「小兒衣也。」即襁。**[扌霸]** 音霸，鋪墊也，今俗安牀上薦曰[扌霸]鋪。**扱** 音扎，斂衣於帶也。今俗凡以繩繫者皆曰扱，曰扱手、扱衣服、扱褲腳。**剶** 音接。《玉篇》：「接續也。」揚子《方言》：「秦晉續繩索謂之剶。」**錛鋤** 錛音奔，鉥木器也。**鍘刀** 鍘音扎，切草刀也。**鏺耳** 《集韻》：「犂耳。」俗謂鋤頭耳爲鏺耳。**犂頭** 鏵也。**把** 音霸，柄也。**磑** 音內。《正字通》：「碎物之器。」俗謂礱米器爲磑子。**碓** 音對，舂具。《説文長箋》：「鳥食如舂碓然，故從隹。」俗謂舂物石臼爲碓窩。**磙** 音輂。《正韻》：「轢物器也。」俗以大石磨米使白曰磙。**㨯** 殷去聲。《集韻》：「平量也。」俗以量穀爲㨯。或作抣，非。**篼** 音兜，竹器也，俗有提篼、背篼、籮篼等名目。**杓** 音弔。《集韻》：「禾穗垂貌。」俗以禾一穗爲一杓。凡懸物者皆曰杓。作弔，非。**窖灰** 俗燒蕨草爲灰以資冬煖，名曰窖灰。**開搞** 搞音稿，俗以窄蔗熬糖爲搞。開工曰開搞、起搞，竣工曰下搞，納税曰搞租。**曬水** 播穀後藉日取暖謂之曬水。**開秧門** 始插秧也。**薅** 音蒿。《説文》：「拔去田草也。」**穩首** 俗謂壓租銀爲穩首，加銀曰加穩，減銀曰下穩，量銀納捐曰穩捐。**苞穀** 玉蜀黍也。**海爬** 俗音怕平聲，小麥也。**補頭** 婦女以紗易棉，找補之棉花也。**上山** 結禾秸成堆，使蠶緣上作繭也。

口岸 江邊市場也，亦曰碼頭。又旅店居食價值之名稱也。**站房** 逆旅也。**煙魁** 售絲煙店所標牌榜也。**鷄毛店** 僻小之逆旅也。**駝子** 駝音惰，騾馬所負物也。**打夥** 謂投資合夥也。**趕流流場** 俗謂趕集曰趕場，此謂逐日循環趕集如川流之不息也。**掉換** 銀錢貨物相貿易也。**賣空倉** 謂貨物未貯，先賤價預賣也。**[貝耑]錢** [貝耑]，耑去聲，得利也。或作賺，非。**折本** 折讀若色，失利也。**培償** 償讀若醬，填還也。**撈鈔** 鈔讀作捎，謂失利而思復取得。鈔，楮貨名。俗賭場凡銀錢皆謂之鈔。

殼 俗讀若忽，又若客。植物實之外皮。又卵甲也。**粿** 叉上聲，木歧也。**椏** 音鴉，樹枝歧也。**飲** 去聲，以水澆花木菜蔬也。**雪** 音削，去瓜果皮也。**蔫** 音焉。《韻會》：「不鮮也。」俗謂花木萎爲蔫。**榖** 音構，楮樹也。**太陽紅** 向日葵也。**指甲花** 鳳仙花也。**月月開** 月季也。**辣子** 葶椒也。**怕癢樹** 紫荆也。**大木柑** 橙也。**紅袍柑** 橘也。**慈菇** 荸薺也。**青果** 橄欖也。**核桃** 胡桃也。

獸頭 猫也。一曰彪彪。**牙狗** 牡犬也。**草狗** 牝犬也。**腳猪** 牡豕也。**母猪** 牝豕也。**牯牛** 牡牛也。**沙牛** 牝牛也。**喌鷄** 雄鷄也。或作叫。**鷄婆** 雌鷄也。一曰母鷄。**鴨倩** 倩音青，雄鴨也。

飽勒 豕之前腿上肩肉也。**腰方** 豕腰虛處肉也。**坐櫝** 豕之近臀處肉也。**臑頭** 臑音曹，豕項間肉也。**殺口** 豕喉下肉也。**開邊** 剖豕也，有脊骨者謂之硬邊，無者謂之軟邊。

菢 鷄伏卵也。**生蛋** 生去聲，鷄鴨産卵也。**騸** 割牛馬豕鷄勢也。**三牲** 牛羊豕也。**恩岸** 呼牛聲也。**阿池** 驅牛聲也。**牙溜** 溜平聲，呼豕也。**迷迷** 呼羊聲也。**彪彪** 呼猫聲也。**穀穀** 呼鷄聲也。**第第** 呼鴨聲也。

米貴陽杜鵑也。點水雀鶺鴒也。黄瓶雀鶬鶊也。八鸜鵒也。野鷄雉也。水鴨野鳧也。擺尾子魚之總稱也。爬海螃蟹也。癩角寶蟾蜍也。耗子鼠也。牽牛郎郎天牛也。活辣子蛓也。馬錢子木鼈也。推屎爬蜣螂也,以其轉糞不已故名。蠚音活,蟲螫人也。蝲蟮蚯蚓也。叫機子蟋蟀也。香猴子螳螂也。蛾蛱蝶也。田鷄蛙也。馬耳丁蜻蜓也。

〔光緒〕越嶲廳全志

【解題】馬忠良修,馬湘等纂,孫鏘等續修。越嶲廳,今四川省涼山彝族自治州越西縣。「稱謂」「夷言」見卷十《夷俗》中。録文據光緒三十二年(一九〇六)鉛印本《越嶲廳全志》。

稱謂

猓玀呼父曰阿達,母曰阿模,祖曰阿譜翁,亦曰卜,姑曰阿卜,子曰嗞。呼媳曰嘆,呼孫曰兒矣,妻曰邪卜。官曰漢呷息卜。

夷言 邛部宣撫司頭目張啓文譯。

天文

天,摸迷。日,合布。月,六布。星,莫箕。風,莫咡。雲,木哈。雷,墨兹。雨,嗎哈。電,木吻。露,之落。霜,哈趨。虹,雖生。冰,玏玏。霧,哈落。雹,澤。日蝕,哈咘哾兹。月蝕,六咘哾兹。小風,莫咡衣力。暴風,莫咡阿瓜。迅雷,黑兹阿瓜。細雨,嗎哈衣力。白雲,木哈阿呻。烏雲，木哈阿落。日出，合布讀。月出，六布讀。日落，合布歌落巫。月落，六布歌落巫。天乾，莫力擦瓜。雨水多，嗎哈阿瓜。天氣好，莫力美。

地理

地，的迷。山，碑巫。海，舒木。河，魚木。田，車迷。溝，六多基。路，格木西。橋，則。街，皆皆。城，咡腳。鄉，腳巴鍋。土，則黑。石，二碼。堡子，麻呷。高坡，碑巫的。平壩，腳巴。邊界，的呷。東方，咘都。南方，咘箕。西方，衣巫。北方，衣密。中央，固都。田埂，的咘。河坳，衣姑。菜園，合姑。白水，衣谷阿曲。山頂，碑巫阿拖。山腳，碑巫及腳。木橋，系則。石橋，咡則。草坪，碑施。

地名

越嶲城，巫拖。中所壩，羊腸。乾河壩，格的足巴。張家灣，挖姑。阿布塘，叻腳。大河，嗎拖衣呷。柏香坪，巴哈。五里牌，巫來牌。陶家營，譚加一。小哨，色舒。土城，碑莫。馬蝗溝，木合鍋。吉家山，基吾。落摸堡，略合巫。鄧家壩，加大巴泥。頂山橋，卓則鍋。下堡子，則姑格基。山嘴，扎子。大孤山，木摸。小孤山，咡布西。李子菌，仍叫李子菌。青山嘴，挖之。姚家灣，挖姑。呰子上，兹鐵阿木。王家屯，塔子堡。大寨，二嗎的。大魚洞，鋪吾。小魚洞，意加。吴家堡，吾加巫。老鴉溝，略六巫。瓦巖，勿巖。釣口巖，腳課莫。鐔鑽窑，特夫的。廣河，割河。後山，猓落。山腳下，巴麻竹咡。喇伯關，阿枯。猓玀河坳，猓玀鍋。板橋河，猓玀不沙。青岡關，呷沙呭曲。高蕎堡，蘇呷吾。大屯，大頭。天王擯，他姑包。青龍嘴，六巫巴租。一窩樹，阿呭吾。小王家屯，王加巫。白家河壩，曲基衣呷。普雄，卜合拉嗟。濫田壩，衣落腳巫。五里裙，述鍋。火燒坡，吽姑挖西。乾龍潭，思莫黑。河上坪，和沙坪。藍裙，窩落叨側。跑馬坪，不羅拉嗟。土鐔窰，呭谷的。河東，阿呷吐。

人類

帝，窩莫。官，息婆。文官，磋居息婆。武官，摸使息婆。人，磋。土人，特衣玉磋。農人，車茲車摸磋。手藝人，六姑。買賣人，巫六摸。漢人，漢呷。回回，拔必。夷人，猓蓑。西番，吾叻。洋人，仍叫洋人。大人，磋阿格。小人，磋衣茲。男子，阿子。女子，阿迷。婦人，雖力。老人，木梳。窮人，蘇沙。富人，蘇呷。癡人，茲格。聰明人，雜花。狡猾人，磋格。歹人，嗟阿美。好人，磋美。知禮人，而讀及。主人，月雖。家奴，娃子。使婢，僕。聾子，落波。瞎子，略吆。跛子，扑吆。駝子，足姑。瘋子，蹉巫。

月數

正月甲寅，拉而慈咘。二月乙卯，頭而離咘。三月丙辰，呭而蓑咘。四月丁巳，詩而呭咘。五月戊午，木而哀咘。六月己未，欲而呼咘。七月辛酉，挖而黑咘。九月壬戌，吭而姑咘。十月癸亥，窩而側咘。十一月甲子，黑而側慈咘。十二月乙丑，叨而側離咘。

天數

初一，多慈棃。初二，多離棃。初三，多蓑棃。初四，多咡棃。初五，多哀棃。初六，多呼棃。初七，多時棃。初八，多黑棃。初九，多姑棃。初十，多側棃。十一，多側慈棃。十二，多側離棃。十三，多側蓑棃。十四，多側咡棃。十五，多側哀棃。十五日滿，又折轉以衣分從起一。十六，衣慈棃。十七，衣離棃。十八，衣蓑棃。十九，衣咡棃。二十，衣哀棃。二十一，衣呼棃。二十二，衣時棃。二十三，衣黑棃。二十四，衣姑棃。二十五，衣側棃。二十六，衣側慈棃。二十七，衣側離棃。二十八，衣側蓑棃。二十九，衣側咡棃。三十，衣側哀棃。

銀

一錢，慈西。二錢，離西。三錢，蓑西。四錢，咡西。五錢，哀西。六錢，呼西。七錢，時西。八錢，黑西。九錢，姑西。壹兩，擇西慈約。

錢

一百，慈西。二百，離西。三百，蓑西。四百，咡西。五百，哀西。六百，呼西。七百，時西。八百，黑西。九百，姑西。壹弔，慈約。

飲食

白米，玆曲阿趨蘇。紅米，玆曲阿力蘇。酒米，力曲。穀子，車系。包穀，玉密。荳子，落嗎。莜子，額。麥子，車居。豌荳，沙落。胡荳，蠶荳。澍荳，甲都。瓜，都呷。桃子，四窩。李子，四呷。杏子，四也。栗子，莫期。梨子，四達。柿子，力㖠。柑子，四足。花椒，黑嗎。胡椒，則六。海椒，殺哉。生薑，恰皮。葱子，吾吐。蒜苗，黑期。青菜，黑皮。白菜，黑皮阿曲。蘿蔔，聞則。豇荳，六擇。膏糧，格布。元羹，挖期。茶，拉足。

衣服

馬褂子，衣的褂子。衫子，挖呷。汗衣，衣的。小衣，哈。帽子，哇而。鞋子，希力。襪子，挖兹。靴子，襪子。領架，叨呷子。套頭，挖貼。帶子，足挖。裹肚，足吆。手圈，落姑。戒指，落吆。耳環，羅博則都。

植物

松，胎。柏，哈系。柳，墨。沙，如。青棡，絲甚。柏楊，意來。鐵沙，舒。香樟，雖雖。椿，絲吾。漆，基。槐，叻。竹，墨舒。杏，四也。核，四密。柿，力㖠。

動物

龍，咡詩。蛇，莫詩。虎，拉木。豹，拉來。馬，木。牛，叨。羊，欲。鷄，挖。犬，啌。豕，窩。鵝，勿。鴨，耶。鵲，阿渣。鷹，足木。兔，頭而。鹿，澤。漁，黑。鳥，哈兹。猫，阿力。鼠，阿黑。騾，姑而。熊，窩木。獐，簍。麂，期。𪓟，㖠。鳩，獺叨。

器具

鍋，黑鷄。碗，折兹。筷，着。水，衣故。火，木都。棹，着兹。椅，几兹。橙，巴得。櫃，革子。戥，登子。秤，及。杯，之折。犂，絲姑。鋤，玆木巴足。挂，果。挖鋤，玆木叻的。丁扒，玆木落故。剪刀，叮噠。火箝，呷叮。石炭，雜雖。崗炭，絲雖。瓢，挖落。杠，衣谷則都。桶，桃咘。梳，窩咘。篦，沙呷。鎗，墨咄。刀，敵密。金，詩。銀，趨。銅，箠。鐵，詩都。錫，咄。

親戚

祖，阿鋪。妣，阿挖。父，阿博。母，阿木。伯，阿必基。母，莫依。叔，炟巫。母，麻呷。兄，歪巫。嫂，阿米。弟，依依。媳，麻支。姐，巫木。妹，力嗎。姑，依岐。孃，依波。舅，窩裡。表，阿波。朋，玆曲。

禮節

你那日來的，裡嗁鐵鍋拉。我昨日來的，阿力的黑拉。你來謂甚事，裡希時拉。我來走親戚，吉希都格。你來好幾日了，裡拉嗁力立及。我來四五日了，阿拉咡力哀力及。你家在那裡坐，袖依鍋息叮作。我未在裡家去過，阿裡依鍋足洛阿作。明日到你家去耍，莫時力裡依鍋足格。你歡喜不歡喜，你黑巫黑阿巫。你請此處坐，哈足立拉。你吃飯無有，你咱鄒鄒。你未吃飯，你咱阿鄒。我去做飯你吃。阿咱摸裡鄒。我吃飯了不銷，咱阿鄒阿作。你吃酒不吃酒，你支多支阿多。我去打酒你吃，阿支巫你多。我不吃酒不銷，支阿多巫阿作。我去煨茶來你吃，阿拉依時你多。口不渴不吃茶，克皮拉嗁拉阿多。我去拿煙來你吃〔二〕，阿煙干時你多。我不

〔二〕 拿：原作「那」。

吃煙不銷，阿煙阿多阿作。你家父母康健乎，你阿博阿木美美。沾天之祐還好，莫迷拖時美。你家弟兄幾人，你歪巫依衣吭力約。我家弟兄四人，歪巫依衣咡約。在做甚事，希莫摸。在做莊務，芋密車摸。今年穀子芋麥好不好，樹枯車系芋密美阿美。都還跟上往年，阿力慈枯足達。你家有好多牛羊，你依鍋叨欲吭力博。有四五十個，咡兹哀兹足。還有好幾匹馬，莫巴吭力嗎足。只有一匹馬，慈嗎的足。你家有好幾條猪，你依鍋窩巴吭力嗎足。有七八條，時嗎黑嗎足。你家有幾條狗，依鍋吭吭力嗎足。有猫無有，阿叮足的阿足。你一家弟兄到勤儉，慈家歪巫依衣雜花。無有一日空閑，慈力叨都阿足。不砍柴即去揹炭，系阿日雜雖擗。你家婦人勤快，你家媳木雜花。做茶飯看家務，咱摸依鍋博時。一家人都如此，慈家阿咡似達。衣食都穿吃不完了，挖呷咱鄒撒阿達。後日必定發財，力莫力蘇呷。發財要讀書寫字，蘇呷特依玉特依咘。讀書戴頂子做官，特依玉頂子的息婆摸。做官要管民管兵，息婆摸磋居摸居。行走那裡騎馬坐轎，客姑依莫兹轎子立。一家人都有名聲，慈家阿咡黑巫。弟兄亦得沾光，歪巫依衣以密的。你看讀書好不好，特依玉美阿美。寫字好不好，特依咘美阿美。看此爲官者，息婆摸鍋波。以就得知，阿咡的及。

附載《清流縣土司志・方言》，以備參考

天，木密。日，黑不。月，那垻。星，木幾。辰，吉石。風，木列。雲，害羅。雷，木兹。雨，媽掃。霧露，母烈。霜。喜吸。雪，窩。雹，木列。虹，不。氣，果墨。寒，木此。冷，鍋過。

春，率那。夏，兒那哀那。秋，時那血那。冬，木兹吉。年，兹谷古日。節，脚。以上天類。

地，密的。山川，米礫米傑。江，大一。河，以賣。水，一顧。石，羅媽。土，地密。田，車蜜。坡，皆馬。城，六哭。池，舒。市，愷。寨堡，此吾。以上地類。

人，勿磋。皇上，勿木。土司，兹模。頭人，蘇曰。通司，把識。祖，阿卜。父，阿達。母，阿媽。妻，寧烈。子，則。孫，里約。家門，此已。差役，兹女阿密。奴，菊。夷人，洛粟。漢人，黑呷。頭，呷切。手，路。頂，古烈。身，果薄。脚，希。宗派，峨次。正派，雨物一弱。心，黑媽。眼，眼兹。口，可唰。鼻，約比。耳，洛薄。腹，過洛。髮，子不。以上人類。

屋〔一〕，葉。几，愷希。牀，夜的。飯，雜。酒，枝。菜，恰别。肉，食。鹽，擇。茶，腊。烟，煙。碗，者則。碟，小盤。杯，者媽則。箸，主。牛，吽。羊，約。猪，窩。鷄，哇。野鷄，哈子。班鳩，他耳。雀，木扎。虎，納麻。豹，咱。獐，勒。鹿，黑。墨，媽雜。筆，師。紙，桃一。弓，黑媽。箭，哈靶。刀，及密。鎗，處。炮，炮。補褂，龍褂。鞋，新烈。帶，爵凹。兜，窩洛。甲，哈。以上物類。

〔咸豐〕冕寧縣志

【解題】李英粲修，李昭纂。冕寧縣，今四川省凉山彝族自治州冕寧縣。「稱謂」見卷九《風俗志》中。

〔一〕屋：原作「屋屋」，衍一「屋」。

録文據咸豐七年(一八五七)刻本《冕寧縣志》。

稱謂

西番,呼父曰阿吧,一曰阿達。母曰阿嗎,祖曰阿呼,一曰阿嗞咘。翁曰依呼,姑曰阿你,子曰咦,一曰衣架。女曰嗞作,媳曰赤嗞,孫曰日呼。

猓玀,呼父曰阿達,母曰阿模,祖曰阿噆,翁曰亦卜,姑曰阿卜,子曰嗞呼,媳曰嘆呼,孫曰兒矣。猓玀自幼定名,終身弗改。

獏狻,呼父母與西番同,祖曰阿鳥,祖母曰阿依,子曰吁,女曰嗞嗞,媳曰赤嗞。

〔民國〕西昌縣志

【解題】鄭少成等修,楊肇基等纂。西昌縣,今四川省涼山彝族自治州西昌市。「方言」見卷五《禮俗志》中。録文據民國三十一年(一九四二)鉛印本《西昌縣志》。

方言

莫有合音曰紐。語尾了字轉音曰弔。逞强恃勢曰歪,又曰足。偷視曰眘〔一〕,鎖陽平。磨之漸消曰鋊,音玉。足踏曰躧。推人曰攮。耳作聲曰聬。去骨曰剔。去汁曰潷。蓋曰㡧。以

〔一〕眘:原誤作「渻」,據《廣韻》改。

篾束物曰箍。平木器曰鉋。表物曰䆸。窰器光曰釉。香氣盛曰馩。裹襯曰胎。微飲曰洱，音敏。粗率曰体，奔去聲。目不明曰瞀，音茂，俗讀務。露齒曰齙，音庖，俗讀抱。天寒皮曰皴，音鄒，俗讀村。以□取菜曰拈〔一〕。手造麵人或偶像曰揑。爪刺人曰掐，音恰。擊人曰搘，音鐘。曲身曰蜎。手指文圓者曰腡，音羅，缺者曰筲箕。足厚皮曰趼，音簡。不良於行曰跰，平聲。齒畏曰𪘒。閉口切齒曰打冷𪘒，或作噤。手裂物曰撕。徒手量物之輕重曰敁，音顛。强與人物曰掗，音亞，俗讀鴉。以布拭物曰㩉，音末，俗讀莫達切。拭布曰㩉布。兩手相摩曰挼，磋。屈兩足以蹲曰跍，苦平聲。張足曰奓，音渣。以指歷取曰捋。手掘物曰㧄，同挖。聞言不受，唾而無沫曰杏，俗讀配上聲。捉人耳或衣服迫之使行曰毆，讀若糾，俗作揪。以瓢汲水曰舀，妖上聲。去垢曰漺，音爽，俗讀訕。粗莽曰惷，丑江切，俗讀莊上聲。兩人相遇曰碰，或作磕。行路逐人曰碾，趕字轉音。指擊曰敂，音扣，讀若敲。遲延留待曰捱。箸曰筯，即筷。細篾編甑底曰箅。以米粉香料蒸肉曰鮓，上聲。以鹽醃肉及果食曰濫，音覽。沙鍋煮肉曰燉，鄧。以杖滚麵曰擀，敢。擀麵撒粉曰𪍿，葡。肉片漬醬醋曰醮，簪去聲。齧骨曰齦，肯。水溫曰湯，去聲。食味變曰餿，搜。注意視曰盯，除庚切，又曰瞄。輕視曰矆，雀上聲。暗中行賄曰擩，孺陰平。緩行曰疲。人死曰㱦，斃之轉音。割動物之勢曰騸。花草萎曰蔫。以水澆花曰

〔一〕□：此字漫漶不清。

飲，去聲。人作事與時不合曰㪍，古梅字。合意曰對。不合意曰不對。履範曰楥，音絢，俗曰楦頭。織梳曰篦。以皮補鞋曰鞝，掌。鞋邊曰幫。束帶曰扱，札。碎物曰磑，内。量穀曰攂，或作攜，俗作扐。出鼻涕曰擤，動上聲。禾穗曰杓〔一〕，弔。去田草曰薅，蒿。人無精神曰瓢，汝陽切，即無陽合音。心動曰㥏，徹。冰曰凌，令。雹曰合閃。霧曰罩子。事無專責曰打雜。守舍廟者曰看司。稱文人曰老酸。遇事諳熟曰行家。績麻曰拎麻，□平聲〔二〕。用强迫力詐取人財曰拷掕，渴。人仆地曰摜交。娼婦曰拾物。無定業定居者曰滚龍。窮無所依而凶惡曰光棍。指人財物引盜行竊曰點水。鬢際曰花尖。竊曬衣者曰收漿。雞毛作拂塵曰撣帚，撣音膽。痛呼曰阿育。罵人多言曰多嘴，又曰饒舌，又曰嘮叨，即啕啕。好遊曰腳野。悶躁曰悶皂。陵辱人曰踏屑。依人生活曰挨仰。盜來之物曰黑貨。糾衆相鬥曰鬪龍，或曰攩龍槓。物相擊曰砯砰〔三〕。腹瀉曰腹過。小兒多言而躁曰囉唣。小兒好跳躍曰鷂翻。無知曰懵懂。傳壺斟酒曰行壺。拇戰負三次飲巨觥曰奪標。藏酒日久曰窨酒。火炙肉曰燒熇。處事過分曰老火。經驗太少曰欠火。處事周到曰蘇器。事物極愛好曰闊綽，又口玩格，玩平聲，又曰鬧派。物小巧者曰京製，或作精緻。舉動大方曰氣派。慚恥曰㲉羞。混人人家竊物曰闖潮。設

〔一〕禾：原爲空格，據詞義補。
〔二〕□：此字漫漶不清。
〔三〕砯：原誤作「砅」。

計求財曰想方。便溺曰解手。被欺騙曰上當，又曰空子，空上聲，又曰當老欺。不須曰不消。不潔曰躐踏。事終曰要臺。此如曰乍呀〔一〕，乍上聲，這呀之轉音。問何事曰啥子，什麽呀事之合音。問何如曰咱果，什麽呀結果之合音。毛房曰毛廁，音司。繞腰狹囊兩端開口曰串帶。切刀曰鍘刀。壓租銀曰壓頭。易物補錢曰找補。馬負物曰馱子。投資合貿曰打夥。售貨得利曰⿰貝耑錢，⿰貝耑又作賺。言行錯誤曰拐味。處事進退兩難曰受卡，平聲，夾字轉音。事久未平曰⿰奇几⿺走只，⿰奇几讀橋，不平意。作事無智能曰哈寶，又曰哈貨，哈即害字。委曲圓成其事曰灣好，又曰圓成。詐欺取財曰取⿰女奄，《廣韻》：「誣拏也。」誚罵曰革朗，責讓轉音。輕生相鬥曰甹命，甹，普丁切。惡驚曰阿碢，賀。訟獄案外牽連人曰開花。愛小便宜曰鈎刮。過於精明曰精詐，俗作渣。田土犬牙相錯曰插花界。天初明曰刷粉亮。薄暮曰麻子眼。作工曰做活路。寡婦曰隻身人。孕婦曰雙身人。藝術不精好自誇大曰半鑽水。不通世情曰老古董。富而不義曰齷齪肥。富而吝慳曰看財奴。再醮婦曰後婚嫂。窮無所依曰虛漂人。亂子婦者曰燒火老。任事不長久者曰尖鈎子。罵不明白事理者曰糊涂蟲。罵無孝弟忠信禮義廉恥者曰忘八蛋。稱竊曰三隻手，又曰抓哥。無材能曰不中用。穩婆曰檢生婆。足踝骨曰螺螄拐。袖手旁觀曰⿰革單眼皮。轉典田房價比舊典價短少曰烤火；烤火錢不再收回曰烤死火，能收回曰烤活火。典田換

〔一〕此如：似爲「如此」之誤。

佃曰過耕田。賣業價足再求加錢曰打加補。無才能曰没出息，無熟計之轉音。買賣私賄中間人曰灣子錢。求人讓賣新買之物甘愿加價曰挂紅錢。設計求財曰打眼眼，以舊制錢中有孔也。説大話曰衝殼子，衝去聲。代工曰打掌子。旅店費曰口案錢。小店曰鷄毛店。以惡手段待人曰紾制人。含笑忍辱説成其事曰軟導兑，即引導遊説，説音税；其甚者罵曰羞皮臉。行不畏威勢曰有觔氣，又曰有督氣。事之最後結果曰下地來。屈指擊人耳後曰打敲耳，敲音殼。凡事中途損失及物被竊曰受夾失，夾音閃，盜竊懷物也。人物不高大曰矮竨竨，榜下切。能酌盈濟虚曰會畫算。重曰重鈝鈝，鈝上聲。疥瘡曰乾瘍瘥。無精神志氣者曰陰死敗落。不知事由曰摸門不著。扶强抑弱曰打抱不平。談故事曰擺龍門陣。性急躁曰毛草火性。不務正業詭浪嬉遊者曰白氣耗光，耗讀料。容顔慘沮曰哭甏哀哉。

貴州省　凡三十八種

〔民國〕貴州通志

【解題】劉顯世等修，任可澄等纂。「方言」「夷語」「夷文」見《風土志六》，「苗語」「夷字釋略」「水家文」見《土民志八》。録文據民國三十七年（一九四八）鉛印本《貴州通志》。

目録〔一〕

方言

夷語

安順夷語合譯

興義夷語：狆苗語　青苗語　白苗語　猓玀語

都勻夷語：土族語　苗族語　水族語

〔一〕目録爲編者所加。

獨山：仲家語　水家語　黑苗語

黎平夷語：硐家語　生苗語　狇家語　壯家語

古州苗語

僰語

仲家語

夷文

苗語

安順府苗仲語合譯

興義府：苗仲語　青苗語　白苗語　猓玀語

普安廳：羅羅語　僰語　狆家語

黔西州：羅羅言　狆家言　苗家言　各家言

黎平府：硐家語　生苗語　狇家語　壯家語

都匀府：苗語　花苗語　夭家語　凱口土人語

廣順州：犵狫語

夷字釋略

水家文

方言

俗語〔一〕，見人物之可誇者曰嗚呼，上聲。可鄙者曰噫嘻。《老學庵筆記》。平原曰壩。黄山谷詩注。酒器曰壜。言語忤人曰觸音杵人。燒礦爲鐵曰熯。音善。火灸曰熇，音考。又曰熁。音脅。鼻塞曰⿱祝土。音祝。謂看曰⿱肖貝、鎖平聲。曰瞙、音苗从目。曰瞧。魚網曰罬。音漩。飲食變味曰餿音搜臭。皮裂曰皴。音村。腹瀉曰過。土高起曰埨。倫上聲。曲木可挂物曰鍓鈎。俗作搭鈎。鉢木器曰錛音奔鋤。切草刀曰劄音札刀〔二〕。平木器曰鉋音報子。詑其多曰矮音窩夥。以刀磨瓦盆或皮上曰鐴。音避。目不見物曰瞀。音務。露牙曰齙。音報。以辛香和食曰萫。音向。香圓稻米曰⿰禾免音晚米。女工曰針黹。犂上鈇板曰鐴耳。老曰老革革。木段曰橦〔三〕。音同。下垂曰軃。結堅曰凝。音禁。和物曰拵。音坌。物朽而斷曰剸。尊上聲。人快敏曰伶俐。水歧曰汊。音詑。檔木阻之曰檔。穿牛鼻繩曰桊。音捲。舂糙成熟曰⿰麥隹。音劃。母之父母曰外公外婆。磨之漸消曰鉛。俗讀作遇。穀穗曰杓。音弔。割牛馬勢曰騸。音扇。不精彩曰⿰馬巤騔。音臘塔。皮冒鼓曰鞔。音瞞。謂多曰够。音構。耳垂曰⿰耳荅。音答。足踏曰躧。叙上聲。牛馬腰左右虛肉曰軟膁。音歉。物濕而黑腐曰勃，一曰黴。音梅。乍晴乍雨曰⿰氵弄淞音弄送雨。沃土曰魚米之地。日中曰晌音賞午。劈破

〔一〕俗語：《老學庵筆記》作「蜀人」。
〔二〕刀曰：原誤作「曰刀」。
〔三〕段：原作「斷」。

曰斯。聲破曰嘶。馬鳴曰嘶。器破曰甈。餛飩曰扁食。以米糤鹽椒釀肉魚曰鮓。手承物曰拓。推人曰攮。音朗。手提曰揵。音虔。摘毛曰攀。音涎。跛行曰踏。音沓。心動曰懘。音徹。麫散曰𢚩。音勃。鞍薦曰屜。音替。抽屜曰屜。短衣曰褣。音莊。不與人分辨曰不理。寒熱結瘣曰疨音幸瘍子。耳中作聲曰聬。音翁。謂子曰崽。音宰。凡高出曰矗。音銃。凡苗實聚多曰纂纂。通水槽曰筧。音簡。竹篾曰篾音迷條。有耳瓶曰甑。音省。作涼席竹曰笊音水竹。木石牡曰籠。音筍。以鹽漬物曰濫。音覽。箸曰篋。音快。伸麫曰擀。音敢。謂人形短曰矮矬矬。音搓。鞋襯曰幫。門地腳曰限。音坎。物小曰穛。音醮。物臭曰膖音滂䰉抽去聲。牝馬曰騍。雌狗曰草。雌思雄曰起草。宛轉生動曰蚴。牛去聲。疥瘡曰乾瘍㾦。土音格澇。傷痕曰痡瘑。音逋論。赤子陰曰峻。音攜。地平曠曰壏埮。音覽坦。地芝曰菌。音郡。米囊曰磑。音內。物相擊聲曰砯砰。音研烹。驛遞曰站。重聚曰磊竧。堆上聲。人之狡黠者曰尖穳。音纘。尾口已音以巴。艾炷曰熁。音醮。火爆曰炸。音乍。旁屋曰廈。手掬曰抔。音掊。手挽曰撦。俗作扯非。粗率曰笨。奔去聲。散物曰掞。音豔。斂衣裳曰扱。音扎。驚畏曰嚇。音下，又音赫。手裂物曰搣。音滅。盛酒器謂之酒落。盛茶器謂之茶落。凡驢騾所負物曰他音惰子。大甕謂之瓨。即缸。得利曰賗。耑去聲。蟲螫人曰蠚。音螫。以毒藥藥人曰癆。音澇。笑曰啞啞。音格。鞋無飾曰靸。音撒。牛羊食已復吐而嚼音爵之曰回嚼。音醮。收摺之曰摺揲。爪刺曰掐。音恰〔一〕。曲謂之蜎。貫縷提之以織曰

〔一〕恰：原誤作「恰」。

綜。音縱。横縷曰緯。音位。直縷曰經。音徑。癡愚曰夢憃。音銃。壓物曰笮。音乍。性傲曰戇。剛去聲。不平曰甂。音窾。桃李核曰覈。音忽。吸之曰欶〔一〕。音朔。笮去汁曰滗。音必。指物事曰者。俗作這非。面瘡曰皰。音砲。飯粒粘紙曰飯粘。音年。碾物使光曰砑。音迓。柄曰把。欛同。子細謂之把穩。凡去瓜果皮曰雪。藏酒曰窨。音印。爹音查足曰蹀。音茄。酒醋中小蟲曰蠓。音猛。言吃曰蹇。足皮曰趼。去垢曰磢。音訕。刮鍋曰鏟。平木器曰鏟。削平曰鏟。音剗。履中模範曰楦。音絢。趕曰碾。衣系曰襻。音畔。甑底篾笆曰箅。音閉。飾邊曰緣。音怨。攪曰摺。潮去聲。眼皮動曰眨音劄眼。鹽鹵曰膽水。田舍曰莊。主父曰使去聲長公。主母曰使長婆。熬曰煎。去聲。鷄伏卵曰菢。音抱。穢汙曰涴。音餓。置釘平聲曰釘。音定。楮樹曰穀。音構。馬障泥曰韂。音綻。毛席曰毯。足蹂曰跐。此平聲。豕項間肉曰膔音曹頭。負物曰馱，一曰背。音悲。撻穀器曰連枷。音加。束小兒者曰綳。音崩。馬後革曰鞦。騾後木曰紂棍。瓦器未成曰坏。音披。拾物曰搴。音簡。呼狗吠曰嗾。音漱。線條曰綹。音柳。釜溢曰鬻。音孛。表畫曰褙。音甑。吐氣曰吙。火平聲。叱之曰嘐。音初。不速曰遲平聲遲音治。唾人曰啡。坏、配二音。聲不清圓曰嗄。俗作沙上聲。快走曰猋。音標。蠚蟲曰蛆。音納。木歧曰椏〔二〕。叉上聲。縫皮曰鞝。音掌。哃之

〔一〕欶：原誤作「敕」。

〔二〕木：原作「本」。

曰啐。音卒。村市曰場。呼人曰嘽。音胃。喉曰嗓，一曰嚨。夏日暴雨曰偏涷雨〔一〕。飲聲曰敌。音骨。漉物曰舀。妖上聲。抄飯匙曰乘。音鍬。進船曰划。音華。舀水器曰斗戽。手卜曰拈鬮。音鳩。小曰蔑蔑、曰丁丁，又曰點點，又曰些些。膺聲曰欸。音藹。漉器曰筲箕。關捩曰捎⿱竹息。音消息。凡物已採復搜其餘曰散。賀人曰恭諗。音審。毀人曰誹。音吠。詞不屈曰謽。音絳。以言阻人曰讜。沈水曰没、迷去聲。曰淹。音庵。鋪墊曰⿰扌羈。音羈。縷在紡車上及在梭中曰繐。音遂。正屋曰⿱代呂〔二〕。音薦，俗作垈。牡牛曰牯。牝牛曰牸。月半明曰朏朏亮。繩索斷而續之曰剿。音妾。燒刀刃納水中以堅之曰焠。音翠。以篾束物曰箍。音孤。竹器曰篼。窑器光曰釉。音宥。瘦皮垂下曰皺。音答。手掘曰穵〔三〕。烏八切。蓋曰康。音慷。傷皮口刺。瘡上聲。物裂開曰笑。碎切曰劄。音札。織具曰簆。音寇。渣汁曰澱。細長曰蹽䠷。音了掉。謂人樸訥曰木詘。音黜。熱而皮生瘮曰痱音費子。多鬚曰⿱髟堯音鬧腮。綰髮爲髻曰⿱髟贊。音贊。麪漿曰糨。音絳。樹枝歧者曰椏。音鴉。閉門機曰櫰。音栓。搦汁曰⿱罒齊。音濟。以物沾水曰蘸。音站。大曰奘、莊上聲。曰莽。爛曰鮁〔四〕。音跋。粗惷曰㤶戇。音莽壯。不慧曰昏惆。音刀。疒戶曰懵懂。音猛董。一目眇曰

〔一〕日：原誤作「曰」。

〔二〕⿱代呂：原作「⿱代石」，據《字彙》《篇海》改。

〔三〕穵：原誤作「宊」。

〔四〕鮁：疑即「⿰貝犮」字。

單照。牙垢曰牙屋。音因。屋上承椽梁曰檁。音領。小兒學行狀曰踻〔一〕。音得。水上涌曰湒。音冒。擊曰搭。音答。手采曰捋。小兒手據地行曰趙。音蒲。屈膝曰𨆼。魁上聲。日費曰進用。補漏曰苴。音查。不脆曰臑。音如。不鮮曰蔫。音焉。不端正曰𧄍䵳上聲䃥音鮓。人死曰過世。謂人躁曰炸〔二〕。音乍。嘸聲曰䶐𪙸。音括查。齒畏曰齽。音禁。推之曰搎。音聳。漩水曰漩渦。手捉曰挌。音客。水潭曰沱。音陀。壅物味變曰𪖐音瓮醜抽去聲。築堤蓄水曰迮。音作。熟米麥末之曰炒麪。深巖曰嵌。音謙。謂欺紿曰鬼。謂人黠曰鬼。生卵曰生。去聲。謂人村曰山巴土獠。不伸曰抝。音紐。舟著地曰㟢。珂去聲。繞腰窄囊曰纏去聲袋。分麻曰朩。音派。跛行曰尥。音料。取笑語曰詑。音陀。山帶霧曰山戴帽。物墮水聲曰漟。石墮曰砼。俱音董。瀝去水曰瀝。精䯄骨曰䶈。音闖。猪脂中堅曰脠。音移。電曰睒。音閃。肥脂曰臕。音標。手指文曰腡。音羅。精肉曰睛。音精。胎衣曰脬。音胞。溺囊曰脬。田分段曰稜。魯鄧切。禾不實曰穮。音厭。遠曰窵。音弔。袴曰衳。音鍾。行不進曰尷尬〔三〕。音甘介。小兒女曰么。不知名呼之曰那。音懦。漬藏肉菜曰醃。音淹。酒器曰酒醢。音海。不去渣酒曰醪音勞糟。鹵水曰醶。音減。勉力曰勥〔四〕。音絳。

〔一〕行：原誤作「得」。

〔二〕躁：原脱，據《蜀語》補。

〔三〕尷尬：原作「尬尷」。

〔四〕勥：《蜀語》作「勥」。

自謂曰我。謂人曰你每。耳曰睡。朶平聲。乾肉及餅曰巴。不謹曰傝㑩〔一〕。音搭撒。開張曰修。音查。闊口曰奓〔二〕。車上聲。牛羊馬豕欄曰圈。禽卵曰彈。薰藥曰熏。音訓。火熝曰煨〔三〕。香氣盛曰馩。蓬去聲。兩手相摩切曰挼。音磋。罵人之醜稱曰雜種。重曰重鈍鈍。吐本反。弓戾曰弰。音別。凡器物指甲裂皆曰矟。與小兒戲捉其鼻曰牽牛。狡獪曰姡。胡刮反。稻苗秀出曰放穮。音標。急遽曰奔去聲命。發饅頭曰起酵。音教。便旋曰出恭。有所礙曰隱。恩上聲。凡戲玩曰耍〔四〕。澆花木菜蓏曰飲去聲水。凡初贈工匠曰利市。蟲食菜曰蟲殺。去聲。物件曰家火。口氣鬱不伸曰漚。去聲。犬羊癩曰癚。四邊曰四映。人之憒憒者謂之㲄濁。音斛篤。褥子謂之裀音調子。凡顔色鮮明曰翠。言語不合謂之不對牡〔五〕。老不聾聵、疾不沈重皆謂之新鮮。煖酒曰湯。音蕩。襯裏曰胎。鑄銅鐵器曰鑄。音到。心亂曰恅慅。音老草。慚恥曰㱿音慨羞。聚足曰躦。音攢。低聲曰啾啾。千遥反。小腸曰㕼音子腸。玉讀若遇。石讀爲旦。孟讀作夢。大讀一駕切。朋音蓬。術述音蜀。巫誣音烏。尹音允。虹音岡。去聲。署音樹。衡音烜。奚音

〔一〕傝㑩：原作「㑩傝」，據下注音改。
〔二〕奓：原誤作「奓」，據《蜀語》改。
〔三〕熝：原作「燋」。
〔四〕曰耍：原誤作「要曰」。
〔五〕牡：原誤作「壯」。

希。《蜀語》。

按，明李實留意方言，所撰《蜀語》，事征本原，十得七八。黔蜀壤相接，聲固相近，凡有吻合，悉以採載，至本省所無者不録。《遵義府志》。

謂父曰爺，亦曰爹。母曰媽，亦曰娘。祖父母曰公、曰太，亦曰奶。音近胎。曾、高祖父母曰老祖公、老祖太，亦曰老祖婆。伯父曰大爺、二爺，音近延。或曰大爹、二爹。叔父曰大叔、二叔，亦曰大爺、二爺。音近鄢。諸母曰大媽、二媽，或曰大娘、二娘。呼伯母音近良，呼嬸母音近姜。長兄曰哥哥，次兄曰二哥、三哥。弟曰二弟、三弟。長姊曰姊姊，次以行數，妹亦然。長嫂曰嫂嫂，次以行數。弟妻曰弟媳。舅姑曰公婆。祖曰祖、曰祖婆，有從夫稱爹媽、公太者。夫兄長曰大爺，音近鄢。次曰二爺。大爺以行數〔一〕。夫弟曰叔。子曰崽。女曰妹崽。孫曰孫孫。孫女曰妹孫。兄弟之子曰姪，女曰姪女。外祖父母曰外公外婆。舅父曰舅爺，其妻曰舅媽。諸姑曰姑媽，其夫曰姑爹。祖之行則曰舅公舅太、姑公姑太。姑舅之子皆曰表兄弟〔二〕，母姨之子曰姨兄弟，女曰表姊妹、姨姊妹。妻兄弟亦曰幾兄、幾弟。妻父母曰丈人丈母，或曰親爺親媽。姻家尊行曰親太公，其内曰親太。鄰里年老者曰老太公，内曰老太婆。四十以上曰某大爺、二爺，聲近延。某大娘、二娘。聲近良。年均以下曰某大哥、某大嫂。奴婢謂家長有頂帶者曰

〔一〕 大爺：當爲衍文。

〔二〕 姑：據《桑梓述聞》補。

太爺、曰老爺、曰相公，其内曰太、曰奶奶、音近來。曰相婆。鄉里無姻戚世交者以民家稱，士紳家亦如之。民家則稱老太公、老太婆、大爺、二爺、大娘、二娘。奴曰小厮，老曰老者。婢曰丫頭，老曰老媽子。凡父兄於弟及子女皆呼名，家長于奴婢亦然。此稱之近禮者也。兄于弟既長，則稱字。若兄弟各從其子稱大爹、二叔、大媽、二娘，此過於文者也。或子婦從奴婢之稱，謂父母、舅姑曰太爺、太太、老爺、奶奶，謂姊妹夫曰姑老爺，謂妻兄弟及子婦之兄弟曰舅老爺，姻戚相謂曰親太爺、親老爺，幾相公，此則近於諂矣。

師曰先生，前輩則曰某先生，猶有分也。吏書及星士亦曰先生，百工、僧道謂師曰師父，而人謂工爲某師父，僧爲老師爺，道巫爲老師乃。弟子稱師，諸生稱學官亦曰老師，此稱之無等者也。

民稱縣正曰太爺，音近延。學師曰學爺，縣尉爲四老爺。紳士則曰縣尊，鄉紳面稱父台，士稱父師。謂縣尉曰捕公，面稱亦曰父台。于學師，非其弟子則曰老先生。民于房書曰稿公，今曰先生矣。於公差曰老使，訛爲老師矣。紳士則曰某稿、某頭，重之或曰某稿公、某官頭，諂之者亦曰先生、老師矣。

謂前代曰那會欑，後來曰到時候、到明早。速辦曰趕快、曰疾忙。遲緩曰慢條細理。加意曰好生些。嘗試曰只筦去。相訂曰務必。相問曰是那様。物難得曰那些有。事未必然曰那能彀。此處、彼處曰這些、那些。謂好物曰好東西。勸人可已曰罷囉。欲其然而故反之曰不罷，激之則曰未必罷。諉人曰管你的、曉得你的。事無可如何曰挐則個做。惜其然曰是則個了。幸其然曰我説不。曲折措置曰側騰。作難曰倒騰。有所慮曰恐怕。決之曰不怕。無法度曰没樣子。好高曰做時做樣。美好曰齊整。應人果然曰老實哩，疑之亦曰老實呵。謂人好曰正經、曰忠厚、曰善道人家，否則曰利害、曰霸道甚、曰薄惡。無信曰白嘴。妄行曰飛。游手曰流神。無賴曰混帳家伙。男竊女淫皆曰不學好，責之而猶望其改也。慳吝曰爲子孫作牛馬，惜其守財，而實無以貽後也。勤儉則曰做人家，言爲人與治家皆當如是也。《桑梓述聞》。

天明曰天亮。日晚曰黑了。月半明曰朏朏明。朏音噴。虹曰杠。杠去聲。乍晴乍雨曰籠鬆雨。冰曰淩。祖父曰爺。祖母曰太。父曰爹。母曰媽。伯曰大爺。伯母曰大媽。嬸曰娘。小妹曰幺妹。岳父曰爹。岳母曰媽。岳父稱壻曰姊夫，從子稱也；又曰姑爺，從孫稱也。外祖曰外公。外祖母曰外婆。舅父曰舅爹。舅母曰舅媽。姑夫曰姑爹。姑母曰姑媽。婦女相呼通稱曰姨媽。圓曰圞。取曰拏。棄曰丢。换曰捉。繁瑣曰累贅。多言曰嚕瑣。絮語曰嘮叨[一]。快便曰磨利。無曰不得。多曰彀了。不大佳曰不合式。不堪用曰要不得。愚蠢曰壯棒[二]。匪人曰爛者。詭詐曰敲搕，又曰敲釘錘。推曰攮。手摩曰搓。鼻塞曰齆。身藏曰躲。皮裂曰開麻皴。疥瘡曰瘑⿸疒老。偷視曰瞙。音描。拾得曰檢得。急行曰奔命。止宿曰歇。火爆

[一] 曰嘮叨：原作「嘮叨曰」。

[二] 棒：原誤作「捧」。

曰炸。食變味曰餿。物煮爛曰葩。物濕而色變黑曰黴。音梅。鷄伏卵曰菢。音暴。瓦器未成曰坏。事壞曰錯乖。事完曰歸一。《興義府志》。

夷語

拔，父也，一曰罷。蒙，母也，一曰明。的，孩也。努介，食食也，一曰儂躲。忽往，飲酒也，一曰呵交。努擬，食肉也。呵巴，飲茶也。呵應，食煙也。賽，米也。夕，火也。沱，亦火也。甕，水也。大送，舂米也。介，鷄也。拜，豕也。擬，牛也，一曰訛。商訛，放牛也。麻，馬也，一曰米巴，亦豕也。猛已，趕集也。大弄，日午也。條，漢人也。雅犇條，不識漢語也。雅務，不好也。雅道，不得也。雨曰躲婁。

父爲包，母爲篾，祖爲大。食食爲固脤。飲酒爲固悖。食肉爲固膏。啜茶爲固高。鷄爲奓。鴨爲呵。馬爲虐。犬爲磨。一爲序，二爲瘦，三爲大，四爲布，五爲目，六爲逆，七爲索，八爲遮，九爲梭，十爲完。織布爲陶打。傭工爲陶貢。趕集爲拜其。喪祭爲曰號。

父謂之索，母謂之咪，兄謂之皮。朝饔謂之艮捱，再飰謂之艮林，夕餐謂之艮喬。飲酒謂之艮撈，食煙謂之艮完。坐謂之攘，行謂之拜。揖謂之張。打謂之敵。畜豕謂之麈慕。傭工謂之果甕。貿易謂之果介直。趕集謂之拜謁。雨謂之汶到，晴謂之汶艮。官謂之貫。

上墳曰砍地。送客曰勾業。管兵頭目曰抹色，書辦曰募施。伴當曰必蘇。頭人曰海折陌耕。以上見《黔書》，實貴陽苗語也。

黔苗稱天子爲京裏老皇帝，稱大小官皆曰皇帝，其私稱官則曰朦官，僕皆老爺。各衙門曰朝廷。噫矇之稱，殆《春秋》一字之譏歟！呼漢官爲流官。戲稱苗曰同年，則輾然色喜，不知何所取義，聞呼踴躍也。《滇行紀程》。

苗見流官，無論尊卑，皆稱老皇帝。見内地人曰漢人，以漢始通道西南，故稱其舊也。能通漢語者，謂之客語。爲苗論判是非者，謂之鄉公。漢人潛入苗洞者，謂漢奸〔一〕。渠帥曰精夫，同類稱同年，幼稚曰馬郎。苗童未娶者曰羅漢，苗女未嫁者曰觀音，皆髻插鷄羽。《峒谿纖志》。

苗見吾輩鮮衣怒馬，僕人呼擁而至，舉家皆出膜拜，有不知者，輒大聲呼而出之，曰：「睨漢郎。」漢郎者，漢官也。《滇黔紀遊》。

安順夷語合譯

天文 苗仲語

天曰董／論悶〔二〕。日曰上董／刀輪。月曰糯夕／莽高。星曰糯工／奈里。風曰邦下平／任。雲曰阿仁／烏。雷曰騷果／巴來。雨曰饒囊／刀愠。霜降曰哦打／奈文。下雪曰饒邦下平／刀奈。霧曰哦乃／呵摸。露曰婁／崖。電曰騷乃／要巴。雹曰勞／刀任。凌冰曰

〔一〕奸：原作「汗」。

〔二〕「／」之上爲苗語，「／」之下爲仲語。原書以雙行小字方式排版。

空/奈塊。旱曰農科/悶雨。澇曰皆勞/攘王。凡有音無字者，俱以四聲圜讀之，惟下平聲圜讀恐與上平聲混，故注曰下平，餘倣此。

地理

地曰打/囊。山曰巴/播。大山曰巴勞/播懦。小山曰巴尤/播奈。山頂曰户巴/娘泊。山腳曰蹈巴/懦順。石曰坳/應。巖曰兀/因。江曰抗/巖。湖曰搪不/安。河曰矼/大。海曰况潦/巖。水大曰皆勞/刀懦。小水曰皆尤/刀奈。池塘曰邦/當。井曰况潦/論摸。坑曰况踝/論莊。溝曰都矼/論孟〔一〕。田曰冷/拿。土曰打/囊。園圃曰罔乳/論莊。大路曰戛勞/論滃。小路曰都戛/論奈。石洞曰况孚/論莊。田塍曰况冷/温那。

稱呼

高祖、曾祖父曰腳婁臺/包太〔二〕。高祖、曾祖母、老婦曰埋婁/亞老。祖曰腳婁/公。祖母曰埋婁擡/太。父曰腳/耶。母曰揑/埋。伯曰堯/包。叔曰才/爺。伯母曰埋澇/篦奧。叔母曰埋牙/亞比。姑母曰麻阿/蔑巴。母舅曰既農婁/播龍。兄曰姑/哥。兄嫂曰埋牙/比奥。弟曰牙/那。弟婦曰埋牙/那。婦人曰伊虐/猛。姐曰呵婁/姐。姐夫曰

〔一〕都矼/論孟：原誤作「都論/矼孟」，據道光《安平縣志》、咸豐《安順府志》改。

〔二〕曰：原脱。

敝務／包龍。妹曰阿／猛。妹夫曰敝務／播古。表伯曰阿堯老／播比〔一〕。表叔曰阿牙老／播古。表兄曰老表／比。表弟曰老表／囊。妻舅曰村既農／播那〔二〕。妻曰虐／折亞。子曰冬／婁。兄弟之子俱曰冬句／婁腮。女曰莫癡過／婁猛。女壻曰敝務／婁規。外甥曰外甥／婁襤。親家曰腳／老浪。先生曰藏道／章瑞。大人曰蒙老／大人。媒人曰美人／補司。僧道曰和尚／阿道。鬼師曰鬼師／文亡。佃户曰壘招／僂張。裁縫曰采風／文牛。廚子曰處子／文廚。木匠曰藏伯／文歪。瓦匠曰藏俄／文瓦。石匠曰藏坳／文硬。保人曰叩俄昌／包都文。中人曰中人／憑端。你曰你／皆沽。我曰哄／皆蒙。書辦曰書班／仲同。代書曰代書／仲同。差曰都差／阿差。打曰奴／呆。斷案曰董狀／決芮。訟勝曰狀贏／贏敗。訟輸曰狀輸／輸敗。班房曰班房／仲同。監獄曰把牢／論牢。禁卒曰都皂／阿齋。乞丐曰時和／阿弩〔三〕。賊盜曰都雙／不劣。

言語動作

生曰波／里尼。死曰奪／太敗。貧曰梗／窩老〔四〕。富曰發采／班利。大曰老／邦饒。

〔一〕阿堯老／播比：原作「阿播堯／老比」，據咸豐《安順府志》改。
〔二〕村既農／播那：原作「村既播／那農」，據咸豐《安順府志》改。
〔三〕時和／阿弩：原作「時阿／和弩」，據咸豐《安順府志》改。
〔四〕梗／窩老：原作「梗窩／老」，據咸豐《安順府志》改。

小曰育／奶饒。有曰猛／里。無曰馬猛／秘攸。來曰勞／罵。去曰蒙／敗。遲曰離／卯邀。速曰衰／茫邀。言語曰都腮／甲奥。走動曰猛戛／條。物大曰老／沽農。物小曰育／沽右。人多曰蒙都／丈賴。人少曰蒙招／丈修。願曰好／主。不願曰莫好／密主。凡事不諧及没有曰莫仁／密攸。巧者曰乖／饒。伶俐曰在行／直饒。愚蠢曰湯／瓦。小心曰小心／同。拜跪曰扒九／拜。磕頭曰奴户／高。不聽人言説曰莫門腮／密睿。打降曰奴架／董敵。相罵曰皆架／董汶。綑縛曰開／混。换肩曰離朱／利巴。騙賴曰賴／騙賴〔一〕。貪婪曰贓錢／更案。買曰貿勞／甲。賣曰貿蒙／周。嫖曰嫖有／過。賭錢曰賭錢／同。擲骰曰擲骰／刀能。以物頓地上曰固打都／沽論論氏諒〔二〕。

身體

頭曰農服／拱高。髮曰褒服／奔高。額曰賓包／拿罷。臉曰包／那。眉曰褒蒙／奔大。眼曰蓋蒙／論大〔三〕。耳曰農把／雷。鼻曰農褒／浪〔四〕。口曰農九／班。鬍鬚曰阿者／孟。齒曰命／札兒。舌曰乃／冷。項曰農浪／拱右。肩曰胄膊／拱巴。背曰朱股／白浪。手曰

〔一〕賴／騙賴：原作「賴／賴騙」，據咸豐《安順府志》改。
〔二〕固打都／沽論論氏諒：本志《土民志》作「固打里／沽諸氏諒」，咸豐《安順府志》、道光《安平縣志》作「固諸打都／沽論氏諒」。
〔三〕蓋蒙／論大：原作「蓋論／蒙大」，據咸豐《安順府志》改。
〔四〕農褒／浪：原作「農浪／褒」，據咸豐《安順府志》改。

叉/文。掌心曰胥雜/虹文。大指曰地雜/蔑文。小指曰地雜尤/婁文。胸膛曰農莊/白按〔一〕。乳曰農密/秘。腰曰農奪/拱文。肚腹曰農包/論董。肚臍曰農況刀/波戾。足曰蹈/頓。足腿曰奆奆波/戛心〔二〕。膝曰王服九/高窩〔三〕。足肚曰莊朱/董戛〔四〕。脛曰廣魯刀/大抱。腳心曰底胥/曼頓。足指曰地糟打/婁頓文。臀曰交角/更榮。筋曰打續/凝。骨曰才桑/光。肉曰皆/懦。毛曰毛制/奔大〔五〕。髮辮曰褒服/奔高。大便曰莊過/戈也。小便曰莊委/戈右。

村寨房屋

街曰街/蓋。巷曰尚/龍。寨曰農王/滿。門曰枕/杜。門外曰枕老老/氏論。門限曰氏弓/敢杜。寺觀廟宇曰廟/謬。房曰農把/然。院曰涸/稔。階曰孔/温光。亭曰枕狼/亭。樓曰農莊/瘦。倉曰戎/庾。枋曰方/王〔六〕。椽曰椽/同。梁曰兩/梁。柱曰假把/嫂。磚曰專/烝。瓦曰俄/瓦。窗曰窗風/同。檐曰滴罷/拉然。牆曰空身/迸。板

〔一〕農莊/白按：原作「農白/莊按」，據咸豐《安順府志》改。
〔二〕心：道光《安平縣志》作「必」。
〔三〕王服九/高窩：原作「王高服/九窩」，據咸豐《安順府志》改。
〔四〕董：原作「童」，據咸豐《安順府志》改。
〔五〕奔：原作「奈」，據咸豐《安順府志》改。
〔六〕王：原作「玉」，據咸豐《安順府志》改。

壁曰把太壁/板壁。

衣服

頂曰光等/廣。簪曰比服/並高。小帽、煖帽俱曰毛杏/冒奶。氈帽曰毛制/冒晉〔一〕。涼帽曰兩毛/涼帽。衣曰襖/光布〔二〕。衫曰衫子/布衫。袍、褂均與漢人同。馬挂曰馬褂/布登。汗衫曰汗褂/汗沓。手巾曰是波/冒邦。衣釦曰扣子/婁路。腰帶曰浪/刁。裙曰登/因。褲曰置/重。鞋曰亚/巖。襪曰襪/巖曼〔三〕。裹腳曰稱/郎。枕曰凝/高睡〔四〕。被曰邦/奔芒。褥曰芝/晉丟。草薦曰草斂/草簾。布曰帑/邦。紗曰種紗/賣。綢曰種/同。緞曰空/奥。針曰根/遁。線曰騷/賣。

飲食

酒曰竃/醪。吃酒曰呼竃/哽醪〔五〕。飯曰囊/奥。吃飯曰呼囊/哽奥。肉曰改/糯。吃肉曰囊吃吃/哽糯。猪肉曰囊改吃/哽糯暮。吃煙曰呼茵/哽完。烟竿曰札烟/論龍。

〔一〕晉：原作「普」，據咸豐《安順府志》改。
〔二〕襖/光布：原作「襖光/布」，據咸豐《安順府志》改。
〔三〕襪/巖曼：原作「襪巖/曼」，據咸豐《安順府志》改。
〔四〕凝/高睡：原作「凝高/睡」，據咸豐《安順府志》改。
〔五〕酒：原脱，據體例補。

烟包曰因盒／洽完。茶曰及／者。吃茶曰呼及／哽者。茶杯曰柯箕／論奥。小茶杯曰都匡／論千。油曰狀／油。油燈曰莊油／當油〔一〕。鹽曰祚／故。粥曰過篕／那冬。饑餓曰篩／口鐃〔二〕。香曰香／應。臭曰青／奥。冷曰囊／蔣。熱曰炒／抽。軟曰濃／温。硬曰墮／朗。糟曰脱竈／戻。麯曰哥竈／酉糯。

器用，坐卧具

棹曰枕／莊。椅曰椅／几。腳踏曰蹈枕／當〔三〕。屏風曰梗／莫覩。牀曰藏／長。帳曰盃／惹。

數目

一曰依／望。二曰阿／宋。三曰巴／撒。四曰褒／西。五曰卑／阿。六曰婁／繞。七曰臧／差下去。八曰以／邊。九曰覺／姑。十曰古／仇。十一曰古依／仇依。一百曰依博／把了。一千曰依生／玩了。一萬曰依望／諒了。一億曰依索／仇諒。一人曰你儂／望了。十人曰古仇／你儂文。百人曰博你儂／百文。千人曰生你儂／諒文。一文曰一儂／一文。十文曰古儂／仇厘。一毫曰好／毫。一釐曰一里／同。一分曰一分／玩。一錢曰一曾／一

〔一〕莊油／當油：原作「莊當／油油」，據咸豐《安順府志》改。
〔二〕篩／口鐃：原作「篩口／鐃」，據咸豐《安順府志》改。
〔三〕蹈枕／當：原作「蹈當／枕」，據咸豐《安順府志》改。

錢。一兩曰一良／一領。二兩曰阿良／宋領〔一〕。石曰當／如。斗曰道／倒。升曰升／分。合曰合／合。勺曰勺／勺。

方向

東曰東／汪〔二〕。西曰西／汝。南曰赧／三。北曰北／故。中曰章／枕矼。前曰打／浪。後曰光／那。左曰如／稔水。右曰羅／稔刮〔三〕。上曰家／喪。下曰箕／氏論。

顏色

紅曰倫／倫。紫曰都倫／滃。赤曰都摸／邦翁。黄曰廣／煙。青藍曰波素／温濫。緑曰波／論。白曰刀／告。黑曰朧／晚。

疾病

頭疼曰服曾／高堅。肚曰包／董。肚痛曰包芒／董堅。腹脹曰包脹下平／董脹。心痛曰順芒／温堅。耳聾曰浪拔／柔懦。聲啞曰湯／昂。眼瞎曰雷眸／大望〔四〕。背駝曰重朋／懦工。嘔吐曰懦／若。咳嗽曰論／嗐。下痢曰過唱／董弄。病瘧曰俄包／戈相。癲狂曰炳／

〔一〕阿良／宋領：原作「阿宋／良領」，據咸豐《安順府志》改。
〔二〕汪：原作「注」，據咸豐《安順府志》改。
〔三〕羅／稔刮：原作「羅稔／刮」，據咸豐《安順府志》改。
〔四〕雷眸／大望：原作「雷大／眸望」，據咸豐《安順府志》改。

寡。跛足曰加／架筎。

珍寶

金曰工／近。銀曰凝／案。銅曰等／龍。鐵曰陸／瓦。錫曰索／攸。鋼曰薩／扛。鉛曰永／元。錢曰屯曾／煎。玉曰玉／浪。寶曰寶／奥。

農工

墾田曰開壘／溉拿。築田塍曰俄涸壘／沓波拿。以水灌入田内曰喋温逐壘／嗅染之拿〔一〕。種田曰俄壘／戈拿。挑糞曰俄墳／阿奔。糞田曰俄墳逐壘／阿奔之拿。布種曰搬秧／拖瓜。插禾曰擠秧／浪拿。薅秧曰扔雍／奈那。曬禾曰温雍／他戛。收穫曰扔把／收謬。晾穀曰温他／把襖。種土曰俄打／戈那。薅草曰脱茹／攏壓。割草曰扔茹／管牛下平。

米穀

穀曰把／奥于。白米曰宋老／阿奥。舂米曰墮宋／利奥。糯米曰宋簍／阿那。粘米曰宋昨／阿那。穀殼曰索婁／燃邦〔二〕。糠曰索／燃。麥曰門／阿芒。蕎曰假門／芒芒。紅稗曰西／阿望〔三〕。小米曰都農／阿翁。豆曰都／婁嫣〔四〕。黄豆曰都廣／同上。緑豆曰都波／

〔一〕喋温逐壘／嗅染之拿：原作「喋嗅温逐／壘染之拿」，據咸豐《安順府志》改。
〔二〕殼：原誤作「㲉」。
〔三〕西／阿望：原作「西阿／望」，據咸豐《安順府志》改。
〔四〕嫣：原作「媽」，據咸豐《安順府志》改。

婁兵。芝蔴曰芝麻／同。杠豆曰都杠／婁必。扁豆曰都縛／阿巴。豆豉曰豉／嫣悶〔一〕。

菜蔬

菜曰茹／邦。青菜曰茹波／邦干。白菜曰茹過老／邦瓜好。油菜曰茹過有／邦油。芹菜曰茹京／邦芹。莧菜曰茹及／邦亂。媷菜曰脱茹／奈䠷。薑曰指／應。蒜曰堆／餓。葱曰茹葱／烏。韭曰茹韭／跑烏〔二〕。芋子曰柴户／婁忍。山藥曰玉朵／婁叟。蕨曰茹梭／邦坤。

果蓏

桃曰敝裸／婁道下平。李曰敝考／婁悶。核桃曰敝道下平／婁招。梨曰敝／婁梨。柑曰殊拿／□〔三〕。葡萄曰敝更／婁卵。壺瓜、絲瓜俱曰呵都／婁王。杏曰家／而甕。栗子曰敝芍／歪亞。

花木

花曰綁／歪。蘭曰蓮／奶。菊曰保廣／奶。艾曰嚴／艾。藤曰□／告。草曰娘／同。

〔一〕嫣：原作「媽」，據咸豐《安順府志》改。
〔二〕茹韭／跑烏：原作「茹跑／韭烏」，據咸豐《安順府志》改。
〔三〕□：原文爲空白。

竹曰找／歪仁。木曰能／烏歪。松曰争芒／歪既〔一〕。杉曰呵金／杉。桐曰呵當／歪高。漆曰呵腮／都良。棕曰曾棠／囊愠〔二〕。柳曰養柳／歪魯。羊桃藤曰敝芒／歪那。柴曰堆／文。生柴曰道波／文留。乾柴曰道踝／文羅〔三〕。

禽獸

鷄曰喈／蓋。鵝曰犒／雁。鴨曰歌／聘。鴉曰窩／啞。猪曰都膊／都暮。羊曰都養／都庸。猫曰都毛／猫。狗曰拉／都罵。馬曰敝密／都馬。水牛曰都勾／都歪。黄牛曰都母／都胄〔四〕。鼠曰都博／都嗅。兔曰都樂／毛。猴曰奪冷／都靈。虎曰敝召／都恐〔五〕。豹曰豹子／都空。鹿曰都侔／都。

鱗介

鯉魚曰大里／都擺。鰍魚曰麻絲／罷賴。鱔曰麻粳／罷勇。鼈魚曰都九／都烏。龍曰敝攘／都區。蛇曰敝糯／都嫗。

〔一〕争芒／歪既：原作「争歪／芒既」，據咸豐《安順府志》改。
〔二〕曾棠／囊愠：原作「曾郎／棠愠」，據咸豐《安順府志》改。
〔三〕道踝／文羅：原作「道文／踝羅」，據咸豐《安順府志》改。
〔四〕都母／都胄：原作「都都／母胄」，據咸豐《安順府志》改。
〔五〕恐：原誤作「怨」，據道光《安平縣志》、咸豐《安順府志》改。

昆蟲

蚊曰都芒/都良。虱曰硐/都南。蚤曰都膜/都曼。蜂曰蠊/都更。密蜂曰蚝/都蝶。蜘蛛曰都盃/都告。蜻蜓曰浪温/温壩。蝗蟲曰光密/都亂。蝦蟆曰過戈/都硬。蚓曰都姜/都斷。以上見《安順府志》。

興義夷語 狆苗語

天文

天曰立奔。日曰江晚。月曰龍論。星曰老黎。風曰戎。雲曰烏。雷曰巴染。雨曰刀温。霜降曰刀奈分。雪下曰刀奈。霧曰乃莫。露曰藏善。電曰羅邑。雹曰刀論馬。冰曰刀奈消。旱曰没刀温。澇曰刀温奈老。

地理

地曰囊。山曰播。大山曰播老。小山曰播奈。山頂曰寧波。山麓曰谷播羅。石曰倫會。巖曰邑。山洞曰立勒莫。水曰染。湖曰立大。江曰立宜。江濱曰六宜。大水曰仍不老儒。小水曰立我。井曰立波。溝曰千侯。田曰拏。田塍曰恒拏。土曰奈。園圃曰立三。大路曰染勞。小路曰染梁。

稱謂

父曰播。母曰米。祖曰包。祖母曰夏。曾祖曰呀太。曾祖母曰包太染龍。伯曰包籠。

伯母曰妹巴。叔曰坳。叔母曰蔑坳。姑曰妹姑。母舅曰妹拏。兄曰必勞。弟曰龍倫漢。嫂曰必奔。弟婦曰蔑坳。姊曰阿比。姊夫曰必蓋。妹曰龍老漢。妹夫曰叔包。夫曰包。妻曰夏。舅曰播拏。子曰立衰。女曰婁猛。姪曰倫蘭。壻曰卜甘。外甥曰婁濫。親家曰卜龍。通謂婦人曰叔夏。寡婦曰没邁。孤兒曰勒家。僧道曰卜道。巫曰老。田主曰蘇奈。佃曰倫李。縫人曰上義。庖人曰上蘇。木匠曰上肥。瓦匠曰上瓦。石匠曰上林。中人曰阿卜立過江。官曰卜腮。差役曰交差。我曰鬧。他曰星鬧。通稱曰同年。乞丐曰不奴。乞丐頭曰賽不奴。盜賊曰不讓。

人事

生曰交。死曰猷。貧曰不奴奈。富曰姑馬姑蔑。大曰老，又曰那饒。小曰娘，又曰奶饒。有曰半。無曰惡蔑。來曰行馬。去曰倒不然。速曰半遼。遲曰來山。言曰岡不呢。走曰岜論。坐曰浪。臥曰碑論。喫曰哽。多曰奈勞。少曰惡蔑。怒曰梟梟。喜曰蒙浪。不成曰那個蔑半。成曰個半。巧曰耕老。呆曰娃老。小心曰老浪。不懼曰密勞。拜曰跪。揖曰乃老。不聽言曰少蔑你老蔑呢不老少。磕詐曰佛根牙。打曰同登。罵曰同那。杖責曰打不眈。聽訟曰審賽。訟勝曰贏半。訟負曰輸半。獄曰論牢。管獄曰牢論。殺曰街。綑曰殺熟。擡轎曰染轎。坐轎曰浪轎。欠債曰負你老。索債曰要密來。買物曰半後手。賣物曰阿不甘。以物丢地曰韋古染浪。祭山曰拜蘇賽萌。過小年曰更將六。

身體

頭曰拱交。髮曰編老。額曰拏岜。面曰巴拏。眉曰奔大。眼曰論大。耳曰雷。鼻曰包浪。口曰班。鬚曰孟。齒曰阿油。舌曰冷。項曰少華。肩曰高巴。背曰白浪。手曰馮。掌心曰降馮。大指曰蔑馮。小指曰婁馮。胸曰那個。乳曰莫。腰曰亨。腹曰蔑董。臍曰立波。足曰不頂。腿曰街棒。莖物曰完。膝曰卯。足肚曰街。脛曰打包。足心曰丢頂。足指曰老頂。臀曰不獃。筋曰凝。骨曰楞哪。肉曰糯。毛曰奔拏。大便曰刀夜。小便曰刀鳥。

疾病

頭疼曰交温。腹痛曰董堅。腹脹曰董脹。心痛曰惡堅。耳聾曰不任鹿。聲啞曰不昂。眼瞎曰大錫。背駝曰倫背。嘔吐曰羅侯。咳嗽曰㖔。吐涎曰北南。痢曰奔毒淋。瘧曰奔身。癲狂曰奔牛。跛足曰架圭。

居處

大街曰講蓋老。小街曰講蓋娘。鐘鼓樓曰灑支宋。寨曰滿。門曰杜。門外曰杜紅。門限曰鵲睹。大門曰杜老。小門曰杜娘。廟曰謬。房曰蘭。階曰不杜。樓曰耕落。倉曰李夜。椽曰捐。柱曰姑非。磚曰捐。窗曰都當。檐曰碍哈。牆曰阿香。梁口井。

衣物

領曰或。簪曰班。鐲曰佛架。挖耳曰山挖耳。小帽曰帽娘。氈帽曰帽仙。涼帽曰帽領。

衣曰白。馬褂曰不篤。汗衫曰崇汗。手巾曰竹那。衣釦曰倫雞。腰帶曰物。裙曰因。褌曰娃。鞋曰巖〔一〕。襪曰曼。裹腳曰鴿郎。枕曰交睡。被曰莫。褥曰鑾。草薦曰本穡簾。布曰邦。紗曰表。綢緞曰哄。針曰金。線曰賣。

飲食

酒曰醪。飲酒曰哽醪。飯曰豪。早飯曰哽矮。午飯曰哽林。晚飯曰哽少。吃飯曰哽豪。吃肉曰哽糯。吃烟曰哽烟。煙竿曰暮烟。烟包曰立合不論。吃茶曰哽者。茶杯曰松茶。油燈曰更當。鹽曰鹽。粥曰戎奥。饑曰同因〔二〕。香曰央。臭曰好呀蔑半。冷曰申。熱曰蘭。軟曰奶。硬曰戎米乃。糟曰娘愛。

器用

桌曰李松。椅曰當椅。腳曰凳當殺頂。牀曰立温。帳曰惹。煤曰論熳。椀曰那台。箸曰故豆。竈曰立燒。鍋曰阿燒。水入鍋曰當潮數。箒洗鍋曰拏箒。鍋鏟曰屑耙。水缸曰恩落。水桶曰立冬。水瓢曰立半。灑箒曰一篤〔三〕。火鉗曰弗經。燭曰松。火曰肥。火把曰顛肥。爆竹曰得松。大砲曰得松浪。小砲曰得松沙。升曰星。斗曰倒。米袋曰立袋。杵曰立

〔一〕鞋：原作「巖」，據文意改。
〔二〕饑：原作「餓」，據咸豐《興義府志》改。
〔三〕曰：原脱。

長。臼曰拱兑。舂米曰倒沙〔一〕。簍曰立焉。鋤曰發呵。耙曰勿擾〔二〕。鐮刀曰勿鐮。尖刀曰刀桑。剪刀曰弗絞。斧曰勿玩。扁挑曰擊寒。杖曰吉肥。梳曰勿垂。鎖曰立龍。鑰曰薛龍。面盆曰爲甚那。瓶袋曰立燒〔三〕。戥曰上韓。秤曰立上。繩曰腳沙。筆曰扁浪。墨曰芒。文字曰來收。書曰收。紙曰撒。讀書曰徒收。扇曰兵比。鑼曰領那。鐘曰立鐘。喇叭曰布豆。蘆笙曰布鐃古向。刑杖曰腳打。鐵鍊曰色乏〔四〕。

數目

一曰蘭了。二曰宋了。三曰撒了。四曰薛了。五曰哈了。六曰肉奈。七曰沙奈。八曰必論。九曰古論。十曰薛論。十一曰日因。一百曰一把。一千曰染論。一萬曰一萬。十萬曰薛不論。一人曰布獨文。十人曰薛卜。百人曰巴布。千人曰千布。一釐曰分了。一分曰發了。一兩曰一賞。二兩曰宋賞。十兩曰十必賞。一斤曰一千。二斤曰宋千。三斤曰撒千。四斤曰薛千。五斤曰哈千。六斤曰肉千。七斤曰沙千。八斤曰必千〔五〕。九斤曰古千。十斤

〔一〕舂：原誤作「春」。
〔二〕擾：咸豐《興義府志》作「擾」。
〔三〕袋：咸豐《興義府志》作「帶」。
〔四〕鍊：原作「練」，據咸豐《興義府志》改。
〔五〕斤：原誤作「片」。

曰局千。一石曰一了。一斗曰倒了。一升曰升了。

年月

一年曰比勒。前年曰比刀。去年曰比瓜。今年曰比鈴。明年曰比墓。後年曰比那。正月曰勒香。二月曰勒米。三月曰勒撒。四月曰勒薛。五月曰勒奈。六月曰勒戎。七月曰勒古。八月曰勒比。九月曰勒歌。十月曰勒息。十一月曰勒一。十二月曰勒落。

方向

中曰江門。前曰百里觀。後曰婁囊。左曰逢然。右曰逢括。上曰亨雷。下曰戎雷。

顔色

紅曰棒領。紫曰棒降。黄曰棒亨。青藍曰棒道。緑曰棒緑。白曰棒好。黑曰棒分。

珍寶

金曰景。銀曰痕。銅曰龍。鐵曰乏。錫曰連。鋼曰亨。鉛曰立。

農功

墾田曰得拏。種田曰送豪。灌田曰嗅染之拏。糞田曰阿奔之拏。布種曰篤家。插禾曰浪拏。薅秧曰奈拏。晾禾曰肋浪〔一〕。割草曰割家。收穫曰穀拏。

〔一〕肋：原作「助」，據咸豐《興義府志》改。

穀蔬

穀曰豪街。白米曰豪山。糯米曰豪色。粘米曰豪磨。糠曰長磨。麥曰豪索。包穀曰豪宋。紅稗曰阿烘。小米曰阿翁。蕎曰豪格。豆曰豪佃。緑豆曰婁比落。豇豆曰烏各豆。扁豆曰阿巴。豆豉曰湅。菜曰標干。青菜曰玩標干。白菜曰標干好。油菜曰邦油。芹菜曰標痕。莧菜曰標阿陵。草曰娘。薑曰勒影。蒜曰水。葱曰烏。韭曰標根。芋曰婁百。山藥曰羅門。蕨曰標反。茄子曰婁勾。辣椒曰龍萬。絲瓜曰羅圭。南瓜曰勒方。西瓜曰勒圭。冬瓜曰法母。苦瓜曰勒亨。

花木

花曰歪。蘭曰羅乃。藤曰石高。竹曰肥雷。芭蕉曰勒追蕉盈。木曰姑肥。松曰肥既。桐曰肥高。漆樹曰肥勒。棕樹曰肥農温。柳曰肥魯。桃實曰肥木桃。李實曰肥木門。核桃曰肥木烏。梨曰肥木梨。柑曰肥木柑。杏實曰肥木温。栗實曰肥木垂。落花生曰獨奈。瓜子曰顛瓜。乾柴曰文俗。

鳥獸

鷄曰蓋。鵝曰雁。鴨曰都迸。鴉曰啞。猪曰都暮。羊曰都庸。狗曰暮。馬曰都麻。水牛曰都歪。黄牛曰都胄。鼠曰都奈。兔曰丹羅。猴曰都靈。虎曰谷。豹曰粱。

魚蟲

魚曰岜好。鯉曰岜。鰍曰岜西。鱔曰岜心。蝦曰都娘。鼈曰偎。龍曰都龍。蛇曰藕。

蚊曰都靈。虱曰都南。蚤曰都曼。蜂曰都丁。蜘蛛曰肥勒分。蝗曰冰。蝦蟆曰高護。蚓曰都倫〔一〕。《興義府志》。

興義夷語 青苗語

天文

天曰勒歪。日曰倫台。月曰論塔。星曰勒得改。風曰交際。雲曰當杳。雷曰北福。雨曰打隆。霜降曰覺打。下雪曰打鳩。霧曰哦呵。露曰奧打。雹曰打蓬。電曰立坡。冰曰奧霜。旱曰堪灘。澇曰奧蓬。

地理

地曰街打。山曰巴。大山曰巴磽。小山曰格打巴。山巔曰古學巴。山麓曰格老巴。石曰論煙。山洞曰坑。江曰奧肉。河曰空蹺。海曰勒江。大水曰卻奧。小水曰奧闌。池曰坑工。溝曰覺貢。田曰勒鈴。土曰街拏。圃曰勒邊。大路曰戛敲。小路曰得街。田塍曰街上你。

稱謂

父曰巴。母曰埋。祖曰告。祖母曰海烏。曾祖曰勒子母絨。曾祖母曰烏老。伯曰海巴

〔一〕 蚓：原作「郎」，據咸豐《興義府志》改。

奴。叔曰伯效。伯母曰馬奴。叔母曰埋娘。姑母曰得。母舅曰海打忙。兄曰伽。弟曰豆屋。姊曰阿。妹曰得皮。弟姑曰得娘。姊夫曰谷杏。妹夫曰谷愛將。壻曰騎。表伯表兄弟曰谷海。妻舅曰海得奈。夫曰得油。妻曰娃。子曰得劍。姪曰谷阿爹。女曰谷阿歹波。婦人曰海年。先生曰香多。大人曰監奔。同輩曰同年。媒人曰娘乃。巫曰得祥。佃曰克愛。裁縫曰阿紅。廚子曰阿老北。木匠曰向道。瓦匠曰郁泥〔一〕。保人曰保乃。我曰外。你曰母。書吏曰得差。差役曰都差。禁卒曰吉。乞丐曰古怕。姦夫曰阿都。盜賊曰得年。

人事

生曰或。死曰歹。貧曰下。富曰達。大曰嘩。小曰育。有曰埋。無曰就賢。來曰六賢。去曰孟賢。遲曰鴿街。速曰阿戲。言曰釭差。走曰黑街。吃曰豪。人多曰落奶。人少曰熟奶。願曰街喜。不願曰氣。成曰狹街。不成曰娘阿街。巧曰楷。愚曰虐。拜曰欺。不聽言曰阿爾打。打降曰石的。罵曰塔乃。綑曰克乃。杖責曰奴。聽訟曰薛告。訟勝曰橘獨哈吐。訟負曰橘告。獄曰牢。抬轎曰講腳。坐轎曰娘打。騙曰勒乃。買曰墨勒格先。賣曰刀妹。以物頓地曰索格打。

〔一〕郁：原作「都」，據《興義府志》改。

身體

頭曰勒酷〔一〕。髮曰打香。額曰眼牽。臉曰街妹。眉曰格香妹。眼曰郎埋。耳曰進夷。鼻曰格包泥。口曰格六。鬚曰格香羅。齒曰打皮。舌曰交泥。項曰勒格恭。肩曰格瞎結。背曰交結。手曰結北。掌心曰扒骨。大指曰結迷骨。小指曰結打骨。胸曰勒格眉。腹曰包格廠。乳曰勒格學。腰曰勒格三。臍曰勒不篤。足曰結老。腿曰結巴。膝曰勒格腳。足肚曰講娘。腳心曰葩老。足趾曰既米老。臀曰結邑。筋曰腳敞。骨曰葱。肉曰泥。毛曰街香。大便曰小假。小便曰蘇發。

居處

街曰交街。小路曰街要。寨曰的巷。門曰勒丢。小門曰丢要。門外曰家丢格鈎。門限曰格去腳。房曰勒格卻。院曰勒石。階曰格格桑甸。樓曰勒綁。倉曰勸濃。梁曰家二。柱曰同鷄。瓦曰呆。窗曰勒窗子。牆曰赤花。壁曰格雙鷄。

衣物

領曰湯阿。簪曰薛哼。小帽曰格帽。氈帽曰格帽西。涼帽曰帽消。衣曰葩温。汗衫曰巴河汗塔。手巾曰羌三妹。衣鈕曰扣阿。腳帶曰腳打。裙曰卻猷。褲曰勒扣。鞋曰結亨。

〔一〕勒：原作「格」，據咸豐《興義府志》改。

布曰希。裹腳曰牛磽。襪曰結襪。枕曰巴哈秋。被曰湯拱。席曰湯頂。紗曰福。綢曰結采。緞曰奪。針曰的九。線曰腳福。

飲食

酒曰菊。吃酒曰豪菊。飯曰街。吃飯曰那街。肉曰泥。吃肉□論泥。猪肉曰泥八。吃煙曰豪烟。烟竿曰都烟。烟包曰端合泥。茶曰江。吃茶曰豪江。茶杯曰阿江。小茶杯曰阿要。油曰阿油。油燈曰杜燈。鹽曰雪。粥曰街江。饑曰雪香街。臭曰巷。香曰街。冷曰霜。熱曰楷。軟曰埋。硬曰谷。糟曰格索九。麪曰那蔑。

器用

桌曰的當。腳踏曰街打。帳曰勒晚。大碟曰勒片。小碟曰勒亢。碗曰勒狄。箸曰毒。竈曰勒索。火鉗曰的蓋斗。火把曰斗斗。炮竹曰庖斗。大砲曰豪拓。斗曰勒多。升曰勒輕。米袋曰勒端。杵曰勒覺。臼曰勒伊覺。籮曰結菊。鋤曰的倉。耙曰的楷。鐮刀曰格論。尖刀曰結九。柴刀曰結九馬斗。斧曰的倒。擔曰交干〔一〕。禾架曰多的拏。挂杖曰蓋打娘。頭梳曰瞎科。鎖曰勒巴鎖。鑰曰勒巴古。面盆曰加三埋。戥曰的等。秤曰的學。繩曰家敞。書曰多。紙曰多。讀書曰特多。扇曰狄年。鑼曰勒虐。鼓曰虐加把。棚曰勒各棚。喇叭曰

〔一〕干：原作「於」，據咸豐《興義府志》改。

羊八。蘆笙曰交蓋。刑杖曰秋蘇。鐵鍊曰交蘇〔一〕。枷曰勒鷄。扭曰克呀既半。

數目

一曰咳。二曰阿。三曰半。四曰桑。五曰假。六曰的。七曰熊。八曰啞。九曰九。十曰一九。十一曰結加。一百曰一霸。一千曰一千。一人曰特乃。十人曰九乃。百人曰一霸乃〔二〕。千人曰一千乃。一文曰一乃曬。十文曰九乃。一毫曰一嘖。一兩曰咳兩。二兩曰阿兩。石曰得。斗曰道。

方向

中曰家董。前曰艮埋。後曰的改。左曰百齊。右曰白堆。上曰格歪。下曰格打。

顏色

紅曰學。紫曰都覺。黄曰仙。青曰肉。緑曰倒。白曰羅。黑曰乃。

疾病

頭疼曰滿科。腹疼曰媽腔。腹脹曰格昌地。心痛曰滿谷。耳聾曰聾泥。聲啞曰虐。眼瞎曰肉埋。背駝曰拱丢。嘔吐曰烏。咳嗽曰噁。痢曰馬腔家牽。瘧曰帖雪。癲曰菊牛。跛

〔一〕鍊：原作「練」，據咸豐《興義府志》改。

〔二〕乃：據咸豐《興義府志》補。

曰既老。

珍寶

金曰景。銀曰泥。銅曰刀。鐵曰套。錫曰焉。鉛曰圓。錢曰白西。

農功

墾田曰阿拏。築田曰阿堅。灌田曰向均。挑糞曰改磨。糞田曰格索立黎。布種曰向挑。插禾曰甲黎。薅秧曰葉黎。晾禾曰結格差。收穫曰蕭格差。薅草曰裁娘篤。割草曰革街。

穀蔬

穀曰街差。白米曰差斗。紅米曰差小。春米曰都差。糯米曰街腦。糠曰街楷。麥曰街密。蕎曰九。紅稗曰街伯。小米曰街差。豆曰刀。豆豉曰刀雪。菜曰嫩。青菜曰嫩芥。白菜曰嫩斗。油菜曰嫩油。芹菜曰嫩覺。莧菜曰嫩天仙米。薑曰坑。蒜曰翠。葱曰烏葱。韭曰烏葱衩。山藥曰奶多。蕨曰呀呵。

花木

花曰邊。草曰解。竹曰倒既。木曰豪倒。杉曰倒鷄。桐曰倒得有。漆曰倒七。樓曰倒差。桃實曰倒家當。李實曰倒家阿。核桃曰倒核桃。梨曰拏家阿。㕣實曰家忙。栗實曰江岡。柴曰杜。生柴曰杜牛。乾柴曰杜呆。

鳥獸

鷄曰得改。鵝曰得年。鴨曰得甲。鴉曰得阿伏。猪曰得八。羊口得犂。猫曰得媽。狗曰得三。馬曰得麻。水牛曰得娘。黃牛曰得呀。鼠曰得納。兔曰得羅。猴曰得禮。虎曰得蓄。豹曰蓄。

鱗介

魚曰孽白。鯉曰得孽。鰍曰孽打。鱔曰孽學。龍曰杜公。蛇曰鄧年。蚊曰點浪。虱曰點改。蚤曰點傍。蜂曰改蒙。蜘蛛曰改鞋。蝗曰改小。蝦蟆曰改。蚓曰改螽。《興義府志》。

興義夷語 白苗語

天文

天曰諾。日曰昌奪。月曰蓋西。星曰糯哥。風曰枷。雪曰磨。雨曰浪。霜降曰鬧開。下雪曰落磨。電曰騷后另堂。霧曰哈。露曰下婁。雹曰論得。冰曰羅磨。旱曰論怎老。澇曰能得勞。

地理

地曰那的。山曰火到。大山曰根得刀。小山曰得刀。山巔曰根泥倒。山麓曰丟到。石曰格肥。洞曰可岜。江曰家勒得。河曰獨天。大水曰皆勒得少。小水曰得尤。坑曰立北敲。溝曰格迭。田曰來。土曰格勞。圃曰王。大路曰枷格吉。小路曰都結。田塍曰枷没有來。

稱謂

父曰姐。母曰奶。祖曰阿又。祖母曰阿抱。伯曰一少。叔曰洞。伯母、叔母皆曰伯少。

兄曰狄婁。弟曰勾。嫂曰抱少。弟婦曰娘勾。姑母曰剥媽。母舅曰墨郎。姊妹曰媽。姊夫、妹夫皆曰服。壻曰都烏〔一〕。妻舅曰厄當。妻曰諧。子曰冬諾。女曰篤〔二〕。婦人曰冬菜。先生曰堪闘。大人曰蒙老。媒人曰老勾冲。巫曰端公。縫人曰生鈔。庖人曰阿查。木匠曰艮冬。瓦匠曰艮發。我曰古木瓜。乞丐曰枷齋。盜賊曰都方。

人事

生曰戒。死曰奪。貧曰收。富曰發采。大曰老。小曰育。有曰麻。無曰則麻。來曰麻。去曰根差官麻。遲曰皮。速曰飛。言曰海鹿。走曰罵。人多曰蒙多。人少曰蒙兜。願曰結應。不願曰者應。不成曰則仁。巧曰招迭。愚曰者招迭。跪曰呼邱。拜曰阿邊。不聽言曰真明魯。打降曰多卜。駡曰格拏。綑曰馬勒開。騙曰格耕那。買曰墨拏。以物頓地曰去做阿稽。賣曰麻。

身體

頭曰鹿呵。髮曰勒不六。額曰火不來。臉曰革濟。眉曰皆麻。眼曰格麻。耳曰格蔑。鼻曰格牛。口曰蓋牛。鬚曰格去娘。齒曰乃。舌曰杏乃。項曰皆浪。肩曰知不遠。背曰六古。手曰艮邦。掌心曰滕狄。大指曰本地狄。小指曰業缸。胸曰格肥。腹曰格曲。乳曰密。

〔一〕烏：原作「鳥」，據咸豐《興義府志》改。
〔二〕篤：據咸豐《興義府志》補。

腰曰打。臍曰老斗。足曰斗。腿曰格結。膝曰服九。脛曰六斗。腳心曰額登斗。足趾曰本地斗。臀曰耕主。筋曰怎論。骨曰格蒼。肉曰盧堂。毛曰魯。大便曰招枷。小便曰昭月。

疾病

頭疼曰毛。腹疼曰毛曲。心痛曰格非毛。耳聾曰阿格浪。聲啞曰革垞。眼瞎曰迭麻。背駝曰迭波。嘔吐曰那。咳嗽曰龍。痢曰亨昌。瘧曰墨呵。癲曰阿吉及。

居處

門曰枷中。門外曰那呵中。門限曰巴中。房曰莊。階曰枷張。樓曰湯。倉曰弱。梁曰重。柱曰農。窗曰窗空。檐曰革提比。板壁曰那枷者。

衣服

領曰怎郎。小帽曰哥。氈帽曰手真。涼帽曰哥呵。衣曰操。手巾曰葩。衣鈕曰開操。腰帶曰西。裙曰凱。褲曰枷迭。鞋曰庫。裹腳曰蓋沖。枕曰君安。被曰革棒。褥曰革張。草薦曰章露。布曰絮。紗曰少。綢曰麻。針曰工。線曰少。

飲食

吃酒曰呼酒。吃飯曰嘵嘵。吃肉曰耕嘵。猪肉曰粱巴。吃煙曰呼茵。煙包曰張主。茶曰龍。吃茶曰呼龍。茶杯曰利。小茶杯曰都杯。油曰罩。粥曰既。鹽曰女。香曰耿。臭曰主。冷曰嘵。熱曰少。軟曰麻很。硬曰斗。麪曰拏。

器用

桌曰革姜。大碟曰排。腳踏曰都斗。小碟曰都排。椀曰利。箸曰周〔一〕。竈曰鴿竈。鍋曰賢。火把曰長飄斗。大炮曰炮蘇。升曰勒腮。米袋曰貧。杵曰革教。臼曰羅交。鋤曰陸。耙曰耙蘇。鐮刀曰革勒紗。尖刀曰枷寨。柴刀曰枷齋。扁挑曰穹莊。杖曰橘。梳曰笆。面盆曰當。秤曰直。繩曰紗。紙曰餒。書曰一時。讀書曰寧斗。扇曰詐。鑼曰查。喇叭曰勒蓄。蘆笙曰恒。刑杖曰格者。鐵鍊曰格衰盧〔二〕。

數目

一曰羅。二曰阿羅。三曰比羅。四曰陸薄。五曰必羅。六曰足羅。七曰香羅。八曰一羅。九曰甲羅。十曰古羅。十一曰古依。一百曰一把。一千曰一采。一人曰一倫。十人曰古倫。百人曰一把倫。千人曰一采倫。一文曰一羅哉。十文曰古羅哉。一錢曰一者。一兩曰一良。石曰當。斗曰兜。

方向

中曰華張。前曰那篤業。後曰招羅。左曰那革浪。右曰革羅。上曰那革當。下曰浪阿門。

〔一〕箸：原作「著」。

〔二〕鍊：原作「練」，據咸豐《興義府志》改。

顔色

紅曰都乃。紫曰絨。黄曰狼絨。藍曰羅。白曰婁。緑曰緣。黑曰羅。

珍寶

銀曰呆。銅曰凍。鐵曰羅。鋼曰既。錢曰者。

農功

墾田曰阿來。溝田曰昭質。挑糞曰勾欺〔一〕。布種曰額龍。插禾曰操約。收穫曰送立。晾穀曰既勃婁。割草曰乃。

穀蔬

穀曰勒。白米曰勒婁。舂米曰打。糯米曰該不六。糠曰沙。麥曰毛。蕎曰吉。紅稗曰革促。小米曰都促。豆曰獨。黄豆曰獨木。豇豆曰獨奏。扁豆曰獨老。豆豉曰阿師。菜曰偶。青菜曰偶岜。白菜曰偶乃。油菜曰褥革齋。芹菜曰偶蓋。莧菜曰肉蓋。薑曰楷。蒜曰格葉。葱曰勞。茄子曰里朱。芋曰革高。山藥曰玉乃。蕨曰肉岜。

花木

花曰菊肥。草曰枷岜。竹曰兕。木曰龍。松曰託。杉曰解。桃實曰積拏。李實曰積口。

〔一〕「糞」下原衍「田」字。

核桃曰積婁。梨曰積皑。葡萄曰積解。柴曰頭。

鳥獸

鷄曰喈。鴨曰奥。鴉曰坳。猪曰嫣。羊曰癡。猫曰革癡。狗曰立。馬曰論。水牛曰奪。黄牛曰虐。兔曰拏。鼠曰枷皑。猴曰乃。虎曰艮勒早。豹曰勒竇。

魚蟲

魚曰蔑。鰍曰蔑鰍。鱔曰蔑郎。龍曰娘。蛇曰郎。蚊曰納庸。虱曰多。蚤曰麻。蜂曰母。蝦蟆曰阿貢。《興義府志》。

興義夷語　猓玀語

天文

天曰麥。日曰磨叉。月曰和卜。星曰專。風曰米。雲曰得那。雨曰蒙杭篤。雪曰烏。霜降曰呢獨。電曰蒙屑。露曰并那。雹曰河衰。冰曰烏呢革。旱曰木錯。澇曰夷年。

地理

地曰米。山曰墨勒。大山曰墨勒厄。小山曰墨勒弱。山巔曰墨勒午。山麓曰墨勒脚。石曰六莫。洞曰多多。江曰夷莫。海曰夷年古。大水曰夷不篤。坑曰夷多多。田曰得。溝曰左都。土曰泥。圃曰徂谷。大路曰阿足莫。小路曰何足坐。田塍曰米該得。

稱謂

父曰爹。母曰阿密。祖曰普阿莫。祖母曰普阿婆。伯曰獨磨。叔曰頗頗。兄曰阿磨。

弟曰業楷。伯母曰密磨。叔母曰木角。嫂曰阿眠。弟婦曰妹。姑母曰阿咳。姊曰阿拏。妹曰妹。姊夫、妹夫曰呢昨。妻舅曰阿侯。妻曰拏我。子曰昨。姪曰昨奴。女曰阿鸞。婦人曰阿妹。先生曰阿比婆。大人曰色染。媒人曰母腳。巫曰皆比如。佃曰明果。縫人曰多土呢拏。庖人曰烏章烏拏。木匠曰寫答拏個。瓦匠曰我者拏個。我曰拏改。你曰俄改。差役曰差一頗。乞丐曰燒頗。盜賊曰色折頗。

人事

生曰鎖。死曰習。貧曰叔。富曰木。大曰厄。小曰鶴。有曰黑。無曰麻不。來曰篤。去曰厄豆。遲曰舍特。速曰舍得查。言曰挪海。走曰屋竹色。人多曰屋叔耨。人少曰屋叔納。願曰南覺。不願曰鑾覺。成曰海特。不成曰海鑾特。巧曰喜夷。愚曰末喜夷。拜曰革革。不聽言曰海倒還習。打曰墨〔一〕。駡曰旦成碑。綑曰業個堪。騙曰説末街那他。買曰佛。賣曰烏。以物頓地曰墨相干。

身體

頭曰我母。髮曰各比。額曰奴既。臉曰拖。眉曰那菜末。眼曰那多。耳曰羅波。鼻曰奴蒙。口曰業波。鬚曰奴七。齒曰直莫。舌曰覺鎖。項曰姑巴。肩曰那朱。背曰格不。手

〔一〕曰：原作「曉」，據咸豐《興義府志》改。

曰拏。掌心曰拏哥。大指曰七磨。小指曰拏子的。胸曰阿巴。腹曰阿姑。乳曰直。腰曰昨波。臍曰差必的。足曰吉巴。腿曰木交。膝曰密即。足肚曰即指〔一〕。脛曰哈拏吉。腳心曰吉巴徒。足趾曰怯支。臀曰得白。筋曰昨。骨曰和偶。肉曰和。大便曰既哥。小便曰衣火。

疾病

頭疼曰安奴。腹疼曰阿比奴。腹脹曰阿比惡。心痛曰你木肉。耳聾曰六北偶。聾啞曰海木革。眼瞎曰拏芒我。背駝曰目姑〔二〕。嘔吐曰譬。咳嗽曰哉。痢曰姚業呵。瘡曰欺。癲曰色得〔三〕。跛曰吉巴斗。

居處

寨曰打階。門曰喊俄。門外曰林呢。門限曰俄狄。房曰江韓。階曰俄狄婁。樓曰帖。倉曰折莫。梁曰割杜。柱曰西者。瓦曰俄披。檐曰捨把。牆曰羅恰恰。板壁曰革怯。

衣服

領曰託街。帽曰吴租。衣曰託多。手巾曰拖結頗。衣鈕曰呢子。腰帶曰勒西。裙曰忒。褲曰昨。鞋曰乾乃。裹腳曰乾薄。枕曰吴革。被曰多。褥曰雲波。席曰谷多。草薦曰不開。

〔一〕即：原作「郎」，據咸豐《興義府志》改。
〔二〕目：原作「日」，據咸豐《興義府志》改。
〔三〕得：據咸豐《興義府志》補。

布曰頗。紗曰出。綢曰北。針曰厄。線曰赤。

飲食

酒曰蘖。吃酒曰諾。飯曰熟。吃飯曰昨。肉曰麻忽肉。吃肉曰化肉。吃煙曰一觸。烟竿曰一谷。烟包曰因蓋。茶曰一采。吃茶曰采因。茶杯曰革肉公。油曰密夷。油燈曰抵竹。鹽曰楚。粥曰褥。香曰納。臭曰明拏。冷曰欺。熱曰觸。軟曰勒奴。硬曰墨。糟曰蘖巴。麪曰叔尺。

器用

桌曰昨。腳踏曰酷莫。椀曰擺。箸曰阿昨。竈曰租。釜曰侯娃。爆竹曰奪波。大炮曰楚母。斗曰特。升曰勒捨。米袋曰勃。杵曰墨尺。鋤曰吉派。耙曰哈楷。鐮刀曰或各。尖刀曰和白。扁挑曰還獨。挂杖曰立。梳曰妲。鎖曰恒查。面盆曰多腳反。戥曰緑。秤曰吉。繩曰斬杜。書曰叔排。紙曰託葉。讀書曰叔革。鑼曰左。扇曰獨緑。喇叭曰狄黎。鐵鍊曰合抓〔一〕。

數目

一曰打謀。二曰蘖謀。三曰收謀。四曰西謀。五曰俄謀。六曰曲謀。七曰希謀。八曰

〔一〕鍊：原作「練」，據咸豐《興義府志》改。

合謀。九曰勾謀。十曰快謀。十一曰怯迭謀。一百曰奪或。一千曰達多。一人曰打謀烏叉。十人曰怯謀烏叉。一文曰呢既打謀。十文曰呢既怯謀。一錢曰達菜。一兩曰達六。二兩曰蘖六。石曰得賢。斗曰達科。

方向

中曰古俄。前曰西吉。後曰奴觸。左曰拂拍。右曰仙怕。上曰没打。下曰密迭。

顏色

紅曰你蘖。紫曰烘烘。黄曰鰓鰓。藍曰白潑。白曰卜團。黑曰奶拏。

珍寶

金曰賒。銀曰託。銅曰呢。鐵曰或。錢曰你吉。

農功

墾田曰等徒。築田曰等哥。灌田曰得反。種田曰得得。挑糞曰怯伐。糞田曰怯伐得個。布種曰烘打。插禾曰烘既。收穫曰怯速。晾穀曰怯得。割草曰歇速。

穀蔬

穀曰怯。白米曰怯獨。糯米曰怯陽土。舂米曰怯獨迭。糠曰石開。麥曰速。蕎曰鶴。紅稗曰雲泥。小米曰尺。豆曰粿。豆豉曰諾哉。菜曰蛙。青菜曰烏屐。白菜曰烏土。油菜曰烏覺。莧菜曰烏業。蕨曰諾得。山藥曰阿業。薑曰初拍。蒜曰姑沙。葱曰谷沙。芋曰高阿勒。

花木

花曰米羅。草曰喜。竹曰莫。木曰洗。松曰託。杉曰叔。桐曰咦。漆曰既。櫻曰叔節。柳曰女實。桃實曰實竹。李實曰實六。核桃曰實密。梨曰實羅。柑曰實勒。柴曰喜。

鳥獸

鷄曰雅。鵝曰惡。鴨曰埋。鴉曰阿及。猪曰伐媽。羊曰氣。猫曰冰乃。狗曰怯。馬曰墨。牛曰呢。鼠曰蟹。兔曰阿叔。猴曰阿諾。虎曰葉。

魚蟲

魚曰我。鰍曰我不你〔一〕。鱔曰我山。龍曰羅。蛇曰不諧。蚊曰墨託。虱曰歇。蚤曰怯歇。蜂曰奴。蜘蛛曰阿娘怯。蜻蜓曰木那比。蝗曰墨。蝦蟆曰巴多。蚓曰密迭。《興義府志》。

都勻夷語 土族語

天曰更汶。更讀入聲。日曰大惡。月曰亂。星曰勞。去聲。風曰冗。雲曰宛。陰平。雪曰奈。雨降曰刀汶。地曰拉底。石曰任。林曰弄。水曰瀼。陰平。火曰雨。土曰難。上聲。木曰外。陽平。金曰金。去聲。銀曰恩。入聲。銅曰羅。入聲。鐵曰襪。錫曰農。錢曰馬節。父曰簸。

〔一〕鰍：原作「鰕」，據《興義府志》改。

母曰免。祖父曰報。祖母曰同漢。兄曰溝。弟曰奴。姊曰同。妹曰奴。子曰侖。入聲。女曰滿。孫曰漢。妻曰雅。夫曰爹。友曰比奴。衣曰腳補。褲曰腳戰。帽曰帽。上聲。鞋曰鞋。襪曰馬。屋曰染。去聲。桌曰腳。椅曰黨。椅櫈曰黨。鐮曰鐮。鋤曰官。陽平。犂曰瓦貴。耙曰瓦草。釘耙曰姤襪。客來曰顯刀。敬禮曰干連。陰平。飲食曰更。茶曰札殺〔一〕。牲曰干。鷄曰改。猪曰茂。羊曰勇。入聲。牛曰節。馬曰麻。酒曰嘐。陰平。早餐曰更愛，入聲。午曰更令，入聲。晚曰更教。入聲。肉曰糯。菜曰旁。上聲。酸曰雙。子日曰惡栽，丑曰惡標，寅曰惡吝，入聲。卯曰惡卯，陰平。辰曰惡即，巳曰惡詩，午曰惡茶，未曰惡文，入聲。申曰惡申，去聲。酉曰惡如，戌曰惡采，亥曰惡改。《新修都勻縣志》。

都勻夷語 苗族語

天曰風瓦。日曰打。月曰利。星曰卡。雲曰蒿。霧曰獨務，又曰烏代。雨降曰打糯。風曰擠。雷曰拷。雪曰打拜。陰平。電曰立蒿。雹曰勞。霜降曰打旁。去聲。地曰格歹。水曰烏。山曰務。路曰孔。石曰埃。河曰烏了。崖曰榮。屋曰再。溝曰格略。埡曰格墮。廟曰廟。峯曰刁。井曰烏袍。上聲。池曰鳳。人曰密朱。父曰八。母曰宜。祖父曰固。祖母曰襪。伯曰八勞。兄曰敵。弟曰矮。姊曰害。子曰打盛。女曰八南。女婿曰滴耍。妻曰外。

〔一〕茶：原誤作「荼」。

上聲。友曰八概。孫曰他聚。髮曰留。手曰排。足曰勞。陰平。頭曰敲。眼曰格罵。口曰格勞。鼻曰統奈。耳曰格奈。陰平。鬚曰打嫩。身曰格再。牛曰擬。馬曰馬。猪曰拜。羊曰勇。鷄曰鷄。鵝曰暗。鴨曰打胯。魚曰崖〔一〕。鳥曰弄。鵲曰阿密。火曰桃。燈盞曰桃優。床曰寵。油曰油。陰平。布曰刀。衣曰高。入聲。刀曰得。褲曰狄。凳曰堂。桌曰同。衾曰拜。陰平。鍋曰元。甑曰乍。箸曰跳。瓢曰海。陰平。書曰到。筆墨亦曰到。鋤曰丁造。耙曰老〔二〕。斧曰斧去聲刀入聲〔三〕。桶曰滴。缸曰抗烏。帽曰帽。腰帶曰贊活。鞋曰攀。襪曰拭。首巾曰聚富。樹曰丁豆。草曰赧。花曰格本。菜曰拷番。椒曰聚逆。橘曰聚及。橙曰老。梨曰聚卡。柿曰聚棉。桃曰聚李。李曰聚樣。棉曰西。豌豆曰獨王。飯豆曰獨坌。黄豆曰獨豆。玉蜀黍曰介雜。麥曰介蒙。黍曰介你。紅稗曰介哥。高粱曰介雜能。穀曰格西。粟曰格岔。飲食曰努。飯曰介。酒曰照〔四〕。肉曰女。酸曰樣。糖曰當。早餐曰介皮，午曰介那，晚曰介罵。飲水曰伏烏。一曰兮。二曰蒿。三曰拜。陰平。四曰刁。五曰堅。陽平。六曰住。七曰送。八曰葉。九曰爪。十曰足。百曰拜。千曰生。萬曰問。分曰同。錢曰洗。兩

〔一〕崖：原作「巖」，據民國《新修都勻縣志》改。
〔二〕老：原作「者」，據民國《新修都勻縣志》改。
〔三〕斧曰斧去聲刀入聲：原作「斧去聲刀入平」，據民國《新修都勻縣志》改。
〔四〕曰：原脱。

曰兩。陽平。寸曰同。尺曰堵。丈曰勞。子曰能。丑曰擬。寅曰召。卯曰同。辰曰孔。巳曰吞。午曰麻。未曰勇。申曰歛。上聲。酉曰鷄。戌曰賴。亥曰拜。《新修都勻縣志》。

都勻夷語 水族語

天曰文。地曰地。平聲。星曰引。日曰大汶。月曰寧。南風起曰亢論。雨降曰蕩慣。天曉曰汶朗。去聲。晚曰汶定。雲曰滿。去聲。霜曰望。雪曰内。露曰你。土曰鳳。水曰釀。樹曰埋。草曰杠。米曰毫。井曰温。沙曰義。竹曰糞。花曰弄。高粱曰毫粱。紅稗曰毫放。糯穀曰毫賴，粘曰毫節。黍曰毫勳。玉蜀黍曰毫滅。父曰蒲。母曰宜。祖父曰公。去聲。祖母曰爺。音牙。伯父曰龍。入聲。伯母曰巴勞。叔父曰得的。叔母曰宜的。姊曰同。妹曰奴。兄曰懷。弟曰奴。子曰臘。女曰顊。姑曰宜華。姑夫曰蒲華。舅父曰蒲竹。舅母曰宜竹。女壻曰臘毫。孫曰漢。頭曰孤。面曰難。陰平。目曰龍大。耳曰卡。鼻曰囊。口曰把。眉曰明大。手曰面。足曰定。身曰任。帽曰帽。上聲。衣曰冗。褲曰封。首巾曰朵姑。鞋曰莽。襪曰拭。腰帶曰朗冗。桌曰西。櫈曰浪念。碗曰魁。箸曰箸。上聲。釜曰到。竈曰六。火曰裕。油曰油。入聲。燈曰蕩。斧曰姑貫。耙曰八。釘耙曰者。鋤曰㘦。犂曰犂。入聲。桶曰桶。陰平。籮曰同。書曰利。紙曰鷄。墨曰忙。牛曰婆。馬曰麻。羊曰或。騾曰騾。入聲。犬曰化。鷄曰解。虎曰猛。魚曰猛。梨曰埃。橘曰杠。橙曰杠不。桃曰放。李曰搊。胡瓜曰卦。青菜曰罵幹。萊菔曰罵邦。入聲。莧曰罵惡。黄豆曰倒勞。緑豆曰倒庶。飯豆曰倒浪。

豌豆曰倒王。藝薹曰罵育。飲食曰借。飯曰毫。酒曰蒿。肉曰南。菜曰罵。酸曰安。糖曰當。入聲。資曰毫於。一曰奪。二曰押。三曰漢。四曰洗。五曰俄。六曰略。七曰享。八曰丙。九曰諸。十曰索。百曰願。千曰線。萬曰萬。上聲。寸曰同。尺曰井。丈曰同。毫曰同。鳌曰鳌。入聲。錢曰雪。兩曰連。斤曰正。入聲。子曰西。丑曰蘇。寅曰寅。入聲。卯曰卯。陽平。辰曰辰。入聲。巳曰徐。午曰惡。未曰米。申曰申。去聲。酉曰酉。陽平。戌曰很。亥曰埃。甲曰價。乙曰雅。丙曰邊。丁曰丁。去聲。戊曰母。己曰己。庚曰見。辛曰辛。去聲。壬曰虐。癸曰醉。《新修都勻縣志》。

獨山 仲家語

天曰悶。地曰赧。日曰大握。月曰冗亂。星曰鬧宜。風曰戎。雲曰窩。雨曰問。雪曰耐。水曰穰。河曰打。溝曰墁。田曰納。薗曰蒜。官曰賽。祖父曰豹。祖母曰雅。父曰波。母曰媄。兄曰比。弟曰暖。夫曰交。妻曰雅。子曰侖。孫曰爛。叔曰波好。伯曰波龍。甥曰爛〔一〕。舅曰拏。男曰曬。女曰謀。粘米曰豪箭。糯米曰豪你。稗曰豪旺。粱曰豪粱。豆曰朵。蕎曰豪孟。麥曰豪模。小米曰豪汪。飯曰巖。酒曰老。肉曰儺。油曰欲。鹽曰決。柴曰文。米曰豪。食曰更。馬曰麻。牛曰節。鷄曰蓋。犬曰罵。豕曰暮。鵝曰罕。鴨曰並。

〔一〕甥：原誤作「孫」。

虎曰共。豹曰標。鰕曰烏〔一〕。烏曰若。草曰哈。木曰歪。一曰廖。二曰宋。三曰散。四曰細。五曰哈。六曰若。七曰怎。八曰便。九曰孤。十曰漆。百曰罷。千曰認。萬曰挽。升曰損。斗曰烏。戥曰當。秤曰葬。《獨山州志》。

獨山 水家語

天曰悶。地曰底。日曰拿玩。月曰赧年。星曰赧夜。風曰泥弄。雷曰泥巴。雪曰内。霜曰内八。山曰弩怎。水曰囊。河曰業。溝曰面。田曰阿。路曰困。薗曰羨。君曰王。官曰翁。祖父曰共。祖母曰牙。父曰布。母曰呢。兄曰懷。弟曰奴。夫曰夜。妻曰涯。子曰辣。孫曰漢。叔曰布低。伯曰布龍。甥曰臘漢。舅曰祖。男曰臘玩。女曰臘面。粘米曰豪箭〔二〕。糯米曰豪恨。稗曰豪旺。粱曰豪粱。豆曰朵。蕎曰豪盂。麥曰豪模。小米曰豪汪。飯曰豪。酒曰蒿。肉曰難。菜曰罵。吃曰借。用曰台拜。油曰捫。鹽曰那。柴曰令。米曰豪。馬曰麻。牛曰波。羊曰縛。鷄曰蓋。犬曰罵。豕曰務。鵝曰安。鴨曰夜。蛇曰誨。虎曰蒙。豹曰標〔三〕。魚曰猛。鳥曰你諾。獸曰你線。草曰亞。木曰埋。一曰奪。二曰蠟。三

〔一〕烏：原誤作「鳥」。
〔二〕米：據文意補。
〔三〕標：乾隆《獨山州志》作「杓」。

曰汗。四曰戲。五曰訛。六曰略。七曰幸〔一〕。八曰罷。九曰局。十曰速。百曰辨。《獨山州志》。

獨山 黑苗語

天曰翁。以喉音借調。地曰堆。日曰項。月曰拉。星曰孩。風曰哉。雲曰浪。雨曰囊。雪曰崩〔二〕。露曰標好。山曰臥。坡曰悖。水曰窩。君曰旺。官曰怪。祖父曰菊。祖母曰包。父曰壩。母曰買。兄曰哥。嫂曰義。弟曰皂。夫曰腳。妻曰味。子曰洞。孫曰洽。穀曰貢。粘米曰箭。糯米曰那。麥曰糟。下平聲。豆曰布倒。稗曰放。莜曰祭。粱曰果粱。小米曰弩。酒曰助。吃曰赧。飲酒曰好助。肉曰阿。菜曰務。柴曰杜。炭曰貼。馬曰罵。水牛曰組。猪曰買。羊曰央。狗曰戾。房曰蔽。一曰以。二曰阿。三曰卑。四曰魯。五曰巴。以唇音借調。六曰交。七曰想。下平聲。八曰牙。九曰租。十曰早。百曰以杯。千曰以賽。萬曰以王。升曰審。斗曰倒。戥曰當。秤曰舂。《獨山州志》。

黎平夷語 硐家語

天謂悶。地謂堆。鳴雷謂岜。下雨謂奪聘。天晴謂悶向。下雪謂奪内。風大謂論老。日謂向。月出謂孖悶。星出謂細悶。早辰謂悶恨。天晚謂悶鄧。坡高謂岑胖。深山謂岑彦。

〔一〕幸：乾隆《獨山州志》作「辛」。

〔二〕崩：乾隆《獨山州志》作「奔」。

大路謂困罵。小路謂困内。上坡謂卡岑。下坡謂彙岑。田謂亞。土謂堆。巖謂頂。過河謂打孖。過水謂打能。過船謂打洛。走上前謂奪貫。走往後謂奪輪。房屋謂然。回家謂拜然。出門謂務度。謂坐謂緦。吃茶謂計血。吃煙謂計彦。吃酒謂計拷。吃飯謂計苟。吃菜謂計罵。肉謂覽。魚謂霸。水牛謂嘓。黄牛謂辰。猪謂庫。馬與漢語同。鷄謂介。鴨謂迾。茶油謂血油。鹽謂過。白米謂苟善。禾謂苟棉。穀謂苟進。柴謂令。金謂進。銀謂凝。銅謂京。鐵謂困。錫謂錫。錢謂賢。一謂號。二謂牙。三謂善。四謂歲。五謂我。六謂略。七謂盛。八謂辦。九謂鳩。十謂手。一百謂衣辦。一千謂衣善。一萬謂一灣。十萬謂手灣。人頭謂告凝。頭謂告頭。頭髮謂告並。眼睛謂大。耳謂卡。鼻謂囊。口謂後。手謂納。脚謂定。帽謂廟。衣謂過幸。褲謂所。鞋與漢語同。襪謂買奪。站謂院。跪謂脚。搕頭謂磕頭。男子辮謂凝辦〔一〕。女子謂老俾。公謂貢。奶謂撒。父謂補。母謂母。兄謂歹。弟謂儂。大人謂猛大人。大老爺謂吓雖〔二〕。先生謂先散。營兵謂猛罵。練勇謂練假。見官謂彦猛。桌子謂隨。板櫈謂問。槍謂鼽。羊謂列。犬謂袴。人取名老曰補，少曰老。

黎平夷語 生苗語

天謂瓦。地謂堆。鳴雷謂朵哮。下雨謂打農。天晴謂務瓦，言好天也。下雪謂打罷。風

〔一〕上「辦」字疑爲衍文。

〔二〕謂：原脱。

大謂計溜。月出謂打擂。日出謂打拉。星謂大家。早辰謂堵悔。天晚謂瓦足。坡高謂忍嗟。深山謂務兜。大路謂拱溜〔一〕。小路謂拱又。上坡謂葭擺。下坡謂務蔓。田謂列。上聲。土謂蠟。過河謂奪烏。過船謂奪仰。上前走謂母格歹，路往後謂樓格東。房屋謂在隴。回家謂母在。出門謂索古。請座謂娘呆。吃茶謂服烏。吃煙謂服銀。吃酒謂服覺。去聲。吃飯謂曾格。去聲。吃菜謂曾窩。肉謂夷。鷄謂格。平聲。鴨謂柔。魚謂乃。鵝謂果。水牛謂你。黄牛謂略。猪謂別。去聲。馬謂米。茶油謂烏又。鹽謂遂。米謂撒。柴謂架。金與漢語同。銀謂些。銅謂堵。鐵謂路。錫謂溶。一謂旭。二謂窩。三謂踤。四謂梭。五謂追。六謂度。七謂雄。八謂移。九謂就。十謂促。一百謂衣白。一千謂衣生。一萬謂一丈。人頭謂父里鳩。頭謂父。頭髮謂梭父。眼睛謂抹。耳謂乃。鼻謂雷。口謂漏。手謂擺。脚謂洛。帽謂對。衣謂餓。褲謂斗。鞋謂黑。襪謂套。站謂秀拕。跪謂穹。磕頭謂穹母堆。作揖同客語。巖謂埃。男子謂打苓。女子謂打丿。公謂顧。奶謂鵝。父謂霸。母謂客。兄謂蔓。弟謂具。呼大人謂往溜。呼大老爺謂往又。見官謂補望。營兵謂丢迸。棹子謂頂。板凳謂檔。槍曰内朵。刀曰社。羊曰用。犬曰賴。練勇與兵同。

〔一〕溜：原誤作「淄」。

黎平夷語 ⿰犭水家語〔一〕

天謂門。地謂弟。鳴雷謂拱孖。下雨謂朵文。天晴謂門領。卜雪謂朵宜。風大謂炕老。月出謂當捻。日出謂打文務。星謂二門。早辰謂門射。天晚謂門釀。坡高謂古亡。深山謂龍客。大路謂困老。小路謂困底。上坡謂沙枕。下坡謂彙枕。田謂亞。土謂代。巖謂頂。過河謂打趆。過水謂打聾。過船謂打蠟。走上前謂擺貫。走往後謂冷擺。房屋謂巖。回家謂排巖。出門謂務怒。請坐謂洞悔〔二〕。吃茶謂接假。吃煙謂接鹽。吃酒謂接拷。吃飯謂接吼。吃菜謂接麻。肉謂之覽。魚謂孟。水牛謂嘓。黄牛謂篋。猪謂暮。馬與漢語同。鷄謂介。鴨謂葉。鵝謂晏。茶油謂甲有。鹽謂括。白米謂吼咸。禾謂吼忙。穀謂吼兼。柴謂靛。金謂芩。銀謂凝。銅謂董。鐵謂欠。錫謂纔。錢謂甜。一謂奪。二謂牙。三謂寒。四謂替。五謂我。六謂略。七謂盛。八謂辦。九謂鳩。十謂手。一百謂奪辦。一千謂奪田。一萬謂奪飯。十萬謂奪山。人頭謂平耿。頭謂耿。眼睛謂納。耳謂卡。鼻謂囊。口謂霸。手謂麻。腳謂定。大帽謂暖老。衣謂過。褲謂風。鞋謂作蝦。襪謂約。站謂元。跪謂腳。搕頭謂腳貞耿。男子謂威辦。女子謂你趆。公謂貢。奶謂雅。父謂補。母謂你。兄謂懷。弟謂弩。

〔一〕⿰犭水：原誤作「狇」。

〔二〕謂：原誤作「又」。

文官謂翁關很。大人同漢語。武官謂翁都辦，言打仗官員也〔一〕。見官謂洛翁。桌子謂靛。板凳謂當。槍謂重。刀謂米。羊謂發。犬謂麻。大老爺與漢語同。營兵謂假並。練勇謂假連。

黎平夷語 壯家語

天曰潦〔二〕。地曰底〔三〕。鳴雷曰岜。下雨曰門。天晴曰仍。下雪曰内。風大曰能勞。日出曰能温。月出曰餓練。星曰列立。早晨曰恨卵。天晚曰問能。坡高曰曉上。深山曰曉蠟。大路曰問勞。小路曰問雖。上坡曰恨曉。下坡曰壘曉。田曰納。土曰覽。巖曰幸。過河曰漢打。過水曰外輪。過船曰漢六。走上前曰背觀。走往後曰衣浪。房屋曰然。回家曰背然。出門曰餓度。坐曰攘。吃茶曰更茶。吃煙曰更彦。吃酒曰更漏。吃飯曰更巖。吃菜曰更岜。肉曰弩。水牛曰歪。黄牛曰吃。猪曰暮。馬曰麻。鷄曰歸。鴨曰並。羊曰勇。犬曰罵。鵝曰鮒。茶油與漢語同。鹽曰就。白米曰善侯。禾曰侯朗。穀曰侯。柴曰文。金曰進。銀曰硬。銅與漢語同。鐵曰襪。錢與漢語同。錫曰細。一曰溜。二曰送。三曰善〔四〕。四曰雖。

〔一〕 仗：原誤作「伏」。

〔二〕 潦：原脱，據光緒《黎平府志》補。

〔三〕 地曰底：原作「地底曰」。

〔四〕 善：原誤作「喜」，據本志《土民志》、光緒《黎平府志》改。

五曰吓。六曰用。七曰正。八曰白。九曰就。十曰洗。一百曰衣霸。一千曰衣見。一萬曰衣晚。人頭曰文就。頭曰就。頭髮曰並就。眼睛曰邑〔一〕。耳曰入。鼻曰郎。口曰霸。手曰文。脚曰定。大帽曰卯定。帽曰卯。衣曰補。褲曰挖。鞋與漢語同。襪曰麻。站曰松。跪曰詭。男子曰補曬。女子曰老孟。公曰包。奶曰乃。父曰補。母曰墨。兄曰打。弟曰農。大人曰吓勞。大老爺曰吓雖。先生曰先辰。營兵曰並。練勇曰練。見官曰練杭。棹子曰旦。板凳曰槍問。槍曰中。刀曰密。《黎平府志》。

古州苗語

天曰各達。地曰羅。日曰奈。月曰喇。雲曰靚。天晴曰魯内。天陰曰乍内。天晚曰茫内。夜行曰晦際。風曰箕。雨曰儂。雪曰拍。山曰補。上山曰溜補。路曰能勾。塘曰各印。田曰蠟。屋亦曰補。耕田曰鑠喇。耕地曰鑠落。瓦屋曰背瓦。茅屋曰補楚。水曰果柱。竹曰木籠。花曰盆。大官曰猛貴。小官曰得。官兵曰乍金。民曰果乍。苗曰果雄。祖曰阿譜。祖母曰阿娘。父曰阿巴。母曰阿米。伯曰伯龍。叔曰馬腰。兄曰阿那。弟曰得苟。姊曰阿亞。妹曰亞苟。子曰得帶。女曰得帕。姑曰阿孟。姨曰能龍。外祖曰阿達。舅曰阿内。媳曰能。孫曰茁。夫曰幫。妻曰毆。妻舅曰奈補。親家曰把截。朋友曰同年。自呼曰委，人曰蒙。説話曰破多。寫字曰身讀。娶親曰日内戳。嫁女曰張得帕。有喪曰達。内曰泥恕。哀

〔一〕眼：原脱，據本志《土民志》補。

曰額。平聲。樂亦曰辣。梅曰薩革尾。桃曰薩勿尾。李曰薩菊尾。凡讀花爲尾。核桃曰薩綿。栗曰宅。平聲。柳曰呢。頭曰五。作鼻音。耳曰樂波。眼曰那去聲都。口曰涅波。眉曰那波。頸曰下入。鬍曰泥七。乳曰八入。胸曰你都。肚曰亞巴。心曰你。腸曰無。肺曰次。肝曰塞。手曰辣。足曰夾跋〔一〕。布曰濮。緞曰叵。綿曰叵佳。佳字作家字讀。鞋曰琴。帶曰竹是。耳鬢曰奴則。胸前珠曰逐木。打杖曰麻吉。弓曰娜。弩曰茄。箭曰弩。刀曰霞。鎗曰杵。砲曰杵。金曰除。錢曰止知。戥曰羅。秤曰鷄。升曰施。斗曰得。飲酒曰旨多。殺鷄曰呀呼。倒讀呀爲呀，呼爲殺。爲黍曰續膩。牛曰呢。羊曰禾。用鼻出氣讀。狗曰溪。猪曰拕。猫曰阿必。鼠曰哈。虎曰駱。豹曰亦。鹿曰活。獏狼曰物野。穀曰赤。莜曰姑鴈。麥曰食米。小米曰策。芋頭曰難苞。粟曰烏母蘇。稗曰阿竈。皇帝好曰厄母的。官好曰祖莫的。老者曰速莫。少年曰奔兒沙。女之美曰忌。男之好漢仗曰腳踏住。老有德曰速莫助。《普安廳志》。

僰語

天曰與。日曰涅。月曰蛙。星曰星。風曰拍蟬。雲曰允。雨曰微。雪曰雪。露曰露。霜曰深〔二〕。雹曰卓僕。地曰低。山曰賒。水曰需〔三〕。田曰批底。房曰火。井曰需都。石曰着落。樓曰勒。橋曰古。人曰宜格。皇帝曰無對。大人曰大人。父曰波。母曰摸。兄曰阿

〔一〕足：原誤作「尼」。

〔二〕〔三〕曰：原脱。

雍。弟曰阿帖。姊曰阿薺。妹曰牛忒。子曰阿孳。女曰阿牛。孫曰阿沙。孫女曰牛沙。春曰春，與夏、秋、冬俱漢語。水曰西。火曰灰。土曰揑氣。青曰青。紅曰賒。白曰拍〔二〕。黑紫曰鍋塞。怒曰悶躁。笑曰肅。米曰眛。穀曰蘇。麥曰薏麥。莜曰姑。虎曰猓。豹曰綁。牛曰額。野牛曰野額。馬曰墨。猪曰忒。羊曰藥。猫曰阿彌子。鼠曰舒。拜年曰百中。祭祀曰妲。娶妻曰丕西陂。嫁女曰祝牛。生子曰疏孳。生女曰疏牛。草曰芻。花曰火。平聲。桃曰爹。核桃曰五都。栗曰阿宅。布曰叵。緞曰以叵。鞋曰眼。帽曰多麽。衣服曰衣通。鬢曰泥工。髻曰吹。身曰癡革。頭曰斗縛。目曰昧革。心口曰追。頸曰假爹。鬚曰五。手曰施。足曰果。心曰星。腸曰不多。肺曰披。鎗曰沖。打仗曰接賑。皇帝聖明曰無對養。官明白曰官養。天下太平曰興、曰太平。年成豐熟曰革孳丕地養。老人盛德曰古泥底泥家。男子好漢仗曰孳泥呼漢仗。女色美曰牛泥額里克。結訟曰跌官司。争田曰争丕地。争水曰争需。《普安志》

仲家語

天曰滇。地曰的。入聲。風曰輪。雲曰霧。雷曰霸。雨曰温。乾曰悶。坤曰南。日曰完。月曰吞。陰曰盆。陽曰涼。星曰帝。斗曰倒。河曰達。漢曰哈。炎曰萬。霧曰茂。水

〔二〕白曰：原脱。

曰滌。雪曰乃。平聲。冰曰諗。霜曰逢。皇帝曰鴻代。父母曰撥蔑。州主曰賽達。兄曰彼。弟曰煖。姊曰彼囊。妹曰暖囊。食飯曰更好，早曰更巖，午曰更臨，晚曰更殺〔一〕。鹽曰孤。米曰好三。稻曰好稼。莜曰好戛。麥曰好舒。酒曰老。飲酒曰更老。薪曰墳。《普安廳志》。

夷文

天□音模，陰平聲。地□音米，陰平聲。人□音撮。日□音宜。月□音洪。星□音姐，陰平聲。風□音赫。雪□音烏。雲□音茱，陰平聲不轉。雨□音哄。君□音居。臣□音慕。父□音鋪。子□音汝，陰平聲。兄□音外。弟□音業。夫□音約，陰平聲不轉。婦□音慕。朋□音舒。友□音諾，陰平聲不轉。長□音窩。幼□音虐，陰平聲。説□音亨。話□音都。喜□音格。笑□音訛。善□音紉，陰平聲。惡□音左，陰平聲。飢□音艾。寒□音加。飽□音波。暖□音鋤。買□音渥。賣□音烏。多□音諾，陰平聲。少□音勒，陰平聲不轉。長□音賒。短□音你，陰平聲。寬□音奪。窄□音汙。飲□音奪。吃□音租。酒□音炙。肉□音呼。飯□音粥。菜□音霧。房□音赫。牀□音飢。杯□音格。椀□音低。箸□音竹。匙□音約，陰平聲不轉。山□音褒，陽平聲。石□音洛，陰

〔一〕「殺」上「更」字原脱。

平聲不轉。田□音得，陰平聲不轉。土□音米，陰平聲。春□音那，陰平聲。夏□音詩。秋□音措，陰平聲。冬□音出。金□音梭。銀□音土。銅□音鷄。鐵□音黑。一□音沓。二□音義。三□音色。四□音希。五□音我，陰平聲。六□音鵲，去聲不轉。七□音兮。八□音亥。九□音洛，陰平聲不轉。十□音册。百□音洪。千□音都。萬□音密。兩□音撒。錢□音熱。分□音非。釐□音里。夷□音義。漢□音沙。年□音課。月□音宏。日□音泥。時□音免。甲□音著。乙□音齊。丙□音閉。丁□音塞。戊□音克。己□音期。庚□音亨。辛□音亥。壬□音惰。癸□音禱。建□音免，陰平聲。除□音愛。滿□音桀。平□音奪。定□音摺。執□音癡。破□音喇。危□音谷。成□音妥，陰平聲。收□音慕。開□音不。閉□音被。金□音奢。木□音腮。水□音一。火□音隋。土□音迷，陰平聲。子□音哈。丑□音宜，陰平聲。寅□音膩。卯□音吐。辰□音魯，陰平聲。巳□音射。午□音拱，陰平聲。未□音合。申□音糯。酉□音阿。戌□音欺。亥□音窪。貴□音更。州□音糯。大□音木，陰平聲。定□音柯。威□音刁，去聲不轉。寧□音密。平□音比。遠□音喇。黔□音觚。西□音箸。畢□音龍。節□音更。水□音底。城□音蘇。公□音法。鷄□音哥。山□音補。雲□音竹。龍□音清〔一〕。落□音録。折□音遮。河□音逸。烏□音旡。西□音徐。東□音呆。川□音

〔一〕清：《風土志・夷文》作「渣」。本條下原有「山□音補」，與上文重複，今刪。

米，去聲。芒□音孟。部□音卜。羅□音呵。甸□音著。[歹矣]□。實□。東川長房茫部，二房羅甸，幺房概姓[歹矣]實。烏□音五。撒□音朮。[歹矣]□。普□。宣威長房五朮。幺房概姓[歹矣]普。昭□音烏。通□音蒙。且□音扯。蘭□音勒。更□。乃□。昭通長房且蘭，幺房概姓更亨。按[歹矣]實、[歹矣]普、更亨，皆夷姓也。

以上見《黔西州志》，或謂是玀玀字，存之備鞮譯之徵可也。

苗語

昔郝隆爲蠻部參軍，盡解蠻語，南蠻以是服之，況州縣爲親民之官，未有不通其言語，而能得其嗜好者。夫言，心之聲也。先得其言，而後因其言以想其心；再爲之設身處地，所欲與聚，所惡勿施，以揣其不言之隱。如慈母于孩提，衹一啼哭之間，知其嗜好。此無他心，誠求之故耳。

惟是黔中苗民八十二種，微特仲語與苗語不同，即仲語亦有與仲語不同者。即如縣屬安平仲語，謂天曰刀論悶，地曰囊，日曰刀輪，月曰莽高，父曰耶，母曰埋，兄曰哥，弟曰那。普安仲語，謂天曰滇，地曰的，日曰完，月曰呑，父母曰撥茂，兄曰汲，弟曰煖。獨山仲語，謂天曰悶，地曰赧，日曰大握，月曰冗亂，父曰波，母曰媄，兄曰比，弟曰暖。此不可以概論也，惟即其地以譯其語焉可耳。蓋苗語難知，故用譯以譯，譯譯故曰重譯。玆僅譯苗仲二語者，以二種多故也。

苟由此而盡譯之，因其言以想其心之所欲言，並揣其不言之隱，則傾心向化，將不獨郝隆專美於前矣。至今日，仲民讀書者衆，能以其語爲詩歌，固足見涵濡薰陶之德，然非同文之世所貴也，故舍而弗録。《安順府志》。按，諸苗語言不同，洵如《安順府志》所云，兹據各志臚列如後，藉資考證，非犯複也。

苗音鴂舌，非翻譯不解。其稱天曰各達，地曰羅，日曰奈，月曰喇，雲曰靚，天晴曰魯内，天陰曰乍内，天晚曰茫内，夜行曰晦際，風曰箕，雨曰儂，雪曰拍，山曰補，上山曰溜補，路曰能勾，塘曰各印，田曰蠟屋，亦曰補，耕田曰鑠喇，耕地曰鑠落，瓦屋曰背瓦，茅屋曰補楚，木曰果柱，竹曰木籠，花曰盆，大官曰猛貴，小官曰得官，兵曰乍金，民曰果乍，苗曰果雄，祖曰阿譜，祖母曰阿娘，父曰阿巴，母曰阿米，伯曰馬龍，叔曰馬腰，兄曰阿那，弟曰得苟，姊曰阿亞，妹曰亞苟，子曰得帶，女曰得帕，姑曰阿孟，姨曰能龍，外祖曰阿達，舅曰阿内，媳曰能，孫曰茁，夫曰幫，妻曰毆，妻舅曰奈補，親家曰摁截，朋友曰同年，自呼曰委，人曰蒙，説話曰破多，寫字曰身讀，娶親曰内戳，嫁女曰張得帕，有喪曰達内，葬曰兩内，祭曰綽滚，請客曰請内哈，叩頭曰不備，頭曰多北，耳曰果謀，眼曰合眉，口曰哈攏，手曰阿斗，脚曰果落，肚曰果體，髮曰果北，看見曰乍蒙，大曰隆，小曰得，肥曰脹，瘦曰瘠，好曰若内，醜曰乍内，哭曰業，笑曰兕，立曰鑠，坐曰重，卧曰夢，快走曰速，慢走曰達會，水曰阿，來曰擺，去曰散，黄牛曰大躍，水牛曰大業，虎曰木瓜，馬曰大美，騎馬曰藏美，羊曰大客，豬曰大把，鷄曰大哈，狗曰大狗，魚曰大某，鵝曰大奴，鍋曰果碗，罐曰果着，碗曰果折，凳曰果灰，桌曰記擺，錢曰錢當，銀曰硬，銅曰果，錫曰驀，布曰扐，籠曰果搭，背籠曰果的，鐵曰果撈，箱曰果補，鼓曰播儂，鑼曰果鉦，銃曰礮，鎗曰窩，刀曰果滕，鎖曰果索，戥曰聽硬，稱曰聽度，鹽曰仇，油曰刪，火曰斗，燒火曰北斗，向火曰奴斗，冷曰嫩，熱曰格內，小米曰糟儂，大米曰糟奴，糯米曰糟糯，柴曰果斗，喫飯曰攏利，喫酒曰歆酒，喫烟曰歆烟，茶曰忌，喫茶曰歆忌，肉曰牙，喫肉曰能牙，被曰特潑，帽曰果帽，衣曰阿，鞋曰磽，袴褲曰鉏可，一曰哈，二曰偶，三曰補，四曰彼，五曰罷，六曰着，七曰中，八曰億，九曰仇，十曰個，百曰阿八〔一〕，千曰阿采，萬曰阿萬，升曰果賞，斗曰果斗，正月曰喇哈，二月曰喇偶，三月曰喇補，四月曰喇彼，五月曰喇罷，六月曰喇着，七月曰喇中，八月曰喇億，九月曰喇仇，十月曰喇個，十一月曰喇巾，十二月曰喇柔，初一曰哈昧喇，初二曰偶昧喇，初三曰補昧喇，初四曰彼昧喇，初五曰罷昧喇，初六曰着昧喇，初七曰中昧喇，初八曰億昧喇，初九曰仇昧喇，初十曰個昧喇，過年曰桂前，東曰勾韇代，南曰勾韇莽，西曰紀中，北曰紀達，上曰溜，下曰落，高曰率，低曰亞，平曰排，欠債曰斗拆，還債曰必拆，公道曰苦理，不公道曰乍腮，是曰業，不是曰肘業，殺人曰打內，搶奪曰這惑內，幫鬭曰戳緊，偷竊曰業內，人兇曰阿內內窩，浼人解忿曰講歹〔二〕，和事不成曰肘跌，掌和事之人曰牙即，又曰行人，主盟之人曰背箭，防事曰木掌，不管事曰張掌。其命名，男子多以老，如老偶、老補、老彼、老罷、老缺、老喬、老傘、老叟、老宰之類；女子多以阿叟、阿

〔一〕八：原脱，據乾隆《辰州廳志》補。
〔二〕浼：原作「挽」，據文義改。

如、阿中、阿帕、阿妹、阿吉、阿金、阿息、阿布之類爲名。三廳中相距稍遠者，其言語亦多不同，不能盡譯也。《黎平府志》《廣順州志》。按兩志所載苗語均同，惟《府志》較《州志》尤詳，兹並録之，以免繁複。

安順府苗仲語合譯

天曰董/論悶〔一〕。日曰上董/刀輪。月曰糯夕/莽高。星曰糯工/奈里。風曰邦下平/任。雲曰阿仁/烏。雷曰騷果/巴束〔二〕。雨曰饒囊/刀愠。霜降曰哦打/奈父〔三〕。下雪曰饒邦下平/刀奈。露曰婁/崖。雹曰騷乃/要巴。雹曰勞/刀仜。凌冰曰空/奈塊。旱曰農科/悶雨。澇曰皆勞/攘王。以上天文，《安順府志》，下同。凡有音無字者，俱以四聲圜讀之，惟下平聲圜讀恐與上平聲混〔四〕，故注曰下平，餘仿此〔五〕。

地曰打/囊。山曰巴/播。大山曰巴勞/播懦。小山曰巴播/尤奈〔六〕。山頂曰户巴/娘泊。山腳曰蹈巴/懦順。石曰坳/應。巖曰兀/因。江曰抗/巖。湖曰搪不/安。河曰砬/大。海曰況潦/巖。大水曰皆勞/刀懦。小水曰皆尤/刀奈。池塘曰邦/當。井曰況

〔一〕「/」之上爲苗語，「/」之下爲仲語。原書以雙行小字方式排版。

〔二〕束：本志《風土志》作「來」。

〔三〕父：《風土志》作「文」。

〔四〕下：原誤作「不」。

〔五〕原文中未見施加聲調符號。

〔六〕巴播/尤奈：《風土志》作「巴尤/播奈」。

潦／論模。坑曰況踝／論莊。溝曰都矼／論孟。田曰冷／拿。土曰打／囊。園圃曰罔乳／論順。大路曰戛勞／論翁。小路曰都戛／論奈。石洞曰況乎／論莊。田塍曰況冷／温那。

以上地理。

高祖、曾祖父曰腳婁臺／包太。高祖、曾祖母及老婦曰埋婁／亞老。祖父曰腳婁／公。祖母曰埋婁擡／太。父曰腳／耶。母曰捏／埋。伯曰蕘／包。叔曰牙／爺。伯母曰埋滂／蔑奥。叔母曰埋牙／亞比。姑母曰麻阿／蔑巴。母舅曰既農婁／播龍。兄曰姑／哥。兄嫂曰埋牙／比奥。弟曰牙／那。弟婦曰埋牙／那。婦人曰伊虐／猛。姐曰阿婁／姐。姐夫曰敝包／務龍〔一〕。妹曰阿／猛。妹夫曰敝務／播古。表伯曰阿蕘老／播比。表叔曰阿播牙／老古〔二〕。表兄曰老表／比。表弟曰老表／囊。妻舅曰村既農／播那〔三〕。妻曰虐／折亞。子曰冬／婁。兄弟之子俱曰冬句／婁腮。女曰莫痴過／婁猛。女壻曰敝務／婁規。外甥曰外甥／婁監。親家曰腳／老浪。先生曰藏道／章端〔四〕。大人曰蒙老／大人。媒人曰美人／補司。僧道曰和尚／阿道。鬼師曰鬼師／文亡。佃户曰壘招／僂張。裁縫曰采風／文牛。廚

〔一〕敝包／務龍：《風土志》作「敝務／包龍」。

〔二〕阿播牙／老古：《風土志》作「阿牙老／播古」。

〔三〕農：原誤作「晨」。

〔四〕端：《風土志》作「瑞」。

子曰處子/文廚。木匠曰藏文/伯歪〔一〕。瓦匠曰藏俄/大瓦〔二〕。石匠曰藏坳/文硬〔三〕。保人曰叩俄昌/包都文。中人曰中人/憑端。你曰你/皆沽。我曰哄/皆蒙。書辦曰書班/仲同。代書曰代書/仲同。差曰都差/阿差。打曰奴/呆。斷案曰董狀/決芮〔四〕。訟勝曰狀贏/贏敗。訟輸曰狀輸/輸敗。班房曰班房/仲同。監獄曰把牢/論牢。禁卒曰都皂/阿齋。乞丐曰時和/阿弩。賊盜曰都雙/不劣。以上稱謂。

生曰波/里利。死曰奪/太敗。貧曰梗/窩老。富曰發采/班利。大曰老/邦饒。小曰育/奶饒。有曰猛/里。無曰馬猛/秘攸。來曰勞/罵。去曰蒙/敗。遲曰離/卯邀。速曰衰/茫邀。言語曰都腮/甲奥。走動曰猛戛/條。物大曰老/沽農。物小曰育/沽在〔五〕。人多曰蒙丈/都賴〔六〕。人少曰蒙招/文修〔七〕。願曰好/主。不願曰莫好/密主。凡事不諧及没有曰莫仁/密攸。巧者曰乖/饒。伶俐曰在行/直饒。愚蠢曰湯/瓦。小心曰

〔一〕藏文/伯歪：《風土志》作「藏伯/文歪」。
〔二〕大：《風土志》作「文」。
〔三〕文：原作「丈」。
〔四〕芮：《風土志》作「芮」。
〔五〕在：《風土志》作「右」。
〔六〕蒙丈/都賴：《風土志》作「蒙都/丈賴」。
〔七〕文：《風土志》作「丈」。

小心/同。拜跪曰扒九/拜。磕頭曰奴户/高。不聽人言説曰莫門腮/密睿。打降曰奴架/董敵。相罵曰皆架/董汶。綑縛曰閑/混。換肩曰離朱/利巴。騙賴曰賴賴/騙。貪婪曰臟錢/更案。買曰貿勞/甲。賣曰貿周/蒙〔一〕。嫖曰嫖有/過。賭錢曰賭錢/同。擲骰曰擲骰/刀能。以物頓地上曰固打里/沽諸氏諒〔二〕。以上言論動作。

頭曰農服/拱高。髮曰褒服/奔高。額曰賓包/拿罷。臉曰包/那。眉曰褒蒙/奔大。眼曰蓋蒙/論大。耳曰農把/雷。鼻曰農浪/雷〔三〕。口曰農九/班。鬍鬚曰阿者/盂。齒曰命/札兒。舌曰乃/冷。項曰農浪/拱右。肩曰胄膊/拱巴。背曰朱股/白浪。手曰火/文〔四〕。掌心曰胥雜/虹文。大指曰地雜/蔑文。小指曰地雜尤/婁文。胸膛曰農白/莊按。乳曰農密/秘。腰曰農奪/拱文。肚腹曰農包/論董。肚臍曰農況刀/波戾。足曰蹈/頓。足腿曰奓奓波/戛心。膝曰王服九/高窩。足肚曰莊朱/董戛。脛曰廣魯刀/大抱。腳心曰底胥/曼頓。足指曰地糟打/婁頓文。臀曰交角/更榮。筋曰打續/凝。骨曰

〔一〕貿周/蒙：《風土志》作「貿蒙/周」。

〔二〕固打里/沽諸氏諒：《風土志》作「固打都/沽論論氏諒」。

〔三〕雷：《風土志》作「褒」。

〔四〕火：《風土志》作「叉」。

才桑／光。肉曰皆／懦。毛曰毛制／奔大。髮辮曰褒服／奔高。大便曰莊戈／過也〔一〕。小便曰在委／戈右〔二〕。以上身體。

街曰街／蓋。巷曰尚／龍。寨曰農王／滿。門曰枕／杜。門外曰枕老老／氏論。門限曰氐弓／敢杜。寺觀廟宇曰廟／謬。房曰農把／然。院曰湎／稔。階曰孔温／光〔三〕。亭曰枕狼／亭。樓曰農莊／瘦。倉曰戎／庾。枋曰方／王〔四〕。椽曰椽／同。梁曰兩／梁。柱曰假把／嫂。磚曰專／烝。瓦曰俄／瓦。窗曰窗風／同。檐曰滴拉／罷然〔五〕。牆曰空身／迸。板壁曰把太壁／板壁。以上村寨房屋。

頂曰光等／廣。簪曰比服／並高。小帽、煖帽俱曰毛杏／冒奶。氈帽曰毛制／冒晉。涼帽曰兩毛／涼帽。衣曰襖／光布。衫曰衫子／布衫。袍曰均與漢人同。馬掛曰馬褂／布登。汗衫曰汗褂／汗沓。手巾曰是波／冒邦。衣鈕曰扣子／婁路。腰帶曰浪／刁。裙曰登／因。褲曰置／重。鞋曰亚／巖〔六〕。襪曰襪／巖曼。裹腳曰稱／郎。枕口凝高／睡。被曰邦／奔

〔一〕莊戈／過也：《風土志》作「莊過／戈也」。
〔二〕在：《風土志》作「莊」。
〔三〕孔温／光：《風土志》作「孔／温光」。
〔四〕王：原作「玉」，據咸豐《安順府志》改。
〔五〕滴拉／罷然：《風土志》作「滴罷／拉然」。
〔六〕亚：原誤作「立」。

芒。褥曰芝／晉丢。草鞴曰草斂／草簾。以上服飾。

布曰帑／邦。紗曰種紗／賣。綢曰種／同。緞曰空／奥。針曰根／遁。線曰騷／賣。以上布帛。

酒曰竈／醪。吃酒曰呼糟／哽醪。飯曰囊／奥。吃飯曰囊哽／囊奥〔一〕。肉曰改／糯。吃肉曰囊吃吃／哽糯。猪肉曰囊吃吃／哽糯暮〔二〕。吃煙曰呼茵／哽完。烟竿曰札煙／論龍。烟包曰因盒／洽完。茶曰吸／者〔三〕。吃茶曰呼更／及者〔四〕。茶杯曰柯箕／論奥。小茶杯曰都匡／論千。油曰狀／油。油燈曰莊油／當油。鹽曰祚／故。粥曰過篕／那冬。飢餓曰篩口／鐃。香曰香／應。臭曰胄／奥。冷曰囊／蔣。熱曰炒／抽。軟曰濃／温。硬曰墮／朗。糟曰脱肚／戾。麯曰哥竈／酉糯。以上飲食。

棹曰枕／莊。椅曰椅／几。脚踏曰蹈當／枕。屏風曰梗／莫覩。牀曰藏／長。帳曰盃／惹。以上坐臥具。

大碟曰碟老／論碟。小碟曰碟育／論盆。碗曰呆／乍。箸曰招／故豆。以上飲食具。

〔一〕囊哽／囊奥：《風土志》作「呼囊／哽奥」。

〔二〕吃：《風土志》作「改」。

〔三〕吸：《風土志》作「及」。

〔四〕呼更／及者：《風土志》作「呼及／哽者」。

爐竈曰弓着/論騷。火鉗曰着着/奥今。蠟燭曰燭/蠟朱。火把曰拉道/臥爲。爆竹曰炮賬/烏包。大炮曰地炮/旦中。以上火具。

升斗曰道升/倒盛。米袋曰糯/甲袋。杵曰降校/凡帶。臼曰杻校下平/任帶。碓曰枚下平/帶。簍籮曰魯/羅。鋤曰陸/媽。耙曰篪/饒。鐮刀曰魯無/零。尖刀曰譖/汪明〔一〕。柴刀曰作/汪明。斧曰獨/玩。扁挑曰扛/條案。禾架曰枕/阿腦。擔子曰莊下平/案。挂杖曰打打/等。以上農具。

頭梳曰若/阿外。鎖曰素/冷龍。鑰匙曰鑰匙/即龍。臉盆曰當/論盆。瓶口曰瓶口/抱。戥曰頓/登。秤曰直/丢。繩索曰絡/叉。藤曰芒/告。以上雜具。

筆曰筆/犇。墨曰墨/芒。文字曰文字/娘。書曰道/瘦。紙曰道/撒。讀書曰柯道/果瘦。印曰印/應。扇曰篪/必。以上文具。

鑼曰那/同〔二〕。鼓曰卓/光。鐘曰仝/同。磬曰仝/同。梆曰著/芒。鐃曰光扯/光匝。叭喲曰羅博/打的。蘆笙曰泡推/汲連。以上樂器。

竹板曰半/撮戎。鍊曰羅盧/叉抓。枷曰枉/論然。鍏曰昆盧/戞鞭。囚犯曰充軍/里芮。以上刑具。

〔一〕譖/汪明：原作「譖汪/明」。
〔二〕「鑼」上原衍「樂器」二字。

一曰依／望。二曰阿／宋。三曰巴／撒。四曰褒／西。五曰卑／阿。六曰婁／繞。七曰臧／羌下去。八曰以／邊。九曰覺／姑。十曰古／仇。十一曰古依／仇依。一百曰依博／把了。一千曰依生／玩了。一萬曰依諒／望了〔一〕。一億曰依索／仇諒。一人曰你儂／望了。十人曰古你儂／仇文。百人曰博妳儂／百文。千人曰生你儂／諒文。一文曰一儂／一文。十文曰古儂／仇鼇。一毫曰好／毫。一鼇曰一里／同。一分曰一分／玩。一錢曰一曾／一錢。一兩曰一良／一領。二兩曰阿宋／良領。石曰當／如。斗曰道／倒。升曰升／分。合曰合／合。勺曰勺／勺。以上數目。

東曰東／汪。西曰西／汝。南曰赧／三。北曰北／故。中曰章／枕矼。前曰打／浪。後曰光／那。左曰如／稔水。右曰羅／稔刮。上曰家／喪。下曰箕／氏論。以上方向。

紅曰倫／倫。紫曰都倫／滃。赤曰都摸／邦翁。黄曰廣／煙。青藍曰波素／温濫。緑曰波／論。白曰刀／告。黑曰朧／晚。以上顔色。

頭疼曰服曾／高堅。肚曰包／董。肚痛曰包芒／董堅。腹脹曰包脹下平／董脹。心痛曰順芒／温堅。耳聾曰浪拔／柔懦。聲啞曰陽／昂。眼瞎曰雷眸／大望。背駝曰重朋／懦工。嘔吐曰懦／若。咳嗽曰論／嗜。下痢曰過唱／董弄。病瘧曰俄包／戈相。癲狂曰炳／寡。

〔一〕依諒／望了：《風土志》作「依望／諒了」。

跛足曰加/架笳。以上疾病。

金曰工/近。銀曰凝/案。銅曰等/龍。鐵曰陸/瓦。錫曰索/攸。鋼曰薩/扛。鉛曰永/元。錢曰屯曾/煎。玉曰玉/浪。寶曰寶/奥。以上珍寶。

墾田曰開壘/溉拿。築田塍曰俄涸壘/沓波拿。以水灌入田内曰喋温逐壘/嗅染之拿。種田曰俄壘/戈拿。挑糞曰俄墳/阿奔。糞田曰俄墳逐壘/阿犇之拿。布種曰搬秧/拖瓜。插禾曰擠秧/浪拿。薅秧曰扔雍/奈那。晾禾曰温雍/他戛。收穫曰扔把/收謬。晾穀曰温他/把襖。種土曰俄打/戈那。薅草曰脱茹/攏壓。割草曰扔茹/管牛下平。以上農功。

穀曰把/奥于。白米曰宋老/阿奥。舂米曰墮宋/利奥。糯米曰宋簍/阿那。粘米曰宋昨/阿晉〔一〕。穀殼曰索婁/燃那〔二〕。糠曰索/燃。麥曰門/阿芒。蕎曰假門/芒芒。紅稗曰西/阿望。小米曰都農/阿翁。豆曰都/婁嫣〔三〕。黄豆曰都廣/同上。緑豆曰都波/婁兵。芝蔴曰芝麻/同〔四〕。杠豆曰都杠/婁必。扁豆曰都縛/阿巴。豆豉曰豉/嫣閟〔五〕。以上米穀。

〔一〕晉：《風土志》、道光《安平縣志》同，咸豐《安順府志》作「那」。
〔二〕那：《風土志》作「邦」。
〔三〕嫣：原作「媽」，據咸豐《安順府志》改。
〔四〕芝麻/同：原誤作「芝同/麻」。
〔五〕閟：原作「閦」，據《風土志》、咸豐《安順府志》改。

菜曰茹/邦。青菜曰茹波/邦干。白菜曰茹過老/邦爪好〔一〕。油菜曰茹過有/邦油。芹菜曰茹京/香芹。莧菜曰茹及/邦亂。㛹菜曰脱茹/奈䏌。薑曰指/應。蒜曰堆/餓。葱曰茹葱/烏。韭曰茹韭/跑烏。芋子曰柴婁/户忍〔二〕。山藥曰玉朵/婁叟。蕨曰茹梭/邦坤。以上蔬菜。

桃曰潎裸/婁道下平。李曰潎考/婁閎。核桃曰潎道下平/婁招。梨曰潎/婁梨。柑曰殊拿/□〔三〕。葡萄曰潎更/婁卵。壺瓜、絲瓜俱曰呵那/婁王〔四〕。杏曰家/而甕。栗子曰潎芍/歪亞。以上果蓏。

花曰綁/歪。蘭曰蕙/奶。菊曰保廣/奶。艾曰巖/艾。藤曰□/告。草曰娘/同。竹曰找/歪仁。木曰能/烏歪。松曰争歪/芒既。杉曰阿金/杉。桐曰呵當/歪高。漆曰呵腮/都良。棕曰曾棠/囊愠。柳曰養柳/歪魯。羊桃藤曰潎芒/歪那。柴曰堆/文。生柴曰道波/文留。乾柴曰道踝/文羅。以上花木。

鷄曰喈/蓋。鵝曰犒/雁。鴨曰歌/聘。鴉曰窩/啞。猪曰都膞/都暮。羊曰都養/

〔一〕爪：《風土志》作「瓜」。
〔二〕柴婁/户忍：《風土志》作「柴户/婁忍」。
〔三〕□：原文爲空白。下同。
〔四〕那：《風土志》作「都」。

都庸。猫曰都毛/猫。狗曰拉/都罵。馬曰𢿙密/都馬。水牛曰都勾/都歪。黄牛曰都母/都胄。鼠曰都博/都嗅。兔曰都樂/毛。猴曰奪冷/都靈。虎曰𢿙召/都恐〔一〕。豹曰豹子/都空。鹿曰都伜/都。以上禽獸。

鯉魚曰大里/都擺。鰍魚曰麻絲/罷賴。鱔曰麻稬/罷剪。鼈魚曰都九/都鳥。龍曰𢿙攘/都區。蛇曰𢿙糯/都嫗。以上鱗介。

蚊曰都芒/都良。虱曰硐/都南。蚤曰都膜/都曼。蜂曰蠊都/更〔二〕。密蜂曰蚝/都蝶。蜘蛛曰都盃/都告。蜻蜓曰浪温/温壩。蝗蟲曰光密/都亂。蝦蟆曰過戈/都硬。蚓曰懦姜/都斷。以上昆蟲。

興義府 苗仲語

天曰立奔。日曰江晚。月曰龍論。星曰老黎。風曰戎。雲曰烏。雷曰巴染。雨曰刀温。霜降曰刀奈分。雪下曰刀奈。霧曰乃莫。露曰藏善。雹曰羅邑。雹曰刀論馬。冰曰刀奈消。旱曰没刀温。澇曰刀温奈老。以上天文。《興義府志》。下同。

地曰囊。山曰播。大山曰播老。小山曰播奈。山頂曰寧波。山麓曰谷播羅。石曰倫會。

〔一〕恐：原誤作「恕」，據道光《安平縣志》、咸豐《安順府志》改。

〔二〕蠊都/更：《風土志》作「蠊/都更」。

巖曰岜。山洞曰立格莫〔一〕。水曰染。湖曰立大。江曰立宜。江濱曰六宜。大水曰仍不老懦。小水曰立我。井曰立波。溝曰千侯。田曰拏。田塍曰恒拏。土曰奈。園圃曰立三。大路曰染勞。小路曰染粱。以上地理。

父曰播。母曰米。祖曰包。祖母曰夏。曾祖曰呀太。曾祖母曰包太染龍。伯曰包籠。伯母曰妹巴。叔曰坳。叔母曰蔑坳。姑曰妹姑。母舅曰妹拏。兄曰必勞。弟曰龍倫漢。嫂曰必奔。弟婦曰蔑坳。姊曰阿比。姊夫曰必蓋。妹曰龍老漢。妹夫曰叔包。夫曰包。妻曰夏。舅曰播拏。子曰立衰。女曰婁猛。姪曰倫蘭。壻曰卜甘。外甥曰婁濫。親家曰卜龍。通論婦人曰叔夏。寡婦曰没邁。孤兒曰勒家。僧道曰卜道。巫曰老。田主曰蘇奈。佃曰倫李。縫人曰上義。庖人曰上蘇。木匠曰上肥。瓦匠曰上瓦。石匠曰上林。中人曰阿卜立過江。官曰卜腮。差役曰交差。我曰鬧。他曰星悶。通稱曰同年。乞丐曰不奴。乞丐頭曰賽不奴。盜賊曰不讓。以上稱謂。

生曰交。死曰馱。貧曰不奴奈。富曰姑馬姑蔑。大曰老，又曰那饒〔二〕。小曰娘，又曰奶饒。有曰半。無曰惡蔑。來曰行馬。去曰倒不然。速曰半遼。遲曰來山。言曰岡不呢。走

〔一〕格：《風土志》作「勒」。
〔二〕饒：原作「鐃」，據《風土志》改。

曰崽論。坐曰浪。臥曰碑論。喫曰哽。多曰奈勞。少曰惡蔑。怒曰裊裊。喜曰蒙浪。不成曰那箇蔑半。成曰箇半。巧曰耕老。呆曰娃老。小心曰老浪。不懼曰密勞。拜曰跪。揖曰乃老。不聽言曰少蔑你老蔑呢不老少。磕詐曰佛根牙。打曰同登。駡曰同那。杖責曰打不耽。聽訟曰審賽。訟勝曰贏半。訟負曰輸半。獄曰論牢。管獄曰牢論。殺曰街。綑曰殺熟。擡轎曰染轎。坐轎曰浪轎。欠債曰負你老。索債曰要密來。買物曰半後手。賣物曰阿不甘。以物丢地曰韋古染浪。祭山曰拜蘇賽萌。過小年曰更將六。以上人事。

頭曰拱交。髮曰編老。額曰拏崽。面曰巴拏。眉曰奔大。眼曰論大。耳曰雷。鼻曰包浪。口曰班。鬚曰孟。齒曰阿油。舌曰冷。項曰少華。肩曰高巴。背曰白浪。手曰馮。掌心曰降馮。大指曰蔑馮。小指曰妻馮。胸曰那個。乳曰莫。腰曰亨。腹曰蔑董。臍曰立波。足曰不頂。腿曰街棒。莖物曰完。膝曰卯。足肚曰街。脛曰打包。足心曰丢頂。足指曰老頂。臀曰不猷。筋曰凝。骨曰楞哪。肉曰糯。毛曰奔拏。大便曰刀夜。小便曰刀鳥。以上身體。

頭疼曰交温。腹痛曰董堅。腹脹曰董脹。心痛曰惡堅。耳聾曰不任鹿。聲啞曰不昂。眼瞎曰大錫。背駝曰倫背。嘔吐曰羅俟。咳嗽曰喉。吐涎曰北南。痢曰奔毒淋。瘧曰奔身。癲狂曰奈牛。跛足曰架圭。以上疾病。

大街曰講蓋老。小街曰講蓋娘。鐘鼓樓曰灑支宋。寨曰滿。門曰杜。門外曰杜紅。門限曰鵠睹。大門曰杜老。小門曰杜娘。廟曰謬。房曰蘭。階曰不杜。樓曰耕落。倉曰李夜。

椽曰捐。柱曰姑非。磚曰捐。窗曰都當。檐曰礙哈。牆曰阿香。梁曰井。以上居處。

領曰或。簪曰班。鐲曰佛架。挖耳曰山挖耳。小帽曰帽娘。氈帽曰帽仙。涼帽曰帽領。衣曰白。馬挂曰不篤。汗衫曰崇漢。手巾曰竹那。衣釦曰倫雞。腰帶曰物。裙曰因。褌曰娃。鞋曰巖。襪曰曼。裹脚曰鴿郎。枕曰交睡。被曰莫。褥曰蠻。草薦曰本稾簾。布曰邦。紗曰表。綢緞曰哄。針曰金。線曰賣。以上衣物。

酒曰醪。飲酒曰哽醪。飯曰豪。喫飯曰哽豪。早飯曰哽矮。午飯曰哽林。晚飯曰哽少。喫肉曰哽糯。喫烟曰哽烟。烟竿曰暮烟。烟包曰立合不論。喫茶曰哽者。茶杯曰松茶。油燈曰更當。鹽曰鹽。粥曰戎奧。饑曰同因。香曰央。臭曰好呀蔑半。冷曰申。熱曰蘭。軟曰奶。硬曰戎米乃。糟曰娘愛。以上飲食。

桌曰李松。椅曰當椅。脚凳曰當殺頂。牀曰立温。帳曰惹。煤曰論熳。碗曰那臺。箸曰故豆。竈曰立燒。鍋曰阿燒。水入鍋曰當潮數箒。洗鍋曰拏箒。鍋鏟曰屑耙。水缸曰恩落。水桶曰立冬。水瓢曰立半。灑箒曰一篤。火鉗曰弗經。燭曰松。火曰肥。火把曰顛肥。爆竹曰得松。大炮曰得松浪。小炮曰得松沙。升曰星。斗曰倒。米袋曰立袋。杵曰立長。臼曰拱兑。舂米曰倒沙。簍曰立馮。鋤曰發呵。耙曰勿攙〔一〕。鐮刀曰勿鐮。尖刀曰刀桑。

〔一〕 攙：咸豐《興義府志》同，《風土志》作「攫」。

剪刀曰弗絞。斧曰勿玩。扁挑曰擊寒。杖曰吉肥。梳曰勿垂。鎖曰立龍。鑰曰薛龍。面盆曰爲甚那。瓶袋曰立燒〔一〕。戥曰上韓。秤曰立上。繩曰腳沙。筆曰扁浪。墨曰芒。文字曰來收。書曰收。紙曰撒。讀書曰徒收。扇曰兵比。鑼曰領那。鐘曰立鐘。喇叭曰布豆。蘆笙曰布鐃古向。刑杖曰腳打。鐵鍊曰色乏。《興義府志》。以上器用。

一曰蘭了。二曰宋了。三曰撒了。四曰薛了。五曰哈了。六曰肉奈。七曰沙奈。八曰必論。九曰古論。十曰薛論。十一曰日因。一百曰一把。一千曰染論。一萬曰一萬。十萬曰薛不論。一人曰布獨文。十人曰薛卜。百人曰巴布。千人曰千布。一釐曰分了。一分曰發了。一兩曰一賞。二兩曰宋賞。十兩曰十必賞。一斤曰一千。二斤曰宋千。三斤曰撒千。四斤曰薛千。五斤曰哈千。六斤曰肉千。七斤曰沙千。八斤曰必千。九斤曰古千。十斤曰局千。一石曰一了。一斗曰倒了。一升曰升了。《興義府志》。以上數目。

一年曰比勒。前年曰比刀。去年曰比瓜。今年曰比鈴。明年曰比墓。後年曰比那。正月曰勒香。二月曰勒米。三月曰勒撒。四月曰勒薛。五月曰勒奈。六月曰勒戎。七月曰勒古。八月曰勒比。九月曰勒歌。十月曰勒息。十一月曰勒一。十二月曰勒落。以上年月。

中曰江門。前曰百里觀。後曰婁囊。左曰逢然。右曰逢括。上曰亨雷。下曰戎雷。《興

〔一〕袋：咸豐《興義府志》作「帶」。

義府志》。以上方向。

紅曰棒領。紫曰棒降。黄曰棒亨。青藍曰棒道。緑曰棒緑。白曰棒好。黑曰棒分。《興義府志》。以上顔色。

金曰景。銀曰痕。銅曰龍。鐵曰乏。錫曰連。鋼曰亨。鉛曰立。《興義府志》。以上珍寶。

墾田曰得拏。種田曰送豪。灌田曰嗅染之拏。糞田曰阿奔之拏。布種曰篤家。插禾曰浪拏。薅秧曰奈拏。晾禾曰肋浪。割草曰割家。收穫曰穀拏。以上農功。

穀曰豪街。白米曰豪山。糯米曰豪色。粘米曰豪磨。糠曰長磨。麥曰豪索。包穀曰豪宋。紅稗曰阿烘。小米曰阿翁。蕎曰豪格。豆曰豪佃。緑豆曰婁比落。豇豆曰烏各豆。扁豆曰阿巴。豆豉曰湅。菜曰標干。青菜曰玩標干。白菜曰標干好。油菜曰邦油。芹菜曰標痕。莧菜曰標阿陵。草曰娘。薑曰勒影。蒜曰水。葱曰烏。韭曰標根。芋曰婁百。山藥曰羅門。蕨曰標反。茄子曰婁勾。辣椒曰龍萬。絲瓜曰羅圭。南瓜曰勒方。西瓜曰勒圭。冬瓜曰法母。苦瓜曰勒亨。《興義府志》。以上穀蔬〔一〕。

花曰歪。蘭曰羅乃。藤曰石高。竹曰肥雷。芭蕉曰勒追蕉盈。木曰姑肥。松曰肥既。桐曰肥高。漆樹曰肥勒。棕樹曰肥農温。柳曰肥魯。桃實曰肥木桃。李實曰肥木門。核桃曰肥木烏。梨曰肥木棃。柑曰肥木柑。杏實曰肥木温。栗實曰肥木垂。落花生曰獨奈。瓜

〔一〕「以上穀蔬」四字誤在「乾柴曰文俗」下，今移正。

子曰顛瓜。乾柴曰文俗。以上花木〔一〕。

鷄曰蓋。鵝曰雁。鴨曰都迸。鴉曰啞。猪曰都暮。羊曰都庸。狗曰暮。馬曰都麻。水牛曰都歪。黄牛曰都胄。鼠曰都奈。兔曰丹羅。猴曰都靈。虎曰谷。豹曰梁。《興義府志》。以上鳥獸。

魚曰岜好。鯉曰岜。鰍曰岜西。鱔曰岜心。蝦曰都娘。鼈曰偎。龍曰都龍。蛇曰藕。蚊曰都靈。虱曰都南。蚤曰都曼。蜂曰都丁。蜘蛛曰肥勒分。蝗曰冰。蝦蟆曰高護。蚓曰都倫。《興義府志》。以上魚蟲。

興義府 青苗語

天曰勒歪。日曰論台。月曰論塔。星曰勒得改。風曰交際。雲曰當杏。雷曰北福。雨曰打隆。霜降曰覺打。下雪曰打鳩。霧曰哦呵。露曰奥打。雹曰打蓬。電曰泥坡。冰曰奥霜。旱曰堪灘。澇曰奥蓬。以上天文。《興義府志》。下同。

地曰街打。山曰巴。大山曰巴磽。小山曰格打巴。山巔曰古學巴。山麓曰格老巴。石曰論煙。山洞曰坑。江曰奥肉。河曰空蹺。海曰勒江。大水曰卻奥。小水曰奥闌。池曰坑工。溝曰覺貢。田曰勒鈴。土曰街拏。圃曰勒邊。大路曰戞敲。小路曰得街。田塍曰街上

〔一〕「以上花木」四字原脱。又缺「興義府志」四字。

你。以上地理。

父曰巴。母曰埋。祖曰告。祖母曰海烏。曾祖曰勒子母絨〔一〕。曾祖母曰烏老。伯曰海巴奴。叔曰伯效。伯母曰馬奴。叔母曰埋娘。姑母曰得。母舅曰海打忙。兄曰伽。弟曰豆屋。姊曰阿。妹曰得皮。弟姑曰得娘。姊夫曰谷杏。妹夫曰谷愛將。壻曰騎。表伯表兄弟曰谷海。妻舅曰海得奈。夫曰得油。妻曰娃。子曰得劍。姪曰谷阿爹。女曰谷阿歹波。婦人曰海年。先生曰香多。大人曰監奔。同輩曰同年。媒人曰娘乃。巫曰得祥。佃曰克愛。裁縫曰阿紅。廚子曰阿老北。木匠曰向道。瓦匠曰郁泥。保人曰保乃。我曰外。你曰母。書吏曰得差。差役曰都差。禁卒曰吉。乞丐曰古怕。姦夫曰阿都。盜賊曰得年。以上稱謂。

生曰或。死曰歹。貧曰下。富曰達。大曰嘩。小曰育。有曰埋。無曰就賢。來曰六賢。去曰孟賢。遲曰鴿街。速曰阿戲。言曰釘差。走曰黑街。喫曰豪。人多曰落奶。人少曰熟奶。願曰街喜。不願曰氣。成曰狹街。不成曰娘阿街。巧曰楷。愚曰虐。拜曰欺。不聽言曰阿爾打。打降曰石的。罵曰塔乃。綑曰克乃。杖責曰奴。聽訟曰薛告。訟勝曰橘獨哈吐。訟負曰橘告。獄曰牢。抬轎曰講腳。坐轎曰娘打。騙曰勒乃。買曰墨勒格先。賣曰刀妹。以物頓地曰索格打。以上人事。

〔一〕勒：原作「革」，據《興義府志》改。

頭曰勒醋。髮曰打香。額曰眼牽。臉曰街妹。眉曰格香妹。眼曰郎埋。耳曰進夷。鼻曰格包泥。口曰格六。鬚曰格香羅。齒曰打皮。舌曰交泥。項曰勒格恭。肩曰格瞎結。背曰交結。手曰結北。掌心曰扒骨。大指曰結迷骨。小指曰結打骨。胸曰勒格眉。腹曰包格廠。乳曰勒格學。腰曰勒格三。臍曰勒不篤。足曰結老。腳曰結巴。膝曰勒格腳。足肚曰講娘。腳心曰葩老。足趾曰既米老。臀曰結岜。筋曰腳敞。骨曰葱。肉曰泥。毛曰街香。大便曰小假。小便曰蘇發。以上身體。

街曰交街。小路曰街要。寨曰的巷。門曰勒丟。小門曰丟要。門外曰家丟格鈎。門限曰格去腳。房曰勒格卻。院曰勒石。階曰格格桑甸。樓曰勒綁。倉曰勸農。梁曰家一。柱曰同鷄。瓦曰呆。窗曰勒窗子。牆曰赤花。壁曰格雙鷄。以上居處。

領曰湯阿。簪曰薛哼。小帽曰格帽。氈帽曰格帽西。涼帽曰帽消。衣曰葩温。汗衫曰巴河汗塔。手巾曰羌三妹。衣鈕曰扣阿。腳帶曰腳打。裙曰卻猷。褲曰勒扣。鞋曰結亨。裹腳曰牛磽。襪曰結襪。枕曰巴哈秋。被曰湯拱。席曰湯頂。布曰希。紗曰福。綢曰結采。緞曰奪。鍼曰的九。線曰腳福。以上衣物。

酒曰菊。喫酒曰豪菊。飯曰街。喫飯曰那街。肉曰泥。喫肉曰論泥。猪肉曰泥八。喫煙曰豪煙。煙竿曰都烟。烟包曰端合泥。茶曰江。喫茶曰豪江。茶杯曰阿江。小茶杯曰阿要。油曰阿油。油燈曰杜燈。鹽曰雪。粥曰街江。饑曰雪香街。臭曰巷。香曰街。冷曰霜。

熱曰楷。軟曰埋。硬曰谷。糟曰格索九。麪曰那蔑。以上飲食。

桌曰的當。腳踏曰街打。帳曰勒晚。大碟曰勒片。小碟曰勒先。椀曰勒狄。箸曰毒。竈曰勒索。火鉗曰的蓋斗。火把曰斗斗。炮竹曰庖斗。大炮曰豪拓。斗曰勒多。升曰勒輕。米袋曰勒端。杵曰勒覺。臼曰勒伊覺。籮曰結菊。鋤曰的倉。耙曰的楷。鐮刀曰格論。尖刀曰結九。柴刀曰結九馬斗。斧曰的倒。擔曰交干。禾架曰多的拏。挂杖曰蓋打娘。頭梳曰瞎科。鎖曰勒巴鎖。鑰曰勒巴古。面盆曰加三埋。戥曰的等。秤曰的學。繩曰家敞。書曰多。紙曰多。讀書曰特多。扇曰狄年。鑼曰勒虐。鼓曰虐加把。梛曰勒各梛。喇叭曰羊八。蘆笙曰交蓋。刑杖曰秋蘇。鐵鍊曰交蘇。枷曰勒鷄。扭曰克呀既半。以上器用。

一曰咳。二曰阿。三曰半。四曰桑。五曰假。六曰的。七曰熊。八曰啞。九曰九。十曰一九。十一曰結枷。一百曰一霸。一千曰一千。一人曰特乃。十人曰九乃。百人曰一霸乃。千人曰一千乃。一文曰一乃曬。十文曰九乃。一毫曰一噴。一兩曰咳兩。二兩曰阿兩。石曰德。斗曰道。以上數目。

中曰家董。前曰艮埋。後曰的改。左曰百齊。右曰白堆。上曰格歪。下曰格打。以上方向。

紅曰學。紫曰都覺。黄曰仙。青曰肉。緑曰倒。白曰羅。黑曰乃。以上顔色。

頭疼曰滿科。腹疼曰媽腔。腹脹曰格昌地。心痛曰滿谷。耳聾曰聾泥。聲啞曰虐。眼瞎曰肉埋。背駝曰拱丢。嘔吐曰烏。咳嗽曰噁。痢曰馬腔家牽。瘧曰帖雪。癲曰菊牛。跛曰既老。以上疾病。

金曰井。銀曰泥。銅曰刀。鐵曰套。錫曰焉。鉛曰圓。錢曰白西。以上珍寶。

墾田曰阿拏。築田曰阿堅。灌田曰向均。挑糞曰改磨。糞田曰格索立黎。布種曰向挑。插禾曰甲黎。薅秧曰葉黎。晾禾曰結格差。收穫曰蕭格差。薅草曰裁娘篤。割草曰革街。以上農功。

穀曰街差。白米曰差斗。紅米曰差小。舂米曰都差。糯米曰街腦。糠曰街楷。麥曰街密。蕎曰九。紅稗曰街伯。小米曰街差。豆曰刀。豆豉曰刀雪。菜曰嗷。青菜曰嗷芥。白菜曰嗷斗。油菜曰嗷油。芹菜曰嗷覺。莧菜曰嗷天仙米。薑曰坑。蒜曰翠。葱曰烏葱。韭曰烏葱衩。山藥曰奶多。蕨曰呀呵。以上穀蔬。

花曰邊。草曰解。竹曰倒既。木曰豪倒。杉曰倒鶏。桐曰倒得有。漆曰倒七。棬曰倒差。桃實曰倒家當。李實曰倒家阿。核桃曰倒核桃。梨曰拏家阿〔一〕。杏實曰家忙。栗實曰江岡。柴曰杜。生柴曰杜牛。乾柴曰杜呆。以上花木。

鷄曰得改。鵝曰得年。鴨曰得甲。鴉曰得阿伏。猪曰得八。羊曰得犂。猫曰得媽。狗

〔一〕梨：原誤作「黎」。

曰得三。馬曰得麻。水牛曰得娘。黄牛曰得呀。鼠曰得納。兔曰得羅。猴曰得禮。虎曰得蓄。豹曰蓄。以上鳥獸。

魚曰孽白。鯉曰得孽。鰍曰孽打。鱔曰孽學。龍曰杜公。蛇曰鄧年。蚊曰點浪。虱曰點改。蚤曰點傍。蜂曰改蒙。蜘蛛曰改鞋。蝗曰改小。蝦蟆曰改。蚓曰改螽。以上鱗介。

興義府 白苗語

天曰諾。日曰昌奪。月曰蓋西。星曰糯哥。風曰枷。雪曰磨。雨曰浪。霜降曰鬧開。下雪曰落磨。霧曰哈。露曰下婁。雹曰論得。電曰騷後另堂。冰曰羅磨。旱曰論怎老。滂曰能得勞〔一〕。以上天文。《興義府志》。下同。

地曰那的。山曰火到。大山曰根得刀。小山曰得刀。山巔曰根泥倒。山麓曰丢到。石曰格肥。洞曰可豈。江曰家勒得。河曰獨天。大水曰皆勒得少。小水曰得尤。坑曰立北敲。溝曰格迭。田曰來。土曰格勞。圃曰王。大路曰枷格吉。小路曰都結。田塍曰枷没有來。以上地理。

父曰姐。母曰奶。祖曰阿又。祖母曰阿抱。伯曰一少。叔曰洞。伯母、叔母皆曰伯少。兄曰狄婁。弟曰勾。嫂曰抱少。弟婦曰娘勾。姑母曰剥媽。母舅曰墨郎。姊妹曰媽。姊夫、

〔一〕滂：原作「勞」。

妹夫皆曰服。壻曰都烏。妻舅曰厄當。妻曰諧。子曰冬諾。女曰篤。婦人曰冬菜。先生曰堪鬬。大人曰蒙老。媒人曰老勾沖。巫曰端公。縫人曰生鈔。庖人曰阿查。木匠曰艮冬。瓦匠曰艮發。我曰古木瓜。乞丐曰柳齋。盜賊曰都方。《興義府志》。以上稱謂〔一〕。

生曰戒。死曰奪。貧曰收。富曰發采。大曰老。小曰育。有曰麻。無曰則麻。來曰麻。去曰根差官麻。遲曰皮。速曰飛。言曰海鹿。走曰罵。人多曰蒙多。人少曰蒙兇。願曰結應。不願曰者應。不成曰則仁。巧曰招迭。愚曰者招迭。跪曰呼邱。拜曰阿邊。不聽言曰真明魯。打降曰多卜。罵曰格拏。綑曰馬勒開。騙曰格耕那。買曰墨拏。賣曰麻。以物頓地曰去做阿稽。以上人事〔二〕。

頭曰鹿呵。髮曰勒不六。額曰火不來。臉曰革濟。眉曰皆麻。眼曰格麻。耳曰格蔑。鼻曰格牛。口曰蓋牛。鬚曰格去娘。齒曰乃。舌曰杏乃。項曰皆浪。肩曰知不遠。背曰六古。手曰艮邦。掌心曰滕狄。大指曰本地狄。小指曰業缸。胸曰格肥。腹曰格曲。乳曰密。腰曰打。臍曰老斗。足曰斗。腿曰格結。膝曰服九。脛曰六斗。腳心曰額登斗。足趾曰本地斗。臂曰耕主。筋曰怎論。骨曰格蒼。肉曰盧堂。毛曰魯。大便曰招枷。小便曰昭月。以上身體。

〔一〕「以上稱謂」四字據體例補。

〔二〕人事：原誤作「稱謂」。「人事」二字原在段首，今移下。

頭疼曰毛。腹疼曰毛曲。心痛曰格非毛。耳聾曰阿格浪。聲啞曰革垞。眼瞎曰迭麻。背駝曰迭波。嘔吐曰那。咳嗽曰龍。痢曰亨昌。瘧曰墨呵。癲曰呵吉及。以上疾病。

門曰枷中。門外曰那呵中。門限曰巴中。房曰莊。階曰枷張。樓曰湯。倉曰弱。梁曰重。柱曰農。窗曰窗空。檐曰革提比。板壁曰那枷者。以上居處。

領曰怎郎。小帽曰哥。氈帽曰手真。涼帽曰哥呵。衣曰操。手巾曰葩。衣鈕曰開操。腰帶曰西。裙曰凱。褲曰枷迭。鞋曰庫。裹腳曰蓋沖。枕曰安君。被曰革棒。褥曰革張。草薦曰章露。布曰帑。紗曰少。綢曰麻。針曰工。線曰少。以上衣服〔一〕。

喫酒曰呼酒。喫飯曰嘵嘵。喫肉曰耕嘵。猪肉曰梁巴。喫煙曰呼茵。煙包曰張主。茶曰龍。喫茶曰呼龍。茶杯曰利。小茶杯曰都杯。油曰罩。鹽曰女。粥曰既。香曰耿。臭曰主。冷曰嘵。熱曰少。軟曰麻很。硬曰斗。麪曰拏。以上飲食〔二〕。

桌曰革薑。腳踏曰都斗。大碟曰排。小碟曰都排。椀曰利。箸曰周。竈曰鴿竈。鍋曰賢。火把曰長飄斗。大炮曰炮蘇。升曰勸腮。米袋曰貧。杵曰革教。臼曰羅交。鋤曰陸。耙曰耙蘇。鐮刀曰革勒紗。尖刀曰枷寨。柴刀曰枷齋。扁挑曰窮莊。杖曰橋。梳曰豈。面盆曰當。秤曰直。繩曰紗。書曰一時。紙曰餒。讀書曰寧斗。扇曰詐。鑼曰查。喇叭曰勒

〔一〕「以上衣服」四字據體例補。
〔二〕飲食：原誤作「服飾」。「飲食」二字原在段首，今移下。

蓄。蘆笙曰恒。刑杖曰格者。鐵鍊曰格衰盧。以上器用。

一曰羅。二曰阿羅。三曰比羅。四曰陸薄。五曰必羅。六曰足羅。七曰香羅。八曰一羅。九曰甲羅。十曰古羅。十一曰古依。一百曰一把。一千曰一采。一人曰一倫。十人曰古倫。百人曰一把倫。千人曰一采倫。一文曰一羅哉。十文曰古羅哉。一錢曰一者。一兩曰一良。石曰當。斗曰兜。以上數目。

中曰華張。前曰那篤業。後曰招羅。左曰那革浪。右曰革羅。上曰那革當。下曰浪阿門〔一〕。以上方向。

紅曰都乃。紫曰絨。黄曰狼絨。藍曰羅。白曰婁。緑曰緣。黑曰羅。以上顏色。

銀曰呆。銅曰凍。鐵曰羅。鋼曰既。錢曰者。以上珍寶。

墾田曰阿來。溝田曰昭質。挑糞曰勾欺。布種曰額龍。插禾曰操約。收穫曰送立。晾穀曰既勃婁。割草曰乃。以上農功。

穀曰勒。白米曰勒婁。春米曰打。糯米曰該不六。糠曰沙。麥曰毛。蕎曰吉。紅稗曰革促。小米曰都促。豆曰獨。黄豆曰獨木。豇豆曰獨奏。扁豆曰獨老。豆豉曰阿師。菜曰偶。青菜曰偶邑。白菜曰偶乃。油菜曰褥革齋。芹菜曰偶蓋。莧菜曰肉蓋。薑曰楷。蒜曰

〔一〕門：《風土志》作「門」。

格葉。葱曰勞。茄子曰里朱。芋曰格高。山藥曰玉乃。蕨曰肉㞗。以上穀蔬。

花曰菊肥。草曰枷㞗。竹曰兕。木曰龍。松曰託。杉曰解。桃實曰積拏。李實曰積口。

核桃曰積婁。棃曰積㞗。葡萄曰積解。柴曰頭。以上花木。

鷄曰喈。鴨曰奥。鴉曰坳。猪曰嫣。羊曰癡。猫曰革癡。狗曰立。馬曰論。水牛曰奪。

黄牛曰虐。鼠曰枷㞗。兔曰拏。猴曰乃。虎曰艮勒早。豹曰勒寶。以上鳥獸。

魚曰蔑。鰍曰蔑鰍。鱔曰蔑郎。龍曰娘。蛇曰郎。蚊曰納庸。虱曰多。蚤曰麻。蜂曰

母。蝦蟆曰阿頁。以上魚蟲。

興義府 猓玀語

天曰麥。日曰磨叉。月曰和卜。星曰專。風曰米。雲曰得那。雪曰烏。雨曰蒙杭篤。

霜降曰呢獨。露曰并那。雹曰河衰。電曰蒙屑。冰曰烏呢革。旱曰木錯。澇曰夷年。以上天

文。《興義府志》。下同。

地曰米。山曰墨勒。大山曰墨勒厄。小山曰墨勒弱。山巔曰墨勒午。山麓曰墨勒脚。

石曰六莫。洞曰多多。江曰夷莫。海曰夷年古。大水曰夷不篤。坑曰夷多多。溝曰左都。

田曰得。土曰泥。圃曰徂谷。大路曰阿足莫。小路曰何足坐。田塍曰米該得〔一〕。以上地理。

〔一〕 塍：原誤作「滕」。

父曰爹。母曰阿密。祖曰普阿莫。祖母曰普阿婆。伯曰獨磨。叔叔曰頗頗。兄曰阿磨。弟曰業楷。伯母曰密磨。叔母曰木角。嫂曰阿眠。弟婦曰妹。姑母曰阿咳。姊曰阿拏。妹曰妹。姊夫、妹夫曰呢昨。妻舅曰阿侯。妻曰拏我。子曰昨。姪曰咋奴。女曰阿蠻。婦人曰阿妹。先生曰阿比婆。大人曰色染。媒人曰母腳。巫曰皆比如。佃曰明果。縫人曰多士呢拏〔一〕。庖人曰烏章烏拏。木匠曰寫答拏个。瓦匠曰我者拏个。我曰拏改。你曰俄改。差役曰差一頗。乞丐曰燒頗。盜賊曰色折頗。以上稱謂。

生曰鎖。死曰習。貧曰叔。富曰木。大曰厄。小曰鶴。有曰黑。無曰麻不。來曰篤。去曰厄豆。遲曰舍特。速曰舍得查。言曰挪海。走曰屋竹色。人多曰屋叔耨。人少曰屋叔納。願曰南覺。不願曰蠻覺。成曰海特。不成曰海蠻特。巧曰喜夷。愚曰末喜夷。拜曰革革。不聽言曰海倒還習。打曰墨。罵曰旦成碑。綑曰業个堪。騙曰説末街那他。買曰佛。賣曰烏。以物頓地曰墨相干。以上人事。

頭曰我母。髮曰各比。額曰奴既。臉曰拖。眉曰那菜末。眼曰那多。耳曰羅波。鼻曰奴蒙。口曰業波。鬚曰奴七。齒曰直莫。舌曰覺鎖。項曰姑巴。肩曰那朱。背曰格不。手曰拏。掌心曰拏哥。大指曰七磨。小指曰拏子的。胸曰阿巴。腹曰阿姑。乳曰直。腰曰昨

〔一〕士：《風土志》作「土」。

波。臍曰差必的。足曰吉巴。腿曰木交。膝曰密即。足肚曰即指。脛曰哈拏吉。腳心曰吉巴徒。足趾曰怯支。臀曰得白。筋曰咋。骨曰和偶。肉曰和。大便曰既哥。小便曰衣火。以上身體。

頭疼曰安奴。腹疼曰阿北奴。腹脹曰阿比惡。心痛曰你木肉。耳聾曰六北偶。聲啞曰海木革。眼瞎曰拏芒我。背駝曰目姑。嘔吐曰譬。咳嗽曰哉。痢曰姚業呵。瘡曰欺。癲曰色得。跛曰吉巴斗。以上疾病。

寨曰打階[一]。門曰喊俄。門外曰林呢。門限曰俄狄。房曰江韓。階曰俄狄婁。樓曰帖。倉曰折莫。梁曰割杜。柱曰西者。瓦曰俄披。檐曰捨把。牆曰羅恰恰。板壁曰革怯。以上居處。

領曰託街。帽曰吴租。衣曰託多。手巾曰拖結頗。衣鈕曰呢子。腰帶曰勒西。裙曰忒。褲曰咋。鞋曰乾乃。裹腳曰乾薄。枕曰吴革。被曰多。褥曰雲波。席曰谷多。草薦曰不開。布曰頗。紗曰出。綢曰北。針曰厄。線曰赤。以上衣服。

酒曰孽。喫酒曰諾。飯曰熟。喫飯曰咋。肉曰麻忽肉。喫肉曰化肉。喫烟曰一觸。煙竿曰一谷。烟包曰因蓋。茶曰采一。喫茶曰采因。茶杯曰革肉公。油曰密夷。油燈曰抵竹。鹽曰楚。粥曰褥。香曰納。臭曰明拏。冷曰欺。熱曰觸。軟曰勒奴。硬曰墨。糟曰蘖巴。

[一] 階：原作「楷」，據咸豐《興義府志》改。

麪曰叔尺。以上飲食。

桌曰昨。腳踏曰酷莫。椀曰攞。箸曰阿昨。竈曰租。釜曰俟娃。爆竹曰奪波。大炮曰楚母。斗曰特。升曰勒捨。米袋曰勃。杵曰墨尺。鋤曰吉派。耙曰哈楷。鐮刀曰或各。尖刀曰和白。扁挑曰還獨。拄杖曰立。梳曰妲。鎖曰恒查。面盆曰多腳反。戥曰緑。秤曰吉。繩曰斬杜。書曰叔排。紙曰託葉。讀書曰叔革。扇曰獨緑。鑼曰左。喇叭曰狄黎。鐵鍊曰合抓。以上器用。

一曰打謀。二曰蘖謀。三曰收謀。四曰西謀。五曰俄謀。六曰曲謀。七曰希謀。八曰合謀。九曰勾謀。十曰快謀。十一曰怯迭謀。一百曰奪或。一千曰達多。一人曰打謀烏叉。十人曰怯謀烏叉。百人曰奪或烏叉。千人曰達多烏叉。一文曰呢既打謀。十文曰呢既怯謀。一錢曰達菜。一兩曰達六。二兩曰蘖六。石曰得賢。斗曰達科。以上數目。

中曰古俄。前曰西吉。後曰奴觸。左曰拂拍。右曰仙怕。上曰没打。下曰密迭。以上方向。

紅曰你蘖。紫曰烘烘。黄曰鰓鰓。藍曰白潑。白曰卜團。黑曰奶拏。以上顔色。

金曰賒。銀曰託。銅曰呢。鐵曰或。錢曰你吉。以上珍寶。

墾田曰等徒。築田曰等哥。灌田曰得反。種田曰得得。挑糞曰怯伐。糞田曰怯伐得个。布種曰烘打。插禾曰烘既。收穫曰怯速。晾穀曰怯得。割草曰歇速。以上農功。

穀曰怯。白米曰怯獨。糯米曰怯陽土。舂米曰怯獨迭。糠曰石開。麥曰速。蕎曰鶴。紅稗曰雲泥。小米曰尺。豆曰猓。豆豉曰諾哉。菜曰蛙。青菜曰烏屐。白菜曰烏土。油菜曰烏覺。莧菜曰烏業。蕨曰諾得。山藥曰阿業。薑曰初拍。蒜曰姑沙。葱曰谷沙。芋曰高阿勒。以上穀蔬。

花曰米羅。草曰喜。竹曰莫。木曰洗。松曰託。杉曰叔。桐曰咦。漆曰既。椶曰叔節。柳曰女實。桃實曰實竹。李實曰實六。核桃曰實密。梨曰實羅。柑曰實勒。柴曰喜。以上花木。

鷄曰雅。鵝曰惡。鴨曰埋。鴉曰阿及。猪曰伐媽。羊曰氣。猫曰冰乃。狗曰怯。馬曰墨。牛曰呢。鼠曰蟹。兔曰阿叔。猴曰阿諾。虎曰葉。以上鳥獸。

魚曰我。鰍曰我不你。鱔曰我山。龍曰羅。蛇曰不諧。蚊曰墨託。虱曰歇。蚤曰怯歇。蜂曰奴。蜘蛛曰阿娘怯。蜻蜓曰木那比。蝗曰墨。蝦蟆曰巴多。蚓曰密迭。以上魚蟲。

普安廳 羅羅語

天曰母。日曰寧其。月曰阿不。星曰斤兒。風曰米嘻。雲曰倭卓。雨曰母呼。雪曰汙。雷曰母革。露曰至。霜曰呢。雹曰魯呼。冰曰渦泥。《普安廳志》。下同。

地曰彌。山曰不勒。水曰亦甲。凡溪澗皆曰亦甲。田曰得。作平聲讀。房曰兒。用喉音。井曰宜都。石曰落莫。樓曰納麓。橋曰札。

人曰祖。皇帝曰厄母。大人曰沙祖，普安州曰塞着。學師曰摩哥。捕廳曰嗎哩母。父曰爹。母曰阿納。兄曰阿摸。弟曰哥低。姊曰阿訥。妹亦曰哥低。子曰肉。作平聲讀。女曰阿墨。孫曰息。孫女曰息阿墨。師傅曰蘇麽。拜年曰斬呼。祭祀曰鋪皮根。請客曰灣側。娶親曰欺克。嫁女曰阿墨欺。有子曰於鉢。有女曰阿墨育。織布曰撲字。耕田曰歹作平聲讀葛。結訟曰發可得。金曰施兒。木曰洗爾。水曰亦甲。火曰水都。土曰泥母。青曰納。紅曰涅。黄曰奢。白曰出。藍曰咳。紫曰呢納。喜曰辣。怒曰泥恕。衰曰額。平聲。樂亦曰辣。梅曰薩革尾。桃曰薩勿尾。李曰薩菊尾。凡讀花爲尾。核桃曰薩綿。栗曰宅。平聲。柳曰呢。頭曰五。作鼻音。耳曰樂波。眼曰那去聲都。日曰涅波。眉曰那波。頸曰下入。鬍曰泥七。乳曰八入。胸曰你都。肚曰亞巴。心曰你。腸曰無。肺曰次。肝曰塞。手曰辣。足曰夾跋。布曰濮。緞曰叵。錦曰叵佳。佳字作家字讀。鞋曰琴。帶曰竹是。耳鬟曰奴則。胸前珠曰逐木。打仗曰麻吉。弓曰娜。弩曰茄。箭曰弩。刀曰霞。鎗曰杵。砲亦曰杵。

金曰除。錢曰止知。戥曰羅。砰曰鷄。升曰施。斗曰得。飲酒曰皆多。殺鷄曰呀呼。倒讀呀爲呀呼爲殺。爲黍曰續膩。牛曰呢。羊曰禾。用鼻出氣讀。狗曰溪。猪曰挖。猫曰阿必。鼠曰哈。虎曰駱。豹曰亦。鹿曰活獏。狼曰物野。穀曰赤。莜曰姑。雁麥曰食米。小米曰策。芋頭曰難苞。粟曰烏母蘇。稗曰阿鼈。

皇帝好曰厄母的。官好曰祖莫的。老者曰速莫。少年曰奔兒沙。女之美曰忌。男之好漢仗曰腳踏住。老有德曰速莫助。

普安廳 僰語

天曰與。日曰涅。月曰蛙。星曰星。風曰拍蟬。雲曰允。雨曰微。雪曰雪。露曰露。霜曰深。雹曰卓僕。

地曰低。山曰賒。水曰需〔一〕。田曰批底。房曰火。井曰需都。石曰卓落。樓曰勒。橋曰古。

人曰宜格。皇帝曰無對。大人曰大人。父曰波。母曰摸。兄曰阿雍。弟曰阿帖。姊曰阿薺。妹曰牛忒。子曰阿孳。女曰阿牛。孫曰阿沙。孫女曰牛沙。

〔一〕曰：原脱。

春曰春，與夏、秋、冬俱漢語。

水曰西。火曰灰。土曰捏氣。

青曰青。紅曰賒。白曰拍。黑紫曰鍋塞。

怒曰悶躁。笑曰肅。

米曰昧。穀曰蘇。麥曰薏麥。莜曰姑。

虎曰猓。豹曰綁。牛曰額。野馬曰墨〔一〕。羊曰蘖。猪曰忒。猫曰阿獮子。鼠曰舒。

拜年曰百中。祭祀曰姐。娶妻曰丕西陂。嫁女曰祝牛。生子曰疏孳。生女曰疏牛。

草曰芻。花曰火。平聲。桃曰爹。核桃曰五都。栗曰阿宅。

布曰叵。緞曰以叵。鞋曰眼。帽曰多麽。衣服曰衣通。鬟曰泥工。髻曰吹。

身曰癡革。頭曰斗縛。目曰昧革。心口曰追。頸曰假爹。鬚曰五。手曰施。足曰果。心曰星。腸曰不多。肺曰披。

鎗曰沖。打仗曰接張。

皇帝聖明曰無對養。官明白曰官養。天下太平曰興、曰太平。年成豐熟曰革孳丕地養。

老人盛官曰德泥底泥家〔二〕。男子好漢仗曰孳泥呼漢仗。女色美曰牛泥客里克。結訟曰跌官

〔一〕野馬曰墨：《風土志》作「野牛曰野額馬曰墨」。

〔二〕老人盛官曰德泥底泥家：《風土志》作「老人盛德曰古泥底泥家」，似當從《風土志》。

司。争田曰争丕地。争水曰争需。

普安廳 犻家語

天曰滇。地曰的。入聲。風曰輪。雲曰霧。雷曰霸。雨曰温。乾曰悶。坤曰南。日曰完。月曰吞。陰曰盆。陽曰涼。星曰帝。斗曰倒。河曰達。漢曰哈。炎曰萬。霧曰茂。水曰滌。雪曰乃。平聲。霰曰别。平聲。冰曰謥。霜曰逢。皇帝曰鴻代。父母曰撥蔑。州主曰賽達。兄曰彼。弟曰煖。姊曰彼囊。妹曰暖囊。食飯曰更好，早曰更巖，午曰更臨，晚曰更殺。鹽曰孤。米曰好三。稻曰好稼。莜曰好戛。麥曰好舒。酒曰老。飲酒曰更老。薪曰墳。

黔西州 羅羅言

天曰穆。日曰已。月曰洪。星曰堅。雲曰登。風曰行。雷曰穆支。雹曰檄乍。霜曰逆。露曰致。雪曰烏。霰曰才幾。霧曰能。晴口鑿。雨曰烘。以上天文。《黔西州志》。下同。

春曰奶。夏曰施。秋曰濯。冬曰初。歲曰拓。月曰宏。閏曰宏低。四立曰吴。二至二分曰蓋。日曰儀。時曰兔。朝曰亨。夕曰克。晝曰穆儀。夜曰洗披曰。上弦曰穆打。下弦曰穆迁。甲曰這。乙曰齊。丙曰被。丁曰升。戊曰肯。己曰垢。庚曰虚。辛曰赫。壬曰得。癸曰都。子曰哈。丑曰尼。寅曰路，又曰膩。卯曰他暑。辰曰魯。巳曰奢。午曰目。未曰和。申曰諾。酉曰挖。戌曰期。亥曰凹。建曰唾。除曰厄。滿曰等。平曰朵。定曰紙。執曰癡。破曰打。危曰古。成曰杓。收曰木。開曰補。以上時令。

地曰迷。山曰補。水曰彝。巖曰法。石曰羅。以上地理。

木曰顒。草曰詩。花曰葳。實曰模。以上草木。

屋曰行。門曰古。牀曰基。几曰臼木。橙曰枯木。筆曰蘇開。墨曰洛那。紙曰圖依。硯曰額洛。燈曰奪貨。笠曰科廬。刀曰着恒。鏢曰沙巴。箭曰糯租。弩曰恰箭。藥曰扎奪。以上屋舍器用。

食曰祖。飯曰加。早餐曰滯。午餐曰招。晚餐曰遲。噉曰租。酒曰止。飲曰多，又曰朵。肉曰呼。菜曰務。鹽曰初。酸曰支。苦曰枯。鹹曰額。辣曰裴。甜曰癡。味之麻口者曰約。香曰奶。臭曰布能。饑曰厄。飽曰波。以上飲食。

東曰費。西曰杓。南曰臥。北曰刻。中曰戈姑。上曰儀。下曰騰。高曰模。低曰能。右曰事。左曰番。前曰及。後曰脈，又曰度。光曰施及〔一〕。以上方位。

穀曰居。稻曰遲。豆曰諾。粱曰日租〔二〕，又曰目杓。黄粱曰漆。稗曰爲。紅稗曰諾臘，又曰沙爲。草子曰詩則。蕎曰姑。小麥曰書。大麥曰數。燕麥曰殺詩。麻曰模。栽曰呆。種曰世。秧曰系。以上稻粱。

布曰卜，又曰迷密，衣曰鋪，又曰駝。裳曰殺恒。冠曰烏科。履曰期低。帶曰着曬。袴曰

〔一〕光：疑爲「先」之誤。

〔二〕粱：原誤作「梁」。下同。

暑，又曰致能。織曰襪。縫曰能，又曰及。剪曰擇。以上衣服。

青曰女。赤曰能。黄曰奢。白曰兔。黑曰那。灰色曰帛帛。水紅色曰威威。雜色曰字兹，又曰戈戈。花色曰瓜瓜。淺藍色曰暑舒。緑色曰賀呵〔一〕。以上顔色。

牛曰妮。馬曰謨。猪曰凹。羊曰徹。毛羊曰何。狗曰期，又曰區。猫曰阿佘。鵝曰俄。鴨曰敗。鷄曰娃。龍曰奴。虎曰其裹，豹曰則。狐曰兕。獅曰使宰。象曰乎。鹿曰澤。兕曰烘。麂曰癡。麞曰魯。猴曰阿諾。熊曰額暮封。豕曰凹拈。兔曰阿暑。黑花馬曰謨那瓜。棗騮曰杜都。海騮曰暑舒。以上鳥獸。

父曰鋪。母曰模。兄曰委。弟曰年。夫曰約。婦曰黑。子曰租。媳曰器。女曰阿黑。姑曰阿宜。嫂曰阿暮。壻曰序予。祖曰阿裦。祖母曰阿丹。曾祖曰阿鋪。高祖曰阿亞。嫡曰奢。庶曰止。舅曰約鋪。母之兄弟曰阿迂。女兄弟之子曰素把。君曰苴。臣曰盧。主曰色。奴曰止。主之老曰色鋪。女奴曰頗。佃民曰蘇西。宣慰曰苴慕。漢官曰沙助。土官曰挫。總理曰更苴。輔佐曰慕魁。贊助曰勺魁主。兵曰罵色。裨將曰黑乍。戰將曰苴可。大頭目曰模濯，次曰麻衣，又次曰掖續。祀鬼神之祝曰裦慕，又曰白暮，即拜禡也。掌文字曰暮詩。掌禮儀曰鋪偷。書手曰戈蠟。管事曰糯爲。漢曰沙，苗曰嫣烘，犵狫曰蒲，仲家曰沙墓，

〔一〕「緑色」上原有「緑色曰暑舒」五字，今删。

又曰凶免，蔡家曰阿烏郡，龍家曰阿烏免，僰曰沙盧基，自稱曰嫩速。人曰鑿，又曰烏搓。祭祖曰儀模。事君曰苴濯。嫁女曰能這。娶婦曰器肯。交友曰乃義。以上倫紀。

頭曰烏。目曰那都。鼻曰奴暮。耳曰羅波。口曰逆補。手曰蠟。足曰期。身曰果裒。背曰果朵。心曰奶。肝曰謝。脾曰支。肺曰趣。腎曰露。腸曰吾。肚曰赫。腹曰餓波。皮曰已。毛曰迷。髮曰烏疵。氣曰霎。血曰順。肉曰呼。骨曰享。筋曰糾。腰曰着古。膂曰居。股曰朵布。溺曰西。矢曰梯。以上身體。

事曰糯。作事曰糯則。發號施令曰非是拈開。言曰度。語曰幸。姓曰恨。名曰捫。先曰吉。後曰墨。早曰奢。遲曰得。反曰頗。正曰耿。轉曰着。側曰兹。上曰模。下曰乃。高曰行。低曰縢。大曰窩。小曰把。多曰努。少曰奶。近亦曰奶。遠曰敷。厚曰土。薄曰波。重曰黎。輕曰羅。信曰直。詐曰根。親曰格。疏曰膩。想曰鄧。記曰克。愛曰局。惡曰杓。他曰題。我曰額。你曰那。己曰約。存曰着。亡曰古。生曰蘇。死曰希。作戛曰蘇支。病曰奴。好曰烏。是曰恩。否曰麻。睡曰乙。坐曰宜。立曰赫。走曰斯。跑曰特。逃曰婆。擡曰擠。挑曰凹。背曰布。抱曰打。提曰恒。執曰兜。來曰離。去曰胎。有曰吾。無曰庶吾。成曰託。敗曰麻託。好曰紐。不好曰麻紐。美曰哉。醜曰興。寒曰加。暖曰楚。冷曰徹。咒曰朱。祝曰則。曲曰角。直曰耿。長曰奢。短曰妮。順曰住。逆曰麻住。買曰瓦。賣曰務。掃曰斯。拂曰垢。摘曰哈。割曰呆。殺曰呼。打曰睹。罵曰這。教曰慕。督曰其。喫曰租。飲曰朵。做曰則。作曰瘗。修曰古。理曰暑。訟曰諾。訊曰哉。寄曰匪。賜曰左。與曰被。許曰更主。送曰乎。迎曰希。接曰雜。見曰我。聞曰糾。嗅曰布能。擒曰欲。追曰戛。畜曰幸。養曰烘。粘曰虐。貼曰覺。糊曰濟。砍曰拖。切曰粗。煎曰波。炒曰酥。炙曰戈。燒曰區。煮曰札。蒸曰妮。煨曰者。熟曰埋。生曰哉。汲曰去，去讀爲克去聲。炊曰穆奪都。然曰覩。傾水曰舍。呼曰枯。應曰呵。絶曰皆。續曰雜。借曰癡，又曰烏。還曰去。送還曰胡。瀉曰何。算曰查。計曰登。沐曰栖。浴曰鴉。裝曰低。盛曰于。破曰呆。壞曰打，讀作達平聲。聚曰暑。散曰耐。完曰古。全曰倫。瑣碎曰折折。拉曰果。撘曰色。縛曰兜。紮曰渣。敵曰彈卑。清曰耿。濁曰歹。燈熄曰色。印曰媾。乾曰浮。濕曰夷呆。潔曰和。浄曰烏甲。以上人事。

一曰太，又曰他。二曰膩。三曰斯。四曰布。五曰烏。六曰卻。七曰戲。八曰赫。九曰居。十曰詞。百曰洪。千曰都。萬曰宜。一箇曰他倫。一條曰他開。以上數目。

天曰坑。地曰圖。日曰宜比雅。月曰宜罵。星曰謝蘇。風曰蚌。雲曰低。雨曰子。雪曰暑。山曰矗。水曰死賀。河曰怯。溝曰哈。田曰寧。園曰鴨。官曰主赫罷。父曰阿把。母曰阿媽。兄曰阿冢。弟曰恒。子曰兹。孫曰嗣。叔曰乍。伯曰先把。甥曰肆。舅曰拉罷。男曰子作。女曰紐作。粘曰作滅。糯曰沙閔。稗曰把。粱曰姜子。小米曰砌。豆曰都。蕎曰故。麥曰總。酒曰祖。飯曰勇。油曰膩。鹽曰上。米曰巴滅。柴曰杓。喫飯曰欲戛勇。

食肉曰欲二贊。馬曰墨。牛曰慕。鷄曰更。犬曰慈。豕曰二。鵝曰拉阿。鴨曰先阿。蛇曰寅膽。虎曰乎罷。魚曰目。鳥曰字字。草曰鑿。木曰杓。一曰衣。二曰打。三曰薩。四曰思。五曰母。六曰府。七曰齊。八曰本。九曰古。十曰然。百曰拔。千曰情。萬曰凹。升曰神。斗曰覩。銀曰宜。錢曰都擠。銅曰洞。鐵曰恒。青曰次。紅曰齒。黄曰翁日八。黑曰肯。生曰漢。死曰司。去曰蓋。來曰恨。上曰覩列戛。中曰大顛。下曰言米戛。左曰罷暑。右曰支暑。東曰宜成兵。西曰宜寒兵。南曰把迷自兵。北曰把兵。歲曰宜。春曰稱哈。夏曰東牒。秋曰本委。冬曰然委。月曰額。日曰拱打。時曰格。

黔西州 狆家言

天曰悶。地曰赧。日曰太握。月曰冗亂。星曰鬧宜。風曰戎。雲曰窩。雨曰問。雪曰耐。山曰播。水曰穰。河曰打。溝曰墁。田曰納。園曰蒜。官曰賽。祖曰豹。祖母曰亞。父曰波。母曰媄。兄曰比。弟曰暖。夫曰交。妻曰雅。子曰侖。孫曰爛。叔曰波好。伯曰波龍。甥亦曰爛。舅曰拿。男曰曬。女曰謀。粘曰豪箭。糯曰豪你。稗曰豪旺。粱曰豪粱。豆曰朵。蕎曰豪孟。麥曰豪摸。小米曰豪汪。飯曰巖。酒曰老。肉曰儺。油曰欲。鹽曰泱。柴曰文。米曰豪。食曰更。馬曰麻。牛曰池〔一〕。鷄曰蓋。犬曰罵。豕曰暮。鵝曰罕。鴨曰

〔一〕池：《風土志》作「節」。

並。蛇曰額。虎曰共。豹曰標。鰕曰烏。鳥曰若。草曰哈。木曰歪。一曰廖。二曰宋。三曰散。四曰細。五曰哈。六曰若。七曰怎。八曰便。九曰孤。十曰漆。百曰罷。千曰認。萬曰挽。升曰損。斗曰島。戥曰當。秤曰葬。銀曰老巖。早飯曰更巖。午飯曰更仁。晚飯曰更刀。燒酒曰老基。甜酒曰老鴨。盛世曰利屋恩。膏曰案繞。遍曰寮。普曰喇衢。歌曰果坑。擊曰滴。樂曰盎。陶然曰笑看。太平曰歹冰。愚賤曰蒲乃。江山曰底般。萬年曰挽拈。歲豐曰備黎。萬國曰晚般。人曰菩。主曰完。活曰教。樹曰槐。仙曰線。

黔西州 苗家言

天曰翁。地曰堆。日曰項。月曰拉。星曰孩。風曰哉。雲曰浪。雷曰咆皆。雨曰囊。雪曰崩。露曰標好。山曰臥。城曰悖。水曰窩。君曰旺。官曰怪。祖曰菊。祖母曰包。父曰罷。母曰買。兄曰果。弟曰皂。夫曰腳。妻曰味。嫂曰義。子曰洞。孫曰洽。穀曰貢。粘曰箭。糯曰那。麥曰糟。豆曰布倒。稗曰放。蕎曰祭。粱曰果粱。小米曰努。飯曰麻。酒曰助飯。酒曰好助。肉曰阿。菜曰務。柴曰杜。炭曰貼。馬曰罵。牛曰紐。猪曰買。羊曰央。狗曰戾。房曰蔽。一曰以。二曰阿。三曰畢。四曰魯。五曰巴。六曰交。七曰想。八曰牙。九曰租。十曰早。百曰以杯。千曰以賽。萬曰以王。升曰審。斗曰倒。戥曰當。秤曰沖。

正月曰着系。二月曰拉系。三月曰然系。四月曰那系。五月曰能系。六月曰揚系。七月曰勒系。八月曰皆系。九月曰更系。十月曰巴系。十一月曰納系。十二月曰紐系。歲曰休那。

富曰一烘素。貧曰一烘書。左曰摟的哥。右曰摟才那。上曰摟不多。下曰摟不都。青曰涑張。赤曰來。黄曰止剛。白曰摟。黑曰洛冷加。去曰摸魯。來曰盧寨。無曰致麻。死曰打萎。生曰簡蔓。斗曰妻豆。戥曰即侖。秤曰讀戒。升曰披。金曰戈。銀曰巖。錢曰則。鐵曰都暑。一曰基魯。二曰阿魯。三曰别魯。四曰不六魯。五曰攴魯。六曰度魯。七曰向魯。八曰夷魯。九曰夾魯。十曰務魯。馬曰斗能。牛曰斗紐。鷄曰斗皆。犬曰斗蓋。豕曰斗罷。鴨曰斗阿。蛇曰斗那。虎曰斗趙。豹曰斗詩。魚曰斗折。鳥曰念怒。草曰戛渣。木曰等。穀曰别。稗曰不醋。豆曰讀。蕎曰杰。小米曰虁。油曰朵。鹽曰鄭。柴曰度得。米曰申征。官曰戛媽致。父曰阿爲。母曰阿耐。兄曰阿木。弟曰年蓋。子曰年多。孫曰年皆。叔曰叭耶。伯曰叭魯。甥曰年濯。舅曰乃諾。姑曰媽琅。姑夫曰阿務盧。男曰濟能。婦曰戛薄紐。女壻曰阿務。美曰戎年。少男曰戛煞年。少女曰東姑。火曰兜。田曰勒。園曰阿王。天曰龍都。地曰龍低。日曰龍儂。月曰洛係。星曰洛戈。風曰稼杓。霧曰哈波。水曰格。雨曰那洛。雪曰播洛。山曰富奪。喫飯曰呶千嫁。喫早飯曰呶差。喫午飯曰呶邵。喫晚飯曰呶磨。喫肉曰呶解。喫酒曰副就。吹笙曰濯解。唱歌曰賀古。跳花曰姑把。問從何來曰戛達哈的打。問幹何事曰戛干致。問從何去曰戛阿模倫貨的。今年豐收曰孝耐嚻戎。

明年亦豐收曰詩紐。那曰囂戎。這人好曰叫低你耐戎。這人不好曰叫致戎。這人有飯喫曰壹那動戛加諾。這人有衣穿曰都濯那。這人年老曰乃孝杓落。這人年少曰乃孝幼。回去曰耶模魯致。無事曰致麻糯。做事曰模阿孤。有馬騎曰度乃結。昨日曰阿那。今日曰諾那。明日曰登鷄。

黔西州 各家言

父曰拔，一曰罷。母曰蒙，一曰萌。孩曰的。食曰努介，一曰儂射。飲酒曰忽往，一曰呵交。食肉曰努擬。飲茶曰阿巴。食煙曰呵應。米曰賽。火曰歹，一曰沱。水曰公瓮。舂米曰大送。鷄曰介。豕曰拜，一曰巴。牛曰擬，一曰訛；商訛，放牛也。馬曰麻，一曰米。猛已，趕集也。大弄，日午也。歹鷄，坐也。條，漢人也。雅犇條，不識漢語也。雅務，不好也。雅道，不得也。雨曰射婁。

父爲包。母爲蔑。祖爲大。食食爲固脈。飲酒爲固悖。食肉爲固窩。談飦爲固麥〔一〕。啜茶爲固高。鷄爲奔。鴨爲阿。馬爲虐。犬爲磨。一爲序。二爲痩。三爲大。四爲布。五爲目。六爲逆。七爲索。八爲遮。九爲梭。十爲完。織布爲陶打。傭工爲陶貢。趕集爲拜其。喪祭爲白號。父曰索。母曰咪。兄曰皮。朝饔曰艮捱。午飯曰艮林。晚飧曰艮喬。飲

〔一〕談：似爲「啖」之誤。

酒曰艮撈。食烟曰更坐。坐曰壤。行曰拜。揖曰張。打曰敵。畜豕曰墨慕。傭工曰果瓮。貿易果介直。趕集曰拜謁。雨曰汶到。晴曰汶艮。官曰貫。

上墳曰砍地理。送客曰句業。管兵頭目曰抹色。書辦曰募施。伴當曰必蘇。頭人曰海折百耕。

黎平府 硐家語

天謂悶。地謂堆。鳴雷謂岜。下雨謂奪聘。天晴謂悶向。下雪謂奪内。風大謂論老。日謂向。月出謂孖悶。星出謂細悶。早晨謂悶恨。天晚謂悶鄧。坡高謂岑胖。深山謂岑彦。大路謂困罵。小路謂困内。上坡謂卡岑。下坡謂彙岑。田謂亞。上謂堆。巖謂頂。過河謂打孖。過水謂打能。過船謂打洛。走上前謂奪貫。走往後謂奪輪。房屋謂然。回家謂拜然。出門謂務度。謂坐謂縋。吃茶謂計血。吃煙謂計彦。吃酒謂計拷。吃飯謂計苟。吃菜謂計罵。肉謂覽。魚謂霸。水牛謂嘓。黄牛謂辰。猪謂庫。馬與漢語同。鷄謂介。鴨謂迸。茶油謂血油。鹽謂過。白米謂苟善。禾謂苟棉。穀謂苟進。柴謂令。金謂進。銀謂凝。銅謂京。鐵謂困。錫謂錫。錢謂賢。一謂號。二謂牙。三謂善。四謂歲。五謂我。六謂略。七謂盛。八謂辦。九謂鳩。十謂手。一百謂衣辦。一千謂衣善。一萬謂一灣。十萬謂手灣。人頭謂告凝。頭謂告頭。頭髮謂告並。眼睛謂大。耳謂卡。鼻謂囊。口謂後。手謂納。脚謂定。帽謂廟。衣謂過幸。褲謂所。鞋與漢語同。襪謂買奪。站謂院。跪謂脚。搕頭謂搕頭。男子辦謂凝辦〔一〕，女子謂老俾。公謂貢。奶謂撒。父謂補。母謂每。兄謂歹。弟謂農。大人謂猛大人。大老爺曰吓雖。先生謂先散。營兵謂猛罵。練勇謂練假。見官謂彦猛。棹子謂隨。板櫈謂問。鎗謂鶪。羊謂列。犬謂袴。人取名老曰補、少曰老。《黎平府志》。下同。

黎平府 生苗語

天謂瓦。地謂堆。鳴雷謂朵哮。下雨謂打農。天晴謂務瓦，言好天也。下雪謂打罷。風大謂計溜。月出謂打擂。日出謂打拉。星謂人家。早晨謂堵悔。天晚謂瓦足。坡高謂忍嗟。深山謂務兜。大路謂拱溜。小路謂拱又。上坡謂葭擺。下坡謂務蔓。田謂列。上聲。土謂蠟。過河謂奪烏。過船謂奪仰。上前走謂母格歹，走往後謂樓格東。房屋謂在隴。回家謂母在。出門謂索古。請座謂娘呆。吃茶謂服烏〔二〕。吃煙謂服銀。吃酒謂服覺。去聲。吃飯謂曾格。去聲。吃菜謂曾窩。肉謂夷。鷄謂格。平聲。鴨謂柔。魚謂乃。鵝謂果。水牛謂你。黄牛謂略。猪謂别。去聲。馬謂米。茶油謂烏又。鹽謂遂。米謂撒。柴謂架。金與漢語同。銀謂些。銅謂堵。鐵謂路。錫謂溶。一謂旭。二謂窩。三謂跰。四謂梭。五謂追。六謂度。七謂雄。八謂移。九謂就。十謂促。一百謂衣白。一千謂衣生。一萬謂一丈。人頭謂父里鳩。頭謂父。頭髮謂梭父。眼睛謂抹。耳謂乃。鼻謂雷。口謂漏。手謂擺。脚謂洛。帽謂對。

〔一〕上「辦」字疑爲衍文。

〔二〕烏：《風土志》作「鳥」。

衣謂餓。褲謂斗。鞋謂黑。襪謂套。站謂秀拕。跪謂窮。搕頭謂窮母堆。作揖同客語。巖謂埃。男子謂打芩。女子謂打丿。公謂顧。奶謂鵓。父謂霸。母謂密〔一〕。兄謂薹。弟謂具。呼大人謂往溜。呼大老爺謂往又。見官謂補望。營兵謂丢遴。棹子謂頂。板櫈謂檔。鎗曰内朵。刀曰社。羊曰用。犬曰賴。練勇與兵同。

黎平府 狇家語

天謂門。地謂弟。鳴雷謂拱孖。下雨謂𠛎大〔二〕。天晴謂門領。下雪謂𠛎宜。風大謂炕老。月出謂當捻。日出謂打文務。星謂二門。早晨謂門射。天晚謂門釀。坡高謂古亡。深山謂龍客。大路謂困老。小路謂困底。上坡謂沙枕。下坡謂彙枕。田謂亞。土謂代。巖謂頂。過河謂打趄。過水謂打聾。過船謂打蠟。走上前謂擺貫。走往後謂冷擺。房屋謂巖。回家謂排巖。出門謂務怒。請坐謂洞悔〔三〕。吃茶謂接假。吃煙謂接鹽。吃酒謂接拷。吃飯謂接吼。吃菜謂接麻。肉謂之覽。魚謂孟。水牛謂嘓。黃牛謂箙。猪謂暮。馬與漢語同。鷄謂介。鴨謂葉。鵝謂晏。茶油謂甲有。鹽謂括。白米謂吼咸。禾謂吼忙。穀謂吼兼。柴謂靛。金謂芩。銀謂凝。銅謂董。鐵謂欠。錫謂纔。錢謂甜。一謂奪。二謂牙。三謂寒。

〔一〕密：《風土志》作「客」。
〔二〕大：《風土志》作「文」。
〔三〕「謂」下原衍「又」字。

四謂替。五謂我。六謂略。七謂盛。八謂辦。九謂鳩。十謂手。一百謂奪辦。一千謂奪田。一萬謂奪飯。十萬謂奪山。人頭謂平耿。頭謂耿。眼睛謂納。耳謂卡。鼻謂囊。口謂霸。手謂麻。腳謂定。大帽謂暖老。衣謂過。褲謂風。鞋謂作蝦。襪謂約。站謂元〔一〕。跪謂腳。磕頭謂腳貞耿。男子謂威辦。女子謂你踅。公謂貢。奶謂雅。父謂補。母謂你。兄謂懷。弟謂弩。文官謂翁關很。大人同漢語。武官謂翁都辦，言打仗官員也。見官謂洛翁。棹子謂靛。板櫈謂當。鎗謂重。刀謂米。羊謂發。犬謂麻。大老爺與漢語同。營兵謂假並。練勇謂假連。

黎平府 壯家語

天曰遃。地曰底。鳴雷曰岜。下雨曰問〔二〕。天晴曰仍。下雪曰內。風大曰能勞。日出曰能温。月出曰餓練。星曰列立。早晨曰恨卯。天晚曰問能。坡高曰曉上。深山曰曉蠟。大路曰問勞。小路曰問雖。上坡曰恨曉。下坡曰壘曉。田曰納。土曰覽〔三〕。巖曰幸。過河曰漢打。過水曰外輪。過船曰漢六。走上前曰背觀。走往後曰衣浪。房屋曰然。回家曰背然。出門曰餓度。坐曰攘。吃茶曰更茶。吃煙曰更彥。吃酒曰更漏。吃飯曰更巖。吃菜曰

〔一〕站：原誤作「跕」。
〔二〕問：《風土志》作「門」。
〔三〕曰：原誤作「田」。

更岜。肉曰弩。魚曰岜。水牛曰歪。黄牛曰尺。猪曰暮。馬曰麻。鷄曰歸。鴨曰並。羊曰勇。犬曰罵。鵝曰觟。茶油與漢語同。鹽曰就。白米曰善候。禾曰侯朗。穀曰侯。柴曰文。金曰進。銀曰硬。銅與漢語同。鐵曰襪。錢與漢語同。錫曰細。一曰溜。二曰送。三曰善。四曰雖。五曰吓。六曰用。七曰正。八曰白。九曰就。十曰洗。一百曰衣霸。一千曰衣見。一萬曰衣晚。人頭曰文就。頭曰就。頭髮曰並就。眼睛曰岜。耳曰入。鼻曰囊。口曰霸。手曰文。脚曰定。大帽曰卯定。帽曰卯。衣曰補。褲曰抡。鞋與漢語同。襪曰麻。站曰松〔一〕。跪曰詭。男子曰補曬〔二〕。女子曰老孟。公曰包。奶曰乃。父曰補。母曰墨。兄曰打。弟曰農。大人曰吓勞。大老爺曰吓雖。先生曰先辰。營兵曰並。練勇曰練。見官曰彦杭。棹子曰旦。板櫈曰鎗問。鎗曰中。刀曰密。

都匀府 苗語

水家曰：虚，子也。蘇，丑也。業，寅也。猫，卯也。伸，辰也。徐，巳也。惡，午也。米，未也。盛，申也。由，酉也。狠，戌也。哀，亥也。父曰不。母曰宜。祖曰共。祖母曰牙。伯曰聾。叔曰旦。嫂曰屑。嬸曰宜低。妹曰奴。早飯曰借毫義。午飯曰借毫先。晚飯曰借毫仰。飲酒曰借蒿。趕場曰拜格。出曰拜。入曰項。坐曰毀。坐這點曰毀菊乃。睡曰能。去

〔一〕站：原誤作「跕」。

〔二〕曬：原脱，據《風土志》補。

睡曰拜能拜。黄牛曰薄。水牛曰壯。馬曰麻。虎曰蒙。虎食人曰蒙國也。魚曰猛。食魚曰借猛。鹽辣曰亂令，放鹽曰和亂。放辣曰和令。相駡曰相宜。相打曰都貴。石曰晶。火曰玉。水曰崽。路曰困。燈曰撥。油曰欲。錢曰眉痕。銀曰娘。狗曰化。鷄曰改。鴨曰害。衣曰棵。帽曰卯。鞋曰賈，褲曰烘。手曰面。脚曰定。頭曰姑。眼曰目。大鍋曰道扛。小鍋曰道的。門口曰蒲墜。大門曰墮扛。開門曰卯墮。閉門曰神墮。天明曰問明。下雨曰擋混。下雪曰擋淚。吃絲煙曰借宴戲。吃葉煙曰借宴瓦。水煙袋子曰董宴香。葉煙袋曰董宴瓦。吃茶曰借節。吃猪肉曰借虎虎。《都匀志》。下同。

都匀府 花苗語

花苗呼祖曰故。祖母曰故老。父曰拔。母曰宜。伯曰拔老。叔曰拔幼。兄曰底。弟曰埃。姊曰媛。妹曰額。子曰他。女曰扒牙，一曰擺。夫曰亞。妻曰外。朋友曰概。親家曰拔暇。親家母曰密暇。接親家曰突概。女壻曰達曜。看親曰某概。客來曰概打。官長曰網潦。區長曰故老。出外曰謨再。進家曰勞再。在家曰每再。去曰謨。未去曰排謨。趕場曰謨其，一曰拜謁。吃飯曰奴解，一曰固脉。吃酒曰膜梭，一曰困悖。吃煙曰腹宴。吃茶曰腹已，一曰固高。衣，一也。阿，二也。跛，三也。唆，四也。抓，五也。丢，六也。凶，七也。鴨，八也。繳，九也。菊，十也。固，鹽也。糧，米也，第，盌也。柱，箸也。挑水曰艮汗。煮飯曰造蓋。葬墳曰良密諸。早飯曰艮林。晚飯曰更喬。賣東西曰駡謨。買東西曰駡勞。

都匀府 夭家語

夭家：呼父曰八。母曰埋。子曰兑。女曰兑牌。叔曰卡累。伯父曰八落。伯母曰埋落。祖父曰嘴。祖母曰補。

都匀府 凱口土人語

呼父曰孛。母曰女。子曰六。死曰殆。馬曰犢麻。犬曰犢罵。猪曰犢貿。

廣順州 犵狫語

犵狫往來浦市、瀘溪經商貿易者，能言客話，與外人無異；居村寨中未嘗至城市者，則專爲土語，又其自稱問答，俱不作客語。

其稱天曰板圍。稱地曰府都。稱人曰靈。稱天晴曰凱。稱風曰急。稱雨曰浪。上聲。呼雲曰皮亮。呼山曰補。呼上曰留補。呼溪曰夯屋。呼路曰回勾。呼田曰耔菜。呼地曰納。呼茅屋曰背楚。呼瓦屋曰補瓦。呼木曰蓋頭。呼竹曰蓋腦。呼小官曰躲貴。呼大官曰聊貴。呼兵曰曹。呼客民曰凱。去聲。呼苗曰雙。呼祖曰阿怕。呼祖母曰阿屋。呼父曰阿麻。呼娘曰阿奶。呼伯曰阿波去聲麻。呼叔曰阿幼。呼兄曰阿古。呼弟曰阿己。呼姐曰阿亞。呼外祖曰家公。呼外祖母曰家婆。呼妻曰屋。呼夫曰保。呼媳曰妹。呼子曰得。呼女曰得怕。呼朋友曰把那。自呼曰唯。呼人曰穆。呼説話曰鳥耍。呼寫字曰隨紙。呼討親曰覓處。呼嫁女曰張得帕。呼有喪曰擡來。呼葬曰惱來。呼祭神曰扯鬼。呼請客曰請納凱。呼頭曰扯北。

呼耳曰蓋謀。呼眼曰蓋眉。呼口曰蓋撈。呼手曰蓋蔔。呼脚曰蓋達。呼肚曰蓋體。呼看見曰泡載。呼不看見曰更迷載。呼好曰肉。呼醜曰窄様。呼肥曰脹。呼瘦曰柴。呼睡曰跰。呼走快曰撇得尚。呼走慢曰撇得栗。呼過水曰投屋。呼過船曰投隘。呼黄牛曰泥擡。呼水牛曰泥屋。呼老虎曰沼。呼馬曰美。呼騎馬曰藏美。呼猪曰陪。呼鷄曰艮。呼狗曰果卉。呼錢曰成當。呼銀曰昂。呼銅曰塘。呼鐵曰羅。呼布曰臺。呼背背籠曰果索。呼打鼓曰扒緲。呼打鑼曰打老。呼鳥鎗曰銃。呼刀曰解毛。去聲。呼戥曰替昂。呼稱曰替。呼鹽曰納。呼油曰阿撒。呼火曰婆臺。呼燒火曰抵臺。呼天冷曰才。去聲。呼天熱曰回。呼小米曰搓糧。呼大米曰搓謀。呼糯米曰搓茂。呼喫飯曰囊裹，呼喫酒曰叶。呼喫菜曰旗。上聲。呼喫肉曰囊芽。呼帽曰蓋幕。呼戴帽曰頭蓋幕。呼衣曰亞。呼靴曰窠。呼褲曰正卡。呼升曰賞。呼斗曰戴。呼過年曰貫者。呼上曰留奔。呼下曰落奔。呼高曰率。呼低曰矮。呼殺人曰打來。呼搶物曰皮賴。呼相鬥曰廝排。

其土語鈎輈格磔，大類鳥音，外人不能知其一字，故驟遇接談，未有不疑爲苗，彼雖分辨，亦無由曉也。

此不過就數種記之，而狆苗、青苗其所呼又各不同，不能備載。大抵有音無字，異種即不能相通，必以漢語附會之轉無謂也。《廣順府志》。下同。

黔南各郡民苗牒訟中多俗字，亦有志書所載而音迥不同者，詢之亦有解。如奓讀爲卡，言掯勒不與也。□讀爲擺，言行止動摇也。嫑讀爲戀，言婦之善淫也。又□讀爲紐，言以蟲置火上狀，紐動也。《集韻》逵員切，音權，蟲入火貌。□讀爲刁，言人形矮短也。《廣韻》有鴍字，音爝，與雀同。《説文》：「依人小鳥也。」圤讀爲絡，言咡晦之斜側者也。《集韻》音璞，塊也。《淮南子・説林訓》：「土勝水，非一圤塞江。」又普木切，音支，義亦相同。孖讀爲鴉，言水之分流者也。《廣韻》《集韻》《類篇》並音滋。《玉篇》云：「雙生子也。」〔一〕黔之古州城南有孖江、車溶兩水，將合處形如八字；有寨焉，亦名八孖。

夷字釋略

天□音模，陰平聲。地□音米，陰平聲。人□音撮。日□音宜。月□音洪。星□音姐，陰平聲。風□音赫。雪□音烏。雲□音茱，陰平聲不轉。雨□音哄。君□音居。臣□音慕。父□音鋪。子□音汝，陰平聲。兄□音外。弟□音業。夫□音約，陰平聲不轉。婦□音摹。朋□音舒。友□音諾，陰平聲不轉。長□音窩。幼□音虐，陰平聲。説□音亨。話□音都。喜□音格。笑□音訛。善□音紉，陰平聲。惡□音左，陰平聲。飢□音艾。寒□音加。飽□音波。暖□音鋤。買□音渥。賣□音烏。多□音諾，陰平聲不轉。少□音勒，陰平聲不轉。長□音賒。短□音你，陰平聲。寬□音奪。窄□音汙。飲□音奪。吃□音租。酒□音炙。肉□音呼。飯□音粥。菜□音霧，陰平聲。房□音赫。

〔一〕雙：原脱，據《玉篇》補。

牀□音飢。杯□音格，陰平聲不轉。椀□音低。箸□音竹。匙□音約，陰平聲不轉。山□音褒，陽平聲。石□音洛，陰平聲不轉。田□音得，陰平聲不轉。土□音米，陰平聲。春□音那，陰平聲。夏□音詩。秋□音措，陰平聲。冬□音出。金□音校。銀□音土，陰平聲。銅□音鷄。鐵□音黑。一□音沓。二□音義。三□音色。四□音希。五□音我，陰平聲。六□音鵲，去聲不轉。七□音兮。八□音亥。九□音格，陰平聲不轉。十□音册。百□音洪。千□音都。萬□音密。兩□音撮。錢□音熱，陰平聲不轉。分□音非。釐□音里，陰平聲。夷□音義。漢□音沙。年□音課。月□音宏。日□音泥。時□音免。甲□音著，陰平聲不轉。乙□音齊。丙□音閉。丁□音塞。戊□音克。己□音期。庚□音亨。辛□音亥。壬□音惰。癸□音禱。建□音免，陰平聲。除□音愛。滿□音茉。平□音奪。定□音摺。執□音癡。破□音喇。危□音谷。成□音妥，陰平聲。收□音慕。開□音不。閉□音被。金□音奢。木□音腮。水□音一。火□音隋。土□音迷，陰平聲。子□音哈。丑□音宜，陰平聲。寅□音膩。卯□音吐。辰□音魯，陰平聲。巳□音射。午□音基，陰平聲。未□音合。申□音糯。酉□音阿。戌□音欺。亥□音窪。貴□音更。州□音糯。大□音木，陰平聲。定□音柯。威□音勺，去聲不轉。寧□音密。平□音比。遠□音喇。黔□音觚。西□音箸。畢□音龍。節□音更。水□音底。城□音蘇。公□音法。鷄□音哥。山□音補。雲□音竹。龍□音渣。山□音補。落□音録。折□音遮。河□音逸。烏□音光。西□音徐。東□音呆。川□音米，去聲。芒□音孟。部□音卜。羅□音呵。甸□音著。儦□。實□。原注：東川長房茈部，二房羅甸，幺房概姓儦實。烏□音五。撒□音朮。儦□。普□。原注：宣威長房五朮。幺房概姓儦普。昭□音烏。通□音蒙。且□音扯。蘭□音勒。更□。乃□。原注：昭通長房且蘭，幺房概姓更亨。《黔西州志》。

水家文

夷族無文字，惟水族諏吉占病有專書，至今傳習。其文謂之水書，一稱反書。大氐古篆之遺，第相沿日久，寖多訛失耳。茲録一二，亦庶幾夷漢交通之迹可略證也。《都匀志》下同。

□天　□地　□日　□月　□星　□金　□木　□木　□水　□火　□土　□甲

□甲　□乙　□丙　□丁　□戊　□己　□庚　□辛　□辛　□壬　□癸　□子　□丑

□寅　□卯　□辰　□巳　□午　□未　□申　□酉　□戌　□亥　□吉　□凶　□一

□二　□三　□四　□五　□六　□七　□八　□九　□十　□年　□年　□年　□元

□人　□鳥　□獸　□魚　□蟲　□草　□山　□河　□井　□時　□乾　□坎　□艮

震 巽 離 坤 兑 陰 陽 祖 公 母 夫 婦 子

孫 兄 弟 姑 姊 妹 嫂 叔 舅 壻 文 廉 武

貪 巨 禄 弼輔同文 破

〔康熙〕黔書

【解題】田雯纂。康熙二十九年（一六九〇）修。「方言」見卷上。録文據光緒二十三年（一八九七）刻本《黔書》。

方言

拔，父也，一曰罷。蒙，母也，一曰明。的，孩也。努介，食食也，一曰儂躲。忽往，飲酒也，一曰呵交。努擬，食肉也。呵巴，飲茶也。呵應，食烟也。賽，米也。歹，火也。沱，亦火也。瓮，水也。大送，舂米也。介，鷄也。拜，豕也。擬，牛也，一曰訛。商訛，放牛也。麻，馬也，一曰米巴，亦豕也。猛巳，趕集也。大弄，日午也。條，漢人也。雅犇條，不識漢語也。雅務，不好也。雅道，不得也。雨曰躲婁。

父爲包。母爲蔑。祖爲大。食食爲固脈。飲酒爲固悖。食肉爲固窩。啜茶爲固高。鷄爲奔。鴨爲呵。馬爲虐。犬爲磨。一爲序。二爲瘦。三爲大。四爲布。五爲目。六爲逆。七爲索。八爲遮。九爲梭。十爲完。織布爲陶打。傭工爲陶貢。趕集爲拜其。喪祭爲白號。

父謂之索。母謂之咪。兄謂之皮。朝饔謂之艮捱。再飦謂之艮林。夕飧謂之艮喬。飲酒謂之艮撈。食煙謂之艮完。坐謂之壤。行謂之拜。揖謂之張。打謂之敵。畜豕謂之廛慕。傭工謂之果瓮。貿易謂之果介直。趕集謂之拜謁。雨謂之汶到。晴謂之汶艮。官謂之貫。上墳曰砍地里。送客曰勾業。管兵頭目曰抹色。書辦曰募施。伴儅曰必蘇。頭人曰海折陌耕。

丁煒曰：侏㒧之音，譯以爾雅，知援引異類，當不讓冶城公耳。

〔嘉慶〕續黔書

【解題】張澍撰。「俗字」「川字」「獞字」見卷五。録文據嘉慶九年（一八〇四）刻本《續黔書》。

俗字

黔南各郡民苗訟牒中多俗字，亦有字書所載而音迴不類者，詢之亦有解。如奀讀爲卡〔一〕，言措勒不與也。⿱不身讀爲擺，言行止動摇也。⿱要女讀爲戀，言婦女善淫也。又臾讀爲紐，言以蟲置火上狀〔二〕，紐動也。《集韻》：「臾，逵員切，音權。蟲入火貌。」⿰忄鳥讀爲刁，言人形短矮也。《廣韻》有

〔一〕卡：原誤作「下」。

〔二〕狀：原誤作「牀」。

雀字，音爵，與雀同。《説文》：「雀，依人小鳥也。」圤讀爲綹，言吅晦之斜側也[一]。《集韻》圤音璞，塊也。《淮南子·説林訓》：「土勝水，非一圤塞江。」又普木切，音支，義亦同。孖讀爲鴉，言水之分流者也。孖，《廣韻》《集韻》《類篇》並音滋。《玉篇》云：「雙生子也。」黔之古城南有孖江、車溶兩水，將合處形如八字；有寨焉，亦名曰八孖。

川字

黔之人呼牛馬之竅爲春，余莫知其解，或又曰穿，思之知當爲川。始信土俗方言果符訓詁之指歸也。案《山海·北山經》：「倫山有獸狀如麋，其川在尾上，其名曰羆九。」郭注云：「川，竅也。」而姚旅《露書》引《山海經》川作穿，蓋穿可訓川，故《釋名》曰：「川，穿也。」顏師古《漢書·李尋傳》注云：「川者，水貫穿而流通也。」裴氏《廣州記》云：「南海龍川縣，本博羅縣之東海，有龍穿地而出，即穴流東泉，因以爲號。」是川之訓穿，傳記多有之。又伯樂《相馬經》有馬白州，亦當是川字，畢中丞沅《山海經校本》疑川當爲州，蓋據《爾雅》之白州驠，不知郭氏彼注亦以爲竅，則州爲後人訛寫無疑也。張揖《廣雅》亦云：「川，臀也。」可証。

䴴字

黔之人儕輩相呼，其偶不往赴，則唉曰䴴。質問之，則䴴者，不來也。案古䴴字本有來音。劉向引《詩》「來牟」作「䴴麰」，郭顯卿《字指》䴴字从麥，徐仙民讀與來同，鄭康成《儀禮注》曰：

〔一〕 側：原誤作「劍」。

「貍之言不來也。」徐廣云：「貍，一名不來。」天子設貍侯，所以射諸侯之不來者，取此意也。是黔人之言不來爲釐，猶貍名不來，爲反切之音。如并夾爲籋、終葵爲椎、邾婁爲鄒、勃鞮爲披、舉矩爲莒、勃蘇爲胥、壽夢爲乘、舌職爲殖、顓孫爲申、蒺藜爲茨、茅蒐爲韎、扶胥爲輔、於菟爲虎、不聿爲筆、軒轅爲韓、俠累爲傀、瓠盧爲壺、鞠躬爲芎、丁寧爲鉦、僻倪爲陴、和同爲降、句瀆爲穀、明旌爲銘、大祭爲禘、蕵蕪爲須、千居爲邾、窗籠爲聰、蠮螉爲鳩、瘯蠡爲疾、蔽膝爲韠、側理爲紙、扶淇爲濰、狻猊爲獅、不可爲叵、奈何爲那、何莫爲盍、者與爲諸、之焉爲旃、徒格爲斥、如是爲爾之類，皆以雙聲合爲一字。其學起於涿郡高誘，其注《吕氏春秋》《淮南子》往往詳其音讀，而韋宏嗣注《國語》亦有音切，今人相承，以爲始樂安孫叔然者，誤也。

〔民國〕沿河縣志

【解題】楊化育修，覃夢松纂。沿河縣，今貴州省銅仁市沿河土家族自治縣。「方言」見卷十三《風土志》中。録文據民國三十二年（一九四三）鉛印本《沿河縣志》。

方言

虹曰扛。電曰閃。霧曰罩。霆曰炸雷。颶風曰旋風。暴雨曰偏東。霞曰火燒天。雹曰雪彈子。彗曰掃把星。

明天訛爲門天。霖雨訛爲凌雨。中食曰少午。溪曰溝。窪曰蕩。山穴曰巖。阡嶺脊路爲埡口。石漩曰碓窩。急流曰竹筒水。平原曰壩。路交會曰山叉。仄徑曰毛狗路。高田曰塝。斜上曰坡。

妻於夫曰老公。妻哭夫曰哥子。夫兄曰大伯子。夫弟曰小叔。同歲曰老庚。商家經理曰掌櫃。掌船梢者曰太公。匠人曰司伕。勞工曰力行。僧曰和尚。巫曰端公。丐曰告化子。匪曰棒老二。雉曰野鷄。豺曰毛狗。

煤硐曰窑。舊屋曰老屋。被曰鋪蓋。袴曰小衣。短襖曰滚身。晚食曰消夜。陳飯曰冷飯。傭人曰長年。用物曰行李。齋薦曰做道場。掃墓曰上墳。聯姻曰打親家。行聘曰插香。娶婦曰過酒〔一〕。出嫁曰交代。會親曰過門。質問曰講理。興訟曰告狀。頑笑曰辦燈。閑游曰耍把。宿曰歇。何人曰那個。闊綽曰玩格。人死曰過世。口吃曰蹇吧郎。初一、十六祀神曰打牙祭。小兒淘氣曰牽翻。聚談曰擺龍門陣。禁聲曰悄悄。嫌少曰點點、曰丁丁。酒器曰壜。言語忤人曰觸。音杵。火炙曰熸。鼻塞曰⿱祝土。謂看曰瞙。言苗。飲食變味曰餿。腹瀉曰過。切草曰扎。目不見物曰瞀。音務。露牙曰齙。音報。以辛香和菜曰向料。女工曰針黹。下垂曰嚲。音妥。人快敏曰爽直。水岐曰汊。音詫。横木阻之曰擋。舂糙成熟曰𪎊。音劉。磨之漸消曰鋊。音遇。割牛馬勢曰騸。音扇。謂多曰夠。足踏曰躧。釵上聲。日中曰晌午。聲破曰

〔一〕娶：原誤作「聚」。

嘶。推人曰攮。音朗。不與人分辨曰不理。謂子曰崽。以鹽漬物曰濫。音覽。箸曰筷。伸麪曰擀。音敢。謂人形短曰矮矬矬。音搓。鞋襯曰幫。疥瘡曰乾格滂。地芝曰菌。物相擊聲曰砯砰。艾炷曰爝。音醮。火爆曰灹。音乍。手挽曰撦。音扯。散物曰掞。音黲。斂衣裳曰札鷩。畏曰嚇。大甕曰缸。壓物曰笮。音乍。桃李核曰覈。音忽。箸去汁曰潷。音必。飯粒粘紙曰飯黏。子細謂之把穩。凡去瓜果皮曰雪。藏酒曰窨。音印。酒醋中小蟲曰蠓。刮鍋曰鏟。削平曰鏟。飾邊曰緣。音怨。鹽鹵曰膽水。豕項間肉曰臑音曹頭。負物曰揹。馬後革曰鞦。拾物曰搴。音簡。聲音不清圓曰沙。膺聲曰欸。音藹。漉器曰筲箕。詞不屈曰謈。音絳。月半明曰哄亮〔一〕。繩索斷而續之曰㓤。音接。多鬚曰鬧腮。樹枝岐者曰椏。以物沾水曰蘸。音站。水上涌曰涓。手采曰捋。推之曰搡。音聳。小兒女曰幺。酒器曰酒醢。音海。自謂曰我。謂人曰你。兩手相摩切曰挼。音磋。物件曰家火。煖酒曰湯。襯裏曰胎鑲。

〔民國〕石阡縣志

【解題】周國華等修，馮翰先等纂。石阡縣，今貴州省銅仁市石阡縣。「方言」見卷十《風土志》中。録文據民國十一年（一九二二）稿本《石阡縣志》。

〔一〕月：原脱，據《蜀語》補。

方言

日曰太陽。月曰月亮。電曰豁當作火閃。霧曰罩子。天明曰亮。日午曰少午。通夜曰一晚到亮。一日曰一天。

早食曰過早。午食曰過午。夜食曰消夜。飲食曰吃喝。頭曰腦殼。耳曰耳朵。口曰嘴。説話曰談話。語無倫次曰夾雜。大聲曰炮炸。聚談閑事曰擺龍門陣。罵人曰噘人。稱贊人曰好角色。鄙褻人曰孱頭。戲小兒曰逗人。讓得人曰脾味好。問事如何曰啷个事。做錯曰拐了。拾物曰撿得。負物曰背。悲。攜物曰提。尋物曰找。泛指物曰東西。物小曰點點。

稱長者曰你老人家。稱壯者曰大哥。呼父曰爹，又曰爺。母曰媽。伯父曰伯伯。伯母曰娘娘，又曰娘媽。叔父曰叔叔。叔母曰嬸嬸，又曰嬸媽。祖父曰公。祖母曰婆。曾祖父母曰祖祖。父之姊妹曰孃。祖之姊妹曰姑婆。外祖父母曰家公家婆。舅父曰舅爺。舅母曰舅娘。兄曰哥哥。兄妻曰嫂嫂。弟曰兄弟。姊曰姐。母之姊妹曰姨媽。姨父之子曰老表。舅父、姑父之子曰親血表。與祖父同輩之戚通稱曰親公親婆。妻父母曰老丈人老丈母，又曰親爺親娘。父母呼乳兒女曰幺幺，曰乖乖，又曰崽。通呼童男曰小伙子，女曰大孃或曰大姐。

男子娶妻曰辦事務。賀禮曰送人情。嫁女宴客曰花筵酒。生子宴客曰粥米酒。通稱工匠曰師傅。稱生意人曰老板。人死曰過世。人病曰兜災星。土曰泥巴。石曰石頭。鄉村曰寨子。

〔道光〕遵義府志

【解題】黄樂之等修，鄭珍纂。遵義府，轄境包括今遵義、桐梓、綏陽、仁懷等地，府治在今遵義市。「風俗」見卷二〇。録文據道光二十一年（一八四一）刻本《遵義府志》。

風俗

俗語〔一〕，見人物之可誇者曰嗚呼，可鄙者曰噫嘻。《老學庵筆記》。平原曰壩。黄山谷詩注。酒器曰壜。言語忤人曰觸音杵人。燒礦爲鐵曰熯。音善。火炙曰熇，音考。又曰熁。音脅。鼻塞曰⿰礻至。音祝。謂看曰渻、鎖平聲。曰瞙、音苗，從目。曰瞧。魚網曰⿱罒巽。音漭。飲食變味曰餿音搜臭。皮裂曰皴。音村。腹瀉曰過。土高起曰埨。倫上聲。曲木可挂物曰⿰金咠鈎。俗作搭鈎。鈢木器曰錛音奔鋤。切草刀曰⿰奠刂音札刀。平木器曰鉋音報子。詫其多曰⿰夋委音窩夥。以刀磨瓦盆或皮上曰鐴。音避。目不見物曰瞀。音務。露牙曰齙。音報。以辛香和食曰⿱艹香。音向。香圓稻米曰⿰禾免音晚米。女工曰鍼黹。犂上鐵板曰鐴耳。老曰老革革。木段曰橦。音同。下垂曰軃。音妥。結堅曰凝。音禁。和物曰拚。音坌。物朽而斷曰⿰尊刂。尊上聲。人快敏曰⿰令刂利。水岐曰汊。音詫。横木阻之曰擋。穿牛鼻繩曰桊。音捲。舂糙成熟曰⿰米雖。音劃。母之父母曰外公外婆。磨之漸消曰鋊。俗讀

〔一〕俗語：《老學庵筆記》作「蜀人」。

作遇。穀穗曰杓。音弔。割牛馬勢曰騸。音扇。不精彩曰驪騔。音臘塔。皮冒鼓曰鞔。音瞞。謂多曰够。音構。耳垂曰䎓。音荅。足踏曰躧。釵上聲。牛馬腰左右虛肉曰軟膁。音歉。物濕而黑腐曰勃，一曰黴。音梅。乍晴乍雨曰洴淞音弄送雨。沃土曰魚米之地。日中曰晌音賞午。劈破曰斯。聲破曰嘶。馬鳴曰嘶。器破曰甈。餛飩曰扁食。以米糤鹽椒釀肉魚曰鮓。手承物曰拓。推人曰攮。音朗。手提曰揵。音虔。摘毛曰攀。音涎。跛行曰踏。音荅。心動曰㥁。音徹。麪散者曰麧。音勃。鞍韉曰屜。音替。抽屜曰屜。短衣曰䄢。音莊。不與人分辨曰不理。寒熱結瘕曰疖音幸瘍子。耳中作聲曰聬。音翁。謂子曰崽。音宰。凡高出曰矗。音銃。凡苗實聚多曰纂纂。通水槽曰筧。音簡。竹篾曰簚音迷條。有耳瓶曰甑。音省。作涼席竹曰笨音水竹。木石杜曰冀。音筍。以鹽漬物曰濫。音覽。箸曰筷。音快。伸麪曰擀。音敢。謂人形短曰矮矬矬。音搓。鞋襯曰幫。門地腳曰限。音坎。物小曰穛。音醮。物臭曰膖音滂醜抽去聲。牝馬曰騲。雌狗曰草。雌思雄曰起草。宛轉生動曰蚴。牛去聲。疥瘡曰乾瘑疙。土音格澇。傷痕曰痡瘡。音逋論。赤子陰曰峻。音構。地平曠曰壏埮。音覽坦。地芝曰菌。音郡。米礱曰磑。音内。物相擊聲曰砯砰。音研烹。驛遞曰站。重聚曰磊竧。堆上聲。人之狡黠者曰尖穳。音鑽。尾曰已音以巴。艾炷曰爝。音醮。火爆曰炸。音乍。旁屋曰廈。手掬曰抔。音掊。手挽曰撦。俗作扯，非。粗率曰体。奔去聲。散物曰掞。音豔。斂衣裳曰扱。音札。驚畏曰嚇。音下，又音黑。手裂物曰搣。音滅。盛酒器謂之酒落。盛茶器謂之茶落。凡驢騾所負物曰他音惰子。大甕謂之瓨。即缸。得利曰賺。耑去聲。蟲螫人曰蘁。音壐。以毒藥藥人曰癆。音澇。笑曰啞啞。音格。鞋無飾曰靸。音撒。牛羊食已復吐而嚼音爵之曰回嚼。音醮。收摺之曰摺摞。爪刺曰掐。音恰。曲謂之蛸。貫縷提之以織曰綜。音縱。横縷曰緯。音位。直縷曰經。音徑。癡愚曰懜憃。音銃。壓物曰笮。音乍。性傲曰戇。剛去聲。不平曰鼿。音竅。桃李核曰覈。音忽。吸之曰欶〔一〕。音朔。笮去汁曰滓。音必。指物事曰者。俗作這，非。面瘡曰皰。音砲。飯粒粘紙曰飯黏。音年。碾物使光曰砑。音迓。柄曰杷。欛同。子細謂之把穩。凡去瓜果皮曰雪。藏酒曰窨。音印。奓音查足曰蹠。音茄。酒醋中小蟲曰蠓。音猛。言吃曰謇。足皮曰趼。去垢曰碶。音訕。刮鍋曰鏟。平木器曰鏟。削平曰鏟。音剗。履中模範曰楦。音絢。趄曰碾。衣系曰襻。音畔。甑底篾笆曰箅。音閉。飾邊曰緣。音怨。攪曰攓。潮去聲。眼皮動曰眨音劄眼。鹽鹵曰膽水。田舍曰莊。主父曰使去聲長公。主母曰使長婁。熬曰煎。去聲。鷄伏卵曰菢。音抱。汙穢曰涴。音餓。置釘平聲曰釘。音定。楮樹曰穀。音搆。馬障泥曰韂。音綻。毛席曰毯。足蹂曰跐。此平聲。豕項間肉曰臑音曹頭。負物曰馱，一曰背。音悲。撻穀器曰連枷。音加。束小兒者曰綳。音崩。馬後革曰鞦。騾後木曰紂棍。瓦器未成曰坏。音披。拾物曰搴。音簡。呼狗吠物曰嗾。音漱。線條曰綹。音柳。釜溢曰鬻。音孛。表畫曰褙。音甑。吐氣曰吹。火平聲。叱之曰嘞。音初。不速曰遲平聲遲音治。唾人曰啡。坏、配二音。聲不清圓曰嗄。俗

〔一〕欶：原誤作「敕」。

作沙上聲。快走曰猋。音標。蟲蟲曰蛆。音納。木岐曰椳。又上聲。縫皮曰鞝。音掌。咘之曰啐。音卒。村市曰場。呼人曰嘷。音胃。喉曰嗓，一曰嚨。夏日暴雨曰偏涷雨。飲聲曰欱。音骨。漉物曰舀。妖上聲。抄飯匙曰棸。音鍬。進船曰划。音華。舀水器曰戽斗。手卜曰拈鬮。音鳩。小曰蔑蔑、曰丁丁，又曰點點，又曰些些。膺聲曰欸。音藹。漉器曰筲箕。關捩曰捎箟。音消息。凡物已採復搜其遺曰散。賀人曰恭諗。音審。毀人曰誹。音吠。詞不屈曰譼。音絳。以言阻人曰讜。沈水曰没、迷去聲。曰淹。音庵。鋪墊曰攋。音霸。縷在紡車上及在梭中曰繐。音遂。正屋曰袋〔一〕。音薦，俗作垈。牡牛曰牯。牝牛曰牸。月半明曰朠朠亮。繩索斷而續之曰剩。音妾。燒刀刃納水中以堅之曰焠。音翠。以篾束物曰箍。音孤。竹器曰篼。窑器光曰釉。音宥。瘦皮垂下曰皵。音苔。手掘曰空。烏八切。蓋曰康。音慷。傷皮曰剜。瘡上聲。物裂開曰笑。碎切曰剿。音札。織具曰篾。音寇。渣汁曰瀫。細長曰蹽跳。音了掉。謂人樸訥曰木詘。音黜。熱而皮生瘬曰痱音費子。多鬚曰鬍音鬧腮。綰髮爲髻曰鬢。音纘。麫漿曰糨。音絳。樹枝歧者曰椏。音鴉。閉門機曰櫎。音栓。搦汁曰脣。音濟。以物沾水曰蘸。音站。大曰奘、莊上聲。曰莽。爛曰皶。音跋。粗惷曰惉贛。音莽壯。不慧曰昏憪。音刀。疨曰懵懂。音猛董。一目眇曰單照。牙垢曰牙屖。音因。屋上承椽梁曰檁。音領。小兒學行狀曰蹎。音得。水上涌曰涓。音冒。擊曰搭。音荅。手采

〔一〕袋：原作「岱」，據《字彙》《篇海》改。

曰捋。小兒手據地行曰趙。音蒲。屈膝曰跧。魁上聲。日費曰進用。補漏曰苴。音查。不脆曰臑。音如。不鮮曰蔫。音焉。不端正曰䕭蘶。音鮓。人死曰過世。謂人躁曰炧〔一〕。音乍。噍聲曰䶧齧。音括查。齒畏曰齽。音禁。推之曰搑。音聳。漩水曰漩渦。手捉曰挌。音客。水潭曰沱。音陀。纏物味變曰䶕音甕醜抽去聲。築隄蓄水曰迮。音作。熟米麥末之曰炒麪。深巖曰嵌。音謙。謂欺紿曰鬼。謂人黠曰鬼。生卵曰生。去聲。謂人村曰山巴土獠。不伸曰抐。音紐。舟著地曰岢。珂去聲。繞腰窄囊曰纏去聲袋。分麻曰朩。音派。跛行曰尥。音料。取笑語曰詑。音陀。山頂霧曰山帶帽。物墮水聲曰潼，石墮曰硦。俱音董。漉去水曰瀝。髑骨曰䫶。音閬。猪脂中堅者曰胣。音移。雹曰睒。音閃。肥脂曰臕。音標。手指文曰腡。音羅。精肉曰腈。音精。胎衣曰脬。音胞。溺囊曰脬。田分段曰稜。魯鄧切。禾不實曰穲。音厭。遠曰窵。音弔。袴曰衳。音鐘。行不進曰尷尬。音甘介。小兒女曰幺。不知名呼之曰那。音懦。漬藏肉菜曰醃。音淹。酒器曰酒醘。音海。不去滓酒曰醪音勞糟。鹵水曰鹼。音減。勉力曰斸〔二〕。音絳。自謂曰我。謂人曰你每。耳曰睡。朶平聲。乾肉及餅曰巴。不謹曰傝㒓。音搭撒。開張曰㥆。音查。闊口曰奓。車上聲。牛羊馬豕欄曰圈。禽卵曰彈。薰藥曰熏。音訓。火熄曰煨。香氣盛曰馞。蓬去聲。兩手相摩切曰挼。音磋。駡人之醜稱曰雜種。重曰重鈍鈍。吐本反。弓戾曰弼。音別。凡器物指甲裂皆曰㢸。

〔一〕躁：原字被鏟去成墨框，據《蜀語》補。
〔二〕斸：《蜀語》作「斸」。

與小兒戲捉其鼻曰牽牛。狡獪曰姡。胡刮反。稻苗秀出曰放穮。音標。急遽曰奔去聲命。發饅頭曰起酵。音教。便旋曰出恭。有所礙曰隱。恩上聲。凡戲玩曰耍。澆花木菜蔬曰飲去聲水。凡初贈工匠曰利市。蟲食菜曰蟲殺。去聲。物件曰家火。氣鬱不伸曰漚。去聲。犬羊癩曰瘟。四邊曰四映。人之憒憒者謂之㲉濁。音斛篤。褥子謂之裯音調子。凡顏色鮮明曰翠。言語不合謂之不對牡。老不聾聵、疾不沈重皆謂之新鮮。煖酒曰湯。音蕩。襯裡曰胎。鑄音注銅鐵器曰鑄。音到。心亂曰恅愺。音老草。慚恥曰愨音慨羞。聚足曰躦。音攢。低聲曰啾啾。千遥反。小腸曰呰音子腸。玉讀若遇。石讀爲旦。孟讀作夢。大讀一駕切。朋音蓬。術、述音蜀。巫、誣音烏。尹音允。虹音岡去聲。署音樹。衡音烜。奚音希。《蜀語》。謂小港曰浩。《蜀道驛程記》。

按，地方常言，有其聲不得其文者多矣。明李實留意方言，所撰《蜀語》，事徵本原，十得七八，今悉採載，其有他處之語遵義獨無者不録。

〔光緒〕增修仁懷廳志

【解題】崇俊修，王椿纂，王培森校補。仁懷廳，今貴州省遵義市仁懷市。「方言俗語」見卷六《方言》中。録文據光緒二十八年（一九〇二）刻本《增修仁懷廳志》。

方言俗語

孫呼祖父曰公，祖母曰婆。子呼父曰爹，母曰媽。呼姑母曰孃孃。呼兄長曰哥哥。呼外祖父曰家公，外祖母曰家婆。向人稱岳父曰丈人，岳母曰丈母。曾孫呼曾祖父母曰祖祖。玄孫呼高祖父母曰天天。曾祖呼曾孫曰末末。高祖呼玄孫曰灰灰。凡稱小兒曰娃娃。心愛小兒曰幺幺。

人互相鬬曰打架。人互相罵曰啳架。鼻不通曰[illegible]。目不見曰瞀。音務。飲食變味曰餿。音搜。肚腹泄瀉曰過。手足開縫曰皴。音村。器已裂曰[illegible]。尊上聲。作事敏捷曰伶利。行走不快曰遲鈍。以足踏物曰躧。叙上聲。以手推物曰撐。身不潔淨曰[illegible][illegible]。音腊沓。言多反覆曰顛倒。木無首尾曰樁樁。音莊。畜無毛色曰光光。結子聚多曰纂纂。漸積起高曰堆堆。以鹽漬物曰攬。以物投鹽曰泡。人生曰出世。人死曰過世。月被雲遮曰朏朏亮。日出初曉曰點點明。謂人形短曰矮矬矬。笑人形長曰燈杆人。

呼鷄曰竹竹。呼鴨曰第第。呼羊曰眉眉。呼犬曰嗷嗷。驅牛曰阿池。呼牛曰恩宕。牡牛曰牯。牝牛曰牸。母狗曰草狗。雄猪曰腳猪。稱畜之尾曰巳巴。遇物罕見曰希奇。夏日大雨曰偏東雨。冬時細雨曰毛冒雨。人之粗率曰体。音笨。今人誤作爲體。人之狡黠曰尖。疥瘡曰乾瘑疕。土音格滂。瘧疾曰打擺子。藝術不精曰未滿月，已精曰老行家。唆人亂爲曰包畛濫。勸人息事曰老好人。謂人發氣曰冒火。稱人昧理曰昏忉。言不投機曰不對。事之過分曰大很。言人誤己曰尚了當。自誤曰值不得。人不聽勸曰要搞濫毫。不學好曰没下場。生方就拐曰打滚龍。哄騙銀錢曰逗耳朵。不務正業曰燕兒毛。窮極無聊曰乾散散。以糞水沃苗曰揨。以糞理苗下曰振。得利曰賺錢。耑去聲。失利曰折本。無益無損曰空淘神，有利有害曰太虛險。作事謹慎曰把穩。無知妄爲曰浪蕩。牙齒出露曰齙。音報。腳走不前曰蹕。

桃李核曰覈覈。音忽。蓮稻花曰鬚鬚。豕腰虛肉曰軟膁。音欠。豕項間肉曰牖頭。音曹。謂婢奴之主父曰世長公，母曰世長婁。工人定年曰長年，定月曰月活。不出聲氣曰悄悄。嫌物太少曰點點。事已壞曰濫了。事難成曰罷了。罵人醜態曰雜種。罵人不正曰表獎。縱妻淫亂曰老忍，又曰尖腦殼，亦曰大老殼。翁淫子媳曰燒火，又曰庖灰，亦曰堯大考。縱子妄爲曰慣勢子。子不從父曰忤逆子。夫妻反目曰不效和。家無成丁曰少人力。譽人不實曰餂肥。毀人無根曰冤枉、遭蹋。富曰老肥。無禮曰沃濁肥。小解曰改手。游玩曰走耍。女工曰鍼黹。男工曰活路。場中盜物曰抹鰍。下鄉盜物曰闖潮。搶人曰嘓嚕子。挖牆曰拱窰子。偷瓜菜曰捶山餅子。夜間偷人曰黑腦殼。盜稱狗曰皮娃子叫。盜謂齊團鑼曰篩子響。曲木挂物曰搭鈎。割牛馬卵曰騸匠。物之滿數曰够，有餘曰剩。物生白點曰黴。音莓。物分兩半曰撕。有病結核曰疔音幸瘍子。出氣奓口曰打吙音呵害。以被墊牀鋪曰攤。以爪刺人曰掐。音恰。甑底篾笆曰箅。音閉。母鷄伏卵曰菢。屋斜而使正曰牮。一作㭨〔一〕。器壞而補好曰整。盆桶無水裂曰笑。田塍築土缺曰迮。音作。初贈工匠曰利市。等物件曰家火。支人爲非曰唆

〔一〕㭨：原作「㭨」，據《字彙》《篇海》改。

擺。極力總成曰慫恿。蒼粗無禮曰慌腳慌爪。冒勢作事曰亂搞亂爲。聞風找事曰打鑽蟲。一言不發曰泥土地。稱人公道曰活菩薩。稱官清廉曰萬家生佛。

按各州縣之聲音不同，稱謂亦異。播州距廳僅八九百里，其方言俗語迥與廳不合，今止聽人聲音稱謂，至廳與别處不同，不敢一言採入。

〔民國〕餘慶縣志

【解題】陳銘典修，李光斗纂。餘慶縣，今貴州省遵義市餘慶縣。「方言」見卷十《風土志》中。録文據民國二十五年（一九三六）石印本《餘慶縣志》。

方言

言者心之聲，乃交换智識之機關，藉以表共通之精神也。自周官命象胥喻言語之制廢，而各用其方俗語言，雖同爲國民，而言難領解，意無從會，則智識不能交换，即精神亦不能共通。近來歐洲各國統一國語，使異種人之間用新語以謀結合，特注重國語一科者，適與吾國命象胥諭語言之制相符合也。

父曰爺，讀若牙。曰爹，音若低。母曰媽，曰娘。祖父曰公，祖母曰太，曰奶。曾祖父曰老祖公，母曰老祖太，曰老祖婁。大伯、二伯曰大爺、二爺。讀若延。大叔、二叔曰大耶、二耶。讀若伊。伯母曰大媽、二媽。叔母曰大娘、二娘。父母呼子曰崽，女曰某姑孃，仰平聲。小兒女曰幺。外祖父曰外公，母曰外婆。舅父母曰舅爺舅娘，與祖同輩者曰舅公舅太。姑父母曰姑爺姑媽，與祖同輩者曰姑公姑太。舅父母、姑父母、姨父母之子皆曰老表。妻父母曰丈人丈母，又曰親爺親媽，與祖同輩者曰親公親太。有科名或出仕者曰老爺。弟子對師曰先生。今則先生爲普通稱呼矣。

眼曰眼睛。竊視曰眺。音若布。耳曰耳多。竊聽曰悄悄聽。説話曰歎話。止人勿説曰不要歎。臆度事曰乾估。責人遲延曰慢妥妥的，又曰慢條細理的。加意曰好生點。放膽而行曰止管去。不理人事曰管倆的、曰曉得倆的。無可如何曰拏則個做。驚問詞曰是則個的。事難寬解曰開不得交。仔細曰把穩。娶妻曰討親。娶再醮之婦曰説後婚親。勸人可已曰罷囉。曲折措置曰側騰。作難於人曰倒騰。誇人强壯曰好雄糾。音若走。誇好漢曰好腳色。誚人委靡曰文謅謅得。罵下流曰流神痞子。罵壞人曰爛東西。事成忽敗曰閃撤。物價賤曰相因。拾穀穗曰散穀。小兒遺溺曰勒屎。謂人愚蠢曰悶頓。罵婦女淫曰不學好。自辨無淫曰行得正坐得穩。謂人好曰正經。真話曰正經話。指人兇很曰霸道。無信曰白嘴。謂説謊話曰張花李實的。

〔民國〕麻江縣志

【解題】拓澤忠修，周恭壽纂。麻江縣，今貴州省黔東南苗族侗族自治州麻江縣。「夷語」見卷五《地理志·風俗》中。録文據民國二十七年（一九三八）鉛印本《麻江縣志》。

夷語

夷族語言各異，兹録平定下司河外龍心精所譯苗語，以備方言。

其家庭稱謂：父曰爸。母曰賣。賣讀上平聲，下同。祖父曰告。祖母曰屋。曾祖父曰告賞瓦。瓦讀去聲，下同。曾祖母曰屋賞瓦。伯父曰爸樓。伯母曰賣樓。叔父曰爸一。叔母曰賣寧。大哥曰補修。二哥曰不窩。我的哥曰余杭補。弟曰一。我的弟弟曰余杭一。大姊曰阿留。阿去聲，下同。二姊曰阿窩〔一〕。姊曰幾阿。妹曰冉。媳曰迂娘。大嫂曰迂娘留。夫妻曰竿攸。子曰糾呆。女曰呆培。孫曰糾幾。孫女曰幾呆培〔二〕。

鄉村呼朋友曰瓜瓢。夥計曰漢。學友曰瓜庖、曰同斗都。農人曰乃交阿高。交入聲，下同。工人曰告相。商人曰乃交阿賑。士人曰乃交同斗。先生曰先生。學生曰學生。銕匠曰告相勞。瓦匠曰告相花衣翻。瓦曰告相反衣。老爺曰瓜來。百姓曰百姓。强盜曰阿娘。娘入聲。

飲食用語：吃飯曰隴瓜。隴上聲，下同。吃早飯曰隴瓜梭。吃少午曰隴瓜奶。吃晚飯曰隴瓜忙。忙去聲，下同。吃糯飯曰隴瓜老。去聲。吃粽巴曰隴菲歸。吃麥巴曰隴菲瓜忙。吃包穀巴

〔一〕曰：原脱。

〔二〕曰幾：原誤作「幾曰」。

曰隴九金母條。紅稗巴曰九必撒。蕎巴曰九窩邦。膏粱巴曰九京們〔二〕。們上聲。小米曰寡各。黃豆曰陶本。豌豆曰陶小。飯豆曰陶桿。吃粉曰隴粉。吃麪曰隴麪。吃菜曰隴窩。吃肉曰隴李。飲酒曰嚎酒。飲茶曰嚎幺金。飲湯曰嚎幺齋。飲水曰嚎幺。涼水曰幺隨。開水曰幺開。吹鴉片煙曰嚎瓜歸。吹煙曰嚎煙。

衣服別語：衣曰歐。褲曰靠。襪曰拖。拖去聲，下同。布鞋曰鞋青。鞋陰平。小帽曰磨。頭巾曰青科。褲帶曰練靠。對襟衣曰歐怕綱。彎襟衣曰歐蛙呆。背心曰歐拱蒙。拱入聲。長衫曰歐丹。丹陽平。短衣曰歐來。來陰平。夾衣曰歐窩等。單衣曰歐糾等。棉衣曰歐綳。穿衣曰囊歐。穿襪曰斷拖。穿鞋曰斷海。穿褲曰囊靠。

住所別語：瓦屋曰簡炸衣。炸陽平，下同。草房曰炸鍋。大門曰瓜勺留。門閆曰瓜勺剃。壁曰瓜卑簡。梁曰丙簡。柱曰棟簡。窗曰港羅闊。樓房曰簡補。欄杆曰干粉樣。內室曰瓜京。竈房曰瓜梭。火爐曰瓜家。牀曰瓜秋。秋去聲。倉曰來農。來陰平。

用器：鍋曰魚。水缸曰滔幺。水桶曰提幺。調羹曰調羹。筷曰丟。菜碗曰綱阿。飯碗曰地瓜。酒杯曰奥九。奥陰平，下同。茶杯曰奥幺金。柴刀曰善瓜。鐮刀曰瓜兩。斧曰惰。鉗曰歸鬼。菜刀曰丟篙窩。掃箒曰丟期丹。丹陽平。桌曰典。方桌曰典梭歸。圓棹曰典冷。長

〔二〕粱：原作「梁」。

桌曰典打。几曰當哥一。凳曰當。當入聲。碗架曰來機。來陰平。茶壺曰篙幺金。酒壺曰篙酒。菜罎曰任酒。酒鉢曰綢的〔一〕。酒缸曰缸阿九。阿去聲。

身體：則頭曰科。髮曰瓜心科。額曰養娘。娘陰平，下同。目曰烏賣。眉曰干心賣。眼皮曰干令賣。耳曰瓜碾。鼻曰康研。口曰羅。唇曰干令裸。裸去聲。齒曰美。舌曰瓜你。你入聲。喉曰瓜勺公，曰腔，曰海羅。鬚曰修娘。頸曰瓜鑛。肩曰敲及。亍曰筆。肘曰心筆。手掌曰瓜把筆。手指曰瓜歹筆。指甲曰艮筆。手腕曰姑留筆。脊骨曰聳刁。肋骨曰聳黨。胸曰綱谷。心曰柳。乳曰物。肚曰瓜親。肺曰松念鋪。肝曰松念。腎曰條。大腸曰寡留。小腸曰寡要。臀曰里朵綱。肛門曰慷寡。陽物曰過。陰物曰法。足曰裸。裸陰平。腿曰瓜邊。腳桿曰東昂。腳掌曰瓜把羅。羅陰平，下同。腳指曰瓜歹羅。膚曰干令。動脈曰寢敵。靜脈曰寢介。

獸：則水牛曰引。黄牛曰卯。雄曰把。雌曰迷。牯牛曰把引。牸牛曰迷引。羊曰勇。馬曰麻。犬曰洒。豕曰變。虎曰修。獅曰獅子。山羊曰女勇咬。豺曰朽洒。野猪曰女變呆。豪猪曰香。黄鼠狼曰假。鼠曰歹囊。歹去聲。蝙蝠曰稿也。

禽：則鷄曰干。鵝曰各雁。鴨曰各挽。燕子曰站客。雀曰鬧。鸚哥曰約箬。箬上聲。畫眉曰鬧交。八哥曰鬧阿引。鷹曰朗。白鶴曰撮收。

〔一〕綢：疑爲「綱」之誤。

蟲：則蜻蜓曰剛育。紡車婆曰綱朽未。蟬曰綱覽力。蜂曰綱蒙。蜜蜂曰綱蒙告歪。蝶曰綱把唱。蟋蟀曰綱强。螳螂曰綱麻融。螢曰綱門綱斗衣。蝗曰綱稿。蚊曰綱咬打買。買陰平。蜘蛛曰綱燕。馬蟻曰綱彭。彭上聲。蚯蚓曰綱龔。螞蟥曰綱輪。

果品：則梨曰真雅。花紅曰真雅破。李曰真讓。桃曰真冷。杏曰振忙。柿曰振枚。楊梅曰振力。羊奶曰振寡勇。

天文：則日曰賴奶。賴奶均陰平。月曰賴勑。星曰杲街。雲曰道幺。幺去聲。雨曰弄。下雨曰打弄。風曰近。打雷曰步呼。起電曰立夫。

金屬：則黄金曰乜仿。銀曰乜。錢曰美水。黄銅曰倒紡。紅銅曰倒像。白銅曰倒閤。鐵曰勞。勞去聲。錫曰尚。鋼曰砂鍋。鉛曰沙魚。

農具：則犂曰開。耙曰卡。卡去聲。釘耙曰滓或。鋤曰所芸。刀曰交。交入聲。糞籮曰來母。糞桶曰提寡。穀桶曰滔的難。難上聲。

數目：一曰衣。二曰窩。三曰比。比陽平，下同。四曰梭。五曰渣。六曰弔。七曰胸。胸去聲，下同。八曰牙。九曰就。十曰喬。十一曰喬衣。十二曰喬窩。十三曰喬比。十四曰喬梭。百曰衣變。二百曰窩變。千曰衣商。萬曰衣汪。

〔光緒〕黎平府志

【解題】俞渭修，陳瑜纂。黎平府，轄境包括開泰、永從二縣，古州、下江二散廳，府治開泰（今貴州省黔東南苗族侗族自治州黎平縣）。「方言」見卷二《地理志下・風俗》，「苗語」「苗字」見卷二《地理志下・苗蠻》中。録文據光緒十八年（一八九二）刻本《黎平府志》。

方言

日曰太陽。月曰月亮。電曰睒。音閃。虹曰扛。霧曰罩子。冰曰溝、曰凌。天明曰亮。日中曰晌音賞午。父曰爹、音舵，又雅平聲。曰爸、漊上聲，又音霸。曰⿱父者、音遮。曰爺。音耶。按四字皆以稱父。今黎俗所稱之音，並無其字，即稱爹爹亦失其音，並失其義，應行更正。稱父曰爺，祖父曰爺爺。爺爺者，父之父也。曾祖父曰老爺爺。音義方合。祖母曰嬭嬭。音乃，乳也。楚人謂母爲嬭，今稱祖母爲嬭嬭是也。曾祖母曰太奶奶。母曰娘，一曰媽。馬平聲。伯父曰大爺。叔父曰二爺、三爺。祖之姊妹曰姑漊。父之姊妹曰姑娘。姊曰大大。應稱某姐。妹曰妹妹。應稱某妹，或呼名。兄曰哥哥。應稱某哥，不必雙稱。兄妻曰嫂嫂。應稱某嫂，不必雙稱。弟曰老弟。應稱二弟、三弟，呼名亦可，不宜加老字。子曰崽。應呼名，不宜稱老某及老二、老三之類。女曰老妹、曰某妹。應呼名。姊夫曰姐夫，妹夫亦曰姐夫。應稱妹夫。外公曰公公。外漊曰漊漊。自稱曰我。稱人曰你。頭曰腦殼。眼皮動曰劄眼。目不見物曰瞀。音務。食物曰喫喝，湯水茶酒亦曰喫喝，烟亦曰喫。以手承物曰拓。音託。推人曰攮，攮上聲。一曰搡。音聳。拾物曰搴。音踐。負物曰背。音悲。以肩承物曰揵。音乾。手揣物曰拿。搔癢曰撾。兩手相摩曰搓。手挽曰撦。手掘曰穵。尋物曰找。音早。脅窩曰肋窩。足踏曰躧。屈膝曰跧。魁上聲。大小便曰出恭。熱而皮生瘮曰疿音費子。多鬚曰髐音鬧腮鬍。老年昏瞶曰夢懵，音統。又曰顛懂。不曉事曰懵懂、曰昏惆。音刀。糊塗曰觳濁。音斛篤。老不聾瞶、疾不沈重曰新鮮。幼而聰明曰乖巧、曰伶利。粗惷曰奘拌、曰惷笨。奔去聲。子細曰把穩。戲侮人曰㳥淞人。音弄送。狡黠曰尖滑。性傲曰戇。剛去聲。詞不屈曰謽。音絳。應人之呼曰喡。音胃。唾人曰啡，音坏，又音配。言語不合謂之不對。吐氣曰吙。火平聲。氣鬱不伸曰漚歐去聲氣、曰脹氣。人有病曰不好過。疥瘡曰乾㾸疙。干格滂。傷痕曰痡㾯。音蒲論。人死曰過世。田在平原曰壩，在山頭曰界，在山邊曰塝。穀穗曰綫。果核曰覈。音忽。豕項間肉曰臑音曹頭。腰左右虛肉曰軟肋。肘肉曰腿精。摘毛曰攀。音前。火炙曰熇。音考。煖酒曰湯。去聲。以米麪作餅曰粑。飲食變味曰餿音搜醜去聲。物臭曰膖音滂醜去聲。壅物味變曰齅音甕醜去聲。物件曰家伙。蓋之曰㡾。康上聲。以篾束物曰箍音孤物。柄曰粑。巴去聲。箸曰筷。音快。伸麪曰擀。音敢。磨物漸消曰鋊。音遇。看物曰渻、鎖平聲。曰瞙、音苗。曰瞧。物小曰丁丁、曰點點。物少曰些些。低聲曰啾啾。千遙反。戲玩曰耍。慚愧曰害羞。驚嚇曰害怕。快走曰猋。闊口曰奓。得利曰賺。不方便曰不尷尬。音干介。火爆曰炨。音乍。門限曰坎。物不精采曰𩣡𩦳。音臘塔。物已足曰够。音搆。牛羊馬豕欄曰圈。牡牛曰牯。牝牛曰牸。牝馬曰騲。牝狗曰草。雄雞鴨曰公。雌雞鴨曰母。尾曰尾巴。

苗語

拔，父也，一曰罷。蒙，母也，一曰明。的，孩也。努介，食食也，一曰儂躰。忽往，飲酒也，一曰呵交。努擬，食肉也。呵巴，飲茶也。呵應，食烟也。賽，米也。歹，火也。沱，亦火也。甕，水也。大送，舂米也。介，鷄也。拜，豕也。擬，牛也，一曰訛。商訛，放牛也。麻，馬也，一曰米巴，亦豕也。猛已，趕集也。大弄，日午也。條，漢人也。雅犇條，不識漢語也。雅務，不好也。雅道，不得也。雨曰躰婁。父爲包，母爲篾。祖爲大。食食爲固脈。飲酒爲固悖。食肉爲固寗。啜茶爲固高。鷄爲夯。鴨爲呵。馬爲虐。犬爲磨。　爲序。二爲瘦。三爲大。四爲布。五爲目。六爲逆。七爲索。八爲遮。九爲梭。十爲完。織布爲喃打。傭工爲喃貢。趕集爲拜其。喪祭曰號。父謂之索。母謂之咪。兄謂之皮。朝饔謂之艮捱。再飦謂之艮林。夕飧謂之艮喬。飲酒謂之艮撈，食煙謂之艮完。坐謂之攘，行謂之拜。揖謂之張。打謂之敵。畜豕謂之廛慕。雇工謂之果甕。貿易謂之果介直。趕集謂之拜謁。雨謂之汶到，晴謂之汶艮。官謂之貫。上墳曰砍地里。送客曰勾業。管兵頭目曰抹色。書辦曰募施。伴儅曰必蘇。頭人曰海折陌耕。

硐家語

天謂悶。地謂堆。鳴雷謂岜。下雨謂奪聘。天晴謂悶向。下雪謂奪内。風大謂輪老。

日謂向。月出謂孖悶。星出謂細悶。早辰謂悶恨。天晚謂悶鄧。坡高謂岑胖。深山謂岑彦。大路謂困罵。小路謂困内。上坡謂卡岑。下坡謂彙岑。田謂亞。土謂堆。巖謂頂。過河謂打孖。過水謂打能。過船謂打洛。走上前謂奪貫。走往後謂奪輪。房屋謂然。回家謂拜然。出門謂務度。謂坐謂縋。吃茶謂計血。吃煙謂計彦。吃酒謂計拷。吃飯謂計苟。吃菜謂計罵。肉謂覽。魚謂覇。水牛謂嘓。黄牛謂辰。猪謂庫。馬與漢語同。鷄謂介。鴨謂迸。茶油謂血油。鹽謂過。白米謂苟善。禾謂苟棉。穀謂苟進。柴謂令。金謂進。銀謂凝。銅謂京。鐵謂困。錫謂錫。錢謂賢。一謂號。二謂牙。三謂善。四謂歲。五謂我。六謂略。七謂盛。八謂辨。九謂鳩。十謂手。一百謂衣辨。一千謂衣善。一萬謂一灣。十萬謂手灣。人頭謂告凝。頭謂告頭。頭髮謂告並。眼睛謂大〔一〕。耳謂卡。鼻謂囊。口謂後。手謂納。脚謂定。帽謂廟。衣謂過幸。褲謂所。鞋與漢語同。襪謂買奪。站謂院。跪謂脚。揣頭謂揣頭。男子辨謂凝辨〔二〕。女子謂老俾。公謂貢。奶謂撒。父謂補。母謂母。兄謂歹。弟謂儂。大人謂猛大人。大老爺曰吓雖〔三〕。先生謂先散。營兵謂猛罵。練勇謂練假。見官謂彦猛。棹子謂隨。板櫈謂問。鎗謂鼰。羊謂列。犬謂袴。人取名老曰補，少曰老。

〔一〕 晴：原作「精」。

〔二〕 上「辦」字疑爲衍文。

〔三〕 曰：原脱。

生苗語

天謂瓦。地謂堆。鳴雷謂朵哮。下雨謂打農。天晴謂務瓦，言好天也。下雪謂打罷。風大謂計溜。月出謂打擂。日出謂打拉。星謂大家。早晨謂堵悔。天晚謂瓦足。坡高謂忍嗟。深山謂務兜。大路謂拱淄。小路謂拱又。上坡謂葭擺。下坡謂務蔑。田謂列。上聲。土謂蜡。過河謂奪烏。過船謂奪仰。上前走謂母格歹路，往後謂樓格東。房屋謂在隴。回家謂母在。出門謂索古。請座謂娘呆。吃茶謂服烏。吃煙謂服銀。吃酒謂服覺。去聲。吃飯謂曾格。去聲。吃菜謂曾窩。肉謂夷。鷄謂格。平聲。鴨謂柔。魚謂乃。鵝謂果。水牛謂你。黄牛謂略。猪謂別。去聲。馬謂米。茶油謂烏又。鹽謂遂。米謂撒。柴謂架。金與漢語同。銀謂些。銅謂堵。鐵謂路。錫謂溶。一謂旭。二謂窩。三謂跰。四謂梭。五謂追。六謂度。七謂雄。八謂移。九謂就。十謂促。一百謂衣白。一千謂衣生。一萬謂一丈。人頭謂父里鳩。頭謂父。頭髮謂梭父。眼睛謂抹〔一〕。耳謂乃。鼻謂雷。口謂漏。手謂擺。脚謂洛。帽謂對。衣謂餓。褲謂斗。鞋謂黑。襪謂套。站謂秀托。跪謂窮。磕頭謂窮母堆。作揖同客語。巖謂挨。男子謂打芩。女子謂打丿。公謂顧。奶謂鵝。父謂霸。母謂客。兄謂蔑。弟謂具。呼大人謂往溜。呼大老爺謂往又。見官謂補望。營兵謂丢迸。棹子謂頂。板櫈謂檔。鎗曰

〔一〕睛：原作「精」。

内朵。刀曰社。羊曰用。犬曰賴。練勇與兵同。

狇家語

天謂門。地謂弟。鳴雷謂拱孖。下雨謂剁文。天晴謂門領。下雪謂朵宜。風大謂炕老。月出謂當捻。日出謂打文務。星謂二門。早晨謂門射。天晚謂門醸。坡高謂古亡。深山謂龍客。大路謂困老。小路謂困底。上坡謂沙枕。下坡謂彙枕。田謂亞。土謂代。巖謂頂。過河謂打踅。過水謂打聾。過船謂打蜡。走上前謂擺貫。走往後謂冷擺。房屋謂巖。回家謂排巖。出門謂務怒。請坐謂又洞悔〔一〕。吃茶謂接假。吃煙謂接鹽。吃酒謂接拷。吃飯謂接吼。吃菜謂接麻。肉謂之覽。魚謂盂。水牛謂嘓。黄牛謂箥。猪謂暮。馬與漢語同。鷄謂介。鴨謂葉。鵝謂晏。茶油謂甲有。鹽謂括。白米謂吼咸。禾謂吼忙。穀謂吼兼。柴謂靛。金謂芩。銀謂凝。銅謂董。鐵謂欠。錫謂纔。錢謂甜。一謂奪。二謂牙。三謂寒。四謂替。五謂我。六謂略。七謂盛。八謂辦。九謂鳩。十謂手。一百謂奪辦。一千謂奪田。一萬謂奪飯。十萬謂奪山。人頭謂平耿。頭謂耿。眼睛謂納。耳謂卡。鼻謂囊。口謂霸。手謂麻。腳謂定。大帽謂暖老。衣謂過。褲謂風。鞋謂作蝦。襪謂約。跕謂元。跪謂腳。搕頭謂腳貞耿。男子謂威辦。女子謂你踅。公謂貢。奶謂雅。父謂補。母謂你。兄謂懷。

〔一〕「又」疑爲衍文。

弟謂弩。文官謂翁闒很。大人同漢語。武官謂翁都辦，言打仗官員也〔一〕。見官謂洛翁。棹子謂靛。板登謂當。鎗謂重。刀謂米。羊謂發。犬謂麻。大老爺與漢語同。營兵謂假並。練勇謂假連。

壯家語

天曰迸。地曰底。鳴雷曰巴。下雨曰問。天晴曰仍。下雪曰内。風大曰能勞。日出曰能温。月出曰餓練。星曰列立。早晨曰恨卵。天晚曰問能。坡高曰嘵上。深山曰嘵蜡。大路曰問勞。小路曰問雖。上坡曰恨嘵。下坡曰壘嘵。田曰納。土曰覽。巖曰幸。過河曰漢打。過水曰外輪。過船曰漢六。走上前曰背觀。走往後曰衣浪。房屋曰然。回家曰背然。出門曰餓度。坐曰攘。吃茶曰更茶。吃煙曰更彦。吃酒曰更漏。吃飯曰更巖。吃菜曰更岜。肉曰弩。魚曰岜。水牛曰歪。黄牛曰尺。猪曰暮。馬曰麻。鷄曰歸。鴨曰並。羊曰勇。犬曰罵。鵝曰鼾。茶油與漢語同。鹽曰就。白米曰善侯。禾曰侯朗。穀曰侯。柴曰文。金曰進。銀曰硬。銅與漢語同。鐵曰襪。錢與漢語同。錫曰細。一曰溜。二曰送。三曰善。四曰雖。五曰吓。六曰用。七曰正。八曰白。九曰就。十曰洗。一百曰衣霸。一千曰衣見。一萬曰衣晚。人頭曰文就。頭曰就。頭髮曰並就。眼睛曰岜。耳曰入。鼻曰囊。口曰霸。

〔一〕仗：原誤作「伏」。

手曰文。脚曰定。大帽曰卯定。帽曰卯。衣曰補。褲曰抡。鞋與漢語同。襪曰麻。站曰松。跪曰詭。男子曰補矖。女子曰老孟。公曰包。奶曰乃。父曰補。母曰墨。兄曰打。弟曰農。大人曰吓勞。大老爺曰吓雖。先生曰先辰。營兵曰並。練勇曰練。見官曰彥杭。棹子曰旦。板凳曰鎗問。鎗曰中。刀曰密。

苗字

夷字釋略：天□音模，陰平聲。地□音米，陰平聲。人□音撮。日□音宜。月□音洪。星□音姐，陰平聲。風□音赫。雪□音烏。雲□音枼，陰平聲不轉。雨□音哄。君□音居。臣□音慕。父□音鋪。子□音汝，陰平聲。兄□音外。弟□音業。夫□音約，陰平聲不轉。婦□音慕。朋□音舒。友□音諾，陰平聲不轉。長□音窩。幼□音虐，陰平聲。説□音亨。話□音都。喜□音格。笑□音訛。善□音紉，陰平聲。惡□音左，陰平聲。飢□音艾。寒□音加。飽□音波。暖□音鋤。買□音渥。賣□音烏。多□音諾，陰平聲不轉。少□音勒，陰平聲不轉。長□音賒。短□音你，陰平聲。寬□音奪。窄□音汙。飲□音奪。吃□音租。酒□音炙。肉□音呼。飯□音粥。菜□音霧，陰平聲。房□音赫。牀□音飢。杯□音格，陰平聲不轉。椀□音低。箸□音竹。匙□音約，陰平聲不轉。山□音褒，陽平聲。石□音洛，陰平聲不轉。田□音得，陰平聲不轉。土□音米，陰平聲。春[illegible]音那，陰平聲。夏[illegible]音詩。秋[illegible]音措，陰平聲。冬[illegible]音出。金[illegible]音梭。銀[illegible]音土，陰平聲。銅[illegible]音鷄。鐵无音黑。一[illegible]音沓。二[illegible]音義。三三音色。四[illegible]音希。五五音我，陰平聲。六元音鵲，去聲不轉。七七音兮。八[illegible]音亥。九[illegible]音洛，陰平聲不轉。十[illegible]音册。百[illegible]音洪。千书音都。萬刀音密。兩[illegible]音撤。錢[illegible]音熱，陰平聲不轉。分乙音非。蠢日音里，陰平聲。夷[illegible]音義。漢[illegible]音沙。年[illegible]音課。月[illegible]音宏。日[illegible]音泥。時[illegible]音免。甲[illegible]音著，陰平聲不轉。乙[illegible]音齊。丙[illegible]音閉。丁[illegible]音塞。戊也音克。己[illegible]音期。庚[illegible]音亨。辛[illegible]音亥。壬[illegible]音惰。癸[illegible]音禱。建[illegible]音免，陰平聲。除[illegible]音愛。滿[illegible]音楪。平[illegible]音奪。定[illegible]音摺。執[illegible]音癡。破[illegible]音喇。危[illegible]音谷。成[illegible]音妥，陰平聲。收中音慕。開[illegible]音不。閉[illegible]音被。金[illegible]音奢。木[illegible]音腮。水力音一。火[illegible]音隋。土[illegible]音迷，陰平聲。子[illegible]音哈。丑[illegible]音宜，陰平聲。寅[illegible]音膩。卯[illegible]音吐。辰[illegible]音魯，陰平聲。巳[illegible]音射。午[illegible]音拱，陰平聲。未[illegible]音合。申[illegible]音糯。酉[illegible]音阿。戌[illegible]音欺。亥内音窪。貴[illegible]音更。州[illegible]音糯。大[illegible]音木，陰平聲。定[illegible]音柯。威[illegible]音勺，去聲不轉。寧又音密。平[illegible]音比。遠[illegible]音喇。黔中音觚。西四音箸。畢[illegible]音龍。節[illegible]音更。水[illegible]音底。城[illegible]音蘇。公可音法。鷄[illegible]音哥。山[illegible]音補。雲[illegible]音竹。龍[illegible]音渣。山[illegible]音補。落[illegible]音録。折[illegible]音遮。河[illegible]音逸。烏[illegible]音无。西[illegible]音徐。東[illegible]音呆。川[illegible]音米，

去聲。芒中音孟。部[illegible]音卜。羅[illegible]音呵。甸[illegible]音著。颩[illegible]。實[illegible]。原注：東川長房茫部，二房羅甸，幺房概姓颩實。烏[illegible]音五。撒[illegible]音朮。颩[illegible]。普[illegible]。原注：宣威長房五朮。幺房概姓颩普。昭巴音烏。通[illegible]音蒙。且[illegible]音扯。蘭也音勒。更乃。乃[illegible]。原注：昭通長房且蘭，幺房概姓更亨。

按，苗字從《黔西州志》録出，或謂是玀玀字，黎平苗無此種，姑存之備鞮譯之徵可也。

〔民國〕八寨縣志稿

【解題】郭輔相修，王世鑫纂。八寨縣，今貴州省黔東南苗族侗族自治州丹寨縣。「白苗語」「黑苗語」「猍家語」見卷二一《風俗》中。録文據民國二十一年（一九三二）鉛印本《八寨縣志稿》。

白苗語

父曰扳。母曰捫。夫曰歹。妻曰搬難。兄曰伴。弟曰野。姐曰壓。祖父曰干鴉。祖母曰鵝。

天曰雨膽。地曰孚膽。草曰囊。木曰打。黎曰正雅。橘曰正亘。橙曰正卡。桃曰正指。李曰正怒。雅片煙曰銀直。落花書曰達干打。栗曰正個。竹曰打撈。柏曰打詬。松曰打線濃。楓曰打卯。山曰右。水曰牙。石曰言。田曰呂。

馬曰慢。牛曰寧。猪曰班。犬曰下。羊曰勇。鷄曰管。鴨曰堪。魚曰難。蝦曰簡孔。

蟹曰簡多。

油曰講。鹽曰線。布曰朵。麥曰見卯。辣曰正難。衣曰垢。紙曰豆。炭曰攤。柴曰楮。菜曰臥。鐵曰拉。銅曰打。銀曰擬。早餐曰反，午曰乃，晚曰蓋。

槍曰難。碗曰低。箸曰恥。房曰棧。讀書曰東多。寫字曰晚多。墨曰也忙。筆曰淚。鞋含襪捫褲曰改丁。帽曰磨。笠曰狗。犂曰炊。耙曰克。鋤曰棱。斧曰多。鍋曰尾。竈曰敢磋。籮曰羅。箕曰及。斗曰格。升曰考。尺曰浪。糖曰當。雷曰干孚。燈曰楮肙。窗曰康勞。櫈曰當。棹曰講東。

足曰羅。手曰打。耳曰卡難。鼻曰卡將。眼曰卡米。口曰卡牛。頭曰卡可。肚曰卡空。心曰卡秀。肝曰送難。胃曰卡雲鸞。腸曰垢雜。血曰歲。

吃煙曰哈銀。吃酒曰哈就。栽秧曰匡禮。打米曰顛納。

兒童曰呆難。木匠曰相打。石匠曰相言。裁縫曰相皮鵝。溝曰貢呂。壩曰甕。扇曰能。梳曰啞。篦曰求留切。桶曰丁。磨曰言麽。髮曰雄考。鬍曰研。指甲曰改公板。唇曰卡搬牛。齒曰妹。頸曰卡科。背曰卡狗。胸曰卡巷。柱曰痛。寨曰養。堡曰線卡。八寨曰改綢，又名押羊押者八也，羊者寨也改綢。省城曰釀省。都勻曰貞榮切。三合曰排搬簡。榕江曰改浪。

一曰夷。二曰鵝。三曰板。四曰鎖。五曰乍。六曰丢。七曰凶。八曰牙。九曰轉。十曰糾。

黑苗語

屋曰者。窗曰慷密鬧。棹曰〇[一]。的翁切。門曰干丟。凳曰當。碗曰地。鹽曰顯。辣曰宰拿。煙曰印。煙袋曰奪。鍋曰威。竈曰干梭。睡曰罷。興曰〇。衣冠切。去曰母。平聲。坐曰孃。飯曰敢。吃飯曰冷敢。酒曰酒。吃酒曰好入聲酒。唱歌曰噫霞。洗臉曰臥面。趕場曰捫更。

稱父曰巴。稱母曰棉。洗手曰臥般。洗腳曰臥略。平聲。兒曰皆呆。女曰編妍。

狄家語

家曰鴨。門曰墮。窗曰糯。竈曰六。鍋曰道。甑曰蒿。去聲。碗曰堆。筷曰主。鹽曰亂。辣曰令。酒曰蒿。油曰捫。入聲。桶曰通。水曰朗。入聲。火曰玉。柴曰梅。入聲。炭曰炭。書曰賴。紙曰支。筆曰扁。墨曰芒。牛曰歸。入聲。馬曰麻。鷄曰介。

〔光緒〕古州廳志

【解題】余澤春修，余嵩慶等纂。古州廳，今貴州省黔東南苗族侗族自治州榕江縣。「苗語」見卷一《地里志》中。録文據光緒十四年（一八八八）刻本《古州廳志》。

[一] 〇：原稿如此，表示有音無字。下同。

苗語

苗音鴃舌，非翻譯不解。其稱天曰各達。地曰羅。日曰奈。月曰喇。雲曰靚。天晴曰魯内。天陰曰乍内。天晚曰茫内。夜行曰晦際。風曰箕。雨曰儂。雪曰拍。山曰補。上山曰溜補。路曰能勾。塘曰各印。田曰蜡屋亦曰補。耕田曰鑠喇。耕地曰鑠落。瓦屋曰背瓦。茅屋曰補楚。木曰果柱。竹曰木籠。花曰盆。大官曰猛貴。小官曰得官。兵曰乍金。民曰果乍。苗曰果雄。祖曰阿譜。祖母曰阿娘。父曰阿巴。母曰阿氺。伯曰馬龍。叔曰馬腰。兄曰阿那。弟曰得苟。姊曰阿亞。妹曰亞苟。子曰得帶。女曰得帕。姑曰阿孟。姨曰能龍。外祖曰阿達。舅曰阿内。媳曰能。孫曰茁。夫曰幫。妻曰毆。妻舅曰奈補。親家曰把截。朋友曰同年。自呼曰委。人曰蒙。説話曰破多。寫字曰身讀。娶親曰内戳。嫁女曰張得帕。有喪曰達内。葬曰兩内。祭曰綽滚。請客曰請内哈。叩頭曰不備。頭曰多北。耳曰果謀。眼曰令眉。口曰哈攞。手曰阿斗。脚曰果落。肚曰果體。髮曰果北。看見曰乍蒙。大曰隆。小曰得。肥曰脹。瘦曰瘠。好曰若内。醜曰乍内。哭曰業。笑曰兕。立曰鑠。坐曰重。卧曰卜夢。快走曰速。慢走曰達。會水曰阿。來曰攞。去曰散。黄牛曰大躍。水牛曰大業。虎曰木瓜。馬曰大美。騎馬曰藏美。羊曰大客。猪曰大把。鷄曰大哈。狗曰大狗。魚曰大某。鵝曰大奴。鍋曰果碗。罐曰果着。碗曰果折。凳曰果灰。桌曰記攞。錢曰錢當。銀曰硬。銅曰果。錫曰驀。布曰扐。籠曰果搭。背籠曰果的。鐵曰果撈。箱曰果補。鼓曰播儂。

鑼曰果鉦。鈸曰砲。鎗曰窩。刀曰果滕。鎖曰果索。戥曰聽硬。稱曰聽度。鹽曰仇。油曰删。火曰斗。燒火曰北斗。向火曰奴斗。冷曰嫩。熱曰格内。小米曰糟儂。大米曰糟奴。糯米曰糟糯。柴曰果斗。喫飯曰攏利。喫酒曰欲酒。喫烟曰欲烟。茶曰忌。喫茶曰欲忌。肉曰牙。喫肉曰能牙。被曰特潑。帽曰果帽。衣曰阿。鞋曰磽。袴褲曰鎮可。一曰哈。二曰偶。三曰補。四曰彼。五曰罷。六曰着。七曰中。八曰億。九曰仇。十曰個。百曰阿八〔一〕。千曰阿采。萬曰阿萬。升曰果賞。斗曰果斗。正月曰喇哈。二月曰喇偶。三月曰喇補。四月曰喇彼。五月曰喇罷。六月曰喇着。七月曰喇中。八月曰喇億。九月曰喇仇。十月曰喇個。十一月曰喇巾。十二月曰喇柔。初一曰哈昧喇。初二曰偶昧喇。初三曰補昧喇。初四曰彼昧喇。初五曰罷昧喇。初六曰着昧喇。初七曰中昧喇。初八曰億昧喇。初九曰仇昧喇。初十曰個昧喇。過年曰桂前。東曰勾韈代。南曰勾韈莽。西曰紀中。北曰紀達。上曰溜。下曰落。高曰率。低曰亞。平曰排。欠債曰斗折。還債曰必折。公道曰苦理。不公道曰乍腮。是曰業。不是曰肘業。殺人曰打内。搶奪曰這惑内。幫鬭曰戳緊。偷竊曰業内。人兇曰阿内内窩。浼人解忿曰講歹〔二〕。和事不成曰肘跌。掌和事之人曰牙郎，又曰行人。主盟之人曰背箭。防事曰木掌。不管事曰張掌。其命名男子多以老。如老偶、老補、老彼、老

〔一〕八：原脱，據乾隆《辰州廳志》補。

〔二〕浼：原誤作「挽」，據乾隆《辰州廳志》改。

罷、老鈇、老喬、老傘、老叟、老宰之類。女子多以阿叟、阿如、阿中、阿帕、阿妹、阿吉、阿金、阿息、阿布之類爲名。三廳中相距稍遠者，其言語亦多不同，不能盡譯也。

苗語 田雯

拔，父也，一曰罷。蒙，母也，一曰明。的，孩也。努介，食食也，一曰儂躭。忽往，飲酒也，一曰呵交。努擬，食肉也。呵巴，飲茶也。呵應，食烟也。賽，米也。歹，火也。沱，亦火也。甕，水也。大送，舂米也。介，鷄也。拜，豕也。擬，牛也，一曰訛。商訛，放牛也。麻，馬也，一曰米巴，亦豕也。猛已，趕集也。大弄，日午也。條，漢人也。雅犇條，不識漢語也。雅務，不好也。雅道，不得也。雨曰躭婁。

父爲包。母爲莈。祖爲大。食食爲固胍。飲酒爲固悖。食肉爲固窩。啜茶爲固高。鷄爲奔。鴨爲阿。馬爲虐。犬爲磨。一爲序。二爲瘦。三爲大。四爲布。五爲目。六爲逆。七爲索。八爲遮。九爲梭。十爲完。織布爲啕打。傭工爲啕貢。趕集爲拜其。喪祭曰號。

父謂之索。母謂之咪。兄謂之皮。朝饔謂之艮捱〔一〕。再飦謂之艮林〔二〕。夕飧謂之艮喬。飲酒謂之艮撈。食烟謂之艮完。坐謂之壤。行謂之拜。揖謂之張。打謂之敵。畜豕謂之廛慕。僱工謂之果甕。貿易謂之果介直。趕集謂之拜謁。雨謂之汶到。晴謂之汶艮。官

〔一〕捱：原誤作「推」，據康熙《黔書》、民國《貴州通志》改。

〔二〕艮：原誤作「長」，據康熙《黔書》、民國《貴州通志》改。

謂之貫。上墳曰砍地里。送客曰勾業。管兵頭目曰抹色[一]。書辦曰募施。伴儅曰必蘇。頭人曰海折陌耕。

丁煒曰：侏㒧之音，譯以爾雅，雉接引異類，當不讓治成公耳。

峒家語 新採

天謂悶。地謂堆。鳴雷謂岜。下雨謂奪聘。天晴謂悶向。下雪謂奪内。風大謂輪老。日謂向。月出謂孖悶。星出謂細悶。早晨謂悶恨。天晚謂悶鄧。坡高謂岑胖。深山謂岑彦。大路謂困駡。小路謂困内。上坡謂卡岑。下坡謂彙岑。田謂亞。土謂堆。巖謂頂。過河謂打孖。過水謂打能。過船謂打洛。走上前謂奪貫。走往後謂奪輪。房屋謂然。回家謂拜然。出門謂務度。謂坐謂䊁。吃茶謂計血。吃烟謂計彦。吃酒謂計拷。吃飯謂計苟。吃菜謂計駡。肉謂覽。魚謂霸。水牛謂嘓。黄牛謂辰。猪謂庫。馬與漢語同。鷄謂介。鴨謂迸。茶油謂血油。鹽謂過白。米謂苟善。禾謂苟棉。穀謂苟進。柴謂令。金謂進。銀謂凝。銅謂京。鐵謂困。錫謂錫。錢謂賢。一謂號。二謂牙。三謂善。四謂歲。五謂我。六謂略。七謂盛。八謂辦。九謂鳩。十謂手。一百謂衣辦。一千謂衣善。一萬謂一灣。十萬曰手灣。人頭謂告凝。頭謂告頭。頭髮謂告並。眼睛謂大[二]。耳謂卡。鼻謂囊。口謂後。手謂納。

[一] 抹：原誤作「抹」。

[二] 睛：原作「精」。

脚謂定。帽謂廟。衣謂過幸。褲謂所。鞋與漢語同。襪謂買奪。站謂院。跪謂脚。搕頭謂搕頭。男子辦謂凝辦〔一〕。女子謂老俾。公謂貢。奶謂撒。父謂補。母謂母。兄謂歹。弟曰農。大人謂猛大人。大老爺謂吓雖。先生謂先散。營兵謂猛罵。練勇謂練假。見官謂彦猛。棹子謂隨。板櫈謂問。鎗謂齅。羊謂列。犬謂袴。人取名老曰補。少曰老。

生苗語 新採

天謂瓦。地謂堆。鳴雷謂朵哮。下雨謂打農。天晴謂務瓦，言好天也。下雪謂打罷。風大謂計溜。月出謂打擂。日出謂打拉。星謂大家。早晨謂堵晦。天晚謂瓦足。坡高謂忍嗟。深山謂務兇。大路謂拱溜。小路謂供又。上坡謂葭擺。下坡謂務蒠。田曰列。上聲。土謂蜡。過河謂奪烏。過船謂奪仰。上前走謂母格歹。走往後謂樓格東。房屋謂在隴。回家謂母在。出門謂索古。請坐謂娘呆。吃茶謂服烏。吃烟謂服銀。吃酒謂服覺。去聲。吃飯謂曾格。去聲。吃菜謂曾窩。肉謂夷。鷄謂格。平聲。鴨謂柔。魚謂乃。鵝謂果。水牛謂你。黄牛謂略。猪謂別。去聲。馬謂米。茶油謂烏又。鹽謂遂。米謂撒。柴謂架。金與漢語同。銀謂些。銅謂堵。鐵謂路。錫謂溶。一謂旭。二謂窩。三謂跰。四謂梭。五謂追。六謂度。七謂雄。八謂移。九謂就。十謂促。一百謂衣白。一千謂衣生。一萬謂一丈。人頭謂父里鳩。

〔一〕上一「辦」字似爲衍文。

頭謂父。頭髮謂梭父。眼睛謂抹〔一〕。耳謂乃。鼻謂雷。口謂漏。手謂擺。腳謂洛。帽謂對。衣謂餓。褲謂斗。鞋謂黑。襪謂套。站謂秀拕。跪謂窮。搕頭謂窮母堆。作揖同客語。巖謂挨。男子謂打苓。女子謂打丿。公謂顧。奶謂鵝。父謂霸。母謂密。兄謂蔓。弟謂具。呼大人謂往溜。呼大老爺謂往又。見官謂補望。營兵謂丟迸。棹子謂頂。板櫈謂檔。鎗曰内朵。刀曰社。羊曰用。犬曰賴。練勇與兵同。

狄家語 新採

天謂門。地謂弟。鳴雷謂拱孖。下雨謂剁文。天晴謂門領。下雪謂剁宜。風大謂炕老。月出謂當捻。日出謂打文務。星謂二門。早晨謂門射。天晚謂門釀。坡高謂古亡。深山謂龍客。大路謂困老。小路謂困底。上坡謂沙枕。下坡謂彙枕。田謂亞。土謂代。巖謂頂。過河謂打趧。過水謂打聾。過船謂打蜡。走上前謂擺貫。走往後謂冷擺。房屋謂巖。回家謂排巖。出門謂務怒。請坐謂又洞悔〔二〕。吃茶謂接假。吃烟謂接鹽。吃酒謂接拷。吃飯謂接吼。吃菜謂接麻。肉謂之覽。魚謂孟。水牛謂嘓。黄牛謂箥。猪謂暮。馬與漢語同。鷄謂介。鴨謂葉。鵝謂晏。茶油謂甲有。鹽謂括白。米謂吼咸。禾謂吼忙。穀謂吼兼。柴謂

〔一〕睛：原作「精」。
〔二〕「又」字疑爲衍文。

靛。金謂芩。銀謂凝。銅謂董。鐵謂欠。錫謂纔。錢謂甜。一謂奪。二謂牙。三謂寒。四謂替。五謂我。六謂略。七謂盛。八謂辦。九謂鳩。十謂手。一百謂奪辦。一千謂奪田。一萬謂奪飯。十萬謂奪山。人頭謂平耿。頭謂耿。眼睛謂納。耳謂卡。鼻謂囊。口謂霸。手謂麻。腳謂定。大帽謂暖老。衣謂過。褲謂風。鞋謂作蝦。襪謂約。跕謂元。跪謂腳。搕頭謂腳貞耿。男子謂威辦。女子謂你趖。公謂貢。奶謂雅。父謂補。母謂你。兄謂懷。弟謂努。文官謂翁關很。大人同漢語〔一〕。武官謂翁都辦，言打仗官員也。見官謂洛翁。棹子謂靛。板櫈謂當。鎗謂重。刀謂米。羊謂發。犬謂麻。大老爺與漢語同。先生與漢語同。營兵謂假並。練勇謂假連。

壯家語 新採

天曰遴。地曰底。鳴雷曰岜。下雨曰問。天晴曰仍。下雪曰内。風大曰能勞。日出曰能温。月出曰餓練。星曰列立。早晨曰恨卵。天晚曰問能。坡高曰曉上。深山曰曉蜡。大路曰問勞。小路曰問雖。上坡曰恨曉。下坡曰壘曉。田曰納。土曰覽。巖曰幸。過河曰漢打。過水曰外輪。過船曰漢六。走上前曰背觀。走往後曰衣浪。房屋曰然。回家曰背然。出門曰餓度。坐曰攘。吃茶曰更茶。吃烟曰更彥。吃酒曰更漏。吃飯曰更巖。吃菜曰更岜。

〔一〕語：原作「謂」。

肉曰弩。魚曰岜。水牛曰歪。黄牛曰尺。猪曰暮。馬曰麻。鷄曰歸。鴨曰並。羊曰勇。犬曰罵。鵝曰艄。茶油與漢語同。鹽曰就白。米曰善侯。禾曰侯朗。穀曰侯。柴曰文。金曰進。銀曰硬。銅與漢語同。鐵曰襪。錢與漢語同。錫曰細。一曰溜。二曰送。三曰善。四曰雖。五曰吓。六曰用。七曰正。八曰白。九曰就。十曰洗。一百曰衣霸。一千曰衣見。一萬曰衣晚。人頭曰文就。頭曰就。頭髮曰並就。眼睛曰岜〔一〕。耳曰入。鼻曰囊。口曰霸。手曰文。脚曰定。大帽曰卯定。帽曰卯。衣曰補。褲曰拕。鞋與漢語同。襪曰麻。跕曰松。跪曰詭。男子曰補曬。女子曰老孟。公曰包。奶曰乃。父曰補。母曰墨。兄曰打。弟曰農。大人曰吓勞。大老爺曰吓雖。先生曰先辰。營兵曰並。練勇曰練。見官曰彦杭。棹子曰旦。板櫈曰鎗問。鎗曰中。刀曰密。

〔嘉慶〕桑梓述聞

【解題】傅玉書纂。嘉慶三年（一七九八）修，未刊。《桑梓述聞》，實即瓮安縣志。瓮安縣，今貴州省黔南布依族苗族自治州瓮安縣。「方言」見卷三《典法志·風俗》中。有光緒二十四年（一八九八）刻本。録文據貴州省圖書館一九六四年油印本嘉慶《桑梓述聞》。

〔一〕睛：原作「精」。

方言

謂父曰爺，亦曰爹。母曰媽，亦曰娘。祖父母曰公、曰太，亦曰奶。音近胎。曾、高祖父母曰老祖公、老祖太，亦曰老祖漊。伯父曰大爺二爺，音近延。或曰大爹二爹。叔父曰大叔二叔，亦曰大爺二爺。音近焉。諸母曰大媽二媽，或曰大娘二娘。呼伯母音近皃，呼嬸母音近姜。長兄曰哥哥，次兄曰二哥三哥。弟曰二弟三弟。長姊曰姊姊，次以行數，妹亦然。長嫂曰嫂嫂，次以行數。弟妻曰弟媳。舅姑曰公漊，祖曰祖、曰祖漊〔一〕，有從夫稱爹媽、公太者。夫兄長曰大爺，音近焉。次曰二大爺，以行數。夫弟曰叔。子曰崽。女曰妹崽。孫曰孫孫。孫女曰妹孫。兄弟之子曰姪，女曰姪女。外祖父母曰外公外婆。舅父曰舅爺，其妻曰舅媽。諸姑曰姑媽，其夫曰姑爹。祖之行則曰舅公舅太、姑公姑太。姑舅之子皆曰表兄弟，母姨之子曰姨兄弟，女曰表姊妹、姨姊妹。妻兄弟亦曰幾哥、幾弟。妻父母曰丈人丈母，或曰親爺親媽。姻家尊行曰親太公，其内曰親太。隣里年老者曰老太公，内曰老太漊，四十以上曰某大爺二爺，聲近延。某大娘二娘。聲近良。年均以下曰某大哥、某大嫂。奴婢謂家長有頂帶者曰太爺、曰老爺、曰相公，其内曰太、曰奶奶，音近來。曰相漊。鄉里無姻戚世交者以民家稱，士紳家亦如之。民家則稱老太公老太漊、大爺二爺、大娘二娘。奴曰小廝，老曰老者。婢曰丫頭，老曰老媽子。凡父兄于弟及子女

〔一〕「祖曰祖曰祖漊」六字似由他處竄入。

皆呼名，家長于奴婢亦然。此稱之近禮者也。兄于弟既長，則稱字。若兄弟各從其子稱大爹二叔、大媽二娘，此過於文者也。或子婦從奴婢之稱，謂父母、舅姑曰太爺太太、老爺奶奶，謂姐妹夫曰姑老爺，謂妻兄弟及子婦之兄弟曰舅老爺，姻戚相謂曰親太爺、親老爺、幾相公，此則近于諂矣。

師曰先生，前輩則曰某先生，猶有分也。吏書及星士亦曰先生，百工、僧道謂師曰師父，而人謂工爲某師父，僧爲老師爺，道巫爲老師，乃弟子稱師，諸生稱學官亦曰老師，此稱之無等者也。民稱縣正曰太爺，音近延。學師曰學爺，少府曰四老爺。紳士則曰縣尊，鄉紳面稱父台，士稱父師。謂少府曰捕公，面稱亦曰父台。于學師，非其弟子則曰老先生。民于房書曰稿公，今曰先生矣。于公差曰老使，訛爲老師矣。紳士則曰某稿、某頭，重之或曰某稿公、某官頭，諂之者亦曰先生、老師矣。

謂前代曰那會𠯿，後來曰到時候、到明早。速辦曰趕快、曰疾忙。遲緩曰慢條細理。加意曰好生些。嘗試曰只管去。相訂曰務必。相問曰是那樣。物難得曰那些有。事未必然曰那能彀。此處、彼處曰這些、那些。謂好物曰好東西。勸人可已曰罷囉。欲其然而故反之曰不罷。激之則曰未必罷。諉人曰管你的、曉得你的〔一〕。事無可如何曰挐則箇做。惜其然曰是

〔一〕《瓮安縣志》作「諉人曰管你的。知道曰曉得嘍」。

則箇了。幸其然曰我説不。曲折措置曰側騰。作難曰倒騰。有所慮曰恐怕。決之曰不怕。無法度曰没樣子。好高曰做時做樣。美好曰齊整。應人果然曰老實哩，疑之亦曰老實呵。謂人好曰正經、曰忠厚、曰善道人家，否則曰利害、曰霸道甚、曰薄惡。無信曰白嘴。妄行曰飛。游手曰流神。無賴曰混帳家伙。男竊女淫皆曰不學好，責之而猶望其改也。慳吝曰爲子孫作牛馬〔一〕，惜其守財，而實無以貽後也。勤儉曰做人家，言爲人與治家皆當如是也。

〔民國〕瓮安縣志

【解題】李退谷修，朱勛等纂。瓮安縣，今貴州省黔南布依族苗族自治州瓮安縣。「方言」見卷九《户口》中。録文據民國四年（一九一五）鉛印本《瓮安縣志》。

方言

按方言者，謂此方或彼方之言也。人限方隅，或以流傳之異，或以聲音之别，雖同一用語，而習之既久，遂各趨一極。實則其字皆可擬，其文皆可通，交互習之皆可以意會而得其原始，不過不如文言之普通一致耳。今他省人來貴州者，偶有著作，必載方言一則。考其所載，雖貴州本省人且不能通曉，蓋蠻語耳，非方言也。彼秉筆者特不自知其命名之誤，而取類之乖，於

〔一〕「爲」「牛馬」據光緒《平越直隸州志》補。

貴州何損焉？

父曰爺、音若牙。曰爹。音若低。母曰媽、曰娘。祖父曰公，祖母曰太、曰奶。乃上平聲。曾祖父曰老祖公，母曰老祖太、曰老祖婁。伯父曰大伯二伯、曰大爺二爺。音若延。叔父曰大叔二叔、曰大爺二爺。音若伊。伯母曰大媽二媽。叔母曰大娘二娘。仰平聲。兄弟姊妹皆以行數呼。婦人對於小姑亦以行數稱曰幾姑奶。音若來。婦人稱舅姑曰公公、曰婁婁，今大多數皆從夫稱爹媽。父母呼小兒子曰囝，女曰某姑娘，仰平聲。既長，男則曰老大老二，女仍呼某姑娘。呼外祖父母曰外公外婁。舅父母曰舅爺舅娘，音若涼，同母稱。與祖母同輩者曰舅公舅太。姑父母曰姑爹姑媽，與祖同輩者曰姑太公、曰姑太。舅父母、姑父母、姨父母之子皆曰老表，女則曰表姐表妹。妻父母曰丈人丈母、曰親爺親媽，與祖同輩者曰親公親太。普通人年在四十以上曰某大爺二爺，音若延。某大娘二娘。音若涼。年均以下者皆曰某大哥大嫂。奴婢稱家主有年者曰公，年青者曰先生。有科名或出仕者曰老爺，今則城市中無人不老爺矣。弟子對師曰先生，今則先生爲普通稱呼矣。稱謂止此，餘與他處同。

眼曰眼睛。竊視曰䀯、音若布。曰睃。音若灼。耳曰耳多。竊聽曰悄悄聽。說話曰嘆話。止人勿說曰不要嘆。叮囑慎言曰莫亂嘆。斥人多言曰乾估渾嘆。動不得曰溜音若籀不得。不准動曰不准溜。已過曰那會些。現在曰這會子。將來曰等會些。速曰趕快。遲曰慢慢的。責人遲延曰慢妥妥的，又曰慢條細理的。加意曰好生些。嘗試曰試一試。放膽曰止管去。約定曰務必。相問曰是那様。勸人止息曰罷囉。欲其然而故反之曰不罷，音若把。激之曰未必罷。諉人曰管你的。知道曰曉得嘍。音若簍。事已壞而憤語應人曰曉得。無可如何曰拏則箇做。驚問詞曰是則箇了。曲折措置曰側騰。作難曰倒騰。謂人好曰正經人。説真話曰正經話。稱人利害曰霸道。無信曰白嘴。謂説誑曰張花李實的，又曰花猫料嘴的。誇老人精神好曰硬健。誇人强壯曰好雄糾。音若走。誚人委靡曰斯文得很，又曰文謅謅的。誇好漢曰好腳色。駡下流曰流神痞子。駡壞人曰爛東西。頓挫曰散撤。凡物貴曰價大，賤曰相因、爛相因。稱人聰明曰靈醒，愚蠢曰悶頓。即渾敦之誤。禁人胡亂做曰莫亂攪。音若稿。駡婦女淫曰不學好，不肯顯斥之也。自誇曰行得正坐得穩，正大光明之謂也。

〔光緒〕平越直隸州志

【解題】瞿鴻錫修，賀緒蕃纂。光緒二十三年（一八九七）修。平越直隸州，今貴州省黔南布依族苗族自治州福泉市。「方言」見卷五《地理·風俗》中。録文據光緒三十三年（一九〇七）補刻本《平越直隸州志》。

方言

謂父曰爺，亦曰爹。母曰媽，亦曰娘。祖父母曰公、曰太，亦曰奶。音近胎。曾高祖父母曰老祖公、老祖太，亦曰老祖婆。伯父曰大爺二爺，音近延。或曰大爹二爹。叔父曰大叔二叔，亦曰大爺二爺。音近鄢。諸母曰大媽二媽，或大娘二娘。呼伯母音近良，呼嬸母音近姜。長兄曰哥哥，次曰二哥三哥，弟曰二弟三弟。長姊曰姊姊，次以行數，妹亦然。長嫂曰嫂嫂，次以行數。弟妻曰弟媳。舅姑曰公漊，祖曰祖、曰祖漊〔一〕，有從夫稱爹媽、公太者。夫兄長曰大爺，音近鄢。次曰二大爺，以行數。夫弟曰叔。子曰崽。女曰妹崽。孫曰孫孫。孫女曰妹孫。兄弟之子曰姪，女曰姪女。外祖父母曰外公外漊。舅父曰舅爺，其妻曰舅媽。諸姑曰姑媽，其夫曰姑爹。祖之行則曰舅公舅太、姑公姑太。姑舅之子皆曰表兄弟，母姨之子曰姨兄弟，女曰表姊妹、姨姊妹。妻兄弟亦曰幾哥幾弟。妻父母曰丈人丈母，或曰親爺親媽。姻家尊行曰親太公，其內曰親太。鄰里年老者曰老太公，內曰老太漊，四十以上曰某大爺二爺，音近延。某大娘二娘，音近良。年均以下曰某大哥、某大嫂。奴婢謂家長有頂帶者曰太爺、曰老爺、曰相公，其內曰太、曰奶奶、音近來。曰相漊。鄉里無姻戚世交者以民家稱，士紳家亦如之。民家則稱老太公老太漊、大爺二爺、大娘二娘。奴曰小廝，老曰老者。婢曰丫頭，老曰老媽子。凡父兄于弟及子女皆呼名，家長于奴婢亦然，此稱之近禮者也。兄于弟既長，則稱字。若兄弟各從其子稱大爹二叔、大媽二娘，此過于文者也。或子婦從奴婢之稱，謂父母舅姑曰太爺太太、老爺奶奶，謂姊妹夫曰姑老爺，謂妻兄弟及子婦之兄弟曰舅老爺，姻戚相謂曰親太爺、親老爺、幾相公，此則近于

〔一〕「祖曰祖曰祖漊」六字似由他處竄入。

諂矣。

師曰先生，前輩則曰某先生，猶有分也。吏書及星士亦曰先生，百工、僧道謂師曰師父，而人謂工爲某師父、僧爲老師爺、道巫爲老師，乃弟子稱師，諸生稱學官亦曰老師，此稱之無等者也。

民稱縣令曰太爺、音近延。學師曰學爺，縣尉爲四老爺。紳士則曰縣尊，鄉紳面稱父台，士稱父師。謂縣尉曰捕公，面稱亦曰父台。于學師非其弟子則曰老先生。民于房書曰稿公，今曰先生矣。于公差曰老使，訛爲老師矣。紳士則曰某稿、某頭，重之則曰某稿公、某官頭，諂之者亦曰先生、老師矣。

謂前代曰那會趲，後來曰到時候、到明早。速辦曰趕快、曰疾忙。遲緩曰慢條細理。加意曰好生些。嘗試曰只管去。相訂曰務必。相問曰是那樣。物難得曰那些有。事未必然曰那能够。此處、彼處曰這些、那些。謂好物曰好東西。勸人可以曰罷囉。欲其然而故反之曰不罷，激之則曰未必罷。諉人曰管你的、曉得你的〔一〕。事無可如何曰拏則箇做。惜其然曰是則箇了。幸其然曰我説不。曲折措置曰測騰。作難曰倒騰。有所慮曰恐怕。映之曰不怕〔二〕。無法度曰没樣子。好高曰做時做樣。美好曰齊整。應人果然曰老實哩，疑之亦曰老實呵。謂

〔一〕民國《甕安縣志》作「諉人曰管你的。知道曰曉得嘍」。

〔二〕映：嘉慶《桑梓述聞》作「泱」。

人好曰正經、曰忠厚、曰善道人家，否則曰利害、曰霸道甚、曰薄惡。無信曰白咀。妄行曰飛。游手曰流神。無賴曰混帳家伙。男竊女淫皆曰不學好，責之而猶望其改也。慳吝曰爲子孫作牛馬，惜其守財而實無以貽後也。勤儉則曰做人家，言爲人與治家皆當如是也。《桑梓述聞》。

俗語見人物之可誇者曰嗚呼，可鄙者曰噫嘻。《老學庵筆記》。平原曰壩。黄山谷詩注。酒器曰壜。言語忤人曰觸音杵人。燒礦爲鐵曰熯。音善。火炙曰熇，音考。又曰熁。音脅。鼻塞曰𪖌。音祝。謂看曰瞆、鎖平聲。曰瞙、音苗從目。曰瞧。魚網曰罳。音漩。飲食變味曰餿音搜臭。皮裂曰皴。音村。腹瀉曰過。土高起曰埨。倫上聲。曲木可挂物曰鍎鈎。俗作搭鈎。鉢木器曰錛音奔鋤。切草刀曰鍘音札刀。平木器曰鉋音報子。詑其多曰㚉音窩夥〔一〕。以刀磨瓦盆或皮上曰鐴。音避。目不見物曰瞀。音務。露牙曰齙。音報。以辛香和食曰薌。音向。香圓稻米曰稅音晚米。女工曰鍼黹。犂上鐵版曰鐴耳。老曰老革革。木段曰橦。音同。下垂曰鞸。音妥。結堅曰凝。音禁。和物曰搇。音坌。物朽而斷曰𠠗。尊上聲。人快敏曰剢利。水岐曰汊。音詫。横木阻之曰擋。穿牛鼻繩曰桊。音捲。舂糙成熟曰𥻸。音劁。母之父母曰外公外婁。磨之漸消曰鉛。俗讀作遇。穀穗曰杓。音弔。割牛馬勢曰騸。音扇。不精彩曰䶉䶉。音蜡塔。皮冒鼓曰鞔。音瞞。謂多曰够。音構。耳垂曰㽿。音荅。足踏曰躧。釵上聲。牛馬腰左右虛肉曰軟膁。音歉。物濕而黑腐曰勃，一

〔一〕窩夥：原作「音多窩果」，據道光《遵義府志》改。

曰霉。音梅。乍晴乍雨曰湃淞音弄送雨。沃土曰魚米之地。日中曰晌音賞午。劈破曰斯。聲破爲嘶。馬鳴曰嘶。器破曰㽨。餛飩曰扁食。以米撒鹽椒釀肉魚曰鮓。手承物曰拓。推人曰攮。音朗。手提曰揵。音虔。摘毛曰攣。音延。跛行曰踏。音荅。心動曰㥠。音徹。麪散者曰麧。音勃。鞍薦曰屜。音替。抽廂曰屜。短衣曰褡。音莊。不與人分辨曰不理。寒熱結瘣曰疔音幸瘍子。耳中作聲曰聬。音翁。謂子曰崽。音宰。凡高出曰矗。音銃。凡苗實聚多曰纂纂。通水槽曰筧。音簡。竹箋曰篣音迷條。有耳瓶曰甑。音省。作涼席竹曰筡音水竹。木石牡曰簨。音筍。以鹽漬物曰濫。音覽。箸曰筷。音快。伸麪曰撖。音敢。謂人形短曰矮矬矬。音搓。鞋襯曰幫。門地腳曰限。音坎。物小曰穛。音醮。物臭曰膖音滂醜抽去聲。牝馬曰騲。雌狗曰草。雌思雄曰起草。宛轉生動曰蚴。牛去聲。疥瘡曰乾瘑疕。土音格滂。傷痕曰痡㾃。音逋論。赤子陰曰峻。音構。地平曠曰壏埮。音覽坦。地芝曰菌。音郡。米礱曰磑。音内。物相擊聲曰砯砰。音蹦烹。驛遞曰跕。重聚曰磊𥕢。堆上聲。人之狡黠者曰尖穳。音纘。尾曰已音以巴。艾炷曰爝。音醮。火爆曰炸。音乍。旁屋曰廈。手掬曰抔。音掊。手挽曰撦。俗作扯，非。粗率曰体。奔去聲。散物曰掞。音艷。斂衣裳曰扱。音札。驚畏曰嚇。音下，又音黑。手裂物曰搣。音滅。盛酒器謂之酒落。盛茶器謂之茶簬。凡驢騾所負物曰他音惰子。大甕謂之瓬。即缸。得利曰賺。耑去聲。蟲螫人曰蠚。音壑。以毒藥藥人曰癆。音澇。笑曰啞啞。音格。鞋無飾曰靸。音撒。牛羊食已復吐而嚼音爵之曰回嚼。音醮。收摺之曰摺揲。爪刺曰掐。音恰。曲謂之蜎。貫縷提之以織曰綜。音縱。橫縷曰緯。音位。直縷曰經。音徑。癡愚曰夢憃。音銃。壓物曰笮。音乍。性傲曰戇。剛去聲。不平曰骯。音竅。桃李核曰覈。音忽。吸之曰欶〔一〕。音朔。笮去汁曰潷。音必。指物事曰者。俗作這，非。面瘡曰皰。音炮。飯粒粘紙曰飯黏。音年。碾物使光曰砑。音迓。柄曰杷。欛同。子細謂之把穩。凡去瓜果皮曰雪。藏酒曰窨。音印。傪音查足曰蹃。音茄。酒醋中小蟲曰蠓。音猛。言吃曰謇。足皮曰趼。去垢曰磢。音訕。刮鍋曰鏟。平木器曰鏟。削平曰鏟。音剗。履中木範曰楦。音絢。趕曰碾。衣系曰襻。音畔。甑底篾笆曰箅。音閉。飾邊曰緣。音怨。攪曰撹。潮去聲。眼皮動曰眨音劄眼。鹽鹵曰膽水。田舍曰莊。主父曰使去聲長公。主母曰使長婁。熬曰煎。去聲。鷄伏卵曰菢。音抱。汙穢曰涴。音餓。置釘平聲曰釘。音定。楮樹曰穀。音搆。馬障泥曰韂。音綻。毛席曰毯。足蹂曰跐。此平聲。豕項間肉曰臑音曹頭。負物曰馱，一曰背。音悲。撻穀器曰連枷。音加。束小兒者曰綳。音崩。馬後革曰鞦。騾後木曰紂棍。瓦器未成曰坏。音披。拾物曰搴。音簡。呼狗吠物曰嗾。音嗽。線條曰綹。音柳。釜溢曰䰯。音孛。表畫曰𥨪。音甑。吐氣曰吙。火平聲。叱之曰嘝。音初。不速曰遲平聲遲音治。唾人曰啡。坏、配二音。聲不清圓曰嗄。俗作沙上聲。快走曰猋。音標。蠚蟲曰蛆。音納。木岐曰椏。叉上聲。縫皮曰鞝。音掌。哷之曰啐。音卒。村市曰場。呼人曰喟。音胃。喉曰嗓，一曰嚨。夏日暴雨曰偏涷雨〔二〕。飲聲曰欱。音骨。漉物曰舀。

〔一〕欶：原誤作「敕」。

〔二〕涷：原作「凍」。

妖上聲。鈔飯匙曰乘。音鍬。進船曰划。音華。舀水器曰戽斗。手卜曰拈鬮。音鳩。小曰蔑蔑，曰丁丁，又曰點點，又曰些些。麿聲曰欸。音藹。漉器曰筲箕。關捩曰捎⿱竹息。音消息。凡物已採復收其遺曰散。賀人曰恭諗。音審。毀人曰誹。音吠。詞不屈曰讋。音絳。以言阻人曰讜。沈水曰没，迷去聲。曰淹。音庵。鋪墊曰⿰扌霸。音霸。纓在紡車上及在梭中曰繐。音遂。正屋曰岱〔一〕。音蔦，俗作岱。牡牛曰牯。牝牛曰牸。月半明曰朏朏亮。繩索斷而續之曰剿。音妾。燒刀刃納水中以堅之曰焠。音翠。以篾束物曰箍。音孤。竹器曰篼。窑器光曰釉。音宥。瘦皮垂下曰皺。音荅。手掘曰乞。烏八切。蓋曰康。音慷。傷皮曰剌。瘡上聲。物裂開曰笑。碎切曰劄。音扎。織具曰簆。音寇。渣汁曰澱。細長曰瞭䠷。音了掉。謂人樸訥曰木詘。音黜。熱而皮生瘮曰痱。音費子。多鬚曰鬎。音闖腮。綰髮爲髻曰鬢。音纘。麪漿曰糨。音絳。樹枝歧者曰椏。音鴉。閉門機曰櫎。音拴。搦汁曰擠。音濟。以物沾水曰蘸。音站。大曰奘，莊上聲。曰莽。爛曰䟦。音跋。粗惷曰怫贛。音莽壯。不慧曰昏惆。音刀。庐曰槽懂。音猛董。一目眇曰單照。牙垢曰牙屖。音因。屋上承椽梁曰檁。音領。小兒學行狀曰跱。音得。水上涌曰涓。音冒。擊曰搭。音荅。手采曰捋。小兒手據地行曰趙。音蒲。屈膝曰跬。魁上聲。日費曰進用。補漏曰苴。音查。不脆曰臑。音如。不鮮曰蔫。音焉。不端正曰齹瓷上聲磋音鮓。人死曰過世。噍聲曰齰齺。音括查。齒畏曰齽。音禁。

〔一〕岱：原作「岩」，據《字彙》《篇海》改。

推之曰挩。音聳。漩水曰漩渦。手捉曰揢。音客。水潭曰㳡。音陀。壅物味變曰齅音瓮醜抽去聲。築隄蓄水曰迮。音作。熟米麥末之曰炒麪。深巖曰嵌。音謙。謂欺紿曰鬼。謂人黠曰鬼。生卵曰生。去聲。謂人村曰山巴土獠。不伸曰抐。音紐。舟著地曰跒。珂去聲。繞腰窄囊曰纏去聲袋。分麻曰朩。音派。跛行曰尥。音料。取笑語曰詑。音陀。山頂霧曰山戴帽。物墮水聲曰潅，石墮曰硶。俱音董。漉去水曰瀝。齧骨曰齦。音闞。猪脂中堅者曰胒。音移。電曰睒。音閃。肥脂曰臕。音標。手指文曰腡。音羅。精肉曰腈。音精。胎衣曰脬。音胞。溺囊曰脬。田分段曰稜。魯鄧切。禾不實曰穈。音厭。遠曰窵。音弔。袴曰衳。音鐘。行不進曰尴尬。音甘介。小兒女曰幺。不知名呼之曰那。音懦。漬藏肉菜曰醃。音淹。酒器曰酒醢。音海。不去滓酒曰醪音勞糟。鹵水曰鹼。音減。勉力曰彲。音絳。自謂曰我。謂人曰你每。耳曰睡。朵平聲。乾肉及餅曰巴。不謹曰傝㒉。音搭撒。開張曰㑭。音查。闊口曰奓。車上聲。牛羊馬豕欄曰圈〔一〕。禽卵曰彈。薰藥曰熏。音訓。火熜曰煨。香氣盛曰馞。蓬去聲。兩手相摩切曰挼。音磋。駡人之醜稱曰雜種。重曰重錛錛。吐本反。弓戾曰彆。音別。凡器物指甲裂皆曰𥀭。與小兒戲捉其鼻曰牽牛。狡獪曰姡。胡刮反。稻苗秀出曰放穮。音標。急遽曰奔去聲命。發饅頭曰起酵。音教。便旋曰出恭。有所礙曰隱。恩上聲。凡戲玩曰耍。澆花木菜蓏曰飲去聲水。凡初贈工匠曰利市。蟲食菜曰蟲

〔一〕欄：原作「闌」。

殺。去聲。物件曰家伙。氣鬱不伸曰漚。去聲。犬羊癩曰瘟。四邊曰四映。人之憒憒者謂之瞉濁。音斛篤。褥子謂之裯音調子。凡顔色鮮明曰翠。言語不合謂之不對牡。老不聾聵、疾不沈重皆謂之新鮮。煖酒曰湯。音蕩。襯裏曰胎。鑄音注銅鐵器曰鑄。心亂曰恅慅。音老草。慚恥曰觳音慨羞。聚足曰蹪。音贊。低聲曰啾啾。千遥反。小腸曰𦙶音子腸。玉讀若遇。石讀爲旦。孟讀作夢。大讀一駕切。朋音蓬。術、述音蜀。巫、誣音烏。尹音允。虹音岡去聲。署音樹。衡音烜。奚音希。《蜀語》。

按，地方常言，有其聲不得其文者多矣。明李實留意方言，所撰《蜀語》，事徵本原，十得七八，今悉采載。《遵義府志》。

〔民國〕都勻縣志稿

【解題】竇全曾修，陳矩纂。都勻縣，今貴州省黔南布依族苗族自治州都勻市。「夷語」「夷文」見卷五《風俗》中。録文據民國十四年（一九二五）鉛印本《都勻縣志稿》。

夷語

都勻夷類不一，語言亦異。兹録土族、苗族、水族常語各數則，以見梗概云爾。

土族

天曰更汶。更讀入聲。日曰大惡。月曰亂。星曰勞。去聲。風曰冗。雲曰宛。陰平。雪曰奈。雨降曰刀汶。地曰拉底。石曰任。林曰弄。水曰瀼。陰平。火曰雨。土曰難。上聲。木曰外。陽平。金曰金。去聲。銀曰恩。入聲。銅曰羅。入聲。鐵曰襪。錫曰農。錢曰馬節。父曰簸。母曰免。祖父曰報。祖母曰同漢。兄曰溝。弟曰奴。姊曰同。妹曰奴。子曰侖。入聲。女曰滿。孫曰漢。妻曰雅。夫曰爹。友曰比奴。衣曰腳補。褲曰腳戳。帽曰帽。上聲。鞋曰鞋。襪曰馬。屋曰染。去聲。桌曰腳。椅曰黨。椅凳曰黨。鐮曰鐮。鋤曰官。陽平。犂曰瓦貴。耙曰瓦草。釘耙曰姤襪。客來曰顯刀。敬禮曰干連。陰平。飲食曰更。茶曰札殺。牲曰干。鷄曰改。猪曰茂。羊曰勇。入聲。牛曰節。馬曰麻。酒曰醪。陰平。早餐曰更愛，入聲。午曰更令，入聲。晚曰更教。入聲。肉曰糯。菜曰旁。上聲。酸曰雙。子日曰惡栽，丑曰惡標，寅曰惡吝，入聲。卯曰惡卯，陰平。辰曰惡即，巳曰惡詩，午曰惡茶，未曰惡文，入聲。申曰惡申，去聲。酉曰惡如，戌曰惡采，亥曰惡改。

苗族

天曰風瓦。日曰打。月曰利。星曰卡。雲曰蒿。霧曰獨務，又曰烏代。雨降曰打糯。風曰擠。雷曰拷。雪曰打拜。陰平。電曰立蒿。雹曰勞。霜降曰打旁。去聲。地曰格歹。水曰烏。山曰務。路曰孔。石曰埃。河曰烏了。崖曰欒。屋曰冉。溝曰格略。埡曰格墮。廟曰廟。峯曰刁。井曰烏袍。上聲。池曰鳳。人曰密朱。父曰八。母曰宜。祖父曰固。祖母曰襪。伯曰八勞。兄曰敵。弟曰矮。姊曰害。子曰打盛。女曰八南。女壻曰滴耍。妻曰外。

上聲。友曰八概。孫曰他聚。髮曰留。手曰排。足曰勞。陰平。頭曰敲。眼曰格罵。口曰格勞。鼻曰統奈。耳曰格奈。陰平。鬚曰打嫩。身曰格冉。牛曰擬。馬曰馬。猪曰拜。羊曰勇。鷄曰鷄。鵝曰暗。鴨曰打胯。魚曰崖。鳥曰弄。鵲曰阿密。火曰桃。燈盞曰桃優。牀曰寵。油曰油。陰平。布曰刀。衣曰高。入聲。刀曰得。褲曰狄。凳曰堂。桌曰同。衾曰拜。陰平。鍋曰元。甑曰乍。箸曰跳。瓢曰海。陰平。書曰到。筆墨亦曰到。鋤曰丁造。耙曰者。斧曰斧去聲刀入聲。桶曰滴。缸曰抗烏。帽曰帽。腰帶曰贊活。鞋曰攀。襪曰拭。首巾曰聚富。樹曰丁豆。草曰赧。花曰格本。菜曰拷番。椒曰聚逆。橘曰聚及。橙曰老。梨曰聚卡。柿曰聚棉。桃曰聚里。李曰聚樣。棉曰西。豌豆曰獨王。飯豆曰獨坌。黄豆曰獨豆。玉蜀黍曰介雜。麥曰介蒙。黍曰介你。紅稗曰介哥。高粱曰介雜能。穀曰格西。粟曰格岔。飲食曰努。飯曰介。酒曰照。肉曰女。酸曰樣。糖曰當。早餐曰介皮，午曰介那，晚曰介罵。飲水曰伏烏。一曰兮。二曰蒿。三曰拜。陰平。四曰刁。五曰堅。陽平。六曰住。七曰送。八曰葉。九曰爪。十曰足。百曰拜。千曰生。萬曰問。分曰同。錢曰洗。兩曰兩。陽平。寸曰同。尺曰堵。丈曰勞。子曰能。丑曰擬。寅曰召。卯曰同。辰曰孔。巳曰呑。午曰麻。未曰勇。申曰歛。上聲。酉曰鷄。戌曰賴。亥曰拜。

水族

天曰文。地曰地。平聲。星曰引。日曰大汶。月曰寧。南風起曰亢論。雨降曰蕩慣。天曉曰汶朗，去聲。晚曰汶定。雲曰滿。去聲。霜曰望。雪曰內。露曰你。土曰鳳。水曰釀。樹曰埋。草曰杠。米曰毫。井曰温。沙曰義。竹曰糞。花曰弄。高粱曰毫粱。紅稗曰毫放。糯穀曰毫賴，粘曰毫節。黍曰毫勛。玉蜀黍曰毫滅。父曰蒲。母曰宜。祖父曰公。去聲。祖母曰爺。音牙。伯父曰龍。入聲。伯母曰巴勞。叔父曰得的。叔母曰宜的。姊曰同。妹曰奴。兄曰懷。弟曰奴。子曰臘。女曰願。姑曰宜華。姑夫曰蒲華。舅父曰蒲竹。舅母曰宜竹。女壻曰臘毫。孫曰漢。頭曰孤。面曰難。陰平。目曰龍大。耳曰卡。鼻曰囊。口曰把。眉曰明大。手曰面。足曰定。身曰任。帽曰帽。上聲。衣曰冗。褲曰封。首巾曰朵姑。鞋曰莽。襪曰拭。腰帶曰朗冗。桌曰西。凳曰浪念。碗曰魁。箸曰箸。上聲。釜曰到。竈曰六。火曰裕。油曰油。入聲。燈曰蕩。斧曰姑貫。耙曰八。釘耙曰者。鋤曰困。犂曰犂。入聲。桶曰桶。陰平。籮曰同。書曰利。紙曰鷄。墨曰忙。牛曰婆。馬曰麻。羊曰或。騾曰騾。入聲。犬曰化。鷄曰解。虎曰猛。魚曰猛。梨曰埃。橘曰杠。橙曰杠不。桃曰放。李曰捫。胡瓜曰卦。青菜曰罵幹。萊菔曰罵邦。入聲。莧曰罵惡。黄豆曰倒勞。緑豆曰倒庶。飯豆曰倒浪。豌豆曰倒王。蕓薹曰罵育。飲食曰借。飯曰毫。酒曰蒿。肉曰南。菜曰罵。酸曰安。糖曰當。入聲。餈曰毫于。一曰奪。二曰押。三曰漢。四曰洗。五曰俄。六曰略。七曰享。八曰丙。九曰諸。十曰索。百曰願。千曰線。萬曰萬。上聲。寸曰同。尺曰井。丈曰同。毫曰同。鼇曰鼇。入聲。分曰分。去聲。錢曰雪。兩曰連。斤曰正。入聲。子曰西。丑曰蘇。寅曰寅。入聲。卯曰卯。陽平。辰曰辰。入聲。巳曰徐。午曰惡。未曰米。申曰申。去聲。酉曰酉。陽平。戌曰很。亥曰埃。甲曰價。乙曰雅。丙曰邊。丁曰丁。去聲。戊曰毋〔一〕。己曰己〔二〕。去聲。庚曰見。辛曰辛。去聲。壬曰虐。癸曰醉。

夷文

夷族無文字，惟水族諏吉占病有專書，至今傳習。其文謂之水書，一稱反書。大氐古篆之遺，第相沿日久，寖多譌失耳。茲録一二，亦庶幾夷漢交通之迹可略證也。

天 地 日 月 星 金 木 木 水 火 土 甲

甲 乙 丙 丁 戊 己 庚 辛 辛 壬 癸 子 丑

寅 卯 辰 巳 午 未 申 酉 戌 亥 吉 凶 一

二 三 四 五 六 七 八 九 十 年 年 年 元

人 鳥 獸 魚 蟲 草 山 河 井 時 乾 坎 艮

震 巽 離 坤 兌 陰 陽 祖 公 母 夫 婦 子

〔一〕戊：原誤作「戌」。

〔二〕己：原誤作「巳」。

孫 兄 弟 姑 姊 妹 嫂 叔 舅 壻 文 廉 武

貪 巨 禄 弼輔同文 破

〔民國〕三合縣志略

【解題】許用權修，胡翯纂。三合縣，今貴州省黔南布依族苗族自治州三都水族自治縣。「方言」「水族文字」見卷四二《民族略》中。録文據民國二十九年（一九四〇）鉛印本《三合縣志略》。

方言

三合縣四區方言表

天，閎，閎，ㄈㄨㄢ〔一〕。日，拉挽，萬惡，ㄋㄟ。月，聶，勒，爛。星，忍，鬧，ㄓㄟㄍ。露，逆，曩塞，烏帶。雲，花閎，凹，杜務。雷，巴研，□〔二〕，ㄈㄨㄠ。雨，混，汶，弄。霜，内八，耐翁，胖干。雹，廷西，磔鋭不，敲ㄌㄛ。風，閧，戎，就進。雪，内軒，耐，敝炮。露〔三〕，幕，老卯，烏蒿。電，巴老，要別，列ㄈㄨㄠ。冰，内的蛾，耐，敝。旱，領八，然勞，ㄍ

〔一〕分別表示漢文、東區方言、西南區方言、北區方言。下同。

〔二〕「□」表示原書爲空格。下同。

〔三〕露：疑爲「霧」之誤。

丿羅。澇，紹，汶澇，跛了。晴，明，然，□。右屬天文類。

地，打地，拉底，ㄈㄩㄝ。山，弄，弄，Bi。大山，弄勞切，弄勞，Biㄋ。小山，弄的，弄ㄋ丿，Bi欲。石，定，印，埃。山頂，容怒，交鄱，鳳Bi。山腳，定弄，定番，皆Bi。巖，揹敢，忍，衣黃切。湖，海，□，計了。江，彥勞，念，改ㄨ。河，彥，打，烏ㄋ。海，海，解，改興。大水，浪勢切，曩勞，烏了。小水，瀼的，晨乃，烏欲。池塘，朋，盪，瓮。井，蘊，磨，烏跛。坑，空，種冗，抗。溝，歸，蕊，皆。田，啊，納，臉。土，哄，朗，呆。園圃，玄罵，算，碗爛。大路，困勞，潤勞，光了。小路，困的切，閏ㄋ丿，光欲。石洞，幹定，甘水，抗埃。田塍，印啊，共納，番臉。足腿，腳，□，千巴。右屬地理類。

高祖，共八，大兵，故戥切。曾祖，八切，共，故欲。祖父，共，共，故。高祖母，開八切，奶，餓戥切。曾祖母，牙八切，奶，餓欲。祖母，□，如，凹。老婦，牙勞，啞鑾姬，凹羅。父，補，爸，八。母，尼，媽，宜儀切。伯，龍，伯，龍。叔，不的，亞，八欲。伯母，巴，大媽，們羅。弟，奴，儂，埃。弟婦，尼的，娘，們埃。母舅，足，故，能。兄，懷，□，報。兄嫂，或槐，嫂，乙。叔母，你的，叔媽，宜欲。姑母，□，姑媽，得。婦人，黎匾，雅米捫，外羅。姐，或，姐，得。男人，威萬，亡菩塞，□。妹，奴，儂，安。姐夫，威萬，姐夫，外羅。妹夫，威萬，妹夫，外羅。表伯，勞，□，龍表。表叔，□，□，八表。表兄，槐表，□，報表。表弟，□，□，老表。妻，離辦，雅，外。妻舅，足，□，燈能。子，臘，埒故，堆。　兄弟之子，拿着，埒所，埃伯堆。　女，臘免，埒猛，爬男。　女壻，臘毫，埒革，推瓮。外甥，臘漢，埒爛，爬男。　親家，怪，弄家，夏。　先生，□，□，爬男。　大人，挨勞，問勞，推羅。　媒人，埃龐，不梅，買。　僧，現，和尚，得爲努及。　鬼師，挨彪悶，管磨，向衣宣切〔一〕。佃户，開雅道，假懇江，小臉。　裁縫，挨低魯，裁瓮，向幾餓。　廚人，□，卜墜，鳩少雅。　木匠，埃項埋，掌懷，向杜。　保人，包，包，□。　石匠，挨秀定，掌令，問挨。　他，悶，朦，□。中人，挨攏，牙將，千差創切。　你，業，朦，抹。　我，嗳，故，于。　書辦，挨瓦淚，□，務惰。代書，挨瓦淚，□，鋼惰。　差，寨，假仔，巴養。　禁卒，挨梳牢，□，鷄由切、西廳切。　乞丐，卡化，假叫化，條廉。　盜賊，挨了，匐撈，鳩業。　人多，認共，問賴，鳩那。　人少，認消，問情，鳩説。　囚犯，任勞，假晚洒，臘心。　瓦匠，挨笨約，掌瓦，向挨左。　右屬稱謂類。

頭，沽，交，敲。　髮，並，必瓮切，衣庸切敲〔二〕。　額，打炳，那巴，也輩。　眉，冥大，旦昭，衣庸切蜜。　臉，那，那，皆密。　眼，大，種旦，ㄐㄨㄑ密。　耳，看，熱，广ㄞ切。　鼻，拫，浪，疆。　鬍鬚，虛，猛，衣庸切業。　項，各，鶴，千課。　肩，霧，艮霸，骨孔。　背，打軟，打浪，片骨。　手，面，滃，Pi。　掌心，打在面，將滃，把Bi。　大指，尼回，米滃，滅Bi。　小指，滂動的，淪滃，堆Bi。　胸膛，得打，把那，皆剛。　乳，油掉切，乜，ㄨㄠ切。　腰，嫩，黑，千

〔一〕向衣宣切：表示「向」音與「衣宣」切出的音連讀。下同。

〔二〕衣庸切敲：表示「衣庸」切出的音與「敲」連讀。下同。

丟。肚腹，落，佟，皆胸。肚臍，重鞋路，節勒，皆奪。足，定，定，拉。舌，拭，伶，業葉切。腿，把，拐勞，干巳。膝，古，交火，敲胸。足肚，東諾，讀怒拐，胸拉。脛，拉別滅得，那海，西歡切。肉，難，諾，衣鴨切。腳心，得花定，那定，把拉。足指，略定，勒定，堆拉。臀，得兼，排台，幹。筋，印，凝，雙下。骨，爛，裸，雙。毛，正慢，笨，衣庸切。髮辮〔二〕，並練，辮別，衣庸切綿。大便，梘，官唉，西餓切幹。小便，扭，官扭，西餓切頑。口，壩，把，皆撈。右屬身體類。

生，行，東，娘要。有，挹，離，娘。貧，呵，呵，瞎。大，勞，勞，ㄋ。富，父，降，漢入切。無，墨，鷄由切，蜜離。小，的，乃，於。遲，頓，慢，巜丿。來，盪，刀，勞。言語，濫閧，剛好，報撈。速，蕩悔，忙，額九切。去，拜，拜，謀。走動，拜罐，踫，乃耀。不願，墨議，蜜愿，雅項。凡事不諧，□，密蒿，鷄田切信雅合。沒有，墨糧，蜜離，雅鷄。巧，掠，崗，刁。死，殆，殆，踏。愚蠢，畦，臥，怒衣亞切。伶俐，懈，嶺，通所。願，膩，願，項。拜跪，腳拜，鬼，勞胸。磕頭，擺，鬼，烟雅切敲。綑縛，糯，掬，客弔。不聽人言說，□，密諺，雅木敲。打匠，挨項打，掌敦，得挨切木。相罵，都妹，同歸，系大。買，奶，遲，務。換肩，領吥切，温罵，與鷄挨切。騙賴，□，乃基，古詸。貪婪，角勞，大瑁，系

〔二〕辮：原作「辨」。

熊。　賣，變，戒，蜜。　嫖，拜軒，鬼域，憂光切。　鄭骰，告樂奢，價六喪，蜜。　以物頓地上，□，坐挨底，看貨干呆。　挨打，挨鬼，挨丹，□。　官斷案，必送，斷篩，往斷敲。　勝訴，贏開，靠很，□。　敗訴，翰開，靠翰，得案切書。　讀書，幹勤，朵事，□。　舂米，哈毫，湯毫，道詩未切。右屬動作類。

街，介，降介，憂光切干。　巷，課，隴，丟河銀切。　寨，班，奈鑾，羊。　門外，奴惰〔一〕，冗杜，片苟丟。　門，把惰，杜勞，丟。　門限，端惰，强杜，干巴丟。　寺觀廟庵，□，□，在苗。房，紅，奈然，在。　院，天井，降拉奢，在乎了。　階，在，巴架，喪挨。　亭，□，□，同。　樓，屋閭，更陸，穀瓮。　倉，魯，禄，無牀切。　枋，方，□，汪。　椽，元，捲染，亞寨。　梁，□，□，仝。　柱，了姆，少樂，痛在。　塼，撰，鑽，挨郡。　瓦，欲，娃，埃安。　窗，把惰放，總張，抗撈。　檐，宇顏，婉染，墜左。　牆，吐，兵，乎。　板壁，論放，龐襪，干雙片。　監獄，牢濫切，奈牢，在臘。　班房，暗在，牢，仝。右屬道路房屋類。

布，夜，棒，單。　紗，壞切，賣，哥帽切。　綢，蚴，閧，堅烟切。　緞，□，閧，單堅炳切〔二〕。　針，送，菌，鳩。　線，換，賣，哥帽切。　頂，釘，交，無紅切。　簪，梅挼姑，柄敬，□。　氈，□，犍，等。　帽，冒，卯，馬。　煖帽，帽，卯，馬笑。　小帽，□，卯乃，馬欲。　涼

〔一〕惰：原作「隋」。

〔二〕炳：疑爲「烟」之誤。

帽，帽，卯，馬蛇。衣，録丁，搬，臥。衫，禄暖，搬賽，臥帶。裙，煙，暈，得。馬褂，□，□，老ㄌㄙㄢ。汗衫，禄了南，搬牢，臥代娘。袍褂，□，□，臥代西庸切。手巾，漫首面，賣幹，西庸切。衣釦，扭，扭，衣有切臥。腰帶，難魯，紳界，散臥。褲，烘，傳，干丁。鞋，者，諧，鼻。襪，鑾，馬，們。裹腳，漫堵定，狼，干丢都切。枕，定活，交睡，娘就。被，滅，莫，丢。褥，□，□，等欲。草薦，卡薦，告姐，稿晉。右屬布帛衣服類。

酒，蒿，醪，爵。吃酒，借蒿，更醪，乎爵。飯，拗，崖，幹。吃飯，借拗，更崖，努幹。肉，難，諾，括。吃肉，借難，更諾，努括。吃烟，借燕，更咽，平卯。茶，節，雜，鷄銀切。油，門，欲，得養。鹽，臥六切，倦，解。粥，格卯，藪，烏ㄈ。飢餓，燕龍，夜佟，系兇。香，浪，燕，通孟。臭，吺，號，項。冷，膩得，嶺，吒。熱，爐，繞，謝。軟，嫣，蘊，蜜。硬，他，濃，高。糟，打高，捺，帕爵。麫，面，免，正界。殼，拗薦，毫，乃。白米，拗汗，毫好，干雖。糯米，拗慶，毫幹，幹又。糠，窩弗切，穰，干犯。粘米，拗占，毫利，幹格□切〔一〕。穀殼，姑禾舊，染，干衣用切。麥，拗磨，毫建，幹墨完切。蕎，拗瓮，毫猛，了般。紅稗，拗過，毫旺，拍汪切謝。小米，拗軒，毫翁，幹能。豆，惰多，短，讀。黃豆，多勞，短納，讀福碗切。緑豆，多臭，短蘆，讀之好切。芝麻，搬，六辣，幹納院切。豇豆，多魯，

〔一〕□：此字漫漶不清，似爲「義」字。

□，讀謝。　扁豆，多别，□，讀滅。　豆豉，多濫，短洗，讀衣格切。　菜，蔓，匾，了。　青菜，蔓杆，匾趕，了幹。　白菜，蔓，□，了白哥切。　油菜，蔓門，匾油，了有。　蒜，奪，賀，敢。　芹菜，方，匾芹，了閃麻。　莧菜，蔓瓮，匾絨，了欠。　薵菜，□，外，了抗。　葱，糾布，匾幕，了家。　薑，信，杏，西善切。　韭，糾，匾乎，了輩。　芊，劍，格，奪ㄋㄩㄢ。　葯，捫魯，色，那。　蕨，慢憂，匾棍，了敲。　蘿蔔，捫八，羅不，了邦。　絲瓜，挂打，緑然，生得盤切。　壺瓜，不播，六弱，正都幾。　苦瓜，丢杠，□，正針煙切。　右屬飲食類。

金，龔，净，之庸切。　銀，寧，硬，韃。　銅，佟，囷，都。　鐵，舐，襪，路。　錫，瀉，降，心。　鋼，杠，扛，鰓。　鉛，欠，□，善。　錢，賢，磨利，片陜。　玉，□，□，仝。　寶，□，抱，仝。　桌，兮，龔，勺。　椅，棍盪，擋洗，埃。　脚踏，滿丁定，定點，拉燈。　屏風，□，□，抗勞。　牀，搗，縵，爽。　帳，混，練，順。　爐竈，佐，□，陸谷刁。　火鉗，節，馬筋，簡格。　蜡燭，泡，座，壯。　火把，壘丁玉，□，刁多。　爆燭，頓勞，爆基，怕惰。　大炮，勞，爆勞，怕了。　大碟，堆，頹，碟了。　小碟，頓的，□，碟欲。　碗，盛擣，盛，地。　箸，□，特，得藥切。　升斗，澎，歪夜，先道。　米袋，紹拗，歹毫，呆。　杵，重木貢，□，見交。　臼，□，擂，抗交。　碓，臥，鑽，交。　蔞籬，□，□，了拜。　鋤，卦，鑽，散。　耙，下，□，看。　鐮刀，靈，列，干連。　尖刀，現，冥送，得藥切亞。　柴刀，棉，瓦慣，散干。　斧，慣，瓦坑，大。　扁擔，霉按，懷漢，杜貫。　禾架，幹散拗，□，大武乃。　擔子，的旦，□，仝。　拄杖，低紅胡，歪冬，特務切。頭梳，剳，鋭，亞瞎敲。鎖，浪枚封，論龍，龍。鑰匙，枚封，鷄聾，杜聾。臉盆，笨熟安，笨水，格迷。瓶口，把平，□，扭套。戥，當，綢當，蜜西鴨切。秤，盪，掌，四鴨切。藤，要，告，烏光切。繩索，拉，者，瞎漢切。烟竿，佟借燕，佟，東印。烟包，低堵燕，酸燕，去印。茶杯，重節，種雜，中烏鷄銀切。小茶杯，□，種雜乃，中烏鷄銀切欲。油燈，等玉，盪欲，有。筆，牧柄，稟，仝。文字，勒，是，仝。墨，拭，麥，仝。書，□，是，惰。紙，鷄，鷄，惰西多切。印，□，寧，二。扇，現，筆，十正切。鑼，嘵，□，黑堯切。鼓，鼕，龔，黑堯切各。鐘，□，仲，仝。磬，□，敬，笑玉石。梆，□，□，杜敲。鏡，照浄，警，當奢。喇叭，補羅，掌播，覽離。蘆笙，補妙，枕黑，格矣切。竹板，滿憒，□，罩。鍊，拉縣，者穖，書格切。枷，□，□，榜干。鐽，□，□，□。物大，崩勞，解勞，貨了。右屬食物器具類。

一，奪，料，衣。二，押，送，了。三，項，散，歪。四，細，洗，的地切。五，俄，憨，叙。六，略，洛，丢。七，現，戰，兄。八，壩，辨，鴨。九，糾，孤，繳。十，縮，絶，菊。十一，縮衣，絶以，菊衣。十二，縮膩，絶擬，菊了。一百，的半，把料，衣辨。一千，的現，另料，衣奢。一萬，的犯，瓦料，衣院。一億，熟犯，□，衣先。一文，的浪，論料，衣ㄌㄟ。十文，熟浪，絶另，菊ㄌㄟ。一毫，的毫，毫料，衣毫。一釐，的力，力料，衣釐。一分，的份，汶料，衣分。一錢，的歇，絶料，衣閃。一兩，的良，江料，衣梁。二兩，押良，送江，了良。　石，亂，院，的光切。　斗，搗，陶料，力。　升，盛，盛，先。　合，堆，頹料，第。勺，餓，扛料，的庸切。右屬數目類。

紅，憨，仝，謝。　紫，□，降，挑謝。　赤，□，同，謝那。　青，母難切，聞，深炮。　藍，醋，島，炮。　黄，滿，亨，ㄈㄨㄢ。　緑，醋，蘆，知好切。　白，八，號，西哥切。　黑，母難切，王，支出切。右屬顔色類。

東，放毛，□，ㄋㄟ打。　西，放遊，□，ㄋㄟ略。　南，放惠，□，暖。　北，放西，□，笑。中，東大，琴降，姑光切。　前，□，腕那，當奉。　後，倫，腕浪，當格。　左，□，腕隨，節埃切及。　右，化，腕迨，節埃切短。　上，晤，腕良，Bi。　下，得，腕那，嘆。右屬方向類。

懇田，折宴，最納，免臉。　築田塍，理印宴，□，□。　灌田，攘行宴，嘴囊，笑烏臉。　種田，開宴，漲貢納，羅香臉。　挑糞，打猫，讓崩，格幹磨。　糞田，打禾宴，管納，少臉。　布種，倒問，隋家，西卯切衣憂切〔一〕。　插禾，倒崩，臉幹磨〔二〕。　薅秧，浪宴，賴納，卜八切衣。晾米，拗洒現，浪臉，論那磨。　收穫，推拗，的毫，得埃切乃。　晾穀，洒拗巳，旦毫，哉衣。種土，折帶，丁m並，少呆。　薅草，□，卯憨，哉乃。　割草，敢架，棍憨，勤得漲切。　右屬農功類。

〔一〕西卯切衣憂切：原作空格，此六字在下一欄「漢文」的位置上，今乙正。

〔二〕因上欄「布種」条錯亂，擠佔本條一行，所以本條只有三個詞語，缺東區或西南區一條。

頭疼，己姑，煎焦，ㄇㄨ敲。　肚疼，己龍，煎佟，ㄇㄨ兇。　腹脹，打，佟給，ㄇㄨ西中切。心疼，己龍，煎智，ㄇㄨ牽過切。　耳聾，打看，熱弄，學廣切卜武切。　聲啞，孖，甲右壓，幹衣亞切。　眼瞎，過旦，大悶，蕭蜜。　背駝，冗，貢，得狂切丢。　嘔吐，囉，弟順，勞的告切。　咳嗽，看果，噯，干怒。　下痢，浪膿，敗佟，協漢切者。　病盧，引糯，澎寧，ㄇㄨ那。　癲狂，發瘋，笨板，發風。　跛足，括，幹臉，覽拉。右屬疾病類。

水牛，龜，端歪，喜飲切。　黃牛〔一〕，播，端節，甩。　鼠，諾，麻哈，鈉完切。　兔，罵亞，端杜，馬筆。　鷄，介，端介，格焉切。　猴，滿，端伶，ㄋㄇㄞ。　虎，蒙，端彪，笑。　豹，彪，端過，笑春。　鹿，□，□，額照。　鷂，鳥，端攘，格寒切。　鴨，a，端匾，看。　鴉，幹，端河，ㄚ看切。　猪，幕，端幕，罷。　羊，惑，端客，勇。　猫，猫，端猫，馬。　狗，罵，端罵，須解切。　馬，麻，端麻，麻。右屬禽獸類。

鯉魚，摩，别里，擇鞋切臉。　鰍魚，列，擇鞋切下惑，上壩賴。　鱔魚，路，端黃鱔，擇鞋切了。　鼈魚，玄炫，别亂，擇鞋切略。　龍，幹，端額，勇。右屬鱗介類。

蚊，練，端劣，格又。　虱，能，端楞，格對。　跳蚤，漫，端慢，格們。　蜂，□〔二〕，茸釘，格希。　蚓，恒，端彦，格飢荒切。　蠅，□，端劣，格又頁鳥切。　蜜蜂，陸，茸釘，格毛。　蜘

〔一〕牛：原誤作「升」。
〔二〕□：此字漫漶不清。

蛛，惡，茸埃，格亞。蜻蜓，錠，比苑，格堯。蝗蟲，亮麻，打旺，格西勇切。螟，義，端箇，格黑黄切。蟻，撊，端末，□。右屬昆蟲類。

花，諾，外，干白。蘭，□，□，同。菊，□，□，白丫抗。艾，愛，□，加凸。籐，要，攘，荒黑切。草，亞，憨，私攘切。竹，夢，爲聞，杜佔。木，梅，爲，杜。松，梅梭，爲咬，枯有。杉，梅花，爲萬，杜堅。桐，梅佟，爲叫，枯傲。漆，梅大，槐郎，色。棕，梅叉，義留，三。柳，梅柳，爲仰，杜臉甩。柴，練，蓋左隅，杜得何切。生柴，□，文嶺，杜牛。乾柴，□，□，多岸。羊桃籐，□，□，正格。桃子，梅放，六叨，正豬省切。李子，梅悶，□，正額。核桃，□，□，仝。梨子，梅鞋，□，正雅。柑子，□，□，正貴。葡萄，以，□，正格往。杏子，□，□，正忙。右屬花木類。

水族文字

天 地 地 日 日 月 月 星 星 辰 風 雲

雷 雨 陰 陽 中地

山 山 川 河 井 草 草 木 木 鳥 獸 蟲

蟲 魚 猪 鷄 馬 虎 斧 坡 刀 箭

卦 乾 乾 坎 坎 艮 艮 震 震 巽 巽 離

離 坤 坤 兑 兑 兑

年 年 月 日 時 時 年時 天數 月數

春 春 夏 夏 秋 冬 冬 恒 元

東 南 西 北

吉 凶 凶 凶 凶 凶 凶死 乖 歹 惡 喪 祀

死 柩

人 祖 父 母 夫 婦 子 孫 兄 弟 姊 妹

姑 嫂 叔 舅 壻 腰

天 武 廉 貪 十金 古 與 宜 鋮 上 倒 叉

門 破 破 輔 弼 輔弼同文

甲 甲 乙 丙 丁 戊 戊 己 庚 庚 辛 辛

壬 癸

子 丑 寅 卯 辰 巳 午 未 申 酉 戌 亥

一 一 二 二 三 三 四 四 五 五 六 六 七 七 八 八 九 九 十 十

右列文字係三合東鄉水族所用爲醫巫之祕笈，俗謂之反書，又謂之水家文。在三合與荔波接壤之十六水多用之。都匀、都江、榕江亦有此族人，但不若三合東區及十六水之聚族而居也。黔省土著中除大定有夷文外，則惟水家有文字，他族則否。其文類似古籀、小篆，《都匀縣志》稱爲「大氐古篆之遺，第相沿日久，寖多訛失耳」。余按，在滇之爨氏有祖書，在桂之猺人有旁簿。黔省見於摩崖者，有關嶺縣紅巖之古刻；見於流傳者，有阿晌之《韙書》及今水族之文字。安知非此邦民族先進於禮樂之一明徵？特惜後世傳之不廣，流爲巫蠱所祕也哉。

〔民國〕定番縣鄉土教材調查報告

【解題】 吴澤霖編。定番縣，今貴州省黔南布依族苗族自治州惠水縣。「語文」見第十二章《人文》中，録文據民國二十八年（一九三九）鈔本《定番縣鄉土教材調查報告》。

語文

定番人民流行的語言，漢、苗、夷間各有不同。漢人語言與貴州其他各地也略有差異。我們曾選一百個單字用注音符號記出定番的方音如下：

漢字定番方音

飯ㄈㄧㄝ。十ㄙ。分ㄈㄥ。番ㄈㄧㄝ。實ㄙ。蒙ㄇㄥ。得ㄉㄝ。詩ㄙ。朋ㄆㄥ。墨

ㄇㄧㄝ。濕ㄙ。彭ㄆㄥ。盤ㄆㄧㄝ。石ㄙ。本ㄅㄥ。建ㄐㄧㄝ。失ㄙ。盆ㄆㄥ。設ㄙㄧㄝ。山ㄙㄧㄝ。門ㄇㄥ。財ㄘㄞ。三ㄙㄝ。烹ㄆㄥ。鞋ㄏㄞ。杉ㄙㄚ。墳ㄈㄥ。電ㄉㄧㄝ。紗ㄙㄚ。粉ㄈㄥ。戰ㄗㄧㄝ。砂ㄙㄚ。曾ㄗㄣ。傳ㄘㄧㄝ。殺ㄙㄚ。生ㄙㄣ。社ㄙㄝ。知ㄗ。登ㄉㄣ。振ㄗㄣ。之ㄗ。姓ㄒㄧㄣ。是ㄙ。資ㄗ。名ㄇㄧㄣ。事ㄙ。子ㄗ。民ㄇㄧㄣ。時ㄙ。債ㄗㄧㄝ。尊ㄗㄣ。四ㄙ。風ㄈㄥ。真ㄗㄣ。正ㄗㄣ。區ㄑㄧ。李ㄫ。費ㄈㄟ。魚ㄧ。義ㄧ。白ㄆㄧㄝ。於ㄧ。利ㄫㄧ。旦ㄉㄧㄝ。月ㄧㄝ。黎ㄌㄧ。否ㄈㄡ。塋ㄧㄥ。鼇ㄌㄧ。段ㄉㄧㄝ。在ㄗㄞ。吞ㄊㄣ。但ㄉㄧㄝ。怎ㄗㄣ。倫ㄌㄣ。鉛ㄧㄢ。嘴ㄗㄟ。春ㄘㄣ。言ㄧㄝ。借ㄐㄧㄝ。村ㄘㄣ。個ㄍㄛ。聚ㄐㄧ。孫ㄙㄣ。奸ㄐㄧㄝ。我ㄬㄛ。胡ㄏㄨ。險ㄒㄧㄝ。給ㄐㄧ。符ㄈㄨ。産ㄘㄧㄝ。須ㄒㄧ。壺ㄈㄨ。雨ㄧ。玉ㄧ。乎ㄈㄨ。許ㄒㄧ。迂ㄧ。父ㄈㄨ。

定番苗、夷的言語與漢語迥異，但定番苗、夷除小孩外，多能説定番的漢語，俗稱爲「客話」。他們説漢語時，不如漢人流利，與漢人通話時，往往有詞不達意之慨。定番的夷人住處很集中，語言統一，發音相同，意義一致，所有夷人之間，從無不通語之惑。定番苗人的種類有谷藺苗、白苗、打田苗、俗語叫打鐵苗。青苗、山苗、海蚌苗、慈菰苗、葫蘆苗八種，住處分散，各苗的語言分歧，彼此殊異，相見之下，每不能互通心意。惟苗、夷均屬文化落後的民族，按照文化傳播的定例，必須吸收漢人的文化，可以補自己的不足。這種情形，我們在定番苗、夷的語言中也可以找出無數的例證。如苗人無「吃烟」的觀念，則採取漢人所用者，呼曰「呼烟」。再如吃酒曰「呼焦」、買鹽曰「門藥」、一百曰「伊巴能」等等。

〔道光〕廣順州志

【解題】金臺修，但明倫纂。廣順州，今貴州省黔南布依族苗族自治州長順縣。「方音」見卷十《風俗志》中。録文據道光二十六年（一八四六）刻本《廣順州志》。

方音

苗音鴂舌，非翻譯不解。其稱天曰各達，稱地曰羅，稱日曰奈，稱月曰喇，稱雲曰覩，呼天晴曰魯内，呼天陰曰乍内，呼天晚曰茫内，呼夜行曰晦際，呼風曰箕，呼雨曰儂，呼雪曰拍，呼山曰補，呼上山曰溜補，呼路曰能勾，呼塘曰各印，呼田曰蜡屋，亦曰補，呼耕田曰鑠喇，呼耕地曰鑠落。呼瓦屋曰背瓦，呼茅屋曰補楚。呼木曰果柱，竹曰木籠，呼花曰盆。呼大官曰猛貴，呼小官曰得官，呼兵曰乍金，呼民曰果乍，呼苗曰果雄。呼祖曰阿譜，呼祖母曰阿娘，呼父曰阿巴，呼母曰阿米，呼伯曰馬龍，呼叔曰馬腰，呼兄曰阿那，呼弟曰得苟，呼姊曰阿亞，呼妹曰亞苟，呼子曰得帶，呼女曰得帕，呼姑曰阿孟，呼姨曰能龍，呼外祖曰阿達，呼舅曰阿内，呼媳曰能，呼孫曰茁，呼夫曰幫，呼妻曰毆，呼妻舅曰啝補，呼親家曰把截。呼朋友曰同年，自呼曰委，呼人曰蒙。呼説話曰破多，呼寫字曰身讀。呼娶親曰内戳，呼嫁女曰張得帕。呼有喪曰達内，呼葬曰兩内，呼祭曰綍滚。呼請客曰請内哈，呼叩頭曰不備。呼頭曰多北，呼耳曰果謀，呼眼曰合眉，呼口曰哈攞，呼手曰阿斗，呼腳曰果落，呼肚曰果體，呼髮曰果北。呼看見曰乍蒙。呼大曰隆，呼小曰得，呼肥曰脹，呼瘦曰瘠，呼好曰若内，呼醜曰乍内，呼哭曰業，呼笑曰咒，呼立曰鑠，呼坐曰重，呼臥曰卜夢，呼快走曰獸，呼慢走曰達，呼會水曰阿，呼來曰攞，呼去曰散。呼黄牛曰大躍，呼水牛曰大業，呼虎曰木瓜，呼馬曰大美，呼騎馬曰藏美，呼羊曰大客，呼猪曰大把，呼鷄曰大哈，呼狗曰大狗，呼魚曰大某，呼鵝曰大奴。呼鍋曰果碗，呼罐曰果著，呼碗曰果折，呼凳曰果灰，呼桌曰記攞。呼錢曰錢當，呼銀曰硬，呼銅曰果，呼錫曰驀，呼布曰扐，呼籠曰果搭，呼背籠曰果的，呼鐵曰果撈，呼箱曰雜文。

犵狫往來浦市瀘溪經商貿易者能言客話，與外人無異，居村寨中未嘗至城市者，則專爲土語。又其自相問答，俱不作客語。其稱天曰板圍，稱地曰府都，稱人曰靈，稱天晴曰凱，稱風曰急，稱雨曰浪，上聲。呼雲曰皮亮，呼山曰補，呼上山曰留補，呼溪曰夯屋，呼路曰回勾，呼田曰耔菜，呼地曰納。呼茅屋曰背楚，呼瓦屋曰補瓦。呼木曰蓋頭，呼竹曰蓋腦。呼小官曰躬貴，呼大官曰聊貴。呼兵曰曹，呼客民曰凱，去聲。呼苗曰雙。呼祖曰阿怕，呼祖母曰阿屋，呼父曰阿麻，呼娘曰阿奶，呼伯曰阿波去聲麻，呼叔曰阿幼，呼兄曰阿古，呼弟曰阿己，呼姐曰阿亞，呼外祖曰家公，呼外祖母曰家婁，呼妻曰屋，呼夫曰保，呼媳曰妹，呼子曰得，呼女曰得怕。呼朋友曰把那，自呼曰唯，呼人曰穆。呼説話曰烏要，呼寫字曰隨紙。呼討親曰覓處，呼嫁女曰張得怕。呼有喪曰擡來，呼葬曰惱來，呼祭神曰扯鬼。呼請客曰請納凱。呼頭曰扯北，呼耳曰蓋謀，呼眼曰蓋眉，呼口曰蓋撈，呼手曰蓋葡，呼脚曰蓋達，呼肚曰蓋體。呼看見曰泡載，呼不看見曰更迷載。呼好曰肉樣，呼醜曰窄樣，呼肥曰脹，呼瘦曰柴。呼睡曰跰，呼走快曰撒得尚，呼走慢曰撒得栗〔一〕，呼過水曰投屋，呼過船曰投隘。呼黄牛曰泥擡，呼水牛曰泥屋，呼老虎曰沼，呼馬曰美，呼騎馬曰藏美，呼猪曰陪，呼鷄曰艮，呼狗曰果卉。呼錢曰成當，呼銀曰昂，呼銅曰塘，呼鐵曰羅。呼布曰臺，呼背籠曰果索。呼打鼓曰扒緲，呼打鑼曰打老，呼鳥鎗曰銃，呼刀曰解毛。去聲。呼戥曰替昂，呼稱曰替。呼鹽曰納，呼油曰阿撒，呼火曰溇臺，呼燒火曰抵臺。呼天冷曰才。去聲。呼天熱曰回。呼小米曰搓糧，呼大米曰搓謀，呼糯米曰搓茂。呼喫飯曰囊裏，呼喫酒曰叶，呼喫茶曰旗，上聲。呼喫肉曰囊芽。呼帽曰蓋幕，呼戴帽曰頭蓋幕，呼衣曰亞，呼靴曰窠，呼褲曰正卡。呼升曰賞，呼斗曰戴。呼過年曰貫者。呼上曰留奔，呼下曰落奔，呼高曰率，呼低曰矮。呼殺人曰打來，呼搶物曰皮賴，呼相鬬曰廝排。其土語鈎輈格磔，大類鳥音，外人不能知其一字，故驟遇接談，未有不疑爲苗，彼雖分辨，亦無由曉也。

此不過就數種記之，而狆苗、青苗其所呼又各不同，不能備載。大抵有音無字，異種即不能相通，必以漢語附會之轉無謂也。

〔一〕 慢：原誤作「漫」。

〔乾隆〕獨山州志

【解題】劉岱修，艾茂等纂。獨山州，今貴州省黔南布依族苗族自治州獨山縣。「方言」見卷之三《地理志》中。録文據乾隆三十四年（一七六九）刻本。

方言

《周禮・秋官》：「七歲屬象胥，諭言語，協詞命。九歲屬瞽史，諭書名，聽聲音。」夫有象胥以通五方之言，又有樂官以同六書之名，察五音之和，此重譯而通山海之外，所以使上情得以下宣，下情得以上達也。昔郝隆作南蠻參軍，盡解蠻語。獨山蠻語數種，各有異同，侏儒之言，相對以臆，及以文字譯之，遂可以通聲音而得其解，竟有番爲蠻歌而文義音韻悠然可聽者，以不解解之，解人不當如是耶？志方言。

狆家語

天曰悶去聲。地曰赧上聲。日曰大去聲握入聲。月曰冗上聲亂去聲。星曰鬧去聲宜平聲。風曰戎平聲。雲曰窩平聲。雨曰問去聲。雪曰耐去聲。

山曰播去聲。水曰襪上聲。河曰打上聲。溝曰墁去聲。田曰納入聲。菌曰蒜去聲。官曰賽去聲。

祖父曰豹去聲。祖母曰雅上聲。父曰波上聲。母曰媄上聲。兄曰比入聲。弟曰暖入聲。夫曰交平聲。妻曰雅上聲。子曰侖入聲。孫曰爛去聲。叔曰波上聲好去聲。伯曰波上聲龍平聲。甥曰爛去聲。舅曰拿平聲。男曰曬去聲。女曰謀去聲。

粘米曰豪平聲箭去聲。糯米曰豪平聲你去聲。稗曰豪平聲旺去聲。粱曰豪平聲粱平聲〔一〕。豆曰朵上聲。蕎曰豪平聲孟。麥曰豪平聲摸上聲。小米曰豪平聲汪平聲。

飯曰巖平聲。酒曰老平聲。肉曰儺上聲。油曰欲入聲。鹽曰決去聲。柴曰文平聲。米曰豪平聲。食曰更去聲。

馬曰麻入聲。牛曰節入聲。鷄曰蓋去聲。犬曰罵去聲。豕曰暮去聲。鵝曰罕去聲。鴨曰並去聲。蛇曰額入聲。虎曰共去聲。豹曰標去聲。蝦曰烏上聲。鳥曰若平聲。草曰哈入聲。木曰歪入聲。

一曰廖去聲。二曰宋去聲。三曰散去聲。四曰細入聲。五曰哈平聲。六曰若去聲。七曰怎去聲。八曰便去聲。九曰孤平聲。十曰漆平聲。百曰罷去聲。千曰認去聲。萬曰挽上聲。

升曰損去聲。斗曰島入聲。戥曰當平聲。秤曰葬上聲。

狣家語

天曰悶去聲。地曰底上聲。日曰拿去聲玩去聲。月曰赧去聲年平聲。星曰赧去聲夜去聲。風曰

〔一〕粱：原作「梁」。下同。

泥平聲弄去聲。雷曰泥平聲巴平聲。雨曰奮去聲。雪曰内去聲。霜曰内去聲八入聲。

山曰弩入聲怎入聲。水曰囊上聲。河曰業去聲。溝曰面去聲。田曰阿去聲。路曰困去聲。薗曰羡去聲。

君曰王入聲。官曰翁平聲。祖父曰共去聲。祖母曰牙平聲。父曰布入聲。母曰呢平聲。兄曰懐平聲。弟曰奴平聲。夫曰夜去聲。妻曰涯平聲。子曰辣入聲。孫曰漢去聲。叔曰布入聲低平聲。伯曰布入聲龍平聲。甥曰臘去聲漢去聲。舅曰祖入聲。男曰臘入聲玩去聲。女曰臘入聲面去聲。

粘米曰豪平聲箭去聲。糯米曰豪平聲恨去聲。稗曰豪平聲旺去聲。粱曰豪平聲粱平聲。豆曰朵上聲。蕎曰豪平聲孟去聲。麥曰豪平聲摸上聲。小米曰豪平聲汪平聲。飯曰豪平聲。酒曰蒿平聲。肉曰難平聲。菜曰罵去聲。吃曰借去聲。用曰台平聲拜去聲。油曰們入聲。鹽曰那去聲。柴曰令平聲。米曰豪平聲。

馬曰麻平聲。牛曰波入聲。羊曰縛去聲。鷄曰蓋去聲。犬曰罵去聲。豕曰務去聲。鵝曰安上聲。鴨曰夜去聲。蛇曰誨入聲。虎曰蒙平聲。豹曰標去聲。魚曰猛上聲。鳥曰你入聲諾入聲。獸曰你入聲線去聲。

草曰亞去聲。木曰埋平聲。

一曰奪入聲。二曰蜡入聲。三曰汗去聲。四曰戲去聲。五曰訛平聲。六曰略去聲。七曰幸去聲。八曰罷去聲。九曰局平聲。十曰速入聲。百曰辨去聲。千曰羡去聲。萬曰挽上聲。

升曰損去聲。斗曰乎平聲。戥曰當平聲。秤曰浪去聲。

黑苗語

天曰翁平聲。以喉音借調。地曰堆上聲。日曰項去聲。月曰拉平聲。星曰孩去聲。風曰哉平聲。雲曰浪去聲。雷曰咆去聲皆平聲。雨曰囊平聲。雪曰崩平聲。露曰標平聲好去聲。

山曰臥去聲。坡曰悖去聲。水曰窩平聲。君曰旺去聲。官曰怪上聲。

祖父曰菊入聲。祖母曰包平聲。父曰壩去聲。母曰買上聲。兄曰歌平聲。嫂曰義去聲。弟曰皂去聲。夫曰腳去聲。妻曰味去聲。子曰洞上聲。孫曰洽平聲。

穀曰貢去聲。粘米曰箭去聲。糯米曰那去聲。麥曰糟平聲。下平聲。豆曰布去聲倒上聲。稗曰放上聲。蕎曰祭去聲。粱曰果去聲粱平聲。小米曰弩上聲。飯曰麻入聲。酒曰助去聲。吃曰赧平聲。飲酒曰好去聲助去聲。肉曰阿平聲。菜曰務去聲。柴曰杠去聲〔一〕。炭曰貼平聲。

馬曰駡去聲。水牛曰組去聲〔二〕。猪曰買平聲。羊曰央平聲。狗曰戾去聲。

房曰蔽去聲。

一曰以上聲。二曰阿上聲。三曰卑上聲。四曰魯上聲。五曰巴平聲。以唇音借調。六曰交平聲。七曰想平聲。下平聲。八曰牙平聲。九曰租平聲。十曰早平聲。百曰以上聲杯平聲。千曰以上聲賽上

〔一〕杠：原誤作「杜」。
〔二〕組：原誤作「紐」。

聲。萬曰以上聲王平聲。

升曰審上聲。斗曰倒上聲。戥曰當平聲。秤曰舂平聲。

〔民國〕獨山縣志

【解題】王華裔修，艾應芳纂。獨山縣，今貴州省黔南布依族苗族自治州獨山縣。「俗語」「蠻語」「狆語」「猺語」「苗語」見卷十三《風俗》中。存民國三年（一九一四）稿本。録文據貴州省圖書館一九六五年油印本《民國獨山縣志》。

俗語

天將曉曰麻麻亮。月暈徑尺許曰月亮戴笠。又轉爲戴斗篷。月暈徑丈許曰月亮打傘。日中曰晌午邊。天氣非雨非晴曰洴淞。上讀翁入聲，下讀松入聲。虹呼爲扛。讀去聲。電稱爲睒。音閃。霰謂碎米雪。山頂霧謂罩子。檐溜頻曰滴滴濩濩。兩山夾處曰沖地，平曠曰壧埮。音覽坦。掘土曰穵。讀呂平入二聲。庭曰廠壩。水上騰曰湄。水歧曰汊。音詫。入水曰打没讀迷去聲頭。竹林曰壕。陶器苦窳曰馬貨。言多遮飾曰拉龍過。强交曰答白。言語忤人曰觸讀杵頭。罵曰訣。意去不祥曰啡。讀培上平聲。不諳曰不懂。看曰省。讀鎖下平聲。飾假曰果羸。讀羅。發怒曰嘔去聲恚音氣。貌陋曰鬆讀下平聲樣。言執拗曰犟。音絳。行勉强曰蠲。音絳。逞刁曰裹矯。人難合意曰哩平聲拉。狡獪曰尖，曰姡。讀滑。黠行曰鬼殨子。慳吝曰膩毛。奢侈曰頑格。快敏曰剑敢。侮辱曰蹧蹋。懶散曰裸連。不慧曰懵懂。不醒曰昏惆惆。音刀。粗率曰恾音莽戇讀窗上聲。躁妄曰猛惷。讀銃。忽突曰溷帳。怠緩曰綿疲。跛人曰踮子。聲不清響曰嗄。讀罕平聲。手足生胝曰起老繭。細密曰徧麻。衆語攙越曰一麻腔。廣有曰徧曼。讀煉。言吃吃曰結巴。葳雜曰餬拉。沾利亦曰餬拉。恥示曰毀音害羞。母之父母曰外公外漊。妻之父母曰爺、曰媽。此本男女對父母通稱。夫於妻父母同其在室稱，妻於夫父母從夫稱，生子成人每從子稱，故人中年後有稱父曰爹、曰公，稱母曰奶、曰漊、曰太。嬰兒曰毛彦。足踏曰躧。手挽曰撦。俗作扯，非。爪刺曰掐。音恰。嚼聲曰䶖讀吉入聲䶗音括。吸飲曰欱、音渣入聲。曰呵、曰敆。音骨。呴喣曰汗讀入聲欠。伸曰吹讀火平聲欠。快走曰猋。音標。怪呼驚呼發語沾嘷。讀入聲。怒言急言出口帶狗。讀平聲。訕其所爲有失曰矮讀窩入聲黟。大聲言曰洸洸。讀入聲。眼皮動曰眨。音剳。指紋圓旋曰腡，傾旋曰撮讀錯入聲箕。多鬚曰髡音鬧腮鬍。綰髮爲髻曰挽扁頭。耳中作聲曰聬聬。音翁。寒熱結瘣曰疨音辛痒子。疥瘡曰乾瘑疙。音格撈。熱而皮生瘮曰痱音費子。經寒皮裂曰開皴。音撑。齒畏曰齼。閑談曰擺龍門陣。狀小兒行曰佃尬。讀達。輕略爲屈膝曰簉圓上聲簉下。應聲曰欸。音靄。推人曰攮。讀囊上聲。不爲禮曰不章。謂人形短曰矮奪玀。讀落。攪曰撸。音躁。擾亂曰撸場。笮去汁曰潷。沃水取汁曰瀝。讀去聲。手提曰擎。讀領平聲。齧骨曰齦。讀肯。漉物曰舀。音搖上聲。負物曰背、讀平聲。曰馱。棄物曰投。讀料。將本得利曰賺。讀抓去聲。藥毒人曰癆。音鬧。蟲螫人曰釘。摺屈曰蜎。圓起曰皰。音砲。嘆人老曰老班班。喜人少曰年輕輕。喚鷄曰古。喚猫曰渺。讀上聲。喚豕曰狃呢。讀入聲。唤小鴨曰哩哩。唤大鴨曰狹狹。犬豕牡曰牙狗、牙猪，牝曰草狗、草猪。牡馬曰兒馬。牝馬曰課馬。牡牛曰牯。牝牛曰牸。唤水牛曰顔。㗥水牛鬬曰顔多。唤黄牛曰䔉。猫思雄曰叫春，狗豕曰起草，牛馬曰起欄。割牛馬勢曰騸，音扇。鷄犬亦曰騸，豕曰鍬。畜生子曰下崽。馬孕曰有駒。猫孕曰有春。牛孕曰飽春。畜腰左右虚肉曰軟膁。讀謙平聲。豕肉曰東道。騾後木曰紂棍。馬障泥曰韂讀車去聲皮。馬後革曰屁鞦。豕項間肉曰臑音曹頭。猪肝曰快發財、曰潤子。物不潔曰騷騷、曰骯髒。物濕而黑腐曰黴。音霉。貫縷提之以織曰綜。音縱。横縷曰緯。音位。直縷曰經。讀牽。鞍薦曰屜。音替。抽廂曰抽屜。音提。關捩曰捎箟。讀消屑。通水槽曰筧音簡槽。煖酒曰湯。讀去聲。以鹽漬物曰濫。上聲。香氣盛曰香馥馥。讀蓬去聲。質重曰重鉠鉠。讀吞去聲。水漬曰漚。讀砲。風乾曰滰。讀朗去聲。切碎曰剸。音札。箸曰篏。音快。伸麪曰擀。音敢。鞋襯曰幫。物臭曰膖音邦醜讀抽去聲、曰醜同上鼹讀瀹平聲。物相擊聲曰砯砰。音蹦烹。火爆曰炛。音乍。歛衣裳曰扱。音札。鋪墊曰擺。火炙曰烤。飲食變味曰餿。音搜。湯元傅砲。平斗斛器曰概，讀湯去聲。平之曰杚。讀印。木石牡曰簨〔一〕。音筍。屋竬正之曰𥐟〔二〕。音薦。以餹盃豆屑曰牛打滚。皮工縫鞋曰鞝、讀掌。曰鞼。讀贊。鈢木器曰啄斧。平木器曰推鉋。音砲。盆桶漏曰罅。音蝦。木段曰橦。音同。大過式曰奘。音莊上聲。兩歧曰椏。音鴉。下垂曰軃。音妥。

〔一〕牡：原誤作「牝」。

〔二〕𥐟：原作「岱」，據《字彙》《篇海》改。

垂條曰杓。音弔。器破曰斯。物小動曰疢。音牛去聲。和物曰擠。音垒。物見裂痕曰剷。讀生上聲。穀束曰籑。食曰餘。讀芒去平兩聲，以餘或作餳故。飯食曰吃餘。舂糙成熟曰蘺。音剗。磨之漸消曰鋊〔一〕。讀遇。不平曰甋。音窾。果核曰覈。音忽。釜溢曰鬻。讀蒲。甑底曰箄。音閉。履中模範曰楦音絢頭。飾邊曰緣。音怨。用水去垢曰磢。音朗。趕人曰碾。衣系曰扣襻。汙曰涴。讀去聲。舀田水以灌田曰田水器曰戽桶。打田穀器曰斛桶。撻場穀器曰連枷。讀皆。拾物曰搴。音簡。綫條曰綹。音柳。表畫曰磴。音甑。漉飯器曰控箕。燒刀刃納水中以堅之曰淒讀吃水。以刀磨瓦石或皮上曰刉。讀當去聲。以篾束物曰箍。音枯。窑器加光曰上釉。音宥。澆花木菓蔬曰飲去聲水。蓋之曰康。音慷。塞之曰𡎺。音祝。織具曰篾。閉門機曰櫎。音拴去聲。搦汁曰䤈。以物沾水曰蘸。音贊。爛曰敡。讀跋平聲。柄曰欛。推之曰搑。音聳。物墮水聲曰㴋讀上聲瑾。青菜頭曰芯荄。讀上聲。金曰黄貨。銀十兩曰一砲。萬兩曰一方。錢百文曰一寸。千文曰一杓。足不足曰够不够。渾名什物曰東西。

按，俗語視他縣或同或異，要多有聲無字，間有字而音多訛。篇中於無字者，假借他字。音訛者，注讀某。稍僻者，注音某。蓋冀乍聞者知其語之所指也。其不大切於日用，闕之。至本有正文而少見者轉多所怪，亦間坿一二。

〔一〕鋊：原誤作「鎔」。

蠻語

天曰根讀入聲笨。地曰拉底。日曰大惡。月曰冗鍊。天將曉曰然讀入聲冗。天將黑曰排老。黑盡曰拉擺流。日中曰大惡當。晌午曰折伶。讀入聲。乍晴乍雨曰惡凝惡蘊。虹曰東讀入聲發。電曰訝讀上聲鞭。雷曰鞭。星曰撈俚。上平聲。風曰冗。讀入聲。雲曰窩。雨曰蘊。大雨，蘊勞。小雨，蘊刀。飛雪曰朵柰。霜曰柰碗。讀入聲。霧曰朗抹。月戴斗篷即月暈徑尺曰冗鍊登。攬月打繖即月暈徑丈曰冗鍊扛兩。上平。石曰印。山曰洞。坡曰傍下平播。坡戴霧曰傍播登卯。草檐下曰拉敢汗。讀入聲。落雨曰朵蘊刀。山沖曰降烘。地平坦曰拉底降兵。讀入聲。土曰那。讀上聲。鋤土曰本那。廠壩曰降麻。水曰曩。水涓曰曩衮讀入聲刀根讀入聲。水汲曰曩賴拜送擺。入水曰得溫讀入聲能曩。竹林曰勒讀平聲黑。陶器曰育夥。人曰問。讀入聲。知不知曰若讀下平覓若。言曰扛好。語冗曰把賴。衆多語曰問賴扛好賴。强交言曰好覓刀扛。言語忤人曰没扛好少問。入聲。罵人曰歸問。讀入聲。眼曰大。鼻曰囊。讀去聲。鼻𥚃，囊賞。口曰覇。足曰定。目視曰得大斗典。發怒曰果假。上聲。貌美曰利佳。讀入聲。貌陋曰也晼。齒曰柔。讀上聲。齒齙曰柔底。齒本肉曰柔儺。讀上聲。執拗曰柔。讀去聲。去曰拜。逞刁曰醒雅。難合意曰覓蒿醒。慳吝曰門買賴流。奢侈曰管拜。讀入聲。聰明曰擎。讀領上平。侮辱曰海顧。昏憒曰覓柔賴。疲緩曰墮朵。結巴曰漫彌。汙穢曰覓秀。羞恥曰雅莞。罵人無恥曰問覓若下平雅莞。手曰焚。手挽曰焚然。讀上聲。手爪曰勒焚。爪刺曰勒焚與焚。足躐曰定麻吉勒。嚼曰柔平聲巖入聲。食曰更。眼跳曰必大展。細聲曰杏乃。大聲曰杏勞。多鬚曰猛賴，少曰猛消。女髻曰根讀入聲交。耳曰熱。耳作聲曰熱厚。生瘡曰笨讀入聲訝。結痒曰笨簸。皮裂曰典恨。清談曰扛好古扎。攪動曰鳥。讀下平。腰帶曰交。讀入聲。長衣曰般上聲來入聲。短衣曰般丁。小衣曰瓦。背曰把浪。藥毒人曰夜半問。蟲叮人曰念典問。老人曰蒲姐。少年曰蒲卓。祖父曰豹。祖母曰雅。外公曰保大。外婆曰也歹。父曰簸。母曰美。叔父曰波好。伯母曰美浩。兄曰皮。弟曰濃。妹曰圞。舅父曰簸龍。入聲。外家通稱曰諾難。夫妻曰交雅。舅兄曰龍。入聲。舅弟曰拿。子曰勒。童子曰勒乃。孫曰爛。外甥亦曰爛。新婦曰旁抹，又曰孃抹。官曰蒲曬。民曰問入聲百。先生曰保信。劫賊曰管練。小偷曰管然。讀入聲。爾曰蒙。入聲。我曰顧。他曰典。男曰勒般讀上聲賽。女曰勒般。小兒扒地曰勒乃閏。讀入聲。人死曰問代。抱人曰拱讀入聲問。不爲禮曰迷離連。人形短曰問擋。問貴姓曰蒙老入聲位隔麻，答我姓某曰顧位隔麻。問爾有許多歲曰蒙老來及賴比，讀去聲。答曰顧來比及賴比。問好不好曰蒙老當利覓利，答好曰當顧利。問有幾子曰蒙老呢及賴勒，答有子幾曰顧呢勒及賴。有福曰老離縛。讀去聲。壽高曰教。多少曰杜消。輕重曰拖囊。長短曰腮讀入聲丁。高低曰上檔。村寨曰麻。橋梁曰葦。居玉切。河曰打。溝曰漫。田曰納。菌曰算。龍曰頒。讀上聲。蛇曰厄。兒馬曰得鑾。課馬曰美麻。羊曰月。猴曰得伶。讀入聲。鷄曰改，下蛋曰果佳。讀上聲。牙狗曰罵得。草狗曰罵免。豕曰茂。鼠曰得內。讀上聲。黃牛曰絶狠。上平。水牛曰得歪。讀入聲。水牯曰歪得。讀上聲。水犳曰歪走。水母曰歪美。虎曰得固。兔曰得覩。騾曰得洛。猫曰苗。讀入聲。鵝曰罕。鴨曰貶。豹曰標。蝦曰鳥。魚曰巴。讀去聲。飛鳥曰若命。門地脚曰前渡。棹曰龔。讀入聲。碗曰堆。下平。筷曰得。讀上聲。杯曰縱。酒曰醪。同漢。鹽曰卷。辣曰馬。菜曰壩。略近。飯曰巖。讀入聲。桶曰東。刀曰蜜。瓢曰背。控箕曰惹氣。盆曰外。甑曰賽。火曰魚。入聲。斧曰萬。鉋曰保。鋸曰格。讀上聲。盒曰叫。風箱曰擺。石磨曰墨陡。巖曰熱令。三脚曰江。讀入聲。板凳曰擋。草索曰散。扁擔曰危哈。柴曰焚。讀入聲。竹籃曰邪。帽曰卯。襪曰馬。升曰盛。斗曰島斛。桶曰鳥。布曰邦。讀入聲。緞曰閧。略近。綢曰藹。瓦曰頑。屋歪曰然讀入聲揣平聲。金曰敬。銀曰恩。讀入聲。銅曰鸞。讀入聲。鐵曰發。錫曰眼。漆曰然。讀入聲。錢曰結。筆曰秉。墨曰忙。讀入聲。茶曰殺。燭曰鎖。讀去聲。燈草曰門讀入聲擋。點燈曰殿當。擂鉢曰罷臼。棍棒曰腓隼。鍋鏟曰卦耍。盆曰奔。讀入聲。犁耙曰醉壩。散秧曰墮家。栽秧曰嫩納。薅秧曰賴納。米曰豪。打米曰敵豪。粘米曰豪筲。粳米曰豪利。稗曰豪旺。高粱曰豪粱〔一〕。豆曰短。蕎曰豪猛。麥曰豪模。小米曰豪汪。包穀曰豪翁。讀入聲。油曰欲。柴曰閶。草曰汗。讀入聲。木曰槐。花曰歪。讀上聲。戥曰當。稱曰掌。橘曰勒糾。蔗曰得爲。荸薺曰勒酸。讀入聲。瓜子曰女勒瓜。橙曰勒白。柑曰勒扞。桃曰慢刀。讀入聲。李

〔一〕粱：原作「粱」。

曰勒罵。杏曰勒金。讀入聲。琵琶曰勒八。梨曰曼刀。楊梅曰勒選。鷄勾曰勒斤。讀入聲。韭菜曰壩烏。蕓台菜曰壩巴。入聲。青菜曰壩扦。四季豆曰勒短散。豇豆曰勒短望灑。讀入聲。籬笆豆曰勒短霸。苦瓜曰勒杭。王瓜曰勒定。冬瓜曰勒發。西瓜曰勒染。芫荽曰壩虛。葱曰壩茂。薑曰影。蒜曰罷略近乎。洋茄子曰勒揉。讀去聲。蘿蔔曰勒不。茄子曰勒格。豆芽曰岸。指麻曰勒然。讀入聲。糖曰丁。讀入聲。蜂窩曰聳讀入聲丁入聲。炮曰聳多。木曰槐賴。田壩曰拱拿。被蓋曰幔莫。帳曰夜。枕曰雖。入聲。臥單曰攘。草薦曰稿選。竹席曰慢名停。草席曰慢名。頂罐曰卦魯。缸曰恩。菩薩曰博散。土地曰保間。指路碑曰印當讀入聲敗讀入聲。白曰浩。紅曰令。黃曰薰。子曰申。丑曰標。寅曰業。卯曰猫。辰曰昔。巳曰奢。午曰沙。下平。未曰番。申曰善。酉曰如。戌曰勝。亥曰高。下平。一曰料。二曰送。三曰散。四曰洗。五曰汗。讀平聲。六曰弱。去聲。七曰善。八曰便。九曰辜。十曰節。十一曰節易。十二曰節擬。一百曰把料。一千曰弔料。一萬曰板料。

狆語

天曰悶。地曰論。日曰難讀去聲問。月曰紀力。天將曉曰悶將。天將黑曰悶老。黑盡曰拉擺流。日中曰難問當。晌午曰般讀上聲汶。乍晴乍雨曰等咏等嶺。虹曰得龍。閃電曰勒讀平聲巴讀上聲。雷曰得把。讀上聲。星曰勞讀去聲里。風曰龍。讀去聲。雲曰瓦。雨曰咏。大雨，咏勞。小雨，咏底。雪曰累。霜曰累旺。霧曰朗抹。月戴斗篷即月暈徑尺曰紀力當。攬月打繖即月暈徑丈曰紀力康散。石曰堆。讀入聲。山曰播。山戴霧曰播朗抹。檐下曰拉然。讀去聲。水曰曩。檐滴水曰遠然朵咏。山沖曰攏。入聲。地平坦曰拉攏。擯讀入聲土曰攏。鋤土曰谷攏。廠壩曰得讀上聲板。水涓曰曩猛。水泓曰曩東讀入聲皋。入水曰拜拉曩。竹壕曰弄打。陶器曰東讀入聲罐。人曰挨印。知不知曰若讀下平覓若。言曰東江。多言曰江拱。讀入聲。衆多語曰印公東江。强交言曰散江。言語忤人曰江好當多印。駡人曰涓印。眼曰大。鼻曰曩。讀去聲。口曰兜。讀上聲。視曰高及鬧。發怒曰元假。上聲。美人曰柰印。貌陋曰搜。齒曰攸。齒齙曰攸東讀入聲襖。齒本肉曰拿攸。執拗曰悄嫩。去曰拜。來曰當。讀去聲。逞刁曰溜翁。讀入聲。難合意曰覓刀送麻。讀入聲。慳吝曰本拱。讀入聲。奢侈曰惱勇。聰明曰縱明。侮辱於人曰擡印。結巴曰把免。汙穢曰鴉。羞恥曰羞難。讀上聲。駡人無恥曰泥印蔑魯讀去聲羞難平聲。手曰谜。手挽曰谜巧。手爪曰忍谜。爪刺曰谜美。足曰定。足躧曰定那。讀上聲。嚼曰挨。平聲。食曰敬。細聲曰江底。大聲曰江勞。眼跳曰必大展。多鬚曰洛空。讀入聲。少鬚曰洛消。女髻曰假。耳曰架。耳作聲曰架翁。下平。生瘡曰噴假。上聲。結痒子曰噴簸。皮裂曰覓江連。清談曰用買。攪動曰谜要。腰帶曰惹。去聲。背曰般倫。藥毒人曰然讀入聲哈印。蟲釘人曰累江印。老年曰埃去聲勞。少年曰埃索。祖父曰共。去聲。祖母曰牙。平聲。父曰蒲。母曰呢。兄曰懷。弟曰奴。平聲。妹曰濃。夫曰鐃。妻曰俚。讀平聲。伯父曰蒲勞。叔父曰蒲底。子曰辣。童子曰辣底。孫曰漢。外公曰共上聲大。外婁曰牙殿。舅父曰布下平龍。外甥曰界欄。男子曰臘壩。女子曰臘吁。新人曰臘俚。官曰檬。平聲。民曰邊醒。賊曰擔奸。爾曰厄。我曰業。他曰道。小兒扒地曰辣底眷拉。人死曰印代。抱人曰翁印。不爲禮曰覓江連。人短曰印擋。問爾貴姓曰厄醒格麻，讀入聲。答曰業姓某。問春秋幾何曰來平聲及賴便，答曰業來若干歲。問爾好否曰厄賴覓賴，答我好曰業賴。問爾有幾子曰厄浪幾平聲辣，答我有幾子曰業浪幾讀平聲辣。有福曰浪府。多少曰共入聲消。輕重曰耄刃。長短曰挨令。平聲。高低曰翁當。村寨曰漫。讀平聲。橋梁曰曲。河曰業。讀去聲。溝曰面。田曰阿。路曰困。薗曰羨。龍曰攏。入聲。蛇曰蘗。讀入聲。兒馬曰麻達。課馬曰麻呢。羊曰然。讀入聲。猴曰淋。讀入聲。鷄曰改，下蛋曰窩界。讀上聲。牙狗曰罵得。草狗曰罵呢。平聲。豕曰茂。鼠曰那。平聲。黄牛曰得婁。水牛曰得懷。水牸牛曰得回。水母牛省曰曰内平聲回〔一〕。虎曰蒙。兔曰抖。騾曰洛。猫曰苗。平聲。鵝曰安。讀上聲。鴨曰夜。豹曰蒙。魚曰猛。蝦曰蚴。草曰亞。木曰埋。飛鳥曰諾永。門地脚曰琴墮。棹曰龔。讀入聲。碗曰窩。入聲。筷曰送。杯曰衆。肉曰難。酒曰醪。漢同。鹽曰⿰貝耑。辣曰領。菜曰慢。飯曰巖。讀入聲。桶曰通。刀曰蔑。瓢曰免。控箕曰遠氣。盆曰點。甑曰埃。讀去聲。火曰未。斧曰固。鉋曰保。鋸曰煮。石磨曰沐陡。巖曰兵讀入聲播。三脚曰均。讀入聲。板櫈曰擋。草索曰然讀入聲訝。扁擔曰梅哈。柴曰梅洞。籃曰

〔一〕此條疑衍「曰」字。

兵。入聲。帽曰卯。襪曰麻。升曰弄。讀上聲。斗曰陶斛。桶曰東。倉曰攸。布曰易。緞曰蒿。瓦曰頑。屋歪曰讓衰。金曰敬。銀曰凝。銅曰隆。鐵曰俚。錫曰先。讀上聲。漆曰老。錢曰營。筆曰柄。墨曰麻。紙曰燦。書曰鍊。茶曰雜。燭曰左。燈草曰門擋。讀入聲。點燈曰丁玉擋。擂鉢曰縻東領。棍棒曰枚。盆曰奔。讀入聲。犁耙曰醉八。散秧曰攤基。栽秧曰嫩也。薅秧曰業也。打米曰兜讀入聲豪。粘米曰豪箭。粳米曰豪賴。稗曰豪放。高粱曰豪眠。豆曰抖。蕎曰豪猛。麥曰豪摸。小米曰豪永。油曰門。戥曰當。秤曰浪。橘曰勒掬。蔗曰董威。瓜子曰委瓜。柑曰勒敢。桃曰勒到。入聲。李曰勒漫。平聲。琵琶曰勒八。梨曰勒擂。楊梅曰勒選。韮菜曰慢吼。平聲。蕓台菜曰慢蒙。入聲。青菜曰慢敢。白菜曰慢棚。莧菜曰慢用。苦瓜曰勒杠。王瓜曰勒並。薑曰行。去聲。蒜曰貨。洋茄子曰勒掉。蘿蔔曰勒坏。豆芽曰斗醃。芝麻曰勒赧。讀入聲。糖曰當。讀入聲。炮曰總。木多曰埋棋。讀入聲。田塍曰棋雅。帳曰春。臥單曰罷。草薦曰告井。竹曰梅單。竹席曰罷丁。草席曰亞丁。下平。頂罐曰清爐孤。缸曰杭。讀入聲。菩薩曰得然。廟曰拉渺。指路碑曰堆下平敗讀入聲。白曰誥。紅曰浪。黃曰安。緑曰孝。青曰怕。黑曰那。紫曰港。一曰料。二曰爛。三曰散。四曰細。五曰訛。六曰略。七曰幸。讀上聲。八曰罷。平聲。九曰糾。十曰熱。十一曰熱遠。十二曰熱蟻。一百曰辦。一千曰羨。一萬曰挽。

⿰犭水語

天曰悶。地曰打底。日曰大問。月曰浪業。天將曉曰悶當。讀去聲。天將黑曰悶海讀平聲領。黑盡曰領遼。日中曰大問堆讀上聲打底。晌午曰借香。乍雨乍晴曰起奮起擎。虹見曰斡借囊。讀平聲。雷曰扛下平了。星曰忽。風曰攏。讀去聲。雲曰番。雨曰奮。大雨曰奮勞。小雨曰奮底。飛雪曰朵内。霜曰内八。霧曰礐。月戴笠即月暈徑尺曰業當弔。月打繖即月暈徑丈曰業弔罕。石曰丁。讀入聲。山曰弩。讀入聲。巖曰弩丁。坡曰曾。讀入聲。山戴霧曰孤弩入聲現礐。草檐下曰雨晏下平壓。落雨曰朵奮。山沖曰葛弩。入聲。地平坦曰打底别。土曰閔。鋤土曰扎閔。水曰曩。上平。水涓曰曩標。讀去聲。水汊曰曩拜揞讀入聲枉入聲。入水曰累拜襖上平曩。竹林曰腮泛。陶器曰洛堆。人曰認。知不知曰囂覓囂。言曰都墳〔一〕。多言曰各略。平聲。强交言曰蔑敖平聲業墳業補平聲墳。言語忤人曰業墳鮮乃羞巖。讀入聲。駡人曰昧認。眼曰大。鼻曰囊。讀去聲。齒曰詠。齒齙曰詠虐。讀上聲。齒本肉曰南仰。去曰拜。逞刁曰了略。平聲。難合意曰蔑刀。慳吝曰美略。平聲。奢侈曰坡腓。聰明曰懈共。讀入聲。侮辱曰糾囊去聲蔑迹。昏憒曰巷平聲興。疲緩曰刁讀上聲略平聲。稱人結巴曰鸞罵。讀入聲。汙穢曰桉讀入聲邦讀入聲。羞恥曰攀讀上聲冒。無恥曰蔑攀冒。手爪曰攬面。爪刺曰面堆。讀上聲。足曰定。嚼曰馬。吃

〔一〕墳：原誤作「墳」。下同。

曰借。眼跳曰拱大刁。讀入聲。大聲曰房裸。細聲曰都房裸底。多鬚曰虐共。讀入聲。少鬚曰虐消。女髻曰果夥。耳曰看。耳作聲曰看公翁翁。讀入聲。生瘡曰見去聲梗。結痒子曰窩。皮裂曰調代。閑談曰焚讀入聲麻浪平聲。攪動曰鳥面敖。腰帶曰纜攏。長衣曰朵皆。短衣曰朵領。平聲。小衣曰烘。背曰打爛。藥毒人曰哈罕上平認。蟲釘人曰内讀入聲呆認。老人曰認老。少年曰辣瓮。祖父曰共。祖母曰牙。父曰蒲。母曰呢。兄曰腓。弟曰拏。姐曰腓遠。妹曰拏貶。夫曰格。去聲。妻曰涯。平聲。伯父曰蒲勞。叔父曰蒲低。伯母曰巴。即呢勞之省。叔母曰呢低。子曰辣。童子曰辣底。孫曰辣漢。外公曰拱大。外婁曰刁戴。舅父曰廣蜀。舅兄曰龍。讀入聲。舅弟曰蜀。男曰辣垻。去聲。女曰辣面。新婦曰鮮羑。官曰冠。民曰兵。讀入聲。賊曰兩。爾曰業。我曰埃。讀入聲。他曰各悶。小兒扒地曰辣底圞入聲打底。人死曰認代。抱人曰面翁認。不爲禮曰蔑墳連。人短曰黨得拿。問貴姓曰業姓芒，入聲。答曰埃入聲姓芒。問春秋幾何曰業呆基共入聲拜，答曰埃呆基共入聲拜。問爾好不好曰業賴蔑賴，答我好曰埃賴。問爾有幾子曰業囊去聲基辣，答我有幾子曰埃囊基辣。問爾有福曰業賴勞。問爾有壽曰業杜勞。多少曰共入聲消。重輕曰讓然。平聲。高低曰奉黨。上下曰務呆。村寨曰巴。橋梁曰華。河曰彥。溝曰規。田曰敢。園曰願。龍曰幹。蛇曰灰。讀入聲。兒馬曰蜡麻。課馬曰海麻。羊曰惑。猴曰滿。鷄曰改，下蛋曰窩上聲改。牙狗曰共罵。草狗曰昂上聲罵。豕曰茂。鼠曰諾。平聲。黄牛曰婁滿。平聲。水牛曰規。入聲。水牯曰規達。水牸曰規海。水母曰呢規。揆其文法應作規呢。虎曰蒙。兔曰巴下平亞。騾曰洛。猫曰牟。鵝曰晏。鴨曰厄。上聲。豹曰蒙。入聲。魚曰摸。讀去聲。蝦曰虐。上聲。獸曰你入聲線。飛鳥曰諾鷰。讀若淵。門地脚曰段墮。棹曰希。碗曰堆。下平。筷曰箸。杯曰縱。酒曰蒿。肉曰難。鹽曰亂。辣曰歛。上聲。菜曰罵。飯曰歐。下平。用曰台平聲拜〔一〕。桶曰通。刀曰蜜。瓢曰比。讀去聲。控箕曰欸氣。盆曰典盆。甑曰漚。火曰玉。斧曰慣。鋸曰舊。盒曰恨。風箱曰過合遇。石磨曰丁入聲墨。三脚曰國。板凳曰閩擋。草索曰攬拈。扁擔曰枚岸。柴曰點。帽曰濃。襪曰麻。升曰盛。斗曰乎。平聲。戥曰當。秤曰黨。轎曰道。倉曰裸。房屋曰安。讀入聲。門曰板墮。窗曰墮格。門拴曰囊墮。磚曰賭。瓦曰欲。石砍曰千。入聲。石灰曰害。牆曰吐。平聲。柱曰安。几曰混寧。平聲。水烟袋曰東入聲囊。金曰龔。去聲。銀曰凝。銅曰東。入聲。鐵曰顯。錫曰現。漆曰打。錢曰賢。入聲。筆曰枚矺。墨曰慢。入聲。紙曰基。茶杯曰縱節。燭曰左。燈曰等。燈草曰門玉。點燈曰顛等。擂鉢曰壘。入聲。棍棒曰枚。鍋鏟曰各斬。犂耙曰醉八。散秧曰逗連。平聲。栽秧曰浪敢。薅秧曰柰入聲敢。米曰豪。打米曰堆入聲豪。粘米曰豪箭。粳米曰豪現。紅稗曰豪放。高粱曰豪茂莽。入聲。豆曰墮。蕎曰豪猛。麥曰豪模。小米曰豪淵。包穀曰豪蔑。油曰欲。草曰杠。木曰枚。棍棒亦曰枚。花曰穠。蔗曰巍。荸薺曰彧。瓜子曰蘂。

〔一〕該句疑有錯字。

橙曰敢當。入聲。柑曰桿。桃曰放。李曰們。琵琶曰核。棃曰埃。楊梅曰海把。栗曰堆。上聲。韮菜曰糾。下平。青菜曰漫敢。豇豆曰墮料。籬笆豆曰墮板。苦瓜曰漫棹桿。入聲。王瓜曰卦。冬瓜曰冗八。西瓜曰不蒿。芫荽曰蔓彙。葱曰糾入聲梭。薑曰信乇。辣子曰漫掉。蘿蔔曰漫八。茄子曰稼。豆芽曰朵辣。芝蔴曰岸。糖曰當。入聲。蜂窩曰箇洛。炮曰笨衆。田墾曰箭坎。被蓋曰綿入聲濃。帳曰昏。枕曰墊孤。臥單曰墊濤。草薦曰勘檢。竹席曰冰條。頂罐曰正。缸曰晏。指路碑曰定入聲朵根。紅曰啐。平聲。白曰八。青曰那。紫曰降。緑曰悄。黄曰滿。平聲。黑曰曩。去聲。灰曰怕諷。上聲。淺深曰典樣。甲曰假。乙曰矣。丙曰鞭。丁曰殿。戊曰茂。己曰記。庚曰更。辛曰信。壬曰濃。癸曰舉。一曰奪。二曰安。入聲。三曰旱。四曰洗。五曰峨。六曰略。七曰顯。八曰把。九曰糾。十曰索。十一曰索矣。假借乙譯。十二曰索安。一百曰底般。上聲。一千曰底現。一萬曰底飯。

苗蠻各種皆無文字，惟狄家有反書，略似小篆。今採數十字，仿摹如左：

子　丑　寅　卯　辰　巳　午　未　申　酉　戌　亥

甲　乙　丙　丁　戊　己　庚　辛　壬　癸

春　夏　秋　冬

月　日　時　方

天 地 星 辰 風 雲 雷 雨 山 川 草 木

花 蟲 乾 坎 艮 震 巽 離 坤 兑

東 西 南 北

貪 巨 禄〔一〕 文 廉 武〔二〕 破 輔 弼

苗語

天曰冗入聲阿。地曰背堆。讀上聲。日曰項。讀上聲。月曰罕。讀平聲。天未曉曰冗阿靡讀若米架工。天將黑曰冗阿己沙標。讀去聲。黑盡曰冗阿標。日中曰項當韶吼。讀上聲。晌午曰曩上平朗。乍晴乍雨曰己沙猷業己沙猷曩。大雨曰囊讀入聲火。小雨曰囊夭。雪曰猷波。讀上聲。霜曰猷九。霧曰標去聲好去聲。月亮打傘曰拉罕樓讀上平覺斯。石曰裸己。山坡曰珠。山上曰紀龔。讀去聲。草屋曰兵讀入聲格讀上聲。瓦屋曰兵萬。落雨曰刀納。地平坦曰白點邦。讀入聲。土曰堆。讀上聲。鋤土曰項讀上聲堆。廠壩曰果苔。讀上聲。水曰舞。水涓曰舞保刀。水汲曰舞阿讀上聲海卯讀上平。入水曰告豪。竹林曰物糟。陶器曰沙墜。人曰奪難。讀去聲。知不知曰孛覓孛。言曰奪渣。多言曰奪渣鴉。衆多語曰難鴉奪渣。强交言曰面黑讀上聲豆接豆。言語忤

〔一〕禄：原誤作「六」。

〔二〕原作「[illegible]」，據《都匀縣志稿》《三合縣志略》改。

人曰面黑豆接豆棲媽。罵人曰希拿。讀上聲。眼曰兩忙。讀上聲。鼻曰齈讀去聲邦讀入聲。鼻衵曰齈邦奏。口曰繞。讀去聲。足曰攬。目視何處曰忙依没當。讀入聲。發怒曰煩齊。貌美曰奪難烏。貌陋曰奪難斜。齒曰嚕寒。齙齒曰丁讀入聲墨單。齒本肉曰嚕寒干。執拗曰孟多降。去曰帽。來曰刀。逞刁曰屎攬。讀上聲。難合意曰嗻合覺。慳吝曰腮攬。讀上平。奢侈曰約上平腮攬。聰明曰哲黑。讀上聲。侮辱曰你罕媽攬。昏憒曰露。疲緩曰格讀上聲攬。結舌曰埡虐。讀去聲。汙穢曰搓。讀上聲。羞恥曰佳。讀入聲。罵人無恥曰覓簸地佳。手曰倍。手挽曰倍拉格媽。手爪曰格倍。爪刺曰扔。讀上平。足躧曰攬歹。嚼曰覺。讀去聲。吃曰囊。讀上聲。眼跳曰諾讀入聲忙讀入聲爛。細聲曰麻麻讀入聲扎。大聲曰達蒿夥。多鬚曰穲讀入聲爛讀上聲。少鬚曰米弔穲。女髻曰紅罕。耳曰共讀入聲比讀去聲。耳作聲曰共比皆。生瘡曰得濫。結痒子曰各囊。讀上平。皮裂曰格讀平聲頭坎。清談曰斗渣。攪動曰歪。讀上聲。腰帶曰攏篩。讀下平。衣曰奢。短衣曰奢裸。讀上聲。小衣曰者。背曰果稿。藥毒人曰覺讀上聲多那讀上平。蟲釘人曰奪難多那。讀上平。老人曰那平聲露。少年曰朵那。祖父曰郁。祖母曰包。略近。父曰壩。讀上平。母曰買。兄曰哥。漢同。嫂曰義。讀下平。弟曰皂。讀下平。夫曰腳。讀去聲。妻曰圍。姐曰濟。妹曰渣。讀下平。伯父曰板郎。叔父曰八幺。外公曰厄育。外婆曰包旦。舅父曰郁鬧。舅兄曰鬧。舅弟曰查。子曰朵中。讀入聲。童子曰朵幺。孫曰闌。外甥曰朵闌。新人曰忸采。官曰拐。民曰那上平沓。先生曰本兜。讀下平。劫賊曰拿入聲呢好。小偷曰拿呢幺。爾曰厄。讀上聲。

我曰左。讀下平。他曰梗。讀上平。男曰攸。女曰胞。小兒扒地曰朵幺然讀入聲必堆讀上聲。人死曰難道。讀入聲。抱人曰包讀入聲道難。不爲禮曰唦每賴。人短曰離蓋。問貴姓曰露誰也便吼讀平聲，答曰左口便吼。問春秋幾何曰打家得休，答曰左單若干得休。問爾好不好曰厄烏唦烏，答我好曰左烏。有福曰烏明。讀入聲。壽高曰攬讀上聲休。多少曰攬蓄。重輕曰巷讀入聲誇讀上聲。長短曰連羅。高低曰海桿。村寨曰厄。讀去聲。橋梁曰周。河曰兩。讀平聲。溝曰康。讀上平。田曰得。讀平聲。園曰翁。龍曰昂。讀平聲。蛇曰那。兒馬曰粑讀下平漫。課馬曰美麻。羊曰樣。猴曰賴。讀上聲。鷄曰敢，下蛋曰勤基。牙狗曰粑讀下平尖讀下平。草狗曰買尖。牡猪曰買粑。鼠曰嫩。黄牛曰得浩。調喉音。水牛曰得忸。即前之舞。水牯曰板下平忸。水牸曰買忸。虎曰學。讀下平。豹曰哮。騾曰得魯。猫曰苗。讀平聲。鵝曰蟻。讀平聲。鴨曰晏。略近。蝦曰糟。魚曰唦。飛鳥曰諾庸。走獸曰蛇。門地腳曰必救。棹曰龔。讀入聲。碗曰粘。筷曰糾。讀入聲。杯曰選。酒曰仇。飯曰麻。讀入聲。肉曰干。鹽曰蘗。讀下平。辣曰攬。讀上聲，調喉音。菜曰歐。讀上聲。桶曰土。刀曰倒。瓢曰罕。控箕曰壓汗讀入聲氣。盆曰堆。甑曰學。平聲。火曰豆。斧曰兜。鉋曰包。鋸曰周。盒曰頑。讀上聲。風箱曰雀讀平聲堂。石磨曰黑陡。巖曰阿。讀去聲。三腳曰窉怪。讀平聲。板凳曰先。讀上聲。草索曰覺。讀平聲。扁擔曰紀站。帽曰卯。襪曰漫。升曰聳。斗曰倒斛。桶曰歸。布曰斗。緞曰反。瓦曰萬。屋傾曰皮勾。金曰總。銀曰蟻。讀平聲。銅曰都。鐵曰蒿。錫曰吼。漆曰散。錢曰腮。筆曰秉。墨曰忙奴。讀平聲。

茶曰在。燭曰佐。燈草曰門當。讀下平。點燈曰逗當。擂鉢曰埃。讀去聲。棍棒曰點。鍋鏟曰戈讀下平尖。盆曰當。讀去聲。犂耙曰奶叉。散秧曰勾約。讀上聲。栽秧曰節得。讀平聲。薅秧曰叨得。米曰梭。讀下平。打米曰逗梭。下平。粘米曰个煎。讀下平。粫米曰个那。紅稗曰放。讀上聲，調喉音。高粱曰果遠。豆曰道。蕎曰載。麥曰棧。小米曰奴。讀去聲。包穀曰淵。油曰略。柴曰豆。草曰格。讀上聲。木曰嚕。花曰蒙。讀平聲。戥曰當。讀入聲。秤曰磋。橘曰排力。葶薺曰排想。慈姑曰物拉。瓜曰覩。瓜子曰巷讀上聲覩。桃曰排改。李曰排挨。讀上聲。杏曰忸。讀平聲。琵琶曰補壩。梨曰排襖。讀上聲。楊梅曰排亮。鷄勾曰排者。韭菜曰舞敢也蟻。讀平聲。蕓台菜曰木邦。讀入聲。青菜曰伍覺。讀平聲。白菜曰伍覺九。四季豆曰培倒。豇豆曰培倒兩先。籬笆豆曰培倒力未。苦瓜曰阿挨。讀上聲。王瓜曰忸讀入聲干。冬瓜曰覩海。香料曰馬歹。薑曰窮。蒜曰伍敢毛。辣子曰伍枸。蘿蔔曰嘉不。茄子曰雜。豆芽曰道長。芝蔴曰埃。讀去聲。糖曰麻顛。蜂窩曰樓義墨照。炮曰縱。木多曰嚕攬。讀平聲。田墾曰選得。讀上聲。被蓋曰頑讀平聲構。帳曰皮罕。平聲。枕曰宏汝。平聲。臥單曰告埃。上聲。竹席曰想。草席曰想厄。讀上聲。草薦曰新。頂罐曰外古。瓦罐曰沙醉。鑘曰兇。讀上聲。缸曰闌。菩薩曰欲渺。讀平聲。土地曰欲闡。指路碑曰已把。紅曰賴。讀上聲。白曰走。青曰覺。讀上聲。緑曰渺。讀平聲。黄曰光。黑曰標。讀去聲。灰曰跑。子曰弄。丑曰忸。讀平聲。寅曰學。讀下平。卯曰磨。辰曰昂。讀平聲。巳曰那。讀上聲。午曰漫。未曰央。申曰賴。讀上聲。酉曰敢。戌曰尖。

讀下平。亥曰粑。一曰以。二曰阿。讀上聲。三曰卑。讀上聲。四曰魯。略近。五曰巴。讀上聲。六曰交。七曰想。讀下平。八曰也。九曰周。十曰早。十一曰早以。十二曰早阿。上聲。一百曰以巴。一千曰以賽。一萬曰以月。

〔民國〕開陽縣志

【解題】解幼瑩修，鍾景賢纂。開陽縣，今貴州省貴陽市開陽縣。「語言」見第九章《社會·風俗》中。録文據民國二十八年（一九三九）鉛印本《開陽縣志》。

語言

苗族語言與漢族迥然不同，惟其族自相告語用之。而苗族中又各自有其歷史之關係，故所言亦每互異。苗胞止居散漫，以蒲窩八寨爲其保聚有名之區，姑以其言代表之。

其稱謂也，於父曰阿巴，母曰阿妹。祖父曰阿敵，曾祖父曰阿敵祖。姊妹皆曰阿大。子曰阿鐺，女曰鐺妹。

其名畜也，狗曰阿狼，讀平聲。雄牛曰戥讀入聲，下同巴溜，雌牛曰戥妹。

其名物也，碗曰阿孔，筷曰阿箸。讀去聲。

其指事也，早餐曰濃亞月，午餐曰亞賞，晚餐曰濃亞博。濃謂吃，亞指所食，月、賞、博指時間，猶曰早、中、晚也。

其音多難漢字直譯，其繁亦不可勝書。欲概其餘，略舉一斑耳。飲酒曰喝爵。讀平聲。爵者酒之謂。謂物之少曰低低點，或點點個。人之多曰一堉堆，或一窩囉。形容稀疏曰稀撈稀撈。表示稠密曰密麻密縫等。

〔民國〕息烽縣志

【解題】王佐等修，顧樅纂。民國二十九年（一九四〇）修，未刊。息烽縣，今貴州省貴陽市息烽縣。「方言」見卷二九《風土志》中。録文據貴州省圖書館一九六五年油印本《民國息烽縣志》。

方言

文字雖以齊語言，而人之生也，無不能語言，非待學也。若夫文字，則舍學末由也。且百人學之，廢者過半也，千人之生，不百逮學也，是文字之簡而語言之繁也。欲執簡以御繁，顧其道奚由也？邦國四方之志，《周禮》明著，所以掌之。今之世，其去制《周禮》之世，又何若也？禮俗，其無變遷耶？學術，其猶淳樸耶？不若是也。然生人之治其生，終不離乎文字、學術也，則其所以語言固當齊之於文字也。志方言。

父曰爹，曰爸，曰牙，没曰顯考。母曰媽，曰娘，曰嬃，没曰顯妣。繼父之稱如父。繼母之稱如母。祖父曰爺爺，曰太爺，曰公。祖母曰婆婆，曰嬭嬭，曰太。曾祖父曰老祖公。曾祖母曰老祖太。父之兄曰伯父，其配曰伯娘。父之弟曰叔父，其配曰叔娘，曰嬸娘。先已生者曰兄，曰哥哥，其配曰嫂。後己生者曰弟，其配曰婦，曰嬸。婦對於夫之父母，惟知公公、婆婆之義，直稱則從其夫。男子謂女子先己生者曰姊，曰姐姐，後己生者曰妹。夫妻間知爲定義而無相對之準稱，言語則互你我之。所生男曰兒子，其娶則曰媳婦，所生女曰姑孃。子之子曰孫，其娶曰孫媳婦，子之女曰孫女。孫之子曰重孫，其娶曰重孫媳婦，孫之女曰重孫女。父之伯父、伯母曰親堂伯公、親堂伯太。父之叔父、叔母曰親堂叔公、親堂叔太。父之從父兄弟曰堂伯父、堂叔父，其配曰堂伯母、堂叔母。父之姊妹在室曰孃孃，既嫁曰姑媽。父之諸姑曰姑太。伯父、叔父之子，長曰親堂兄，幼曰親堂弟，其女長曰親堂姊，幼曰親堂妹。兄弟之子曰姪兒，其女曰姪女。兄弟之孫，男曰姪孫，女曰姪孫女。父之姊妹之夫曰姑爹，姊妹之夫曰姊夫、妹夫，女子之夫曰姑爺。外祖父母曰外公外婆。母之兄弟曰舅爺，其配曰舅娘，母之兄弟之子女曰姑表兄弟、姑表姊妹。母之姊妹之夫曰姨爹，母之姊妹曰姨媽，其子女曰姨表兄弟、姨表姊妹。妻之父曰親爺，曰親爹，其母曰親媽。妻之兄弟曰舅子，其配曰舅母子，妻之姊妹曰姨。妻之姊妹之夫曰姨夫，曰連襟。壻之子曰外孫，女曰外孫女。壻之父母、婦之父母相謂曰親家公親家母。

疏族能按譜系者，祖之行概稱曰公，其配曰太。父之行曰伯、叔，其配亦曰伯娘、叔娘。兄弟之行仍曰兄弟，其配亦曰嫂、曰嬸。至子孫行，亦概以姪兒、姪孫、姪媳、姪孫媳呼之。同姓，或譜系失稽，或原籍互異者，有聚會往來，視其年，倍己者亦曰伯父，曰叔父，年相若者兄弟之，幼者亦子姪之。有累世通往還者，謂之連宗，其行輩自連宗之始定之。連親，若母之兄弟之婚姻，母之姊妹之婚姻，妻之父之婚姻，皆曰姻伯或姻叔，父之内外兄弟皆曰表伯或表叔，重姻、重表之兄弟皆曰姻兄、姻弟、表兄、表弟，其行輩之降者，亦皆以姻姪、表姪呼之。投拜，義父母曰保爺，曰保娘，義父母謂義子女曰乾兒，曰乾女。父母與義父母相謂曰乾親家。

讀書之子謂師曰先生，亦曰老師，其配曰師母。朋友，長者皆曰兄，幼者皆曰弟。工商，稱其所受學者曰師傅，其配亦曰師母。謂當官及顯紳皆曰老爺。不相識而偶聚，凡中年以上之男子必稱曰公，婦人必稱曰太。中年年均者，互兄弟、嫂嬸之。若少年之男子、婦人及未嫁之女子，則先生、奶㚸、姑㚸以稱之。謂醫師曰先生。謂一切地師及卜相星命道士端公亦曰先生。凡稱商賈曰老闆。凡稱裁縫及金石土木諸工皆曰司付。謂雇工及奴僕或但呼其姓，或直名之。謂僧曰和尚，或曰當家，謂道曰道長，亦曰當家。

謂羣居暇語曰談天。謂負心曰無天理，曰没天良。謂得意者曰有天道，或曰天有眼。謂不慧者曰不知天日。謂誑語無稽曰有天没日。謂言行突兀曰驚天動地。謂晝曰白天家。謂有所推宕曰二天。謂死曰歸天。謂吉凶有諏曰擇日子。謂不惰曰早起三日當一工。謂因循不振曰得一日過一日。謂日中曰晌午。謂須檢點曰日日防天乾，夜夜防賊盜。謂日曰太陽。謂月曰月亮。謂言行輕佻曰風花雪月。謂不受訓迪曰耳邊風。謂望雲占雨曰雲走東，雨從空；雲走西，披簑衣；雲走南，雨成團；雲走北，地開裂。謂望後之月曰十七、十八，月從更發；二十真真，月起三更。謂急雹曰霍閃。謂周急曰雪中送炭。謂在官貪婪曰括地皮。謂送葬曰上山。謂言動不稱曰土俗。謂不可恃富曰千年田地八百主。謂言行當謹曰好事不出門，惡事傳千里。謂惑風水未若存心曰陰地不如心地。謂地之平曠而狹長者曰壏埮。謂平原曰壩。謂沃土曰魚米之地。謂市聚曰場，如市曰趕場。謂田或地之計總不曰畝，而曰型。謂地之突起礙行者曰埂。謂左右有阻曰一邊是巖，一邊是坎。謂猛進不退縮曰翻過坎子。謂儉奢不中曰找錢猶如針挑土，用錢猶如水推沙。謂倇得倇失曰白來錢財不護家，白來田土水推沙。謂寡婦堪憐曰獨腳站地。謂尚勤曰起五更，睡半夜。謂無資怠事曰莊家無牛空起早。謂業農曰做莊家。謂勤儉致富曰白手興家。謂喪產者曰敗家子。謂鑽營曰好攬幹。謂善牟利者曰抓錢手。謂吹求過當及計較不已曰盡頭。謂嬉戲過劣曰頑皮。謂懦而無禦者曰尖腦殼。謂輕信曰葩耳朵。謂不識字曰瞎眼漢。謂手指紋曰膈。謂善察曰要知心腹事，但聽口邊言。謂將有徑始曰打主意。謂諂屈曰餂肥。謂言語不遜曰觸人。

謂鼻塞曰㘈。謂偷看曰眥〔一〕。謂看曰瞧。謂目不見物曰瞀。謂牙之突露者曰齙。謂口闊曰侈。謂耳中作聲曰聮。謂以手推人曰攮，亦曰搓。謂有所拾取曰搴。謂挾持曰搭。謂爪

〔一〕 眥：原誤作「渻」，據《廣韻》改。

刺曰掐。謂毀裂曰摵。謂牽挽曰搼。謂伸展曰攡。謂敷散曰挄。謂斂衣裳曰扱。謂攬曰摷。謂書紙納瓮探取決事曰拈鬮。謂心動曰瘳。謂腹瀉曰過。謂膚裂口皴。謂患瘡瘍，或乍畏寒熱曰疳。謂疥瘡曰瘑疕。謂以毒藥殺人曰癆。謂人形短曰矮矬矬。謂狡黠曰尖攢。謂粗率曰体。謂面瘡曰皰。謂性傲曰戇。謂不屈曰嚳。謂不平曰虤。謂有疾苦曰不爽快。謂忸怩曰穀羞。謂氣鬱不伸曰漚。謂仔細曰把穩。謂下垂曰彈。謂沈水曰没，曰淹。謂有所希望曰求神拜佛。謂適意或拂意曰阿彌陀佛，曰菩薩。謂干人而必應曰求佛求一尊。謂無預計而張皇者曰平時不燒香，臨時抱佛腳。謂貪緣曰神通廣大。謂好作態曰神氣。謂倨而不遜曰大八仙。謂多礙曰其中有鬼。謂挈侶浪游曰鬼邀伴。謂糾纏不已曰鬼扯筋。謂兩端高而中低曰鬼挑擔。謂不實曰光二。謂勢急雜板曰緊火，曰老火。謂是非聽之曰不理。謂去垢曰磣。謂穢染曰涴。謂擠去物汁曰滰。謂去瓜果皮曰雪，分之曰花。謂負物曰馱，曰背。謂磨礲漸消曰鉛。謂多曰够。謂得利曰賭。謂物濕而腐變曰黴。謂正屋曰垡。謂鋪墊曰攜。謂澆花木菜蔬曰飲。謂褾書畫曰幢。謂辛香和食曰蓍。謂以鹽漬物曰濫。謂門下橫木曰限。謂火爆曰炕。謂艾炷曰爝。謂被盤曰蠢。謂以篾束物曰箍。謂竹器曰筦。謂屋上承椽梁曰檁。謂門之闢闔機曰櫎。謂履中模範曰楦。謂木石牡曰箕。謂窰器光曰釉。謂十斗曰石。

〔民國〕修文縣志稿

【解題】陳嘉言修，顧樅等纂。修文縣，今貴州省貴陽市修文縣。「夷語」見卷五《土司志》中。録文據民國三十七年（一九四八）石印本《修文縣志稿》。

夷語

修文夷苗種類不一，語言亦殊。茲録狆家、水家、白苗、花苗、青苗尋常語各數則，以見梗概云爾。

狆家

天曰迸。燈曰蕩。盃曰榨。板凳曰當。吃飯曰哽吓。吃肉曰哽落。吃酒曰哽老。平聲。父曰薄。母曰蔑。祖公曰抱。母猪曰蔑莫。開門曰外渡。關門曰吓渡。葉菸曰拜樣。鴉片曰樣。碗曰乍。吃茶曰拜茶。鹽曰光谷。正月曰力。二月曰善。四月曰細。五月曰吓。平聲。六月曰戎。上聲。七月曰猜。八月曰便。九月曰孤。十月曰成。十一月曰成立。十二月曰成善。城曰江。下平。六廣曰擔六光。老鴉溝曰瓦去聲孤。趕場曰陽擔。嫁女曰吓。洗腳曰睡定。衣裳曰者平聲不。錢曰門尖。下平。銀曰按。下平。鐮刀曰勒良。斧頭曰勒慢。

水家

天曰文。地曰低。星曰引。日曰大汶。月曰寧南。風起曰亢論。雨降曰蕩慣。天曉曰汶朗。去聲。晚曰汶定。雲曰漫。霜曰望。雪曰内。露曰你。土曰鳳。水曰釀。樹曰埋。草曰杠。米曰毫。井曰温。沙曰義。竹曰糞。花曰弄。高粱曰毫粱。紅稗曰毫放。糯穀曰毫賴。粘曰毫節。黍曰毫動。玉蜀黍曰毫滅。父曰蒲。母曰宜。祖父曰共。祖母曰爺。音牙。伯父曰龍。伯母曰巴勞。叔父曰得的。叔母曰宜的。妹曰奴。姊曰同。兄曰懷。弟曰奴。子曰臘。女曰願。姑曰宜華。姑夫曰蒲華。舅父曰蒲竹。舅母曰宜竹。女婿曰臘毫。孫曰漢。頭曰孤。面曰難。陰平。目曰龍大。耳曰卡。鼻曰囊。口曰把。眉曰明大。手曰面。足曰定。身曰任。帽曰帽。上聲。衣曰冗。褲曰封。首巾曰朵姑。鞋曰葬。襪曰拭。腰帶曰朗冗。桌曰西。凳曰浪念。碗曰魁。箸曰著。上聲。釜曰到。竈曰六。火曰裕。油曰油。入聲。燈曰蕩。斧曰姑貫。耙曰八。釘耙曰者。鋤曰困。犁曰犁。入聲。桶曰桶。陰平。籮曰同。書曰利。紙曰鷄。墨曰忙。牛曰婆。馬曰麻。羊曰或。騾曰騾。入聲。犬曰化。鷄曰解。虎曰猛。魚曰猛。黎曰埃。橘曰杠。橙曰杠不。桃曰放。李曰捫。胡瓜曰挂。青菜曰罵幹。萊菔曰罵邦。入聲。莧曰罵惡。黄豆曰倒勞。緑豆曰倒庶。飯豆曰倒浪。豌豆曰倒王。蕓薹曰罵育。飲食曰借。飯曰毫。酒曰蒿。肉曰南。菜曰罵。酸曰安。糖曰當。入聲。飧曰毫于。一曰奪。二曰押。三曰漢。四曰洗。五曰俄。六曰略。七曰享。八曰丙。九曰諸。十曰索。百曰願。千曰線。萬曰萬。上聲。寸曰同。尺曰井。丈曰同。毫曰同。厘曰厘。入聲。分曰分。去聲。錢曰雪。兩曰連。斤曰正。子曰西。丑曰蘇。入聲。寅曰寅。入聲。卯曰卯。陽平。

辰曰辰。入聲。巳曰徐。午曰惡。未曰米。申曰申。去聲。酉曰酉。陽平。戌曰很。亥曰埃。甲曰價。乙曰雅。丙曰邊。丁曰丁。去聲。戊曰母。己曰己。去聲。庚曰見。辛曰辛。去聲。壬曰虐。癸曰醉。

白苗

父曰舉。母曰賴。祖母曰薄。吃早飯曰撈猜。吃午飯曰撈梭。吃晚飯曰撈摸〔一〕。吃飯曰撈英。吃菜曰撈柔。去聲。吃肉曰撈巖。吃酒曰候平聲鳩。燈曰等。衣服曰揉。鞋曰艽。袴曰的。猪曰扒。羊曰此。狗曰勒。上聲。馬曰能。鋤曰搜。舅子曰郎。豆腐曰豆棒。下平。一曰字囉。二曰襖羅。三曰別上聲囉。四曰摟囉。五曰嘴囉。六曰周囉。七曰香囉。八曰雨囉。九曰夾囉。十曰芍囉。十一曰把囉。十二曰産囉。打牛曰摟略。殺鷄曰打平聲戛上聲。打苞穀曰摟覓。打穀曰摟勒。種煙曰引。鋪蓋曰磅。枕曰吼雍。房曰者。瓦房曰者發。草房曰者仰。山曰吼道。水曰吼責。石曰惹。田曰欄。土曰得。上聲。樹曰冬。竹曰雄。花曰拔平聲雄上聲。找宿處曰找猜梭。天暮曰走路。天明曰鋪革。上聲。睡曰布。平聲。起曰腮。上聲。坐曰了。走曰木。煙竿曰癮岡。上聲。牛欄曰瓦入聲略平聲。新姑娘曰仰産。新郎曰猛産。哭曰括。拜年曰別平聲展。過端午曰阿豆陽。過年曰阿展。請客曰請誇。做客曰蛙誇。棹曰

〔一〕吃：原脱。

宗。入聲。竈曰左。瓢曰弗。猫曰羅杵。墳曰張。吹呐叭曰梭把。猪油曰早入聲馬。烟油曰早入聲引。茶油曰早入聲柔上聲。銀曰連。金曰果。布曰斗。稱曰阜。上聲。升子曰陜。銅曰董。入聲。鍋曰乂。

花苗

天曰羅。地曰得。上聲。日曰毆入聲落上聲。月曰榜星。父曰哉。母曰濫。男曰之能現。女曰玉踝多。上聲。公曰解。奶曰阿布。伯曰楷妻。叔曰只。兄曰果果。弟曰酟酟。食飯曰撈抓。上聲。吃酒曰後平聲哉。吃肉曰撈巖。馬曰耿。入聲。牛曰略。羊曰刺。鷄曰改。犬曰勒。上聲。豕曰媽。頭曰垢。平聲。身曰姐。手曰得。足曰呆。豆曰豆斗。平聲。麥曰貌。黍曰墨。穀曰勒。米曰粘。金曰果。銀曰夾。銅曰董。入聲。鐵曰冂。平聲。錫曰弗者。布曰摟。麻曰垂。線曰梭榜。棉曰榜。鍋曰得。平聲。瓢曰夾。甑曰作。平聲。盞曰利。杯曰考。箸曰代。山曰倒。水曰槎。上平。火曰歹。入聲。雷曰所固。雲曰化。雨曰落朗。風曰卡。平聲。露曰苟得。平聲。雪曰棍波。星曰顆果。霧曰花。上聲。虹曰讓。下平。紅曰吼扳。黄曰寡朗。藍曰今。白曰乃。黑曰落勒。平聲。鹽曰遠之一。油曰招。入聲。煙曰龍引。露曰露。茶曰茶。

青苗

吃飯曰攏聳。吃早飯曰攏鐵。去聲。吃晚飯曰攏猛。吃菜曰木打平聲窩。鐮刀曰打平聲鐮。鷄曰奪皆。菜刀曰打平聲地簸。高粱曰耿左左。母曰賣。父曰敗。平聲。姨夫曰簸妥。姨媽曰阿就。天曰東黄。地曰打那。日曰上董。月曰勒杠。星曰拱。風曰等錯。雪曰等乓。雨曰浪。霜曰改打。露曰翁不樓。雹曰浪撈。電曰燒捻。冰曰等空。山曰那擺。石曰解。之阿切。洞曰空。河曰那私。溝曰那杠。路曰戛消。園曰六亡。房子曰六擺。祖曰路簸。奶曰路埋。伯曰簸消。伯母曰賣消。叔曰簸亞。叔母曰賣亞。大兄曰姑挑。大曰消。弟曰狗。嫂曰孃消。弟媳曰簸亞。姑母曰阿埋。母舅曰阿弄。姊妹曰戛。姊夫曰播掉。壻曰都務。男曰都陰。女曰得播。夫婦曰得由得播。端公曰路讓。庖人曰大廚。木匠曰張喝。樹曰喝。趕場曰我格。乞丐曰攬火。盜賊曰得傷。死曰奪。生曰六。貧曰早孽。富曰發采。小曰育。有曰猛。無曰養蒙。來曰鬧。去曰孟。速曰戛現這。遲曰菠得浪。人曰得倫。人多曰得倫堵當。跪曰叩頭。頭曰得户。髪曰不之户。眼曰得孟。耳曰更表。鼻曰更必。口曰等足。齒曰埋。手曰排乍。腳曰更速。骨曰更上。肉曰靄未。牛肉曰靄容。衣服曰捨羅。笠曰六古。帽曰乃毛。帕子曰口户。草鞋曰吱苦。吃酒曰撫叫。茶曰撫具。茶油曰董如。一曰恩隆。二曰彎隆。三曰巴隆。四曰不隆。五曰比隆。六曰賭隆。七曰長隆。八曰雨隆。九曰腳隆。十曰哭隆。一百曰一播。一千曰一篩。一萬曰一旺。紅曰奶。黑曰聾。黄曰浪。藍曰虐。白曰摟。

八寨

一曰乃。二曰阿乃。三曰者乃。四曰老乃。五曰比乃。六曰刁乃。七曰手乃。八曰尤乃。九曰鳩乃。十曰靠乃。百曰板乃。千曰茶乃。萬曰以住。父曰抱。母曰賴。哥曰得羅。弟曰敢羅。姑爹曰姑爹。姑媽曰姑媽。天曰歹。地曰得。山曰刁。河曰哉。伯曰拖首。伯母曰賴首。日曰乃魯。月曰弗占。星〔一〕。風〔二〕。

〔咸豐〕安順府志

【解題】常恩修，鄒漢勳等纂。安順府，轄境包括普定、清鎮、安平三縣，永寧、鎮寧二散州，郎岱、歸化二散廳，府治在今安順市區。「方言」「苗語仲語合譯」見卷十五《地理志·風俗》中。録文據咸豐元年（一八五一）刻本《安順府志》。

方言

天明曰天亮。日晚曰黑了。冰曰凌。虹曰扛。清晨曰清早。留宿曰歇。拾得曰檢得。如何曰怎麽。隱曰躲。虎曰老虎。圓物曰團。不堪用曰要不得。食物曰吃。鼻塞曰齆。偷看曰瞙。音苗。看曰瞧。音樵。飲食味變曰餿。音搜。讓路曰躲開。相駡曰吵，或曰嚷。歸家曰

〔一〕〔二〕原文如此。

到屋。推人曰攘。襄上聲。多曰㲉了。乍晴乍雨曰㳥淞雨。月半明曰朏朏亮。朏音噴。火爆曰灹。音乍。雌狗曰草狗。皮裂曰開麻皴。音村。疥瘡曰乾𤸷㾀。音格澇。兩手相摩曰挼。音磋。急遽行走曰奔命。奔去聲。物濕而黑曰黴。音梅。米粗曰糙。瓦器未成曰坏。音披。鷄伏卵曰菢。音抱。祖父曰公、曰爺爺。祖母曰奶、曰太。父曰爹、曰爺。母曰媽、曰娘。父之兄曰伯爺。父之弟曰某叔。兄曰哥。弟曰某弟。姐曰某姐。妹曰大妹二妹，或稱爲大漊二漊，小者曰幺漊、滿漊。壻稱岳父曰爹，岳母曰媽。壻生子稱岳父曰外公，岳母曰外漊。妻兄弟曰某哥、某弟。外孫稱外祖父母亦曰外公外漊。甥稱舅父曰舅爹，舅母曰舅媽。女未過門，岳父母呼壻曰某姐夫，從其子之稱也；曰某姑爺，從其孫之稱也。

苗語仲語合譯

天文苗仲語

天曰董／論悶〔一〕。日曰上董／刀輪。月曰糯夕／莽高。星曰糯工／奈里。風曰邦下平／任。雲曰阿仁／烏。雷曰騷果／巴來。雨曰饒囊／刀愠。霜降曰哦打／奈文。下雪曰饒邦下平／刀奈。霧曰哦呵／乃摸。露曰婁／崖。電曰騷乃／要巴。雹曰㔗／刀任。凌冰曰

〔一〕「／」之上爲苗語，「／」之下爲仲語。原書以雙行小字方式排版。

空/奈塊。旱曰農科/愳雨。澇曰皆勞/攘王。凡有音無字者，俱以四聲圜讀之〔一〕，惟下平聲圜讀恐與上平聲混，故注曰下平，餘仿此。

地理苗仲語

地曰打/囊。山曰巴/播。大山曰巴勞/播懦。小山曰巴尤/播奈。山頂曰户巴/娘泊。山腳曰蹈巴/懦順。石曰坳/應。巖曰兀/因。江曰抗/巖。湖曰搪不/安。河曰矼/大。海曰況潦/巖。大水曰皆勞/刀懦。小水曰皆尤/刀奈。池塘曰邦/當。井曰況潦/論摸。坑曰況踝/論莊。溝曰都矼/論孟。田曰冷/拿。土曰打/囊。園圃曰罔乳/論順。大路曰戛勞/論滃。小路曰都戛/論奈。石洞曰況孚/論莊。田塍曰況冷/温那。

稱呼苗仲語

高祖、曾祖父曰腳婁臺/包太。高祖、曾祖母及老婦曰埋婁/亞老。祖曰腳婁/公。祖母曰埋婁擡/太。父曰腳/耶。母曰捚/埋。伯曰堯/包。叔曰牙/爺。伯母曰埋澇/蔑奥。叔母曰埋牙/亞比。姑母曰麻阿/蔑巴。母舅曰既農婁/播龍。兄曰姑/哥。兄嫂曰埋牙/比奥。弟曰牙/那。弟婦曰埋牙/那。婦人曰伊虐/猛。姐曰阿婁/姐。姐夫曰敝務/包龍。妹曰阿/猛。妹夫曰敝務/播古。表伯曰阿堯老/播比。表叔曰阿牙老/播古。

〔一〕因所用底本點號與墨迹時或難以分辨，故原刻中點號一律省略，免致訛誤。

表兄曰老表／比。表弟曰老表／囊。妻舅曰村既農／播那。妻曰虐／折亞。子曰冬／婁。兄弟之子俱曰冬句／婁腮。女曰莫癡過／婁猛。女壻曰㪚務／婁規。外甥曰外甥／婁濫。親家曰腳／老浪。先生曰藏道／章瑞。大人曰蒙老／大人。媒人曰美人／補司。僧道曰和尚／阿道。鬼師曰鬼師／文亡。佃户曰壘招／僂張。裁縫曰采風／文牛。廚子曰處子／文廚。木匠曰藏伯／文歪。瓦匠曰藏俄／文瓦。石匠曰藏坳／文硬。保人曰叩俄昌／包都文〔二〕。中人曰中人／憑端。你曰你／皆沽。我曰哄／皆蒙。書辦曰書班／仲同。代書曰代書／仲同。差曰都差／阿差。打曰奴／呆。斷案曰董狀／決芮。訟勝曰狀嬴／嬴敗。訟輸曰狀輸／輸敗。班房曰班房／仲同。監獄曰把牢／論牢。禁卒曰都皂／阿齋。乞丐曰時和／阿弩。賊盜曰都雙／不劣。

言語動作苗仲語

生曰波／里利。死曰奪／太敗。貧曰梗／窩老。富曰發采／班利。大曰老／那饒。小曰育／奶饒。有曰猛／里。無曰馬猛／秘攸。來曰勞／罵。去曰蒙／敗。遲曰離／卯邀。速曰衰／茫邀。言語曰都腮／甲奥。走動曰猛戛／條。物大曰老／沽農。物小曰育／沽右。人多曰蒙都／文賴。人少曰蒙招／文修。願曰好／主。不願曰莫好／密主。凡事不諧及没

〔二〕曰：原脱。

有曰莫仁/密攸。巧者曰乖/鐃。伶俐曰在行/直鐃。愚蠢曰湯/瓦。小心曰小心/同。拜跪曰扒九/拜。磕頭曰奴户/高。不聽人言説曰莫門腮/密睿。打降曰奴架/董敵。相罵曰皆架/董汶。綑縛曰開/混。換肩曰離朱/利巴。騙賴曰賴/騙賴。貪婪曰贓錢/更案。買曰貿勞/甲。賣曰貿蒙/周。嫖曰嫖/過有。賭錢曰賭錢/同。擲骰曰擲骰/刀能。以物頓地上曰固諸打都/沽論氏諒。

身體苗仲語

頭曰農服/拱高。髮曰褒服/奔高。額曰賓包/拿罷。臉曰包/那。眉曰褒蒙/奔大。眼曰蓋蒙/論大。耳曰農把/雷。鼻曰農褒/浪。口曰農九/班。鬍鬚曰阿者/孟。齒曰命/札兒。舌曰乃/冷。項曰農浪/拱右。肩曰胄膊/拱巴。背曰朱股/白浪。手曰叉/文。掌心曰胥雜/虹文。大指曰地雜/蔑文。小指曰地雜尤/婁乂。胸膛曰農莊/白按。乳曰農密/秘。腰曰農奪/拱文。肚腹曰農包/論董。肚臍曰農況刀/波戾。足曰蹈/頓。足腿曰奓奓波/戛心〔一〕。膝曰王服九/高窩。足肚曰莊朱/董戛。脛曰廣魯刀/大抱。腳心曰底胥/曼頓。足指曰地糟打/婁頓文。臀曰交角/更榮。筋曰打續/凝。骨曰才桑/光。肉曰皆/懦。毛曰毛制/奔大。髪辮曰褒服/奔高。大便曰莊過/戈也。小便曰莊

〔一〕心：道光《安平縣志》作「必」。

委/戈右。

村寨房屋苗仲語

街曰街/蓋。巷曰尚/龍。寨曰農王/滿。門曰枕/杜。門外曰枕老老/氐論。門限曰氐弓/敢杜。寺觀廟宇曰廟/謬。房曰農把/然。院曰涸/稔。階曰孔/温光。亭曰枕狼/亭。樓曰農莊/瘦。倉曰戎/庾。枋曰方/王。椽曰椽/同。梁曰兩/梁。柱曰假把/嫂。磚曰専/烝。瓦曰俄/瓦。窗曰窗風/同。檐曰滴罷/拉然。牆曰空身/迸。板壁曰把太壁/板壁。

衣服苗仲語

頂曰光等/廣。簪曰比服/並高。小帽、煖帽俱曰毛杏/冒奶。氈帽曰毛制/冒晉。涼帽曰兩毛/涼帽。衣曰襖/光布。衫曰衫子/布衫。袍褂均與漢人同。馬挂曰馬褂/布登。汗衫曰汗褂/汗沓。手巾曰是波/冒邦。衣釦曰扣子/婁路。腰帶曰浪/刁。裙曰登/因。褲曰置/重。鞋曰立/巖。襪曰襪/巖曼。裹腳曰稱/郎。枕曰凝/高睡。被曰邦/奔芒。褥曰芝/晉丢。草鞵曰草斂/草簾。

布帛苗仲語

布曰帑/邦。紗曰種紗/賣。綢曰種/同。緞曰空/奥。針曰根/遁。線曰騷/買。

飲食苗仲語

酒曰竈/醪。吃酒曰呼糟/哽醪。飯曰囊/奥。吃飯曰囊囊/哽奥。肉曰改/糯。吃肉曰囊吃吃／哽糯。猪肉曰囊改吃／哽糯暮。吃烟曰呼茵／哽完。烟竿曰札烟／論龍。烟包曰因盒／洽完。茶曰及／者。吃茶曰呼及／更者。茶杯曰柯箕／論奥。小茶杯曰都匡／論千。油曰狀／油。油燈曰莊油／當油。鹽曰祚／故。粥曰過篕／那冬。饑餓曰篩／口饒。香曰香／應。臭曰胄／奥。冷曰囊／蔣。熱曰炒／抽。軟曰濃／温。硬曰墮／朗。糟曰脱竈／戾。麯曰哥竈／西糯。

器用苗仲語

坐臥具：棹曰枕／莊。椅曰椅／几。腳踏曰蹈枕／當。屏風曰梗／莫覩。牀曰藏／長。帳曰杯／惹。

飲食具：大碟曰碟老／論碟。小碟曰碟育／論盆。碗曰呆／乍。箸曰招／故豆。

火具：爐竈曰弓着／論騷。火鉗曰着着／奥今。蠟燭曰燭／蠟朱。火把曰拉道／臥爲。爆竹曰炮賬／烏包。大炮曰地炮／旦中。

糧食具：升斗曰道升／倒盛。米袋曰糯／甲袋。杵曰降校／凡帶。臼曰杻校下平／任帶。碓曰枚下平／帶。簍籮曰魯／羅。

農具：鋤曰陸／媽。耙曰籲／饒。鐮刀曰魯無／零。尖刀曰譖／汪明。柴刀曰作／汪明。斧曰獨／玩。扁挑曰扛／條案。禾架曰枕／阿腦。擔子曰莊下平／案。挂杖曰打打／等。

雜具：頭梳曰若／阿外。鎖曰素／泠龍。鑰匙曰鑰匙／即龍。臉盆曰當／論盆。瓶口曰瓶口／抱。戥曰頓／登。秤曰直／丢。繩索曰絡／叉。藤曰芒／告。

文具：筆曰筆／奔。墨曰墨／芒。文字曰文字／娘。書曰道／瘦。紙曰道／撒。讀書曰柯道／果瘦。印曰印／應。扇曰篩／必。

樂器：鑼曰那／同。鼓曰卓／光。鐘曰仝／同。磬曰仝／同。梆曰著／芒。鐃曰光扯／光匝。叭喲曰羅博／打的。蘆笙曰泡推／汲連。

刑具：竹板曰半／撮戎。鍊曰羅盧／叉抓。枷曰枉／論然。鐐曰昆盧／戛鞭。囚犯曰充軍／里芮。

數目苗仲語

一曰依／望。二曰阿／宋。三曰巴／撒。四曰褒／西。五曰卑／阿。六曰婁／繞。七曰臧／差下去。八曰以／邊。九曰覺／姑。十曰古／仇。十一曰古依／仇依。一百曰依博／把了。一千曰依生／玩了。一萬曰依望／諒了。一億曰依索／仇諒。一人曰你儂／望了。十人曰古你儂／仇文。百人曰博妳儂／百文。千人曰生你儂／諒文。一文曰一儂／一文。十文曰古儂／仇厘。一毫曰好／毫。一厘曰一里／同。一分曰一分／玩。一錢曰一曾／一錢。一兩曰一良／一領。二兩曰阿良／宋領。石曰當／如。斗曰道／倒。升曰升／分。合曰合／合。勺曰勺／勺。

方向苗仲語

東曰東/汪。西曰西/汝。南曰赧/三。北曰北/故。中曰章/枕矼。前曰打/浪。後曰光/那。左曰如/稔水。右曰羅/稔刮。上曰家/喪。下曰箕/氐論。

顏色苗仲語

紅曰倫/倫。紫曰都倫/滃。赤曰都摸/邦翁。黄曰廣/煙。青藍曰波素/温濫。緑曰波/論。白曰刀/告。黑曰朧/晚。

疾病苗仲語

頭疼曰服曾/高堅。肚曰包/董。肚痛曰包芒/董堅。腹脹曰包脹下平/董脹。心痛曰順芒/温堅。耳聾曰浪拔/柔懦。聲啞曰湯/昂。眼瞎曰雷眸/大望。背駝曰重朋/懦工。嘔吐曰懦/若。咳嗽曰論/嗐。下痢曰過唱/董弄。病瘧曰俄包/戈相。癲狂曰炳/寡。跛足曰加/架箣。

珍寶苗仲語

金曰工/近。銀曰凝/案。銅曰等/龍。鐵曰陸/瓦。錫曰索/攸。鋼曰薩/扛。鉛曰永/元。錢曰屯曾/煎。玉曰玉/浪。寶曰寶/奥。

農功苗仲語

墾田曰開壘/溉拿。築田塍曰俄淛壘/沓波拿。以水灌入田内曰喋温逐壘/嗅染之拿。

種田曰俄壘、戈拿。挑糞曰俄墳/阿奔。糞田曰俄墳逐壘/阿奔之拿。布種曰搬秧/拖瓜。插禾曰擠秧/浪拿。媷秧曰扔雍/奈那。晾禾曰温雍/他戛。收穫曰扔把/收謬。晾穀曰温把/他褉。種土曰俄打/戈那。媷草曰脱茹/攏壓。割草曰扔茹/管牛下平。

米穀苗仲語

穀曰把/奥于。白米曰宋老/阿奥。舂米曰墮宋/利奥。糯米曰宋簍/阿那。粘米曰宋昨/阿晉。穀殻曰索婁/燃邦〔一〕。糠曰索/燃。麥曰門/阿芒。蕎曰假門/芒芒。紅稗曰西/阿望。小米曰都農/阿翁。豆曰都/婁嫣。黄豆曰都廣/同上。緑豆曰都波/婁兵。芝蔴曰芝麻/同。杠豆曰都枉/婁必。扁豆曰都縛/阿巴。豆豉曰豉/嫣悶。

菜蔬苗仲語

菜曰茹/邦。青菜曰茹波/邦干。白菜曰茹過老/邦瓜好。油菜曰茹過有/邦油。芹菜曰茹京/香芹。莧菜曰茹及/邦亂。媷菜曰脱茹/奈躭。薑曰指/應。蒜曰堆/餓。葱曰茹葱/烏。韭曰茹韭/跑烏。芋子曰柴户/婁忍。山藥曰玉朵/婁叟。蕨曰茹梭/邦坤。

果蓏苗仲語

桃曰敝裸/婁道下平。李曰敝考/婁悶。核桃曰敝道下平/婁招。黎曰敝/婁棃。柑曰

〔一〕殻：原作「瞉」。

殊拿／□〔一〕。葡萄曰潎更／婁卯。壺瓜、絲瓜俱曰呵都／婁王。杏曰家／而瓮。栗子曰潎芎／歪亞。

花木苗仲語

花曰綁／歪。蘭曰蓮／奶。菊曰保廣／奶。艾曰嚴／艾。藤曰□／告。草曰娘／同。竹曰找／歪仁。木曰能／烏歪。松曰争芒／歪既。杉曰呵金／杉。桐曰呵當／歪高。漆曰呵腮／都良。棕曰曾棠／囊愠。柳曰養柳／歪魯。羊桃藤曰潎芒／歪那。柴曰堆／文。生柴曰道波／文留。乾柴曰道踝／文羅。

禽獸苗仲語

鷄曰喈／蓋。鵝曰犒／雁。鴨曰歌／聘。鴉曰窩／啞。猪曰都膊／都暮。羊曰都養／都庸。猫曰都毛／猫。狗曰拉／都罵。馬曰潎密／都馬。水牛曰都勾／都歪。黄牛曰都母／都胄。鼠曰都博／都嗅。兔曰都樂／毛。猴曰奪冷／都靈。虎曰潎召／都恐。豹曰豹子／都空。鹿曰都侔／都。

鱗介苗仲語

鯉魚曰大里／都擺。鰍魚曰麻絲／罷賴。鱔曰麻粳／罷剪。鼈魚曰都九／都鳥。龍曰

〔一〕□：此處原文爲空白。下同。

湫攘／都區。蛇曰湫糯／都嫗。

姜／都斷。

昆蟲苗仲語

蚊曰都芒／都良。虱曰硐／都南。蚤曰都膜／都曼。蜂曰蝲／都更。密蜂曰蚝／都蝶。蜘蛛曰都杯／都告。蜻蜓曰浪温／温壩。蝗蟲曰光密／都亂。蝦蟆曰過戈／都硬。蚓曰懦

昔郝隆爲蠻部參軍，盡解蠻語，南蠻以是服之。況州縣爲親民之官，未有不通其言語而能得其嗜好者。夫言，心之聲也。先得其言，而後因其言以想其心，再爲之設身處地。所欲與聚，所惡勿施，以揣其不言之隱。如慈母之於孩提，祇一啼哭之間知其嗜好。此無他，心誠求之故耳。

惟是黔中苗民八十二種，微特仲語與苗語不同，即仲語亦有與仲語不同者。即如縣屬仲語，謂天曰論悶，地曰囊，日曰刀輪，月曰莽高，父曰耶，母曰埋，兄曰哥，弟曰那。普安仲語，謂天曰滇，地曰的，日曰完，月曰吞，父母曰撥茂，兄曰汲，弟曰煖。獨山仲語，謂天曰悶，地曰赧，日曰大握，月曰冗亂，父曰波，母曰媄，兄曰比，弟曰暖。此不可以概論也。惟即其地以譯其語焉可耳。蓋苗語難知，故用譯，以譯譯譯，故曰重譯。兹僅譯苗、仲二語者，以二種多故也。苟由此而盡譯之，因其言以想其心之所欲言，並揣其不言之隱，則傾心向化，將不獨郝隆專美於

前矣。至今日仲民讀書者衆，能以其語爲詩歌，固足見涵儒薰陶之德，然非同文之世所貴也，故舍而弗録。以上見安平志。

〔民國〕續修安順府志

【解題】黄元操等纂輯。民國三十年（一九四一）修，稿本。安順府，轄境包括普定、清鎮、安平三縣，永寧、鎮寧二散州，郎岱、歸化二散廳，府治在今安順市區。「苗族語言文字」「夷族語言文字」見卷十八《土民志》中。録文據安順市志編纂委員會一九八三年整理本《民國安順府志》。

苗族語言文字

語言

苗族雖分數種，但除青苗外語言大致相同。水西苗與壩苗完全一樣，大、小花苗，白苗，紅苗，木梳苗等雖有小異，然天文、地理、歲時、植物、動物、礦物、族類、民類、家族、身體以及人事服食器用之名稱，稱謂等無不皆同。可知古代苗族語言並無殊異，其所以不同，蓋由住地遠隔，服裝漸異，社會發展，事物增多，遂致産生差别。

文字

苗人自古有語言無文字，惟陸次雲《峒溪纖志》載有苗文歌謡，已屬罕見。清末英教士党居仁以英文字母爲苗文字母教大花苗；法教士費亞氏著法苗文法及字典，於是苗文乃見行於苗族。

夷族語言文字

語言

夷族語言有同有異。仲家、補農、補納大體相同，倮羅、仡佬則差異極大。

文字

夷族亦有文字，但極簡略，何時創製使用，未詳。

〔道光〕安平縣志

【解題】劉祖憲修，何思貴等纂。安平縣，今貴州省安順市平垻區。「方言」「苗語狆語合譯」見卷五《風土志》中。録文據道光七年（一八二七）鈔本《安平縣志》。

方言

天明曰天亮。日晚曰黑了。冰曰凌。虹曰扛。清晨曰清早。留宿曰歇。拾得曰檢得。如何曰怎麽。隱曰躲。虎曰老虎。圓物曰團。不堪用者曰要不得。食物曰吃。鼻塞曰築。偷看曰瞙。音苗。看曰瞧。音樵。飲食味變曰餿。音溲。讓路曰躲開。相駡曰吵或曰嚷。歸家曰到屋。推人曰攮。囊上聲。多曰彀了。乍晴乍雨曰渀淞雨。月半明曰⿰月共⿰月共亮。⿰月共音噴。火爆曰炸。音乍。嶋狗曰草狗。皮裂曰開麻皴。音村。疥瘡曰乾瘑疕。音格澇。兩手相摩曰挼。音磋。

急遽行走曰奔命。奔去聲。物濕而黑曰黴。音梅。米粗曰糙。瓦器未成曰坏。音披。鷄伏卵曰菢。音抱。祖父曰公。祖母曰奶。父曰爹。母曰媽。父之兄曰大伯爺。父之弟曰某叔。兄曰哥哥。弟曰某某。姐曰某姐。妹曰大妹二妹，或稱爲大嫂二嫂，小者曰幺嫂、滿嫂。壻稱岳父曰爹，岳母曰媽。壻生子，岳父曰外公，岳母曰外婆。妻兄弟曰某哥、某弟。外孫稱外祖父母亦曰外公外婆。甥稱舅父曰舅爺，舅娘曰舅媽。女未過門，岳父母呼壻曰某姐夫，從其子之稱也；曰某姑爺，從其孫之呼也。

方言者，即《孟子》所謂莊嶽之語也。《檀弓》以居爲姬，以但爲地；檀弓，魯人，習用魯語也。《公羊》稱邾曰邾婁，得來曰登來；公羊，齊人，習用齊語也。可見方言紛錯，雖齊魯之區，亦間有不同，况安平乎？兹舉其時常稱謂者，以備古言之一目。苗語附苗俗之後，從其類也。

苗語狆語合譯

天文苗狆語

天曰董/論閟〔一〕。日曰上董/刀輪。月曰糯夕/莽高。星曰糯工/奈里。風曰邦下平/任。雲曰阿仁/烏。雷曰騷果/巴來。雨曰饒囊/刀愠。霜降曰哦打/奈文。下雪曰

〔一〕「/」之上爲苗語，「/」之下爲仲語。原書以雙行小字方式排版。

饒邦下平/刀奈。霧曰哦呵/乃摸。露曰婁/崖。電曰騷乃/要巴。雹曰勞/刀任。凌冰曰空/奈塊。旱曰農科/悶兩。澇曰皆勞/攘王。凡有音無字者，俱以四聲圜讀之，惟下平聲圜讀恐與上平聲混，故注曰下平，餘倣此〔一〕。

地理苗狆語

地曰打/囊。山曰巴/播。大山曰巴勞/播懦。小山曰巴尤/播奈。山頂曰户巴/娘泊。山腳曰蹈巴/懦順。石曰坳/應。巖曰兀/因。江曰抗/巖。湖曰搪不/安。河曰矼/大。海曰況潦/巖。大水曰皆澇/刀懦。小水曰皆尤/刀奈。池塘曰泋/當。井曰況潦/論摸。坑曰況踝/論莊。溝曰都戞/論孟。田曰冷/拿。土曰打/囊。園圃曰罔乳/論順。大路曰戞撈/論滃。小路曰都戞/論奈。石洞曰況孚/論莊。田塍曰況冷/温那。

稱呼苗狆語

高祖、曾祖父曰腳婁台/包太。高祖、曾祖母及老婦曰埋婁/亞老。祖曰腳婁/公。祖母曰埋婁抬/太。父曰腳/耶。母曰埋/仝。伯曰堯/包。叔曰牙/爺。伯母曰埋澇/蔑奥。叔母曰埋牙/亞比。姑母曰麻阿/蔑巴。母舅曰既農婁/播龍。兄曰姑/哥。兄嫂曰埋牙/比奥。弟曰牙/那。弟婦曰埋牙/那。婦人曰伊虐/猛。姐曰阿婁/姐。姐夫曰敝

〔一〕底本上未見聲調符號。

務／包龍。妹曰阿／猛。妹夫曰㪚務／播古。表伯曰阿堯老／播比。表叔曰阿牙老／播古。表兄曰老表／比。表弟曰老表／囊。妻曰虐／折亞。妻舅曰村既農／播那。子曰冬／婁。兄弟之子俱曰冬句／婁腮。女曰莫癡過／婁猛。女壻曰㪚務／務規。外甥曰外甥／婁濫。親家曰腳／老浪。先生曰藏道／章端。大人曰蒙老／大人。媒人曰美人／補司。僧道曰和尚／阿道。鬼師曰鬼師／丈亡。佃户曰壘招／僂張。裁縫曰采風／丈牛。廚子曰處子／丈廚。木匠曰藏伯／丈歪。瓦匠曰藏俄／丈瓦。石匠曰藏坳／丈硬。保人曰叩俄昌／包都文〔二〕。中人曰中人／憑端。你曰你／皆治。我曰哄／皆蒙。書辦曰書班／仲同。代書曰代書／仲同。差曰都差／阿差。打曰奴／呆。斷案曰董狀／決芮。訟勝曰狀贏／云敗。班房曰班房／仲同。監獄曰把牢／論牢。禁卒曰都皂／阿齋。乞丐曰叫和／阿砮。賊盜曰都雙／不劣。

言語動作苗㹫語

生曰波／里利。死曰奪／太敗。貧曰梗／窩老。富曰發采／班利。大曰老／那饒。小曰育／奶饒。有曰猛／里。無曰馬猛／秘依。來曰勞／罵。去曰蒙／敗。遲曰離／卯邀。速曰衰／茫邀。言語曰都腮／甲奥。走動曰猛／倏。物大曰老／姑農。物小曰育／沽右。

〔二〕曰：原脱。

人多曰蒙都／文賴。人少曰蒙招／文修。願曰好／主。不願曰莫好／蜜主。凡事不諧及没有曰莫仁／密攸。巧者曰乖／饒。伶俐曰在行／真饒。愚蠢曰湯／瓦。小心曰小心／同。拜跪曰扒九／拜。磕頭曰奴户／高。不聽人言説曰莫門腮／密睿。打降曰奴架／董敵。相罵曰啱架／董汶。綑縛曰開／混。换肩曰離朱／利巴。騙賴曰賴／騙賴。貪婪曰贜錢／更案。買曰貿勞／甲。賣曰貿蒙／周。嫖曰嫖／過有。賭錢曰賭錢／同。擲骰曰擲骰／刀能。以物頓地上曰涸諸打都／沽論氏諒。

身體苗狆語

頭曰農服／拱高。髮曰褒服／奔高。額曰賓包／拿罷。臉曰包／那。眉曰褒蒙／奔大。眼曰蓋蒙／論大。耳曰農把／雷。鼻曰農褒／浪。口曰農九／班。鬍鬚曰阿者／孟。齒曰命／札兒。舌曰乃／冷。項曰農浪／拱右。肩曰胄膊／拱巴。背曰朱股／白浪。手曰叉／文。掌心曰胥雜／虹文。大指曰地雜／蔑文。小指曰地雜尤／婁文。胸膛曰農莊／白按。乳曰農蜜／秘。腰曰農奪／拱奴。肚腹曰農包／論董。肚臍曰農況刀／波房。足曰蹈／頓。足腿曰奆奆波／戛必。膝曰王服丸／高窩。足肚曰莊朱／董戛。脛曰廣魯刀／大抱。腳心曰底胥／曼頓。足指曰地糟打／婁頓文。臀曰交角／更桊。筋曰打續／凝。骨曰才桑／光。肉曰皆／懦。毛曰毛制／奔大。髮辮曰褒服／奔高。大便曰莊過／戈也。小便曰莊委／戈右。

村寨房屋苗狆語

街曰街/蓋。巷曰尚/龍。寨曰農王/滿。門曰枕/杜。門外曰枕老老/氐論。門限曰氐弓/敢杜。寺觀廟宇曰廟/謬。房曰農把/然。院曰涸/稔。階曰孔/温光。亭曰枕狼/亭。樓曰農莊/瘦。倉曰戎/庾。枋曰方/王。椽曰椽/同。梁曰兩/梁。柱曰假把/嫂。磚曰專/烝。瓦曰俄/瓦。窗曰窗風/同。檐曰滴罷/拉然。牆曰空身/迸。板壁曰把太壁/板壁。

衣服苗狆語

頂曰光等/廣。簪曰比服/並高。小帽、煖帽俱曰毛杏/冒奶。氈帽曰毛制/冒晉。涼帽曰雨毛/涼帽。衣曰襖/光布。衫曰衫子/布衫。袍褂均同。馬掛曰馬褂/布登。汗衫曰汗褂/汗沓。手巾曰是波/冒邦。衣鈕曰扣子/婁路。腰帶曰浪/刁。裙曰登/因。褲曰置/重。鞋曰立/巖。襪曰襪/巖曼。裹腳曰稱/郎。枕曰凝/高睡。被曰邦/奔芒。褥曰芝/晉丢。草鞵曰草斂/草簾。

布帛苗狆語

布曰帑/邦。紗曰種/同。綢曰種/同。緞曰空/奥。針曰根/遁。線曰騷/買。

飲食苗狆語

酒曰竈/醪。吃酒曰呼糟/哽醪。飯曰囊/奥。吃飯曰囊囊/哽奥。肉曰改/糯。吃肉曰囊改吃／哽糯。猪肉曰囊改轉／哽糯暮。吃烟曰呼茵／哽完。煙竿曰札煙／論龍。煙包曰因盒／洽完。茶曰及／者。吃茶曰呼及／哽者。茶盃曰柯箕／論奥。小茶杯曰都匡／論中。油曰狀／油。油燈曰莊油／當油。鹽曰祚／故。粥曰過篕／那冬。饑餓曰篩／日饒。香曰香／應。臭曰肯／奥。冷曰囊／蔣。熱曰炒／抽。軟曰濃／温。硬曰墮／朗。糟曰脱竈／戻。麯曰哥竈／酉糯。

器用苗狆語

坐卧具：棹曰枕／莊。椅曰椅／几。脚踏曰蹈枕／當。屏風曰梗／莫覩。牀曰藏／長。帳曰盃／惹。

飲食具：大碟曰碟老／論碟。小碟曰碟育／論盆。碗曰呆／乍。箸曰招／故豆。

火具：爐竈曰弓着／論騷。火鉗曰着着／奥今。蠟燭曰燭／蠟朱。火把曰拉道／臥爲。爆竹曰炮賬／烏包。大炮曰地炮／旦中。

糧食具：升斗曰道升／倒盛。米袋曰糯／甲袋。杵曰降校／凡帶。臼曰杻校下平／任帶。碓曰枚下平／帶。簍籮曰魯／羅。

農具：鋤曰陸／媽。耙曰籲／饒。鐮刀曰魯無／零。尖刀曰譖／汪明。柴刀曰作／汪明。斧曰獨／玩。扁挑曰扛／條案。禾架曰枕／阿腦。擔子曰莊下平／案。拄杖曰打打／等。

雜具：頭梳曰若/阿外。鎖曰素/冷龍。鑰匙曰鑰匙/即龍。臉盆曰當/論盆。瓶口曰瓶口/抱。戥曰頓/登。秤曰直/丢。繩索曰絡/又。藤曰芒/告。

文具：筆曰筆/奔。墨曰墨/芒。文字曰文字/娘。書曰道/瘦。紙曰道/撒。讀書曰柯道/果瘦。印曰印/應。扇曰簸/必。

樂器：鑼曰□〔一〕。鼓曰卓/光。鐘曰仝。磬曰仝。梆曰著/乜。鐃曰光扯/光匝。叭喇曰羅博/打的。蘆笙曰泡堆/汲連。

刑具：竹板曰半/撮。鍊曰羅盧/又抓。枷曰枉/論然。鐐曰昆盧/戛鞭。囚犯曰充軍/里芮。

數目苗狆語

一曰依/望。二曰阿/宋。三曰巴/散。四曰褒/西。五曰卑/阿。六曰婁/繞。七曰臧/差下去。八曰以/邊。九曰覺/姑。十曰古/仇。十一曰古依/仇依。一百曰依博/把了。一千曰依生/玩了。一萬曰依望/諒了。一億曰依索/仇諒。一人曰你儂/望了。十人曰古你儂/仇文。百人曰博你儂/百文。千人曰生你儂/諒文。一文曰一儂/一文。十文曰古儂/仇匣。一毫曰好/毫。一釐曰一里/同。一分曰一分/玩。一錢曰一曾/一

〔一〕□：表示原文爲空。

錢。一兩曰一良／一領。二兩曰阿良／宋領。石曰當／如。斗曰道／倒。升曰升／分。合曰合。勺曰勺。

方向苗狆語

東曰東／汪。西曰西／汝。南曰赧／三。北曰北／故。中曰章／枕矼。前曰打／浪。後曰光／那。左曰如／稔水。右曰羅／稔刮。上曰家／喪。下曰箕／氏論。

顏色苗狆語

紅曰倫。紫曰都倫／滃。赤曰都摸／邦翁。黃曰廣／煙。青藍曰波素／温濫。緑曰波／論。白曰刀／告。黑曰朧／晚。

疾病苗狆語

頭疼曰服曾／高堅。肚曰包／董。肚痛曰包芒／董堅。腹脹曰包脹下平／董脹。心痛曰順芒／温堅。耳聾曰浪拔／柔懦。聲啞曰□。眼瞎曰雷眸／大望。背駝曰重朋／懦工。嘔吐曰懦／若。咳嗽曰論／嗐。下痢曰過唱／董弄。病瘧曰俄包／戈相。癲狂曰炳／寡。跛足曰加／架笳。

珍寶苗狆語

金曰工／近。銀曰凝／案。銅曰等／龍。鐵曰陸／瓦。錫曰索／攸。鋼曰薩／扛。鉛曰永／元。錢曰屯曾／煎。玉曰玉／浪。寶曰寶／奥。

農功苗狆語

墾田曰開壘/溉拿。築田塍曰俄涸壘/沓波拿。以水灌入田内曰喋温逐壘/嗅染之拿。種田曰俄壘/戈拿。挑糞曰俄墳/阿奔。糞田曰俄墳逐壘/阿奔之拿〔一〕。布種曰搬秧/拖瓜。插禾曰擠秧/浪拿。薅秧曰扔雍/奈那。晾禾曰温雍/他戛。收穫曰扔把/收謬。晾穀曰温把/他襖。種土曰俄打/戈那。薅草曰脱茹/攏壓。割草口扔茹/管牛下平。

米穀苗狆語

穀曰把/奥于。白米曰宋老/阿奥。舂米曰墮宋/利奥。糯米曰宋簍/阿那。粘米曰宋昨/阿晉。穀殼曰索婁/燃邦。糠曰索/燃。麥曰門/阿芒。蕎曰假門/芒芒。紅稗曰西/阿望。小米曰都農/阿翁。豆曰都/婁嫣。黄豆曰都廣/同。緑豆曰都波/婁兵。芝蔴曰芝麻/同。杠豆曰都枉/婁必。扁豆曰都縛/阿巴。豆豉曰豉/嫣鬧〔二〕。

菜蔬苗狆語

菜曰茹/邦。青菜曰茹波/邦干。白菜曰茹過老/邦瓜好。油菜曰茹過有/邦油。芹菜曰茹京/香芹。莧菜曰茹及/跑亂。嫋菜曰脱茹/奈躭。薑曰指/應。蒜曰堆/餓。葱曰茹葱/烏。韭曰茹韭/跑烏。芋子曰柴户/婁忍。山藥曰玉朵/婁叟。蕨曰茹梭/邦坤。

〔一〕「俄墳阿奔糞田曰」七字據咸豐《安順府志》補。

〔二〕嫣鬧：似爲「嫣悶」之誤。

果蓏苗狆語

桃曰敝祼/婁道下平。李曰敝考/婁悶。核桃曰敝道下平/婁招。棃曰敝/婁棃。柑曰殊拿/□。葡萄曰敝更/婁卵。壺瓜、絲瓜俱曰呵都/婁王。杏曰家/而瓮。栗子曰敝芍/歪亞。

花木苗狆語

花曰綁/歪。蘭曰蓮/奶。菊曰保廣/奶。艾曰巖/艾。藤曰□/告。草曰娘/□。竹曰找/歪仁。木曰能/烏歪。松曰争芒/歪既。杉曰呵金/杉。桐曰呵當/歪高。漆曰阿腮/都良。棕曰曾棠/囊愠。柳曰養柳/歪魯。羊桃藤曰敝芒/歪那。柴曰堆/文。生柴曰道波/文留。乾柴曰道踝/文羅。

禽獸苗狆語

鷄曰喈/蓋。鵝曰稿/雁。鴨曰歌/聘。鴉曰寫/啞。猪曰都膊/都暮。羊曰都養/都庸。猫曰都毛/猫。狗曰拉/都駡。馬曰敝蜜/都馬。水牛曰都勾/都歪。黄牛曰都母/都胄。鼠曰都博/都嗅。兔曰都樂/毛。猴曰奪冷/都靈。虎曰敝召/都恐。豹曰豹子/都空。鹿曰都侔/都。

鱗介苗狆語

鯉魚曰大里/都擺。鰍魚曰麻絲/罷賴。鱔曰麻粳/罷剪。鼈魚曰都九/都鳥。龍曰潎攘/都區。蛇曰潎糯/都嫗。

昆蟲苗狆語

蚊曰都芒/都良。虱曰硐/都南。蚤曰都膜/都曼。蜂曰蝲/都更。蜜蜂曰蚝/都蝶。蜘蛛曰都杯/都告。蜻蜓曰浪温/温灞。蝗蟲曰光蜜/都亂。蝦蟆曰過戈/都硬。蚓曰懦姜/都斷。

昔郝隆爲蠻部參軍，盡解蠻語，南蠻以是服之，况州縣爲親民之官，未有不通其言語而能得其嗜好者。夫言，心之聲也。先得其言，而後因其言以想其心，再爲之設身處地，所欲與聚，所惡勿施，以揣其不言之隱。如慈母之於孩提，祇一啼哭之間，知其嗜好，此無他，心誠求之之故耳。惟是黔中苗民八十二種，微特狆語與苗語不同，即狆語亦有與狆語不同者。即如縣屬狆語，謂天曰論悶，地曰囊，日曰刀輪，月曰莽高，父曰耶，母曰埋，兄口哥，弟曰那。普安狆語，謂天曰滇，地曰的，日曰完〔一〕，月曰吞，父母曰撥茂，兄曰汲，弟曰煖。獨山狆語，謂天曰悶，地曰赧，日曰大握，月曰冗亂，父曰波，母曰媄，兄曰比，弟曰暖。此不可以概論也，惟即其地以譯其語焉可耳。蓋苗語難知，故用譯〔二〕。以譯譯譯，故曰重譯。茲僅譯苗、狆二語者，以二種最

〔一〕曰：原誤作「光」。

〔二〕難知故：原誤作「二狆者」，據咸豐《安順府志》改。

多故也。苟由此而盡譯之，因其言以想其心之所欲言，并揣其不言之隱，則傾心向化，將不獨郝隆專美於前矣。至今日，狆民讀書者衆，能以其語爲詩歌，固足見涵濡薰陶之德，然非同文之世所貴也，故舍而弗録。

〔民國〕平垻縣志

【解題】江鍾岷修，陳廷棻纂。平垻縣，今貴州省安順市平垻區。「言語」見《民生志》中。録文據民國二十一年（一九三二）鉛印本《平壩縣志》。

言語

聲調

高下清濁之聲帶，基於生理上之天然者。脣音、齒音、脣齒音、舌齒音等，基於吐屬時之人爲者。縣中山陵隔絶，相距數里聲帶即不同，音韻不講，脣音、齒音、脣齒音、舌齒音等往往亂發。例如回與肥、方與荒、逢與紅、飛與灰、者與姐等，音輒各隨習慣假借亂呼。於是每一區域，輒衍成一區域内之遺傳聲調，城鄉互異，四鄉亦復互異。設縣城及東鄉曾周馬場一帶、南鄉飯籠鋪一帶、西鄉谷拏一帶、北鄉十字路一帶，五處之人共居一地，聽者一聆其聲音，即能辨其爲五個區域之人。此種可目之爲區域上之差别。

苗族聲調較漢人重濁，仲家、革老、雜色又較苗族重濁，此種可目之爲族類上之差别。

凡無論何地何族，女性聲調皆清高於男性，此又男女生理上之差别。

語句

漢人語句如稍能矯正其方音，直與北京官話無異。此因各姓漢人皆自蘇、皖、湖廣、贛、滇、桂、蜀等省籍而來。如其始來之初期，各皆操其省之特殊語，即彼此鑿枘，不相了解。於是各棄成言，另組織一種普通適用之話句，習之既久，遂成爲今日之語句式，其間不特無鄉談，且亦少閑字。以此種基本語，學北京官話，易如反掌。此種狀況，全黔漢人皆然。

苗、仲、革老、雜色，多與漢人雜居，即不雜居，或多與漢人交際。在漢人則存一種不屑之心，毫不注意，無一能肖彼種之言語者。在苗、仲、革老、雜色，一方基於環境之需要，一方基於羡慕之摹仿，往往能操漢人之談吐。彼中婦女亦有因少與漢人接近，不能操漢話者。故漢人與彼族對話時，雙方皆漢話也。是彼族之學北京官話，亦易易也。

苗、仲、革老、雜色言語不同，青苗、白苗、花苗、黑苗之苗話復不同，紅革老、剪頭革老之革老話又不同。若悉載之，恐非篇幅所能盡，且多有音無字，若不用留音機片攝取，第以漢字繙譯書之，更恐失真。且采訪所及時，又安知彼之談話者悉皆正確。不如一切暫闕爲愈也。無已，仍照舊志譯就之苗仲語録之，以見一斑。

青苗、青仲通用語

除漢人外，苗、仲爲多，又惟青苗、青仲爲多，舊志載其通用語句以備一格者以此。兹列爲一表之。

漢譯青苗、青仲通用言語表

天文

天，董，論悶〔一〕。日，上董，刀輪。月，糯夕，莽高。星，糯工，奈里。露，婁，崖。雲，阿仁，鳥。雷，騷果，巴來。雨，銚囊，刀愠。霜，哦打，奈女。雹，勞，刃任。風，邦，任。雪，銚邦，刀奈。霧，哦呵，乃摸。雹，騷乃，要巴。冰，空，奈塊。旱，濃科，悶雨。澇，皆勞，攘王。

地理

地，打，囊。山，巴，播。大山，巴勞，播懦。小山，巴尤，播奈。石，坳，應。山頂，户巴，娘泊。山腳，蹈巴，懦順。巖，兀，因。湖，搪不，安。江，抗，巖。河，矼拿，大。海，况潦，巖。大水，皆潦，刀懦。小水，皆尤，刀奈。池塘，浉，當。井，况潦，論摸。坑，况踝，論莊。溝，都矼，論孟。田，冷，拿。土，打，囊。園圃，罔乳，論順。大路，戛勞，論滃。小路，都戛，論奈。石洞，况乎，論莊。田塍，况冷，温那。

〔一〕原爲表格形式。「天，董，論悶」分别表示漢文、青苗語譯、青仲語譯。以下全篇同。

人稱

高祖父、曾祖父，腳婁臺，包太。高曾祖母及老婦，埋婁，亞老。祖，腳婁，公。祖母，埋婁，臺太。父，腳舉，耶。母，埋奈，埋。伯，堯，包。叔，牙，爺。伯母，埋勞，蔑奧。弟，牙，那。弟婦，埋牙，那。母舅，既農婁，播龍。兄，孤，哥。兄嫂，埋牙，比奧。叔母，埋雅，亞比。姑母，麻阿，蔑巴。婦人，伊虐，猛。姐，阿婁，姐。姐夫，敝務，包龍。妹，阿，猛。妹夫，敝務，播古。表伯，阿堯老，播比。表叔，阿牙老，播故。表兄，老表，比。表弟，老表，囊。妻，虐，折亞。妻舅，村既農，播那。子，冬都，婁。弟兄之子，冬句，婁腮。女，莫癡過，婁猛。女壻，敝務，婁規。外甥，外甥，婁濫。親家，腳，老浪。先生，藏道，章歲。大人，蒙老，大人。媒人，媒人，補司。僧，和尚，阿道。鬼師，鬼師，丈亡。佃户，壘招，僂張。裁縫，裁縫，丈牛。廚人，廚子，丈廚。木匠，藏伯，丈歪。瓦匠，藏俄，丈瓦。石匠，藏坳，丈硬。保人，叩俄昌，包都丈。中人，中人，憑端。你，你，皆沽。我，哄，皆蒙。書辦，書辦，同。代書，代書，同。差，部差，阿差。禁卒，都皂，阿齊。乞丐，叫和，阿弩。盜賊，都奴，不劣。人多，蒙都，文賴。人少，蒙招，文修。囚犯，充軍，里芮。

身體

頭，農服，拱高。髮，褒服，奔高。額，賓包，拿罷。眉，褒蒙，奔大。臉，包，那。眼，蓋蒙，論大。耳，農把，雷。鼻，農褒，浪。口，農久，班。齒，命，札兒。鬍鬚，阿者，孟。項，農浪，拱石。肩，胄膊，拱巴。背，朱股，白浪。手，又，文。掌心，胥雜，虹文。大指，地雜，蔑文。小指，地雜尤，婁文。胸膛，農莊，白按。乳，農密，秘。腰，農奪，拱汶。肚腹，農包，論董。肚臍，農況刀，波戾。足，踏對，頓。舌，乃，冷。足腿，奆奆波，嘎必。膝，王服九，高窩。足肚，莊朱，董戛。脛，廣魯刀，大抱。肉，皆，懦。腳心，底胥，曼頓。足指，地糟打，婁頓文。臀，交角，更榮。筋，打續，凝。骨，寸桑，光。毛，毛制，奔大。髮辮，褒服，奔高。大便，莊過，戈也。小便，莊委，戈右。

動作

生，波，里利。死，奪，大敗。貧，梗，窩老。有，猛，里。富，發采，班利。大，老，那饒。小，育，奶饒。無，馬無，秘攸。來，勞，罵。遲，離，卯遨。速，衰，茫遨。言語，都腮，甲奥。走動，猛戛，條。去，蒙，敗。願，好，主。不願，莫好，密主。凡事不諧及没有，莫仁，密攸。巧，乖，饒。伶俐，在行，真饒。愚蠢，湯，瓦。拜跪，扒九，拜。磕頭，奴户，高。綑縛，開，混。不聽人言説，莫門腮，密睿。打降，奴架，董敵。相罵，嗆架，董汶。買，貿勞，甲。換肩，離朱，利巴。騙賴，賴，騙賴。貪婪，贜錢，更案。賣，貿蒙，周。嫖，嫖，過有。擲骰，擲骰，刀能。以物頓地上，涸諸打都，沽論氏諒。挨打，奴，呆。官斷案，董狀，泱芮。訟勝，狀贏，云敗。訟輸，狀輸，輸敗。讀書，柯道，果瘦。舂米，墮米，利奥。

道路房屋

街，街，蓋。巷，尚，龍。寨，農王，滿。門外，枕老老，氏。門，枕，杜。門限，底弓，敢杜。

寺觀廟庵，廟，謬。房，農把，然。院，涸，稔。階，孔，温。亭，枕狼，亭。樓，農莊，庹。倉，戎，庹。枋，枋，王。椽，椽，同。梁，兩，梁。柱，假把，掃。磚，專，烝。瓦，俄，瓦。窗，窗風，同。檐，滴罷，拉然。牆，空身，迸。板壁，把太壁，板壁。監獄，把牢，論牢。班房，均與漢人同名。

布帛衣服

布，帑，邦。紗，種紗，賣。綢，種，同。緞，空，奧。針，根，遁。線，騷，賣。頂，光等，廣。簪，比服，并高。氈帽，毛制，冒晉。小煖帽，毛杏，冒奶。涼帽，雨毛，涼帽。衣，襖，光布。衫，衫子，布衫。袍褂，均與漢人同名。裙，登，因。馬褂，馬褂，布登。汗衫，均與漢人同名。手巾，是被，冒邦。衣鈕，扣子，婁路。腰帶，浪，刁。褲，置，重。鞋，立，巖。襪，襪，巖曼。裹腳，稱，郎。枕，凝，高睡。被，邦，奔芒。褥，之，晉丢。草薦，草斂，草簾。

飲食

酒，竈，謬。吃酒，呼糟，哽謬。飯，囊，奧。吃飯，朗囊，哽奧。肉，改，懦。吃肉，朗改，哽懦。吃煙，呼茵，哽完。茶，及，者。油，壯，油。鹽，祚，故。粥，過篹，那冬。飢餓，篩，日饒。香，香，應。臭，胄，奧。冷，晾，蔣。熱，炒，抽。軟，濃，温。硬，墮，朗。糟，脱竈，戾。麪，哥竈，西糯。穀，把，奧于。白米，宋老，阿奧。糯米，宋簍，阿那。糠，索，然。粘米，宋昨，阿晉。縠縠，索簍，然邦。麥，門，阿芒。蕎，假門，芒芒。紅稗，西，阿望。小米，都農，阿翁。豆，都，婁嫣。黄豆，都廣，婁嫣。緑豆，都波，婁兵。芝麻，均與漢人同名。豇豆，都柱，婁必。扁豆，都薄，阿巴。豆豉，豉，嫣鬧。菜，茹，邦。青菜，茹波，邦千。白菜，茹過老，那瓜好。油菜，茹過有，那泊。蒜，堆，餓。芹菜，茹京，香芹。莧菜，茹及，邦亂。蕣菜，脱茹，奈躭。葱，茹葱，烏。薑，指，應。韭，茹韭，跑烏。芋，柴户，婁忍。山藥，玉朵，婁叟。蕨，茹梭，邦坤。蘿蔔，敝更，婁卯。壺瓜、絲瓜，阿都，婁玉。

什物器具

金，工，近。銀，凝，案。銅，等，龍。鐵，陸，瓦。錫，索，攸。鋼，薩，杜。鉛，永，元。錢，屯，煎。玉，玉，浪。寶，寶，奥。桌，枕，莊。椅，均與漢人同名。腳踏，踏枕，當。屏風，梗，莫覩。牀，藏，長。帳，杯，惹。爐竈，弓着，論燒。火鉗，着着，奥今。蠟燭，均與漢人同名。火把，拉道，臥爲。爆竹，炮仗，烏包。大炮，地炮，旦中。大碟，碟老，論碟。小碟，碟育，論盆。碗，呆，乍。箸，招，故豆。升斗，道升，倒盛。米袋，懦，甲袋。杵，降校，几帶。臼，杻校，任帶。碓，枚，帶。簍籮，魯，羅。鋤，陸，媽。耙，簸，鐃。鐮刀，魯無，零。尖刀，譖，汪明。柴刀，作，汪明。斧，獨，玩。扁挑，扛，條案。禾架，枕，阿老。擔子，主，案。拄杖，打，等。頭梳，若，阿外。鎖，素，冷龍。鑰匙，鑰匙，即龍。臉盆，當，論盆。瓶口，瓶口，抱。戥，頓，登。秤，直，丢。藤，芒，告。繩索，絡，又。煙竿，札煙，論龍。煙包，因盒，洽完。茶杯，柯箕，論奥。小茶杯，都匡，論中。油燈，莊油，當油。筆，筆，奔。文字，文字，娘。墨，墨，芒。書，道，瘦。紙，道，撤。印，均與漢人同名。扇，簸，必。鑼，均與漢人同名。鼓，卓，光。鐘、磬，均與漢人同名。梆，著，芒。鐃，光扯，光匝。喲叭，羅薄，打的。蘆笙，泡堆，汲連。竹板，半，撮茂。鍊，羅六，又抓。枷，杠，論然。鏵，昆六，戛邊。物大，老，姑農。物小，育，姑右。

數目

一，依，望。二，阿，宋。三，巴，散。四，褒，西。五，卑，阿。六，婁，繞。七，張，差。八，以，邊。九，覺，姑。十，古，仇。十一，古依，仇依。一百，依博，抱了。一千，依生，玩了。一萬，依望，諒了。一億，依索，仇諒。一人，你儂，望了。十人，古你儂，仇文。百人，博你儂，百文。千人，生你儂，諒文。一文，一農，一文。十文，古農，仇立。一毫，好，毫。一釐，均與漢人同名。一分，一分，玩。一錢，一曾，一錢。一兩，一良，一領。二兩，阿良，宋領。石，當，如。斗，道，倒。升，升，分。合、勺，均與漢人同名。

顏色

紅，倫，倫。紫，都倫，滃。赤，都摸，邦翁。青藍，波素，温濫。黄，廣，煙。緑，波，論。白，刀，告。黑，朧，晚。

方向

東，東，汪。西，西，汝。南，赧，三。北，北，故。中，章，枕矼。前，打，浪。後，光，那。左，如，稔水。右，羅，稔刮。上，家，喪。下，箕，底論。

農功

墾田，開壘，溉拿。築田塍，俄涸壘，沓波拿。灌田，喍温逐壘，嗅染之拿。種田，俄壘，戈拿。挑糞，俄墳，阿奔。糞田，俄墳逐壘，阿奔之拿。布種，撒秧，拖瓜。插禾，擠秧，浪拿。耨秧，扔秧，奈拿。晾禾，温雍，他戛。收穫，扔把，收謬。晾穀，温把，他襖。種土，俄打，戈那。耨草，脱茹，攏壓。割草，扔茹，管牛。

疾病

頭疼，服曾，高堅。肚，包，董。肚痛，包芒，董堅。腹脹，包脹，董脹。心痛，順芒，温堅。耳聾，浪拔，柔懦。聲啞，湯，昂。眼瞎，雷謀，大望。背駝，重朋，懦工。嘔吐，懦，若。咳嗽，論，瞎。下痢，過唱，董弄。病瘧，俄包，戈相。癲狂，炳，寡。跛足，加，架笳。

禽獸

水牛，都勾，都歪。黄牛，都母，都胄。鼠，都博，都嗅。兔，都約，都毛。鷄，喈，蓋。猴，奪冷，都臨。虎，敝兆，都孔。豹，豹子，都空。鹿，都牟，都。鵝，稿，雁。鴨，歌，聘。鴉，窩，啞。猪，都頗，都暮。羊，都養，都容。猫，都毛，猫。狗，拉，都罵。馬，敝密，都馬。

鱗介

鯉魚，大里，都擺。鰍魚，麻絲，罷奈。鱔魚，麻粳，罷剪。鼈魚，都九，都烏。龍，敝攘，都區。

昆蟲

蚊，都芒，都良。虱，碉，都南。跳蚤，都膜，都曼。蜂，賴，都更。蚓，懦將，都斷。蛇，敝懦，都嫗。蜜蜂，虼，都蝶。蜘蛛，都杯，都告。蜻蜓，浪温，温罷。蝗蟲，光密，都亂。蝦蟆，過戈，都哽。

花木

花，綁，歪。蘭，連，奶。菊，保廣，奶。艾，巖，艾。藤，芒，告。草，娘，娘。竹，早，歪仁。木，能，烏歪。松，争芒，歪既。杉，呵金，杉。桐，呵當，歪高。漆，阿腮，都良。棕，曾棠，囊愠。柳，養柳，歪魯。柴，堆，文。生柴，道波，文留。乾柴，道踝，文羅。羊桃藤，敝芒，歪那。桃子，敝裸，婁道。李子，敝考，婁悶。核桃，敝道，婁招。梨子，敝，婁宜。柑子，殊拿〔一〕。葡萄，敝更，婁卯。杏子，家，而瓮。

〔民國〕鎮寧縣志

【解題】胡翯修，饒爕乾等纂。鎮寧縣，今貴州省安順市鎮寧布依族苗族自治縣。「漢族方言」「夷語」「苗語」「苗夷語言對照」見卷三《民風志》中。録文據民國三十六年（一九四七）石印本《鎮寧縣志》。

漢族方言

靈曰尖。笨曰苕。不開通曰兔。小巧曰秀氣。出醜曰丟堆。説錯曰登黃。聰明曰伶干。

〔一〕此條青仲語未記録。

性傲曰牯頭。不正經曰設壇搗怪。不睬曰不張。機警曰跳站、曰精靈。完了曰歸一、曰幺臺。刻薄曰刮毒。慳吝曰細嗇。起交涉曰扯秋皮。會打算曰精微。昏聵曰張倒。土匪曰棒二。暗地裡曰陰倒。説故事曰擺龍門陣。談天曰沖殼子。滑頭曰光二。厲害曰老火、曰雜板。不顧一切曰麻撒撒。精神萎靡曰萎聳聳。例此甚多，不勝枚舉。

夷語

天曰捫。地曰任。人曰文。日曰藼元。月曰度槁。山曰波。水曰冉。土曰南。木曰歪。父曰博。母曰乜。子曰勒。女曰勒悶。井曰勒磨。户曰罷兜。田曰納。宅曰勒揚。馬曰犢馬。牛曰德犢。羊曰犢戎。鷄曰犢介。犬曰犢嗎。豕曰犢畝。殺鷄曰卡介。老爺曰補賽。衣曰坦。食曰羹。住曰又。行曰善。莊稼曰穀歡〔一〕。做官曰谷賽。貿易曰谷戛。犂牛曰挽齋。耙曰蔑少。神龕曰報達。猫曰犢妹。鼠曰犢奈。酒曰老。吃酒曰根老。菜曰稗。肉曰洛。碗曰蓎。筷曰對。吃飯曰根啊。來曰嗎。往曰蹕。天上曰耿捫。地下曰那任。石頭曰草生。河水曰冉達。放牛没有、曰縱犢未。

苗語

牛曰略。馬曰倫。日曰者。燈曰加。睡曰被。水曰跌。飲酒曰呼宰。吸菸曰呼英。打

〔一〕莊：原作「裝」。

田曰踏崖。栽秧曰遮葯。放牛曰在略。邀牛曰料略。割草曰賽早。打魚曰撒罷。吃魚曰勞罷。鷄曰歪。趕場曰木牙去。去不去曰木子木。有不有曰麻子麻。父曰蔗。母曰賴。兄曰罷乃。姐曰大大。嫂曰遮婁。外公曰夜歹。外婆曰包歹。舅曰落樓。姐丈曰巖五。姨母曰抱麻。吃早飯曰勞勞菜。吃晚飯曰勞勞冒。

苗夷語言對照上苗語（青苗），下夷語〔一〕

天，告坡，雨捫〔二〕。地，答納，低雲。人，賴，讀文。山，波，的波。水，腰，養。土，挪，狼。木，道，那歪。銀，利，老几。銅，刀，龍。鐵，陶，襪。月亮，乃塔，度稿。太陽，乃太，蕩完。房屋，乃居，雨然。星宿，乃解，猓内。飯穀，華鳩，哦看。糯穀，華老，哦成。包穀，高望，哦朋。高粱，粥奮，哦翁。麥子，華明，哦蘇。犂田，卡利，栽納。犂地，卡拿，栽雲。下雨，舟龍，討温。毛雨，摸龍，温嗄。大雨，龍錯，温囉。做官，巖介賴，谷帥。會官，回介賴，炎帥。寫字，車内，月收。進城，浮月，邦州。

〔道光〕永寧州志

【解題】黄培傑纂修。永寧州，今貴州省安順市關嶺布依族苗族自治縣。「方言」「苗語狆語合譯」見卷

〔一〕上下：原作「右左」。

〔二〕「告坡」爲苗語，「雨捫」爲夷語。下同。

十《風土志》中。録文據道光十七年（一八三七）刻本《永寧州志》。

方言

天明曰天亮。日晚曰黑了。冰曰凌。虹曰扛。清晨曰清早。乍晴乍雨曰洴淞雨。月半明曰朠朠亮。祖父曰公。祖母曰奶。父曰爹。母曰媽。父之兄曰伯爺。父之弟曰某叔。兄曰哥。弟曰某某。姐曰某姐。妹曰大妹二妹，或稱爲大嫂二嫂，小者曰幺嫂、滿嫂。壻稱岳父曰親爺，岳母曰親媽。壻生子稱岳父曰外公，岳母曰外婆。妻兄弟曰某兄、某弟。外孫稱外祖父母亦曰外公外婆。甥稱舅父曰舅爺，舅娘曰舅媽。女未嫁，岳父母呼壻曰某姐夫，從其子之稱也；曰某姑爺，從其孫之稱也。留宿曰歇。拾得曰檢得。如何曰怎麽。食物曰吃。偷看曰瞙。音苗。看曰瞧。音樵。不堪用曰要不得。相駡曰吵，或曰嚷。物濕而黑曰黴。音梅。米粗曰糙。飲食變味曰餿。音搜。

苗語狆 語合譯

天文苗狆語

天曰董/論閎〔一〕。日曰上董/刀輪。月曰糯夕/莽高。星曰糯工/奈里。風曰邦下平/任。雲曰阿仁/烏。雷曰騷果/巴來。雨曰饒囊/刀慍。霜降曰哦打/奈文。下雪曰

〔一〕「/」之上爲苗語，「/」之下爲仲語。原書以雙行小字方式排版。

饒邦／刀奈。霧曰哦呵／乃摸。露曰婁／崖。雹曰騷乃／要巴。凌冰曰空／奈塊〔一〕。凡有音無字者，俱以四聲圜讀之，惟下平聲圜讀恐與上平聲混，故注曰下平，餘倣此〔二〕。

地理苗狆語

地曰打／囊。山曰巴／播。石曰坳／應。巖曰尤／因。江曰抗／巖。河曰矼／大。海曰況潦／巖。大水曰皆澇／刀懦。小水曰皆尤／刀奈。井曰況潦／論摸。田曰冷／拿。土曰打／囊。

稱呼苗狆語

高祖、曾祖父曰腳婁臺／包太。高祖、曾祖母及老婦曰埋婁／亞老〔三〕。祖曰腳婁／公。祖母曰埋婁臺／太。父曰腳／耶。母曰埋／埋。伯曰堯／包。叔曰牙／爺。兄曰姑／哥。弟曰牙／那。姐曰呵婁／姐。妹曰阿／猛。母舅曰既農婁／播龍。妻舅曰村既農／播那。妻曰虐／折亞。子曰冬／婁。女曰莫癡過／婁猛。親家曰腳／老浪。先生曰藏道／章瑞。大人曰蒙老／大人。你曰你／皆沽。我曰哄／皆蒙。

〔一〕冰：原誤作「水」。
〔二〕原書未見聲調符號。
〔三〕母：原脱。

言語動作苗犻語

富曰發財／班利。貧曰梗／窩老。有曰猛／里。無曰馬猛／秘攸。來曰勞／罵。去曰蒙／敗。走動曰猛戛／條。不願曰莫好／密主。凡事不諧及没有曰莫仁／密攸。不聽人言曰莫門腮／密睿。拜跪曰扒九／拜。磕頭曰奴户／高。

身體苗犻語

頭曰農服／拱高。髮曰褒服／奔高〔一〕。眉曰褒蒙／奔大。眼曰蓋蒙／論大。耳曰農把／雷。鼻曰農褒／浪。口曰農九／班。齒曰命／札兒。手曰又／文。乳曰農密／秘。足曰蹈／頓。骨曰柴桑／光。肉曰皆／懦。

村居寨房屋苗犻語

街曰街／蓋。巷曰尚／龍。寨曰農王／滿。門曰枕／杜。房曰農把／然。樓曰農莊／庋。倉曰戎／庾〔二〕。梁曰兩／梁。柱曰假把／嫂。瓦曰俄／瓦。牆曰空身／迸。檐曰滴罷／拉然。寺觀廟宇曰廟／謬。

衣服苗犻語

氈帽曰毛制／冒晉。衣曰襖／光布。衫曰衫子／布衫。馬褂曰馬褂／布登。袍均曰袍。

〔一〕褒：原誤作「衰」。

〔二〕戎：原誤作「戌」。

腰帶曰浪/刁。裙曰登/因。鞋曰亚/巖〔一〕。襪曰襪/巖曼。枕曰凝/高睡。被曰邦/奔芒。

布帛苗狆語

布曰帑/邦。紗曰種/同。緞曰空/奥。針曰根/遁。線曰騷/賣。

飲食苗狆語

酒曰竈/醪。吃酒曰呼糠/哽醪。飯曰囊/奥。肉曰改/糯。油曰狀/油。鹽曰祐/故。粥曰過簋/那冬。香曰香/應。臭曰胄/奥。硬曰墮/即。

器用苗狆語

棹曰枕/莊。椅曰椅/几。牀曰藏/長。帳曰歪/惹。碗曰呆/乍。箸曰招/汝豆。升斗曰道升/倒盛。杵曰降校/凡帶〔二〕。臼曰梱校下平/任帶。鋤曰陸/媽。斧曰獨/玩。鐮刀曰魯無/零。鎖曰素/冷龍。鑰曰鑰匙/即龍。戥曰頓/登。秤曰直/丢。筆曰筆/奔。墨曰墨/芒。書曰道/撒。讀書曰柯道/又果瘦。扇曰箯/必。鑼曰那/同〔三〕。鼓曰卓/光。鐘曰仝/同。磬曰仝/同。叭喲曰羅博/打的。蘆笙曰泡𢪛/汲連。

〔一〕亚：原誤作「立」。

〔二〕杵：原誤作「杆」。

〔三〕同：原誤作「向」。

米穀苗狆語

穀曰把／奥于。白米曰宋老／阿奥〔一〕。麥曰門／阿芒。蕎曰假門／芒芒。稗曰西／阿望。小米曰都農／阿望。豆曰都／婁嫣〔二〕。黄豆曰都廣／婁嫣〔四〕。

菜蔬苗狆語

菜曰茹／邦。青菜曰茹波／邦干。白菜曰茹過老／邦瓜好。芹菜曰茹京／香芹。蕨菜曰茹梭／邦坤。薑曰指／應。蒜曰堆／餓。葱曰茹葱／烏。韭曰茹韭／跑烏。

果蓏苗狆語

桃曰敝裸／婁道下平。李曰敝考／婁悶。梨曰敝／婁梨。柑曰殊拿／〔三〕。杏曰家／而瓮。栗子曰敝芍／歪亞。壺瓜、絲瓜俱曰阿都／婁王。

花木苗狆語

花曰綁／歪。蘭曰蓮／奶。菊曰保廣／奶。艾曰叢／艾。草曰娘／同。竹曰找／歪仁。木曰能／烏歪。柳曰養柳／歪魯。松曰争芒／歪既。桐曰呵當／歪高。杉曰呵金／杉。漆曰阿腮／都良。

〔一〕宋：原誤作「宗」。
〔二〕〔三〕嫣：原誤作「嫣」。
〔三〕此處仲語爲空白。

禽獸苗狆語

鷄曰喈／蓋。鵝曰犒／雁。鴨曰歌／聘。猪曰都膊／都暮。羊曰都養／都庸。狗曰拉／都罵。猫曰都毛／猫。馬曰敝密／都馬。水牛曰都勾／都歪。虎曰敝召／都恐。豹曰豹子／都空。

鱗介苗狆語

鯉魚曰大里／都擺。龍曰敝攘／都區。蛇曰敝糯／都嫗。

昆蟲苗狆語

蜂曰蠊／都更。密蜂曰蚝／都蝶。蜘蛛曰都盃／都告。蝦蟆曰過戈／都硬。蚓曰懦姜／都斷。

顏色苗狆語

紅曰倫／倫。紫曰都倫／滃。赤曰都摸／邦翁。黄曰廣／煙。緑曰波／論。白曰刀／告。黑曰朧／晚。青藍曰波素／温濫。

珍寶苗狆語

金曰工／近。銀曰凝／案。銅曰等／龍。鐵曰陸／瓦。錫曰索／攸。鋼曰薩／扛。鉛曰永／元。錢曰屯／煎。玉曰玉／浪。竇曰竇／奥。

方向苗狆語

東曰東／汪。西曰西／汝。南曰赧／三。北曰北／故。中曰章／枕矼。前曰打／浪。後曰光／那。左曰如／稔水。右曰羅／稔刮〔一〕。上曰家／喪。下曰箕／氐論。

數目苗狆語

一曰依／望。二曰阿／宋。三曰巴／散。四曰褒／西。五曰卑／阿。六曰婁／繞。七曰臧／差下去。八曰以／邊。九曰覺／姑。十曰古／仇。百曰依博／把了。千曰依生／玩了。萬曰依望／諒了。一文曰一儂／一文。十文曰古儂／仇鼇。一毫曰好／毫。一鼇曰一里／同。一分曰一分／玩。一錢曰一曾／一錢。一兩曰一良／一領。二兩曰阿良／宋領。石曰當／如。斗曰道／倒。升曰升／分。合曰合／合。勺曰勺／勺〔二〕。

〔民國〕紫雲縣社會調查

【解題】劉國璋等編。紫雲縣，今貴州省安順市紫雲苗族布依族自治縣。「語言」見第三章《人文》中。

録文據民國三十四年（一九四五）稿本《紫雲縣社會調查》。

〔一〕左曰如稔水右曰羅稔刮：原作「左曰如穩刮」，據咸豐《安順府志》改。

〔二〕勺／勺：原脱，據道光《安平縣志》、咸豐《安順府志》補。

語言

本縣苗夷佔全縣人口百分之七十，漢族最少。苗夷之中，種類繁多。苗分老苗、白苗、青苗等。夷分仲家、水家多種。其土語各不相通，風俗亦各異。惟其中除邊遠偏僻居住者尚不通漢語外，大部均可操漢語。有一部分苗夷幾已完全同化，風俗亦改。只火烘之夷民、泉初宗地之苗民，尚玩梗不化，亦無文字，仍爲土著。

〔光緒〕水城廳采訪册

【解題】又題《水城廳志》。陳昌言纂修。光緒二年(一八七六)修。鈔本。水城廳，今貴州省六盤水市水城縣。「方言」「羅羅言」「狆家言」「苗家言」「各家言」見卷四《食貨門·族姓》中。録文據貴州圖書館一九六五年油印本《光緒水城廳采訪册》。

方言

男八月女七月而齒生，自生齒以上，按籍而稽其數，則計以口。蓋口之所納者，食也。而口之所出者，言。同一物、一事、一人而稱謂不同。如左氏《傳》「乳曰穀」「虎曰於菟」者，謂之方言。我聖朝化洽八垓，音傳九譯，雖嗜好不同，性情各别者，亦輻輳闕下。夫書本同文，行本同倫，誠春夏禮樂、秋冬詩書，以叶其宫商而調其平仄。《詩》曰「出言有章」，《易》曰「咸其輔頰舌」，將莫不志和，音雅以鳴，隆平之盛矣。田綸霞撫軍過大小相見坡，記蠻歌四曲，謂意難盡解，大抵與巴東三峽詞旨相類。今讀其第一曲云：「上山犂角西復東，下山花開一箐紅。半滑半乾石當路，乍晴乍雨笠搖風。」第二曲云：「干構纏腰布裹頭，猿啼鷓叫四山秋。下來千尺商訛道，固麥呵交好自由。」第四曲云：「唇下蘆鳴月下跳，摇鈴一隊女妖嬈。阿蒙阿孛門前立，果瓮人來路不遥。」皆婉轉動聽。商訛者，放牛也。固麥，餃餅。呵交，飲酒。阿蒙者，母。阿孛者，父。果瓮者，行役也。以夷言而發爲韻語，初無傷於風雅。元梁王女、大理路段宣慰妻阿襤《絶命詞》云：「吾家住在雁門深，一片閑雲到滇海。心懸明月照青天，青天不語今三載。欲隨明月到蒼山，誤我一生踏裏彩。吐嚕吐嚕段阿奴，施宗施秀同奴歹。雲片波潾不見人，押不蘆花顔色改。肉屏獨坐細思量，西山鐵立風瀟灑。」踏裏彩者，錦被也。吐嚕者，可惜之辭。歹者，我。押不蘆，北方起死回生草。肉屏者，駱駝峯。鐵立者，松林。其音節悲壯蒼涼，正不以方言而滅。誰謂嘔啞嘲哳難爲聽耶？況博採輿誦，輯爲成書，西蜀揚子雲已導厥先聲也。

羅羅言

天曰穆。日曰已。月曰洪。星曰堅。雲曰登。風曰行。雷曰穆支。電曰檄乍。霜曰逆。露曰致。雪曰烏。霰曰才幾。霧曰能。晴曰鑿。雨曰烘。以上天文類。

春曰奶。夏曰施。秋曰濯。冬曰初。歲曰拓。月曰宏。閏曰宏低。四立曰吴。二至、二分曰蓋。日曰儀。時曰兔。朝曰亨。夕曰克。晝曰穆儀。夜曰洗拔。月上弦曰穆打，下弦曰穆迂。甲曰這。乙曰齊。丙曰被。丁曰升。戊曰肯。己曰埡。庚曰虚。辛曰赫。壬曰得。

癸曰都。子曰哈。丑曰尼。寅曰路，又曰膩。卯曰他暑。辰曰魯。巳曰奢。午曰目。未曰和。申曰諾。酉曰挖。戌曰期。亥曰凹。建曰唾。除曰厄。滿曰等。平曰朵。定曰紙。執曰痴。破曰打。危曰古。成曰杓。收曰木。開曰補。以上時令類。

地曰迷。山曰補。水曰彝。巖曰法。石曰羅。以上地理類。

木曰腮。草曰詩。花曰葳。實曰模。以上草木類。

屋曰行。門曰古。牀曰基。几曰臼木。凳曰枯木。筆曰蘇開。墨曰洛那。紙曰圖依。硯曰額洛。燈曰奪貨。笠曰科盧。刀曰着恒。鏢曰沙巴。箭曰糯租。弩曰恰。箭藥曰札奪。以上屋舍器用類。

食曰祖。飯曰加。早餐曰滯。午餐曰招。晚餐曰遲。嗷曰租。酒曰止。飲曰多，又曰朵。肉曰呼。菜曰務。鹽曰初。酸曰支。苦曰枯。鹹曰額。辣曰裴。甜曰痴。味之麻口者曰約。香曰奶。臭曰布能。饑曰厄。飽曰波。以上飲食類。

東曰費。西曰杓。南曰臥。北曰刻。中曰戈姑。上曰儀。下曰騰。高曰模。低曰能。右曰事。左曰番。前曰及。後曰脉，又曰度。先曰施及。以上方位類。

穀曰居。稻曰遲。豆曰諾。粱曰目租，又曰目杓。黄粱曰漆。稗曰爲。紅稗曰諾蠟，又曰沙爲。草子曰詩則。蕎曰姑。小麥曰書。大麥曰數。燕麥曰殺詩。麻曰模。栽曰呆。種曰世。秧曰系。以上稻粱類。

布曰卜，又曰迷密。衣曰鋪，又曰駝。裳曰殺恒。冠曰烏科。履曰期低。帶曰着曬。袴曰暑，又曰致能。織曰襪。縫曰能，又曰及。剪曰擇。以上衣服類。

青曰女。赤曰能。黄曰奢。白曰兔。黑曰那。灰色曰帛帛。水紅色曰威威。雜色曰字兹，又曰戈戈。花色曰瓜瓜。淺藍色曰暑舒。緑色曰賀呵。以上顔色類。

牛曰妮。馬曰謨。猪曰凹。羊曰徹。毛羊曰何。狗曰期，又曰區。猫曰阿佘。鵝曰俄。鴨曰敗。鷄曰娃。龍曰奴。虎曰其褒。豹曰則。狐曰兜。獅曰使宰。象曰乎。鹿曰澤。兕曰烘。麂曰痴。麞曰魯。猴曰阿諾。熊曰額暮。封豕曰凹拈。兔曰阿署。黑花馬曰謨那瓜。棗騮馬曰杜都。海騮曰暑舒。以上鳥獸類。

父曰鋪。母曰模。兄曰委。弟曰年。夫曰約。婦曰黑。子曰租。媳曰器。女曰阿墨。姑曰阿宜。嫂曰阿暮。壻曰序予。祖曰阿褒。祖母曰阿丹。曾祖曰阿鋪。高祖曰阿亞。嫡曰奢。庶曰止。舅曰約鋪。母之兄弟曰阿迂女。兄弟之子曰素把。君曰苴。臣曰盧。主曰色。奴曰止。主之老曰色鋪。女奴曰頗。佃民曰蘇面。宣慰曰苴慕。漢官曰沙助。土官曰挫。總理曰更苴。輔佐曰慕魁。贊助曰勺魁。主兵曰罵色。裨將曰黑乍。戰將曰苴可。大頭目曰模濯，次曰麻衣，又次曰掖續。事鬼神之祝曰褒慕，亦曰白慕，即拜禡也。掌文字曰慕詩。掌禮儀曰鋪偷。書手曰戈蠟。管事曰糯爲。漢曰沙。苗曰嫣烘。犵狫曰蒲。仲家曰沙慕，又曰沙兔。蔡家曰阿烏那。龍家曰阿烏兔。僰曰沙盧基，自稱曰嫩速。人曰鑿，又曰烏搓。祭祖曰儀模。事君曰苴濯。嫁女曰能這。娶婦曰器肯。交友曰乃義。以上倫紀類。

頭曰烏。目曰那都。鼻曰奴暮。耳曰羅波。口曰逆補。手曰蠟。足曰期。身曰果裒。背曰果朵。心曰奶。肝曰謝。脾曰支。肺曰趣。腎曰露。腸曰吾。肚曰赫。腹曰餓波。皮曰已。毛曰迷。髮曰烏疵。氣曰霎。血曰須。肉曰呼。骨曰亨。筋曰糾。腰曰着古。脊曰居。股曰朵布。溺曰西。矢曰梯。以上身體類。

事曰糯。作事曰糯則。發號施令曰非是枯開。言曰度。語曰幸。姓曰恨。名曰搰。先曰吉。後曰墨。早曰搚。遲曰得。反曰頗。正曰耿。轉曰着。側曰兹。上曰模。下曰乃。高曰行。低曰滕。大曰窩。小曰把。多曰弩。少曰奶。近亦曰奶。遠曰敷。厚曰土。薄曰波。重曰黎。輕曰羅。信曰直。詐曰根。親曰格。疏曰膩。想曰鄧。記曰克。愛曰局。惡曰杓。他曰題。我曰額。你曰那。己曰約。存曰着。亡曰古。生曰蘇。死曰希。作戛曰蘇支。病曰奴。好曰烏。是曰恩。否曰麻。睡曰乙。坐曰宜。立曰赫。走曰斯。跑曰特。逃曰婆。擡曰搚。挑曰凹。背曰布。抱曰打。提曰恒。執曰兜。來曰離。去曰胎。有曰吾。無曰庶吾。成曰託。敗曰麻託。好曰紐。不好曰麻紐。美曰哉。醜曰興。寒曰加。暖曰楚。冷曰徹。咒曰朱。祝曰則。曲曰角。直曰耿。長曰奢。短曰妮。順曰住。逆曰麻住。買曰瓦。賣曰務。掃曰斯。拂曰坵。摘曰哈。割曰呆。殺曰呼。打曰賭。罵曰這。教曰慕。督曰其。喫曰租。飲曰朵。做曰則。作曰瘞。修曰古。理曰暑。訟曰諾。訊曰哉。寄曰匪。

賜曰左。與曰被。許曰更主。送曰乎。迎曰希。接曰雜。見曰我。聞曰糾。嗅曰布能。擒曰欲。追曰戛。畜曰幸。養曰烘。粘曰虐。貼曰覺。糊曰濟。砍曰拖。切曰粗。煎曰波。炒曰酥。炙曰戈。燒曰區。煮曰札。蒸曰妮。煨曰者。熟曰埋。生曰哉。汲曰去。去讀爲克去聲。炊曰穆奪都。然曰覩。傾水曰舍。呼曰枯。絶曰皆。續曰雜。借曰痴，又曰烏。還曰去。送還曰胡。瀉曰何。算曰查。計曰登。沐曰栖。浴曰鴉。裝曰低。盛曰干。破曰呆。壞曰打。讀作達平聲。聚曰暑。散曰耐。完曰古。全曰倫。瑣碎曰折折。拉曰果。撦曰色。縛曰兜。繫曰渣敵。彈曰卑。清曰耿。濁曰歹。燈熄曰色。印曰婧。乾曰浮。濕曰夷呆。潔曰和。浄曰烏甲。以上人事類。

一曰太，又曰他。二曰膩。三曰斯。四曰布。五曰烏。六曰卻。七曰戲。八曰赫。九曰居。十曰詞。百曰洪。千曰都。萬曰宜。一個曰他倫。一條曰他開。以上數目類。

天曰坑。地曰圖。日曰宜比雅。月曰宜罵。星曰謝蘇。風曰蚌。雲曰低。雨曰子。雪曰暑。山曰矗。水曰死賀。河曰怯。溝曰哈。田曰寧。園曰鴨。官曰主赫罷。父曰阿把。母曰阿媽。兄曰阿冢。弟曰恒。子曰兹。孫曰嗣。叔曰乍。伯曰先把。甥曰肆。舅曰拉罷。男曰子作。女曰紐作。粘曰作滅。糯曰沙閔。稗曰把。粱曰姜子。小米曰砌。豆曰都。蕎曰故。麥曰總。酒曰祖。飯曰勇。油曰膩。鹽曰上。米曰巴滅。柴曰杓。喫飯曰欲戛勇。食肉曰欲二贊。馬曰墨。牛曰慕。雞曰更。犬曰慈。豕曰二。鵝曰拉阿。鴨曰先阿。蛇曰寅膽。虎曰乎罷。魚曰目。鳥曰字字。草曰鑿。木曰杓。一曰依。二曰打。三曰薩。四曰思。五曰母。六曰府。七曰齊。八曰本。九曰古。十曰然。百曰拔。千曰情。萬曰凹。升曰神。斗曰覩。銀曰宜。錢曰都擠。銅曰洞。鐵曰恒。青曰次。紅曰齒。黄曰翁。白曰八。黑曰肯。生曰漢。死曰司。去曰蓋。來曰恨。上曰覩列戛。中曰大顙。下曰言米戛。左曰罷暑。右曰支暑。東曰宜成兵。西曰宜寒兵。南曰把迷自兵。北曰把兵。歲曰宜。春曰稱哈。夏曰東牒。秋曰本委。冬曰然委。月曰額。日曰拱打公。時曰格。

狆家言

天曰悶。地曰赧。日曰太握。月曰冗亂。星曰闌宜。風曰戎。雲曰窩。雨曰問。雪曰耐。山曰播。水曰禳。河曰打。溝曰墁。田曰納。園曰蒜。官曰賽。祖曰豹。祖母曰亞。父曰波。母曰媄。兄曰比。弟曰暖。夫曰交。妻曰雅。子曰侖。孫曰爛。叔曰波好。伯曰波龍。甥亦曰爛。舅曰拿。男曰曬。女曰謀。粘曰豪箭。糯曰豪你。稗曰豪旺。粱曰豪粱。豆曰豪朵。蕎曰豪孟。麥曰豪模。小米曰豪汪。飯曰巖。酒曰老。肉曰儺。油曰欲。鹽曰決。柴曰文。米曰豪。食曰更。馬曰麻。牛曰池。鷄曰蓋。犬曰罵。豕曰暮。鵝曰罕。鴨曰並。蛇曰額。虎曰共。豹曰標。蝦曰烏。鳥曰若。草曰哈。木曰歪。一曰廖。二曰宋。三曰散。四曰細。五曰哈。六曰若。七曰怎。八曰便。九曰抓。十曰漆。百曰罷。千曰認。萬曰晚。升曰損。斗曰島。戥曰當。秤曰葬。銀曰老巖。早飯曰更巖。午飯曰更仁。晚飯曰更刀。燒酒曰老基。甜酒曰老鴨。盛世曰利屋。恩膏曰案繞。遍曰寮。普曰喇衢。歌曰果玩。擊曰滴。樂曰盎。陶然曰笑眉。太平曰歹冰。愚賤曰蒲乃。江山曰底般。萬年曰挽拈。歲豐曰備黎。萬國曰晚般。人曰菩。主曰完。活曰教。樹曰槐。仙曰線。

苗家言

天曰翁。地曰堆。日曰頂。月曰拉。星曰孩。風曰哉。雲曰浪。雷曰咆皆。雨曰囊。雪曰崩。露曰標好。山曰臥。坡曰悖。水曰窩。君曰旺。官曰怪。祖曰菊。祖母曰包。父曰罷。母曰買。兄曰果。弟曰皂。夫曰腳。妻曰味。嫂曰義。子曰洞。孫曰洽。穀曰貢。粘曰箭。糯曰那。麥曰糟。豆曰布倒。稗曰放。蕎曰祭。粱曰果粱。小米曰努。飯曰麻。酒曰助。飲酒曰好助。肉曰阿。菜曰務。柴曰杜。炭曰貼。馬曰罵。牛曰紐。猪曰買。羊曰央。狗曰戾。房曰蔽。一曰以。二曰阿。三曰畢。四曰魯。五曰巴。六曰交。七曰想。八曰牙。九曰租。十曰早。百曰以杯。千曰以賽。萬曰以王。升曰審。斗曰倒。戥曰當。秤曰沖。

正月曰着系。二月曰拉系。三月曰然系。四月曰那系。五月曰能系。六月曰揚系。七月曰勒系。八月曰皆系。九月曰更系。十月曰巴系。十一月曰納系。十二月曰紐系。歲曰休那。富曰一烘素。貧曰一烘書。左曰摟的哥。右曰摟才那。上曰摟不多。下曰摟不都。青曰凍張。赤曰來。黃曰止剛。白曰摟。黑曰洛冷加。去曰摸魯。來曰盧寨。無曰致麻。

死曰打簍。生曰簡簍。斗曰婁豆。戥曰即侖。秤曰讀戒。升曰拔。金曰戈。銀曰嚴。錢曰則。鐵曰都暑。一曰基魯。二曰阿魯。三曰別魯。四曰不六魯。五曰交魯。六曰度魯。七曰向魯。八曰夷魯。九曰夾魯。十曰務魯。馬曰斗能。牛曰斗紐。鷄曰斗皆。犬曰斗蓋。豕曰斗罷。鴨曰斗呵。蛇曰斗那。虎曰斗趙。豹曰斗詩。魚曰斗折。鳥曰念怒。草曰戛渣。木曰等。穀曰別。稗曰不醋。豆曰讀。蕎曰杰。小米曰鑿。油曰朵。鹽曰鄭。柴曰度得。米曰申征。官曰戛嫣致。父曰阿爲。母曰阿耐。兄曰阿木。弟曰年蓋。子曰年多。孫曰年皆。叔曰叭耶。伯曰叭魯。甥曰年濯。舅曰乃諾。姑曰嫣琅。姑夫曰阿務盧。男曰濟能。婦曰戛薄紐。女壻曰阿務。美曰戎年。少男曰戛煞年。少女曰東姑。火曰兜。田曰勒。園曰阿王。天曰龍都。地曰龍低。日曰龍儂。月曰洛係。星曰洛戈。風曰稼杓。霧曰哈波。水曰格。雨曰那洛。雪曰播洛。山曰富奪。喫飯曰呶干稼。吃早飯曰呶差。吃午飯曰呶邵。吃晚飯曰呶磨。吃肉曰呶解。吃酒曰副就。吹笙曰濯解。唱歌曰賀占。跳花曰姑把。問從何來曰戛達哈的打。問幹何事曰戛干致。問從何去曰戛阿模倫貨的。今年豐收曰孝耐乃嚚戎。明年亦豐收曰詩紐那乃嚚戎。這人好曰叫低你耐戎。這人不好曰叫這戎。這人有飯喫曰一那動戛加諾。這人有衣穿曰都濯那。這人年老曰乃孝杓落。這人年少曰乃孝幼。回去曰耿模魯致。無事曰致麻糯。做事曰模阿孤。有馬騎曰度乃結。昨日曰阿那。今日曰諾那。明日曰登鷄。

各家言

父曰拔，一曰罷。母曰蒙，一曰明。孩曰的。食曰努介，一曰儂射。飲酒曰忽往，一曰呵交。食肉曰努擬。飲茶曰呵巴。食煙曰呵應。米曰賽。火曰歹，一曰沱。水曰瓮。舂米曰大送。鷄曰介。豕曰拜，一曰巴。牛曰擬，一曰訛。商訛，放牛也。馬曰麻，一曰米。猛已，趕集也。大弄，日午也。歹鷄，坐也。條，漢人也。雅犇條，不識漢語也。雅務，不好也。雅道，不得也。雨曰射婁。

父爲包。母爲莀。祖爲大。食食爲固脈。飲酒爲固悖。食肉爲固窩。啖餅爲固麥。啜茶爲固高。鷄爲奓。鴨爲阿。馬爲虐。犬爲磨。一爲序。二爲瘦。三爲大。四爲布。五爲目。六爲逆。七爲索。八爲遮。九爲梭。十爲完。織布爲陶打。傭工爲陶貢。趕集爲拜其。喪祭爲白號。

父曰索。母曰咪。兄曰皮。朝饔曰艮捱。午飯曰艮林。夕飧曰艮喬。飲酒曰艮撈。食煙曰艮坐。坐曰壤。行曰拜。揖曰張。打曰敵。畜豕曰壥慕。傭工曰果瓮。貿易曰果介直。趕集曰拜謁。雨曰汶到。晴曰汶艮。官曰貫。

上墳曰砍地里。送客曰句業。管兵頭目曰抹色。書辦曰募施。伴當曰必蘇。頭人曰海折陌耕。

〔乾隆〕普安州志

【解題】王粤麟修，曹維祺等纂。普安州，轄境包括普安、盤縣、興義和安龍，州治在普安衛城（今貴州省六盤水市盤縣）。「方言志」見卷二五。有乾隆二十三年（一七五八）刻本。録文據貴州省圖書館一九六四年油印本《乾隆普安州志》。

方言志

一繙曰譯，以譯譯譯，及數譯，皆曰重譯。五代時，胡嶠從契丹北行，踪迹數萬里，有數譯，然後知其音者，竟有不能譯者。又有可譯而文義井然者，如武后時房融譯《楞嚴經》，悉四字屬句，杳渺幽深，爲《南華》之後有數文字。又如漢時宋酺進《白狼夷歌》，亦四字句，譯之文義古雅，與《安世房中歌》相髣髴間。嘗讀其譯本，即今羅羅聲也。蓋白狼夷，即莋都後爲沈黎郡，今在重慶諸處，故其聲同也，兹録於後。

羅羅中有安氏，濟濟火後。安氏盛時，自製文字，不同中國。今閣其字與回紇同，横寫，從後起，予讀金元史，亦如此。蓋元實居雲南之南，故元將末諸平章總管皆竄入滇黔間，以其離故部不遠也。故羅羅文字略與之同，而聲音不同。如元呼牛不花、呼鈕脱歡，兹皆不然。是文字略同而音迥不同也。

羅羅之外有狆家，雖同爲苗，而音又不同。楊雄謂蜀之先蠶叢魚鳬，開明拍濩，不曉文字，未有禮樂，至今猶然。《後漢書》謂九隆之母沙壹爲鳥語，今則無。此羅羅、狆家之語，有漢字一語而爲二語者，有一語爲一語者，文有聲音與漢人相同者，又有以虛字在上而實反在下者。如曰奉調則云調奉、曰出兵則云兵出之類。嘗考之徼外，多有如此，不獨羅羅爲然。

茲倣楊雄作《方言》，並倣金元史記羅羅數語，以備將來有事於此者，展卷而通其音，不致如胡崧之不知音而竟返也。志方言。

羅羅詩歌

羅羅之名已久，束晳《汲冢周書》有《王會圖》一篇，載諸國入朝，中有羅羅事，在周武王盟津大會後。竊以爲微、盧、彭、濮中即有此種。

漢武帝時，有羅羅名白狼夷王唐菆，慕化歸義，作詩三章，班固《西都賦》所謂《白狼夷歌》是也。其詩曰：

提官隗構，漢言曰大漢是泏。魏冒踰曹。漢言曰與天意合。

罔驛劉脾，漢言曰吏譯平端。旁莫支留。漢言曰不從我來。羅羅謂不爲莫，不從，倒讀曰從不。

微衣隨旅，漢言曰聞風向化。知唐桑艾。漢言曰所見奇異。

邪毗𬋻𬋻，漢言曰多賜繒帛〔一〕。推潭僕遠。漢言曰甘美酒食。今謂酒爲旨多，用「君子有酒，旨且多」句，

〔一〕繒：原誤作「繪」。

雅甚。

拓拒蘇更，漢言曰昌樂肉飛。局後仍離。漢言曰屈伸悉備。

僂讓龍洞，漢言曰蠻夷貧薄。莫支度由。漢言曰無所報嗣。

陽雒僧鱗，漢言曰願主長壽。莫穉角存。漢言曰子孫昌熾。

又曰：

僂讓彼尼，漢言曰蠻夷所處。且交陵悟。漢言曰日入之部。

繩動隨旅，漢言曰慕義向化。路且揀雒。漢言曰歸日出主。

聖德渡諾，漢言曰聖德深恩。魏菌渡洗。漢言曰與人富厚。

綜邪流藩，漢言曰冬多霜雪。莋邪尋螺。漢言曰夏多和雨。

藐潯瀘灕，漢言曰寒温時適。菌補邪推。漢言曰部人多有。

辟危歸險，漢言曰涉危歷險。莫受萬柳。漢言曰不遠萬里。

術疊附德，漢言曰去俗歸德。仍路孶摸。漢言曰心歸慈母。

又歌曰：

荒服之儀，漢言曰荒服之外。案苗言地名、人名俱依漢言，如言荒服之類。犂籍憐憐。漢言曰土地墝埆。

阻蘇邪犂，漢言曰食肉衣皮。莫碭麤沐。漢言曰不見鹽穀。案苗中墝埆之山祇宜莜麥，餘皆不生。去鹽井遠，以狗椒代鹽。

罔譯傳微，漢言曰吏譯傳風。是漢夜拒。漢言曰大漢安樂。蹤優路仁，漢言曰攜負歸仁。雷折險龍。漢言曰觸冒險陜。倫狼藏幡，漢言曰高山岐峻〔一〕。案苗語山曰崙〔二〕，蓋崙，山之頂也。此言甚合謂高爲狼。高山，倒言曰山高，虛字在下也。扶路側祿。漢言曰緣崖磻石。息落服淫，漢言曰木薄發蒙。理瀝髭雒。漢言曰百宿到雒。捕茝菌毗，漢言曰父子同賜。懷稾匹漏。漢言曰懷抱匹帛。傳言呼敕，漢言曰傳告種人。陵陽臣僕。漢言曰長願臣僕。案《白狼夷》三章，與今羅羅音同。

羅羅語

天曰母。日曰寧其。月曰阿不。星曰斤兒。風曰米嘻。雲曰倭卓。雨曰母呼。雪曰汙。雷曰母革。露曰至。霜曰呢。雹曰魯呼。冰曰渦泥。

地曰彌。山曰不勒。水曰亦甲。凡溪澗皆曰亦甲。田曰得。作平聲讀。房曰兒。用喉音。井曰宜都。石曰落莫。樓曰納麓。橋曰扎。

人曰祖。皇帝曰厄母。大人曰沙祖。普安州曰塞着。學師曰摩哥。捕廳曰嗎哩母。父曰爹。母曰阿納。兄曰阿摸。弟曰哥低。姊曰阿訥。妹亦曰哥低。子曰肉。作平聲讀。女曰

〔一〕高：原誤作「商」。

〔二〕曰：原誤作「目」。

阿墨。孫曰息。孫女曰息阿墨。師傅曰蘇麼。

拜年曰軒呼〔一〕。祭祀曰鋪皮根。請客曰灣側。娶親曰欺克。嫁女曰阿墨欺。有子曰亦鉢。有女曰阿墨育。織布曰撲字。耕田曰歹作平聲讀葛。結訟曰發可得。

金曰施兒。木曰洗爾。水曰亦甲。火曰水都。土曰泥母。

青曰納。紅曰涅。黃曰奢。白曰出。藍曰咳。紫曰呢納。

喜曰辣。怒曰泥怒。哀曰額。平聲。樂亦曰辣。

梅曰薩草尾。桃曰薩匆尾。李曰薩菊尾。凡讀花爲尾。核桃曰薩綿。栗曰宅。平聲。柳曰呢。

頭曰五。作鼻音。耳曰樂波。眼曰那去聲都。口曰涅波。眉曰那波。頸曰下入。鬍曰泥七。乳曰八入。胸曰你都。肚曰亞巴。心曰你。腸曰無。肺曰次。肝曰塞。手曰辣。足曰夾跋。

布曰濮。緞曰叵。錦曰叵佳。佳字作家字讀。鞋曰琴。帶曰竹是。耳鬟曰奴則。胸前珠曰逐木。

打仗曰麻吉。弓曰娜。弩曰茄。箭曰弩。刀曰霞。鎗曰杵。砲曰杵。

〔一〕軒：光緒《普安直隸廳志》作「斬」。

金曰除。錢曰止知。戥曰羅。秤曰鷄。升曰施。斗曰得。飲酒曰旨多。殺鷄曰呀呼。倒讀，呀爲呀，呼爲殺。爲黍曰續膩。牛曰呢。羊曰禾。用鼻出氣讀。狗曰溪。猪曰挖。猫曰阿必。鼠曰哈。虎曰駱。豹曰亦。鹿曰活獏。狼曰物野。穀曰赤。莜曰姑鴈。麥曰食米。小米曰策。芋頭曰難苞。粟曰烏母蘇。稗曰阿鼈。

皇帝好曰厄母的。官好曰祖莫的。老者曰速莫。少年曰奔兒沙。女之美曰忌。男之好漢仗曰脚踏住。老有德曰速莫助。

僰語

天曰與。日曰涅。月曰蛙。星曰星。風曰拍蟬。雲曰允。雨曰微。雪曰雪。露曰露。霜曰深。雹曰卓僕。

地曰低。山曰賒。水曰需。田曰批底。房曰火。井曰需都。石曰卓落。樓曰勒。橋曰古。

人曰宜格。皇帝曰無對。大人曰大人。父曰波。母曰摸。兄曰阿雍。弟曰阿帖。姊曰阿薺。妹曰牛忒。子曰阿孳。女曰阿牛。孫曰阿沙。孫女曰牛沙。

春曰春興。夏、秋、冬俱漢語。

水曰西。火曰灰。土曰揑氣。

青曰青。紅曰賒。白曰拍。黑紫曰鍋塞。

怒曰悶躁。笑曰肅。

米曰時〔一〕。穀曰蘇。麥曰憲麥〔二〕。莜曰姑。

虎曰猓。豹曰綁。牛曰額。野牛曰野額。馬曰里〔三〕。羊曰藥。猪曰忒。猫曰阿彌子。

鼠曰舒。

拜年曰百中。祭祀曰姐。娶妻曰丕西破〔四〕。嫁女曰祝牛。生子曰疏孳。生女曰疏牛。

草曰芻。花曰火。平聲。桃曰爹。核桃曰五都。栗曰阿宅。

布曰叵。緞曰以叵。鞋曰眼。帽曰多麼。衣服曰衣通。鬢曰泥工。髻曰吹。

身曰痴草。頭曰斗膊。目曰昧草。心口曰追。頸曰假爹。鬚曰五。手曰施。足曰果。

心曰星。腸曰不多。肺曰披。

鎗曰沖。打仗曰接張。

皇帝聖明曰無對養。官明白曰官養。天下太平曰興、曰太平。年成豐熟曰草孳丕地養。

〔一〕時：光緒《普安直隸廳志》作「昧」。

〔二〕憲：光緒《普安直隸廳志》作「薏」。

〔三〕里：光緒《普安直隸廳志》作「墨」。

〔四〕破：光緒《普安直隸廳志》作「陂」。

老人盛德曰古泥底泥家。男子好漢仗曰孳泥呼漢仗。女色美曰牛泥額里克。結訟曰跌官司。争田曰争丕地。争水曰争需。

狆家語

天曰滇。地曰的。入聲。風曰輪。雲曰霧。雷曰霸。雨曰温。乾曰悶。坤曰南。日曰完。月曰吞。陰曰盆。陽曰涼。星曰帝。斗曰倒。河曰達。漢曰哈。炎曰萬。霧曰茂。水曰滌。雪曰乃。平聲。霰曰別。平聲。冰曰認。霜曰逢。皇帝曰鴻代。父母曰撥蔑。州主曰賽達。兄曰彼。弟曰煖。姊曰彼囊。妹曰暖囊。食飯曰更好，早曰更巖，午曰更臨，晚曰更殺。鹽曰孤。米曰好三。稻曰好稼。莜曰好戛。麥曰好舒。酒曰老。飲酒曰更老。薪曰墳。

〔光緒〕普安直隸廳志

【解題】曹昌祺修，覃夢榕等纂。嘉慶十六年（一八一一）普安州升爲普安直隸廳，轄境包括普安、盤縣、興義和安龍，廳治在普安衛城（今貴州省六盤水市盤縣）。「方言」見卷四《地理・苗蠻》中。録文據光緒十五年（一八八九）刻本《普安直隸廳志》。

方言

羅羅語

天曰母。日曰寧其。月曰阿不。星曰斤兒。風曰米嘻。雲曰倭卓。雨曰母呼。雪曰汙。

雷曰母草。露曰至。霜曰呢。雹曰魯呼。冰曰渦泥。

地曰彌。山曰不勒。水曰亦甲。凡溪澗皆曰亦甲。田曰得。作平聲讀。房曰兒。用喉音。井曰宜都。石曰落莫。樓曰納麓。橋曰扎。

人曰祖。皇帝曰厄母。大人曰沙祖。普安州曰塞着。學師曰摩哥。捕廳曰嗎哩母。父曰爹。母曰阿納。兄曰阿摸。弟曰哥低。姊曰阿訥。妹亦曰哥低。子曰肉。作平聲讀。女曰阿墨。孫曰息。孫女曰息阿墨。師傅曰蘇麽。

拜年曰斬呼〔一〕。祭祀曰鋪皮根。請客曰灣側。娶親曰欺克。嫁女曰阿墨欺。有子曰於鉢。有女曰阿墨育。織布曰撲字。耕田曰歹作平聲讀葛。結訟曰發可得。

金曰施兒。木曰洗爾。水曰亦甲。火曰水都。土曰泥母。

青曰納。紅曰涅。黄曰奢。白曰出。藍曰咳。紫曰呢納。

喜曰辣。怒曰泥怒〔二〕。哀曰額。平聲。樂亦曰辣。

梅曰薩草尾。桃曰薩勿尾。李曰薩菊尾。凡讀花爲尾。核桃曰薩綿。栗曰宅。平聲。柳曰呢。

頭曰五。作鼻音。耳曰樂波。眼曰那去聲都。口曰涅波。眉曰那波。頸曰下入。鬍曰泥

〔一〕斬：乾隆《普安州志》作「軒」。
〔二〕怒：原均誤作「恕」。

七。乳曰八入。胸曰你都。肚曰亞巴。心曰你。腸曰無。肺曰次。肝曰塞。手曰辣。足曰夾跋〔一〕。

布曰濮。緞曰叵。錦曰叵佳。佳字作家字讀。鞋曰琴。帶曰竹是。耳鬟曰奴則。胸前珠曰逐木。

打仗曰麻吉。弓曰娜。弩曰茄。箭曰弩。刀曰霞。鎗曰杵。砲曰杵。

金曰除。錢曰止知。戥曰羅。秤曰鷄。升曰施。斗曰得。

飲酒曰旨多。殺鷄曰呀呼。倒讀，呀爲呀，呼爲殺。爲黍曰續膩。

牛曰呢。羊曰禾。用鼻出氣讀。狗曰溪。猪曰挖。猫曰阿必。鼠曰哈。虎曰駱。豹曰亦。鹿曰活貘。狼曰物野。穀曰赤。莜曰姑鴈。麥曰食米。小米曰策。芋頭曰難苞。粟曰烏母蘇。稗曰阿鼈。

皇帝好曰厄母的。官好曰祖莫的。老者曰速莫。少年曰奔兒沙。女之美曰忌。男之好漢仗曰腳踏住。老有德曰速莫助。

㚇語

天曰與。日曰涅。月曰蛙。星曰星。風曰拍蟬。雲曰允。雨曰微。雪曰雪。露曰露。

〔一〕足：原誤作「尼」。

霜曰深。雹曰卓僕。

地曰低。山曰賒。水曰需〔一〕。田曰批底。房曰火。井曰需都。石曰卓落。樓曰勒。橋曰古。

人曰宜格。皇帝曰無對。大人曰大人。父曰波。母曰摸。兄曰阿雍。弟曰阿帖。姊曰阿薺。妹曰牛忒。子曰阿孳。女曰阿牛。孫曰阿沙。孫女曰牛沙。

春曰春興。夏、秋、冬俱漢語。

水曰西。火曰灰。土曰捏氣。

青曰青。紅曰賒。白曰拍。黑紫曰鍋塞。

怒曰悶躁。笑曰肅。

米曰昧。穀曰蘇。麥曰薏麥。莜曰姑。

虎曰猓。豹曰綁。牛曰額。野牛曰野額。馬曰墨。羊曰藥。猪曰忒。猫曰阿彌子。鼠曰舒。

拜年曰百中。祭祀曰姐。娶妻曰丕西陂。嫁女曰祝牛。生子曰疏孳。生女曰疏牛。

草曰芻。花曰火。平聲。桃曰爹。核桃曰五都。栗曰阿宅。

〔一〕曰：原脱。

布曰亘。緞曰以亘。鞋曰眼。帽曰多麽。衣服曰衣通。鬟曰泥工。髻曰吹。身曰痴草。頭曰斗膊。目曰昧草。心口曰追。頸曰假爹。鬚曰五。手曰施。足曰果。心曰星。腸曰不多。肺曰披。鎗曰沖。打仗曰接張。皇帝聖明曰無對養。官明白曰官養。天下太平曰興、曰太平。年成豐熟曰草孳丕地養。老人盛德曰古泥底泥家。男子好漢仗曰孳泥呼漢仗。女色美曰牛泥額里克。結訟曰跌官司。争田曰争丕地。争水曰争需。

狆家語

天曰滇。地曰的。入聲。風曰輪。雲曰霧。雷曰霸。雨曰温。乾曰悶。坤曰南。日曰完。月曰吞。陰曰岔。陽曰涼。星曰帝。斗曰倒。河曰達。漢曰哈。炎曰萬。霧曰茂。水曰滌。雪曰乃。平聲。霰曰别。平聲。冰曰認。霜曰逢。皇帝曰鴻代。父母曰撥蔑。州主曰賽達。兄曰彼。弟曰煖。姊曰彼囊。妹曰暖囊。食飯曰更好,早曰更巖,午曰更臨,晚曰更殺。鹽曰孤。米曰好三。稻曰好稼。莜曰好戛。麥曰好舒。酒曰老。飲酒曰更老。薪曰墳。

〔民國〕晴隆縣志

【解題】耿修業修,錢開先等纂。晴隆縣,今貴州省黔西南布依族苗族自治州晴隆縣。「語言及文字」

見第四章《人文》中。録文據民國三十二年（一九四三）稿本《晴隆縣志》。

語言及文字

本縣居民，不論何族，均通漢語，俗謂之官話。惟苗夷等族説漢話時，多生硬，尾音不明，入聲字音多讀爲平聲。至於文字，皆習用漢文。苗族亦有文字，字形類似回文，但不常用，惟巫師俗稱老魔習之。

〔民國〕普安縣志

【解題】楊學溥修，田昌雯纂。普安縣，今貴州省黔西南布依族苗族自治州普安縣。「方言」見卷十《風土志》中。録文據民國十五年（一九二六）石印本《普安縣志》。

方言

天文

日曰熱透。水曰凌。去聲。雹曰白雨。虹曰杠。去聲。霧曰照子。大明曰天亮。日晚曰天黑。黎明曰朒朒亮。乍晴乍雨曰濛淞雨。細雨曰毛雨。迅雷曰炸雷。雷聲細曰瓮雷。

地理

山嶺曰梁子。山頂曰腦包。山澗曰濫澾子。

稱謂

祖父曰爺爺。祖母曰奶奶。父曰爹。母曰媽。伯曰大爹。伯母曰大媽。叔曰耶。嬸曰孃。小妹曰幺妹。岳父曰爹。岳母曰媽。岳父母稱女壻曰姐夫，從子稱也。又曰姑爹。從孫稱也。外祖曰外公。外祖母曰外婆。母之兄弟曰舅。母之兄弟婦曰舅媽。母姊妹之夫曰姨爹。母之姊妹曰姨媽。

人事

圓曰圝。取曰拏。棄曰丢。遷曰統，又曰搬。無曰不得。多曰彀了。不堪用曰要不得。柔懦曰温暾。愚蠢曰奘棒。匪人曰爛崽。訛詐曰敲磕，又曰敲釘錘，或曰嘆望望。推曰攘。挽曰拉。鼻塞曰促。藏身曰躲。病曰兜羅梭。瘧疾曰薰臭爛，又曰打擺子。疥瘡曰乾瘍疙。神曰老魔魔。神爲祟曰撞磕倒。偷看曰瞙。拾得曰檢得。止宿曰歇。夢曰沖去聲臺子。食變味曰餿。物煮爛曰汜。物濕而色變黑曰黴。鷄孵卵曰抱蛋。乳曰乃，又曰蜜蜜。上聲。飯曰莽莽。去聲，讀若放。事壞曰央。事畢曰歸一。如何曰怎個。訛爲□上聲閣。怎麽樣曰那上聲，讀若攘子。痛曰疼。鬬毆曰擡龍，又曰打扛。去聲。辦席質理曰撬臺子，又曰辦下程。人有能曰了不得，又曰狠得很。無能曰不中用，又曰無出息。禍事大曰不得了。人有勢曰太紅火。多財曰有方。物最多曰莽得很，最少曰寡得很。人吝嗇曰餿得很。人有門勢曰闊得很，物美亦曰闊。失落了曰弔，完了亦曰弔。

〔咸豐〕興義府志

【解題】張鍈修，鄒漢勳等纂。興義府，轄境包括今貴州興義、普安、晴隆、貞豐和今廣西隆林等地，府治在今貴州省黔西南布依族苗族自治州興義市。「方言」見卷四二《風土志》中。有咸豐四年（一八五四）刻本。録文據民國三年（一九一四）鉛印本《興義府志》。

方言

郡之方言近于江南，以郡民多明初衛官屯軍之後，來自江南故也。其語平正輕清，聞者易曉，其異于江南而不易猝解者，僅數語耳。撮而識之，即可通悟。惟境内諸苗，則言語侏㒧，頗難猝辨，非譯不通。或苗民争訟，缺音啁哳，聽訟者每茫然不解，而譯者保無變易其辭，苗獄失平每多由此。今仿《爾雅・釋言》、揚子《方言》及《羌爾雅》《佛爾雅》諸書體例，將苗語通譯而備志之。有聽訟之責者，如時留心流覽，于苗語可十得八九，即無譯者已可領會其言，于折獄不無小補。

郡境之苗，狆苗爲多，其餘青苗、白苗、猓玀，其語皆不易解，今特分别譯志，以備核考。志方言。

方言

天文

天明曰天亮。日晚曰黑了。月半明曰朖朖明。朖音噴。虹曰杠。杠去聲。乍晴乍雨曰籠鬆雨。冰曰淩。

稱謂

祖父曰爺。祖母曰太。父曰爹。母曰媽。伯曰大爺。伯母曰大媽。嬸曰娘。小妹曰幺妹。岳父曰爹。岳母曰媽。岳父稱壻曰姊夫，從子稱也；又曰姑爺，從孫稱也。外祖曰外公。外祖母曰外婆。舅父曰舅爹。舅母曰舅媽。姑夫曰姑爹。姑母曰姑媽。婦女相呼通稱曰姨媽。

人事

圓曰圝。取曰拏。棄曰丢。换曰捉。繁瑣曰累贅。多言曰嚕瑣。絮語曰嘮叨。快便曰磨利。無曰不得。多曰彀了。不大佳曰不合式。不堪用曰要不得。愚蠢曰壯棒。匪人曰爛者。詭詐曰敲磕，又曰敲釘錘。推曰攮。手摩曰搓。鼻塞曰簗。身藏曰躲。皮裂曰開麻皴。疥瘡曰乾瘡疕。偷視曰瞙。音描。拾得曰檢得。急行曰奔命。止宿曰歇。火爆曰炸。食變味曰餿。物煮爛曰葩。物濕而色變黑曰黴。音梅。鷄伏卵曰菢。音暴。瓦器未成曰坯。事壞曰錯乖。事完曰歸一。

按郡人多明初衛官屯軍之後，來自江南，故方言雅近江南，音輕清而語平正。如謂天明曰天亮、日晚曰黑了、父母曰爹媽之類，與吴語皆同。其與江南絕不同者，如謂冰曰淩、小妹曰幺妹、愚蠢曰壯棒、匪人曰爛者、詭詐曰敲釘錘、鼻塞曰簗、皮裂曰開麻皴、物煮爛曰葩之類是也。

其有語似俗而實典雅者，如謂月半明曰朏朏明，考宋丁度《集韻》云：「朏，音噴。朏朏，月不明也。」謂偷視曰瞙，考梁顧野王《玉篇》云：「瞙，音描，張目也。」謂疥瘡口乾㾪𤷪，考《集韻》云：「㾪𤷪，疥瘡也。」謂物濕而色變黑者曰黴，考《楚辭·九歎》云：「顏黴黑以沮敗。」漢許慎《説文》云：「黴，物中久雨青黑也。」謂鷄伏卵曰菢，唐韓愈詩云：「鶴翎不天生，變化在啄菢。」《集韻》云：「菢，鳥伏卵也。」謂瓦器未成曰坯，考《後漢書》崔駰云云，「坯冶一陶」，注云：「陶器未燒曰坯也。」此皆沿傳有自，語似俗而實典雅者也。

狆苗語

天文

天曰立奔。日曰江晚。月曰龍論。星曰老黎。風曰戎。雲曰烏。雷曰巴染。雨曰刀温。霜降曰刀奈分。雪下曰刀奈。霧曰乃莫。露曰藏善。電曰羅㞒。雹曰刀論馬。冰曰刀奈消。旱曰没刀温。澇曰刀温奈老。

按狆語各處不同，如府轄境之狆語，謂天曰立奔，日曰江晚，月曰龍論；而普安之狆語，謂天曰滇，日曰完，月曰呑；永寧州狆語，謂天曰論悶，日曰刀論，月曰莽高；獨山州之狆語，則又謂天曰悶，日曰大握，月曰冗亂。見《安順志》《永寧志》《安平志》諸書。蓋狆語亦各處不同也。今特即府境之狆語親叩而詳譯之，他處之狆語與郡之狆語不同者，亦附志以備參考。

附考永寧狆語：天曰論悶。日曰刀論。月曰莽高。星曰奈里。風曰任。霜曰奈文。露曰崖。雹曰要巴。雹曰刀任凌。冰曰奈塊。旱曰悶雨。澇曰攘至。餘稱雲雷雨雪霧之語，與郡之狆語同。永寧與郡之安南交界，兩處之狆苗每多争訟，而永寧之狆苗多與郡狆異，故特爲附考，以備聽訟者覽稽。

地理

地曰囊。山曰播。大山曰播老。小山曰播奈。山頂曰寧波。山麓曰谷播羅。石曰倫會。巖曰岜。山洞曰立格莫。水曰染。湖曰立大。江曰立宜。江濱曰六宜。大水曰仍不老懦。小水曰立我。井曰立波。溝曰千侯。田曰拏。田塍曰恒拏。土曰奈。園圃曰立三。大路曰染勞。小路曰染梁。

附考永寧狆語：山頂曰娘泊。山麓曰懦順。石曰應。巖曰因。山洞曰論莊。江曰巖。湖曰安。河曰大。大水曰刀懦。小水曰刀奈。池塘曰當。井曰論莫。溝曰論孟。土曰囊。園圃曰論順。大路曰論滃。小路曰論奈。餘稱地山田塍與郡狆同。又考普安狆語謂地曰的，獨山狆語謂地曰赧。

稱謂

父曰播。母曰米。祖曰包。祖母曰夏。曾祖曰呀太。曾祖母曰包太染龍。伯曰包籠。伯母曰妹巴。叔曰坳。叔母曰篼坳。姑曰妹姑。母舅曰妹拏。兄曰必勞。弟曰龍倫漢。嫂曰必奔。弟婦曰篼坳。姊曰阿比。姊夫曰必蓋。妹曰龍老漢。妹夫曰叔包。夫曰包。妻曰夏。舅曰播拏。子曰立衰。女曰妻猛。姪曰倫蘭。壻曰卜甘。外甥曰妻濫。親家曰卜龍。通謂婦人曰叔夏。寡婦曰没邁。孤兒曰勒家。僧道曰卜道。巫曰老。田主曰蘇奈。佃曰倫李。縫人曰上義。庖人曰上蘇。木匠曰上肥。瓦匠曰上瓦。石匠曰上林。中人曰阿卜立過江。官曰卜腮。差役曰交差。我曰鬧。他曰星悶。通稱曰同年。乞丐曰不奴。乞丐頭曰賽不奴。盜賊曰不讓。

附考永寧狆苗：父曰耶。母曰埋。祖曰公。祖母曰太。高曾祖曰包大。高曾祖母曰亞老。伯曰包。叔曰爺。伯母曰箢奥。叔母曰亞比。姑母曰蔑巴。母舅曰播龍。兄曰哥。嫂曰比奥。弟與弟婦皆曰那。姊曰借。姊夫曰包龍。妹曰猛。通稱婦人亦曰猛。姊夫、表叔皆曰播古。表伯曰播比。表兄曰比。表弟曰囊。妻舅曰播那。妻曰折亞。子曰妻。姪曰妻腮女曰妻猛。壻曰妻規。親家曰老浪。先生曰章瑞。媒人曰補司。僧道曰阿遒。巫曰文亡。佃曰妻張。縫人曰文牛。庖人曰文廚。木匠曰文歪。瓦匠曰文瓦。石匠曰文硬。保人曰包都文。中人曰憑端。我曰皆蒙。你曰皆沽。書吏曰仲同。差役曰阿差。禁卒曰阿齋。乞丐曰阿砮。盜賊曰不劣。囚曰里芮。餘與郡狆同。又考普安狆語，父母曰撥茂，兄曰汲，弟曰煖。獨山狆語，父曰波，母曰媄，兄曰比，弟曰煖。又各不同。

人事

生曰交。死曰猷。貧曰不奴奈。富曰姑馬姑箢。大曰老，又曰那饒。小曰娘，又曰奶饒。

有曰半。無曰惡箣。來曰行馬。去曰倒不然。速曰半遼。遲曰來山。言曰岡不呢。走曰㞖論。坐曰浪。臥曰碑論。喫曰哽。多曰奈勞。少曰惡箣。怒曰裊裊。喜曰蒙浪。不成曰那箇箣半。成曰箇半。巧曰耕老。呆曰娃老。小心曰老浪。不懼曰密勞。拜曰跪。揖曰乃老。不聽言曰少箣你老箣呢不老少。磕詐曰佛根牙。打曰同登。罵曰同那。杖責曰打不耽。聽訟曰審賽。訟勝曰贏半。訟負曰輸半。獄曰論牢。管獄曰牢論。殺曰街。綑曰殺熟。擡轎曰染轎。坐轎曰浪轎。欠債曰負你老。索債曰要密來。買物曰半後手。賣物曰阿不甘。以物丢地曰韋古染浪。祭山曰拜蘇賽萌。過小年曰更將六。

按舊志、《通志識略》並云狆苗于三月三日祭山曰拈山子，是日過小年曰更將，六月六日祭宰分食曰更六六。今考郡之狆苗祭山曰拜蘇賽萌，六月六日過小年曰更將六，與舊志諸書所言異。

附考永寧狆語：生曰里利。死曰大敗。貧曰窩老。富曰班利。有曰里。無曰秘攸。來曰罵。去曰敗。速曰茫邀。遲曰卯邀。言曰甲奥。走曰條。物大曰沽農。物小曰沽右。人多曰丈賴。人少曰丈修。願曰主。不願曰密主。事不諧曰密攸。巧曰饒。伶俐曰直饒。愚蠢曰瓦。小心曰同。跪曰拜。叩頭曰高。不聽言曰密睿。打曰董敵。罵曰董泣。綑曰混。杖責曰呆。斷案曰決罪。貪婪曰更案。換肩曰利己。買曰甲。賣曰周。嫖曰過有。賭曰同。擲骰曰刀能。以物丢地曰詁論氏謀。餘與郡狆同。

身體

頭曰拱交。髮曰編老。額曰拏岜。面曰巴拏。眉曰奔大。眼曰論大。耳曰雷。鼻曰包浪。口曰班。鬚曰盂。齒曰阿油。舌曰冷。項曰少華。肩曰高巴。背曰白浪。手曰馮。掌心曰降馮。大指曰篼馮。小指曰婁馮。胸曰那个。乳曰莫。腰曰亨。腹曰篼董。臍曰立波。足曰不頂。腿曰街棒。莖物曰完。膝曰卯。足肚曰街。脛曰打包。足心曰丟頂。足指曰老頂。臀曰不猒。筋曰凝。骨曰楞哪。肉曰糯。毛曰奔拏。大便曰刀夜。小便曰刀鳥。

附考永寧狆語：頭曰拱高。髮曰奔高。面曰那。齒曰札兒。項曰拱右。肩曰拱巴。手曰文。掌心曰虹文。大指曰篼文。小指曰婁文。胸曰白按。乳曰秘。腰曰拱文。腹曰論董。臍曰波戾。足曰頓。腿曰戛心。膝曰高窩。足肚曰董戛。脛曰大抱。足心曰曼頓。足趾曰婁頓文。臀曰更榮。骨曰光。毛曰奔大。大便曰戈也。小便曰戈右。餘與郡狆同。

疾病

頭疼曰交温。腹痛曰董堅。腹脹曰董脹。心痛曰惡堅。耳聾曰不任鹿。聲啞曰不昂。眼瞎曰大錫。背駝曰倫背。嘔吐曰羅侯。咳嗽曰喉。吐涎曰北南。痢曰奔毒淋。瘧曰奔身。癲狂曰奈牛。跛足曰架圭。

附考永寧狆語：頭疼曰高堅。心痛曰温堅。耳聾曰柔懦。聲啞曰昂。眼瞎曰大望。背駝曰懦工。嘔吐曰若。咳嗽曰嗐。痢曰董弁。瘧曰戈相。癲狂曰寡。跛足曰架茄。餘與郡狆同。

居處

大街曰講蓋老。小街曰講蓋娘。鐘鼓樓曰灑支宋。寨曰滿。門曰杜。門外曰杜紅。門限曰鵲睹。大門曰杜老。小門曰杜娘。廟曰謬。房曰蘭。階曰不杜。樓曰耕落。倉曰李夜。椽曰揖。柱曰姑非。磚曰揖。窗曰都當。檐曰礙哈。牆曰阿香。梁曰井。

附考永寧狆語：街曰蓋。巷曰龍。門外曰氐論。門限曰敢杜。房曰然。院曰稔。階曰温光。樓曰瘦。倉曰庾。枋曰王。椽曰同。柱曰嫂。磚曰烝。窗曰同。檐曰柱然。牆曰迸。

衣物

領曰或。簪曰班。鐲曰佛架。挖耳曰山挖耳。小帽曰帽娘。氈帽曰帽仙。涼帽曰帽領。衣曰白。馬挂曰不篤。汗衫曰崇漢。手巾曰竹那。衣鈕曰倫雛。腰帶曰物。裙曰因。褌曰娃。鞋曰巖。襪曰曼。裹腳曰鴿郎。枕曰交睡。被曰莫。褥曰鑾。草薦曰本槀簾。布曰邦。紗曰表。綢緞曰哄。針曰金。線曰賣。

附考永寧狆語：領曰廣。簪曰並高。小帽曰帽奶。氈帽曰帽氈。衣曰光布。馬挂曰布登。汗衫曰汗沓。手巾曰冒邦。衣鈕曰婁路。腰帶曰刁。褲曰重。襪曰巖曼。裹腳足曰郎〔一〕。枕曰高睡。被曰奔芒。褥曰晉丟。草薦曰草簾。紗曰賣。綢曰同。緞曰奥。鍼曰

〔一〕「足」字疑爲衍文。

逌。餘與郡狆同。

飲食

酒曰醪。飲酒曰哽醪。飯曰豪。喫飯曰哽豪。早飯曰哽矮。午飯曰哽林。晚飯曰哽少。喫肉曰哽糯。喫烟曰哽烟。煙竿曰暮烟。烟包曰立合不論。喫茶曰哽者。茶杯曰松茶。油燈曰更當。鹽曰鹽。粥曰戎奥。饑曰同因。香曰央。臭曰好呀篼半。冷曰申。熱曰藺。軟曰奶。硬曰戎米乃。糟曰娘愛。

附考永寧狆語：飯曰奥。喫飯曰哽奥。烟竿曰論龍。烟包曰治完。茶杯曰論奥。小茶杯曰論千。油燈曰當油。粥曰那冬。饑曰篩。香曰應。臭曰奥。冷曰蔣。熱曰抽。軟曰温。硬曰朗。糟曰戾。麪曰酉糯。餘與郡狆同。

器用

桌曰李松。椅曰當椅。腳凳曰當殺頂。牀曰立温。帳曰惹。碟曰論熳。椀曰那臺。箸曰故豆。竈曰立燒。鍋曰阿燒。水入鍋曰當潮數箒。洗鍋曰拏箒。鍋鏟曰屑耙。水缸曰恩落。水桶曰立冬。水瓢曰立半。灑箒曰一篤。火鉗曰弗經。燭曰松。火曰肥。火把曰顛肥。爆竹曰得松。大炮曰得松浪。小炮曰得松沙。升曰星。斗曰倒。米袋曰立袋。杵曰立長。臼曰拱兑。舂米曰倒沙。簍曰立馮。鋤曰發呵。耙曰勿攖。鐮刀曰勿鐮。尖刀曰刀桑。剪刀曰弗絞。斧曰勿玩。扁挑曰擊寒。杖曰吉肥。梳曰勿垂。鎖曰立龍。鑰曰薛龍。面盆曰爲甚那。瓶袋曰立燒。戥曰上韓。秤曰立上。繩曰腳沙。筆曰扁浪。墨曰芒。文字曰來收。書曰收。紙曰撒。讀書曰徒收。扇曰兵比。鑼曰領那。鐘曰立鐘。喇叭曰布豆。蘆笙曰布鐃古向。刑杖曰腳打。鐵鍊曰色乏。

附考永寧狆語：桌曰莊。椅曰几。腳凳曰當。屏風曰莫靚。牀曰畏大。碟曰論碟。小碟曰論盆。椀曰乍。竈曰論燒。火鉗曰奧今。燭曰蠟珠。火把曰臥爲。爆竹曰烏包。大炮曰旦中。升斗曰倒盛。米袋曰申袋。杵曰几帶。臼曰任帶。碓曰帶。簍曰籮。鋤曰媽。耙曰鐃。鐮刀曰零。尖刀曰汪明。斧曰玩。扁挑曰條索。禾架曰阿腦。擔曰案。杖曰等。梳曰阿外。鎖曰冷龍。鑰曰即龍。面盆曰論盆。瓶袋曰抱。戥曰登。秤曰丟。繩曰又。筆曰奔。文字曰娘。書曰瘦。讀書曰果瘦。扇曰必。鑼曰同。鼓曰光。梆曰芒。鐃曰光匝。喇叭曰打的。蘆笙曰汲連。刑杖曰撮戎。鐵鍊曰又抓。枷曰論然。扭曰戛鞭。餘與郡狆同。

數目

一曰蘭了。二曰宋了。三曰撒了。四曰薛了。五曰哈了。六曰肉奈。七曰沙奈。八曰必論。九曰古論。十曰薛論。十一曰日因。一百曰一把。一千曰染論。一萬曰一萬。十萬曰薛不論。一人曰布獨文。十人曰薛卜。百人曰巴布。千人曰千布。一釐曰分了。一分曰發了。一兩曰一賞。二兩曰宋賞。十兩曰十必賞。一斤曰一千。二斤曰宋千。三斤曰撒千。四斤曰薛千。五斤曰哈千。六斤曰肉千。七斤曰沙千。八斤曰必千。九斤曰古千。十斤曰局千。一石曰一了。一斗曰倒了。一升曰升了。

附考永寧狆語：一曰望。二曰宋。三曰撒。四曰西。五曰阿。六曰繞。七曰差。八曰邊。九曰姑。十曰仇。十一曰仇依。一百曰把了。一千曰玩了。一萬曰諒了。十萬曰仇諒。一人曰望了。十人曰仇文。百人曰百文。千人曰諒文。十文曰仇鳌。一鳌曰同。一分曰玩。一兩曰一領。二兩曰宋領。一石曰如。一斗曰倒。一升曰分。餘與郡狆同。

年月

一年曰比勒。前年曰比刀。去年曰比瓜。今年曰比鈐。明年曰比墓。後年曰比那。正月曰勒香。二月曰勒米。三月曰勒撒。四月曰勒薛。五月曰勒奈。六月曰勒戎。七月曰勒古。八月曰勒比。九月曰勒歌。十月曰勒息。十一月曰勒一。十二月曰勒落。

方向

中曰江門。前曰百里觀。後曰婁囊。左曰逢然。右曰逢括。上曰亨雷。下曰戎雷。

附考永寧狆語：東曰汪。西曰汝。南曰三。北曰故。中曰枕砐。前曰浪。後曰那。左曰稔水。右曰稔刮。上曰雙。下曰氏論。按郡狆稱東南西北與漢人同。

顔色

紅曰棒領。紫曰棒降。黄曰棒亨。青藍曰棒道。緑曰棒緑。白曰棒好。黑曰棒分。

附考永寧狆語：紅曰倫。紫曰滃。赤曰邦翁。黄曰煙青藍。曰溫濫。緑曰倫。白曰告。

黑曰晚。

珍寶

金曰景。銀曰痕。銅曰龍。鐵曰乏。錫曰連。鋼曰亨。鉛曰立。

附考永寧狆語：金曰近。銀曰案。鐵曰瓦。錫曰攸。鋼曰扛。鉛曰元。錢曰煎。玉曰浪。寶曰奥。

農功

墾田曰得挐。種田曰送豪。灌田曰嗅染之挐。糞田曰阿奔之挐。布種曰篤家。插禾曰浪挐。薅秧曰奈挐。晾禾曰肋浪。割草曰割家。收穫曰穀挐。

附考永寧狆語：墾田曰溉挐。布種曰拖瓜。晾禾曰他戛。割草曰管牛。收穫曰收繆。晾穀曰他襖。種土曰戈挐。薅草曰攏壓。

穀蔬

穀曰豪街。白米曰豪山。糯米曰豪色。粘米曰豪磨。糠曰長磨。麥曰豪索。包穀曰豪宋。紅稗曰阿烘。小米曰阿翁。蕎曰豪格。豆曰豪佃。緑豆曰婁比落。豇豆曰烏各豆。扁豆曰阿巴。豆豉曰凍。菜曰標干。青菜曰玩標干。白菜曰標干好。油菜曰邦油。芹菜曰標痕。莧菜曰標阿陵。草曰娘。薑曰勒影。蒜曰水。葱曰烏。韭曰標根。芋曰婁百。山藥曰羅門。蕨曰標反。茄子曰婁勾。辣椒曰龍萬。絲瓜曰羅圭。南瓜曰勒方。西瓜曰勒圭。冬瓜曰法母。苦瓜曰勒亨。

附考永寧狆語：穀曰奥子。白米曰阿奥。舂米曰利奥。糯米曰阿那。粘米曰阿晉。穀殼曰燃邦。糠曰燃。麥曰阿芒。蕎曰芒芒。紅稗曰阿望。豆曰婁媽。綠豆曰婁兵。豇豆曰婁必。豆豉曰媽悶。菜曰邦。青菜曰邦干。白菜曰邦干好。油菜曰邦油。芹菜曰香芹。莧菜曰邦亂。草曰奈射。薑曰應。蒜曰餓。韭曰跑馬。芋曰婁忍。山藥曰婁叟。蕨曰邦坤。絲瓜曰婁王。

花木

花曰歪。蘭曰羅乃。藤曰石高。竹曰肥雷。芭蕉曰勒追蕉盈。木曰姑肥。松曰肥既。桐曰肥高。漆樹曰肥勒。棕樹曰肥農温。柳曰肥魯。桃實曰肥木桃。李實曰肥木門。核桃曰肥木烏。梨曰肥木梨。柑曰肥木柑。杏實曰肥木温。栗實曰肥木歪。落花生曰獨奈。瓜子曰顛瓜。乾柴曰文俗。

附考永寧狆語：蘭曰奶。藤曰告。草曰同。竹曰歪仁。木曰烏歪。松曰歪既。桐曰歪高。漆曰都良。棕曰囊愠。柳曰歪魯。桃實曰婁桃。李實曰婁悶。核桃曰婁擡。梨曰婁擡。葡萄曰婁卯。杏實曰而瓮。栗實曰歪亞。羊桃藤曰歪那。柴曰堆文。生柴曰文留。乾柴曰生羅。

鳥獸

鷄曰蓋。鵝曰雁。鴨曰都迸。鴉曰啞。豬曰都暮。羊曰都庸。狗曰暮。馬曰都麻。水牛曰都歪。黄牛曰都冑。鼠曰都奈。兔曰丹羅。猴曰都靈。虎曰谷。豹曰梁。

附考永寧狆語：狗曰拉罵。鼠曰都嗅。兔曰毛。虎曰都恐。豹曰都空。餘同。

魚蟲

魚曰邑好。鯉曰邑。鰍曰邑西。鱔曰邑心。蝦曰都娘。鼈曰偎。龍曰都龍。蛇曰藕。蚊曰都靈。虱曰都南。蚤曰都曼。蜂曰都丁。蜘蛛曰肥勒分。蝗曰冰。蝦蟆曰高護。蚓曰都倫。

附考永寧狆語：鯉曰都擺。鰍曰擺賴。鱔曰擺剪。鼈曰都烏。龍曰都區。蛇曰都嫗。蚊曰都良。蜂曰都更。蜘蛛曰都告。蜻蜓曰温灞。蝗曰都亂。蝦蟆曰都硬。蚓曰都斷。

青苗語

天文

天曰勒歪。日曰論臺。月曰論塔。星曰勒得改。風曰交際。雲曰當杏。雷曰北福。雨曰打隆。霜降曰覺打。下雪曰打鳩。霧曰哦呵。露曰奥打。雹曰打蓬。電曰泥坡。冰曰奥霜。旱曰堪灘。澇曰奥蓬。

《黔書》云：晴謂之汶艮。雨謂之汶到。又云：雨曰射婁。午曰大弄。

《安順志》云：天曰董。日曰上董。月曰糯夕。星曰糯工。風曰邦。雲曰阿仁。雷曰騷果。雨曰鐃裳。霜降曰哦打。下雪曰鐃邦。露曰婁。雹曰勞。電曰騷乃。冰曰空。旱曰農科。澇曰皆勞。

按《黔書》所譯，乃貴陽之苗語。《安順志》所譯，乃安順之苗語。與興郡之苗語不同。今特附録以備參考。

地理

地曰街打。山曰巴。大山曰巴磽。小山曰格打巴。山巔曰古學巴。山麓曰格老巴。石曰論煙。山洞曰坑。江曰奥肉。河曰空蹺。海曰勒江。大水曰卻奥。小水曰奥闌。池曰坑工。溝曰覺貢。田曰勒鈴。土曰街拏。圃曰勒邊。大路曰戛敲。小路曰得街。田塍曰街上你。

附考安順苗語：地曰打。大山曰巴勞。小山曰巴尤。山巔曰户乜。山麓曰蹈巴。石曰坳。巖曰兀。洞曰坑。江曰抗。河曰矼。海曰况潦。大水曰皆勞。小水曰皆尤。池曰邦。坑曰况踝。溝曰都矼。田曰冷。土曰打。圃曰同乳。大路曰戛勞。小路曰都戛。田塍曰况冷。

稱謂

父曰巴。母曰埋。祖曰告。祖母曰海烏。曾祖曰革子母絨。曾祖母曰烏老。伯曰海巴奴。叔曰伯效。伯母曰馬奴。叔母曰埋娘。姑母曰得。母舅曰海打忙。兄曰伽。弟曰豆屋。姊曰阿。妹曰得皮。弟姑曰得娘。姊夫曰谷杏。妹夫曰谷愛將。壻曰騎。表伯表兄弟曰谷海。妻舅曰海得奈。夫曰得油。妻曰娃。子曰得劍。姪曰谷阿爹。女曰谷阿歹波。婦人曰海年。先生曰香多。大人曰監奔。同輩曰同年。媒人曰娘乃。巫曰得祥。佃曰克愛。裁縫曰阿紅。廚子曰阿老北。木匠曰向道。瓦匠曰郁泥。保人曰保乃。我曰外。你曰母。書吏曰得差。差役曰都差。禁卒曰吉。乞丐曰古怕。姦夫曰阿都。盜賊曰得年。

《滇行紀程》云：黔苗稱天子爲京裏老皇帝，稱大小官皆曰皇帝，其私稱官則曰矇，官僕皆曰老爺，各衙門曰朝廷。噫，矇之稱，殆《春秋》一字之譏歟？呼漢官爲流官。戲稱苗曰同年，則輾然色喜，不知何所取義，聞呼踴躍也。

《峒谿纖志》云：苗見流官，無論尊卑皆稱老皇帝。見内地人曰漢人，以漢始通道西南，故稱其舊也。能通漢語者，謂之客語。爲苗論判是非者，謂之卿公。漢人潛入苗洞者，謂漢汗。渠帥曰精夫。同類稱曰同年。幼稚曰馬郎，苗童未娶者曰羅漢，苗女未嫁者曰觀音，皆髻插鷄羽。

《滇黔紀遊》云：苗見吾輩鮮衣怒馬，僕人呼擁而至，舉家皆出膜拜，有不知者，輒大聲呼而出之曰睆漢郎。漢郎者，漢官也。

《黔書》云：拔，父也，一曰罷。蒙，母也，一曰明。的，孩也。又云父爲包，母爲箆，祖爲大食。又云父謂之索，母謂之咪，兄謂之皮，官謂之貫，正妻曰耐德。倸，漢人也。雅犇倸，不識漢語也。傭工爲陶貢，又謂之果瓮。貿易謂之果介，管兵頭目曰抹色，書辦曰募拖，伴儅曰必蘇，頭人曰海折陌耕。

《安順志》云：曾祖曰𨂡婁臺。曾祖母曰埋婁。祖曰𨂡婁。祖母曰埋婁臺。父與親家皆曰𨂡。伯曰堯。叔與弟皆曰牙。伯母曰埋勞。叔母及嫂與弟婦皆曰埋牙。姑母曰麻阿。母舅曰既農婁。兄曰姑。姊曰阿婁。妹曰阿。姊夫、妹夫、女壻皆曰敝務。表伯曰阿堯。老表兄弟曰老表。妻舅曰既村農。妻曰虐。子曰冬。姪曰冬句。女曰莫擬過。婦人曰伊虐。先生曰藏道。大人曰蒙老。媒人曰美人。巫曰鬼師。佃曰疊擡。裁縫曰采風。廚子曰處子。木匠曰藏伯。瓦匠曰藏坳。保人曰叩俄昌。我曰哄。書吏曰書班。差役曰都差。禁卒曰都皂。乞丐曰時和。姦夫曰馬郎。盜賊曰都雙。

按諸書所載苗語稱謂多與郡苗不同。

人事

生曰或。死曰歹。貧曰下。富曰達。大曰嘩。小曰育。有曰埋。無曰就賢。來曰六賢。去曰孟賢。遲曰鴿街。速曰阿戲。言曰釭差。走曰黑街。喫曰豪。人多曰落奶。人少曰熟奶。願曰街喜。不願曰氣。成曰狹街。不成曰娘阿街。巧曰楷。愚曰虐。拜曰欺。不聽言曰阿爾打。打降曰石的。駡曰堵乃。綑曰克乃。杖責曰奴。聽訟曰薛告。訟勝曰橘獨哈吐。

訟負曰橋告。獄曰牢。擡轎曰講脚。坐轎曰娘打。騙曰勒乃。買曰墨勒格先。賣曰刀妹。以物頓地曰索格打。

《黔書》云：坐謂之壤。行謂之拜。揖謂之張。打謂之敵。雅務，不好也。雅道，不得也。趕集爲猛已，又謂之謁拜。送客曰勾業。喪祭曰白號。上墳曰砍地里。織布曰陶打。

《滇黔紀遊》云：刺棃，苗女采入市貨之，得江浙客買之，苗女喜曰利市，言得佳客交易也。江南人或物色之，則舉筐以贈曰：愛莫離。愛莫離者，華言與你有宿緣也。或有調戲之者，則大怒曰：落勿渾。落勿渾者，華言没廉耻也。所謂物色之者，非有他意，乃婉容愉色以問其出處，故喜説也。

《峒谿纖志》云：木契者，木刻爲符，以志事也。苗人雖有文字，不能皆習，故每有事刻木記之，以爲約信之驗。歃血誓約，緩急相救，名曰門欵。戰鬥進止，以發喊助，曰鸕鷀號。朱漆牛皮以護頭頸，名曰固項。

《安順志》云：生曰波。死曰奪。貧曰梗。富曰發采。大曰老。小曰育。有曰猛。無曰馬猛。來曰勞。去曰蒙。遲曰離。速曰衰。言曰都衰。走曰猛戛。人多曰蒙都。人少曰蒙擡。願曰好。不願曰莫好。事不諧曰莫仁。巧曰乖。愚曰湯。跪曰扒九。拜曰奴户。不聽言曰莫門腮。打降曰奴架。罵曰皆格。綑曰開。杖責曰奴斷。案曰董然。訟勝曰狀贏。訟負曰狀輸。獄曰把牢。騙曰賴。換肩曰離朱。買曰貿勞。賣曰貿蒙。以物頓地曰固諸打都。

按以上諸語亦與郡苗多不同。

身體

頭曰勒酷。髪曰打香。額曰眼牽。臉曰街妹。眉曰格香妹。眼曰郎埋。耳曰進夷。鼻曰格包泥。口曰格六。鬚曰格香羅。齒曰打皮。舌曰交泥。項曰勒格恭。肩曰格瞎結。背曰交結。手曰結北。掌心曰扒骨。大指曰結迷骨。小指曰結打骨。胸曰勒格眉。腹曰包格廠。乳曰勒格學。腰曰勒格三。臍曰勒不篤。足曰結老。腿曰結巴。膝曰勒格腳。足肚曰講娘。腳心曰葩老。足趾曰既米老。臀曰結岜。筋曰腳敞。骨曰葱。肉曰泥。毛曰街香。大便曰小假。小便曰蘇發。

附考安順苗語：頭曰農服。髪曰褒服。額曰賓包。臉曰包。眉曰褒蒙。眼曰蓋蒙。耳曰農把。鼻曰農包。口曰農九。鬚曰阿者。齒曰命。舌曰乃。項曰農浪。肩曰胄膊。背曰朱股。手曰叉。掌心曰胥雜。大指曰地雜。小指曰地雜尤。胸曰農莊。乳曰農密。腰曰農奪。臍曰農況刀。足曰蹈。腿曰夯夯波。膝曰王服九。足肚曰莊米。脛曰廣魯刀。腳心曰底胥。足趾曰地糟打。臀曰交角。筋曰打績。骨曰才桑。肉曰皆。毛曰毛制。大便曰莊過。小便曰莊委。與郡苗語多不同。

居處

街曰交街。小路曰街要。寨曰的巷。門曰勒丢。小門曰丢要。門外曰家丢格鈎。門限曰格去腳。房曰勒格卻。院曰勒石。階曰格格桑甸。樓曰勒綁。倉曰勸濃。梁曰家二。柱曰同鷄。瓦曰呆。窗曰勒窗子。牆曰赤花。壁曰格雙鷄。

附考安順苗語：巷曰尚。寨曰農王。門曰枕。門外曰枕老老。門限曰氏弓。房曰農把。院曰洄。階曰孔。亭曰枕狼。樓曰農莊。倉曰戎。枋曰方。梁曰兩。柱曰假把。瓦曰俄。窗曰窗風。檐曰滴罷。牆曰空身板。壁曰把太壁。

衣物

領曰湯阿。簪曰薛哼。小帽曰格帽。氈帽曰格帽西。涼帽曰帽消。衣曰葩温。汗衫曰巴河汗塔。手巾曰羌三妹。衣鈕曰扣阿。腳帶曰腳打。裙曰卻歖。褲曰勒扣。鞋曰結亨。裹腳曰牛磽。襪曰結襪。枕曰巴哈秋。被曰湯拱。席曰湯頂。布曰希。紗曰福。綢曰結采。緞曰奪。鍼曰的九。線曰腳福。

附考安順苗語：領曰光等。簪曰比服。小帽、煖帽皆曰毛沓。氈帽曰毛制。涼帽曰兩毛。衣曰襖。汗衫曰汗挂。手巾曰是波。衣鈕曰扣子。腰帶曰浪。裙曰登。褲曰罝。鞋曰立〔一〕。裹腳曰稱。枕曰凝。被曰邦。褥曰芝。布曰帑。紗曰種沙。綢曰種。緞曰空。鍼曰根。線曰騷。

〔一〕 立：原誤作「立」。

飲食

酒曰菊。喫酒曰豪菊。飯曰街。喫飯曰那街。肉曰泥。喫肉曰論泥。猪肉曰泥八。喫烟曰豪烟。烟竿曰都烟。烟包曰端合泥。茶曰江。喫茶曰豪江。茶杯曰阿江。小茶杯曰阿要。油曰阿油。油燈曰杜燈。鹽曰雪。粥曰街江。饑曰雪香街。臭曰巷。香曰街。冷曰霜。熱曰楷。軟曰埋。硬曰谷。糟曰格索九。麪曰那筄。

《黔書》云：努介，食食也，一曰儂射。忽住，飲酒也，一曰呵交。努擬，食肉也。呵巴，飲茶也。呵應，食烟也。又云：食食爲固脈〔一〕。飲酒爲固悖。食肉爲固窩。啜茶爲固高。又云：朝饔謂之艮捱。再飯謂之艮林。夕飧謂之艮喬。食烟謂之艮完。

《安順志》云：酒曰竈。飲酒曰呼糟。飯曰囊。喫飯曰囊囊。肉曰改。喫肉曰囊喫。喫猪肉曰囊改吃。吃烟曰呼茵。烟竿曰札烟。烟包曰因盒。茶曰及呼。茶杯曰柯箕。小茶杯曰都匡。油曰狀。油燈曰莊油。鹽曰祚。粥曰過篕。饑曰餘。臭曰胄。冷曰囊。熱曰炒。軟曰濃。硬曰墮。糟曰脱竈。麯曰哥竈。

按二書所載苗語飲食與郡苗不同。

器用

桌曰的當。脚踏曰街打。帳曰勒晚。大碟曰勒片。小碟曰勒先。椀曰勒狄。箸曰毒。

〔一〕原文脱一「食」字，據《黔書》補。

竈曰勒索。火鉗曰的蓋斗。火把曰斗斗。炮竹曰庖斗。大炮曰豪拓。斗曰勒多。升曰勒輕。米袋曰勒端。杵曰勒覺。臼曰勒伊覺。籮曰結菊。鋤曰的倉。耙曰的楷。鐮刀曰格論。尖刀曰結九。柴刀曰結九馬斗。斧曰的倒。擔曰交干。禾架曰多的拏。挂杖曰蓋打娘。頭梳曰瞎科。鎖曰勒巴鎖。鑰曰勒巴古。面盆曰加三埋。戥曰的等。秤曰的學。繩曰家敞。書曰多。紙曰多。讀書曰特多。扇曰狄年。鑼曰勒虐。鼓曰虐加把。梆曰勒各梆。喇叭曰羊八。蘆笙曰交蓋。刑杖曰秋蘇。鐵鍊曰交蘇。枷曰勒鷄。扭曰克呀既半。

附考安順苗語：桌曰枕。脚踏曰蹈。屏風曰梗。帳曰盃。大碟曰碟老。小碟曰碟育。碗曰呆。箸曰擡。竈曰弓着。火鉗曰着着。火把曰拉道。爆竹曰炮脹。大炮曰地炮。升斗曰道升。米袋曰糯。杵曰降校。臼曰杻交。碓曰枚。籮曰魯。鋤曰陸。耙曰篩。鐮刀曰魯無。尖刀曰譖。柴刀曰作。斧曰獨。扁挑曰扛。禾架曰枕。擔子曰莊。杖曰打打。頭梳曰若。鎖曰素。面盆曰當。戥曰頓。秤曰直。繩曰絡。書曰道。紙曰道。讀書曰柯道。扇曰篩。鑼曰郡。鼓曰卓。鐘曰同。梆曰着。鐃曰光扯。喇叭曰羅博。蘆笙曰泡推。竹板曰半。鐵鍊曰羅盧。枷曰枉。扭曰昆盧。

數目

一曰咳。二曰阿。三曰半。四曰桑。五曰假。六曰的。七曰熊。八曰啞。九曰九。十曰一九。十一曰結枷。一百曰一霸。一千曰一千。一人曰特乃。十人曰九乃。百人曰一霸乃。千人曰一千乃。一文曰一乃曬。十文曰九乃。一毫曰一噴。一兩曰咳兩。二兩曰阿兩。石曰德。斗曰道。

《黔書》云：一爲序。二爲瘦。三爲大。四爲布。五爲目。六爲送。七爲索。八爲遮。九爲梭。十爲完。

《安順志》云：一曰依。二曰阿。三曰巴。四曰褒。五曰卑。六曰婁。七曰臧。八曰以。九曰覺。十曰古。十一曰古依。一百曰依博。一千曰依生。一萬曰依望。十萬曰依索。一人曰你儂。十人曰古你儂。百人曰博你儂。千人曰生你儂。一文曰一儂。十文曰古儂。一毫曰好。一釐曰一里。一錢曰一曾。一兩曰一良。二兩曰阿良。石曰當。斗曰道。

按二書所載苗語數目與郡苗不同。

方向

中曰家董。前曰艮埋。後曰的改。左曰百齊。右曰白堆。上曰格歪。下曰格打。

附考安順苗語：中曰章。前曰打。後曰光。左曰如。右曰羅。上曰家。下曰箕。

顔色

紅曰學。紫曰都覺。黄曰仙。青曰肉。緑曰倒。白曰羅。黑曰乃。

附考安順苗語：紅曰倫。紫曰都倫。赤曰都摸。黄曰廣。青曰波素。緑曰波。白曰刀。黑曰朧。

疾病

頭疼曰滿科。腹疼曰媽腔。腹脹曰格昌地。心痛曰滿谷。耳聾曰聾泥。聲啞曰虐。眼瞎曰肉埋。背駝曰拱丟。嘔吐曰烏。咳嗽曰噁。痢曰馬腔家牽。瘧曰帖雪。癲曰菊牛。跛曰既老。

附考安順苗語：頭疼曰服會。腹疼曰包芒。腹脹曰包脹。心痛曰順芒。耳聾曰浪拔。聲啞曰湯。眼瞎曰雷眸。背駝曰重明。嘔吐曰懦。咳嗽曰倫。痢曰過唱。瘧曰俄包。癲曰炳。跛曰力。

珍寶

金曰景。銀曰泥。銅曰刀。鐵曰套。錫曰焉。鉛曰圓。錢曰白西。

附考安順苗語：金曰工。銀曰凝。銅曰等。鐵曰陸。錫曰索。鋼曰薩。鉛曰汞。錢曰屯曾。

農功

墾田曰阿拏。築田曰阿堅。灌田曰向均。挑糞曰改磨。糞田曰格索立黎。布種曰向挑。插禾曰甲黎。薅秧曰葉黎。晾禾曰結格差。收穫曰蕭格差。薅草曰裁娘篤。割草曰革街。

附考安順苗語：墾田曰開壘。築田曰俄涸壘。灌田曰喍温逐壘。種田曰俄壘。挑糞曰俄墳。糞田曰俄墳逐壘。布種曰搬秧。插禾曰擠秧。薅秧曰扔雍。晾禾曰温雍。收穫曰扔把。晾穀曰温把。種土曰俄打。薅草曰脱茹。割草曰扔茹。

穀蔬

穀曰街差。白米曰差斗。紅米曰差小。舂米曰都差。糯米曰街腦。糠曰街楷。麥曰街密。蕎曰九。紅稗曰街伯。小米曰街差。豆曰刀。豆豉曰刀雪。菜曰嗷。青菜曰嗷芥。白菜曰嗷斗。油菜曰嗷油。芹菜曰嗷覺。莧菜曰嗷天仙米。薑曰坑。蒜曰翠。葱曰烏葱。韭曰烏葱衩。山藥曰奶多。蕨曰呀呵。

《黔書》云：賽，米也。大送，舂米也。

《安順志》云：穀曰把。白米曰宋老。紅米曰宋昨。舂米曰墮宋。糯米曰宋簍。穀殼曰索簍。糠曰索。麥曰門。蕎曰假門。紅稗曰西。小米曰都農。豆曰都。黄豆曰都廣。緑豆曰都波。豇豆曰都枉。扁豆曰都縛。豆豉曰豉。菜曰茹。青菜曰茹波。白菜曰茹過老。油菜曰茹過有。芹菜曰茹京。莧菜曰茹及。薅菜曰茹脱。薑曰指。蒜曰堆。葱曰茹葱。韭曰茹韭。芋曰柴户。山藥曰玉朵。蕨曰茹梭。絲瓜曰阿都。

按二書所載苗語穀蔬與郡苗不同。

花木

花曰邊。草曰解。竹曰倒既。木曰豪倒。杉曰倒鷄。桐曰倒得有。漆曰倒七。椶曰倒差。桃實曰倒家當。李實曰倒家阿。核桃曰倒核桃。梨曰拏家阿。杏實曰家忙。栗實曰江岡。柴曰杜。生柴曰杜牛。乾柴曰杜呆。

附考安順苗語：花曰邦。蘭曰蓮。菊曰保廣。艾曰巖。草曰娘。竹曰找。木曰能。松曰争。杉曰阿金。桐曰呵當。漆曰呵腮。棕曰曾棠。柳曰養柳。桃實曰敝裸。李實曰敝考。核桃曰敝桃。梨曰敝。柑曰殊拏。葡萄曰敝更。杏實曰家。栗實曰敝芍。羊桃藤曰敝芒。柴曰堆。生柴曰道波。乾柴曰道踝。

鳥獸

鷄曰得改。鵝曰得年。鴨曰得甲。鴉曰得阿伏。猪曰得八。羊曰得犁。猫曰得媽。狗曰得三。馬曰得麻。水牛曰得娘。黄牛曰得呀。鼠曰得納。兔曰得羅。猴曰得禮。虎曰得蓄。豹曰蓄。

《黔書》云：介，鷄也。拜，豕也。巴，亦豕也。擬，牛也，一曰訛。商訛，放牛也。麻，馬也，一曰米。又云：鷄爲奓。鴨爲呵。馬爲虐。犬爲磨。

《安順志》云：鷄曰喈。鵝曰犒。鴨曰歌。鴉曰窩。猪曰都膊。羊曰都養。猫曰都毛。狗曰扯。馬曰敝密。水牛曰都勾。黄牛曰都母。鼠曰都博。兔曰都樂。猴曰奪冷。虎曰敝召。鹿曰都坪。

按二書所載苗語鳥獸與郡苗不同。

鱗介

魚曰孽白。鯉曰得孽。鰍曰孽打。鱔曰孽學。龍曰杜公。蛇曰鄧年。蚊曰點浪。虱曰點改。蚤曰點傍。蜂曰改蒙。蜘蛛曰改鞋。蝗曰改小。蝦蟆曰改。蚓曰改螽。

附考安順苗語：鯉曰大里。鰍曰麻絲。鱔曰麻糭。鼈曰都九。龍曰繳穰。蛇曰繳糯。蚊曰都芒。虱曰洞。蚤曰都莫。蜂曰賴，又曰蚝。蜘蛛曰都歪。蜻蜓曰浪温。蝗曰光密。蝦蟆曰過戈。蚓曰懦姜。

又附考《黔書》云：歹，火也。沱，亦火也。瓮，水也。《峒谿纖志》云：苗人曰把忌者，以元日爲始，二七而解，不容犯忌。又云：午日苗人盡閉門守忌。又云：跳月者，春月跳舞也。六月二十四日，苗人名火把節，相聚啖牛豕。又云：椎牛而祭，謂之做鬼。初夏徙居數日，讓鬼居，謂之走鬼。臘祭曰報章，祭用巫，設女媧伏羲位。又云：親死聚族歌舞，謂之鬧屍，又曰喝齊。遇令節男子吹笙撞鼓，婦隨男後婆娑進退，名曰踹堂之舞。以長柄木枚跳舞，名曰舞枚。

白苗語

天文

天曰諾。日曰昌奪。月曰蓋西。星曰糯哥。風曰枷。雪曰磨。雨曰浪。霜降曰鬧開。下雪曰落磨。霧曰哈。露曰下婁。雹曰論得。電曰騷後另堂。冰曰羅磨。旱曰論怎老。澇曰能得勞〔一〕。

地理

地曰那的。山曰火到。大山曰根得刀。小山曰得刀。山巔曰根泥倒。山麓曰丢到。石曰格肥。洞曰可豈。江曰家勒得。河曰獨天。大水曰皆勒得少。小水曰得尤。坑曰立北敲。溝曰格迭。田曰來。土曰格勞。圃曰王。大路曰枷格吉。小路曰都結。田塍曰枷没有來。

稱謂

父曰姐。母曰奶。祖曰阿又。祖母曰阿抱。伯曰一少。叔曰洞。伯母、叔母皆曰伯少。兄曰狄婁。弟曰勾。嫂曰抱少。弟婦曰娘勾。姑母曰剥嫣。母舅曰墨郎。姊妹曰嫣。姊夫、妹夫皆曰服。壻曰都烏。妻舅曰厄當。妻曰諧。子曰冬諸。女曰篤。婦人曰冬菜。先生曰堪鬬。大人曰蒙老。媒人曰老勾沖。巫曰端公。縫人曰生鈔。庖人曰阿查。木匠曰艮冬。瓦匠曰艮發。我曰古木瓜。乞丐曰枷齋。盜賊曰都方。

人事

生曰戒。死曰奪。貧曰收。富曰發采。大曰老。小曰育。有曰麻。無曰則麻。來曰麻。去曰根差官麻。遲曰皮。速曰飛。言曰海鹿。走曰罵。人多曰蒙多。人少曰蒙兇。願曰結

〔一〕澇：原作「勞」。

應。不願曰者應。不成曰則仁。巧曰招迭。愚曰者招迭。跪曰呼邱。拜曰阿邊。不聽言曰真明魯。打降曰多卜。罵曰格拏。緦曰馬勒開。騙曰格耕那。買曰墨拏。賣曰麻。以物頓地曰去做阿稽。

身體

頭曰鹿呵。髮曰勒不六。額曰火不來。臉曰革濟。眉曰皆麻。眼曰格麻。耳曰格篼。鼻曰格牛。口曰蓋牛。鬚曰格去娘。齒曰乃。舌曰杏乃。項曰皆浪。肩曰知不遠。背曰六古。手曰艮邦。掌心曰滕狄。大指曰本地狄。小指曰業缸。胸曰格肥。腹曰格曲。乳曰密。腰曰打。臍曰老斗。足曰斗。腿曰格結。膝曰服九。脛曰六斗。腳心曰額登斗。足趾曰本地斗。臀曰耕主。筋曰怎論。骨曰格蒼。肉曰盧堂。毛曰魯。大便曰招枷。小便曰昭月。

疾病

頭疼曰毛。腹疼曰毛曲〔一〕。心痛曰格非毛。耳聾曰阿格浪。聾啞曰革垞。眼瞎曰迭麻。背駝曰迭波。嘔吐曰那。咳嗽曰龍。痢曰亨昌。瘧曰墨呵。癲曰呵吉及。

居處

門曰枷中。門外曰那呵中。門限曰巴中。房曰莊。階曰枷張。樓曰湯。倉曰弱。梁曰

〔一〕腹：原作「服」。

重。柱曰農。窗曰窗空。檐曰革提比。板壁曰那枷者。

衣服

領曰怎郎。小帽曰哥。氈帽曰手真。涼帽曰哥呵。衣曰操。手巾曰葩。衣釦曰開操。腰帶曰西。裙曰凱。褲曰枷迭。鞋曰庫。裹腳曰蓋沖。枕曰安君。被曰革棒。褥曰革張。草薦曰章露。布曰帑。紗曰少。綢曰麻。針曰工。線曰少。

飲食

喫酒曰呼酒。喫飯曰嘵嘵。喫肉曰耕嘵。猪肉曰梁巴。喫煙曰呼茵。煙包曰張主。茶曰龍。喫茶曰呼龍。茶杯曰利。小茶杯曰都杯。油曰罩。鹽曰女。粥曰既。香曰耿。臭曰主。冷曰嘵。熱曰少。軟曰麻很。硬曰斗。麪曰拏。

器用

桌曰革薑。腳踏曰都斗。大碟曰排。小碟曰都排。椀曰利。箸曰周。竈曰鴿竈。鍋曰賢。火把曰長飄斗。大炮曰炮蘇。升曰勒腮。米袋曰貧。杵曰革教。臼曰羅交。鋤曰陸。耙曰耙蘇。鐮刀曰革勒紗。尖刀曰枷寨。柴刀曰枷齋。扁挑曰窮莊。杖曰橋。梳曰岜。面盆曰當。秤曰直。繩曰紗。書曰一時。紙曰餒。讀書曰寧斗。扇曰詐。鑼曰查。喇叭曰勒蓄。蘆笙曰恒。刑杖曰格者。鐵鍊曰格衰盧。

數目

一曰羅。二曰阿羅。三曰比羅。四曰陸薄。五曰必羅。六曰足羅。七曰香羅。八曰一羅。九曰甲羅。十曰古羅。十一曰古依。一百曰一把。一千曰一采。一人曰一倫。十人曰古倫。百人曰一把倫。千人曰一采倫。一文曰一羅哉。十文曰古羅哉。一錢曰一者。一兩曰一良。石曰當。斗曰兜。

方向

中曰華張。前曰那篤業。後曰招羅。左曰那革浪。右曰革羅。上曰那革當。下曰浪阿門。

顏色

紅曰都乃。紫曰絨。黃曰狼絨。藍曰羅。白曰婁。綠曰緣。黑口羅。

珍寶

銀曰呆。銅曰凍。鐵曰羅。鋼曰既。錢曰者。

農功

墾田曰阿來。溝田曰昭貿。挑糞曰勾欺。布種曰額龍。插禾曰操約。收穫曰送立。晾穀曰既勃婁。割草曰乃。

穀蔬

穀曰勒。白米曰勒婁。舂米曰打。糯米曰該不六。糠曰沙。麥曰毛。蕎曰吉。紅稗曰革促。小米曰都促。豆曰獨。黃豆曰獨木。豇豆曰獨奏。扁豆曰獨老。豆豉曰阿師。菜曰偶。青菜曰偶岜。白菜曰偶乃。油菜曰褥革齋。芹菜曰偶蓋。莧菜曰肉蓋。薑曰楷。蒜曰格葉。葱曰勞。茄子曰里朱。芋曰革高。山藥曰玉乃。蕨曰肉岜。

花木

花曰菊肥。草曰枷岜。竹曰兕。木曰龍。松曰託。杉曰解。桃實曰積拏。李實曰積口。核桃曰積婁。梨曰積岜。葡萄曰積解。柴曰頭。

鳥獸

鷄曰喈。鴨曰奥。鴉曰坳。猪曰嫣。羊曰癡。猫曰革癡。狗曰立。馬曰論。水牛曰奪。黄牛曰虐。鼠曰枷岜。兔曰拏。猴曰乃。虎曰艮勒早。豹曰勒賓。

魚蟲

魚曰筬。鰍曰筬鰍。鱔曰筬郎。龍曰娘。蛇曰郎。蚊曰納庯。虱曰多。蚤曰麻。蜂曰母。蝦蟆曰阿貢。

猓玀語

天文

天曰麥。日曰磨叉。月曰和卜。星曰專。風曰米。雲曰得那。雪曰烏。雨曰蒙杭篤。霜降曰呢獨。露曰并那。雹曰河衰。電曰蒙屑。冰曰烏呢革。旱曰木錯。澇曰夷年。

地理

地曰米。山曰墨勒。大山曰墨勒厄。小山曰墨勒弱。山巔曰墨勒午。山麓曰墨勒脚。

石曰六莫。洞曰多多。江曰夷莫。海曰夷年古。大水曰夷不篤。坑曰夷多多。溝曰左都。田曰得。土曰泥。圃曰徂谷。大路曰阿足莫。小路曰何足坐。田塍曰米該得。

稱謂

父曰爹。母曰阿密。祖曰普阿莫。祖母曰普阿婆。伯曰獨磨。叔曰頗頗。兄曰阿磨。弟曰業楷。伯母曰密磨。叔母曰木角。嫂曰阿眠。弟婦曰妹。姑母曰阿咳。姊曰阿拏。妹曰妹。姊夫、妹夫曰呢咋。妻舅曰阿侯。妻曰拏我。子曰咋。姪曰咋奴。女曰阿蠻。婦人曰阿妹。先生曰阿比婆。大人曰色染。媒人曰母腳。巫曰皆比如。佃曰明果。縫人曰多土呢拏。庖人曰烏章烏拏。木匠曰寫答拏箇。瓦匠曰我者拏箇。我曰拏改。你曰俄改。差役曰差一頗。乞丐曰燒頗。盜賊曰色折頗。

人事

生曰鎖。死曰習。貧曰叔。富曰木。大曰厄。小曰鶴。有曰黑。無曰麻不。來曰篤。去曰厄豆。遲曰舍特。速曰舍得查。言曰挪海。走曰屋竹色。人多曰屋叔耨。人少曰屋叔納。願曰南覺。不願曰蠻覺。成曰海特。不成曰海蠻特。巧曰喜夷。愚曰末喜夷。拜曰革革。不聽言曰海倒還習。打曰墨。罵曰旦成碑。綑曰業箇堪。騙曰說末街那他。買曰佛。賣曰烏。以物頓地曰墨相干。

身體

頭曰我母。髮曰各比。額曰奴既。臉曰拖。眉曰那菜末。眼曰那多。耳曰羅波。鼻曰奴蒙。口曰業波。鬚曰奴七。齒曰直莫。舌曰覺鎖。項曰姑巴。肩曰那朱。背曰格不。手曰拏。掌心曰拏哥。大指曰七磨。小指曰拏子的。胸曰阿巴。腹曰阿姑。乳曰直。腰曰昨波。臍曰差必的。足曰吉巴。腿曰木交。膝曰密即。足肚曰即指。脛曰哈拏吉。腳心曰吉巴徒。足趾曰怯支。臀曰得白。筋曰昨。骨曰和偶。肉曰和。大便曰既哥。小便曰衣火。

疾病

頭疼曰安奴。腹疼曰阿北奴。腹脹曰阿比惡。心痛曰你木肉。耳聾曰六北偶。聲啞曰海木革。眼瞎曰拏芒我。背駝曰目姑。嘔吐曰譬。咳嗽曰哉。痢曰姚業呵。瘡曰欺。癲曰色得。跛曰吉巴斗。

居處

寨曰打楷。門曰喊俄。門外曰林呢。門限曰俄狄。房曰江韓。階曰俄狄婁。樓曰帖。倉曰折莫。梁曰割杜。柱曰西者。瓦曰俄披。檐曰捨把。牆曰羅恰恰。板壁曰革怯。

衣服

領曰託街。帽曰吴租。衣曰託多。手巾曰拖結頗。衣鈕曰呢子。腰帶曰勒西。裙曰忒。褲曰昨。鞋曰乾乃。裹腳曰乾薄。枕曰吴革。被曰多。褥曰雲波。席曰谷多。草薦曰不開。布曰頗。紗曰出。綢曰北。針曰厄。線曰赤。

飲食

酒曰蘖。喫酒曰諾。飯曰熟。喫飯曰昨。肉曰麻忽肉。喫肉曰化肉。喫烟曰一觸。烟竿曰一谷。烟包曰因蓋。茶曰采一。喫茶曰采因。茶杯曰革肉公。油曰密夷。油燈曰抵竹。鹽曰楚。粥曰褥。香曰納。臭曰明拏。冷曰欺。熱曰觸。軟曰勒奴。硬曰墨。糟曰蘗巴。麪曰叔尺。

器用

桌曰咋。脚踏曰酷莫。椀曰攞。箸曰阿咋。竈曰租。釜曰侯娃。爆竹曰奪波。大炮曰楚母。斗曰特。升曰勒捨。米袋曰勃。杵曰墨尺。鋤曰吉派。耙曰哈楷。鐮刀曰或各。尖刀曰和白。扁挑曰還獨。拄杖曰立。梳曰妲。鎖曰恒查。面盆曰多脚反。戥曰緑。秤曰吉。繩曰斬杜。書曰叔排。紙曰託葉。讀書曰叔革。扇曰獨緑。鑼曰左。喇叭曰狄黎。鐵鍊曰合抓。

數目

一曰打謀。二曰蘗謀。三曰收謀。四曰西謀。五曰俄謀。六曰曲謀。七曰希謀。八曰合謀。九曰勾謀。十曰快謀。十一曰怯迭謀。一百曰奪或。一千曰達多。一人曰打謀烏叉。十人曰怯謀烏叉。百人曰奪或烏叉。千人曰達多烏叉。一文曰呢既打謀。十文曰呢既怯謀。一錢曰達莱。一兩曰達六。二兩曰蘗六。石曰得賢。斗曰達科。

方向

中曰古俄。前曰西吉。後曰奴觸。左曰拂拍。右曰仙怕。上曰没打。下曰密迭。

顔色

紅曰你蘗。紫曰烘烘。黄曰鰓鰓。藍曰白潑。白曰卜團。黑曰奶拏。

珍寶

金曰賖。銀曰託。銅曰呢。鐵曰或。錢曰你吉。

農功

墾田曰等徒。築田曰等哥。灌田曰得反。種田曰得得。挑糞曰怯伐。糞田曰怯伐得箇。布種曰烘打。插禾曰烘既。收穫曰怯速。晾穀曰怯得。割草曰歇速。

穀蔬

穀曰怯。白米曰怯獨。糯米曰怯陽土。舂米曰怯獨迭。糠曰石開。麥曰速。蕎曰鶴。紅稗曰雲泥。小米曰尺。豆曰粿。豆豉曰諾哉。菜曰蛙。青菜曰烏屐。白菜曰烏土。油菜曰烏覺。莧菜曰烏業。蕨曰諾得。山藥曰阿業。薑曰初拍。蒜曰姑沙。葱曰谷沙。芋曰高阿勒。

花木

花曰米羅。草曰喜。竹曰莫。木曰洗。松曰託。杉曰叔。桐曰咦。漆曰既。椶曰叔節。柳曰女實。桃實曰實竹。李實曰實六。核桃曰實密。梨曰實羅。柑曰實勒。柴曰喜。

鳥獸

鷄曰雅。鵝曰惡。鴨曰埋。鴉曰阿及。猪曰伐嫣。羊曰氣。猫曰冰乃。狗曰怯。馬曰墨。牛曰呢。鼠曰蟹。兔曰阿叔。猴曰阿諾。虎曰葉。

魚蟲

魚曰我。鰍曰我不你。鱔曰我山。龍曰羅。蛇曰不諧。蚊曰墨託。虱曰歇。蚤曰怯歇。蜂曰奴。蜘蛛曰阿娘怯。蜻蜓曰木那比。蝗曰墨。蝦蟆曰巴多。蚓曰密迭。

按志方言兼志苗語，考《黔書》《安順志》《安平志》《永寧志》及《滇黔紀遊》《滇行紀程》《峒溪纖志》諸書，皆志苗語，兹因其例，非創例也。

〔民國〕興義縣志

【解題】盧傑創修，蔣芷澤等纂。興義縣，今貴州省黔西南布依族苗族自治州興義市。「語言」見第十一章《社會》中。有民國三十七年（一九四八）稿本。録文據《興義縣志》稿本複製本。

語言

言爲心聲，故語言爲思想之代表，而思想之高尚與活潑，或淺陋與呆滯，又視其文化水準以爲標識。吾邑雖地處三邊，而民族未見複雜，所操之語言大别爲三：即漢語方言、邊民語、土著語。然彼此往來交際，則通用漢語。今舉例如下：

漢語方言

天文

天明曰天亮。日晚曰黑了。月半明曰昏昏月亮。虹曰杠。乍晴乍雨曰濛鬆雨。星曰星宿。星密處曰天河。日暈曰太陽打傘。月暈曰月亮打傘。日月被雲遮蔽曰天陰。雨暘時若曰年歲好。

稱謂

祖父曰爺。祖母曰奶。又曰太。父曰爹。母曰媽。伯父曰大爹。伯母曰大媽。叔曰耶。嬸曰娘。兄曰哥。弟曰弟。或大哥、二哥、三哥，或二弟、三弟、四弟。姊曰姊。妹曰妹。或大姊、二姊，或二妹、三妹、幺妹。岳父曰爹。岳母曰媽。岳父稱壻曰姊夫。從子稱也；又曰姑爺，從孫稱也。外祖父曰外公。外祖母曰外漊。舅父曰舅爹。舅母曰舅媽。姑父曰姑爹。姑母曰姑媽。婦女相呼通稱曰姨媽。姊夫或妹夫稱妻兄弟曰舅子。

人事

取曰拿。棄曰丢。換曰掉。圓曰團。繁瑣曰累贅。多言曰嚕囌。絮語曰嘮叨。快便曰磨利。無曰不得。多曰彀了。不大佳曰不合式。不堪用曰要不得。愚蠢曰壯棒。匪人曰爛人。詐取曰敲搕。又曰敲釘錘。推曰攮。手摩曰搓。鼻塞曰鼻子築。身藏曰躲。皮裂曰開冰口。疥瘡曰乾疙癆。偷視曰瞄。拾得曰檢得。急行曰奔命。止宿曰歇。火爆曰炸。食變味曰餿。話不真曰哄。物濕而色變黑曰黴。音梅。鷄伏卵曰抱。瓦器未成曰坯。事壞曰拐了。事完曰歸一。

按，邑人多屬明末清初衛官屯軍之後，來自江南一帶者頗多，故方言雅近江南，音輕清而語平正，此皆沿襲有自，語似俗而實典雅者也。

又按，本邑近五十年來，由漢語音韻中産生一種反話，與字典内之字音反切類似，亦本邑獨有之語言也。略舉例如下：

吃飯曰凡次。不對曰堆布。要不得曰得不堯。小孩子曰海淆子。罵人鬼袜娃曰瓦貴歸。笑人鬼樣子曰養貴子。千言萬語，難以枚舉。

邊民語言

僮苗語

按，本邑苗族人民爲數特少，不足十分之一，其語言亦單純易學。今略舉僮苗語如下：

天文

天曰立奔。日曰江晚。月曰龍論。星曰老黎。風曰戎。雲曰烏。雷曰巴染。雨曰刀温。霜降曰刀奔分。下雪曰刀奈。霧曰乃莫。露曰藏善。雹曰羅邑。雹曰刀論馬。冰曰刀奈消。旱曰没刀温。澇曰刀温奈老。

地理

地曰囊。山曰播。大山曰播老。小山曰播奈。山頂曰寧波。山麓曰谷播羅。石曰倫會。巖曰邑。山洞曰立格莫。水曰染。湖曰立大。江曰立宜。江濱曰大宜。大水曰仍不老懦。小水曰立我。井曰立波。溝曰千侯。田曰挐。田塍曰恒挐。土曰奈。園圃曰立三。大路曰染勞。小路曰染粱。

稱謂

父曰播。母曰米。祖曰包。祖母曰夏。曾祖曰呀太。曾祖母曰包太染龍。伯曰包籠。伯母曰妹巴。叔曰坳。叔母曰乜坳。姑曰妹姑。母舅曰妹拏。兄曰必勞。姊夫曰必蓋。妹曰龍老漢。妹夫曰叔包。夫曰包。妻曰夏。舅曰播拏。子曰立衰。女曰婁猛。侄曰倫蘭。壻曰卜甘。外甥曰婁濫。親家曰卜龍。通稱婦人曰叔夏。寡婦曰没邁。孤兒曰勒家。僧道曰卜道。巫曰老。田主曰蘇奈。佃户曰倫李。縫人曰上義。庖人曰上蘇。木匠曰上肥。瓦匠曰上瓦。石匠曰上林。中人曰阿卜立過江。官曰卜腮。差役曰交差。我曰鬧。他曰星鬧。通稱曰同年。乞丐曰不奴。乞丐頭曰賽不奴。盜賊曰不讓。

人事

生曰交。死曰猷。貧曰不奴奈。富曰姑馬姑乜。大曰老。又曰那饒。小曰娘。又曰奶饒。有曰半。無曰惡乜。來曰行馬。去曰倒不然。速曰半遼。遲曰來山。言曰岡不呢。走曰岜論。坐曰浪。臥曰碑論。喫曰哽。多曰奈勞。少曰惡乜。怒曰梟梟。喜曰濛浪。不成曰那箇乜半。成曰箇半。巧曰耕老。呆曰娃老。小心曰老浪。不懼曰密勞。拜曰跪。揖曰乃老。

數目

一曰蘭了。二曰宋了。三曰撒了。四曰薛了。五曰哈了。六曰肉奈。七曰沙奈。八曰必論。九曰古論。十曰薛論。十一曰日因。一百曰一把。一千曰染論。一萬曰一萬。十萬曰薛不論。一人曰布獨文。十人曰薛卜。百人曰巴布。

青苗語

天文

天曰勒歪。日曰論臺。月曰論塔。星曰勒得改。風曰交際。雲曰當否。雷曰北福。雨曰打隆。霜降曰覺打。下雪曰打鳩。霧曰哦呵。露曰奧打。雹曰打逢。電曰泥坡。冰曰奧霜。旱曰堪灘。澇曰奧蓬。

地理

地曰街打。山曰巴。大山曰巴磽。小山曰格打巴。山巔曰古學巴。山麓曰格老巴。石曰論煙。山洞曰坑。江曰奧肉。河曰空曉。海曰勒江。大水曰卻奧。小水曰奧闌。地曰坑工。溝曰覺貢。田曰勒鈴。土曰街拏。圃曰勒邊。大路曰戛敲。小路曰得街。田塍曰街上你。

稱謂

父曰巴。母曰塊。祖曰告。祖母曰海烏。曾祖曰革子母絨。曾祖母曰烏老。伯曰海巴奴。叔曰伯效。伯母曰馬奴。叔母曰埋娘。姑母曰田得。母舅曰海打忙。兄曰伽。弟曰豆屋。姊曰阿。妹曰得皮。弟姑曰得娘。姊夫曰谷杏。妹夫曰谷愛將。壻曰騎。表伯表兄弟曰谷海。妻舅曰海得奈。夫曰得油。妻曰娃。子曰得劍。姪曰谷阿爹。女曰谷阿歹波。婦人曰海年。先生曰吞多。大人曰監奔。同輩曰同年。媒人曰娘乃。巫曰得多祥。佃曰克愛。裁縫曰阿紅。廚子曰阿老北。木匠曰向道。瓦匠曰郁泥。保人曰保乃。我曰外。你曰母。書吏曰得差。差役曰都差。禁卒曰吉。乞丐曰古怕。姦夫曰阿都。盜賊曰得年。

數目

一曰咳。二曰阿。三曰半。四曰桑。五曰假。六曰的。七曰熊。八曰啞。九曰九。十曰一九。十一曰結枷。一百曰一霸。一千曰一千。一人曰特乃。十人曰一九乃。百人曰一霸乃。千人曰一千乃。一文曰一乃曬〔一〕。十文曰一九乃曬。一毫曰一噴。一兩曰咳兩。二兩曰阿兩。石曰德。斗曰道。

白苗語

天文

天曰諾。日曰昌奪。月曰蓋西。星曰糯哥。風曰枷。雪曰磨。雨曰浪。霜降曰鬧開。下雪曰落磨。霧曰哈。露曰下婁。雹曰論得。雷曰騷後另堂。冰曰羅磨。旱曰論怎老。澇曰能得勞。

〔一〕文：原誤作「丈」。

地理

地曰那的。山曰火到。大山曰根得刀。小山曰得刀。山巔曰根泥倒。山麓曰丢到。石曰格肥。洞曰可岜。江曰家勒得。河曰獨天。大水曰皆勒得少。小水曰得尤。坑曰立北敲。溝曰格迭。田曰來。土曰格勞。圃曰王。大路曰枷格吉。小路曰都結。田塍曰枷没有來。

稱謂

父曰姐。母曰奶。祖曰阿又。祖母曰阿抱。伯曰一少。叔曰洞。伯母、叔母皆曰伯少。兄曰狄婁。弟曰勾。嫂曰抱少。弟婦曰娘勾。姑母曰剥媽。母舅曰墨郎。姊妹曰媽。姊夫、妹夫皆曰眼。壻曰都烏。妻舅曰厄常。妻曰諸。子曰冬諸。女曰篤。婦人曰冬菜。先生曰堪門。大人曰蒙老。媒人曰老勾沖。巫曰端公。縫人曰生鈔。庖人曰阿查。木匠曰良冬。瓦匠曰良發。我曰古木瓜。乞丐曰枷齋。盜賊曰都方。

人事

生曰戒。死曰奪。貧曰收。富曰發采。大曰老。小曰育。有曰麻。無曰則麻。去曰根差官麻。遲曰皮。速曰飛。言曰海鹿。走曰罵。人多曰蒙多。人少曰蒙兕。願曰結應。不願曰者應。不成曰則仁。巧曰招迭。愚曰者招迭。跪曰呼邱。拜曰阿邊。不聽言曰真明魯。打降曰多卜。駡曰格拏。綑曰馬勒開。騙曰格耕那。買曰墨拏。賣曰麻。以物頓地曰去做阿稽。

數目

一曰羅。二曰阿羅。三曰比羅。四曰陸薄。五曰必羅。六曰足羅。七曰香羅。八曰一羅。九曰甲羅。十曰古羅。十一曰古俵。一百曰一把。一千曰一采。一人曰一倫。十人曰古倫。百人曰一把倫。千人曰一采倫。一文曰一羅哉。十文曰古羅哉。一錢曰一者。一兩曰一良。石曰當。斗曰兒。

倮儸語

天文

天曰麥。日曰磨叉。月曰和卜。星曰專。風曰米。雲曰得那。雪曰烏。雨曰蒙杭篤。霜降曰呢獨。露曰井那。雹曰河衰。電曰蒙屑。冰曰烏呢革。旱曰木錯。澇曰夷年。

地理

地曰米。山曰墨勒。大山曰墨勒戹。小山曰墨勒弱。山巔曰墨勒午。山麓曰墨勒腳。石曰大莫。洞曰多。江曰夷莫。海曰夷年古。大水曰夷不篤。坑曰夷多多。溝曰左都。田曰得。土曰泥。圃曰徂谷。大路曰阿足莫。小路曰阿足坐。田塍曰米該得。

稱謂

父曰爹。母曰阿密。祖曰普阿莫。祖母曰普阿婆。伯曰獨磨。叔曰頗頗。兄曰阿磨。弟曰業楷。伯母曰密磨。叔母曰木角。嫂曰阿眠。弟婦曰妹。姑母曰阿咳。姊曰阿拏。妹曰妹。姊夫、妹夫曰呢昨。妻舅曰阿侯。妻曰拏我。子曰昨。姪曰昨奴。女曰阿蠻。婦人曰阿妹。先生曰阿比婆。大人曰色染。媒人曰母腳。巫曰皆比如。佃曰明果。縫人曰多土呢拏。庖人曰烏章烏拏。木匠曰寫答拏箇。瓦匠曰我者拏箇。我曰拏改。你曰俄改。差役曰差一頗。乞丐曰燒頗。盜賊曰色折頗。

人事

生曰鎖。死曰習。貧曰叔。富曰木。大曰厄。小曰鶴。有曰黑。無曰麻木。來曰篤。去曰厄豆。遲曰舍特。速曰舍得查。言曰柳海。走曰屋竹色。人多曰屋叔耨。人少曰屋叔納。願曰南覺。不願曰蠻覺。成曰海特。不成曰海蠻特。巧曰喜夷。愚曰末喜夷。拜曰革革。不聽言曰海倒還習。打曰墨。罵曰且成碑。網曰業箇堪。騙曰説末街那他。買曰佛。賣曰烏。以物頓地曰墨相干。

數目

一曰打謀。二曰蘖謀。三曰收謀。四曰西謀。五曰俄謀。六曰曲謀。七曰希謀。八曰今謀。九曰勾謀。十曰快謀。十一曰怯迭謀。一百曰奪或。一千曰達多。一人曰打謀烏叉。十人曰怯謀烏叉。百人曰奪或烏叉。千人曰達多烏叉。一文曰呢既打謀。十文曰呢既怯謀。一錢曰達菜。一兩曰達六。二兩曰蘖六。石曰得賢。斗曰達科。

按，本邑四種邊民語，僅就其普通之一部簡略記之。其實因地理或交通等關係，其意則同，其音又有别焉。具以漢立譯土音，則毫厘之差，在所不免。

土著語言

本邑土著人口佔全縣人口二分之一，其祖籍多自江西、湖廣來者，遷來時期均在明末清初。考吴姓家譜中有洪武年間調北征南來此，近於夷者爲夷，近於漢者爲漢，此足證土著人多係外來住此，其祖先非貴州籍也。本地有因土著人先來此稱之爲老户漢人，後到此謂之爲客家，當矣。然土著人因到此較久，習染夷風，又産生一種特殊語言。略舉例如下：

天文

天曰們。天亮曰戎囉。日晚曰了頭。虹曰坭殺。雨曰温。下雨曰道温。風曰戎。吹風曰道戎。星曰單對。月曰單敦。月亮明曰單敦雙。星光明曰單對雙。雲曰接尾。日曰膽。日出曰倒膽。日光明曰膽燒得很。

稱謂

祖父曰阿抱。祖母曰阿奶。父曰博。母曰乜。兄曰阿婢。弟曰婢龍腮。姊曰婢龍蒙。伯父曰抱大爹。伯母曰抱大媽。叔父曰阿耶。叔母曰阿娘。子曰勒。女曰勒謀。妻曰鴨。夫曰官。岳父曰抱達。岳母曰鴨代。外祖父曰阿公。外祖母曰阿婁。舅父曰抱那。舅母曰牙那。姑父曰抱龍。姑母曰牙巴。

人事

取曰拗。水曰釀。取水曰拗釀。吃曰耕。吃飯曰耕好。吃水曰耕釀。吃早飯曰耕好巖。吃晚飯曰耕好餚。吃午飯曰耕好銀。吃夜飯曰耕消夜。殺曰戛。人曰文。殺人曰戛的文。牛曰的歪。殺牛曰戛的歪。馬曰馬。殺馬曰戛的馬。猪曰的褒。殺猪曰戛的褒。羊曰乜。殺羊曰戛的乜。鷄曰的蓋。鴨曰的并。狗曰的嗎。猫曰瞄。棹曰阿雄。凳曰阿當。盌曰阿底。筷曰阿得。房曰阿然。杯曰阿兄。椅曰當歪。牀曰阿降。燈曰定當。竈曰當少。鍋曰阿孝。瓢曰阿備。水缸曰阿央。被蓋曰莫。蚊帳曰惹。衣曰白。穿衣曰登白。帽曰毛。戴帽曰登毛。讀書曰讀搜。耕田曰得那。田曰那。地曰阿熱。山曰坡。上山曰丁坡。説話曰都堂。説話多曰都堂奶。有曰梅。無曰烏梅。多曰奶。不多曰密奶。要得曰拗盤。不堪用曰拗密盤。愚蠢曰寡。聰明曰乖。

總之本縣境内之土著所操之土話則大致相同，由箐口鄉至廣西境則大同小異，至都市所操之語言，皆以漢語爲主體。